Elisabeth Rettenwender

PSYCHO logie

VERITAS

Gemeinsam besser lernen

Vorwort

Ziele dieses Buches

Zweifellos haben Sie sich schon manchmal über Verhaltensreaktionen Ihrer Mitmenschen gewundert und deren Beweggründe nicht verstanden. Dieses Buch soll Sie dabei unterstützen, mögliche Motive und Hintergründe für verschiedene menschliche Reaktionen und Verhaltensmuster, die Sie an sich selbst oder an anderen beobachtet haben, zu erkennen und zu verstehen. Die zentrale Aufgabe der Psychologie ist es ja, das Verständnis für sich selbst, aber auch für andere Menschen zu vertiefen sowie die gegenseitige Wertschätzung zu erhöhen. Wenn dies gelingt, können Konflikte eher vermieden, verstanden oder gelöst werden. Auf der Grundlage neuester wissenschaftlicher Erkenntnisse soll in diesem Buch das Fachgebiet der Psychologie verständlich und abwechslungsreich dargestellt werden. Außerdem will das Buch „PSYCHOlogie" dazu beitragen, brennende individuelle psychologische Fragen zu klären. Vielleicht werden Sie von Diskussions- und Denkanstößen zum Nachdenken und zum kritischen Reflektieren unterschiedlicher – und auch eigener – Standpunkte und Werthaltungen angeregt.

In diesem Sinne wünsche ich Ihnen anregende und erkenntnisreiche Stunden mit diesem Buch!

Elisabeth Rettenwender

Aufbau des Buches

- Die 14 Kapitel stellen **Teilbereiche** der Psychologie dar. Jedes Kapitel beginnt mit einer **Einstiegsseite**, die einen Überblick über die folgenden Inhalte und einen Eröffnungsimpuls bietet.
- Die Kapitel enden jeweils mit einer **Abschlussseite**, auf der Sie die wichtigsten Themen anhand von zentralen Fragestellungen **wiederholen** können. Ein Primärtext fördert das **Verstehen**, und Projektvorschläge und Anregungen für vorwissenschaftliche Arbeiten bieten schließlich die Möglichkeit, das erworbene Wissen **anzuwenden**.
- **Zahlreiche Film- und Literaturtipps** regen zur vertiefenden Auseinandersetzung mit bestimmten Themen in der Freizeit an. Sie sind nicht als Bestandteil des Unterrichts gedacht, sondern um außerhalb des schulischen Unterrichts Querverbindungen zu entdecken.
- Viele **Arbeitsaufträge** und **Diskussionsanregungen** dienen der eigenständigen Erarbeitung, Verarbeitung und Vertiefung von Inhalten. Lösungen zu den Aufgaben befinden sich im Anhang.
- In den **Lösungen** ab Seite 232 finden Sie die Antworten bzw. Lösungsvorschläge zu (fast) allen Arbeitsaufträgen.
- Die durchgehenden **Querverweise** (▸ Kap. 1.1) ermöglichen kapitelübergreifendes Lesen und rufen Inhalte wieder in Erinnerung. Sie fördern das vernetzte Denken und weisen auf Zusammenhänge in der Psychologie hin.
- In der **Randspalte** befinden sich jeweils
  - Definitionen zu verwendeten Begriffen,
  - Film- und Literaturtipps,
  - Querverweise,
  - Gliederungselemente,
  - Bildmaterial,
  - Zitate und
  - Anwendungsaspekte.
- Die „Stempel" in der Randspalte nennen den **Anwendungsaspekt** des Arbeitsauftrages:
  - RP Reproduktion (Wiedergeben oder Zusammenfassen) von Fachwissen
  - T Transfer (d.h. selbständiges Anwenden) des Wissens, z.B. durch Herstellen von Zusammenhängen, Verallgemeinern etc.
  - RF Reflexion (selbständige Überlegungen) anhand des Fachwissens, etwa in Form von persönlichen Schlussfolgerungen etc.

  Arbeitsaufträge ohne derartige Kennzeichnung sind z.B. Wahrnehmungsübungen.
- **Quellenangaben** befinden sich als Kurzzitat (Frankl 2010, S. 14) im Fließtext. Die entsprechenden Werke können Sie im Literaturverzeichnis im Anhang nachschlagen.
- Drei **Exkurse** dienen der praktischen Vertiefung ausgewählter psychologischer Themen: „Gedächtnistraining" (Kap. 4) bietet Übungsaufgaben, die unsere Gehirnleistungen verbessern, „Sexualität" (Kap. 10) befasst sich mit Sexualität im Wandel der Zeit und „Sucht" (Kap. 14) beantwortet *frequently asked questions* zu diesem Thema.
- Im Informationsteil **„Kompetenzen in Psychologie"** ab Seite 238 finden Sie wichtige Hinweise zu den Kompetenzen, die Sie im Unterricht erwerben sollen. Fünf konkrete Beispiele zeigen, wie die kompetenzorientierten Aufgabenstellungen der neuen Reifeprüfung (AHS) bzw. der Reife- und Diplomprüfung (BHS) aussehen könnten.
- Das **Personen- und Sachregister** ab Seite 260 erleichtert das schnelle Auffinden zahlreicher Themen.

Inhalt

1. Einführung

„Die Psychologie berührt wirklich alles. Sie ist universell, überall gibt es psychologische Tatsachen.“
Pierre Janet (franz. Wegbereiter der Psychotherapie, 1859–1947)

Seit Beginn der Menschheit gibt es große Fragen: Warum träumen wir? In welchem Ausmaß sind unsere Einstellungen und Gewohnheiten veränderbar? Haben wir einen freien Willen?
Das Anliegen, den menschlichen Geist zu verstehen, kann weit in die Menschheitsgeschichte zurückverfolgt werden (▸ Kap. 1.1): Vor mehr als 2000 Jahren dachten Buddha und Konfuzius über die Macht des Geistes und die Entstehung von Ideen nach. Sokrates, Platon und Aristoteles gingen der Frage nach, ob Leib und Seele eigenständige Einheiten darstellen oder ob sie miteinander verbunden sind. Sie fragten sich, ob menschliches Wissen angeboren oder durch Erfahrung erworben wäre. Im 17. Jahrhundert nahmen die Philosophen René Descartes und John Locke einige dieser Fragen wieder auf. (vgl. Myers 2005, S. 9) Und bis heute sind diese Streitfragen ungelöst, weil auch die Psychologie keine eindeutigen Antworten darauf geben kann.

1 Plenum: Was fällt Ihnen zur Psychologie ein? Sammeln Sie Begriffe, die Sie mit „Psychologie“ verbinden.

Die Psychologie ist eine Wissenschaft, die Antworten auf alle möglichen Fragen sucht, die uns Menschen betreffen: Wie fühlen wir? Wie denken wir? Wie handeln wir? Sie möchte die Natur psychischer (geistig-seelischer) Phänomene verstehen und fragt, wie unser Fühlen, Denken und Handeln, unser Wahrnehmen, Lernen und Erinnern funktionieren. Sie erforscht beispielsweise, was uns zu Sprache und Fantasie befähigt und wie wir unsere soziale Identität erlangen.

Im Mittelpunkt des psychologischen Interesses steht immer das Erleben und Verhalten eines **Individuums** (▸ Kap. 1.2): das Kind, das mit unersättlichem Forschungsdrang die Welt erkundet, die Zwillinge, die neue Erkenntnisse in der ungelösten Anlage-Umwelt-Debatte bringen sollen, oder der Affe, der menschliche Kulturtechniken erlernt.

Die Psychologie hat in vielen Bereichen etwas beizusteuern: Die Farbe der Kleidung spiegelt unseren Gemütszustand wider, das Auto, das wir fahren, verrät unser Temperament, und ein kräftiger Händedruck steht für Selbstbewusstsein. Wir alle betreiben Alltagspsychologie (▸ Kap. 1.2), wenn wir in der Pause im Schulhof unser Klassenklima analysieren, aus Beobachtungen auf der Straße Hypothesen ableiten oder Freunden/-innen in schwierigen Lebenssituationen helfen. Das Angebot an psychologischem Input ist unüberschaubar: Ob in Radiosendungen zu psychologischen Themen, in Talkshows, in Internetforen und Ratgeber-Rubriken, Selbsthilfebüchern, Forschungsberichten, Psycho-Tests, in Traumdeutungsliteratur, beim/bei der Psychoanalytiker/-in oder in Büchern, die uns erklären, wie wir unser Glück steigern können – wo wird bei all dem Angebot Psychologie sinnvoll und seriös eingesetzt? Wie können simple Meinungen und alltagspsychologische, unseriöse Urteile von stichhaltigen, korrekten Schlussfolgerungen unterschieden werden (▸ Kap. 1.2)?

2 Partnerarbeit: Wählen Sie eine psychologische Fragestellung wie etwa *Welche Faktoren hängen mit Glück zusammen?* oder *Warum verlieben wir uns?*
- Nehmen Sie dazu aus alltagspsychologischer Sicht Stellung und machen Sie Notizen.
- Recherchieren Sie zu Ihrer Fragestellung im Internet! Welche wissenschaftlichen Erkenntnisse gibt es? Welche Informationen erscheinen Ihnen unseriös? Schlagen Sie wissenschaftliche Methoden (▸ Kap. 1.2) nach!

Die Psychologie als Wissenschaft gibt es erst seit rund 150 Jahren. Bis 1879 war die Psychologie Teilgebiet der Philosophie und bestand aus Anschauungen und Erfahrungserkenntnissen, bis es schließlich gelang, sie als Wissenschaft zu etablieren (▸ Kap. 1.4). Zahlreiche Pioniere/-innen (▸ Kap. 1.5) gestalteten die Psychologie als neu anerkannte Wissenschaft mit und entwarfen verschiedene Modelle (▸ Kap. 1.3), die menschliches Verhalten und Erleben mit unterschiedlichen Methoden zu erklären versuchen.

3 Plenum: Gestalten Sie mit Zeitschriften (*Psychologie Heute, Gehirn & Geist* etc.) zum Thema Psychologie einen Zeitschriftentisch. Wählen Sie nun aus einer Zeitschrift einen Artikel zu einem beliebigen psychologischen Thema aus und fassen Sie diesen zusammen. Kopieren Sie Ihre Zusammenfassung für Ihre Klassenkollegen/-innen und sammeln Sie alle Zusammenfassungen in einer Mappe.

1.1 Was ist Psychologie?

Der Begriff **Psychologie** (griech. *psyché*: Hauch, Atem, Seele; *lógos*: Lehre) bedeutet so viel wie „die Lehre von der Seele". Was aber ist die Seele?

Die Vorstellung einer die Zeit überdauernden, **unsterblichen Seele** existiert seit undenklich langer Zeit. Das Bedürfnis, eine Erklärung für die Seele zu finden, rührt auch von der Unerklärlichkeit und Unvermeidbarkeit des Todes her. Die Furcht vor dem Tod kann durch den Glauben an eine unsterbliche Seele gemindert werden. Viele Naturreligionen beschreiben die Seele als **Lebenskraft**, die zum Zeitpunkt des Todes den Körper verlässt und in einer anderen Welt weiterlebt. Im alten Ägypten wurde die Seele als Vogel mit einem menschlichen Kopf gesehen, der im Schlaf wegfliegt, nach dem Erwachen aber wieder zurückkehrt. Nach dem Tod kehrt der Vogel nicht mehr zurück.

Ägyptische Grabmalerei: Anubis mit dem Körper eines Toten

Der Philosoph ARISTOTELES versucht in seinem Werk *Über die Seele* die erste Definition der Seele. Er unterscheidet drei einander ergänzende Teile, die sowohl eine universelle Lebenskraft darstellen als auch Gefühle sowie Denken und Motivation einschließen. René DESCARTES verstand Seele im 17. Jahrhundert als **Denkkraft und Bewusstsein**. David HUME spricht im 18. Jahrhundert von der Seele als **Bündel von Bewusstseinsinhalten**. Heute wird die Seele als jener Teil des Menschen, der nicht körperlich ist und „sich im Ich-Empfinden ausdrückt" (Brockhaus 2001, S. 536), definiert.

Der **Sitz der Seele** wurde zunächst im Bauch und in den Eingeweiden vermutet, die Pythagoräer lokalisierten sie im Herz, in den Drüsen und später erstmals im Gehirn. Heute sieht man das Nervensystem und die damit verbundenen physiologischen Vorgänge als organische Grundlage für unsere psychischen Prozesse. Inwieweit Körper und Geist bzw. Leib und Seele zusammenhängen, ist noch nicht geklärt. Die Leib-Seele-Problematik (▸ Kap. 14.1) ist Forschungsgebiet der Neurowissenschaften (Neurobiologie, Neuropsychologie, Neurologie), der Psychiatrie und Psychosomatik.

„Der Begriff Psyche wird als Bezeichnung für Seele, das Bewusstsein oder den Geist im weitesten Sinn im Gegensatz zum materiellen Körper (Soma) gebraucht." (Brockhaus 2001, S. 457)
Während die **Psyche** „die Gesamtheit aller bewussten und unbewussten Erlebens- und Verhaltensweisen" (a. a. O., S. 457) ist, wird der **Geist** des Individuums als „das persönliche Bewusstsein von sich und der Welt" (a. a. O., S. 198) verstanden.
Die Psychologie ist somit die wissenschaftliche Erforschung vom *Verhalten und Erleben* des Menschen und den damit verbundenen Prozessen, „bezogen auf Individuen, Personengruppen und Tiere". (a. a. O., S. 466)

Verhalten ist alles, was wir tun und wie wir handeln (lesen, denken, lachen ...). Tätigkeiten und Handlungen lassen sich beobachten und beschreiben.

Das **Erleben** umfasst alle psychischen Prozesse (wie beispielsweise Träume, Empfindungen, Gefühle, Wahrnehmungen, Gedanken oder Einstellungen).

Definition
PSYCHISCHE PROZESSE sind im Bewusstsein repräsentierte, subjektive innere Erfahrungen.

1. Theoretische Psychologie

Die Theoretische Psychologie umfasst mehrere Fächer, in denen die **Grundlagen** psychischer Prozesse erforscht werden. Sie werden eingeteilt nach den *kognitiven und biologischen* Grundlagen des Verhaltens und Erlebens sowie nach den Grundlagen *intra- und interpersoneller* Prozesse.

kognitive und biologische Grundlagen

- **Kognitive und biologische Grundlagen** des Verhaltens und Erlebens dominieren in der Biologischen Psychologie und der Allgemeinen Psychologie:
  - Die *Biologische Psychologie* (▸ Kap. 2) untersucht das **zentrale Nervensystem** und dessen Auswirkung auf unsere psychischen Prozesse.
  - Die *Allgemeine Psychologie* gliedert sich in mehrere Teilbereiche:
    - **Wahrnehmung:** Erforschung des Zusammenhangs zwischen Reiz und Empfindung, Erforschung unserer Aufmerksamkeitsprozesse und unseres Bewusstseins. (▸ Kap. 3)
    - **Gedächtnis und Lernen:** Untersuchung, wie Informationen verarbeitet werden (kognitive Lernprozesse), aber auch, wie wir uns Verhaltensweisen aneignen. (▸ Kap. 4/5)

- **Denken und Sprache:** Untersuchung unserer kognitiven Prozesse und inwiefern diese mit Sprache in Zusammenhang stehen. (▸ Kap. 6)
- **Problemlösen:** Analyse menschlicher Problemsituationen und Problembewältigung mithilfe verschiedenster Strategien. (▸ Kap. 7)
- **Intelligenz:** Versuch, unsere intellektuellen Fähigkeiten zu definieren. (▸ Kap. 8)
- **Motivation:** Beschäftigung mit den Ursachen von Verhalten und den Auslösern für Handlungen. (▸ Kap. 12)
- **Emotionen:** Erforschung unserer Gefühle und ihrer kognitiven, physiologischen und motorischen Begleiterscheinungen (Mimik, Gestik). (▸ Kap. 13)

Psychische Prozesse, die im Individuum selbst stattfinden, nennt man *intrapersonelle* Prozesse (lat. *intra:* innerhalb). Interpersonelle Prozesse (lat. *inter* = zwischen) sind dagegen jene, die sich zwischen Individuen in der sozialen Interaktion abspielen.

intra- und interpersonelle Grundlagen

- Für die **Grundlagen intra- und interpersoneller Prozesse** interessieren sich folgende Fächer:
  - Die *Entwicklungspsychologie* untersucht, wie wir uns über unsere Lebensspanne hinweg verändern. (▸ Kap. 9)
  - Die *Persönlichkeitspsychologie* untersucht das Individuum und seine Eigenschaften. (▸ Kap. 10)
  - Die *Sozialpsychologie* untersucht kollektives und individuelles Erleben und Verhalten. (▸ Kap. 11)

RP Einzelarbeit 4

Nennen Sie das Grundlagenfach, das sich mit dem jeweiligen Inhalt beschäftigt:
a) Verhalten in Gruppen
b) Hochbegabung
c) Jugendalter

2. Angewandte Psychologie

Die Psychologie ist aus mehreren Disziplinen (unter anderem Philosophie und Biologie) entstanden und besteht daher aus vielen Tätigkeitsfeldern. Ob in Freizeit, Politik, Musik, Wirtschaft oder Ökologie, ob im Labor, in der Klinik oder der Fabrik – Psychologie ist überall einsetzbar. Alle psychologischen Tätigkeitsfelder versuchen, Lösungen für Probleme in den einzelnen Lebensbereichen zu finden.

Häufige Tätigkeitsfelder der Psychologie und ihre Aufgabenbereiche:

- **Gesundheitswesen** – **Klinische Psychologie** (Krankenhaus, Praxis, psychiatrische Kliniken): Erstellung von Diagnosen und Therapieformen, Einzel- und Gruppentherapie, Rehabilitation, Gesundheitsförderung.
- **Wissenschaft** – **Forschung und Lehre** (Forschungseinrichtungen, Universitäten): Weiterentwicklung der universitären Lehre, Wissenschaftsmanagement, interdisziplinäres Arbeiten.
- **Arbeitswelt** – **Arbeits- und Betriebspsychologie** (Wirtschaftsunternehmen): Unternehmensberatung, Personalauswahl, Schulung von Führungskräften, Analyse und Verbesserung von Arbeitsabläufen.
- **Konsumwelt** – **Markt- und Werbepsychologie** (Werbeagenturen, Markt-, Meinungsforschungsinstitute): Motivforschung und Meinungsumfragen, Erforschung der Konsumbedürfnisse und Verbrauchergewohnheiten (Kaufverhalten), Entwicklung von Werbekonzepten.
- **Gerichtswesen** – **Forensische Psychologie** (Gericht, Justizvollzugsanstalten, sozialtherapeutische Kliniken): Ursachenforschung kriminellen Verhaltens, Behandlung von Straftätern/-innen, Gutachtenerstellung, Kriminalprävention.
- **Erziehung** – **Pädagogische Psychologie** (Kinder- und Jugendheime, schulpsychologischer Dienst, Familien-, Erziehungs- und Gesundheitsberatungsstellen): Beratung und Therapie von Kindern und Jugendlichen bei Lern- und Leistungsschwierigkeiten sowie Verhaltensauffälligkeiten; Schulentwicklung, Erziehungsberatung.
- **Verkehrswesen** – **Verkehrspsychologie** (Straßenwesen, Automobil-, Luft- und Raumfahrtindustrie): Verkehrserziehung, Sicherheits- und Unfallforschung, Gestaltung von Verkehrsabläufen, Gutachten zur Fahrtüchtigkeit.

Weitere Tätigkeitsfelder sind Friedens- und Konfliktforschung, Politische Psychologie, Tourismus-, Umwelt-, Gesundheits- oder Sportpsychologie.

T Einzelarbeit 5

Ordnen Sie die Fragestellungen einem Tätigkeitsfeld der Psychologie zu.
a) Wie hoch ist die Jugendkriminalität im Vergleich zum vergangenen Jahr?
b) Wie sollen die Plakate für den Wahlkampf gestaltet sein?
c) Gibt es einen Zusammenhang zwischen Fahrgeschwindigkeit und Unfallhäufigkeit?
d) Welche Faktoren begünstigen die Entwicklung einer Depression?
e) Hat regelmäßiges Computerspielen Auswirkungen auf die Konzentrationsfähigkeit der Kinder?

Begriffsdifferenzierung

Die Psychologie muss grundsätzlich von Psychiatrie, Psychotherapie und Psychoanalyse unterschieden werden:

Psychologie als Universitätsstudium dauert etwa 10 Semester und stellt in Österreich die Ausbildung zum/zur Psychologen/-in dar.
Darüber hinaus gibt es zahlreiche Lehrgänge und Kurse zu allen Bereichen der Psychologie (z. B. Kommunikation und Rhetorik, Mediation, Persönlichkeitstraining). Ein/Eine Psychologe/-in behandelt Menschen mit Drogenproblemen, berät Kinder mit Leistungsschwierigkeiten, kann aber auch dafür zuständig sein, unsere Risikobereitschaft in Verkehrssituationen zu erheben. Alle Psychologen/-innen haben ein gemeinsames Interesse: das Verhalten von Individuen und die psychischen Prozesse, die diesem Verhalten zugrunde liegen, zu beschreiben und zu erklären.

Die **Psychiatrie** ist eine Teildisziplin der Medizin. Psychiater/-innen haben ein Medizinstudium mit anschließender Facharztausbildung im Bereich Psychiatrie absolviert. Sie dürfen psychische Störungen therapieren und auch mit Psychopharmaka behandeln. Psychopharmaka können phasenweise unterstützend bei psychischen Störungen wie Schizophrenie oder Depression eingesetzt werden. Sie werden nach dem Schweregrad der Störung gewählt.

Die **Psychotherapie** (▸ Kap. 14.5) ist die Interaktion zwischen einem/einer ausgebildeten Therapeuten/-in und einem Menschen mit psychischen Problemen. Es gibt mehrere Therapieformen, die sich in Konzept und Behandlungsmethode unterscheiden. Die Ausbildung zum/zur Psychotherapeuten/-in ist durch das Psychotherapiegesetz geregelt und dauert zwei bis fünf Jahre.

Freuds **Psychoanalyse** (▸ Kap. 10.3) ist eine psychologische Theorie, die unseren Gedanken und Handlungen unbewusste Motive und Konflikte zuschreibt. Sie ist außerdem eine Methode der Psychotherapie, die psychische Störungen behandelt (▸ Kap. 14.5) und verstärkt mit der Vergangenheitsbewältigung arbeitet. Der/Die Psychoanalytiker/-in hilft dem/der Klienten/-in, eigene Gedanken und Gefühle zu verstehen.

1.2 Alltagspsychologie und wissenschaftliche Psychologie

T Einzelarbeit 6

„Sagt einem das wirklich der gesunde Menschenverstand?" (Maderthaner 2008, S. 11)
Streichen Sie, was falsch ist:
a) Erstgeborene neigen *mehr/weniger* dazu, die Gesellschaft anderer zu suchen, als nachgeborene Geschwister.
b) Europäer/-innen kommunizieren Emotionen mit *ähnlichen/anderen* Gesichtsausdrücken *wie/als* Eingeborene Neuguineas (▸ Kap. 13.1).
c) Das Aussehen des Menschen hat *einen/keinen* Einfluss darauf, ob man ihn eines Verbrechens für schuldig befindet (▸ Kap. 11.1).
d) Wenn einem sehr kompetenten Menschen ein Fehler unterläuft, nimmt seine Attraktivität in den Augen anderer *zu/ab*.
e) Wenn ein Versuchsleiter von Versuchspersonen verlangen würde, gefährliche Elektroschocks zu verabreichen, würde sich die Mehrheit *weigern/nicht weigern* (▸ Kap. 11.6).

Im Laufe unseres Lebens sammeln wir Erfahrungen und erwerben dadurch ein subjektives psychologisches Allgemeinwissen: Wir verfügen über Menschenkenntnis und sind in der Lage, mit gesundem Menschenverstand zu urteilen. Da sich keine andere Wissenschaft so sehr auf

Alltagserfahrungen bezieht wie die Psychologie, wird daraus häufig der Fehlschluss gezogen, wir alle seien Psychologen/-innen. Doch mit wissenschaftlichen Erkenntnissen hat die Alltagspsychologie nichts zu tun.

Alltagspsychologie

Alltagspsychologie wird auch Naive Psychologie, Laienpsychologie oder Volkspsychologie genannt. Sie ist dadurch gekennzeichnet, dass Einzelergebnisse undifferenziert verallgemeinert werden, etwa wenn aus einer persönlichen Erfahrung oder aus einer Beobachtung vorschnell Theorien entwickelt werden, die ungeprüft bleiben. Selbst wenn manche dieser Theorien oder Erkenntnisse an sich nicht falsch sind, sind sie wissenschaftlich unbrauchbar, bis sie überprüft wurden.

Wir brauchen die wissenschaftliche Psychologie, weil wir uns nicht immer auf unsere Intuition und unseren gesunden Menschenverstand verlassen können. Dafür gibt es zwei Gründe:

- Wir **überschätzen** die Aussagekraft unserer Urteile.
- Unsere Erinnerung wird durch nachträgliche Einsicht **verzerrt**. Wenn wir ein bestimmtes Ereignis analysieren, das bereits geschehen ist, gehen wir davon aus, dass wir es vorhersehen hätten können. In Wirklichkeit konnten wir jedoch nur spekulieren, ob Spanien tatsächlich Fußball-Europameister wird oder der Dow-Jones-Kurs steigt. Ein Ereignis erscheint immer plausibel und lässt sich leicht erklären, wenn es schon geschehen ist. Diesen Rückschaufehler bezeichnet man als **Hindsight-Bias**.

Hindsight-Bias C. Styrsky

Urteilsfehler zeigen, dass unserer Intuition und unserem gesunden Menschenverstand Grenzen gesetzt sind, wir uns also nicht allein auf unseren Verstand verlassen können. Personenbezogene Aussagen und Theorien, Erkenntnisse und Schlussfolgerungen, die auf der eigenen Erfahrung beruhen, sind zufällig, wurden nicht überprüft und nicht begründet. Ein wissenschaftlicher Zugang zur Psychologie ist daher notwendig.

Wissenschaftliche Psychologie

Um das Wesen sowie das Denken, Fühlen und Handeln des Menschen verstehen zu können, erforscht die Psychologie **Prozesse** innerhalb des Individuums, aber auch **Sachverhalte** in dessen sozialer Umwelt. Zur Erforschung dieser Prozesse und Sachverhalte benötigt die wissenschaftliche Psychologie einen *Gegenstand*, ein *Ziel* und *Methoden*.

Gegenstand der Psychologie

Psychologie als Wissenschaft

Forschungsgegenstand der Psychologie ist das Erleben und das Verhalten eines Individuums: Das **Erleben** einer Person kann von anderen nicht direkt beobachtet werden. Wir selbst können aber über Introspektion (Selbstbeobachtung) unser eigenes Erleben, unsere Gedanken und Gefühle erforschen.

Verhalten aber lässt sich beobachten: Anhand von Handlungen wie sprachlichen Äußerungen, Mimik und Gestik können wir direkt beobachten, wie sich ein Individuum in bestimmten Situationen verhält.

Folgende Faktoren beeinflussen menschliches Verhalten:

- Eigenschaften, Fähigkeiten, Einstellungen, Erfahrungen (durch Anlage und Umwelt).
- Bedürfnisse, Motive (Hunger, Durst, Geltungsbedürfnis).
- Psychisches und physisches Empfinden (Gesundheit, Krankheit).
- Gefühle (Trauer, Freude, Nervosität).
- Faktoren der aktuellen Umwelt (Herkunft, Alter, Geschlecht anderer Personen in der aktuellen Situation).

Die Psychologie erforscht und entdeckt Gesetzmäßigkeiten des Erlebens und Verhaltens, wie beispielsweise den Einfluss von Geschwistern auf die Ausbildung sozialer Kompetenz oder Umstände, unter denen Kinder aggressiv werden.

Ziel der Psychologie

Die psychologische Forschung zielt darauf ab, ihren Gegenstand zu beobachten, zu beschreiben, zu erklären, zu bewerten und durch Vorhersage und Beeinflussung zu kontrollieren und zu verändern.

- **Beobachtung und Beschreibung:** Das beobachtete Verhalten wird objektiv festgestellt und beschrieben, ohne interpretiert oder bewertet zu werden und ohne dass Schlussfolgerungen gemacht werden. Beispiel: Anstelle von „Der Schüler ist fleißig" beschreibt man die Beobachtung: „Der Schüler meldet sich oft zu Wort."
- **Erklärung und Bewertung:** Ein beobachteter Sachverhalt wird mit allgemeinen Gesetzmäßigkeiten erklärt. Beispiel: Vom Sachverhalt, dass Kinder sich aggressiv verhalten, wenn sie eine erwachsene Person beobachten, die Gewalt anwendet, wird die allgemeine Gesetzmäßigkeit abgeleitet: „Kinder lernen von einem Modell" (Theorie des Modelllernens).
- **Vorhersage und Kontrolle:** Weiß man, warum und wann bestimmte Verhaltensweisen auftreten, ist es möglich, Verhalten vorauszusagen, zu beeinflussen und zu verändern. Beispiel: Man weiß, dass Glücklichsein mit Berufserfolg korreliert (zusammenhängt). Daher können Eignungstests bei der Berufswahl helfen und somit die persönliche Zufriedenheit erhöhen.

Wissenschaftliche Methoden der Psychologie

Bei einer wissenschaftlichen (empirischen) Untersuchung wird zunächst eine Forschungsfrage formuliert, z. B.: *Gibt es einen Zusammenhang zwischen der Jahreszeit und der Erkrankung an einer Depression?* Anschließend werden Hypothesen (z. B.: *Im Herbst erkranken mehr Menschen an einer Depression als im Sommer*) aufgestellt, die durch die Untersuchung bestätigt (verifiziert) oder widerlegt (falsifiziert) werden sollen. Die Ergebnisse gelten nur dann als wissenschaftlich gültig, wenn sie gemäß **wissenschaftlicher Methoden** *gesammelt, überprüft* und *begründet* wurden. Für die Untersuchung menschlicher Denkprozesse und Verhaltensweisen gibt es verschiedene Methoden:

- **Beobachtung:** Wird das Verhalten oder Erleben von Versuchspersonen (Körperhaltung, Mimik) beobachtet, spricht man von Fremdbeobachtung. Beobachtung des eigenen subjektiven Erlebens (Gefühle, Denkprozesse, Erinnerungen) nennt man Selbstbeobachtung (Introspektion).
- **Experiment:** Das Experiment zielt darauf ab, Zusammenhänge zwischen Ursache und Wirkung aufzudecken und psychologisch relevante Gesetzmäßigkeiten herauszufinden. Es untersucht, wie sich unabhängige Variablen (Jahreszeit) auf eine abhängige Variable (Depression) auswirken, wobei die abhängige Variable messbar sein muss. Meist besteht das Experiment aus einer Versuchs- und einer Kontrollgruppe. Das Experiment muss folgende Kriterien erfüllen:
  - **Objektivität:** Eine Messung ist objektiv, wenn mehrere Tester/-innen dasselbe Ergebnis erhalten. (Unvoreingenommenheit)
  - **Validität:** Eine Messung ist gültig, wenn ein Testverfahren das misst, was es zu messen vorgibt. (Gültigkeit)
  - **Reliabilität:** Eine Messung ist zuverlässig und genau, wenn der/die Tester/-in zu unterschiedlichen Zeitpunkten zum gleichen Ergebnis gelangt. (Zuverlässigkeit, Wiederholbarkeit)
- **Test:** Während das Experiment versucht, allgemeine Gesetzmäßigkeiten zu erforschen, misst der Test Merkmale einzelner Personen. Beispiele: Leistungstests, Intelligenztests, Persönlichkeitstests.
- **Befragung:** Sie soll Einstellungen oder Verhaltensweisen eines Menschen ermitteln.

Populärwissenschaftliche Psychologie

Werden wissenschaftliche Themen der Psychologie allgemein verständlich aufbereitet, spricht man von **populärwissenschaftlicher Psychologie**. Durch eine begrenzte Anzahl wissenschaftlicher Fachtermini und eine allgemein verständliche Sprache werden wissenschaftliche Inhalte so einfach aufbereitet und verständlich beschrieben, dass sie auch einem breiten Publikum und Laien zugänglich werden. In einem Theaterstück lässt der Autor Michael Frayn den Atomphysiker Niels Bohr dazu sagen, dass wir *„die Wissenschaft nicht für uns selbst betreiben, sondern um sie anderen zu erklären."* (Frayn 2005, S. 36)

Die Vereinfachung der Darstellung kann allerdings auf Kosten der Richtigkeit und Wissenschaftlichkeit gehen. So entsteht ein öffentlicher Mythos, der im Namen der Wissenschaftlichkeit zitiert wird. Es folgen Halbwahrheiten und unseriöse Aussagen wie „Gegensätze ziehen sich an" oder „Linkshänder/-innen sind musikalischer als Rechtshänder/-innen ".

Literaturtipp
Reber, Rolf: *Kleine Psychologie des Alltäglichen. 77 Lektionen, das Leben besser zu verstehen.* München 2009. Das Leben stellt uns viele Fragen: Wie kann ich im richtigen Moment Nein sagen? Sind Kinderkrippen schädlich? Kann ich mich bei Kaufentscheidungen auf mein Gefühl verlassen? Wissenschaftliche Erkenntnisse werden mit Geschichten skizziert und verständlich erläutert.

1.3 Modelle der wissenschaftlichen Psychologie

Im Lauf der Entwicklung der wissenschaftlichen Psychologie entstanden verschiedene Modelle, die Verhalten und Erleben aus unterschiedlichen Blickwinkeln betrachten und allgemeingültige Theorien aufstellen möchten. Alle zielen zwar darauf ab, Verhalten und Erleben systematisch zu beobachten, zu beschreiben, vorauszusagen und zu kontrollieren, den Modellen liegen allerdings unterschiedliche Vorstellungen und Konzepte zugrunde: Jedes Modell definiert Verhalten unterschiedlich, bietet einen anderen Blickwinkel auf diverse psychologische Fragestellungen und hat verschiedene methodische Zugänge entwickelt. Während sich die **Verhaltenspsychologie** nur für beobachtbares Verhalten interessiert, versucht die **kognitive Psychologie** nicht beobachtbare, geistige Prozesse wissenschaftlich zu erforschen. Während das **tiefenpsychologische Modell** Vergangenheitsbewältigung betreibt, unterstützt die **humanistische Theorie** das menschliche Streben nach Selbstverwirklichung. Die Modelle unterscheiden sich also in ihren Auffassungen und Erklärungsgrundlagen und wenden ihren Ansichten entsprechende Forschungsmethoden an.

1. Erlebnispsychologisches Modell (K. Bühler, Rohracher)

Definition
INTROSPEKTION ist die Beobachtung und Beschreibung des eigenen Erlebens.

Im Mittelpunkt der **Erlebnispsychologie** steht das innere Erleben bei psychischen Vorgängen. Eine von der Erlebnispsychologie anerkannte Forschungsmethode ist die **Introspektion** (Selbstbeobachtung). Da Introspektion das Risiko subjektiver Verfälschungen birgt, werden objektive Forschungsmethoden, wie beispielsweise apparative Messungen physiologischer Zustände, die psychische Prozesse begleiten, zur Unterstützung der Selbstbeobachtung herangezogen.

2. Behavioristisches Modell (Pawlow, Thorndike, Watson, Skinner)

Definition
BEHAVIORISMUS (engl. *behavior:* Verhalten) versteht sich als Wissenschaft vom Verhalten.

Die **behavioristische** Forschung (Verhaltenspsychologie) befasst sich ausschließlich mit beobachtbarem **Verhalten**, das *objektiv gemessen* und beurteilt werden kann. Sie analysiert den Zusammenhang zwischen beobachtbarem Verhalten und sozialem Umfeld (▸ Kap. 5.1). Das eigene Erleben wird völlig ausgeschlossen, denn die Methode der Introspektion ist für Verhaltenspsychologen/-innen ein subjektiver Zugang, der zu Spekulationen führt und als unwissenschaftlich angesehen wird.

In der Anlage-Umwelt-Debatte (▸ Kap. 9.1) wird diskutiert, inwiefern unser Verhalten und unsere individuellen Unterschiede genetisch bestimmt sind und inwiefern wir von der Umwelt geprägt sind. Dabei geht der Behaviorismus davon aus, dass wir durch unsere Umweltbedingungen determiniert (bestimmt) werden. Nachdem die behavioristische Forschung bemüht ist, unser Verhalten vorauszusagen und zu kontrollieren, untersucht sie unsere Reaktionen und somit alles, was wir tun: ein Haus bauen, Sport treiben oder Kaffee trinken. Die Untersuchungsmethode besteht aus der Messung von Reiz und Reaktion, wobei der Reiz und die Reaktionen in kontrollierten Laborexperimenten aufgezeichnet werden. Die beliebtesten Untersuchungsobjekte sind Ratten und Tauben.
Bereits ARISTOTELES – genauso wie später die Empiristen John LOCKE und David HUME – vertrat einen behavioristischen Ansatz. Er meinte, unsere Seele sei zunächst eine tabula rasa – ein unbeschriebenes Blatt bzw. eine leere Tafel –, die erst über Umwelterfahrungen beschrieben wird.

3. Kognitives Modell (Piaget)

Definition
KOGNITIV (lat. *cognoscere:* erkennen, erfahren) bedeutet „die Erkenntnis betreffend".

Wahrnehmen, Erinnern, Lernen und Denken – also Informationsverarbeitung und Aufmerksamkeitsprozesse – zählen zu den menschlichen Denkprozessen. Die **kognitive Psychologie** erforscht diese **kognitiven Prozesse** (▸ Kap. 6) und fragt danach, wie wir Informationen enkodieren (verarbeiten), speichern und wieder abrufen.
Der Mensch wird in der kognitiven Psychologie – im Gegensatz zum Behaviorismus – nicht als Produkt der Umwelt angesehen, sondern als einsichtiges, verantwortungsvolles Wesen, das aktiv handelt und individuelle Ziele verfolgt. Der Mensch beurteilt, wägt ab und entscheidet sich für ein Verhalten, das auch geändert werden kann, wenn es reflektiert wird. Genau wie bei der Erlebnispsychologie ist für die kognitive Psychologie die Selbstbeobachtung die effektivste Forschungsmethode, um Zugang zu Gedankenprozessen zu erhalten.

Die **Gestaltpsychologie** – begründet vom Psychologen Max Wertheimer – ist Teil der kognitiven Psychologie. Ausgehend davon, dass wir eine Gestalt (z. B. eine Melodie) als Ganzes wahrnehmen und nicht als ihre einzelnen Elemente (z. B. Töne), spielt die Gestaltpsychologie vor allem in der Wahrnehmungspsychologie eine bedeutende Rolle (▸ Kap. 3.5). Die Gestalttherapie ist ein bedeutendes psychotherapeutisches Verfahren, das den Menschen als ganzheitliches Individuum ansieht, d. h. mitsamt seiner Erfahrungen und seinem sozialen Umfeld (▸ Kap. 14.5).

4. Tiefenpsychologisches Modell (Freud, Adler, Jung)

Die Tiefenpsychologie meint, dass der Mensch wesentlich von starken **seelischen Kräften** angetrieben wird. Konflikte, die in der Kindheit durch Verbote der Gesellschaft oder durch unterdrückte Triebwünsche entstehen, bestimmen die spätere Persönlichkeit, denn in der Kindheit entwickeln sich die Grundzüge der Persönlichkeit (▸ Kap. 10.4). Persönlichkeitsstörungen (▸ Kap. 14.4) sind demnach die Folge von unerfüllten Wünschen und Kindheitstraumata, die in der Therapie aufgearbeitet werden sollen. Ziel ist, den Schwierigkeiten auf den Grund zu gehen und die Spannungen zu reduzieren. Da viele Prozesse unbewusst ablaufen, sind uns auch viele Ängste und Triebe nicht bewusst. Die Tiefenpsychologie erforscht dieses Unbewusste: Unbewusste Konflikte etwa können über Hypnose (▸ Kap. 2.6) oder Traumdeutung sichtbar gemacht werden.

5. Humanistisches Modell (Ch. Bühler, Fromm, Rogers, Frankl, Maslow)

Die **humanistische Psychologie** ist eine Reaktion auf Behaviorismus und Tiefenpsychologie: Am Behaviorismus kritisiert sie, dass der Mensch als eine passive, auf Reize reagierende Maschine verstanden wird. Die Tiefenpsychologie wiederum reduziere den Menschen zu sehr auf ein von Trieben bestimmtes Wesen. Die humanistische Psychologie (lat. *humanus:* menschlich) sieht dagegen **Selbstentfaltung** und **Selbstverwirklichung** als die obersten Ziele des Menschen (▸ Kap. 10.6) und möchte einen Beitrag zur besseren menschlichen Entwicklung leisten. Sie geht davon aus, dass das Individuum die Fähigkeit hat, ein Maximum an Potenzial zu entwickeln. Hauptaufgabe des Menschen sei es, nach der Entwicklung des eigenen Potenzials (Leistungsfähigkeit) zu streben. Im Mittelpunkt des humanistischen Ansatzes steht immer der Mensch selbst mit seinen Wünschen und Bedürfnissen, die ihn zu bestimmten Handlungen und Denkweisen motivieren: Der Mensch ist von Grund auf gut, kann aktiv seine Umwelt gestalten, ist frei und verantwortlich für sein Tun, kann selbst wählen und somit rationale Entscheidungen treffen. Über das Gespräch sollen Sinnfindungskonzepte des Handelns entworfen werden (▸ Kap. 14.5).

RP Einzelarbeit 7

Vervollständigen Sie die folgende Tabelle, indem Sie die wesentlichen Merkmale der psychologischen Modelle wiedergeben.

Modell	Vertreter	Was wird untersucht?	Verhalten	Methodisches Vorgehen
			Verhalten basiert auf eigenem Erleben	
	Watson, Skinner, Thorndike, Pawlow			
Kognitives Modell				
			Unbewusste Konflikte	
Humanistisches Modell				

Weitere Modelle

Weiters finden eine biologische, eine evolutionäre sowie eine kulturvergleichende Perspektive Anwendung in der zeitgenössischen Psychologie. Der neurowissenschaftliche Ansatz der **biologischen Theorie** geht von einem passiven Menschenbild aus, in dem vererbte Faktoren eine wichtige Rolle spielen und unser Verhalten von Prozessen im Gehirn und Nervensystem dominiert wird (▸ Kap. 2.1). Die **evolutionäre Perspektive** untersucht evolutionär entstandene psychische Anpassungsvorgänge. Die **kulturvergleichende Psychologie** schließlich vertritt einen soziokulturellen Ansatz, untersucht interkulturelle Muster und interessiert sich für universelle und kulturspezifische Aspekte des Verhaltens.

RP Partnerarbeit **8**

Geben Sie an, welches psychologische Modell jeweils vertreten wird (vgl. Myers 2005, S. 12):
a) „Der Wutausbruch wird als Ventil für unbewusste Feindseligkeit betrachtet."
b) „Externe Reize führen zu wütenden Reaktionen und aggressiven Handlungen."
c) „Wut wirkt sich auf unser Denken aus."

T Einzelarbeit **9**

Bestimmen Sie, welches Menschenbild von welchem psychologischen Modell vertreten wird.
a) Der Mensch ist frei und verantwortlich dafür, was er aus sich macht.
b) Der Mensch ist ein von unbewussten Trieben und Ängsten gesteuertes Wesen.
c) Der Mensch ist das Produkt seiner Umwelt.
d) Der Mensch ist ein reflexives, einsichtiges und entscheidungsfähiges Wesen.

RF Diskussion **10**

Stellen Sie dar, welches Menschenbild Sie vertreten wollen würden, wenn Sie eine leitende Funktion in einer Bildungseinrichtung (Schule/Kindergarten ...) hätten. Begründen Sie!

1.4 Die Entwicklung der Psychologie als Wissenschaft

Die großen Pioniere der Psychologie Freud, Skinner und Frankl, aber auch Darwin und Piaget sind vielen ein Begriff. Sie alle prägten die Psychologie, indem sie einen wichtigen Beitrag zur psychologischen Forschung leisteten. Freud war Arzt, Piaget Biologe, Wundt wiederum war Philosoph und Physiologe. Diese interdisziplinären Wurzeln der Psychologie beeinflussten schließlich ihre Themenschwerpunkte und damit ihre Entwicklung.
Zahlreiche Philosophen/-innen, Mediziner/-innen, Theologen/-innen und Physiologen/-innen beschäftigten sich schon früh mit der Seele sowie dem Erleben und Verhalten des Menschen. Dennoch galt die Psychologie bis ins 19. Jahrhundert nicht als eigene Wissenschaft.

»Die Psychologie hat eine lange Vergangenheit, doch nur eine kurze Geschichte.« (Ebbinghaus 1932, S. 7)

- Die Wurzeln der Psychologie finden sich bereits im **antiken Griechenland**: Die für die Psychologie bedeutendsten Philosophen waren Sokrates (469–399 v. Chr.), Platon (427–347 v. Chr.) und Aristoteles (384–322 v. Chr.). Sie interessierten sich für das Zusammenspiel von Leib und Seele und stellten Überlegungen an, ob Wissen angeboren sei (Sokrates, Platon) oder über unsere Erfahrung erworben werde (Aristoteles).
- Die Philosophie im **Mittelalter** stand mit Augustinus (354–430) und Thomas von Aquin (1225–1274) unter religiösem Einfluss, wobei Augustinus die Bedeutung der inneren Erfahrung betonte.
- Die **Neuzeit** (17./18. Jahrhundert) war vom Konflikt der philosophischen Hauptströmungen Rationalismus und Empirismus geprägt. Der **Rationalismus** (René Descartes, Christian Wolff) sieht die Vernunft (lat.: *ratio*) als wesentlichen Faktor für den Erkenntnisprozess. Der **Empirismus** (David Hume) hingegen geht davon aus, dass jede Erkenntnis auf (Sinnes-)Erfahrung beruht (lat. *empiricus:* der Erfahrung folgend).
  Immanuel Kant beendete mit seiner „kopernikanischen Wende" schließlich den Streit beider Richtungen und verband im **Kritizismus** und **transzendentalen Idealismus** beide Richtungen miteinander.
- Im 19. Jahrhundert wurde die Mathematik immer mehr in die empirisch-wissenschaftliche Aufklärung psychischer Prozesse einbezogen. Johann Friedrich Herbart veröffentlichte 1816 sein *Lehrbuch zur Psychologie* und prägte mit seinem Werk *Psychologie als Wissenschaft, neu gegründet auf Erfahrung, Metaphysik und Mathematik* einen **erfahrungswissenschaftlichen Ansatz**. Bisher dominierte die Philosophie die psychologische Entwicklung, nun rückten neben der Mathematik auch die Physiologie und die Medizin immer stärker in den Mittelpunkt. Helmholtz, Fechner und Wundt forderten eine naturwissenschaftliche Aufklärung psychologischer Strukturen und Abläufe.

Literaturtipp
Lück, Helmut E./Miller, Rudolf: *Illustrierte Geschichte der Psychologie*. Weinheim und Basel 2006. Ein Psychologie-Atlas, der anschaulich und detailliert zentrale Themen der Psychologiegeschichte behandelt und ihre Pioniere/-innen präsentiert.

Literaturtipp
Galliker, Mark/Klein, Margot/Rykart, Sibylle: *Meilensteine der Psychologie. Die Geschichte der Psychologie nach Personen, Werk und Wirkung*. Stuttgart 2007. Historisch gegliedert, nach Epochen und nach Autoren/-innen strukturiert, bietet das Werk einen umfassenden Überblick über die Geschichte der Psychologie.

Mit der Errichtung des ersten psychologischen Labors im Jahr 1879 wurde die Psychologie erstmals als eigenständige Disziplin anerkannt, die sich naturwissenschaftlicher Methoden bedient: Wilhelm Wundt gründete in Leipzig das erste Laboratorium für Psychologie. „Psychologie ist Wissenschaft" – das manifestierte sich auch in der Gründung von psychologischen Zeitschriften, Vereinigungen und Gesellschaften, Forschungs- und Lehreinrichtungen. Im deutschsprachigen Raum setzte sich nach dem Zweiten Weltkrieg eine naturwissenschaftlich orientierte, empirisch-statistische Psychologie durch. Diese Richtung blieb bis heute an den Universitäten erhalten.

1879, die Geburtsstunde der Psychologie als Wissenschaft: Wilhelm Wundt in seiner experimentell-psychologischen Forschungsstätte

Literaturtipp
GAARDER, Jostein: *Sofies Welt. Roman über die Geschichte der Philosophie.* München 2008. Im Rahmen einer Romanhandlung wird die Geschichte der Philosophie geistreich erzählt. 1999 wurde *Sofies Welt* auch verfilmt.

1.5 Pioniere/-innen der Psychologie

RF Plenum **11** Welche Psychologen/-innen kennen Sie bereits? Sammeln Sie möglichst viele Namen, die Ihnen bereits ein Begriff sind.

Die folgenden Kurzportraits der Pioniere/-innen und Koryphäen der wissenschaftlichen Psychologie liefern einen Einblick in die wichtigsten Etappen und Errungenschaften der Psychologie. Sie sind chronologisch nach Geburtsjahren geordnet.

- **Wilhelm WUNDT** (1832–1920) gründete 1879 in Leipzig das erste **psychologische Labor** und ermöglichte damit die Entstehung der experimentellen Psychologie als eigenes Fach. Die Psychologie gilt seitdem als Wissenschaft.
- Der russische Pionier der Lernpsychologie **Iwan Petrowitsch PAWLOW** (1849–1936) wollte wie sein Vater Priester werden, studierte dann allerdings Medizin und spezialisierte sich auf das Verdauungssystem. Bei einer Untersuchung der Speichelsekretion des Hundes stieß er zufällig auf die Koppelung des Speichelflusses mit Futtergabe und entwickelte die Lerntheorie der **klassischen Konditionierung** (▸ Kap. 5.2).
- **Hermann EBBINGHAUS** (1850–1909) wurde für seine experimentellen Forschungen zu Lernen und Gedächtnis bekannt. Auf der Basis sinnfreier Silbenreihen, die er auswendig lernte, entwickelte er die berühmte **Lern- und Vergessenskurve** (▸ Kap. 4.4).
- Sigismund Schlomo FREUD wurde unter dem Namen **Sigmund FREUD** (1856–1939) berühmt. Der österreichische Arzt und Neurologe gilt als der Begründer der **Psychoanalyse** (▸ Kap. 14.5). Sein wichtigstes psychoanalytisches Werk ist *Die Traumdeutung*. Er prägte den Begriff des Unbewussten und leistete mit den psychosexuellen Phasen der kindlichen Entwicklung (▸ Kap. 10.4) einen bedeutenden Beitrag zur Psychologie. Seine Schüler waren Alfred ADLER und Carl Gustav JUNG.
- **Alfred BINET** (1857–1911) studierte Rechtswissenschaften, interessierte sich später für Methoden zur Intelligenzmessung und entwickelte 1905 gemeinsam mit Theodore SIMON den ersten **Intelligenztest** (Binet-Simon-Test) (▸ Kap. 8.2). Darüber hinaus beschäftigte er sich mit den Gedächtnisprozessen von Schachspielern/-innen.
- Der österreichische Vertreter der Tiefenpsychologie und ehemalige Schüler FREUDS **Alfred ADLER** (1870–1937) begründete die **Individualpsychologie** (▸ Kap. 10.5), die die Einheit Körper-Seele-Geist betont. Die Begriffe Minderwertigkeitskomplex, Menschenkenntnis und Gemeinschaftsgefühl gehen auf Adler zurück.
- **Edward Lee THORNDIKE** (1871–1933) ist ein Vertreter des Behaviorismus. Anhand seiner Verhaltensstudien an Tieren – er führte Lernexperimente mit Katzen (Problemkäfig) durch – entwickelte er die Theorie des operanten Konditionierens. Er verfasste das Effektgesetz und prägte den Begriff des **Versuch-Irrtum-Lernens** (▸ Kap. 5.3).
- **William STERN** (1871–1938) begründete die Differentielle Psychologie. Er beschäftigte sich vorwiegend mit Intelligenzforschung und schuf ein neues Testverfahren zur Messung der Intelligenz. Der Begriff **Intelligenzquotient** (▸ Kap. 8.2) ist auf Stern zurückzuführen.

Sigmund Freud

John Watson

Karen Horney

Charlotte Bühler

Anna Freud

- **Carl Gustav Jung** (1875–1961) begründete die Analytische Schule der Psychologie als eigene tiefenpsychologische Richtung. Die **Analytische Psychologie** (▸ Kap. 10.5) geht davon aus, dass Traumarbeit und Fantasie Zugang zu den unbewussten Konflikten und Komplexen liefern. Der Begriff Archetyp geht auf Jung zurück und beschreibt angeborene, unbewusste kulturübergreifende Urbilder der Seele.
- **Clara Stern** (1877–1948) verfasste mit ihrem Mann William Stern die Werke *Die Kindersprache* und *Die Psychologie der frühen Kindheit*. Sie prägte die Anfänge der **Kinderpsychologie**.
- **John Watson** (1878–1958) ist der Begründer der psychologischen Schule des **Behaviorismus** (▸ Kap. 1.3). Bekannt wurde er mit seinem heftig umstrittenen Experiment *Little Albert*, in dem er zeigt, dass phobisches Verhalten erlernbar ist (▸ Kap. 5.2).
- **Karl Bühler** (1879–1963) ist ein wichtiger Vertreter der **Erlebnispsychologie**. Die Begriffe Ausdrucks-, Appell- und Darstellungsfunktion (▸ Kap. 9.4) gehen auf sein Organon-Modell der Sprache (griech. *órganon:* Werkzeug) zurück.
- **Max Wertheimer** (1880–1943) gilt als bedeutender Vertreter der Wahrnehmungspsychologie. Gemeinsam mit Köhler und Koffka begründete er die **Gestalttheorie** (▸ Kap. 3.5), die den Menschen als Ganzes betrachtet. Er führte außerdem bedeutende Experimente zur Bewegungswahrnehmung durch.
- **Melanie Klein** (1882–1960) war eine österreichisch-britische Pionierin der **Kinderpsychoanalyse**. Sie interessierte sich besonders für frühkindliche Entwicklungen und die Eltern-Kind-Interaktion. Ihre Objektbeziehungstheorie besagt, dass Kinder durch ihre frühen Bezugspersonen („Objekte") stark geprägt werden.
- Die österreichisch-US-amerikanische Medizinerin und Psychoanalytikerin **Helene Deutsch** (1884–1982) war die Erste, die sich für die **Psychologie der Frau** und die weibliche Sexualität interessierte. Sie war eine Schülerin und Mitarbeiterin Freuds. In ihrer Autobiographie *Selbstkonfrontation* befasst sie sich mit ihrem Leben, ihrem Werdegang und ihrer Position in der Wissenschaft.
- **Sabina Spielrein** (1885–1942) wurde mit 19 Jahren in die Psychiatrie eingeliefert. Ihre Hysterie wurde von Jung mit einer analytischen Verfahrenstechnik erfolgreich behandelt. Daraufhin begann Spielrein sich für die Psychoanalyse zu interessieren und verfasste zahlreiche Aufsätze zu Schizophrenie (▸ Kap. 14.4), Träumen und Destruktion als „Ursache des Werdens". In Genf arbeitete sie als Psychoanalytikerin Piagets. Ihr Leben wurde 2002 unter dem Titel *Ich hieß Sabina Spielrein* verfilmt.
- **Karen Horney** (1885–1952) studierte gegen den Willen ihres Vaters in Deutschland Medizin. Sie spezialisierte sich auf Konflikte, die durch das soziale Umfeld in der Kindheit entstehen, und setzte sich insbesondere mit der Rolle der Eltern auseinander. Sie entwickelte das Konzept der „grundlegenden Angst" und prägte den Begriff der „Entfremdung". In Amerika gründete sie gemeinsam mit anderen renommierten Psychoanalytikern/-innen wie Erich Fromm ein eigenes **psychoanalytisches Institut**. Sie stellte zahlreiche Theorien Freuds infrage.
- **Rosa Katz** (1885–1976) war eine deutsch-jüdische Pädagogin und Entwicklungspsychologin, die nach Stockholm emigrierte. Sie war Anhängerin der Montessori-Pädagogik und prägte den Begriff des **wandernden Kindergartens**, der die Selbsttätigkeit und den Forschergeist des Kindes in den Mittelpunkt rückt. Sie sorgte in Stockholm für die Verbreitung der Montessori-Pädagogik.
- Der Gestaltpsychologe **Wolfgang Köhler** (1887–1967) veröffentlichte zahlreiche Werke über die mentalen Fähigkeiten der Menschenaffen. Er analysierte jahrelang das Problemlöseverhalten der Schimpansen und prägte den Begriff des **Einsichtlernens** (▸ Kap. 7.3).
- Der österreichische Psychoanalytiker **René Spitz** (1887–1974) war Begründer der psychoanalytisch-empirischen **Säuglings- und Kleinkindforschung**. Er interessierte sich vor allem für die Entwicklung der Beziehung zwischen Mutter und Kind im ersten Lebensjahr und forschte dazu auch in Waisenhäusern. Er prägte den Begriff des Hospitalismus (▸ Kap. 3.7).
- **Martha Muchow** (1892–1933) war Volksschullehrerin und Psychologin. Ihre Schwerpunkte lagen in der Entwicklungspsychologie des Kindes- und Jugendalters. Sie gilt als Pionierin der ökologischen Psychologie. In ihrem Werk *Der Lebensraum des Großstadtkindes* (1935) widmete sie sich der Entwicklung der **Lebenswelt des Kindes**.
- Die Kinder- und Jugendpsychologin **Charlotte Bühler** (1893–1974) arbeitete mit Carl Rogers und Abraham Maslow zusammen und gilt als Wegbereiterin der humanistischen Psychologie. Sie setzte sich mit Lebenszielen auseinander und formulierte die **vier Grundtendenzen des Lebens**. Ihr wichtigster Beitrag zur Entwicklungspsychologie war die Errichtung eines Zentrums für kinder- und jugendpsychologische Forschung.
- Die österreichische Psychoanalytikerin **Anna Freud** (1895–1982), Tochter von Sigmund Freud, spezialisierte sich auf **Kinderanalyse**. Neben zahlreichen Klassikern zur Kinderanalyse gilt *Das Ich und die Abwehrmechanismen* (▸ Kap. 10.4) als ihr Hauptwerk. Ihre berühm-

teste Patientin war Marilyn Monroe, als diese an Depressionen litt. Bis an ihr Lebensende lebte Anna Freud mit der Millionenerbin Dorothy Burlingham-Tiffany zusammen, mit der sie ein Heim für Kriegswaisen in London eröffnete.

- Der Schweizer Entwicklungspsychologe **Jean Piaget** (1896–1980) erhielt zahlreiche Auszeichnungen für seine Verhaltensexperimente zur kognitiven Entwicklung und für seine Forschungsarbeiten zur Intelligenzentwicklung, die er an seinen eigenen Kindern ausführte. Sein Stufenmodell der **kognitiven Entwicklung** des Kindes (▸ Kap. 9.4) hat die Entwicklungspsychologie stark geprägt.

ab 1900

- Seine gesellschaftskritischen Beiträge zur Sozialpsychologie und -philosophie machten den deutschen Psychoanalytiker **Erich Fromm** (1900–1980) zu einem einflussreichen Denker des 20. Jahrhunderts. Ein bedeutendes Werk ist *Haben oder Sein* (▸ Kap. 10.5).
- **Carl Rogers** (1902–1987), US-amerikanischer Psychologe und Psychotherapeut, war ein Hauptvertreter der humanistischen Psychologie und entwickelte die **klientenzentrierte Gesprächstherapie** (▸ Kap. 14.5). Seine Botschaften an Eltern, damit Kinder ein positives Selbstkonzept entwickeln können, haben bis heute Gültigkeit (▸ Kap. 10.6).
- Der österreichische Psychologe **Hubert Rohracher** (1903–1972) ist ein Vertreter der experimentellen Psychologie. Er leistete einen wichtigen Beitrag zu den Gedächtnishemmungen (▸ Kap. 4.3).

Konrad Lorenz

- Der österreichische Medizin-Nobelpreisträger und promovierte Zoologe **Konrad Lorenz** (1903–1989) interessierte sich schon früh für die Verhaltensforschung. Der „Vater der Graugänse" – Graugänse waren Lorenz' bevorzugte Studienobjekte – bewies, dass Enten und Gänse nach einem angeborenen Muster demjenigen nachlaufen, dem sie nach dem Schlüpfen als Erstes begegnen. Auf diese Erkenntnis geht der Begriff **Prägung** zurück. Lorenz' Befürwortung der Rassenideologie der Nazis löste heftige Kritik aus, ebenso provozierte er mit seinen umstrittenen Ansichten in seinem Werk *Das sogenannte Böse*, in dem er von einer angeborenen Aggression ausgeht.
- **Burrhus Frederic Skinner** (1904–1990) war nach seinem Englischstudium angehender Schriftsteller, wurde schließlich aber für seine Arbeiten zur **operanten Konditionierung** (▸ Kap. 5.3) berühmt.
- Der österreichische Begründer der **Existenzanalyse** (▸ Kap. 10.6) und **Logotherapie** (▸ Kap. 14.5) **Viktor Frankl** (1905–1997) studierte Medizin, war Neurologe und Psychiater mit den Schwerpunkten Depression und Suizid (Selbstmord) und entwickelte mehrere Methoden der Psychotherapie (Paradoxe Intention). In seinem Werk *... trotzdem Ja zum Leben sagen* verarbeitete er seine Zeit im Konzentrationslager.

Marie Jahoda

- Die österreichische Pionierin der Sozialforschung **Marie Jahoda** (1907–2001) beschäftigte sich mit den Folgen von **Arbeitslosigkeit**. *Die Arbeitslosen vom Marienthal* gilt als erste große Studie, die zum Thema Arbeitslosigkeit durchgeführt wurde. Jahoda beeinflusste auch die qualitative Sozialforschung.
- **Else Frenkel-Brunswik** (1908–1958) emigrierte in die USA und wurde 1938 US-amerikanische Staatsbürgerin. Sie forschte zum Thema Antisemitismus. Es folgten sozialpsychologische Untersuchungen zu Werten und Normen, Intoleranz und Vorurteilsbildung. Sie führte gemeinsam mit dem Soziologen Theodor W. Adorno Studien zur **autoritären Persönlichkeit** durch, die sie 1950 in den USA veröffentlichte.
- **Abraham Maslow** (1908–1970) gilt als Begründer der humanistischen Psychologie. Mit seiner **Bedürfnispyramide** (▸ Kap. 12.1) entwickelte er ein hierarchisches Modell menschlicher Bedürfnisse, dessen Spitze die Transzendenz (das Streben nach einer höheren Bewusstseinsebene) darstellt.
- **Bärbel Inhelder** (1913–1997) arbeitete lange Zeit mit ihrem Lehrer Jean Piaget zusammen. 1971 übernahm sie schließlich seine Stelle an der Universität Genf. Bis 1983 führte sie dort zahlreiche Experimente zur **kognitiven Entwicklung** bei Kindern durch.
- Der österreichische Psychiater und Individualpsychologe **Erwin Ringel** (1921–1994) gilt als Pionier der Selbstmordforschung. Er prägte den Begriff **präsuizidales Syndrom** und errichtete 1948 in Wien das erste Selbstmordverhütungszentrum Europas (▸ Kap. 14.4).

Paul Watzlawick

- **Paul Watzlawick** (1921–2007) war ein bedeutender österreichischer Kommunikationswissenschaftler. Er entwickelte **fünf Grundannahmen** (Axiome) (▸ Kap. 11.7) für eine funktionierende, störungsfreie Kommunikation. In seinem Werk *Anleitung zum Unglücklichsein* vertritt er einen radikalen Konstruktivismus, indem er behauptet, dass unsere Wahrnehmungen subjektiv sind und nie der Realität entsprechen.
- **Raoul Schindler** (1923), Wiener Psychotherapeut, entwickelte die Grundprinzipien der Psychodynamik in der Gruppe (▸ Kap. 11.5). Er ist ein wichtiger Wegbereiter des österreichischen Psychotherapiegesetzes.
- Der Lernpsychologe **Albert Bandura** (1925) ist bekannt für seine **Theorie des Modelllernens** (▸ Kap. 5.4) und beschreibt damit das Phänomen des Lernens durch Nachahmung bzw. Imitation.

RP Gruppenarbeit 12

Wählen Sie in Kleingruppen eine Pionierin der Psychologie aus dem Werk *Bedeutende Psychologinnen* (siehe Literaturtipp links) aus und referieren Sie über ihr Leben und ihren wissenschaftlichen Beitrag zur Psychologie.

Literaturtipp

VOLKMANN-RAUE, Sibylle/ LÜCK, Helmut E.: *Bedeutende Psychologinnen. Biographien und Schriften.* Weinheim und Basel 2002. In diesem Buch werden jene deutschsprachigen Psychologinnen des 20. Jahrhunderts vorgestellt, die einen bedeutenden Beitrag zur Entwicklung der Psychologie als Wissenschaft leisteten, in der Geschichte aber dennoch unerwähnt und unbekannt blieben.

Die Lage der Frauen in der Wissenschaft

Im Verhältnis zu Psychologen sind nur wenige Psychologinnen bekannt. Der Grund dafür: Etliche Frauen leisteten zwar erhebliche Beiträge in Forschungsgruppen, erlangten dafür aber weniger Aufsehen in der **Fachöffentlichkeit** als Männer in derselben Position. Das hat laut der Psychologin BILLMANN-MAHECHA individuelle, sozialisationsbedingte, aber auch wissenschafts- und vor allem sozialgeschichtliche Gründe.

Die **Habilitation** von Frauen wurde in Deutschland erstmals um 1920 ermöglicht. Die erste Frau, die im Fach Psychologie habilitieren konnte, war Anneliese ARGELANDER im Jahr 1926.

Frauen haben heute in vielen Ländern einen uneingeschränkten Zugang zur universitären Ausbildung, dennoch gibt es ein **Ungleichverhältnis** der Geschlechter. 50 % aller Studierenden in der EU sind heute Frauen, doch für die meisten europäischen Länder gilt: Je höher der Posten, desto weniger Frauen. Denn mit jeder Stufe auf der wissenschaftlichen Karriereleiter verringert sich der Anteil der Frauen deutlich, was am Beispiel Österreich sichtbar wird: Im Jahr 2009 lag der Frauenanteil an den österreichischen Universitäten bei den Diplomanden/-innen bei 57,6 %, bei den Dissertanten/-innen bei 46,6 % und bei den Assistenten/-innen bei 40,6 %. Bei den Dozenten/-innen sinkt er bereits auf 40,6 % und bei den Professoren/-innen liegt er nur noch bei 18,7 %. (vgl. Bundesministerium für Wissenschaft 2010)

Laut Eurostat – dem Statistischen Amt der Europäischen Union – liegt der Anteil der Frauen in der universitären und außeruniversitären Forschung im europäischen Schnitt bei etwa 29 %. Dabei nimmt Österreich mit 21 % den zweitschlechtesten Platz vor Deutschland mit nur 19 % ein. Die höchsten Werte erzielen Bulgarien und Litauen mit je 48 % sowie Lettland mit 49 %. (vgl. Eurostat 2010, S. 596) Offensichtlich sind Frauen in der Forschung nach wie vor stark unterrepräsentiert. Das liegt einerseits daran, dass die Tradition (die Wissenschaftsstrukturen sind auf Männer ausgerichtet) eine wissenschaftliche Integration erschwert.

Andererseits wird die Vereinbarkeit von *Beruf und Familie* nach wie zu wenig unterstützt. Von der Europäischen Kommission wurden bereits Initiativen gestartet, die zur Gleichstellung von Frauen in Wissenschaft und Forschung beitragen sollen. Der Versuch, die Gleichstellung der Geschlechter auf allen gesellschaftlichen Ebenen umzusetzen, führte zu mehreren Forderungen und Strategieentwicklungen, die mit den Begriffen *Gender Mainstreaming* und *Diversity Management* zusammengefasst werden:

Definition

GENDER (engl.: Geschlecht) bezeichnet die gesellschaftlich, kulturell und sozial erlernte Geschlechterrolle von Frauen und Männern (▸ Kap. 11.3).

Gender Mainstreaming wird eingesetzt, um Chancengleichheit von Frauen und Männern zu verwirklichen. Um Gleichstellung zu erreichen, wird gefordert,

- dass die unterschiedlichen Bedürfnisse von Männern und Frauen berücksichtigt werden,
- dass Benachteiligungen aufgrund des Geschlechts abgebaut werden,
- dass geschlechtstypische Rollenmuster aufgegeben werden und
- dass Frauen und Männer in gesellschaftlichen Positionen anteilsmäßig gleich vertreten sind.

Definition

DIVERSITY (engl.: Vielfältigkeit) bedeutet hier soziale Vielfalt.

Diversity Management steht für die Nutzung sozialer Vielfalt. Menschen sollen nicht einer Gruppe zugeordnet, sondern in ihrer Individualität anerkannt werden. Wenn die Vielfalt aller Individuen wertgeschätzt und anerkannt wird, werden die positiven Beiträge zu nachhaltigem Erfolg führen. Ziel des Diversity Managements ist der Abbau von Vorurteilen und Stereotypen, die zu diskriminierenden Handlungen führen (▸ Kap. 11.2/11.3). Unter Diversity Management werden alle Maßnahmen und Strategien beschrieben, die z. B. in einer Firma jene strukturellen und sozialen Bedingungen schaffen, unter denen alle Beschäftigten ihre Leistungsbereitschaft und -fähigkeit optimal entwickeln können.

RF Plenum 13

Welche Maßnahmen können gesetzt werden, um im gesellschaftlichen Leben die Gleichstellung von Frauen und Männern, aber auch die Vielfalt zu fördern? Gestalten Sie eine Meinungswand. Teilen Sie dazu ein großes Plakat in drei Spalten: 1. Das finde ich an der aktuellen gesellschaftlichen Situation gut, 2. Das kritisiere ich an der aktuellen Situation, 3. Das schlage ich als Verbesserungsmaßnahme vor.
Ergänzen Sie das Plakat im Laufe der Zeit!

Wiederholen RP

1. Wofür interessiert sich die Psychologie?
2. Welche Bedeutung hat die Seele in der Psychologie?
3. Was unterscheidet die Theoretische von der Angewandten Psychologie?
4. Welchen Anspruch hat die wissenschaftliche Psychologie? Inwiefern unterscheidet sie sich von der Alltagspsychologie und der populärwissenschaftlichen Psychologie?
5. Worin bestehen die Stärken und Schwächen der Forschungsmethoden, die die Psychologie anwendet?
6. Fassen Sie die Grundgedanken der jeweiligen Modelle der Psychologie in je einem Satz zusammen.
7. Schildern Sie die Entwicklung der Psychologie als eigenständige Wissenschaft.

Verstehen RF

»Die Psychologie ist die wichtigste aller Wissenschaften, weil jeder Einzelne von uns im alltäglichen Leben nachvollziehen kann, dass psychologische Fragestellungen (zum Beispiel: „Wer bin ich, warum bin ich so geworden, und wie kommt es, dass ich nicht Tom Cruise sein kann?") eine ungeheure Priorität besitzen, die sogar das Rätsel um schwarze Löcher und die globale Erwärmung in den Schatten stellt. Der amerikanische Arzt Sherwin Nuland hat diese unanfechtbare Tatsache einfühlsam auf den Punkt gebracht: „Mir ist der Mikrokosmos wichtiger als der Makrokosmos, mich interessiert das Leben eines Menschen mehr als das Verlöschen eines Sterns oder das Vorüberziehen eines Kometen." (...)
Auch in einem politischen Sinne besitzt die Erforschung der menschlichen Psyche von allen wissenschaftlichen Unternehmungen die größte Tragweite, stellt der amerikanische Wissenschaftspublizist John Horgan fest: „Selbst pseudowissenschaftliche Erklärungen der Menschlichen Natur haben die Macht, den Lauf der Geschichte zu verändern. Die Bewegungen, die von Karl Marx und Sigmund Freud ins Leben gerufen wurden – oder auch von Jesus, Buddha und Mohammed, deren Theologien ebenfalls implizite Theorien über die menschliche Natur enthalten –, haben dies gezeigt." (...) Nach den Ergebnissen der modernen Evolutionsforschung ist der Wunsch nach Psychologie und Selbsterkenntnis sogar ganz tief in den Intellekt des Homo sapiens eingebaut.
Die Psychologie ist die unwichtigste aller Wissenschaften, weil sie all diesen brennenden Problemen und Rätseln mit einer wahrhaft atemberaubenden Ahnungslosigkeit gegenübersteht. Ihre Unfähigkeit, die großen Fragen nach der menschlichen Natur zu beantworten, hat sich bei der Bevölkerung noch gar nicht herumgesprochen, wie auch die Psychologin Andrea Abele-Brehm von der Universität Erlangen-Nürnberg in einem Essay über das Verhältnis von Psychologie und Öffentlichkeit konzediert. „Wenn die Leute eines Tages erführen, was die Psychologie wirklich macht, dann würde sich kein Mensch mehr dafür interessieren." (...)«

(Degen, Rolf: Lexikon der Psycho-Irrtümer. Warum der Mensch sich nicht therapieren, erziehen und beeinflussen lässt. München 2008, S. 9–10)

→ **Inwiefern ist die Psychologie die „wichtigste aller Wissenschaften"?**
→ **Wo stößt die Psychologie an ihre Grenzen?**
→ **Warum interessieren sich so viele Menschen für die Psychologie?**

Anwenden T

Wie würden Sie einem/einer jüngeren Schüler/-in die Inhalte des Psychologie-Unterrichts näherbringen? Worum geht es in der Psychologie? Reflektieren Sie in Kleingruppen und entwerfen Sie ein **Informationsblatt** zum Psychologieunterricht. Erwähnen Sie die wichtigsten Inhalte, mit denen sich das Unterrichtsfach Psychologie auseinandersetzt. Das Blatt soll informieren, gleichzeitig aber Werbung für das Fach Psychologie machen. Gestalten Sie das Informationsblatt färbig, mit Fotos, Bildern etc.

2. Biologische Psychologie

„Wenn das Gehirn so einfach wäre, dass wir es verstehen könnten, wären wir zu dumm, um es zu begreifen."
Jostein Gaarder (norwegischer Schriftsteller)

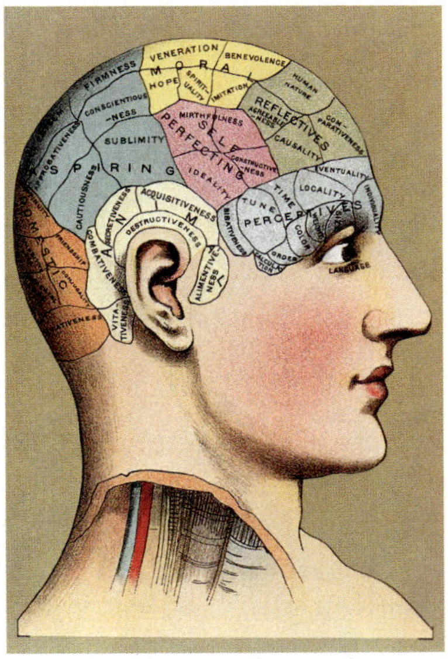

Phrenologische Darstellung nach Franz Gall

Wir können uns an unseren letzten Urlaub erinnern, ein Musikstück hören, über unser Leben nachdenken und Zusammenhänge verstehen – das faszinierende, komplexe Organ namens **Gehirn** macht dies möglich. Geparden laufen schneller, Eisbären vertragen Kälte besser, Wale können besser schwimmen – aber im Gegensatz zu all diesen vom Aussterben bedrohten Tierarten können wir Menschen uns dank unseres Gehirns auf die verschiedensten Umgebungen, Aufgaben und Probleme einstellen. Wir können besser lernen als alle anderen Lebewesen auf der Welt, da das menschliche Gehirn ein Leben lang veränderbar ist: Seine innere Struktur passt sich nämlich an seine konkrete Nutzung an. (vgl. Spitzer 2007, S. 14)

Vor etwa 200 Jahren untersuchte der deutsche Arzt Franz Gall den Zusammenhang zwischen Gehirn und Geist. Er meinte, dass von Schädelform und Gehirnoberfläche abgelesen werden könne, um welche Persönlichkeit es sich handelt, und begründete damit die **Phrenologie**. Diese Theorie ist mittlerweile jedoch widerlegt: Weder über die Großhirnrinde noch über die Gehirnaktivität lässt sich erkennen, ob es sich bei einer Person um eine fromme Nonne oder einen geschickten Jongleur handelt. Gall schrieb außerdem bestimmten Hirnarealen eigene Aufgaben zu. Und hier hatte er Recht: Es gibt abgegrenzte Hirnareale und jedes einzelne von ihnen hat verschiedene festgelegte Funktionen (▸ Kap. 2.2/2.3). Unsere Sinnesorgane nehmen Reize aus der Umwelt auf, die in den jeweiligen Zentren der Großhirnrinde zu Informationen verarbeitet werden. Insofern war die Phrenologie ein wichtiger Vorläufer der Neurowissenschaften, die sich alle mit dem Aufbau und der Funktionsweise des Nervensystems beschäftigen:

- Die **Neurologie** als Fachgebiet der Medizin ist die Lehre von der Erforschung, der Erkennung und der Behandlung organischer Erkrankungen des Nervensystems.
- Die **Neurobiologie** und **Neurophysiologie** sind Fachgebiete der Biologie.
- Die **Biologische Psychologie** als Fachgebiet der Psychologie erforscht jene physiologischen und psychischen Prozesse (▸ Kap. 2.1/2.4), die an ein komplexes Nervensystem gebunden sind und das menschliche Verhalten erklären. Die **Neuropsychologie** ist als Teilgebiet der Biologischen Psychologie zu verstehen. Sie studiert ebenfalls den Zusammenhang zwischen menschlichem Verhalten und Gehirnprozessen, beschäftigt sich aber vorwiegend mit neurologischen Störungen, die von einer Gehirnverletzung herrühren, um zu Ergebnissen zu kommen. Daher interessiert sie sich bei Patienten/-innen in erster Linie für Verhaltensauffälligkeiten, die auf einer Störung der Gehirnfunktionen gründen. Als Begründer der Neuropsychologie gilt der russische Psychologe Alexander Romanowitsch Lurija (1902–1977).

Die Biologische Psychologie geht davon aus, dass unser Verhalten und Erleben immer auf biologischen Vorgängen beruhen, denn über elektrische Impulse kommunizieren unsere Gehirnzellen miteinander (▸ Kap. 2.1). Jede Idee, jede Stimmung und jedes Bedürfnis ist zugleich ein biologisches Geschehen. Mit unserem Körper (Gene, Gehirn, innere chemische Vorgänge, äußere Erscheinung) treten wir in Kontakt mit der Welt.
Doch der rein biologischen Forschung sind Grenzen gesetzt: Die Frage nach dem Bewusstsein (▸ Kap. 2.5) lässt sich nicht ausschließlich biologisch erklären. Inwiefern Bewusstsein und Körper zusammenhängen, ist nach wie vor nicht geklärt. Schließlich versucht die Biologische Psychologie, sich der Thematik wissenschaftlich anzunähern, um mittels Gehirnaktivitäten Auskunft über verschiedene Bewusstseinszustände in Hypnose und Trance (▸ Kap. 2.6) sowie Schlaf und Traum (▸ Kap. 2.7) zu geben.
Dennoch steht im Blickfeld der Forschung mehr als die biologische Dimensionen des Individuums: *„Um das menschliche Verhalten verstehen zu können, müssen wir (...) untersuchen, wie diese biologischen, psychologischen und sozialen Systeme funktionieren und interagieren."* (Myers 2005, S. 61)

Literaturtipp
Sacks, Oliver: *Der Mann, der seine Frau mit einem Hut verwechselte.* Reinbek bei Hamburg 2009. Der US-amerikanische Neurologe Oliver Sacks beschäftigt sich mit kranken Menschen und schildert in anekdotischen Geschichten, wie sich unterschiedliche neurologische Störungen auf den Alltag seiner Patienten/-innen auswirken.

2.1 Nervensystem und Nervenzellen

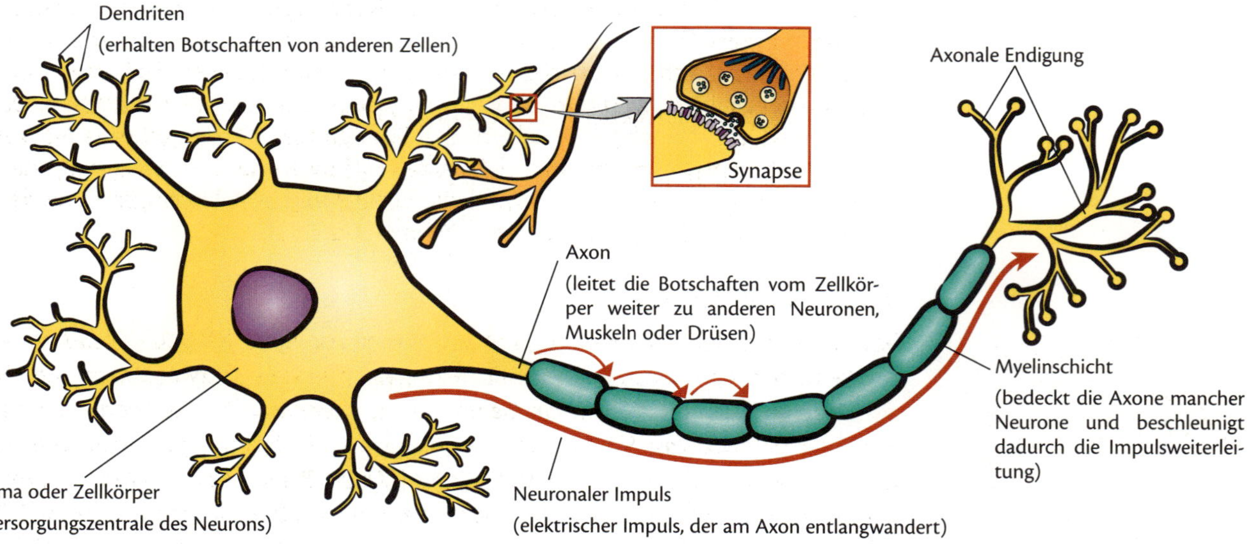

Der Aufbau einer Nervenzelle (Neuron)

Es gibt zwischen 100 Milliarden und einer Billion **Nervenzellen**, sogenannte Neurone, in unserem Gehirn und unserem gesamten Nervensystem. Diese vielen Nervenzellen ermöglichen es, dass wir denken, handeln, fühlen und miteinander kommunizieren können.

Jede Nervenzelle besteht aus einem **Zellkörper** (Soma) mit einem **Zellkern**. Vom Zellkörper ausgehend verzweigen und verästeln sich die Nervenfasern als **Dendriten**. Sie empfangen Impulse von anderen Nervenzellen, die Informationen wie „es ist kalt" oder „ich habe Hunger" übermitteln. Diese Botschaften wiederum werden über das **Axon** einer Nervenzelle an andere Nervenzellen weitergegeben. Das Axon ist von einer **Myelinschicht** (einer Membran aus Fettgewebe) umhüllt, die die Weiterleitung der Impulse beschleunigt: Entlang des Axons befinden sich myelinfreie, ringförmige Einschnürungen (die **Ranvier'schen Schnürringe**), über die der elektrische Nervenimpuls schnell weiterspringt. Man nennt diese sprunghafte Weiterleitung von einem Schnürring zum anderen **saltatorische Erregungsleitung**.

Definition
SALTATORISCH (lat. *saltare:* springen, tanzen) bedeutet sprunghaft.

Eine Nervenzelle empfängt also über ein verzweigtes Dendritensystem bestimmte Informationen, verarbeitet sie und leitet sie in Form eines elektrischen Impulses entlang ihres Axons an andere Nervenzellen weiter. Von den Dendriten ausgehend über den Zellkörper zum Axon bis hin zu den synaptischen Endknöpfchen übertragen Nervenzellen Informationen immer nur in eine Richtung. Die Verbindungsstelle zwischen der **axonalen Endigung** (dem Endknöpfchen eines Axons) und dem Dendriten einer anderen Nervenzelle nennt man **Synapse**.

T **Einzelarbeit** **1**

Wo in der Grafik befinden sich der Zellkern, die Ranvier'schen Schnürringe sowie die saltatorische Erregungsleitung? Beschriften Sie!

Kinder werden mit einem Überschuss an Nervenzellen geboren. Wenn das Gehirn eines Kindes verletzt ist, können also überzählige Verbindungen zwischen Nervenzellen die Verletzung kompensieren. Unser Gehirn besitzt die Fähigkeit, sich nach Schädigungen – solange sein Aufbau noch nicht abgeschlossen ist – zu reorganisieren. Wenn etwa das Sprachzentrum der linken Hemisphäre verletzt ist, kann die rechte Hemisphäre einen Großteil der Funktionen übernehmen. Diese Eigenschaft des Gehirns wird als **Plastizität** bezeichnet: Das Gehirn ist fähig, sich ständig an veränderte Bedingungen anzupassen, indem es neue Synapsen und Verschaltungen bilden oder bisher nicht benützte Synapsen und Verschaltungen aktivieren kann. „Die Plastizität des Gehirns ist (...) zu Beginn des Lebens am größten. In den ersten Lebensjahren ist die Entwicklung des Gehirns daher entscheidend von der neuronalen Aktivität abhängig, durch welche die Bildung von Synapsen gefördert wird." (Lang 2007, S. 446)

Das Nervensystem

Psychische Prozesse sind an ein komplexes Nervensystem gebunden, das dafür zuständig ist, Reize aufzunehmen, weiterzuleiten, zu verarbeiten und zu beantworten.

Die Grundbausteine des Nervensystems sind Nervenzellen. Sie gehören entweder zum *peripheren* oder zum *zentralen Nervensystem:*

Nervensystem

- Das **zentrale Nervensystem** besteht aus Gehirn und Rückenmark. Es ist die Schaltstelle des gesamten Nervensystems, denn hier werden alle Informationen und Reize verarbeitet, die über das Rückenmark vom peripheren Nervensystem ins Gehirn gelangen.
- Das **periphere Nervensystem** verbindet das zentrale Nervensystem mit den anderen Teilen des Körpers durch sensorische und motorische Nervenzellen. Es besteht aus dem somatischen (bewussten) und dem vegetativen (automatischen) Nervensystem. Das **somatische Nervensystem** steuert z. B. willkürliche Bewegungen. Das **vegetative Nervensystem** wird unterteilt in das *sympathische* (körperliche Aktivierung, z. B. Steigerung des Herzschlags) und das *parasympathische* (körperliche Beruhigung, z. B. Verlangsamung des Herzschlags) Nervensystem. Es organisiert Körperorgane und Drüsen.

2

Das neuronale Netz

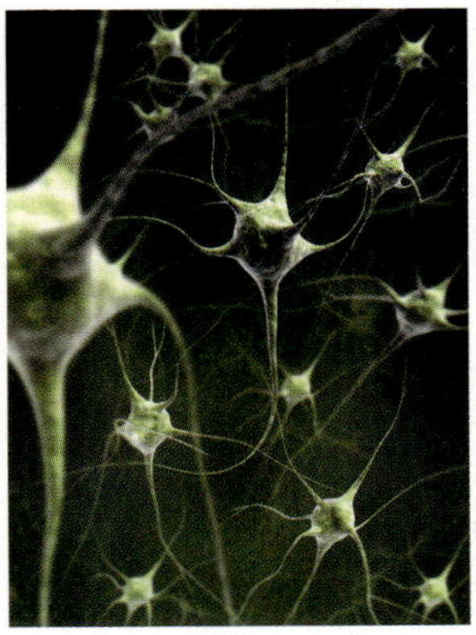
Das neuronale Netz

Das neuronale Netz (Nervennetz) hat eine Länge von etwa 100 000 Kilometern – das Zweieinhalbfache des Äquatorumfangs – mit mehreren Billiarden Verzweigungen. Jede Nervenzelle ist mit anderen verbunden. *„Um ein Gefühl für die Komplexität dieser Vernetzung zu bekommen, stellen Sie sich vor, dass Sie 2 Legosteine mit jeweils 8 Knöpfen auf 24 Arten aufeinander stecken können, und 6 Stücke auf annähernd 103 Mio. Arten. Bei ungefähr 30 Mrd. Neuronen, die jeweils um die 10.000 Kontaktstellen zu anderen Neuronen haben, landen wir bei 300 Billionen kortikalen synaptischen Verbindungen. Ein sandkorngroßes Stück Ihres Gehirns enthält 100.000 Neurone und 1 Mrd. ‚sprechende' Synapsen."* (Myers 2005, S. 72) Das neuronale Netzwerk ist durch dicht miteinander verbundene Nervenzellen gekennzeichnet, wodurch nur schwer erkennbar ist, wo eine Nervenzelle beginnt und wo sie endet. Nervenzellen neigen dazu, sich im Gehirn mit anderen benachbarten Nervenzellen zu verbinden – ein neuronales Netzwerk entsteht. Die Verbindungen der Nervenzellen in diesen neuronalen Netzwerken können durch positive Lernresultate verstärkt werden. Während das Üben eines Klavierstücks vorhandene neuronale Verbindungen stärkt, lässt das Erlernen einer Sprache neue Verbindungen entstehen. Sie können aber auch geschwächt werden, wenn keine Lernerfahrungen gemacht werden.

Neuronale Kommunikation

Definition
Neurotransmitter sind chemische Botenstoffe, die die Information von einer Nervenzelle an die andere weitergeben.

Die Nervenzellen unseres Nervensystems kommunizieren miteinander, und diese neuronale Kommunikation ermöglicht es, dass wir denken, fühlen, handeln und erinnern. Sie findet über sogenannte **Neurotransmitter** statt: Diese Botenstoffe entstehen in den Sinnes- und Nervenzellen und werden in der Synapse ausgeschüttet, sobald ein elektrischer Impuls über das Axon die Endigung der Nervenzelle erreicht. Wenn wir denken, fühlen oder handeln, „feuern" unsere Synapsen millionenmal und schütten dabei Milliarden von Transmitter-Molekülen aus. Da Neurotransmitter nicht nur unser Denken, sondern auch unsere Motorik, unsere Emotionen, unser Fühlen und Verhalten beeinflussen, ist die Neurotransmitterforschung bei der Entwicklung neuer Medikamente von großer Bedeutung. Medikamente können erregend wirken, wenn sie die Rolle aktivierender Neurotransmitter übernehmen, sie können aber auch hemmen, indem sie wie blockierende Neurotransmitter wirken.

Definition
Glückshormone sind Neurotransmitter, die Glücksgefühle hervorrufen.

Zu den körpereigenen **Glückshormonen** zählen Dopamin, Noradrenalin, Serotonin und Endorphin:

- Die Neurotransmitter **Dopamin** und **Noradrenalin** fördern generell Aktivität und Wachsamkeit.
- Der Neurotransmitter **Serotonin** ist für unsere Stimmung, Hunger und Erregung zuständig, beruhigt und verhilft zu positivem Denken.
- **Endorphin** (endogenes Morphin) ist ein natürliches Opiat, das Schmerzen lindert und die Stimmung hebt.

Glückshormone werden bei angemessener Belastung, bei Sonneneinstrahlung und beim Singen, aber auch bei körperlicher Aktivität ausgeschüttet. Bewegung fördert die Durchblutung im Gehirn, dadurch wird die Produktion neuer Nervenzellen und -verbindungen im Hippocampus angeregt und es werden Glückshormone ausgeschüttet. Das erklärt, warum regelmäßige sportliche Betätigung einerseits für das Lernen von Bedeutung ist und andererseits das psychische Wohlbefinden steigert, den allgemeinen Gesundheitszustand verbessert und ein wirkungsvolles Mittel gegen Depressionen ist.

Dokumentationstipp
ARTE Dokumentationsreihe: *Gehirn unter Drogen* (Frankreich 2005). Die 5-teilige Reihe begibt sich auf eine neurologische Entdeckungsreise und analysiert die Wirkungsweisen diverser Drogen auf unser Gehirn.

RP RF Internetrecherche 2

Macht Schokolade glücklich? Recherchieren Sie im Internet, welche Neurotransmitter beim Schokoladekonsum freigesetzt werden und welche Auswirkungen sie auf unser Wohlbefinden haben. Prüfen Sie: Wie viel Schokolade müssen Sie essen, um glücklich zu werden?

2.2 Das Gehirn

Definition
Der ENERGIEUMSATZ besagt, wie viel Energie (Glukose) das Gehirn für seine Tätigkeit verbraucht.

In Gehirntrainingsbüchern ist zu lesen, dass wir alle nur 10 % unseres Gehirns nutzen und Genies sein könnten, würden wir die anderen 90 % effektiver einsetzen. Doch dabei handelt es sich um einen weit verbreiteten Irrtum, denn ausschlaggebend für eine effiziente Nutzung des Gehirns ist nicht die gebrauchte Gehirnmasse, sondern der **Energieumsatz** im Gehirn. Untersuchungen zeigen, dass Denksportaufgaben von Personen mit niedrigem Energieumsatz am schnellsten gelöst werden können. Je leichter uns eine Aufgabe fällt, desto weniger Gehirnaktivität wird dabei von uns verlangt. Wenn wir etwas noch nicht so gut können, müssen wir uns geistig mehr anstrengen und haben folglich auch einen höheren Energieumsatz. Je automatisierter eine Tätigkeit aber abläuft, desto mehr Spielraum besteht für andere Gedanken, man fühlt sich z. B. durch Hintergrundgeräusche weniger gestört. Intelligenz ist so gesehen eine hohe geistige Leistung bei geringem Energieaufwand.

Ein menschliches Gehirn wiegt etwa 1,4 Kilogramm. Größe und Gewicht des Gehirns sagen aber nichts über unsere Intelligenz aus. Um geistige Leistungsfähigkeit beurteilen zu können, muss man sich näher mit der **Gehirnstruktur** auseinandersetzen. Ein einfach strukturiertes Gehirn wie z. B. vom Hai reguliert grundlegende lebenserhaltende Funktionen: Atmung, Schlaf und Nahrungsaufnahme. Das Gehirn einfacher Säugetiere (z. B. von Ratten) ermöglicht zwar auch Gefühle und ein besseres Gedächtnis – die Großhirnrinde (Cortex) des Menschen ist aber dicker, enthält mehr neuronales Gewebe und ist komplexer strukturiert.
Das Gehirn ist von Schädelknochen und innerhalb des Schädels von drei Hirnhäuten (Meningen) umgeben. Innerhalb dieser festen Hülle schwimmt es im Hirnwasser (Liquor) und ist so vor Verletzungen und Erschütterungen geschützt. Wie ein riesiger Walnusskern sieht das Großhirn (Cerebrum) aus. Seine zwei Hälften (cerebrale Hemisphären) sind durch einen Balken (das Corpus callosum) verbunden.

Das Großhirn

Informations- und Steuerzentrale

Das Großhirn macht etwa 80 % der Hirnmasse aus, die aus Nervenzellen, stützenden Gliazellen und Blutgefäßen besteht. Es wird von der **Großhirnrinde** (dem cerebralen Cortex) bedeckt, einer wenige Millimeter dünnen Schicht, die etwa 20–23 Milliarden Nervenzellen enthält. Die Großhirnrinde ist so stark gefaltet, dass sie sich, würde man sie glätten, auf ungefähr vier DIN A4-Seiten ausbreiten ließe. Die Furchen und Windungen ermöglichen uns, mehr Informationen als Tiere zu verarbeiten und vorausschauend zu handeln. Die Großhirnrinde ist das Steuerungs- und Informationsverarbeitungszentrum des Körpers und wird in vier verschiedene Regionen, sogenannte „Lappen", mit festgelegten Funktionen unterteilt:

- Im **Stirnlappen** (Frontallappen), dem vorderen Hirnbereich, befindet sich der *motorische Cortex*. Er ist für Bewegung zuständig und sendet Informationen zu den entsprechenden Körperteilen. Der Stirnlappen hat weiters eine ausführende (exekutive) Funktion bei sämtlichen kognitiven Aktivitäten (z. B. planen, entscheiden, Probleme lösen).
- Hinten oben im **Scheitellappen** (Parietallappen) liegt der *sensorische Cortex*. Er ist für Empfindungen wie Berührung, Schmerz und Temperatur, aber auch für mathematische und abstrakte Probleme, Sprachverständnis und Musik verantwortlich.
- Im **Hinterhauptslappen** (Okzipitallappen) am Hinterkopf werden *visuelle* Reize wahrgenommen, gespeichert und sinnvoll zugeordnet.
- Der **Schläfenlappen** (Temporallappen) bei den Ohren erhält *auditorische* Informationen. Er ist außerdem für unsere Emotionen und unser Gedächtnis wichtig.

Jeder Hirnlappen interagiert und kooperiert mit den anderen: Ob wir putzen, Zeitung lesen oder mit Freunden/-innen reden, unser Gehirn arbeitet immer als Einheit. Vor allem komplexe geistige Fähigkeiten sind nicht an einen bestimmten Ort im Gehirn gebunden. Das Gehirn teilt sich die Arbeit auf, um Fähigkeiten wie Lernen, Denken, Sprechen, Wahrnehmen und Erinnern zu optimieren. So wird auch die Sprachfähigkeit in mehreren Arealen (Zentren) lokalisiert (▸ Kap. 6.4) und resultiert schließlich aus deren enger Zusammenarbeit:

Definition
Eine LÄSION ist eine Schädigung oder Verletzung durch z. B. einen Unfall oder Tumor.

- Das **Broca-Areal** im linken Stirnlappen steuert die Muskelbewegungen, die an der Lautbildung beteiligt und somit für den sprachlichen Ausdruck zuständig sind. Es prüft die eintreffenden Worte, ist für Grammatik und Satzstruktur zuständig. Bei einer **Gehirnläsion** des Broca-Areals fällt es den Betroffenen schwer zu sprechen, sie sind aber fähig, bekannte Lieder zu singen und zu verstehen, was gesprochen wird.

- Das **Wernicke-Areal** liegt im linken Schläfenlappen und steuert das Sprachverständnis (Bedeutung der Worte, semantischer Gehalt) und den sprachlichen Ausdruck. Bei einer Läsion sprechen die Betroffenen sinn- und zusammenhanglos.
- Der **Gyrus angularis** ist eine Windung im Scheitellappen. Ist er verletzt, ist unsere Lese-, Schreib- und Rechenfähigkeit beeinträchtigt, nicht aber unser Sprachverständnis.

Der Hirnstamm

Steuerung der vegetativen (unbewussten) Körperfunktionen

Der **Hirnstamm** ist der älteste Teil des Gehirns. Er besteht aus dem verlängerten Rückenmark (Medulla oblongata), der Brücke (Pons) und dem Mittelhirn. Der Hirnstamm wird von den Gehirnhälften umschlossen und fängt dort an, wo das Rückenmark in den Schädel eintritt und etwas dicker wird. Im Hirnstamm befinden sich die Nervenbahnen, die das Gehirn mit dem Rückenmark verbinden. Nervenfasern, die vom Körper aufsteigen und vom Gehirn hinabführen, kreuzen sich im Hirnstamm. Er steuert lebenserhaltende Aktivitäten wie Atmung, Herz-Kreislauf-System, regelt den Blutdruck, reguliert Pulsfrequenz und Verdauung, unabhängig davon, ob wir wach sind oder schlafen.

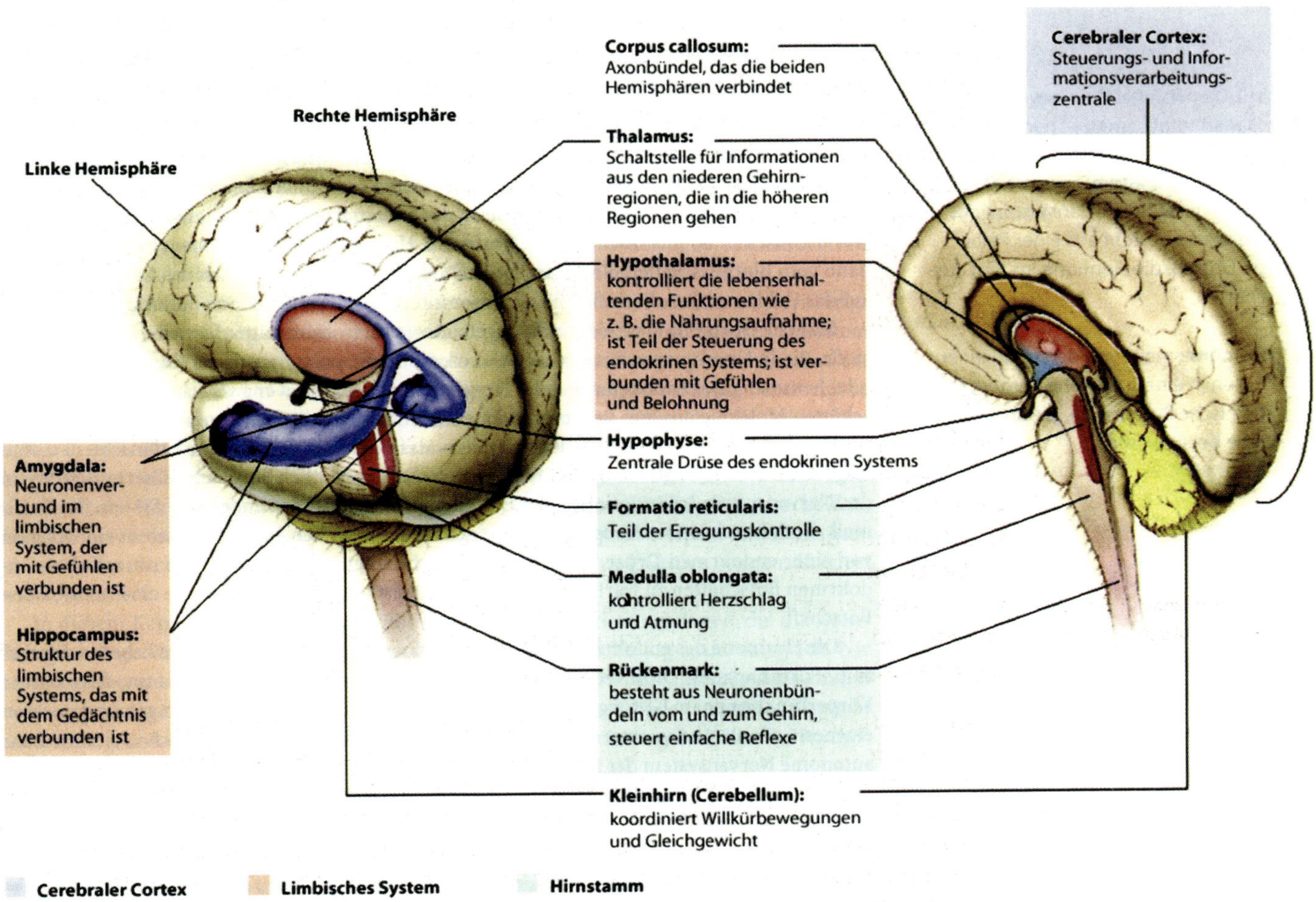

Gehirnstrukturen und ihre Funktionen

Das Kleinhirn

Speicher motorischer Abläufe

Das Kleinhirn (Cerebellum) ist eine walnussgroße Struktur an der Basis des Schädels am hinteren Teil des Hirnstammes. Es hat zwei gefurchte Hemisphären und sieht aus wie ein kleines Hirn. Es koordiniert unsere Körperbewegungen und kontrolliert Haltung und Gleichgewicht. Außerdem stimmt es Bewegungen aufeinander ab und speichert sie so, dass sie nach dem Einüben automatisch ablaufen (Autofahren, Schwimmen). Ist das Kleinhirn verletzt, hat man Probleme, das Gleichgewicht zu halten, und bewegt sich unkoordiniert und ruckartig.

Das Zwischenhirn

Zum Zwischenhirn zählen der Thalamus und der Hypothalamus.

Weiterleitung sensorischer Informationen

- Der **Thalamus** empfängt Informationen von allen Sinnesorganen (nur Gerüche werden in der Amygdala verarbeitet) und leitet diese gefilterten sensorischen Informationen an die entsprechenden Nervenzellen in der Großhirnrinde weiter. So werden beispielsweise Informationen von den Augen in bestimmte Areale der Großhirnrinde, die für die visuelle Verarbeitung zuständig sind, weitergeleitet.

Steuerung der Grundbedürfnisse

- Der **Hypothalamus** unterhalb des Thalamus ist das Belohnungs- und Verstärkungszentrum. Hier werden alle lebenserhaltenden Grundbedürfnisse wie Hunger, Durst und Sexualität gesteuert. Der Hypothalamus reguliert außerdem die Körpertemperatur, das Schmerzempfinden, den Blutdruck, den Blutzuckerspiegel, den Tag-Nacht-Rhythmus und andere Aspekte des Körperhaushaltes. Der Hypothalamus ist Teil des *limbischen Systems*.

Das **limbische System** ist eine ringförmige Funktionseinheit zwischen Hirnstamm und den beiden Gehirnhälften. Es ist an Prozessen der Motivation, der Emotion und des Gedächtnisses beteiligt und besteht aus Hypothalamus, Hippocampus und Amygdala:

Gedächtnis

- Der **Hippocampus** spielt eine wichtige Rolle, wenn neue Inhalte vom Kurzzeitgedächtnis ins Langzeitgedächtnis übertragen werden sollen (▸ Kap. 4.1). Er ist nämlich dafür zuständig, neue Gedächtnisinhalte auf die entsprechenden Regionen im Gehirn zu verteilen. Verlieren wir durch einen Unfall oder einen chirurgischen Eingriff den Hippocampus, verlieren wir auch die Fähigkeit, uns neue Fakten und Erlebnisse zu merken. Die alten Erinnerungen hingegen bleiben meist erhalten.

Emotion

- Die **Amygdala** (Mandelkern) besteht aus zwei mandelförmigen Neuronenclustern. Sie ist unser emotionales Gedächtnis, steuert unser Sozialverhalten, unsere emotionale Aufmerksamkeit und beeinflusst Gefühle wie Aggression, Angst und Wut sowie unseren Nahrungs- und Sexualtrieb. Mangelndes Einfühlungsvermögen und Gefühllosigkeit können auf einer Funktionsstörung des Mandelkerns beruhen. Entfernt man die Amygdala, kommt es zu weniger Wutausbrüchen, aber auch andere emotionale Regungen wie Leidenschaft gehen verloren.

RP Partnerarbeit 3

Bilden Sie Zweiergruppen. Der/Die Interviewer/-in stellt dem/der Experten/-in Fragen zum Aufbau des Gehirns und hält die Antworten schriftlich fest. Nach fünf Fragen werden die Rollen getauscht.

2.3 Linke und rechte Gehirnhälfte

Definition
Als NERVENFASER bezeichnet man den Fortsatz einer Nervenzelle, also das Axon samt Myelinschicht.

Das Großhirn besteht aus zwei Hälften, den **cerebralen Hemisphären**. Das **Corpus callosum**, ein Balken von etwa 200 Millionen Nervenfasern, verbindet die beiden Gehirnhälften. Über diesen Balken können die beiden Gehirnhälften mehr als eine Milliarde Informationseinheiten pro Sekunde austauschen.

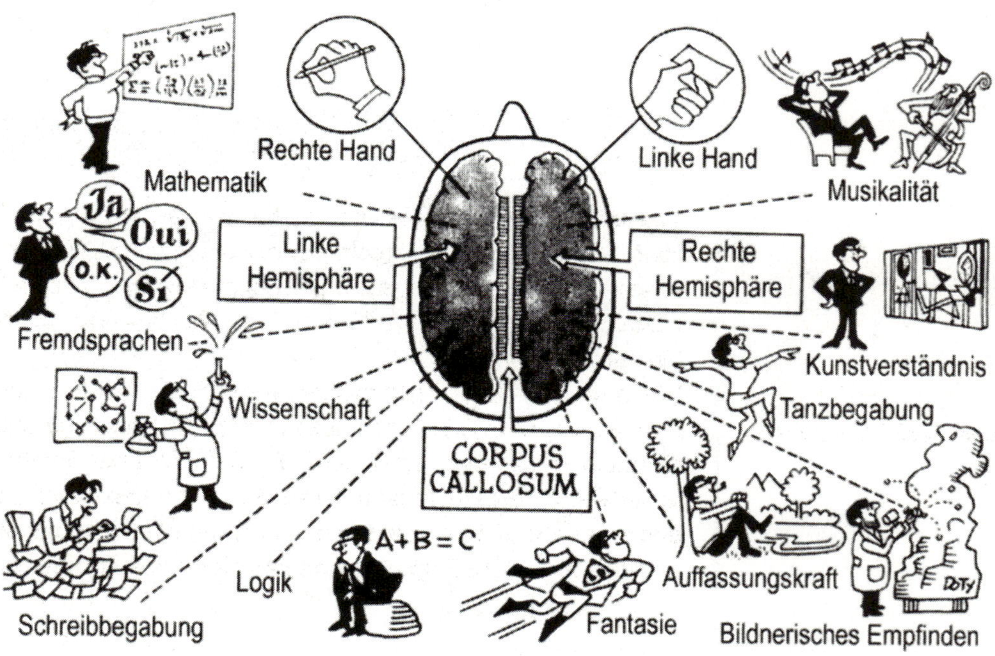

Funktionale Unterschiede der linken und rechten Gehirnhälfte

Definition
GANZHEITLICH bedeutet, dass möglichst viele Aspekte und Zusammenhänge einer Sache umfassend berücksichtigt werden.

Die beiden Gehirnhälften verarbeiten zwar dieselben Informationen, und die meisten Gehirnfunktionen werden von beiden Gehirnhälften kontrolliert. Es ließen sich jedoch Unterschiede in der Gewichtung feststellen: Die linke Hälfte ist **analytisch** (sie verarbeitet schrittweise), während die rechte **holistisch** (ganzheitlich) arbeitet. Während die linke Gehirnhälfte mehr für Logik, Sprache und Analytik zuständig ist, steuert die rechte Hälfte Emotionen, Intuition und räumliches Denkvermögen. Die linke Gehirnhälfte berücksichtigt besonders kleine Details bei einer Problemlösung, die rechte liefert kreative Lösungen und plötzliche Geistesblitze (▸ Kap. 7.3). Trotz ihrer funktionellen Stärken müssen beide Gehirnhälften zusammenarbeiten, um zu einem Ergebnis zu kommen. Wenn wir eine Geschichte lesen, erkennt etwa die linke Gehirnhälfte die Worte und deren Bedeutung, während die rechte Bilder erzeugt und mitfühlt.

RP **Einzelarbeit** **4**

Fassen Sie die Aufgabenbereiche der linken und rechten Gehirnhälfte strukturiert in einer Tabelle zusammen!

Literaturtipp
SACKS, Oliver: *Der einarmige Pianist. Über Musik und das Gehirn.* Reinbek 2008. Sacks erzählt von Menschen, die nach einer Hirnverletzung ihre Musikalität verlieren, und von anderen, die durch eine Verletzung Musikalität oder gar Musikbesessenheit entwickeln.

Die linke Gehirnhälfte steuert den Tastsinn der rechten Hand und die rechte Gehirnhälfte den Tastsinn der linken Hand. Diese Aufteilung entsteht, weil über den Hirnstamm viele Nerven eine Hemisphäre des Gehirns mit der anderen Seite des Körpers verbinden.
Mehr als 90 % der Menschen sind Rechtshänder/-innen, nur 10 % (darunter mehr Männer als Frauen) sind Linkshänder/-innen. Die Zusammenarbeit beider Gehirnhälften kann z. B. über Jonglieren gefördert werden, da bei der gleichzeitigen Aktivität beider Körperhälften die Myelinschicht der Nervenfasern im Corpus callosum, das beide Gehirnhälften miteinander verbindet, gestärkt wird. Jonglieren fördert außerdem die Verschaltungen zwischen den Nervenzellen u. a. in all jenen Gehirnregionen, die für die visuelle Wahrnehmung, das räumliche Vorstellungsvermögen, die Wahrnehmung rascher Bewegungsabläufe und die Reaktions- und Koordinationsfähigkeit zuständig sind.

Einzelarbeit **5**

Lösen Sie folgende Aufgaben zur gleichzeitigen Aktivierung beider Gehirnhälften:
- Versuchen Sie, gleichzeitig zwei verschiedene Formen zu zeichnen! Zeichnen Sie z. B. mit der rechten Hand einen Kreis und mit der linken ein Quadrat.
- Versuchen Sie nun die vorige Aufgabe in der Luft: Machen Sie mit dem linken Arm kreisförmige Bewegungen und formen Sie mit dem rechten Arm ein Rechteck.
- Schreiben Sie – mit beiden Händen gleichzeitig – ein Wort spiegelbildlich.
- Halten Sie eine Karte an die Stirn. Setzen Sie mit Ihrer rechten Hand links auf der Karte an und schreiben Sie Ihren Namen nach rechts und anschließend von rechts nach links! Was fällt leichter?
- Jonglieren Sie mit drei Bällen.

2.4 Spiegelneurone

Warum steckt Gähnen an?

Warum können wir uns in andere hineinversetzen und mit ihnen fühlen, wenn sie sich verletzen? Das liegt an den **Spiegelneuronen** – Nervenzellen, die in unserem Gehirn das Verhalten unseres Gegenübers spiegeln. Sie wurden von einer italienischen Forschergruppe, darunter die Neurophysiologen Vittorio GALLESE und Giacomo RIZZOLATTI, zufällig bei Versuchen mit Affen entdeckt.
Wenn wir eine Person beobachten, lösen Spiegelneurone im Gehirn die gleichen elektrischen Impulse aus, die entstünden, wenn wir diese Handlung selbst ausführten. Wenn wir mit jemandem in Kontakt treten und die Gefühle einer anderen Person wahrnehmen, aktiviert unser Gehirn eine sogenannte **neurologische Resonanz**. Diese führt dazu, dass wir uns auf den emotionalen und körperlichen Zustand eines anderen Menschen einstellen. Sie ist verantwortlich für unsere Empathie und Intuition sowie für unsere Nachahmungsfähigkeit.

Definition
EMPATHIE ist die Fähigkeit, mit einem anderen Wesen mitzufühlen.

Empathie

Spiegelneurone lassen uns nachempfinden, was andere fühlen und denken. Durch sie können wir automatisch die Vorstellungen und geistigen Bewegungsmuster unseres Gegenübers wahrnehmen, als wären es unsere eigenen. Sehen wir beispielsweise, wie sich jemand in den Finger schneidet, durchfährt uns ein ähnlicher Schmerz. Da Empathie (Einfühlungsvermögen) eine wichtige Voraussetzung für den positiven Umgang mit den eigenen Gefühlen und denen anderer ist, sind Spiegelneurone die neurophysiologische Grundlage für **emotionale Intelligenz** (▸ Kap. 8.1). Kommunikationsfähigkeit und soziale Kompetenz im Umgang mit anderen sind weitere Bedingungen für diese Art von Intelligenz.

Intuition

Intuition ist die Fähigkeit, innerhalb von Sekundenbruchteilen zu erfassen, was unser Gegenüber fühlt und beabsichtigt. Wieder sind es Spiegelneurone, die uns intuitiv erahnen lassen, was kommen könnte: *„Spiegelneurone können beobachtete Teile einer Szene zu einer wahrscheinlich zu erwartenden Gesamtsequenz ergänzen."* (Bauer 2005, S. 31)

Nachahmung

Spiegelneurone „erleichtern" das Lernen von Handlungen …

Wir lachen, wenn andere lachen, lassen uns aber auch von schlechter Laune anstecken. Wir sitzen einer Person gegenüber und nehmen intuitiv dieselbe Körperhaltung ein. Wenn eine Mutter ihr Kind füttert und dabei den Mund öffnet, übernimmt das Kind diese Mimik automatisch. Neurowissenschaftlich gesehen passiert dabei Folgendes: **Handlungsneurone** spiegeln in unserem Gehirn das Verhalten unseres Gegenübers, als wäre es unser eigenes. Die 100 bis 200 Millisekunden später feuernden **Bewegungsneurone** lassen uns schließlich die Handlung tatsächlich ausführen. Eine **neuronale Grenze**, eine Art Blockademechanismus, sorgt jedoch dafür, dass wir nicht alles, was wir sehen, nachahmen: Wenn jemand neben uns stolpert, stolpern wir nicht etwa auch, sondern erleben den Sturz bloß mental mit. Bei Patienten/-innen, die unter „Echopraxie" leiden, funktioniert diese neuronale Grenze nicht mehr. Sie müssen zwanghaft alles nachmachen, was ihr Gegenüber tut.

Literaturtipp
BAUER, Joachim: *Warum ich fühle, was du fühlst. Intuitive Kommunikation und das Geheimnis der Spiegelneurone.* München 2006. Der Mediziner, Neurobiologe und Psychotherapeut Joachim Bauer erklärt, wie unsere Spiegelneurone, die Grundlage unserer Intuition und Empathie, funktionieren.

Spiegelneurone stellen als **Nachahmungsneurone** auch eine wichtige neurowissenschaftliche Erklärungsgrundlage für das **Modelllernen** dar, eine Theorie, die bereits vor über drei Jahrzehnten vom kanadischen Psychologen Albert BANDURA formuliert wurde (▸ Kap. 5.4). Durch Spiegelneurone wird erklärbar, dass allein unsere Beobachtung einen Mechanismus in Gang setzt, der dabei behilflich ist, fremdes Tun zu verstehen. Sehen wir einem anderen Menschen bei einer Tätigkeit zu, werden Nervenzellen aktiviert, die wir benützen müssten, wenn wir die beobachtete Handlung selbst ausführen wollten. Das heißt: Ob wir Handlungen selbst ausführen oder sie bei anderen beobachten, hat dank der Spiegelneurone denselben neurologischen Effekt. So erleichtern Spiegelneurone das Erlernen neuer Tätigkeiten.
Komplizierte Bewegungsmuster, wie beispielsweise das Fahrradfahren, lernen Kinder bereits, indem sie andere Kinder beobachten. Die Muster zum Fahrradfahren sind also schon da, bevor das Kind überhaupt selbst auf einem Fahrrad sitzt.

RF Partnerarbeit 6

Erörtern Sie, inwiefern Spiegelneurone als Erklärungsgrundlage für jugendliches Gewaltverhalten dienen!

2.5 Bewusstsein und Gehirnaktivität

Das Bewusstsein gilt als eines der größten ungelösten Rätsel der modernen Wissenschaft. Die neurowissenschaftliche Forschung versucht, unser Bewusstsein über unsere Gehirnaktivität zu ergründen: Für Neurowissenschaftler/-innen ist das Bewusstsein das, was das Gehirn tut. Kritiker/-innen dieses Standpunktes fragen jedoch, ob das Bewusstsein nicht doch über unsere Gehirnaktivität hinausgeht.
„Sie, Ihre Freuden und Leiden, Ihre Erinnerungen, Ihre Ziele, Ihr Sinn für Ihre eigene Identität und Willensfreiheit – bei alledem handelt es sich in Wirklichkeit nur um das Verhalten einer riesigen Ansammlung von Nervenzellen und dazugehörigen Molekülen." So beginnt der britische Physiker und Medizin-Nobelpreisträger Francis CRICK in seinem Buch *Was die Seele wirklich ist. Die naturwissenschaftliche Erforschung des Bewusstseins* seinen Diskurs über die Frage nach dem Bewusstsein. Unser Gehirn ermöglicht, dass wir sehen, hören, erinnern, denken, fühlen, sprechen und träu-

men. Davon leiten Neurowissenschaftler/-innen ab, dass unser Gehirn auch unser Bewusstsein produziert. Bewusstsein wird neurowissenschaftlich als unmittelbare Wahrnehmung verstanden, die immer vom Fokus unserer momentanen Aufmerksamkeit (▸ Kap. 3.2) abhängig ist.

Die Bedeutung der Gehirnaktivität

Die **Gehirnforschung** geht davon aus, dass zahlreiche Bereiche des Gehirns aktiv sein müssen, bevor uns etwas bewusst werden kann. Bewusstsein entsteht demnach in jenen Hirnbereichen, die gerade aktiv sind bzw. in denen gerade entsprechende Nervenaktivitäten ausgelöst werden. Die neuronale Aktivität soll Auskunft über unsere Bewussteinszustände liefern.
Neurowissenschaftler/-innen entwickelten computergesteuerte Verfahren, die einen Blick ins Gehirn ermöglichen:

- Die **Positronen-Emissions-Tomographie** (PET) zeigt den Verbrauch von Glukose (Zucker) des Gehirns. Aktive Nervenzellen verbrauchen mehr Glukose. Das bedeutet, dass die Stellen, die im Gehirn gerade am stärksten aktiviert sind, die Stellen mit dem höchsten Glukoseverbrauch sind.
- Die funktionelle **Magnetresonanztomographie** (fMRT) kann mithilfe von Magnetfeldern Körpergewebe und nicht-knöcherne Strukturen (z. B. Muskeln, Sehnen, Gehirn) bildlich darstellen. Durch neuronale Aktivität entstehen im Gehirn Magnetfelder, die ebenfalls darstellbar sind.
- Bei der **transkraniellen Magnetstimulation** (TMS), dem neuesten Verfahren, wird auf der Großhirnrinde ein starkes Magnetfeld erzeugt, das Veränderungen im elektrischen Verhalten der Nervenzellen auslöst. Dieser Vorgang ermöglicht es, die Aktivität der Nervenzellen zu erhöhen, aber auch zu hemmen.
- Das **Elektroenzephalogramm** (EEG) misst unsere Gehirnaktivität, indem es Hirnstromwellen aufzeichnet. Elektrochemische Hirnströme kommen in folgenden Wellenlängen vor:

Gehirnwellen	Frequenzbereich	Gehirnaktivität
Gamma-Wellen (γ)	31–70 Hz	Hektik, Hyperaktivität, erhöhte Aufmerksamkeit und Konzentration wie z. B. bei Lernvorgängen; tiefe Meditation.
Beta-Wellen (β)	14–30 Hz	Geistige Aktivität, gespannt und in Alarmbereitschaft bis zu erhöhtem Ausstoß von Stresshormonen, Unruhe und Sorge.
Alpha-Wellen (α)	8–13 Hz	Entspannter Wachzustand, körperliche und geistige Ruhe, Meditation.
Theta-Wellen (θ)	4–7 Hz	Zustand der Ermüdung, leichter Schlaf, tiefe Entspannung, lebendiges Vorstellungsvermögen, Meditation.
Delta-Wellen (∂)	0,5–3 Hz	Leichter bis traumloser, tiefer Schlaf.

Als der Psychiater und Neurologe Hans Berger Erklärungen für telepathische Fähigkeiten suchte, entdeckte er elektrische Impulse im Gehirn – die Gehirnwellen.
Die Gehirnaktivität wird in Millisekunden gemessen. Das ist im Vergleich zu einem Computer, der innerhalb von Nanosekunden (Milliardstelsekunden) reagiert, verhältnismäßig langsam. Das erklärt, warum wir oft zu spät auf ein plötzlich eintretendes Ereignis reagieren – es kann z. B. passieren, dass wir nicht rechtzeitig auf die Bremse steigen.

Literaturtipp
Faulstich, Joachim: *Das heilende Bewusstsein. Wunder und Hoffnung an den Grenzen der Medizin.* München 2008. „Der Geist kann Wunder wirken": Der Autor zeigt aus verschiedenen Blickwinkeln (Heilungszeremonien bei Indianern/-innen, Gehirnforschung), welche bedeutende Rolle unser Bewusstsein bei der Heilung einnimmt. Faulstich schlussfolgert aus seinen Recherchen, dass Wunder nicht im Widerspruch zur Natur geschehen, sondern im Gegensatz zu dem, was wir von der Natur wissen. (▸ Kap. 3.5)

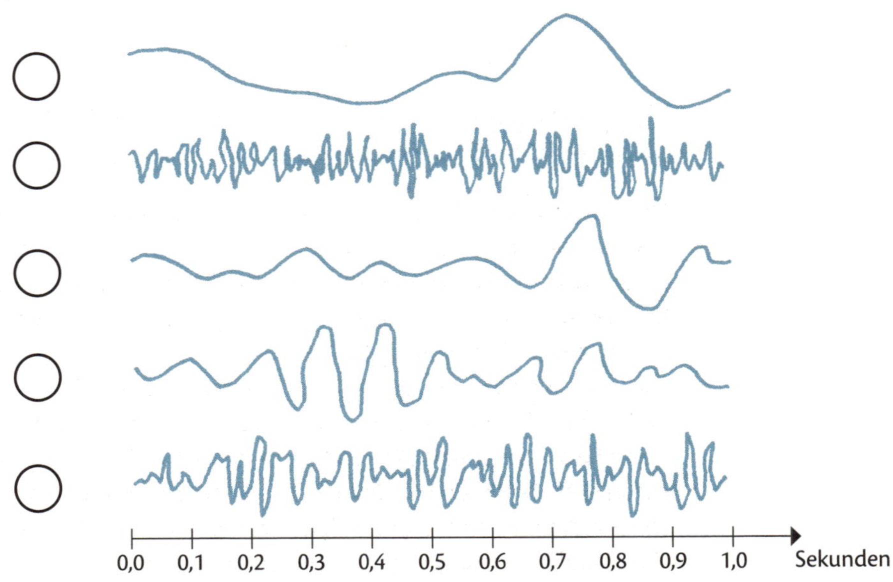

T Einzelarbeit 7

Ordnen Sie jede Frequenz (Schwingungsweite) in der Grafik auf Seite 27 der entsprechenden Gehirnwelle zu. Schreiben Sie den griechischen Buchstaben in den Kreis!

Kritiker/-innen der naturwissenschaftlichen Erklärungsversuche entgegnen, dass Bewusstsein als subjektives Phänomen ausschließlich uns selbst zugänglich ist. Denn wie soll etwas, das nur das Individuum erkennt, mit etwas, das rein physisch ist, erklärt werden können? Diese Ansicht stellt jegliche wissenschaftliche Untersuchung des Bewusstseins infrage, denn Wissenschaft erklärt Psychisches nur über physische Prozesse. Es bleibt fraglich, ob wir uns mit der Nichterklärbarkeit des Bewusstseins abfinden müssen oder ob die Erklärbarkeit einfach nur am derzeitigen Wissensstand scheitert.

2.6 Hypnose und Trance

Definition
HYPNOSE (nach dem griechischen Gott des Schlafes *Hypnos*) bezeichnet ein Verfahren zum Erreichen der hypnotischen Trance sowie diesen Zustand selbst.

Hypnose und Trance sind besondere Bewusstseinszustände in Entspannung. Der **hypnotische Zustand** lässt sich mit dem Zustand kurz vor dem Einschlafen vergleichen, wo wir weder wach sind noch schlafen. In der **hypnotischen Praxis** wird der Zustand der Hypnose durch die Fixationsmethode erreicht: Ein Pendel wird im Abstand von etwa 10 cm vor den Augen des/der Klienten/-in befestigt und von diesem/dieser mit den Augen fixiert. Dadurch wird künstlich Müdigkeit herbeigeführt, denn die Nervenfunktionen werden dabei so beeinflusst, dass erregte Zentren schnell ermüden und bestimmte Hirnregionen blockiert werden. Das Gehirn befindet sich in einem Ruhemodus. Dieser besondere Entspannungszustand wird auch **Trance** genannt. Mögliche Reaktionen im Zustand der hypnotischen Trance:

- Muskelspannung, Herzrate und Blutdruck werden gesenkt und die Blutgefäße erweitert. Die Atmung wird langsam und gleichmäßig.
- Wenn eine bestimmte (meist erstarrte) Haltung ungewöhnlich lange eingenommen wird, spricht man von Katalepsie.
- Die Augenlider sind geschlossen, es wird wenig geblinzelt und geschluckt, man ist kaum ansprechbar.
- Man empfindet den eigenen Körper als fremd und spürt keine Schmerzen.
- Man löst sich von allen Gedanken, die Denkvorgänge verlangsamen sich stark, man hat erhöhte Konzentration auf eine einzige Sache und ist geistig wach bei gleichzeitiger körperlicher Entspannung.
- Alle bewussten Funktionen sind stark eingeschränkt, Reize der Außenwelt werden nicht registriert und die Realität wird nicht wahrgenommen.
- Man hat lebhafte Vorstellungen: Imaginationen, Halluzinationen.
- Amnesie (Gedächtnisverlust) für Tranceinhalte tritt auf.

Der hypnotische Zustand wird in drei Stadien der Trance unterteilt:

beginnende bewusste Entspannung

1. **Somnolenz (leichte Hypnose):** Der/Die Hypnotisierte erlebt in dieser Phase noch alles bewusst mit, es stellen sich allerdings bereits eine beginnende Entspannung der Muskulatur und eine allgemeine Müdigkeit ein (die Glieder werden schwer).

Schmerzlosigkeit

2. **Hypotaxie (mittlere Trance):** Der/Die Hypnotisierte ist zwar noch bei Bewusstsein, aber in diesem Zustand wird kein Schmerz mehr empfunden. Halluzinationen und Katalepsie (Verharren in einer Körperhaltung) können auftreten.

absolute, bewusstlose Entspannung

3. **Somnambulismus (tiefe Trance):** Somnambulismus (lat. *somnus:* Schlaf; *ambulare:* gehen) bedeutet eigentlich „Schlafwandeln". Mit dem Phänomen des sogenannten Schlafwandelns, bei dem während des Schlafes komplexe Verhaltensweisen wie Spazierengehen ausgeführt werden, hat Somnambulismus als drittes Stadium der Trance natürlich nichts zu tun. Das „klassische" Schlafwandeln betrifft vor allem Kinder. Die Betroffenen können sich daran meist nicht mehr erinnern. Die Ursachen sind noch nicht ausreichend erforscht, u. a. werden unverarbeitete psychosoziale Belastungen dahinter vermutet. In der Hypnose steht der Begriff Somnambulismus für die Phase der absoluten Entspannung und der völligen Bewusstlosigkeit, an die nach dem Aufwachen keine Erinnerung mehr besteht (Amnesie). In diesem dritten Stadium der Trance ist man für **suggestive Beeinflussung** besonders empfänglich. Suggestion kann die Wahrnehmung, das Gedächtnis, die Motivation, das Gefühl und das Verhalten einer Person so verändern, dass sie diese manipulative Beeinflussung gar nicht wahrnimmt. Dabei wird eine Vorstellung von außen an die hypnotisierte

Definition
SUGGESTION (lat. *suggestio:* hinzufügen) bedeutet „Einflüsterung".

Person herangetragen. Durch diese Beeinflussung kann es auch sein, dass sogar unlogische oder sinnlose Befehle widerspruchslos ausgeführt werden. Interessanterweise werden aber Befehle, die der Werthaltung des/der Hypnotisierten völlig widersprechen, nicht oder nur eingeschränkt ausgeführt: Moralisches Urteilsvermögen und Kontrolle sowie der eigene Wille werden also selbst in hypnotisiertem Zustand nicht aufgegeben. Sogenannte posthypnotische Aufträge bleiben auch nach Auflösung der Hypnose wirksam.

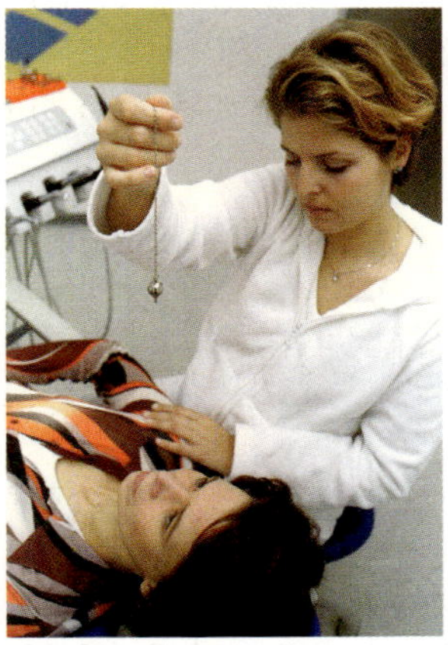
Hypnotherapie

5 bis 10 % der Bevölkerung sind leicht zu hypnotisieren, während bei weiteren 5 bis 10 % selbst die professionellsten Hypnotiseure/-innen scheitern. Ob man sich leicht oder gar nicht hypnotisieren lässt, hat nichts mit dem Glauben an die Wirksamkeit von Hypnose zu tun. Der britische Psychologe Peter NAISH fand in einer Studie heraus, dass Menschen mit einer dominanten linken Gehirnhälfte leichter zu hypnotisieren sind.
Hypnose kommt auch im medizinischen und psychologischen Alltag zum Einsatz. Beim therapeutischen Einsatz von Hypnose spricht man von **Hypnotherapie** (▸ Kap. 14.5). Ärzte/-innen machen von hypnotischen Techniken Gebrauch, wenn der/die Patient/-in beispielsweise bestimmte chemische Mittel nicht verträgt. Bei Operationen kann man Hypnose anstelle von Narkose einsetzen sowie zur Linderung postoperativer Schmerzen. In der Psychotherapie können Angstzustände mittels Hypnose eliminiert werden. Die Wirkung ist allerdings nicht nachhaltig, weil tiefer liegende Ursachen nicht berührt werden.

2.7 Schlaf und Traum

RF Einzelarbeit 8

Prüfen Sie die folgenden Aussagen: Richtig oder falsch?
a) Schlaf ist wichtig für die psychische und organische Gesundheit.
b) Ältere Erwachsene brauchen mehr Schlaf als Jugendliche.
c) Manche Menschen träumen fast jede Nacht, andere nie.
d) Ein Mittagsschläfchen wirkt leistungssteigernd.

Schlaf

Schlaf ist ein periodischer, natürlicher, reversibler (umkehrbarer) Bewusstseinsverlust.
Um die einzelnen Schlafstadien zu eruieren, werden Gehirnwellen und Muskelaktivität während des Schlafens aufgenommen sowie die Augenbewegungen gemessen. Alpha-Wellen repräsentieren den entspannten Wachzustand und Delta-Wellen den Tiefschlaf. Die Phase, in der wir träumen, ist der sogenannte REM-Schlaf. Leichtschlafphasen, Tiefschlafphasen und REM-Schlafphasen wechseln sich innerhalb eines Schlafzyklus kontinuierlich ab.

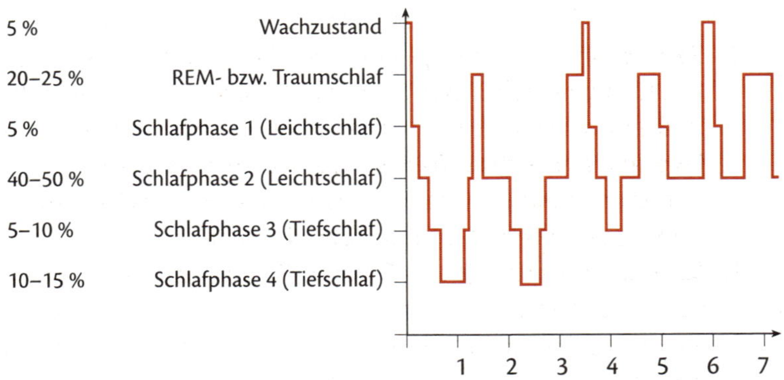

Anteil der einzelnen Schlafphasen innerhalb eines Schlafzyklus

Wichtigkeit des Schlafes

Schlaf entspannt den Organismus und ist notwendig für unsere psychische und organische Gesundheit, da im Schlaf das seelische und körperliche Gleichgewicht wiederhergestellt werden kann. Unser Gehirn ist im Zustand des Schlafes aktiv, es repariert und reorganisiert sich selbst.
Wenn es uns nicht gelingt, unser individuelles Schlafbedürfnis zu befriedigen, sprechen wir von Schlafmangel. Schlafmangel beeinträchtigt nicht nur das körperliche und geistige Wohlbefinden, sondern wirkt sich auch auf den allgemeinen Gesundheitszustand negativ aus.

Konsequenzen von Schlafmangel

Die Tiefschlafphasen sind für unsere physische und psychische Regeneration von besonderer Bedeutung. Versuchspersonen, die über einen längeren Zeitraum während der Tiefschlafphasen geweckt wurden, erkrankten mit unterschiedlichen körperlichen Symptomen und wiesen gleichzeitig nach kurzer Zeit eine erhöhte Reizbarkeit, Konzentrationsschwäche und ausgeprägtes Angsterleben auf. Eine fortwährende Störung des Tiefschlafs stört also nachweislich das körperliche und psychische Wohlbefinden.

- Die allgemeine Befindlichkeit ist beeinträchtigt – man ist müde, reizbar, frustanfällig, unbeholfen und tendiert in späteren Phasen sogar zu Halluzinationen. Wer ausreichend schläft, ist ausgeglichener.
- Man ist weniger leistungsfähig als sonst, weniger kreativ und produktiv, leidet unter Konzentrationsschwäche und Kommunikationsunfähigkeit. Fehlleistungen durch Vergesslichkeit und Versäumnisse machen sich bemerkbar, das Unfallrisiko steigt. Bei ausreichend viel Schlaf arbeiten wir effizient und zuverlässig und merken uns Gelerntes besser.
- Die körpereigene Immunabwehr wird geschwächt, man tendiert zu Übergewicht und Bluthochdruck. Bei zu wenig Schlaf produziert das aktive Gehirn laufend den Botenstoff Adenosin, der aktivierende Neurotransmitter wie Dopamin hemmt und dadurch entsprechend schläfrig macht.

Ist eine Person von anhaltenden Einschlaf- oder Durchschlafproblemen betroffen, spricht man von **Insomnie** (Schlafstörung). 10–15 % aller Menschen leiden an Insomnie.
Bei gewöhnlichen Einschlafproblemen hilft ein Glas Milch, denn Milch liefert Stoffe, die den schlaffördernden Neurotransmitter Serotonin produzieren. Schlaftabletten und Alkohol erhöhen zwar den Anteil an Tiefschlaf-, reduzieren aber den Anteil an REM-Schlaf-Phasen. Aufgrund der Gefahr, dass Abhängigkeit oder Toleranz (Gewöhnung an den Wirkstoff) entsteht, ist von derartigen Maßnahmen jedoch strikt abzuraten.

Filmtipp
Zeit des Erwachens (USA 1990, Regie: Penny MARSHALL). Ein Arzt untersucht die unheilbare Europäische Schlafkrankheit – eine Hirnhautentzündung, die unkontrollierte Schlafanfälle auslöst und sich über parkinsonähnliche Symptome äußert. Der Film basiert auf wahren Begebenheiten, die Oliver SACKS im gleichnamigen Buch beschreibt.

Unter dem Begriff **Aktivierungsmanagement** (vgl. Maderthaner 2008, S. 111) werden Maßnahmen gegen Müdigkeit zusammengefasst:

- **Koffeinhaltige Genussmittel:** Kaffee, Tee, Softdrinks und Schokolade haben eine aktivierende Wirkung von 15 Minuten bis 5 Stunden. Koffein blockiert die Aktivität von Adenosin.
- **Kernschlaf:** Mindestens vier Stunden Schlaf stabilisieren den Biorhythmus und fördern die geistige und körperliche Regeneration.
- **Kurzschlafphasen**, die 10–15 Minuten, maximal aber 45 Minuten dauern (▸ Kap. 4.5), helfen Energie zu tanken und die Leistung zu steigern.

Traum

Träume sind teilweise unverständlich und nicht nachvollziehbar – sie bestehen aus oft nicht zusammenpassenden Abfolgen von Bildern, Tönen, Emotionen und Gedanken im Geist des/der Schlafenden. Das komplexe Traumgeschehen kann auch mit einer Halluzination des schlafenden Geistes oder einem surrealistischen mentalen Film verglichen werden. Aristoteles definierte den Traum als „Seelentätigkeit" des/der Schlafenden. Biologisch gesehen ist ein Traum ein teilweiser Wachzustand des Gehirns. Der Körper ist nur zum Teil in das Traumgeschehen involviert – das Herz schlägt beispielsweise schneller, wenn wir laufen, das Bewegungszentrum des Gehirns wird aber blockiert, da wir uns sonst verletzen könnten.

Funktion

Träume helfen, Tageserlebnisse zu ordnen, zu verarbeiten und im Gedächtnis zu verankern. Träume spielen außerdem eine wichtige Rolle bei der Reifung des Gehirns und der kognitiven Entwicklung: Sie sind Teil eines wichtigen Informationsverarbeitungsprozesses, denn wir träumen, um uns zu erinnern.

Traumphasen

Bei einer durchschnittlichen Lebensdauer von 75 Jahren verbringen wir ungefähr sechs Jahre unseres Lebens in Träumen: meist 3- bis 5-mal in der Nacht in Phasen von 5 bis 40 Minuten. Das kann nachgewiesen werden, indem man die Hirnströme misst. Über das EEG erfährt man, wann eine Person träumt – aber nicht, was sie träumt.

Die lebhafte Traumphase findet in der **REM-Schlafphase** statt. REM steht für „Rapid Eye Movement", da sich in dieser Phase die Augäpfel unter den geschlossenen Lidern schneller bewegen. Während des REM-Schlafs entspannen sich außerdem die Muskeln leicht, wir atmen unregelmäßig und können sexuell erregt sein. In der REM-Phase werden auch tägliche Erlebnisse als Erinnerung abgespeichert. Untersuchungen haben ergeben, dass vor dem Schlaf Gelerntes besonders gut behalten wurde, wenn in der folgenden Nacht viele REM-Schlafphasen zu beobachten waren. Wacht man unmittelbar nach der REM-Phase auf, kann man sich meist sehr detailliert an den Traum erinnern.

Trauminhalte

Es gibt mehrere Möglichkeiten, um Zugang zu Trauminhalten zu bekommen: Testschläfer/-innen können nach dem Schlaf entweder einen Fragebogen ausfüllen, ein Traumtagebuch führen oder sich interviewen lassen. Im Labor wiederum werden Testschläfer/-innen direkt aus dem REM-Schlaf geweckt und im Anschluss nach ihren Trauminhalten befragt. Studien, u. a. des amerikanischen Psychologieprofessors George William Domhoff, in denen Testschläfer/-innen aus dem REM-Schlaf geweckt wurden, belegen Folgendes:

- Mehr als 50 % aller Träume enthalten Auszüge aus dem Vortag (**Tagesreste**): Am häufigsten träumen wir von alltäglichen Begebenheiten, von Tätigkeiten im Beruf, zu Hause oder in der Schule, von Familienmitgliedern oder Freunden/-innen, und erst dann kommen Träume mit sexuellen Inhalten.
- In mehr als der Hälfte unserer Träume dominieren **negative Emotionen**: Wir träumen am häufigsten davon, verfolgt, angegriffen oder zurückgewiesen zu werden, von weit oben herunterzufallen, etwas tun zu wollen, aber nicht zu können. Oft erleben wir im Traum Unglücksfälle.
- Die **sensorischen Reize** in der Umgebung unseres Schlafplatzes können unsere Trauminhalte ebenfalls beeinflussen. Ein bestimmter Geruch oder das Klingeln eines Telefons werden oft in das Traumgeschehen eingebaut.

Die Traumdeutung nach Freud

Laut Sigmund Freud, dem Begründer der Psychoanalyse (▸ Kap. 10.3), besteht unser Trauminhalt aus unbewussten Wünschen und Trieben, die nicht offen ausgelebt werden dürfen. Freud ging davon aus, dass Träume nicht physiologischen Zwecken dienen, sondern eine verborgene Bedeutung haben. Er unterschied dabei zwischen dem **manifesten** und dem **latenten Trauminhalt**.

Definition
Manifest sind jene Trauminhalte, an die sich der/die Träumende noch erinnert. Latente Trauminhalte sind die verborgene Bedeutung eines manifesten Traumes.

Die sogenannte **Traumzensur** verschlüsselt den Trauminhalt so, dass die Inhalte bei der träumenden Person keine Schuld- oder Angstgefühle auslösen. Auf folgende Arten können in den Traumgedanken enthaltene Wünsche in eine Form gebracht werden, die für die träumende Person annehmbar ist:

- Bei der **Verdichtung** treffen mehrere Inhalte in einer Erscheinung aufeinander. So kann im Traum gleichzeitig das Gesicht eines Freundes mit der Statur des Vaters vereint werden.
- Durch **Verschiebung** werden Gefühle auf harmlose Ereignisse, Personen oder Sachverhalte übertragen und verbergen so den ursprünglichen Bedeutungsinhalt. Eine tote Fliege beispielsweise kann für Konflikte in der Partnerschaft stehen.
- Bei der **Symbolisierung** spielt vor allem die Sexualsymbolik eine wichtige Rolle: Freud war der Meinung, dass Traumsymbole, analytisch betrachtet, erotische Wünsche verbergen. So stehen längliche Objekte (z. B. Türme, Stöcke, spitze Waffen) für Männlichkeit und hohle, runde Gegenstände (z. B. Höhlen, Koffer, Gefäße) für Weiblichkeit.

100 Jahre nach Freuds Traumdeutung hat diese Thematik keineswegs an Bedeutung verloren. *„Was sagt heute die Hirnforschung (...) über die Natur des Traums und über seine funktionelle Bedeutung? (...) Träume sind wie Denken, Phantasien, Erinnerungen, Emotionen und Vorstellungen Aspekte des menschlichen Verhaltens. Der Mensch nimmt sie durch Selbstbeobachtung wahr und beschreibt sie mit der Sprache. Die Frage, was diese Aspekte des Verhaltens bestimmt, koordiniert oder steuert, ist seit mehr als zweitausend Jahren (...) Forschungsthema der verschiedensten Disziplinen. Die Antworten auf diese Frage reflektieren das jeweilige naturwissenschaftliche Wissen und das Menschenbild, das heißt, die (...) philosophische und wissenschaftstheoretische Position über die menschliche Natur (...) und über die Rolle des Gehirns in der Entstehung der psychischen oder mentalen Funktionen, zu denen ja auch die Träume gehören."* (Koukkou u. a. 2000, S. 227) *„Die experimentelle Traumforschung hat gezeigt, dass (...) die Trauminhalte allgemein bestimmt sind vom Wissen, über das ein Träumer verfügt, von den Erfahrungen, die er im Laufe seines Lebens gesammelt hat, und den Gedanken, die er sich über sich selbst und über die Welt macht. (...) Träume werden leicht vergessen und können Erinnerungen beinhalten, die aus früheren Altersstufen kommen (...) Das heißt, dass der Mensch im Schlaf etwas aus seiner Kindheit wiederfindet, das der Erinnerung in der Wachheit entzogen ist. "* (a. a. O., S. 230)

Wiederholen RP

1. Womit beschäftigt sich die Biologische Psychologie?
2. Wie ist eine Nervenzelle aufgebaut, welche Aufgabe und Funktion erfüllt sie?
3. Wie kommunizieren Nervenzellen miteinander?
4. Wenn ich etwas besonders gut beherrsche, ist mein Energieumsatz im Gehirn dann besonders hoch oder besonders niedrig?
5. Welche Funktion hat der cerebrale Cortex und in welche Regionen wird er unterteilt?
6. Welcher Gehirnteil und welches Zentrum sind verletzt, wenn man die Fähigkeit zu sprechen verloren hat?
7. Was zeichnet eine empathische Person aus und worauf ist Empathie zurückzuführen?
8. Welche Möglichkeiten gibt es, Zugang zu unserem Bewusstsein zu bekommen?
9. Was sagen unsere Gehirnwellen über unseren Zustand aus?
10. Unter welchen Umständen kann Hypnose schädlich sein, wann wirkt sie unterstützend?
11. Welche Fragen könnte man stellen, um herauszufinden, ob eine Person genug schläft?
12. Was kennzeichnet die REM-Schlafphase?

Verstehen RF

»*Bei der Geburt sind das Rückenmark und der Hirnstamm – die niedrigeren und stammesgeschichtlich ältesten Hirnstrukturen, die sämtliche lebenswichtigen Körperfunktionen steuern – fast vollständig entwickelt und weitgehend dafür verantwortlich, die wesentlichen Bedürfnisse eines Neugeborenen zu erfüllen: zu überleben, zu wachsen, mit den Personen, die es versorgen, eine Bindung einzugehen. Der Ablauf setzt sich nach der Geburt fort, wenn nach und nach die höheren Gehirnregionen die Kontrolle über das geistige Leben des Babys übernehmen. Dazu gehören das Kleinhirn und die Basalganglien, die für die Koordination der Muskelbewegungen verantwortlich sind; das limbische System, das Gefühlsregungen und Gedächtnis steuert, und schließlich die Großhirnrinde, Sitz unseres gesamten willkürlichen Verhaltens, der bewussten Erfahrung und der rationalen Fähigkeiten. Von allen Teilen des Gehirns ist der Kortex bei der Geburt auffällig ungeformt: Mit zunehmender Reifung während der ersten Lebensmonate und -jahre nehmen die Fähigkeiten des Kindes und das Bewusstsein seiner Existenz stetig zu. (...) Diese Anpassungsfähigkeit ist von ihrem ersten Auftreten an eine Eigenschaft des Gehirns. Während die Gene den* Ablauf *der neuronalen Entwicklung programmieren, wird die* Qualität *dieser Entwicklung bei jeder Abzweigung von Umweltfaktoren geprägt.« (...)*

»*Bei Milliarden von Neuronen und gut einer Billiarde von Synapsen, die erzeugt werden, lassen allein diese Größenordnungen die Entwicklung des Gehirns als Ehrfurcht gebietende Meisterleistung erscheinen. Aber was noch erstaunlicher ist und der vielleicht am schwierigsten zu durchschauende Aspekt bei der Entwicklung des zentralen Nervensystems insgesamt, ist die Frage, wie alle diese Neuronen und Synapsen ordnungsgemäß miteinander verschaltet werden. Wieso ist zum Beispiel ein Neuron in der Netzhaut des Auges in der Lage, an zahllosen Anlagestellen vorbei seinen korrekten Endpunkt, das Sehzentrum des Thalamus, anzusteuern? Und wie findet es, dort angelangt, die paar hundert Neuronen, mit denen es sich zusammenschalten muss – die Neuronen, die demselben winzigen Ausschnitt des kindlichen Gesichtsfelds entsprechen? Wie gelingt es einem Neuron aus der Hörrinde, eine bestimmte Sprachregion des Gehirns zu finden und seine Verbindungen so zu konfigurieren, dass allein der Laut* p *aktiviert wird? Aus einer scheinbar unendlichen Anzahl von Möglichkeiten sucht sich jedes Neuron die eine richtige heraus und bringt es fertig, sowohl sein Axon als auch seine Verästelungen mit den entsprechenden Anschlussstellen zu verbinden und seine Eingangs- und Ausgangsleitungen so zu verlegen, dass wir schließlich eine Vielzahl wohl geordneter, zusammenhängender Schaltkreise für Sehen, Sprechen, Bewegungen und so weiter besitzen und nicht etwa einen hoffnungslosen Verhau aus Kabeln und Schaltern.«*

(ELIOT, Lise: Was geht da drinnen vor? Die Gehirnentwicklung in den ersten fünf Lebensjahren. Berlin 2001, S. 14–17, S. 43–44)

→ **Welche Gehirnbereiche sind als Erstes vollständig entwickelt? Welche Funktion erfüllen sie?**
→ **Was ist in der Gehirnentwicklung genetisch vorprogrammiert und was wird von den Umweltfaktoren geprägt?**
→ **Was bezweckt die neuronale Verschaltung und wie funktioniert sie?**

Anwenden T

Gestalten Sie ein **Millionenshow-Spiel!**
Erstellen Sie Fragen zur Biologischen Psychologie mit jeweils drei Antwortmöglichkeiten und kennzeichnen Sie die richtige Antwort. Eine Person sollte mindestens fünf Fragekärtchen entwerfen.
Bilden Sie Kleingruppen und bestimmen Sie einen/eine Spielleiter/-in.
Die Kärtchen werden nach dem Zufallsprinzip gewählt. Der/Die Spielleiter/-in stellt eine Frage an ein Gruppenmitglied. Unabhängig davon, ob die Frage richtig oder falsch beantwortet wurde, werden die Fragen der Reihe nach an die Gruppen gerichtet.
Jede Gruppe hat jeweils zwei Joker zur Auswahl. Joker 1: im Buch nachlesen. Joker 2: eine beliebige Person um Hilfe bitten.
Eine richtig beantwortete Frage bringt der Gruppe einen Punkt.

3. Wahrnehmung

„Die Umwelt, so wie wir sie wahrnehmen, ist unsere Erfindung."
Heinz von Foerster (österreichischer Physiker, 1911–2002)

„Buddha, der indische Religionsstifter (560–480 v. Chr.), erzählt: Es war einmal ein König von Benares, der rief zu seiner Zerstreuung etliche Bettler zusammen, die von Geburt an blind waren, und setzte einen Preis aus für denjenigen, der ihm die beste Beschreibung eines Elefanten geben würde. Zufällig geriet der erste Bettler, der den Elefanten untersuchte, an dessen Bein, und er berichtete, dass der Elefant ein Baumstamm sei. Der zweite, der den Schwanz erfasste, erklärte, der Elefant sei wie ein Seil. Ein anderer, welcher ein Ohr ergriff, beteuerte, dass der Elefant einem Palmblatt gleiche und so fort." (Wittschier 2004, S. 86)

Wir konstruieren unsere Wirklichkeit selbst. Diese Meinung vertritt auch der **Radikale Konstruktivismus**, eine philosophische Strömung des 20. Jahrhunderts. Die Ansicht, dass wir die Wirklichkeit nicht erkennen können – weil wir sie nicht so wahrnehmen, wie sie tatsächlich ist –, wird von der neurowissenschaftlichen Forschung bestätigt: Was wir für real halten, hat unser Gehirn als Realität bloß konstruiert, denn aus den unstrukturierten Daten unserer Wahrnehmung errechnet unser Gehirn möglichst sinnvolle Wirklichkeiten. So etwa werden physikalische Reize zum Empfinden von Farben oder Kälte verarbeitet (▸ Kap. 3.1). Wahrnehmung ist also immer zugleich Informationsaufnahme und Informationsverarbeitung.

Wahrnehmung ist aber immer auch eine Wechselwirkung zwischen Beobachter/-in und Beobachtetem und keineswegs objektiv, da nicht-sensorische Faktoren – wie Erwartungen, Erfahrungen, Einstellungen und selektive Aufmerksamkeit – die Wahrnehmung beeinflussen (▸ Kap. 3.2).

Wenn unsere **sieben Sinne** funktionieren, dann sehen und hören, tasten, riechen und schmecken wir, fühlen wir Bewegung und nehmen Gleichgewicht wahr (▸ Kap. 3.3). Wie aus dem Verarbeiten komplexer visueller Informationen wieder ein einheitliches Bild der Außenwelt entsteht, ist allerdings nach wie vor ungeklärt (▸ Kap. 3.4). Immerhin lassen sich bestimmte Gesetze erkennen, nach denen unsere Wahrnehmung organisiert wird (▸ Kap. 3.5). Diese Gestaltgesetze und Wahrnehmungskonstanzen geben Aufschluss darüber, wie wir uns von unseren Sinnen täuschen lassen: Etliche optische Täuschungen lassen sich auf diese Weise erklären (▸ Kap. 3.6).

1 Einzelarbeit: Betrachten Sie die Abbildung! Was sehen Sie als Erstes?

Wie wichtig Sinneswahrnehmungen für unsere Befindlichkeit und unsere Entwicklung sind, zeigen Experimente zum **Reizentzug** (sensorische Deprivation) und das Phänomen des Hospitalismus. Manche Menschen haben allerdings keine eingeschränkte, sondern eine erweiterte Form der Wahrnehmung: Synästhetiker/-innen (▸ Kap. 3.7). Wahrnehmung beschränkt sich aber nicht nur auf unsere Sinne. Außersinnliche Wahrnehmung sowie wahrgenommene Phänomene, die weder physikalisch erklärbar noch sinnesphysiologisch fassbar sind, zählen zum Gegenstand der **Parapsychologie** (▸ Kap. 3.8). Und das Wissen um den Wahrnehmungsprozess, um bewusste und unbewusste Wahrnehmung weiß sich die **Werbeindustrie** nutzbar zu machen (▸ Kap. 3.9).

3.1 Der Prozess der Wahrnehmung

Dank unserer Wahrnehmungsfähigkeit können wir unsere Umwelt räumlich erfassen und uns orientieren. Sie macht es möglich, dass wir uns an die sich ändernden Umweltbedingungen anpassen und dadurch angemessen agieren: Es gelingt uns, beim Fahrradfahren unser Gleichgewicht zu halten, wir weichen einem Auto auf der Straße rechtzeitig aus und wir haben die notwendige Ausrüstung, um Diskussionen mitverfolgen zu können. Im Folgenden wird gezeigt, wie es möglich ist, physikalische Reize so zu verarbeiten, dass sie für uns „verständlich" sind, also als Farbe oder Geräusch wahrgenommen werden.

»Nur scheinbar hat ein Ding eine Farbe, nur scheinbar ist es süß oder bitter; in Wirklichkeit gibt es nur Atome und den leeren Raum.«
DEMOKRIT, 460–371 v. Chr.
(Capelle 1968, S. 399)

Um wahrnehmen zu können, müssen zunächst unsere **Sensoren** aktiviert werden. In der objektiven Welt existieren keine Töne, Geräusche oder Gerüche. Es ist das Gehirn, das sensorische Informationen aus der Außenwelt in sinnvolle Wahrnehmungen *verwandelt*.

Die Außenwelt vermittelt Informationen in Form **physikalischer Reize**, die wir über unsere Sinnesorgane erfassen. Diese physikalischen Reize werden in **Nervenimpulse** umgewandelt. Diese Nervenimpulse wiederum werden zu den Gehirnzentren weitergeleitet und in **Empfindungen** umgewandelt, die den verschiedenen Sinnesbereichen zugeordnet werden. Im Gehirn werden diese zu subjektiven Eindrücken **verarbeitet**, indem sie mit Erinnerungen und Erfahrungen in Verbindung gebracht, entsprechend organisiert und schließlich **interpretiert** werden. Die empfangenen Reize werden eingeordnet, indem ihnen eine Bedeutung gegeben wird: Wir empfinden nicht einfach Farben, sondern sehen Bilder. Wir hören nicht nur eine Mischung aus Tönen und Rhythmen, sondern erkennen darin eine Melodie aus Mozarts *Zauberflöte* wieder.
Die Summe bestimmter Informationen kann unser Gehirn auch zu einem Gesamtbild unseres Gegenübers verarbeiten: wie unser Gegenüber riecht, wie es aussieht, welche Geräusche es von sich gibt, wie es sich anfühlt. Die subjektive Wirklichkeit ist die Interpretation dieser Wahrnehmungen.

sehen
hören
fühlen
schmecken
riechen
bewegen
Gleichgewicht halten

Objektive Wirklichkeit		Subjektive Wirklichkeit
Außenwelt	**Sinnesorgan**	**Gehirn**
Atome, Strahlen	*Auge, Ohr, Haut, Mund, Nase*	*Verarbeitungsprozesse*
Reiz	**Rezeptoren**	**Empfindung/Erleben**
• Lichtwellen	Stäbchen, Zapfen	Farben, Form, Bewegung, Tiefe
• Schallwellen	Haarzellen der Basilarmembran	Geräusche, Töne
• Äußerer Kontakt	Nervenendigungen in der Haut	Berührungen, Schmerz, Wärme, Kälte
• Substanzen	Geschmacksknospen	Geschmack (süß, sauer, salzig, bitter)
• Duftmoleküle	Haarzellen des olfaktorischen Epithels	Gerüche (moschusartig, blumig, verbrannt, minzig)
• Bewegung des Körpers	Rezeptoren in Gelenken, Muskeln und Sehnen	Bewegung, Aktivität des Körpers
• Körperlage im Raum	Härchen in Flüssigkeiten im Innenohr	Gleichgewicht
Physik, Chemie	**Biologie, Physiologie**	**Psychologie**

Vom physikalischen Reiz zur Empfindung (Tabelle in Anlehnung an Zimbardo 2004, S. 120)

Psychophysik

Wir nehmen nur jene Merkmale der Umwelt wahr, die momentan für unser Leben von Bedeutung sind und für die wir auch Sensoren haben: Wir verfügen nicht wie Bienen über einen magnetischen Sinn und registrieren auch keine elektrischen Felder wie so manche Fischarten. Unsere sensorische Ausstattung ist begrenzt.
Von den sinnesphysiologischen Fähigkeiten her sind Tiere uns Menschen oft weit überlegen. Prinzipiell scheint in der Sinnen-Welt der Tiere nichts unmöglich: Schmetterlinge schmecken mit den Füßen, Haie riechen im Wasser, Elefanten tasten mit dem Rüssel, Katzen sehen im Dunkeln und Heuschrecken hören mit dem Schienbein. Je nach Lebensbedingungen entwi-

ckeln sich unterschiedliche Formen der Sinnesorgane. Die sensorische Ausstattung der Arten passt sich an ihre jeweiligen Bedürfnisse an. Die Sinnessysteme sorgen dafür, dass Organismen jene Informationen erhalten, die sie benötigen, um ihr Überleben zu sichern.

Definition
Die PSYCHOPHYSIK beschreibt die Beziehung zwischen dem physikalischen Reiz und der dadurch ausgelösten Empfindung.

Welche Reize Menschen wahrnehmen können und wie stark ein bestimmter Reiz sein muss, um wahrgenommen zu werden, wird von der **Psychophysik** ermittelt. Ihr Begründer, Gustav Theodor FECHNER, interessierte sich für die Wahrnehmung von Reizen und entwickelte Methoden, um die Reiz- und Unterschiedsschwellen unserer Sinne bestimmen zu können:

3

Reizschwelle (Absolutschwelle)

Wir können nur Reize wahrnehmen, für die wir Rezeptoren besitzen. Lichtwellen beispielsweise können wir dank unserer Stäbchen und Zapfen sehen. Magnetfelder, Radiowellen oder Röntgenstrahlen sind für uns dagegen nicht fassbar: Röntgenstrahlen können wir nicht sehen und Ultraschall nicht hören. Reize müssen eine bestimmte *Qualität* (Qualitätsschwelle) und eine bestimmte *Intensität* (Intensitätsschwelle) erreichen, damit wir sie empfinden können. Die **Reizschwelle** drückt die geringste und die höchste Reizintensität und -qualität aus, die nötig ist, um einen bestimmten Reiz wahrnehmen zu können. Sie definiert den Bereich vom Unmerklichen zum Eben-Merklichen (untere Reizschwelle) und den Bereich vom Merklichen zum Nicht-mehr-Merklichen (obere Reizschwelle). Beim Hören eines Tones z. B. liegt die obere Reizschwelle bei 20 000 Schwingungen pro Sekunde.

Definition
Die REIZSCHWELLE definiert den Bereich, innerhalb dessen ein Reiz wahrgenommen werden kann.

Unterschiedsschwelle

Unsere Sinneseindrücke sagen uns nicht, wie hoch oder wie schwer etwas ist. Erst wenn wir zwei Gegenstände miteinander vergleichen, können wir beurteilen, ob etwas hoch oder schwer ist. Die Unterschiedsschwelle kennzeichnet den geringsten physikalischen Unterschied zwischen zwei Reizen, der notwendig ist, um noch einen Unterschied zu erkennen. Um die Unterschiedsschwelle festzustellen, werden immer zwei Reize (z. B. zwei verschiedene Lautstärken) miteinander verglichen. Wie stark sich zwei Reize voneinander unterscheiden müssen, damit sie als unterschiedlich empfunden werden, untersuchte der Physiologe Ernst Heinrich WEBER. Das nach ihm benannte **Weber'sche Gesetz** besagt Folgendes: Je größer die Intensität eines Reizes (je schwerer, größer, heller, lauter etwas ist), desto mehr muss sich der Vergleichsreiz vom Standardreiz unterscheiden, um noch als verschieden von diesem wahrgenommen zu werden. Die Unterschiedsschwelle nimmt also mit der Intensität des Reizes zu.

Definition
Die UNTERSCHIEDSSCHWELLE ist der gerade noch wahrnehmbare minimale Unterschied von zwei Reizen.

Adaptationsniveau

Die Reiz- und Unterschiedsschwellen sind von Art und Aufbau unserer Sinnesorgane abhängig und daher bei allen Menschen fast gleich. Wir bewerten Dinge und Situationen aber auch nach unseren Gewohnheiten. Bei diesem subjektiven Maßstab der Wahrnehmung spricht man vom Adaptationsniveau. Es richtet sich nach der jeweiligen Situation und den persönlichen Erfahrungen: Ein Mensch, der ständig schwere Lasten trägt (z. B. ein/eine Bauarbeiter/-in) bezeichnet einen Gegenstand als leicht, den eine andere Person (z. B. ein/eine Student/-in) als schwer empfindet.

Sensorische Adaptation

Stellen Sie sich vor, Sie steigen in einen Bus, in dem es übel riecht. Nach einigen Minuten werden Sie den unangenehmen Geruch kaum mehr wahrnehmen. Auch wenn Sie ins kalte Wasser eines Pools springen, werden Sie sich nach einigen Minuten an das Wasser gewöhnt haben und es nicht mehr als kalt empfinden. Nimmt unsere Empfindlichkeit bei gleichbleibendem Reiz (konstanter Geruch, konstantes Geräusch, konstante Berührung) ab, spricht man von sensorischer Adaptation.

Versuch 2

Führen Sie folgenden Versuch zur Wahrnehmung durch: Bereiten Sie jeweils eine Schüssel mit eiskaltem, mit lauwarmem und sehr warmem Wasser vor. Halten Sie die linke Hand für mindestens 30 Sekunden in das kalte Wasser und die rechte Hand in das warme Wasser. Geben Sie nun beide Hände gleichzeitig in die Schüssel mit lauwarmem Wasser. Was stellen Sie fest?

3.2 Nicht-sensorische Einflüsse auf die Wahrnehmung

Etwa 10 Milliarden Informationseinheiten (Bits) treffen pro Sekunde auf unsere Sinnesorgane und müssen verarbeitet werden. Doch nicht nur unsere Sinne sind dafür verantwortlich, was wir sehen, hören, tasten, riechen oder schmecken. Auch nicht-sensorische Faktoren beeinflussen und verändern unsere Wahrnehmung: Die **soziale Wahrnehmung** sowie die momentane **selektive Aufmerksamkeit** bestimmen die Art, wie wir Informationen aufnehmen, verarbeiten und schließlich unsere Umwelt interpretieren.

Unser Gehirn versucht zwar ein möglichst wirklichkeitsgetreues Abbild der Umwelt zu erstellen, letztendlich konstruieren wir aber *unsere* Wirklichkeit aufgrund unserer Erwartungen, Erfahrungen, Einstellungen und unserer selektiv gerichteten Aufmerksamkeit. Diese subjektive Wahrnehmung der Umwelt erklärt, warum wir uns teilweise über Größe und Farben von Objekten uneinig sind oder Lautstärke und Düfte unterschiedlich wahrnehmen.

Soziale Wahrnehmung

Die soziale Wahrnehmung kommt durch unseren augenblicklichen emotionalen Zustand, unsere Erfahrung und unsere Einstellungen zustande.

Faktoren

- Unser **augenblicklicher emotionaler Zustand** setzt sich aus Gefühlen wie Freude oder Angst sowie unseren Bedürfnissen zusammen. Er bestimmt zum Großteil unsere soziale Wahrnehmung: Wer gut gelaunt ist, wird seine Umwelt auch positiv wahrnehmen. Mit schlechter Stimmung hingegen konzentriert man sich eher auf das Negative.
- Unsere **Erfahrung** entsteht aus vorangegangenen Lernprozessen: Das Kind sieht in einem Baum die Möglichkeit, zu klettern oder ein Baumhaus zu bauen, die Malerin sieht darin ein potenzielles Kunstobjekt und der Förster Brennholz, das er im Winter verwerten kann. Die Erfahrung ist insofern relevant, als wir neue Eigenschaften und Objekte in vertraute Kategorien (Schemata) einordnen und dementsprechend interpretieren. Wenn wir Menschen in entsprechende Kategorien einordnen, kann das zu Vorurteilen führen (▸ Kap. 11.2). Wie andere Menschen wahrgenommen und aufgrund ihres äußeren Erscheinungsbildes eingeschätzt werden, ist eine Angelegenheit der Interpretation, abhängig vom jeweiligen kulturellen Hintergrund: Während zusammengekniffene Augen und herabhängende Mundwinkel in Europa als Zeichen für depressive Stimmung gedeutet werden, schreibt man in Asien einem Menschen mit dieser Mimik Freundlichkeit, unter Umständen auch Angestrengtheit zu.
- Ebenso beeinflussen kulturell bedingte **Einstellungen und Werthaltungen** unsere Wahrnehmung. Ob wir etwas als groß oder klein empfinden, als wertvoll oder weniger wertvoll, haben wir in unserem sozialen und kulturellen Kontext gelernt.

Selektive Aufmerksamkeit

Wir blenden Millionen von Details aus, um uns auf das konzentrieren zu können, was für uns momentan wesentlich ist.

Pro Minute nehmen wir durchschnittlich 660 Megabyte an Informationen auf. Aus dieser Flut von Sinnesreizen wählt unser Gehirn die für uns momentan wichtigen Eindrücke und blendet Millionen von Details aus: Es selektiert. Durch diesen Prozess der **selektiven Aufmerksamkeit** nehmen wir nicht alles bewusst wahr, was um uns herum geschieht. Wir weichen Menschen aus, die wir kaum wahrnehmen, erkennen aber Freunde/-innen und Bekannte problemlos in der Menge wieder, obwohl sie jeden Tag anders aussehen.

Die Welt entsteht nicht im Auge, sondern im Gehirn: Jeder Mensch sieht und hört also etwas anderes, nämlich das, was das Gehirn aus den eingehenden Signalen herausfiltert. Im Sehzentrum des Gehirns werden die neuronalen Informationen, die das Auge liefert, geordnet und interpretiert. Würde das Gehirn alle optischen Informationen auswerten, würde es in einer Bilderflut ertrinken.

Dasselbe gilt für Nebengeräusche: Der **Cocktailparty-Effekt** besagt, dass unser Gehirn selbst bei zahlreichen Nebengeräuschen immer noch fähig ist, genau das herauszufiltern, was es für wichtig hält (z. B. unseren Namen).

Versuch 3

Lesen Sie den Text, beachten Sie nur die **fett** geschriebenen Wörter! (Solso 2006, S. 84)
Irgendwo **Zu** *verborgen* **den** in **imposantesten** *den* **kognitiven** *Rocky Mountains* **Fähigkeiten** *in der Nähe von* **zählt** *Central City,* **die** *Colorado,* **Fähigkeit,** *versteckte* **eine** *ein* **Botschaft** *alter Bergmann* **unter** *einen Kasten* **anderen** *mit* **auszuwählen.** *Gold.* **Wir** *Obwohl* **machen** *mehrere* **das,** *hundert* **indem** *Menschen* **wir** *danach* **unsere** *suchten,* **Aufmerksamkeit** *fanden* **auf** *sie* **bestimmte** *ihn* **Hinweisreize** *nicht.* **wie** *Wenn* **etwa** *Sie* **den** *vom* **Stil** *„Glory* **der**

Hole **Schrift** *Saloon"* **konzentrieren.** *aus* **Wenn** *300* **wir** *Schritte* **unsere** *nach* **Aufmerksamkeit** *Westen* **auf** *und* **bestimmte** *600* **Reize** *Schritte* **konzentrieren,** *nach* **wird** *Nordwesten* **die** *gehen* **in** *und* **den** *1 Meter* **anderen** *tief* **Reizen** *graben,* **enthaltene** *werden* **Botschaft** *Sie* **nicht** *genügend* **klar erkannt.** *Gold* **Einige** *finden,* **Informationen** *um* **aus** *ein* **der** *Konzert* **unbeachteten** *mit* **Reizquelle** *Tina* **können** *Turner* **jedoch** *besuchen* **aufgenommen** *zu* **werden.** *können.*

Was haben Sie gelesen? Können Sie sich an den Text erinnern, der kursiv geschrieben ist? Wenn ja, welche Wörter weckten Ihre Aufmerksamkeit? „Vielleicht sind Sie durch „emotionale" Wörter (beispielsweise *Gold, „Glory Hole", Saloon, Tina Turner*) oder durch klar unterscheidbare visuelle Hinweisreize (beispielsweise 600, 300) abgelenkt worden." (Solso 2006, S. 84)

Querverweis
Um unbewusste Wahrnehmung in Zusammenhang mit Werbung geht es in ▸ Kap. 3.9.

Der Versuch zeigt, dass wir all jene Informationen, die wir nicht bewusst selektieren, dennoch unbewusst wahrnehmen und durch eine Aufmerksamkeitsverschiebung jederzeit ins Bewusstsein holen können. *„Bevor Sie diesen Satz gelesen haben, war Ihnen gar nicht bewusst, dass Ihre Schuhe Ihre Füße einengen oder dass Ihre Nase in Ihrer Blickrichtung liegt. Jetzt plötzlich verschiebt sich der Fokus Ihrer Aufmerksamkeit."* (Myers 2005, S. 246) Der Biochemiker und Hirnforscher Frederic VESTER erklärt dieses Phänomen mit seinem **Flaschenhalsmodell:** Er geht davon aus, dass nur ein kleiner Teil der eingehenden Informationen für die tatsächliche Wahrnehmung verwertet wird und die anderen, momentan unbedeutenden Informationen wieder verworfen werden. Die verworfenen Informationen sind dennoch bedeutsam, da wir oft unbewusst auf sie reagieren – wenn wir z. B. die Sitzposition wechseln, weil die Stuhlkante eine störende Druckempfindung verursacht. Weiters meint Vester, dass die Menge der Informationen sich wieder erhöht, nachdem das Gehirn Daten ausgesondert hat – indem die ausgewählten Inhalte mit bereits vorhandenen Inhalten assoziiert werden.

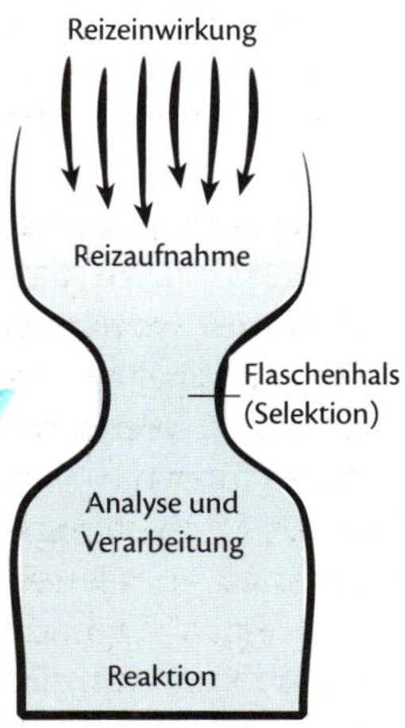

Vesters Flaschenhalsmodell

Versuchen wir nun, Wahrnehmungen vom Bewusstsein fernzuhalten, sprechen wir von **Wahrnehmungsabwehr**. Ein Beispiel für die Wahrnehmungsabwehr sind Angst auslösende Filmszenen, bei denen wir bewusst wegschauen. Weiters konnten die US-amerikanischen Psychologen Jérôme BRUNER und Leo POSTMAN in einem Experiment zeigen, dass für tabuisierte Wörter eine erhöhte Wahrnehmungsschwelle besteht, d. h. diese Wörter werden weniger leicht erkannt. Vor allem emotionale Aspekte und unsere innere Einstellung spielen eine große Rolle dabei, ob Reize bewusst wahrgenommen werden oder nicht.

3.3 Unsere Sinne

Veranstaltungstipp
Dialog im Dunkeln (Wien) – In völlig abgedunkelten Räumen führen blinde Menschen kleine Gruppen durch eine Ausstellung. Die Reise durch einen lichtlosen Parcours mit szenisch gestalteten Räumen wie einem Park, einer Autobushaltestelle oder einer Bar lassen uns in die Welt sehbehinderter Menschen eintauchen und Düfte, Winde, Temperaturen, Töne oder Texturen stärker wahrnehmen.

Die Unterscheidung der fünf Sinne – Sehen, Hören, Tasten, Riechen und Schmecken –, mit denen wir die Welt wahrnehmen, geht auf ARISTOTELES zurück. Bei dieser klassischen Einteilung der Sinne werden jedoch der *Gleichgewichtssinn* und der *kinästhetische Sinn* nicht berücksichtigt, da diese an keine sichtbaren Sinnesorgane wie Augen oder Zunge gekoppelt sind.
Der **Gleichgewichtssinn** informiert über die Körperlage im Raum. Die Rezeptoren bestehen aus kleinen Haaren in Säcken und Kanälen des Innenohrs, die mit Flüssigkeit gefüllt sind.
Der **kinästhetische Sinn** gibt Rückmeldung über unsere motorischen Aktivitäten, also Position und Bewegungen unserer Körperteile (beim Malen, Laufen oder Sitzen). Kinästhetische Informationen werden über Rezeptoren in Gelenken, Muskeln und Sehnen aufgenommen.

Der Sehsinn

- Das Farbspektrum, das wir wahrnehmen können, reicht von 400 (rot) bis 800 (violett) Billionen Hertz (elektromagnetische Schwingungen bzw. Lichtwellenlänge pro Sekunde).
- Menschliche Augen sind so empfindlich, dass sie bei Dunkelheit den Schein einer Kerze noch aus 50 km Entfernung wahrnehmen. (vgl. Zimbardo 2004, S. 115)

Ein Falke erkennt seine Beute noch aus 1500 Meter Entfernung.

Die meisten Sinneszellen des Menschen sitzen im Auge. Rund 80 % aller Sinneseindrücke nehmen wir daher auch über unsere Augen wahr. Das menschliche Auge besteht aus 6 Millionen **Zapfen**, die uns Informationen über die Farben liefern und ermöglichen scharf zu sehen, sowie aus 120 Millionen **Stäbchen**, durch die wir Helligkeitsunterschiede bemerken. Die Stelle an der Netzhaut, an der keine Lichtsinneszellen vorhanden sind, bezeichnet man als „blinden Fleck".

Versuch **4**

Der blinde Fleck kann folgendermaßen veranschaulicht werden: Schließen Sie das linke Auge, fixieren Sie den Stern und bewegen Sie das Buch langsam vom Gesicht weg. Bei einer Entfernung von etwa 20 cm verschwindet das Flugzeug.

★ ✈

Die Ohren der Fledermaus sind hoch empfindlich.

Der Hörsinn

- Das menschliche Ohr kann Schallwellen (Luftschwingungen) mit einer Frequenz von 16 bis 20 000 Hertz pro Sekunde erfassen.
- Menschliche Ohren hören das Ticken einer Uhr ohne Umgebungsgeräusche noch aus etwa 6 Meter Entfernung. (vgl. Zimbardo 2004, S. 115)

Singen verursacht Schwingungen. Diese Schwingungen werden an die Luft übertragen. Die Luftdruckschwankungen, die dadurch entstehen, breiten sich als Schallwellen aus. Unser Ohr nimmt diese Schallwellen (Luftschwingungen) wahr, weil die Schallwellen das Trommelfell in Schwingung versetzen. Dadurch wird im Innenohr eine Membran gereizt, deren Zonen auf unterschiedliche Tonhöhen reagieren: Kurze, schnelle Schallwellen erzeugen hohe Töne; längere, langsamere erzeugen tiefe Töne. Über den Hörnerv gelangen die Signale ins Gehirn, wo das akustische Signal erkannt und zu Tönen und Geräuschen verarbeitet wird.

Geräusche beeinflussen uns unbewusst und wirken sich auf unser Empfinden aus. Marketing-Experten/-innen überlassen daher weder das Knuspern von Chips noch das Zischen des Biers dem Zufall. Die Stimme der Mutter wirkt beruhigend auf Kleinkinder, und Musik kann entspannen oder anregen, wehmütig, fröhlich oder aggressiv stimmen. Ständige Lärmbelästigung (Straßenlärm, zu laute Musik) wird für Nervosität, Konzentrations- und Schlafstörungen verantwortlich gemacht. Anhaltender Lärm kann zu Hörschädigungen führen. Lauter Schall (Discomusik, Knall), aber auch Stress können **Tinnitus** (lat. *tinnitus:* Klingeln) verursachen. Bei Tinnitus werden im Innenohr meist Brumm- oder Pfeiftöne wahrgenommen, er äußert sich aber auch in Form von ständigem Rauschen, Zischen oder Klingeln. Gleich, welche Behandlungsmethode gewählt wird – ob z. B. Medikamente oder Hypnotherapie –, wichtig ist immer, innere und äußere Ruhe zu finden. Unterstützend wirken Entspannungsmethoden wie beispielsweise das autogene Training (▸ Kap. 14.5).

Versuch **5**

- Ein/Eine Schüler/-in steht mit verbundenen Augen in einem Kreis aus anderen Schülern/-innen. Er/Sie soll zunächst erraten, aus welcher Richtung ein Geräusch kommt.
- Er/Sie hält sich nun ein Ohr, dann beide Ohren zu. Wie wirkt sich dies auf das Richtungshören aus?

Die Tasthaare der Katze sind bereits bei der Geburt voll entwickelt.

Der Tastsinn

- Pro Quadratzentimeter Haut existieren Hunderte von **Tastzellen** (die Dichte der jeweiligen Rezeptoren variiert je nach Körperregion).
- Wir spüren den Flügel einer Biene, der aus etwa 1 Zentimeter Entfernung auf unsere Wange fällt. (Zimbardo 2004, S. 115)

Mit den Augen können wir nicht einschätzen, wie glitschig Seife oder wie weich ein Handtuch ist. Aktives Ertasten mit Händen, Füßen und Mund ermöglicht uns eine interne Vorstellung von Objekten. Kleinkinder nehmen alles in den Mund, weil in den Lippen und auf der Zunge die meisten Tastrezeptoren liegen. Das Tasten ist der Sinn, der bei der Geburt am weitesten entwickelt ist.

Die Haut ist mit 1,5–2m² (je nach Körpergröße und Körperumfang) unser größtes Organ. In der Haut befinden sich Sinneszellen (Rezeptoren), die uns ermöglichen,

- Druck,
- Berührung,
- Temperatur,
- Vibrationen und
- Schmerz wahrzunehmen.

Wie wichtig **Berührung** und körperliche Nähe für unsere Entwicklung und unser Wohlbefinden sind, beweisen die Experimente des US-amerikanischen Psychologen Harlow mit Affen

(▸ Kap. 9.4), aber auch Forschungen zum Hospitalismus (▸ Kap. 3.7). Sanfte Ganzkörpermassagen bewirken bei Frühgeborenen, dass sie weniger Stresshormone ausschütten, ruhiger schlafen und schneller zunehmen.

Dass das **Berührungs- und Schmerzempfinden** nicht ausschließlich eine Sinnesempfindung, sondern ein Produkt des Gehirns ist, beweisen Phantomschmerzen, die ohne ersichtlichen sensorischen Grund entstehen: *„Mehr als die Hälfte der Menschen mit Amputationen können beispielsweise Schmerzen oder Bewegungen in ihren nicht mehr vorhandenen Gliedern empfinden."* (Myers 2005, S. 235) Je mehr Aufmerksamkeit dem Schmerz geschenkt wird, desto größer wird er.

3

T **Gruppenarbeit** 6

Entwerfen Sie in Kleingruppen einen „Haptik-Pfad" für Kinder. Notieren Sie mindestens 10 Stationen, um der Vielfalt unserer Tastwahrnehmungen zu entsprechen.

Ein Hund hat ca. 100 bis 200 Mio. Geruchsrezeptoren.

Der Geruchssinn

- Wir verfügen über 10 bis 20 Millionen **Geruchsrezeptoren** und können damit rund 10 000 Gerüche voneinander unterscheiden.
- Wir riechen noch einen Tropfen Parfum, der sich in einer Drei-Zimmer-Wohnung verteilt. (vgl. Zimbardo 2004, S. 115)

Der Duft frisch gebackener Kekse erinnert uns an Weihnachten, der Duft von Sonnencreme ruft Urlaubsgefühle wach und der Geruch von Desinfektionsmittel erinnert uns ans Krankenhaus. Ein Hauch eines Geruchs reicht aus, um eine Situation wieder in Erinnerung zu rufen. Duftinformationen lösen Emotionen wie Freude, Angst oder Ekel aus und machen wach oder schläfrig, denn unser Geruchszentrum im Gehirn ist mit dem limbischen System (▸ Kap. 2.2) verbunden. Wird es erregt, werden gleichzeitig alle damit einhergehenden Emotionen und Erinnerungen aktiviert. Ob wir einen Duft mögen oder nicht, hat also oft mit unbewussten Erinnerungen zu tun.

Partnerarbeit 7

Gibt es Situationen, Orte oder auch Menschen, die Sie mit bestimmten Gerüchen verbinden? Welche Gefühle lösen diese Gerüche in Ihnen aus? Tauschen Sie sich mit Ihrem Sitznachbarn bzw. Ihrer Sitznachbarin aus!

Der Geruchssinn hat eine wichtige Funktion: Er verrät uns, ob Eier noch frisch oder schon verdorben sind. Er warnt uns, wenn die Milch überkocht oder die Pizza im Ofen verbrennt.

Eine biologische Funktion erfüllen Gerüche in Form der Sexuallockstoffe, sogenannter **Pheromone**. Tiere kommunizieren über diese Duftstoffe, und auch Menschen reagieren auf die Duftstoffe im Schweiß des bevorzugten Geschlechts. Diese Duftstoffe beeinflussen uns, obwohl wir sie nur unbewusst wahrnehmen.

Düfte werden im Alltag oft **manipulativ** eingesetzt. Aromen in Kaufhäusern sollen entspannen, gleichzeitig stimulieren und die Aufmerksamkeit erregen. Reisebüros versprühen Meeresdüfte, um Fernweh aufkommen zu lassen. Nach Rosenöl duftende Tiefgaragen sollen ihren Schrecken verlieren und Zitrusdüfte im Büro wirken konzentrationsfördernd und leistungssteigernd auf die Angestellten. Die Manipulation durch Gerüche ist deshalb so wirksam, weil wir keinen bewussten Zugriff auf die Verarbeitung der Geruchsinformationen haben. Sie werden an der Kontrollstelle des Thalamus quasi vorbeigeschleust und gelangen direkt zu Amygdala oder Hippocampus (limbisches System).

Pferde sind besondere „Feinschmecker".

Der Geschmackssinn

- Säuglinge besitzen ca 10.000 **Geschmacksknospen**, Erwachsene nur noch 2 000 bis 5 000. Im Vergleich dazu: Pferde sind mit 35 000 Geschmacksknospen ausgestattet, Katzen mit 500.
- Wir schmecken einen Teelöffel Zucker noch auf etwa 7,6 Liter Wasser. (vgl. Zimbardo 2004, S. 115)

Die Kultur, in der wir aufwachsen, beeinflusst unsere Vorliebe für bestimmte Geschmacksrichtungen: Spezialitäten wie Kamelaugen oder Affenhirn klingen für uns exotisch und abschreckend, werden aber in Asien durchaus geschätzt. Genauso wundern sich andere Kulturen über westliche Gaumenfreuden: Hinduistisch Gläubige etwa würden niemals Rindfleisch essen.

Ein Kind gewöhnt sich bereits früh an die bevorzugten Geschmacksrichtungen der Mutter und passt sich an ihre Ernährungsgewohnheiten an: Fruchtwasser und Muttermilch verändern den Geschmack je nachdem, was die Mutter isst oder trinkt. Ebenso kann Babynahrung in den ersten Monaten unsere späteren Geschmacksvorlieben beeinflussen. Aber unsere emotionalen Reaktionen auf Geschmack sind auch angeboren: Bereits Neugeborene reagieren mit Gefallen auf süße Substanzen, auf bittere hingegen mit Ablehnung. Und wer am Vorabend fastet, kann am nächsten Tag die Geschmacksstoffe der Nahrung besser wahrnehmen.

3.4 Visuelle Informationsverarbeitung

Visuelle Informationen gelangen zunächst auf die Netzhaut (Retina) und werden dann zur Großhirnrinde (Cortex) weitergeleitet. Das Gehirn analysiert visuelle Informationen nach vier Aspekten: Farbe, Bewegung, Form und Tiefe. Mit jedem einzelnen dieser Aspekte beschäftigt es sich gleichzeitig (**Parallelverarbeitung**), allerdings in unterschiedlichen Gehirnarealen. Wie das Gehirn die auseinandergenommenen Anteile der visuellen Information schließlich wieder zu einem einheitlichen Bild der Außenwelt zusammenfügt, ist nach wie vor ungeklärt.

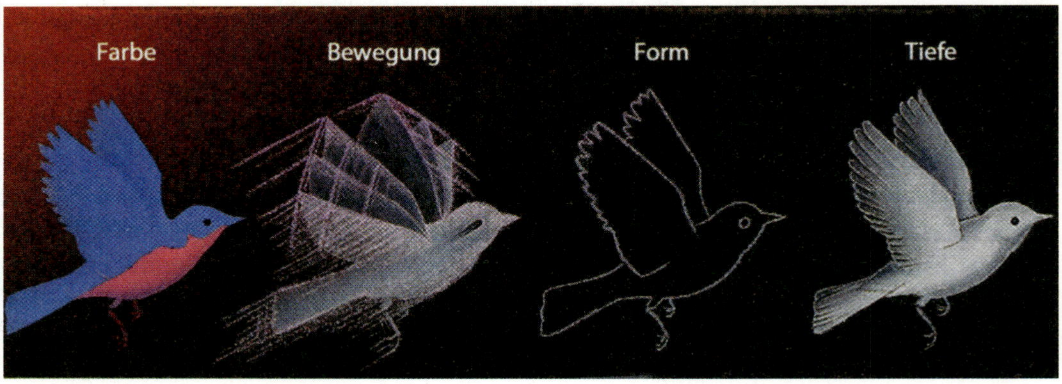

Parallelverarbeitung einer visuellen Szene

Farbwahrnehmung

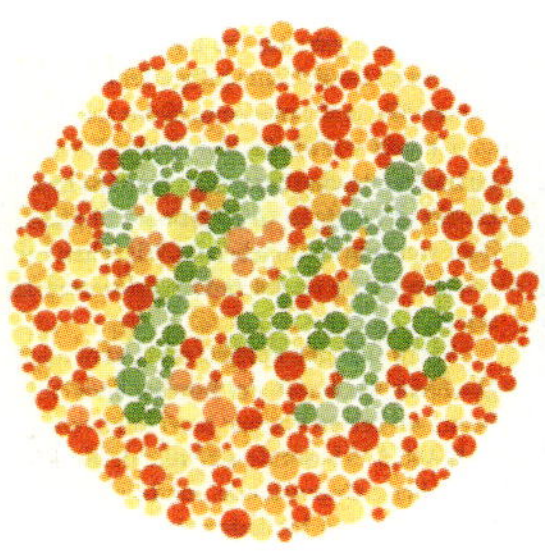

Farbe ist in Wahrheit eine Empfindung, die im Gehirn entsteht. Wir können etwa 7 Millionen Farbabstufungen wahrnehmen. Farbe hilft, Objekte voneinander zu unterscheiden, wenn Helligkeitsunterschiede nicht ausreichen. Farbe wird nach Farbton, Sättigung und Helligkeit verarbeitet. Die Farbrezeptoren (Zapfen) der Netzhaut sind dafür verantwortlich, dass wir Rot, Grün und Blau sehen. Kurzwelliges Licht nehmen wir als Blau, mittelwelliges Licht als Grün und langwelliges als Rot wahr. Farbenblinden Menschen fehlen rot- und/oder grünempfindliche Zapfen, sie haben daher Schwierigkeiten, Rot von Grün zu unterscheiden. 8 % der männlichen Bevölkerung sind von einer Rot-Grün-Schwäche betroffen.

Versuch 8

Betrachten Sie den obigen Farbkreis. Welche Zahl ist erkennbar? Derartige Testverfahren werden zur Bestimmung der Farbenblindheit herangezogen. Der/Die Farbenfehlsichtige erkennt die Zahl in der Mitte nicht.

Untersuchungen zur Frage, wie wir Farben sehen, stützen sich auf zwei Theorien aus dem 19. Jahrhundert: Der Arzt und Physiologe Thomas YOUNG und der Physiker und Physiologe Hermann von HELMHOLTZ gehen in der *Dreikomponententheorie* von drei Primärfarben des Lichts aus. Der Arzt und Physiologe Ewald HERING belegt in seiner *Gegenfarbentheorie*, dass unser Nervensystem farbbezogene Informationen von Zapfen in Gegenfarbenpaare umwandelt.

Theorien

- **Dreikomponententheorie:** Die menschliche Farbwahrnehmung beruht laut Young und Helmholtz auf **drei Grundfarben**: Rot, Grün und Blau. In der Netzhaut des menschlichen Auges befinden sich nämlich nur drei Typen von Farbrezeptoren, von denen der eine Typ besonders empfindlich auf langwelliges Licht (also Rot), ein anderer auf mittelwelliges Licht (Grün) und der dritte auf kurzwelliges Licht (also Blau) reagiert. Wenn die drei Farbrezeptortypen nun in unterschiedlicher Kombination stimuliert werden, können sie die Wahrnehmung jedes beliebigen Farbtones erzeugen. Alle Farbwahrnehmungen also entstehen durch Stimulation dieser drei Zapfentypen; Gelb etwa wird wahrgenommen, wenn die rot- und grünempfindlichen Zapfen stimuliert werden. Werden alle drei Typen gleich stark stimuliert, dann entsteht der Farbeindruck Weiß. Dies ist jedoch nur beim *additiven Farbmischen* – beim Mischen der entsprechenden Lichtstrahlen – der Fall. Beim *subtraktiven Farbmischen*, also von Farben im Malkasten, sehen wir dagegen Braun oder

Schwarz. Das liegt daran, dass beim Mischen von Lichtstrahlen Wellenlängen hinzugefügt, beim Mischen von Malfarben aber Wellenlängen entzogen werden, da diese das Licht nur reflektieren.

- **Gegenfarbentheorie:** Laut Hering beruhen alle Farbempfindungen auf **vier Primärfarben**, die er in jeweils gegensätzliche Paare ordnet: Rot-Grün und Blau-Gelb. Diese Komplementär- bzw. Gegenfarbenpaare schließen sich nach dem Farbempfinden – wie jeder Farbkreis zeigt – gegenseitig aus: Blau kann entweder in Rot oder Grün, nicht aber in Gelb übergehen, Rot entweder in Blau oder Gelb, nicht aber in Grün. Um Helligkeit zu erfassen, nannte Hering als drittes Gegensatzpaar Schwarz-Weiß. Hering fand außerdem heraus, dass die physiologischen Primärfarben Nachbilder in ihrer Komplementärfarbe erzeugen.

3

Versuch 9

Fixieren Sie eine halbe Minute lang einen kräftigen Farbfleck (z. B. Rot) und blicken Sie dann auf einen weißen Hintergrund. Sie werden die Komplementärfarbe (z. B. Grün) des fixierten Farbflecks sehen.

Die komplementären Nachbilder lassen sich über die Biologie des Auges erklären: Sie entstehen, wenn wir längere Zeit starr auf ein Muster schauen. Werden die Stäbchen- und Zapfenzellen im Auge für längere Zeit einem bestimmten farblichen Reiz ausgesetzt, werden dem Gehirn bei anschließendem Fixieren einer weißen Fläche komplementäre Nachbilder suggeriert.

- Die **Zonentheorie** nach Johannes von Kries konnte schließlich zeigen, dass die Dreikomponententheorie und die Gegenfarbentheorie einander nicht widersprechen, sondern bloß aufeinanderfolgende Stufen der Verarbeitung darstellen. Heute wissen wir nämlich, dass es im Auge wirklich drei Zapfentypen gibt, die jeweils für Licht einer bestimmten Wellenlänge am empfindlichsten sind, wie die Dreikomponententheorie behauptete. Diese drei Zapfentypen sind neuronal so verschaltet, dass gemäß der Gegenfarbentheorie die Gegenfarben-Effekte auftreten. Die Zonentheorie hat heute noch Gültigkeit.

Der sogenannte **Stroop-Effekt** tritt bei trainierten Handlungen (Automatismen) auf. Ungewohnte Handlungen benötigen eine stärkere geistige Verarbeitung.

Versuch 10

Testen Sie den Stroop-Effekt:
- Lesen Sie die Wörter laut vor.
- Nennen Sie nun der Reihe nach die Farben, die Sie sehen.
- Nennen Sie nun abwechselnd das Wort und dann die Farbe.

ROT	**GELB**	**GRÜN**	**SCHWARZ**	**BLAU**	**ORANGE**
GELB	**GRÜN**	**BLAU**	**BLAU**	**ROT**	**VIOLETT**
ORANGE	**SCHWARZ**	**ROT**	**GELB**	**GRÜN**	**GELB**

Der Versuch zeigt, dass wir länger brauchen, die Farbe des visuell dargebotenen Wortes zu benennen, wenn sie in ungewohnter Form auftritt, also wenn Wort und Farbe nicht übereinstimmen. Stimmen Wort und Farbe hingegen überein, ist die Benennung schneller möglich. Die Schwierigkeit beim Lesen ergibt sich aus der Tatsache, dass wir üblicherweise einen Text lesen und nicht die Farbe der Buchstaben wiedergeben bzw. beim Lesen die Buchstabenfolge automatisch in sinnvolle Worte kodieren und nicht auf die Farbe achten.

Bewegungswahrnehmung

Ob Schreiben, Laufen oder Autofahren – unser Gehirn wertet laufend unsere motorischen Informationen aus. Spielen wir Tennis oder Volleyball, müssen wir zum richtigen Zeitpunkt unser Verhalten visuell koordinieren. Damit das gelingt, müssen wir die Distanz und die Geschwindigkeit von Objekten (z. B. des Balles) richtig einschätzen. Distanz und Geschwindigkeit sind besonders wichtig, wenn auf Reize reagiert werden muss, etwa beim Bremsen im Verkehr oder beim Fangen des Balles. Das Gehirn berechnet die Bewegung: Kleiner werdende Objekte entfernen sich, größer werdende Objekte nähern sich.

Der Wahrnehmungspsychologe Günther Kebeck unterscheidet zwischen zwei grundsätzlichen Fällen von Bewegung:

Bewegung eines Objekts

- Man selbst steht still und das Objekt ist in Bewegung. Werden verschiedene Stellen der Netzhaut stimuliert, nehmen wir Objekte als bewegt wahr: ein Auto, das fährt, oder einen Menschen, der an uns vorbeigeht.

eigene Bewegung

- Das Objekt steht still und man selbst bewegt sich. In diesem Fall wird unsere Netzhaut ebenfalls durch die Objekte gereizt, aufgrund unserer *Körperempfindung* spüren wir aber, dass sich nicht unsere Umgebung (z. B. Häuser oder Bäume) bewegt, sondern wir selbst in Bewegung sind. Allerdings trägt nicht nur unsere Körperempfindung, sondern auch unsere *Erfahrung* zur Bewegungswahrnehmung bei: Wir wissen, dass es nicht das Haus sein kann, das sich bewegt.

Von einer **Bewegungstäuschung** spricht man, wenn ein bewegtes Objekt als ruhend oder ein ruhendes Objekt als bewegt wahrgenommen wird. Wenn wir beispielsweise meinen, der Mond bewege sich (bei vorbeiziehenden Wolken), erliegen wir einer Bewegungstäuschung. Dasselbe Phänomen erleben wir, wenn wir aufgrund eines benachbarten losfahrenden Zuges meinen, der eigene (in Wirklichkeit ruhende) Zug setze sich in Bewegung.

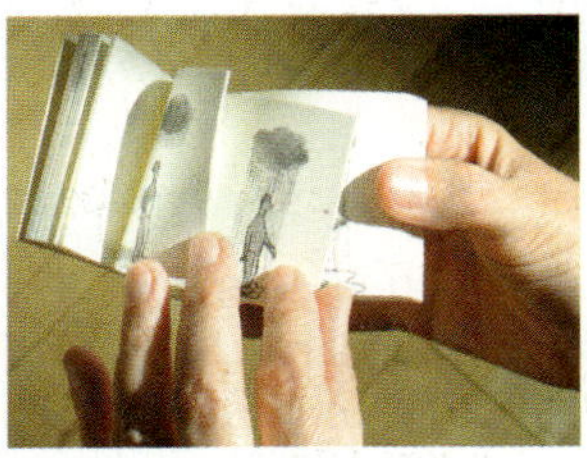
Daumenkino

Wenn eine Bewegung wahrgenommen wird, die nicht existiert, spricht man vom sogenannten **Phi-Phänomen.** Voraussetzung dafür ist der *Stroboskop-Effekt* – eine Scheinbewegung, die zustande kommt, wenn zwei Reize schnell hintereinander auftreten. Filme bestehen bekanntlich aus unzähligen zusammengesetzten Einzelbildern. Ab einer bestimmten Frequenz der Abfolge gelingt es nicht mehr, die Bilder einzeln wahrzunehmen. Sie verschmelzen zu einem Bewegungsablauf, fließende Übergänge entstehen. Ein weiteres stroboskopisches Phänomen ist das Daumenkino: Dabei wird, ähnlich wie beim Film, eine Sequenz von einzelnen Bildern als bewegte Bildabfolge interpretiert.

Tiefenwahrnehmung

Visuelle Klippe

Die Netzhaut unserer beiden Augen projiziert leicht unterschiedliche zweidimensionale Bilder, die erst in der Sehrinde des Gehirns zu einem **dreidimensionalen Bild** zusammengefügt werden. Die Fähigkeit, Gegenstände in drei Dimensionen zu sehen, nennt man **Tiefenwahrnehmung.** Die sogenannte **visuelle Klippe** zeigt, dass selbst ohne visuelle Erfahrung Abgründe wahrgenommen werden können: In einem Experiment wurde ein steiler Tischabgrund mit einer Glasplatte überdeckt. Die meisten Kleinkinder sträubten sich, über den Abgrund zu krabbeln, selbst wenn sie von ihren Müttern dazu ermuntert wurden. Die Untersuchungen zeigten allerdings, dass Kinder eher dazu bereit waren, über die Glasplatte zu krabbeln, wenn die Mutter ein freundliches Gesicht machte. Hatte sie hingegen einen ängstlichen oder ärgerlichen Gesichtsausdruck, krabbelte das Kind zurück. Das Kind erkennt die Gefühle der Mutter und reagiert entsprechend darauf.
Auch Jungtiere sträubten sich, über die Glasplatte zu gehen. Das Experiment beweist, dass Tiefenwahrnehmung eine angeborene Fähigkeit ist. Wenn wir später auf einen Glasboden treten, unter dem es steil bergab geht, erzeugt auch das ein mulmiges Gefühl, selbst wenn wir wissen, dass wir nicht ins Leere, sondern auf Glas treten.

Die Tiefenwahrnehmung befähigt uns auch dazu, **Entfernungen** einzuschätzen: Wir nehmen eine Straße nämlich nicht nur als dreidimensionalen Raum wahr, sondern sind auch in der Lage, Entfernungen von Menschen, Autos und anderen Gegenständen gut abzuschätzen. Zur Einschätzung von Entfernungen benötigen wir zwei Mechanismen der Tiefenwahrnehmung: das *binokulare* und das *monokulare* Tiefensehen.

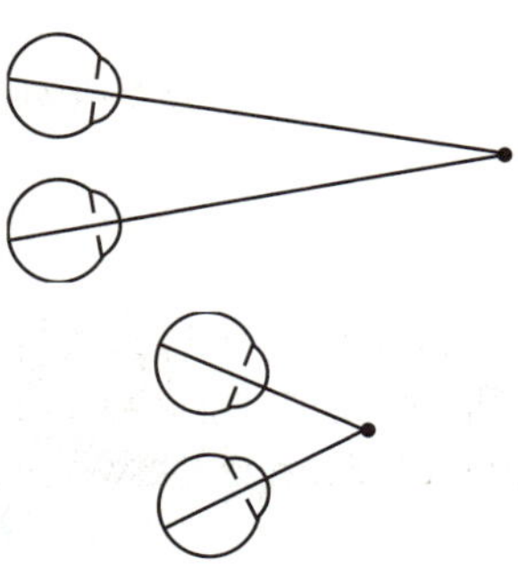
Konvergenz ist die Bewegung der Augäpfel zueinander.

- Für das **binokulare Tiefensehen** brauchen wir beide Augen. Zu den binokularen Tiefenmerkmalen zählen die *Disparität* und die *Konvergenz.*
  - Der Abstand unserer Augen beträgt in etwa 6 cm. Die Netzhaut der beiden Augen empfängt daher leicht unterschiedliche Bilder. Der Unterschied zwischen diesen Bildern wird **Disparität** genannt. Das Gehirn vergleicht diese Bilder miteinander und berechnet daraufhin die Entfernung des fokussierten Objektes: Je mehr sich die Bilder voneinander unterscheiden, desto näher ist das Objekt.
  - Das Gehirn berechnet außerdem anhand der **Konvergenz** (einer Bewegung der Augäpfel), wie weit ein Objekt entfernt ist: Betrachten wir entfernte Dinge, bewegen sich die Augen auseinander, betrachten wir Objekte in der Nähe, drehen sie sich nach innen. Der jeweilige Konvergenzwinkel wird dem Gehirn als Entfernungsmaß weitergeleitet.

- Das **monokulare Tiefensehen** umfasst alle Merkmale der Umgebung, die jedes Auge für sich alleine erkennen kann. Zu diesen monokularen Merkmalen zählen beispielsweise Größen- und Perspektivenunterschiede von Gegenständen, Licht-Schatten-Verhältnisse, Farbsättigung oder Konturenschärfe. Das monokulare Tiefensehen beruht vor allem auf unseren Erfahrungswerten, die eine Orientierung im Raum ermöglichen: Wir haben gelernt, dass nahe Gegenstände mehr Licht reflektieren und schwächer beleuchtete weiter weg sind (Licht-Schatten-Verhältnisse). Ebenso haben wir gelernt, dass sich verschwommene Gegenstände weiter weg befinden als Gegenstände mit klaren Konturen (Konturenschärfe).

3.5 Wahrnehmungsorganisation

Dem Prozess der Wahrnehmung liegen bestimmte Prinzipien zugrunde, die die **Wahrnehmungsorganisation** vereinfachen. Darunter versteht man, dass sinnesphysiologische Reize (Umweltinformationen) von unserem Gehirn so strukturiert und interpretiert werden, dass sie Sinn ergeben. Diese Organisationsprinzipien liefern auch die Erklärung für einige der bekanntesten optischen Täuschungen (▸ Kap. 3.6).

Gestaltgesetze

Wahrnehmungskonstanzen

- Der **gestalttheoretische Ansatz** formulierte sogenannte *Gestaltgesetze*: Wir nehmen Reize nach verschiedenen Merkmalen, z. B. Größe oder Form, wahr.
- Der **lerntheoretische Ansatz** der Wahrnehmungspsychologie entdeckte die *Wahrnehmungskonstanzen*: Wir nehmen Objekte gemäß unserer Erfahrung als gleichbleibend wahr, selbst wenn sich ihr Aussehen (z. B. durch Schatten oder Entfernung) verändert.

Gestaltgesetze (Formwahrnehmung)

Versuch 11

Versuchen Sie folgenden Text sinngemäß zu erfassen:
Afugrnud enier Sduite an enier Elingshcen Unvirestiät ist es eagl, in wlehcer Riehnelfoge die Bcuhtsbaen in eniem Wrot sethen, das enizig Wcihitge dbaei ist, dsas der estre und lztete Bcuhtsbae am rcihgiten Paltz snid. Der Rset knan ttolaer Bnölsdin sien, und du knasnt es torztedm onhe Porbelme lseen. Das ghet dseahlb, wiel wir nchit Bcuhtsbae für Bcuhtsbae enizlen lseen, snodren Wröetr als Gnaezs.

Dem gestalttheoretischen Ansatz zufolge tendieren wir dazu, Einzelteile zu einer ganzen Form zusammenzusetzen. „*Wenn wir beispielsweise Musik hören, dann nehmen wir ganze Melodien wahr, obwohl diese sich aus einzelnen Noten zusammensetzen.*" (Zimbardo 2004, S. 168) Gestaltgesetze (auch: „Kohärenzfaktoren" der Gestalt) sind Prinzipien, nach denen wir Reize so organisieren, dass ein sinnvolles Ganzes entsteht: Das Ganze ist mehr als die Summe seiner Teile.

Gesetz der Ähnlichkeit
Ähnliche Figuren werden als zusammengehörig wahrgenommen, wie hier alle Kreise und alle Dreiecke. Nach diesem Prinzip fassen wir auch Menschen nach ähnlichem Aussehen oder ähnlichen Persönlichkeitsmerkmalen zusammen.

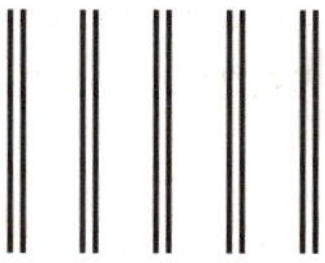

Gesetz der Nähe
Reize, die nah beieinanderliegen, werden als Einheit wahrgenommen, wie hier die eng beieinanderliegenden Striche.

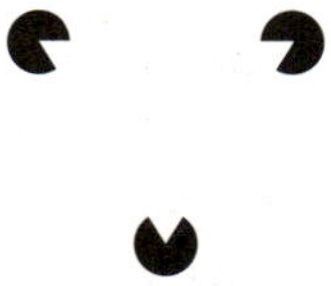

Gesetz der Geschlossenheit
Unvollständige Figuren werden als vollständig angesehen, wie das Kanizsa-Dreieck zeigt: Wir glauben im Bild ein weißes Dreieck zu sehen („kognitive Konturen"), obwohl das Bild nur Kreissegmente zeigt. Wir tendieren dazu, Reize als klar strukturierte, eindeutige Gestalten wahrzunehmen.

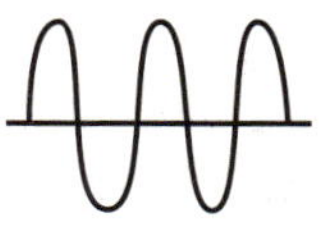

Gesetz der Kontinuität
Wir nehmen eine Fortsetzung an. In diesem Fall gehen wir davon aus, dass die Gerade und die Kurve jeweils aus einer durchgehenden Linie bestehen.

Wahrnehmungskonstanzen

Wir sind offenbar fähig, Gegenstände konstant wahrzunehmen, d. h. sie in unserem Geist als etwas Gleichbleibendes zu erleben, auch wenn sich ihr Aussehen ständig zu verändern scheint. Dieses Prinzip nennt man **Wahrnehmungskonstanz**. Es ist unser Wissen um die Objekteigenschaften, das dazu beiträgt, dass wir bekannte Objekte trotz Änderungen aufgrund typischer Merkmale wiedererkennen.

Formkonstanz

Wir sind offenbar fähig, die wahre Form eines Objekts wahrzunehmen, obwohl sich seine Form auf der Netzhaut ändert: Die abgebildete Münze bleibt in ihrer Form für uns konstant und wir würden eine blau gefärbte Banane allein aufgrund ihrer Form als solche erkennen.

Größenkonstanz

Aufgrund der Größenkonstanz nehmen wir Objekte konstant groß wahr, obwohl sich ihre Größe je nach Entfernung zu verändern scheint:

- Ein Fußgänger bleibt konstant groß, obwohl er zu schrumpfen scheint, je mehr er sich von uns entfernt.
- Ebenso bleibt ein Haus konstant groß, auch wenn es aus der Entfernung betrachtet ein kleineres Bild auf der Netzhaut hinterlässt und dadurch kleiner wirkt.

Bei linear-perspektivischen Darstellungen (dreidimensionalen Tiefeneindrücken auf einer zweidimensionalen Fläche) wiederum verhält es sich anders: Die beiden Figuren (siehe Abbildung links) werfen gleich große Bilder auf unsere Netzhaut. „Aber unsere Erfahrung sagt uns, dass ein entfernteres Objekt nur dann ein gleich großes Bild wie ein näheres Objekt erzeugen kann, wenn es in Wirklichkeit größer ist." (Myers 2005, S. 259) Deshalb nehmen wir die Figur, die weiter entfernt zu sein scheint, als größer wahr.

Farb-Helligkeitskonstanz

Wir sind fähig, die Farbe oder Helligkeit eines Objekts konstant wahrzunehmen, selbst wenn sich die Farbe durch die Beleuchtung ändert. Die Wiese bleibt für uns grün, auch wenn Schatten darauf fällt. Eine Rose bleibt während des Tagesverlaufs konstant rot, auch wenn sich – durch den Lichteinfall der Sonne bedingt – die Farbe ändert.

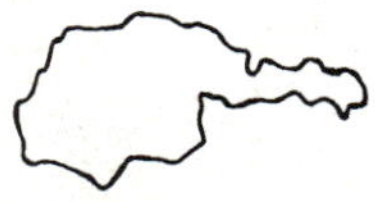

Orientierungskonstanz

Wir können ein Objekt wiedererkennen, obwohl es anders als gewohnt dargestellt wird: Haben Sie Österreich erkannt? Die 180°-Drehung erschwert das Erkennen.

T Einzelarbeit **12**

Erklären Sie die **Ponzo**-Täuschung.
- Zu welcher Wahrnehmungskonstanz zählt sie?
- Um welche optische Täuschung handelt es sich dabei?

Schlagen Sie in Kapitel 3.6 nach!

T Einzelarbeit **13**

Betrachten Sie den **Rubin'schen Becher**.
- Welches Gestaltgesetz erkennen Sie hier wieder?
- Zu welcher optischen Täuschung zählt der Becher? Die Antwort gibt Ihnen Kapitel 3.6.

T Plenum **14**

Untersuchen Sie, welchen Illusionen wir in der Natur ausgesetzt sind. Sammeln Sie Ideen zu Wahrnehmungskonstanzen und optischen Täuschungen in der Natur!

3.6 Optische Täuschungen

Wenn unsere Sinne getäuscht werden, sprechen wir von einer Illusion oder **optischen Täuschung**. Eine optische Täuschung liegt dann vor, wenn ein visuelles Reizmuster so erlebt oder interpretiert wird, dass man nachweislich zu einem falschen Ergebnis kommt. Fehler in der Wahrnehmung ergeben sich entweder

Wahrnehmungsebene
Interpretationsebene

- in der **„falschen" Aufnahme** (Wahrnehmung) von mehrdeutigen Sinnesreizen
- oder in der **„falschen" Verarbeitung** (Interpretation) von Reizen.

So ist auch der Sonnenauf- und -untergang eine optische Täuschung: Wir sehen die Sonne zwar auf- und untergehen, doch in Wirklichkeit dreht sich die Erde und die Sonne steht unverändert im Zentrum unseres Sonnensystems. Mit Wahrnehmungstäuschungen spielen wir auch im Alltag, wenn wir beispielsweise längs gestreifte oder schwarze Kleidung tragen, um schlanker zu erscheinen, oder eine Wohnung hell streichen und mit wenigen Möbeln gestalten, um sie größer wirken zu lassen.

Die Fraser'sche Spirale besteht aus konzentrischen Kreisen.

Dass eine Täuschung selbst dann nicht verschwindet, wenn wir *wissen*, dass unser Eindruck falsch ist, beweist, dass eindeutig unser *Wahrnehmen* und nicht unser Denken von der Täuschung betroffen ist. Durch Sinnestäuschungen erfahren wir einiges über die Struktur und die Arbeitsweise unserer Wahrnehmung. Unsere Wahrnehmung ist bekanntlich kein getreues Abbild der Realität, sondern eine Interpretation durch unser Gehirn. Täuschungen zeigen uns, wie viele komplexe Prozesse im Gehirn unbewusst und automatisch ablaufen, bis wir ein sinnvolles Bild sehen. Zahlreiche dieser Prozesse sind jedoch bis heute nicht erforscht. Wahrnehmungstäuschungen kommen nicht nur in der *visuellen* (optischen) Wahrnehmung vor, auch *alle anderen Sinne* lassen sich täuschen. Es gibt eine **zeitliche Täuschung** (wenn eine Minute wie eine Ewigkeit erlebt wird), und ebenso können wir einer **sozialen Wahrnehmungstäuschung** (▸ Kap. 11.1) unterliegen.

Störeinflüsse in der optischen Wahrnehmung können sich durch die Anordnung gestalterischer Elemente ergeben. Folgende optische Täuschungen werden voneinander unterschieden:

Kippbilder

Kippbilder bzw. zweideutige Bilder enthalten je nach Ansicht mehrere Bilder. Erwartet man ein bestimmtes Muster von Reizen (wenn beispielsweise gesagt wurde, dass im Bild eine alte Frau und eine junge Frau zu erkennen sind), ist es leichter, die Darstellung zu entschlüsseln.

Was können Sie erkennen?

Unmögliche Figuren

Unmögliche Figuren sind grafisch zweidimensionale, vorgeblich dreidimensionale Konstrukte in der Kunst, die körperhaft nicht existieren können. Bei optischen Täuschungen in Form unmöglicher Figuren spricht man auch von **Paradoxa**. Der niederländische Grafiker Maurits Cornelis Escher hat im 20. Jahrhundert zahlreiche solcher Werke geschaffen.

Paradoxon M. C. Escher

Gestalt

Bei manchen Sinneseindrücken glaubt der/die Betrachter/-in Objekte wahrzunehmen, die nicht vorhanden sind. Ein Beispiel dafür ist das Gitter aus durchbrochenen Linien: Man glaubt an den Schnittstellen weiße Scheiben zu sehen.

T Einzelarbeit 15

Welches Gestaltgesetz (▸ Kap. 3.5) ist beim Gitter für die optische Täuschung verantwortlich?

Kontrast

Die bekannteste Kontrast-Täuschung ist das **Hermann-Gitter** (nach Ludimar HERMANN) oder **Hering-Gitter** (nach Ewald HERING): Im Gitternetz erscheinen an den Schnittpunkten der Linien dunkle Punkte, die durch eine Überbetonung der Kontraste im Auge entstehen. Ursache für diese Kontrastverstärkung ist die sogenannte **laterale Hemmung**, ein kompliziertes Verschaltungsprinzip von Nervenzellen. Indem die Reize nebeneinander liegender Rezeptoren dadurch gehemmt bzw. verstärkt werden, erscheinen Kanten verstärkt und Bilder schärfer.

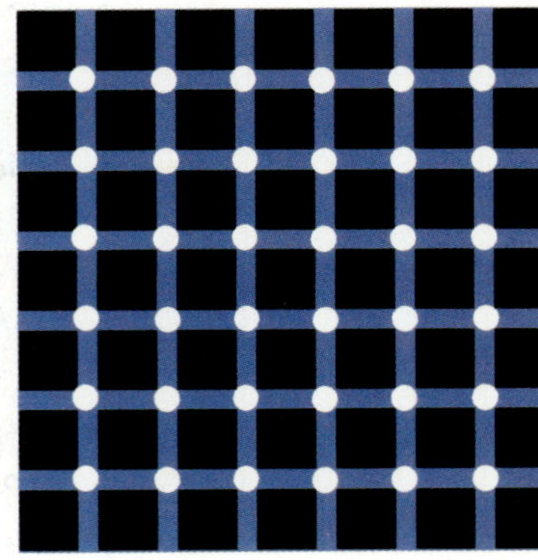

Geometrische optische Täuschungen und Relativität

Das **Müller-Lyer-Phänomen** lässt eine Linie zwischen zwei spitzen Winkeln deutlich kürzer erscheinen als eine gleich lange Linie, bei der die Pfeilspitzen in die andere Richtung zeigen. Die nach innen oder nach außen gerichteten Winkel an den jeweiligen Enden der Linien rufen also eine Täuschung hervor. Diese Täuschung wird mit einer mangelhaften Koordinierung zwischen Gehirn und Augenmuskulatur erklärt, doch herrscht über das tatsächliche Zustandekommen dieser Täuschung nach wie vor Unklarheit.

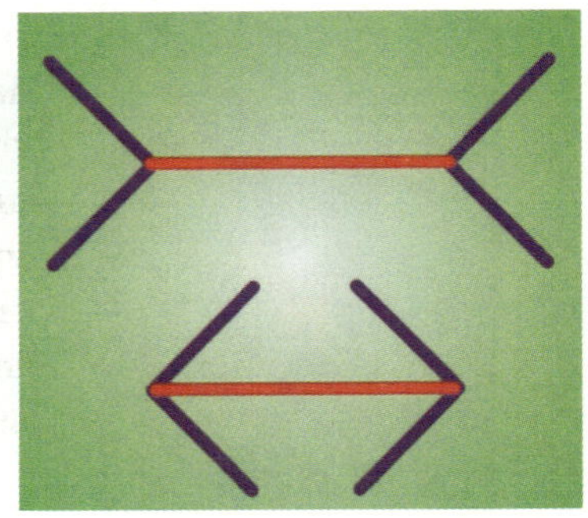

Bewegungsillusion

Bewegungsillusionen

Es gibt eine Reihe optischer Täuschungen, in denen der/die Betrachter/-in meint, dass sich Teile des Bildes bewegen. Da die Bewegung an jenen Stellen bemerkbar ist, die gerade nicht fokussiert werden, nennt man dieses Phänomen **peripheres Sehen**. Zu dieser falschen Verarbeitung der Reize und einer fehlerhaften Interpretation kommt es bei der visuellen Verarbeitung unterschiedlich starker Kontraste.

RP Gruppenarbeit **16**

- Recherchieren Sie im Internet zu den optischen Täuschungen.
- Protokollieren Sie die optischen Täuschungen, die Sie gefunden und ausprobiert haben.
- Teilen Sie die optischen Täuschungen auf Kleingruppen auf und erstellen Sie eine PowerPoint-Präsentation davon. Präsentieren Sie Ihre Ergebnisse in der Klasse.

3.7 Eingeschränkte sinnesphysiologische Wahrnehmung

sensorische Deprivation

Partnerarbeit **17**

Einem/Einer von Ihnen werden die Augen verbunden. Der/Die andere hat nun die Aufgabe, den Ersten/die Erste durch das Schulgelände zu führen. Kündigen Sie Hindernisse (z. B. Treppen) an.
Tauschen Sie nach fünf Minuten. Wie haben Sie sich gefühlt? Besprechen Sie Ihre Erfahrungen in der Klasse.

Alltägliche, einfach erscheinende Tätigkeiten meistern wir mithilfe unserer Wahrnehmung. Ob Einkaufen oder Lernen – es gibt keine Tätigkeit, bei der nicht einer unserer Sinne eine wichtige Rolle spielt. Unsere Fähigkeit, wahrnehmen zu können, ist für uns selbstverständlich.

RF Plenum **18**

Stellen Sie sich ein Leben ohne Sinnes-Fähigkeiten vor.

- Überlegen Sie, welche Konsequenzen es für unseren Alltag hätte, auf a) Sehen, b) Hören, c) Tasten, d) Riechen, e) Schmecken oder f) Gleichgewicht verzichten zu müssen.
- Mit welcher sinnesphysiologischen Einschränkung würden Sie Ihrer Meinung nach am besten umgehen können?

Einschränkungen in *einem* sinnesphysiologischen Bereich bedeuten nicht immer eine Beeinträchtigung in der beruflichen Weiterentwicklung. Sinnesphysiologische Leiden können Maler/-innen zu neuen Stilrichtungen inspirieren: Edgar Degas beispielsweise entwickelte eine Farbschwäche, die zu einer feinfühligeren Helligkeitsabstufung in seinen Werken geführt hat, und auch Claude Monets Augenprobleme ließen ihn neue Aspekte künstlerischen Schaffens entdecken.

Filmtipp
Schmetterling und Taucherglocke (USA/Frankreich 2007, Regie: Julian Schnabel). Ein erfolgreicher Chefredakteur ist durch einen plötzlichen Schlaganfall im Hirnstamm gelähmt und kann sich bei vollem Bewusstsein weder bewegen noch artikulieren (Locked-in-Syndrom). Der Film führt in die Welt der Fantasie des Betroffenen, die ihm hilft, mit seiner neuen Situation zurechtzukommen.

3

Claude Monet: *Die Mohnblumen*

Auch Ludwig van Beethoven komponierte trotz seiner fortschreitenden Gehörschwäche und lebte bis an sein Lebensende für die Musik. Mit zunehmenden Hörproblemen schrieb er seine größten und bekanntesten Symphonien.

Sinnesphysiologische Einschränkungen haben nicht nur organische Ursachen (Blindheit, Taubheit), sondern können ebenso durch Alkohol, Drogen oder Medikamente ausgelöst werden oder mit einer psychischen Störung wie beispielsweise Panikattacken oder Schizophrenie (▸ Kap. 14.4) einhergehen.

RP **Internetrecherche** **19**

- Recherchieren Sie im Internet fünf Gebärden (Gesten der Sprache gehörloser Menschen), studieren Sie diese ein und präsentieren Sie Ihr Ergebnis in der Klasse.
- Recherchieren Sie im Internet das Alphabet der Brailleschrift/Blindenschrift (ein Punktschriftsystem, das 1825 von Louis Braille für blinde Menschen entwickelt wurde). Schreiben Sie nun ein Wort (z. B. mit Stecknadeln und Styropor) in der Blindenschrift.
  Lassen Sie Ihren Sitznachbarn/Ihre Sitznachbarin das Wort zunächst blind ertasten und dann – mit Zuhilfenahme des Alphabets – entziffern.

Sensorische Deprivation

Beginn v. Halluzinationen
Experimente mit Studenten

Werden wir von jeglichen Reizen abgeschirmt, spricht man von **sensorischer Deprivation** (Reizentzug).

Experiment

Die kanadischen Forscher Bexton, Heron und Scott führten das erste Experiment zur sensorischen Deprivation durch. Versuchspersonen wurden in abgedunkelten, schalldichten Räumen von jeglichen Reizen ferngehalten. Sie trugen Brillen, die nur minimal Helligkeit durchließen, Kopfhörer, die sie von möglichen akustischen Reizen abschirmen sollten, und Handschuhe, die ihre taktilen Empfindungen ausschalteten. Die Versuchspersonen konnten so lange am Experiment teilnehmen, wie sie wollten, und bekamen dafür 20 Dollar pro Tag. Alles, was sie tun mussten, war, ruhig auf dem Bett zu liegen. Nach 48 Stunden brachen die Versuchspersonen jedoch das Experiment ab. In späteren Deprivationsexperimenten mit noch härteren Isolationsbedingungen (völlige Dunkelheit, völlige akustische Isolation), wie beispielsweise das Experiment des US-amerikanischen Neurophysiologen John Lilly, brachen viele Versuchspersonen bereits nach wenigen Stunden ab. In beiden Experimenten berichteten die Versuchspersonen von veränderten Bewusstseinszuständen, einer Steigerung der visuellen Vorstellungen (Halluzinationen), von Lichtern und Mustern bis zu intensiven Bildern. Sie beschrieben eine zeitliche und räumliche Desorientierung und in Tests konnte eine generelle Abnahme der kognitiven Leistung und Konzentrationsfähigkeit festgestellt werden.

Diese Experimente beweisen unser Bedürfnis nach Stimulation. Um ein bestimmtes Erregungsniveau aufrechtzuerhalten, begannen die Versuchspersonen während der Isolation mit sich selbst zu sprechen oder zu pfeifen.

Hospitalismus

Der Psychoanalytiker René Spitz untersuchte Heimkinder, die ohne emotionale Geborgenheit durch Bezugspersonen aufwuchsen. Spitz führte den Begriff des **Hospitalismus** bzw. Deprivationssyndroms ein. Mit Hospitalismus werden alle Entwicklungsstörungen zusammengefasst, die als Folge einer mangelnden emotionalen Zuwendung während eines längeren Aufenthalts

im Krankenhaus, Kinderheim oder Waisenhaus auftreten: allgemeine Entwicklungsverzögerungen, Störungen im emotionalen Bereich (Teilnahmslosigkeit, depressive Verstimmung, Aggressivität), sprachliche Störungen, vermehrte Krankheitsanfälligkeit sowie eine erhöhte Sterblichkeitsrate.
Eine schwere Form des Hospitalismus, das sogenannte **Kaspar-Hauser-Syndrom**, äußert sich in gravierenden Entwicklungsrückständen und psychischen Schäden, die aus psychischer und physischer Vernachlässigung resultieren. Kaspar Hauser war ein Findelkind, das (bis auf die ersten Lebensjahre) ohne jeglichen menschlichen Kontakt aufwuchs und als etwa 16-Jähriger 1828 plötzlich in Nürnberg auftauchte. Als er schließlich sprechen lernte, berichtete er, dass er jahrelang in einem dunklen Raum gefangen gehalten worden war.
Die Untersuchungen zeigen, wie wichtig emotionale Zuwendung einer Bezugsperson sowie kognitive Anregungen für eine gesunde Entwicklung sind. Heute wird in verschiedenen Institutionen bereits entwicklungsfördernde und individuelle Betreuung angeboten: Eltern haben beispielsweise die Möglichkeit, im Krankenhaus bei ihrem Kind zu bleiben.

Synästhesie

Im Gegensatz zur eingeschränkten Wahrnehmung besteht bei Synästhesie ein „Zuviel" davon: Zwei oder mehr getrennte Wahrnehmungsbereiche verbinden sich, indem die Verarbeitung eines Reizes durch ein Sinnesorgan gleichzeitig andere Sinnesorgane aktiviert. Sogenannte **Synästhetiker/-innen** sehen seltsame Muster, wenn sie Musik oder eine markante Stimme hören, oder nehmen intensive Gerüche wahr, sobald sie an bestimmte Worte denken. Die häufigste Synästhesieform ist das Farbenhören. Für Synästhetiker/-innen ist es aber auch nicht ungewohnt, Zahlen zu riechen oder Worte zu schmecken.
Der Synästhetiker Daniel Tammet beschreibt seine synästhetischen Fähigkeiten folgendermaßen: *„Bei mir ist die Synästhesie so ungewöhnlich und komplex ausgeprägt, dass ich Zahlen als Formen, Farben, Stoffe und Bewegungen wahrnehme. Die Zahl Eins zum Beispiel ist ein strahlend helles Weiß, als ob mir jemand mit einer Taschenlampe direkt in die Augen leuchten würde. Fünf ist ein Donnerschlag oder der Klang von Wellen, die gegen Felsen branden. Siebenunddreißig ist klumpig wie Porridge, während mich Neunundachtzig an fallenden Schnee erinnert."* (siehe Literaturtipp links, S. 16)

Literaturtipp
TAMMET, Daniel: *Elf ist freundlich und Fünf ist laut. Ein genialer Autist erklärt seine Welt.* Düsseldorf 2007. Daniel Tammet ist seit einem epileptischen Anfall im Alter von drei Jahren Synästhetiker. Seither nimmt er Zahlen als Farben und Emotionen wahr.

3.8 Parapsychologie und außersinnliche Wahrnehmung

Wenn Träume oder Vorhersagen eintreffen, jemand sich an ein früheres Leben erinnern kann oder Menschen Gedanken lesen, Gegenstände schweben lassen und mit Toten kommunizieren –, dann spricht man von **paranormalen Phänomenen.** Die Parapsychologie ist die wissenschaftliche Untersuchung solch unerklärlicher Phänomene. Der deutsche Psychologe Max DESSOIR führte 1889 den Begriff Parapsychologie ein, die Psychologen Robert THOULESS und H. P. WIESNER fassten paranormale Phänomene mit dem Begriff **Psi** (ψ) zusammen (Psi ist der 23. Buchstabe des griechischen Alphabets und der Anfangsbuchstabe des griechischen Wortes *psyche*). Es steht für den unbekannten Faktor, das Unerklärliche.

Definition
PARANORMALE Phänomene (griech. *para:* neben, jenseits) sind Erscheinungen, die über die Grenzen dessen hinausgehen, was als physikalisch möglich gilt.

Folgende paranormale Phänomene werden unterschieden:

- **Außersinnliche Wahrnehmung:** Informationen werden aufgenommen, ohne dass ein bekanntes Sinnesorgan daran beteiligt ist. Es gibt drei verschiedene Formen:
  - **Telepathie:** Gedanken werden von einer Person an eine andere auf geistigem Weg übertragen. (Gedankenübertragung)
  - Von **Hellsehen** spricht man, wenn eine Person Ereignisse beschreiben kann, die entweder in der Zukunft oder räumlich von ihr entfernt stattfinden (Weissagen), oder wenn Phänomene wahrgenommen werden, die für Nicht-Hellsichtige nicht wahrnehmbar sind. (Hellsehen)

Vorhersehen

- **Präkognition:** Zukünftige Ereignisse werden vorhergesagt (Visionen, Prophezeiungen). Im Unterschied zur Telepathie nimmt man beim Hellsehen (im Sinne von Weissagen) und der Präkognition an, dass die Informationen von einer äußeren Quelle (Geist-/Engelwesen, Verstorbene, Stimme Gottes) stammen und nicht aus der Psyche eines anderen Menschen. Hilfsmittel wie z. B. ein Pendel dienen meist dazu, diese Informationen wahrnehmbar zu machen.

„Fern-Bewegen“

- **Psychokinese (Telekinese):** Gegenstände werden von einer Person durch Gedankenkraft bewegt (z. B. ein Glas zum Schweben gebracht oder Möbel verschoben). Hierzu zählen auch alle Spuk- und Poltergeistphänomene.

Wiedergeburt

- **Reinkarnation:** Personen berichten von einem bzw. mehreren früheren Leben, entweder unter Hypnose oder aber im Wachzustand.

Geistheilung

- **Wunderheilung:** Rätselhafte Heilung von schweren Krankheiten.

Wahrsagen

- **Parapsychologische Deutungspraktiken:** Astrologie, Tarot-Karten legen, Kaffeesatzlesen, Chirologie (Handlesekunst) etc.

3

Die parapsychologische Forschung interessiert sich vor allem für die zwei Phänomengruppen der außersinnlichen Wahrnehmung und der Psychokinese.

T Plenum 20

Nennen Sie Filme und Serien, die paranormale Phänomene thematisieren. Beschreiben Sie die Phänomene und versuchen Sie diese den oben genannten zuzuordnen.

wissenschaftliche Erforschung

Um zu wissenschaftlich standardisierten Ergebnissen (▸ Kap. 1.2) zu gelangen, bezieht die Parapsychologie ihre Informationen aus drei Quellen:

- **Spontanberichte** über außergewöhnliche Erlebnisse und Vorgänge (z. B. Spukphänomene, Erscheinungen) werden aufgenommen und analysiert.
- Über **qualitative Experimente** wird versucht, bestimmte Vorgänge (z. B. Telepathie) in einer Laborsituation zu wiederholen. Telepathie etwa wird über das *Ganzfeld-Experiment* erforscht. Dabei wird bei einer Versuchsperson durch sensorische Deprivation (▸ Kap. 3.7) ein veränderter Bewusstseinszustand herbeigeführt, der mit dem Zustand während des REM-Schlafs (▸ Kap. 2.7) vergleichbar ist: Die Augen werden mit halben Tischtennisbällen abgedeckt und mit rotem Licht bestrahlt, über Kopfhörer ertönt ein Rauschen. In diesem sogenannten Ganzfeld-Zustand soll die Versuchsperson von einer weiteren Versuchsperson mental Bilder aus einem Film empfangen, den diese sieht. Nach ca. 30 Minuten werden der ersten Versuchsperson Filme gezeigt, unter denen sie den entsprechenden Film aufgrund ihrer Eindrücke während des Ganzfeld-Zustandes erkennen soll. Der Forscher Charles Honorton konnte in 28 von 34 Studien nachweisen, dass die von den Empfängern/-innen erzielten Ergebnisse besser waren als der Zufall (vgl. Kropf 2000, S. 43). Nachfolgeuntersuchungen der britischen Psychologen/-innen Julie Milton und Richard Wiseman brachten allerdings keine positiven Ergebnisse.

- Bei **quantitativ-statistischen Experimenten** werden Versuchspersonen standardisierten Tests unterzogen, die statistisch ausgewertet werden. Untersucht wird beispielsweise, ob auf ein zufälliges Ereignis Einfluss genommen werden kann. Tritt ein Ereignis (z. B. die Vorhersage der Würfelzahl) häufiger ein, als es nach statistischer Wahrscheinlichkeit zu erwarten ist, gilt dies als Indiz für paranormale Fähigkeiten.

Obwohl die Parapsychologie methodisch streng wissenschaftlich vorgeht, gilt sie bis heute als umstrittene Wissenschaft.

- In der Wissenschaft lässt sich vieles mit Formeln, Logik und mit Beweisen erklären. Die Parapsychologie interessiert sich jedoch für Phänomene und Ereignisse, die sich nicht mit rationalen Argumenten belegen lassen. Viele stehen den Phänomenen, die es nach physikalischen Gesetzen nicht geben kann, daher sehr skeptisch gegenüber.
- Bis heute wurden keine wissenschaftlich anerkannten Erklärungen für paranormale Phänomene gefunden. Das liegt auch daran, dass es schwer ist, beispielsweise Spukerscheinungen wissenschaftlich zu beobachten, zu überprüfen und ausreichend nachzuweisen.

Paranormale Phänomene konnten bisher wissenschaftlich nicht bewiesen werden, genauso wenig aber auch ihre Nicht-Existenz. Psychophysische und klinisch-psychologische Erklärungsmodelle widmen sich dem psychischen Geschehen von Menschen, die von außersinnlichen Erfahrungen berichten. Wichtig ist es, kritisch zu bleiben, aber auch offen für Neues zu sein. Das „Institut für Grenzgebiete der Psychologie und Psychohygiene“ in Freiburg ist heute eine der anerkanntesten Forschungseinrichtungen zu paranormalen Phänomenen (dort spricht man von *Außergewöhnlichen Erfahrungen*).

3.9 Wahrnehmungsbeeinflussung durch Werbung

- Unsere **bewusste Wahrnehmung** kommt zustande, indem wir unsere Aufmerksamkeit selektiv, aktiv und bewusst auf bestimmte Reize – Informationen in Form von Wörtern, Bildern oder Ereignissen – richten.
- Aber auch die **unbewusste Wahrnehmung** von Reizen kann uns beeinflussen. Von unbewusster Wahrnehmung sprechen wir, wenn sensorische Reize zwar im Gehirn verarbeitet werden, aber nicht bis in unser bewusstes Denken vordringen.
  Es werden zwei Formen der unbewussten Wahrnehmung unterschieden:
  - Die **unterschwellige Wahrnehmung**: Reize, die selbst dann nicht wahrgenommen werden können, wenn die Aufmerksamkeit bewusst darauf gerichtet ist (z. B. ein Bild oder Firmenlogo, das in einem Film sehr kurz eingeblendet wird), werden dennoch vom Gehirn verarbeitet. Es ist jedoch immer noch unklar, wie weit man Menschen damit beeinflussen kann.
  - Im Grenzbereich zwischen unbewusster und bewusster Wahrnehmung liegen alle **flüchtig wahrgenommenen Reize** (von Plakaten oder Anzeigen), die zwar bewusst wahrgenommen werden könnten, aber nicht bewusst verarbeitet werden, weil wir unsere Aufmerksamkeit nicht auf sie richten.

Definition
UNTERSCHWELLIG bedeutet, dass ein Reiz unter der für uns wahrnehmbaren Schwelle dargeboten wird.

Werbewirkung

Ob nun die bewusste oder die unbewusste Verarbeitung von Werbeinformationen größeren Einfluss auf das Kaufverhalten der Konsumenten/-innen erzielt, ist nach wie vor ungeklärt. Werbung zielt in jedem Fall darauf ab, die *bewusste* Aufmerksamkeit potenzieller Kunden/-innen auf sich bzw. ein bestimmtes Produkt zu ziehen. Die wesentliche Frage lautet daher: Wie muss Werbung gestaltet sein, damit das Produkt bewusst wahrgenommen wird?
Um Antworten darauf zu finden, stützt man sich auf die Erkenntnisse der Wahrnehmungspsychologie. Sie gibt Hinweise, worauf bei der Gestaltung der Produkte (z. B. Farbe, Form) geachtet werden muss und mit welchen Werbestrategien Aufmerksamkeit erregt werden kann.

Das AIDA-Modell der Werbewirkung

Im Mittelpunkt des werbepsychologischen Interesses steht immer die Frage, wie potenzielle Kunden/-innen erreicht werden können. Das AIDA-Modell der Werbewirkung nennt vier Regeln, mit denen dies gelingen soll:
Attention: Die Aufmerksamkeit der möglichen Kunden/-innen wird erregt.
Interest: Das Interesse am Produkt wird geweckt.
Desire: Der Wunsch, das Produkt zu besitzen, wird geweckt.
Action: Der/Die Kunde/-in kauft das Produkt.

Gestaltungskriterien für Werbung

- Der **Produktname** sollte sich auf das Produkt selbst beziehen, es bewerben, kurz und einprägsam sein: *Clever* kann beispielsweise für eine Eigenmarke und gleichzeitig für die Aussage „clever einkaufen" stehen. Es gibt folgende Möglichkeiten bei der Auswahl des Produktnamens:
  - Produkt nach dem Gründer der Firma benennen.
  - Rücksicht auf Internationalität nehmen (keine komplizierten, schwer aussprechbaren Namen).
  - Zum Produkt passende Tiernamen sind leicht zu merken.
  - Lange Firmennamen abkürzen.
- Der **Werbeslogan** macht ein Produkt wiedererkennbar und fasst die Aussage der Werbung prägnant zusammen. Idealerweise ist der Slogan melodisch oder reimt sich und integriert den Produktnamen: „... – die zarteste Versuchung, seit es Schokolade gibt", „... macht Kinder froh und Erwachsene ebenso".
- Der **Fließtext** hat die Aufgabe, zusätzliche Informationen zum Produkt zu liefern. Der Schriftzug ist aussagekräftig: Ein blumiger Schriftzug vermittelt Fröhlichkeit, große bunte Buchstaben sollen Kinder ansprechen.
- **Bilder** sind in der Werbung sehr wichtig, da sie besonders einprägsam sind. Ein Bild sollte immer eine konkrete Aussage und Bedeutung haben und die Farben sollten die zum Produkt passende Stimmung erzeugen.

- Als **Zielgruppe** sind Personen definiert, die mit dem Produkt angesprochen werden sollen und nach denen der Werbestandort bestimmt wird: Es wäre werbestrategisch unklug, in einem ärmeren Stadtviertel Werbeplakate für Anlagefonds auszuhängen.
- **Produktkosten:** Um konkurrenzfähig zu sein, ist es immer gut, billig zu sein. Eine französische Studie ergab allerdings, dass sich der teurere Käse schneller verkaufte, da die Konsumenten/-innen bei einem höheren Preis meist eine bessere Qualität annehmen. Ein teuer erstandenes Produkt gilt außerdem als Statussymbol (z. B. ein teures Auto) und hebt den/die Besitzer/-in vom Durchschnitt ab.

T Partnerarbeit **21**

3

Suchen Sie eine ansprechende Printwerbung aus einer Zeitung oder Zeitschrift. Analysieren und diskutieren Sie diese nach folgenden Punkten:
- Wie lässt sich die Werbung beschreiben? Was wird dargestellt? Welche Stimmung erzeugt das Bild? Welche Gefühle werden angesprochen? Welche Bedürfnisse werden geweckt?
- Wie ist die Werbung gestaltet (Sprache, Slogan, Farbe, Layout, Bildanordnung …)?
- Welche Zielgruppe wird angesprochen? Woran ist dies erkennbar?
- Mit welchen Methoden, Strategien, Assoziationen wird gearbeitet?

Werbestrategien

Werbung setzt ganz bewusst trickreiche Methoden ein, um unser Kaufverhalten zu manipulieren. Werbestrategien wollen einerseits *Aufmerksamkeit erregen* und andererseits mit Qualität und Kompetenz *überzeugen*:

Aufmerksamkeitsstrategien

Eye-Catcher

- **Eye-Catcher** (Blickfänger): Babys, Kleinkinder, Tiere, erotische Darstellungen und ungewöhnliche Motive sind sogenannte Eye-Catcher. Diese befinden sich meist in der Mitte der Werbefläche.
- **Symbolfiguren** werden mit bestimmten Produkten verbunden: Meister Proper = Putzmittel.
- **Animismus:** Dinge werden „beseelt“, wie z. B. das fröhliche Spülmittel oder die sprechende Klomuschel.
- **Mystery-Ads:** Zuschauer/-innen werden im Unklaren gelassen, welches Produkt angeworben wird – man wird neugierig.
- **Provokation** (Skandale, Schock-Effekte): Über skandalöse Bilder und provokante Sprache (z. B. „Geiz ist geil“) wird öffentlich debattiert. Die Medienpräsenz bringt dem Produkt kostenlose Werbung.

Überzeugungsstrategien

- **Spezialisten/-innen** – meist Ärzte/-innen im weißen Kittel – empfehlen Pflegeprodukte und berufen sich auf wissenschaftlich erforschte (nicht näher definierte!) Fakten.
- **Kompetenzträger/-innen** sollen das Vertrauen in das Produkt stärken. Zum Beispiel: Installateur bei Calgonit.
- **Gütesiegel** bezeugen die Qualität, der Aufdruck „seit 1890“ weist auf Tradition hin.
- **Manipulierte statistische Angaben,** Prozentzahlen und Grafiken sollen uns überzeugen.
- Es wird vorgegeben, dass ein Produkt **innovativ** verbessert wurde. Oft änderte sich aber nur die Verpackung.
- **Selektive Information:** Bei Süßigkeiten werden oft nur die „gesunden“ Zutaten erwähnt: viel Calcium in der Kindermilchschnitte, viele Vitamine in den Fruchtzwergen. Dass die Produkte z. B. zu viel Zucker enthalten, wird nicht erwähnt.
- Durch Vorhersagen wie *Ihre letzte Chance, nicht mehr lange, solange der Vorrat reicht* wird **Zeitdruck** vorgetäuscht.
- Werbung appelliert an unsere **Bequemlichkeit.** Sie verspricht uns weniger Arbeit, wenn wir das ultrastarke Putzmittel oder den Spezialstaubsauger besitzen.

T Partnerarbeit **22**

Stellen Sie sich vor, Sie haben ein neues Handy entwickelt und wollen es auf den Markt bringen. Mit welchen Werbestrategien machen Sie auf das Produkt aufmerksam und wie überzeugen Sie die Zielgruppe von seiner Notwendigkeit bzw. Brauchbarkeit? Arbeiten Sie zu zweit Vorschläge heraus.

T Gruppenarbeit **23**

Imitieren Sie in Kleingruppen eine Werbeeinschaltung nach Wahl und lassen Sie Ihre Klassenkollegen/-innen raten, worum es sich handelt. Analysieren Sie anschließend gemeinsam die Gestaltungskriterien und überlegen Sie, welcher Werbestrategie sich die gewählte Werbung bedient.

Wiederholen RP

1. Beschreiben Sie den Prozess der Wahrnehmung. Wie wird ein Reiz zur Empfindung? Erklären Sie z. B., wie Schallwellen in Töne und Geräusche umgewandelt werden!
2. Was unterscheidet die Reizschwelle von der Unterschiedsschwelle?
3. Welcher Prozess ermöglicht uns, Informationen zu selektieren? Beschreiben Sie ihn.
4. Wie verläuft die visuelle Informationsverarbeitung?
5. Was konnte die visuelle Klippe beweisen?
6. Beschreiben Sie die Prinzipien, die uns helfen, Informationen aus der Umwelt zu organisieren.
7. Wie kommt eine optische Täuschung zustande?
8. Zu welchen Ergebnissen kamen Experimente zur sensorischen Deprivation?
9. Welche Störungen werden mit dem Begriff Hospitalismus zusammengefasst? Wie entwickeln sie sich?
10. Gibt es Beweise, dass Wahrnehmung über die von unseren Sinnen aufgenommenen Reize hinausgeht?
11. Was ist der Unterschied zwischen unterschwelliger, unbewusster und bewusster Wahrnehmung?

Verstehen RF

»*Die Erforschung der Wahrnehmung ist durch einen Widerspruch gekennzeichnet: Ausgangspunkt aller naturwissenschaftlichen Erkenntnis ist die Beobachtung. Sie geht in jeden Erkenntnisprozess ein. Aber unser Verständnis dieses grundlegendsten aller Erkenntnisprozesse ist bei allem Detailwissen, das wir bereits erworben haben, noch relativ gering. Unsere Modellvorstellungen vom Prozess der Informationsverarbeitung basieren noch weitgehend auf recht groben Metaphern, die zum Teil auch Eingang in die Alltagssprache gefunden haben (etwa: „das Auge funktioniert wie eine Kamera" oder „unser Gehirn arbeitet wie ein Computer"). Diese Metaphern haben zunächst eine wichtige Funktion: Sie liefern uns eine Vorstellung von einem an sich wenig anschaulichen Prozess. Sie verführen allerdings auch leicht zu einer Ontologisierung (Ontologie = die Lehre vom Sein), d.h. wenn man die Modellvorstellung eine Zeitlang verwendet hat, bedenkt man nicht mehr, dass es sich lediglich um ein Modell handelt. So hat sich etwa die Analogie zwischen Auge und Kamera zwar als nützlich zum Verständnis des Vorgangs erwiesen, wie das Bild eines Gegenstandes auf die Netzhaut projiziert wird, aber das Modell des Wahrnehmungsprozesses insgesamt ist bei weitem zu reduktionistisch und zu mechanistisch und lenkt damit die Forschung in eine falsche Richtung. Die gleiche grundlegende Bedeutung, die die Wahrnehmung für die wissenschaftliche Erkenntnis hat, besitzt sie auch für unsere alltäglichen Handlungen und unsere Orientierung in der Umwelt. Sie ist die Voraussetzung für jede koordinierte Bewegung, ob wir nun eine Straße überqueren wollen oder mit Messer und Gabel essen. Doch auch hier besteht eine Diskrepanz: Normalerweise ist uns diese Bedeutung nicht bewusst, ja wenn wir während der Handlung anfangen würden darüber nachzudenken, so würde der weitgehend automatisierte Handlungsablauf sogar gestört.*«
(KEBECK, Günther: Wahrnehmung. Theorien, Methoden und Forschungsergebnisse der Wahrnehmungspsychologie. Weinheim 1997, S. 11–12)

→ **Welche Problematik spricht der Autor im Text an? Inwiefern ist ihm die Darstellung der Funktionsweise der Wahrnehmung zu reduktionistisch?**
→ **Welche Bedeutung nimmt die Wahrnehmung im alltäglichen Leben ein?**
→ **Zu welchen Erkenntnissen bezüglich automatisierter Handlungsabläufe gelangte die Biologische Psychologie?**

Anwenden T

Gestalten Sie ein **Mind-Map** – eine Gedankenkarte – zum Thema Wahrnehmungspsychologie. Schreiben Sie in die Mitte des Plakates den Begriff *Wahrnehmung*. Listen Sie nun rund um das zentrale Thema jene Schlüsselbegriffe auf, die in Beziehung zur Wahrnehmung stehen. Verbinden Sie das zentrale Thema mit den Unterbegriffen in Form von Hauptästen. Verbinden Sie die Unterbegriffe jeweils mit weiterführenden Informationen in Form von Zweigen.

4. Gedächtnis und Lernen

„Ohne Gedächtnis wären wir nichts."
Luis Buñuel (spanischer Filmproduzent, 1900–1983)

»Mr. Total Recall«

1 Einzelarbeit: Wozu brauchen wir unser Gedächtnis? Formulieren Sie einen Kernsatz, der die Funktion(en) des Gedächtnisses enthält!

Gedächtnis ist die Fähigkeit, Informationen zu verarbeiten, zu speichern und später bei Bedarf wieder abzurufen. Ohne Gedächtnis wüssten wir nicht, wer wir sind, wir könnten uns nicht an Nachbarn/-innen oder Bekannte erinnern, nicht schreiben, nicht lesen und es wäre schließlich unmöglich, den Alltag zu bewältigen. Unsere **Gedächtnisfähigkeit** ermöglicht uns zu lernen, also neues Wissen und neue Verhaltensweisen zu erwerben, sowie frühere Erfahrungen für die Zukunft zu verwerten. Alle wichtigen Informationen zum Überleben sind im Gedächtnis eingeschrieben. Deshalb zeichnen sich alle Lebewesen durch Erinnerungsvermögen aus. Im Gegensatz zum Tier besitzt der Mensch allerdings die Fähigkeit, Informationen auszuwählen und in drei Phasen (drei aktiven kognitiven Prozessen), die maßgeblich an der Gedächtnisbildung beteiligt sind, zu verarbeiten. Diese **Phasen** durchläuft unser Gehirn nicht nur, wenn wir bewusst lernen, sondern immer, wenn wir Informationen bzw. Reize, die wir über unsere Sinnesorgane erfassen, aufnehmen:

1. Phase: **Enkodierung**
Wahrgenommene Informationen werden enkodiert (d. h. verarbeitet), indem sie mit bestehenden kognitiven Inhalten verknüpft werden.
2. Phase: **Organisation/Speicherung**
Die enkodierten Informationen werden im Gedächtnis organisiert und gespeichert.
3. Phase: **Abruf**
Die enkodierten, organisierten und gespeicherten Informationen können schließlich spontan oder nach Aufforderung abgerufen werden.

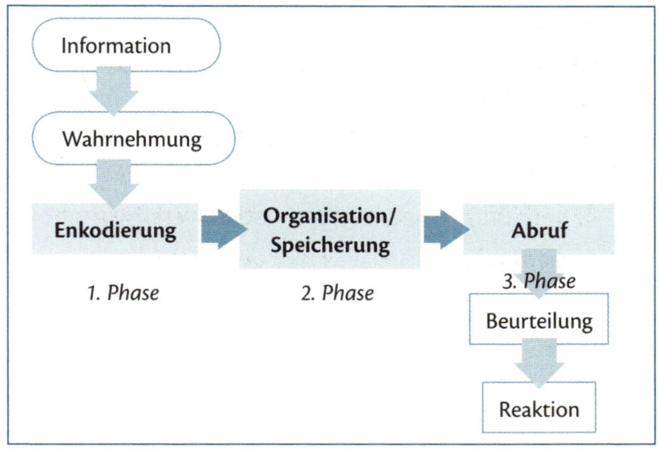

Phasen der Informationsverarbeitung

Der Prozess der Informationsspeicherung (2. Phase) hängt mit drei Speichersystemen zusammen: Das **Ultrakurzzeitgedächtnis** nimmt Informationen auf. Das **Kurzzeitgedächtnis** enkodiert die Informationen, die es vom Ultrakurzzeitgedächtnis erhält, und leitet sie zur Organisation und Speicherung in das **Langzeitgedächtnis** weiter. Von dort aus können Informationen jederzeit wieder abgerufen werden (▸ Kap. 4.1).

Die materielle Vorstellung unseres Gedächtnisses hat sich im Lauf der Geschichte gewandelt. Platon (ca. 428–348 v. Chr.) verglich unser Gedächtnis mit einer weichen Wachstafel, in die sich Erfahrungs-, Wissens- und Erinnerungsspuren einprägen. Heute verstehen wir das Gedächtnis als Computer mit unbegrenzter Speicherkapazität. Unser Gehirn entspricht einem gigantischen **Datenspeicher**, denn alles, was wir erleben und lernen, wird exakt aufgezeichnet. Aus neuropsychologischer Sicht besteht das Gedächtnis aus einem **Neuronennetz**. Immer wenn wir etwas Neues lernen, weitet sich dieses Netz aus und wird dichter (▸ Kap. 2.1).

Wir besitzen die Fähigkeit, Informationen zu speichern. Dennoch kann es schwerfallen, gelernte Inhalte abzurufen – einen Namen etwa oder wo wir den Schlüssel hingelegt haben. Vergessen beruht auf **Fehlleistungen** (▸ Kap. 4.2), kann aber auch Folge einer **Gedächtnishemmung** oder einer **Gedächtnistäuschung** sein (▸ Kap. 4.3).
Pionier der Gedächtnisforschung war der deutsche Psychologe Hermann Ebbinghaus. In Selbstversuchen erforschte er seine Gedächtnisleistung und leitete davon Erkenntnisse ab, die für unsere Lernprozesse aufschlussreich sind (▸ Kap. 4.4). Ressourcenorientierte, kognitive und individuelle **Lernstrategien** helfen uns, Informationen zu speichern und schneller abzurufen (▸ Kap. 4.5). Denkaufgaben werden zeigen, wie sich das Gedächtnis trainieren lässt (▸ Exkurs).

4.1 Der Aufbau des Gedächtnisses

Definition
Ein BIT (engl. *binary digit:* Binärzahl) ist die kleinste darstellbare Informationseinheit zur Speicherung von Daten.

Unsere Sinnesorgane werden mit bis zu 11 Millionen Bits pro Sekunde konfrontiert. All das, was wir wahrnehmen, führt also zu einer gewaltigen Informationsflut, die ins Gehirn gelangt (▸ Kap. 3.2). Das Gehirn filtert diese Informationsflut anhand von drei verschiedenen Speichern. Das Mehrspeichermodell des Gedächtnisses wird nach den US-amerikanischen Psychologen Richard ATKINSON und Richard SHIFFRIN in Form eines Dreistufenprozesses dargestellt, der *Ultrakurzzeitgedächtnis*, *Kurzzeitgedächtnis* und *Langzeitgedächtnis* unterscheidet.

1. Das Ultrakurzzeitgedächtnis (sensorisches Gedächtnis)

Ohne Ultrakurzzeitgedächtnis wüssten wir nicht mehr, wen wir bereits begrüßt haben, wenn wir einen Raum betreten. Wir könnten auch keinen Satz sinngemäß erfassen, da wir beim Lesen des zweiten Wortes das erste schon wieder vergessen hätten. Wir könnten also keine sinnvollen Handlungen vollziehen.

großes Fassungsvermögen, kurze Zeit des Behaltens

Das Ultrakurzzeitgedächtnis umfasst die unmittelbare, flüchtige sensorische Information, die wenige Zehntelsekunden bis höchstens ein paar Sekunden lang behalten wird. Die Zeitspanne, in der wahrgenommene Sinneseindrücke uns noch unmittelbar bewusst sind, bezeichnet man nach William STERN als **psychische Präsenzzeit**. Das Ultrakurzzeitgedächtnis ermöglicht uns also, uns mit erstaunlicher Genauigkeit an sämtliche Details zu erinnern, aber immer nur für sehr kurze Zeit. Unsere sensorische Erinnerung leert sich sehr schnell, damit wieder Platz für neue Wahrnehmungen da ist.

Versuch 2

Testen Sie die Kapazitätsgrenze Ihres Ultrakurzzeitgedächtnisses! Schauen Sie sich die Szene 10 Sekunden lang an. Decken Sie das Bild anschließend ab und notieren Sie alle Details, an die Sie sich noch erinnern können!

G	T	R
Q	K	Z
S	F	M

Buchstabenfeld aus dem Sperling-Experiment

Um die Kapazität des Ultrakurzzeitgedächtnisses zu messen, führte der US-amerikanische Neurobiologe und Verhaltensforscher George SPERLING folgendes Experiment durch: Er präsentierte seinen Versuchspersonen unterschiedliche Buchstabenfelder für jeweils 1/20 (0,05) Sekunden – kürzer als ein Blitzlicht –, um zu sehen, wie viele Buchstaben sie danach in der richtigen Position erinnern konnten. Die Versuchspersonen konnten etwa die Hälfte der Buchstaben richtig wiedergeben. In weiteren Experimenten stellte Sperling fest, dass nicht mehr Buchstaben erinnert werden konnten, wenn die Darbietungszeit verlängert wurde. Das war für ihn der Beweis, dass die Wiedergabefähigkeit nicht von der Darbietungszeit des Reizes, sondern von der Behaltenszeit des sensorischen Speichers abhängt. Sobald die Reize nicht mehr präsent sind, bleiben sie noch etwa eine Sekunde in einem visuellen Speicher erhalten. Dann zerfallen die Inhalte des visuellen Speichers, sofern sie nicht zur weiteren Verarbeitung ins Kurzzeitgedächtnis weitergeleitet werden. Sperling folgerte aus seinen Experimenten, dass wir uns an sehr viele Details erinnern können, aber immer nur für einen derart kurzen Augenblick, dass die Erinnerung an die Inhalte schon verblasst ist, ehe wir sie wiedergeben können.

Sperling konnte in seinen Experimenten außerdem beweisen, dass wir ein *echoisches* und ein *ikonisches* Ultrakurzzeitgedächtnis haben:

- Das sensorische Gedächtnis für auditiven Input ist das **echoische Gedächtnis.** Darunter versteht man die Echokammer des Gedächtnisses. Wir bemerken es, wenn die letzten Worte eines Gesprächs noch 3 bis 4 Sekunden in uns nachklingen.
- Das **ikonische Gedächtnis** ist das sensorische Gedächtnis für visuellen Input. Es lässt sich mit einem Schnappschuss vergleichen. Das sogenannte fotografische Gedächtnis ist eine besondere visuelle Vorstellungskraft, die es ermöglicht, ein Bild über eine längere Zeitspanne hinweg zu erinnern. Man nennt diese Fähigkeit **Eidetik** (griech. *eidos:* Bild, Gestalt). Eidetiker/-innen können mit ihrem fotografischen Gedächtnis ein Bild, das sie nur wenige Sekunden dargeboten bekommen, detailgetreu wiedergeben.

Versuch **3**

Schauen Sie sich das Bild 2 Minuten lang an, decken Sie es anschließend ab und versuchen Sie, es so exakt wie möglich wiederzugeben!

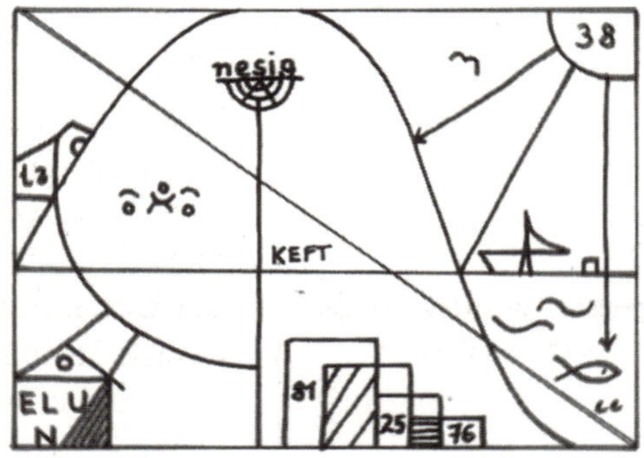

Das Ultrakurzzeitgedächtnis hält also alle Eindrücke in unverarbeiteter Form für einige wenige Sekunden fest. Diese Informationen werden anschließend auf ihre Bedeutsamkeit hin überprüft und selektiert. Wenn sie wichtig sind, werden sie durch Aufmerksamkeitsprozesse zur Verarbeitung ins Kurzzeitgedächtnis weitergeleitet.

2. Das Kurzzeitgedächtnis (Arbeitsgedächtnis)

7 (+/-2) Informationseinheiten

Das Kurzzeitgedächtnis kann – ohne bewusste Konzentration – nur 7 (+/-2) Informationseinheiten (Silben, Buchstaben, Zahlen) gleichzeitig aufnehmen. Wir bemerken die Grenze des Behaltensvermögens unseres Kurzzeitgedächtnisses, wenn wir uns eine Telefonnummer merken wollen. Je länger die Nummer, desto schwerer fällt es uns, die Ziffernabfolge zu erinnern. Wenn wir die Nummer dann nicht sofort wählen oder aufschreiben, werden wir sie auch schnell wieder vergessen, denn die Behaltensgrenze des Kurzzeitgedächtnisses liegt bei durchschnittlich 20 Sekunden. Werbefachleute, Lehrkräfte oder Seminarleiter/-innen sollten daher berücksichtigen, dass das menschliche Gehirn zu jedem Zeitpunkt nur eine begrenzte Informationsmenge bewusst verarbeiten kann, und den Informationsgehalt entsprechend kurz fassen. Mit den folgenden Aufgaben können Sie die Kapazitätsgrenze des Kurzzeitgedächtnisses feststellen:

Versuch **4**

Können Sie folgende Aufgabe auf Anhieb lösen?
Monika ist schneller als Hannes. Wer ist langsamer?

Versuch **5**

Lösen Sie folgende Aufgabe mit einmaligem Durchlesen:
Felix ist kleiner als Markus.
Sabine ist größer als Birgit.
Felix ist größer als Sabine.
Wer ist der/die Größte?

Versuch **6**

Prägen Sie sich folgende Ziffernfolgen bei einmaligem Durchlesen ein und notieren Sie anschließend die richtigen Reihenfolgen:
a) 1 5 7 8 6 8 3 9 8 1 7 6 1 5
b) 1 2 1 3 1 4 1 5 1 6 1 7 1 8

Die erste Aufgabe dürfte keine Probleme bereitet haben. Die zweite Aufgabe hingegen bedarf größerer Anstrengung. Das liegt daran, dass der normale Arbeitsspeicher nicht groß genug ist, um alle Informationen und Relationen gleichzeitig zu erfassen. Beispiel (a) der dritten Aufgabe wird ebenfalls gezeigt haben, dass Ihr Arbeitsspeicher begrenzt ist. Wir sind allerdings in der Lage, uns mehr als 7 (+/-2) Informationseinheiten zu merken, wenn wir die Informationen entsprechend strukturieren oder ein System dahinter erkennen, wie Aufgabe (b) beim dritten Beispiel zeigt (▸ Kap. 4.5). Wir können dann bei einmaligem Durchlesen mehr Einheiten speichern, als das Kurzzeitgedächtnis eigentlich fassen kann.

Das Kurzzeitgedächtnis ist dafür zuständig, Informationen festzuhalten, die unser Ultrakurzzeitgedächtnis ohne bewusste Aufmerksamkeit sofort wieder verwerfen würde. Die festgehaltenen Informationen werden nach durchschnittlich 20 Sekunden entweder wieder vergessen, oder sie gelangen durch Wiederholungsprozesse ins Langzeitgedächtnis.

3. Das Langzeitgedächtnis (Wissensgedächtnis)

Enkodierte Informationen, die durch Aufmerksamkeitsprozesse vom Ultrakurzzeitgedächtnis bis ins Kurzzeitgedächtnis vorgedrungen sind, haben nun die Möglichkeit, bis ins Langzeitgedächtnis vorzudringen. Eine Bedingung dafür ist allerdings, dass die Informationen **wiederholt** werden. Alles, was wir wahrnehmen und so verarbeiten, dass es bis ins Langzeitgedächtnis gelangt, ist schließlich auch langfristig gespeichert.

langfristiges Behalten

Das Langzeitgedächtnis ist ein nahezu unbegrenzt aufnahmefähiger Speicher des Gedächtnissystems. Die Speicherkapazität des Langzeitgedächtnisses wird auf 100 Billionen Bits geschätzt. Tatsächlich enthält das Gedächtnis eines durchschnittlichen erwachsenen Menschen „nur" etwa 1 Mrd. Bits. (vgl. Myers 2005, S. 385) Diese Speicherinhalte des Langzeitgedächtnisses „sind miteinander vernetzt und beeinflussen sich gegenseitig in vielfacher Weise." (Maderthaner 2008, S. 224)

Manchmal haben wir Inhalte, die bereits im Langzeitgedächtnis gespeichert sind und eigentlich jederzeit abrufbar sein sollten, wieder „vergessen". Diese Inhalte sind aber meist nicht gelöscht, sondern können bloß momentan nicht abgerufen werden (▸ Kap. 4.2), weil wir keinen Zugriff auf sie haben. Wir finden die gespeicherten Informationen dann im Augenblick nicht wieder (▸ Kap. 6.1), wie ein Buch, das in einer Bibliothek falsch eingeordnet wurde. Alle im Langzeitgedächtnis gespeicherten Informationen liegen folglich in einer Art „Dornröschenschlaf", bis die Erinnerung an sie z. B. durch einen Schlüsselreiz geweckt wird. Das Abrufen von Informationen aus dem Langzeitgedächtnis ist ein **rekonstruktiver Vorgang**, was bedeutet, dass die Erinnerungen mithilfe kognitiver Prozesse (▸ Kap. 6) wiederhergestellt werden. Entsprechendes Training und Strategien helfen, Informationen richtig zu speichern und nutzbar zu machen (▸ Kap. 4.5). Die **Theorie der Mehrebenenverarbeitung** nach Fergus CRAIK und Robert LOCKHART besagt: Je tiefgehender wir Informationen verarbeiten – d. h. je intensiver das Gelernte analysiert und mit anderen Informationen verbunden wird –, desto leichter sind sie wieder auffindbar und desto schneller sind sie abrufbar.

Definition
Die REKONSTRUKTION ist ein kognitiver Prozess, der durch Logik, Hinweisreize, existierendes Wissen, Erinnerungen und Erwartungen versucht, Informationen wiederherzustellen.

T **Partnerarbeit** **7**

Welche Inhalte werden dauerhaft im Langzeitgedächtnis gespeichert? Notieren Sie Inhalte, die das Langzeitgedächtnis umfasst. Lesen Sie den folgenden Absatz und ordnen Sie anschließend die gesammelten Inhalte den Speichersystemen des Langzeitgedächtnisses zu.

Wir speichern im Langzeitgedächtnis unterschiedliche Arten von Informationen:
- **Faktenwissen:** Wir können bei der Prüfung Geschichtsdaten wiedergeben, wissen den Namen des derzeitigen Präsidenten der USA und die Formel für den Kreisumfang.
- **persönliches Wissen:** Wir kennen unsere Adresse und unsere Telefonnummer, wissen die Namen unserer Freunde/-innen und wie wir unseren letzten Geburtstag gefeiert haben.
- **verinnerlichte Fähigkeiten:** Wir können Auto fahren, Schlagzeug und Volleyball spielen.

Alle diese Informationen werden im *expliziten* und im *impliziten* Gedächtnis gespeichert:

explizites Gedächtnis

1. Das **explizite Gedächtnis** umfasst alle Erinnerungen, die wir bewusst abrufen müssen. Es umfasst das *episodische* und das *semantische* Gedächtnis:
- Das **episodische Gedächtnis** speichert persönliche Erlebnisse und autobiografische Informationen wie den ersten Kuss oder die Maturareise.
- Das **semantische Gedächtnis** speichert Fakten und Ereignisse wie beispielsweise die chemische Formel für Wasserstoff oder die Hauptstadt von Japan.

Es ist möglich, dass bei einem Menschen das semantische Gedächtnis völlig intakt ist, das episodische Gedächtnis aber wie ausgelöscht: Manche Menschen wissen nicht mehr, wer sie sind, erinnern aber alle Geschichtsdaten eines Jahrhunderts. Dieses Phänomen beweist, dass verschiedene Inhalte an unterschiedlichen Stellen im Gehirn gespeichert werden (▸ Kap. 2.2).

implizites Gedächtnis

2. Das **implizite Gedächtnis** umfasst unser Wissen, das ohne bewusstes Abrufen vorhanden ist. Zum impliziten Gedächtnis gehört das *prozedurale* Gedächtnis:
- Das **prozedurale Gedächtnis** umfasst alle verinnerlichten Fähigkeiten, die routiniert, also ohne Nachdenken ablaufen. Wir wissen unbewusst und ganz intuitiv, wie wir bei bestimmten Handlungen vorgehen müssen: Beim Gehen oder Radfahren beispielsweise wissen wir,

welche Bewegungsabläufe in Gang gebracht und welche Muskeln aktiviert werden müssen, und das Restaurant verlassen wir nicht, bevor nicht die Rechnung bezahlt wurde. Laufen die entsprechenden Verhaltensmuster automatisch und unaufwendig ab, sprechen wir auch vom **automatischen Gedächtnis**. Je automatisierter wir etwas tun bzw. besser wir etwas können, desto weniger Nervenzellen müssen dafür aktiviert werden (▸ Kap. 2.2).

Dokumentationstipp
Der Hirnforscher Eric Kandel. Auf der Suche nach dem Gedächtnis (Österreich/Deutschland 2008, Regie: Petra Seeger). Eric Kandel, Nobelpreisträger für Medizin, musste mit 9 Jahren nach Amerika emigrieren. In New York studierte er Literatur, wurde später Psychoanalytiker und Mediziner und ist seit 50 Jahren als Hirnforscher tätig. Der Film porträtiert Eric Kandel und dokumentiert seine bedeutenden Beiträge zur Gedächtnisforschung.

LANGZEITGEDÄCHTNIS

- **EXPLIZIT** *mit bewusstem Abrufen*
  - **episodisches** Gedächtnis – *Persönliche Erlebnisse*
  - **semantisches** Gedächtnis – *Faktenwissen, Daten*
- **IMPLIZIT** *ohne bewusstes Abrufen*
  - **prozedurales** Gedächtnis – *Verinnerlichte Fähigkeiten*

T Partnerarbeit **8**

Ordnen Sie die folgenden Beispiele dem jeweiligen Speichersystem des Langzeitgedächtnisses zu.
a) $a^2 + b^2 = c^2$
b) mein Abschlussball
c) die Hauptstadt von Italien ist Rom
d) Name der Eltern
e) Klavierspielen

Zusammenfassend lässt sich festhalten, dass Reize, die in Form von Sinneseindrücken bzw. sensorischen Informationen wahrgenommen werden, zunächst ins Ultrakurzzeitgedächtnis gelangen. Anschließend werden sie entweder verworfen oder über Aufmerksamkeitsprozesse ins Kurzzeitgedächtnis weitergeleitet. Die Informationen können in einem weiteren Schritt dann entweder verworfen oder nach Wiederholungsprozessen schließlich im Langzeitgedächtnis gespeichert werden.

RP Einzelarbeit **9**

Fassen Sie das Mehrspeichermodell des Gedächtnisses in einer strukturierten Tabelle wie der folgenden zusammen:

durch .... → durch .... →

Reize	→	Ultrakurzzeit-gedächtnis	Kurzzeit-gedächtnis	Langzeit-gedächtnis
	Synonym	sensorisches Gedächtnis	Arbeitsged.	Wissensgedächtnis
	Speicherkapazität		7 (+/–2) Einheiten	
	Speicherdauer			
	Beispiele			
	Unterteilung		keine	

RP Partnerarbeit **10**

Für das Speichern und Wiedergeben von Informationen gibt es aus neuropsychologischer Sicht interessante Erkenntnisse. Wiederholen Sie dazu das Kapitel Biologische Psychologie (▸ Kap. 2) und formulieren Sie zu zweit Antworten auf folgende Fragen:
a) Welche Gehirnareale haben welche Speicherfunktionen?
b) Welche Bedeutung hat das neuronale Netz für unsere Gedächtnisfähigkeit?
c) Zu welchem Zeitpunkt werden Gehirn und Gedächtnisfähigkeit am meisten geprägt?

4.2 Die Erforschung des Vergessens

RF Partnerarbeit **11**

Inwieweit ist Vergessen lebensnotwendig und gesund? Notieren Sie einige Vorteile des Vergessens!

Stellen Sie sich vor, Sie könnten kein Detail aus Ihrem Leben vergessen. Sinnlose Erinnerungen in unserem Gedächtnis würden uns das Leben unnötig schwer machen. Welchen Bus wir gestern genommen haben, welche Farben unsere Socken vor zwei Wochen hatten – das alles sind unbrauchbare und überholte Informationen, die wir entsorgen müssen, um Platz für wichtigere Daten zu machen. Ein gesundes Gehirn entwickelt einen optimalen Ausgleich zwischen Erinnern und Vergessen. Vergessen ist gesund, wichtig und psychisch entlastend, sofern dem Vergessen keine hirnorganische Gedächtniskrankheit wie beispielsweise die **Alzheimer-Demenz**, die durch das Absterben von Gehirnzellen verursacht wird, zugrunde liegt.

Definition
Alzheimer-Demenz ist gekennzeichnet durch krankhafte Vergesslichkeit und Orientierungsschwierigkeiten im Alltag.

Perfekte Gedächtnisleistungen gehen dagegen meist mit Einschränkungen einher (▸ Kap. 8.4).

Eine ungefiltert auf uns hereinbrechende Informationsflut hätte zur Folge, dass wir uns nicht mehr gefahrlos auf der Straße bewegen können: Unser Gehirn wäre nicht fähig, wichtige Details (wie schnell fährt das herannahende Auto) von unwichtigen (wie viele Menschen kommen uns entgegen) zu unterscheiden. Wir könnten unsere Aufmerksamkeitsprozesse nicht entsprechend unseren Bedürfnissen lenken.

Fehlleistungen des Gedächtnisses

Einzelarbeit **12**

Wo hat Ihr Gedächtnis Schwächen und in welchen Bereichen Stärken? Kreuzen Sie an, was Ihrer Einschätzung nach auf Sie zutrifft! (vgl. Kolb 2007, S. 26 f)

	nie	selten	häufig	oft
Vergessen Sie Namen?	○	☒	○	○
Vergessen Sie, wo Sie etwas (Schlüssel ...) hingelegt haben?	○	○	○	○
Vergessen Sie gerade gelesene Telefonnummern?	○	○	○	○
Vergessen Sie Wörter und Begriffe?	○	○	○	○
Vergessen Sie, dass sie etwas bereits einmal erzählt haben?	○	○	○	○
Vergessen Sie, was Ihnen erzählt wurde?	○	○	○	○
Vergessen Sie Gesichter?	○	○	○	○
Vergessen Sie die Richtung? Verlieren Sie die Orientierung?	○	○	○	○
Vergessen Sie, was Sie machen wollten?	○	○	○	○
Vergessen Sie, was Sie gerade gesagt haben?	○	○	○	○
Vergessen Sie, was Sie gerade getan haben?	○	○	○	○
Vergessen Sie Verabredungen?	○	○	○	○

85 % der Befragten haben Probleme beim Erinnern von Namen. Mehr als die Hälfte vergisst, wo sie Dinge hinlegte (60 %), und kann sich nicht mehr an Telefonnummern erinnern (57 %). Die wenigsten vergessen Verabredungen, was sie gerade getan haben (38 %), sagen oder machen wollten (41 %). (Kolb 2007, S. 27) Wenn Sie im oberen Bereich der Tabelle häufiger mit dem Vergessen Probleme haben als im unteren Bereich der Tabelle, entspricht Ihre Gedächtnisleistung dem Durchschnitt. Wir können dem Vergessen aber auch entgegenwirken, indem wir unsere Erinnerungsfähigkeit trainieren (▸ Exkurs).

Wissen ist vergänglich. In der griechischen Mythologie wurde das Phänomen des Vergessens mit dem Lethe-Strom – dem Fluss des Vergessens – erklärt. Wenn man das Wasser aus dem Fluss trinkt, vergisst man seine Erinnerungen.
Der Gedächtnisforscher Daniel Schacter liefert mit den drei **„Unterlassungssünden des Gedächtnisses"** eine wissenschaftliche Erklärung für das Phänomen des Vergessens:
Ein Gedächtnisausfall kann auf Versagen bei der Speicherung selbst beruhen, wenn das Gedächtnisprotokoll verblasst (*Transienz*). Er kann aber auch bereits bei der Enkodierung auf-

treten, wenn die Informationen gar nicht erst oder nur bruchstückhaft gespeichert werden (*Geistesabwesenheit*), oder es liegt ein Versagen beim Abruf selbst vor (*Blockierung*).

- **Transienz** (Vergänglichkeit): Nichtgebrauchte Gedächtnisinhalte verblassen, bis sie schließlich völlig verschwinden. Das liegt an den Nervenverbindungen im Gehirn, die schwächer werden, wenn sie nicht regelmäßig aktiviert werden – genauso wie eine Farbfotografie, deren Farbe mit der Zeit verblasst, oder ein Muskel, der schwächer wird, wenn er nicht laufend trainiert wird. Beispiel: Wir wissen jetzt noch, was wir während der letzten Stunden gemacht haben, doch in 3 Wochen können wir uns nicht mehr daran erinnern. Je mehr Zeit nach einem Ereignis vergeht, desto mehr vergessen wir es (▸ Kap. 4.4).
- **Geistesabwesenheit:** Mangelnde Aufmerksamkeit führt zu sogenanntem Konfusionsvergessen: Wenn wir zum Beispiel unsere Schlüssel nicht wiederfinden können, dann haben wir uns in dem Moment, als wir sie aus der Hand legten, gerade mit etwas anderem beschäftigt. Wir speichern Inhalte nicht, wenn wir nicht entsprechend aufmerksam sind oder den Inhalt bewusst verarbeiten.
- **Blockierung:** Bei der Blockierung ist eine Information zwar vorhanden, kann momentan aber nicht abgerufen werden. Ein Fehler beim Abrufen verwehrt uns den Zugang zu den gespeicherten Gedächtnisinhalten. Als Beispiel nennt Schacter die sogenannte linguale Hemmung: Wenn uns etwas auf der Zunge liegt, uns momentan aber einfach nicht einfallen will (wie z. B. der Name einer Person).

Literaturtipp
SCHACTER, Daniel L.: *Aussetzer. Wie wir vergessen und uns erinnern.* Bergisch Gladbach 2007. In Form zahlreicher Geschichten gewinnen wir durch dieses Buch einen Blick in unser Gedächtnis. Außerdem geht Schacter dem alltäglichen „Es liegt mir auf der Zunge"-Phänomen nach und beschreibt, wie wir unsere Gedächtnisleistung optimieren können.

T Versuch 13

Testen Sie Ihr Erinnerungsvermögen!
a) Welche dieser Euro-Cent-Münzen ist die richtige? (Myers 2005, S. 398)
b) Auf welcher Fehlleistung des Gedächtnisses beruht eventuelles Nicht-Erkennen?

K. Niebank/Ausschnitt

4.3 Gedächtnishemmungen und Gedächtnistäuschungen

Gedächtnishemmungen (Blockaden) hindern uns daran, Informationen richtig zu verarbeiten, **Gedächtnistäuschungen** äußern sich durch die fehlerhafte oder falsche Reproduktion einer Information.

Gedächtnishemmungen

Ein Lernprozess kann nie isoliert betrachtet werden. Er ist von verschiedensten Faktoren und Umständen abhängig. Beim Lernprozess unterscheidet man *positiven* und *negativen Transfer*:

- Ein **positiver Transfer** fördert die Gedächtnisleistung. Man spricht von einem positiven Transfer, wenn sich Vorwissen positiv auf eine neue Aufgabe auswirkt. Besitzen wir beispielsweise Kenntnisse in einer romanischen Sprache (Italienisch), wird es uns leichter fallen, eine andere romanische Sprache (Spanisch) zu lernen.
- Ein **negativer Transfer** äußert sich durch eine Gedächtnishemmung, die durch störende Einflüsse verursacht wird. Diese hindern uns daran, Informationen aufzunehmen, zu verarbeiten, zu speichern oder zu reproduzieren. Bei einer *Gedächtnishemmung* handelt es sich um ein Übertragungsproblem: Inhalte konnten vom Kurzzeitgedächtnis nicht ins Langzeitgedächtnis transferiert werden.

Der österreichische Psychologe Hubert ROHRACHER unterscheidet folgende Gedächtnishemmungen:

affektive Hemmung

- Starke **Gefühle** (Trauer, Angst, Freude, Ärger, Schmerz), z. B. ausgelöst durch einen Schicksalsschlag oder ein Verliebtheitsgefühl, können das Lernen blockieren und einen positiven Lerneffekt beeinträchtigen.

assoziative Hemmung

- Es fällt schwer, einen Gedächtnisinhalt, der bereits mit einem anderen **verknüpft** ist, mit einem neuen zu verbinden.

Ähnlichkeitshemmung

- Je **ähnlicher** sich zwei Themenbereiche inhaltlich sind, desto mehr ist der Lernprozess gestört. Man sollte daher vermeiden, zwei sehr ähnliche Stoffgebiete gleichzeitig oder unmittelbar hintereinander zu lernen.

retroaktive (rückwirkende) **Hemmung**

- Der Erwerb neuer Informationen erschwert das Behalten vorher erworbener Informationen. Werden zwei Sachverhalte unmittelbar aufeinanderfolgend gelernt, **verdrängt** der zweite den ersten Sachverhalt.

proaktive (vorwirkende) **Hemmung**

- Ein **vorausgegangener** Lernprozess hemmt den nachfolgenden. Informationen, die man zuerst erwirbt, erschweren den Erwerb neuer Informationen.

ekphorische Hemmung

- Die Wiedergabe eines gelernten Inhalts wird gehemmt, wenn **kurz vor der Wiedergabe** ein neuer Inhalt gelernt wird.

T Partnerarbeit

14 Welche Gedächtnishemmungen treten hier auf? Klassifizieren Sie auf einem Zettel die entsprechenden Hemmungen und vergleichen Sie anschließend mit Ihrem Sitznachbarn bzw. Ihrer Sitznachbarin.

a)	Marlies fällt es schwer, die neue Handynummer der besten Freundin zu erinnern. Sie wählt immer noch spontan die alte Nummer.
b)	Wenn Clara mit ihrem Vater diskutiert, spricht sie ihn mit dem Namen ihres Freundes an.
c)	Paul lernt gleichzeitig Slowenisch und Kroatisch. Er absolviert keine der Prüfungen positiv.
d)	Clemens macht mit seiner Freundin Schluss und bereitet sich kurz darauf auf die Englisch-Schularbeit vor. Die Schularbeit fällt negativ aus.
e)	Birgit lernt unmittelbar hintereinander für die Geografie-Prüfung und die Mathematik-Schularbeit. Die Ergebnisse entsprechen nicht ihrem Lernaufwand.
f)	Kurz vor der Biologie-Prüfung lernt Jakob Englischvokabeln, die zwei Stunden später abgeprüft werden. Er besteht die Biologie-Prüfung nicht.

Gedächtnistäuschung

Definition
Das FALSE-MEMORY-SYNDROM beschreibt eine Täuschung, bei der Inhalte fehlerhaft oder fälschlich erinnert werden.

Wenn ein tatsächliches Erlebnis in der Erinnerung fehlerhaft reproduziert (verzerrt) oder neu erfunden wird, sprechen wir vom **False-Memory-Syndrom**, einer Erinnerungstäuschung. Wie kommt diese Täuschung zustande? Das Abrufen der Informationen aus dem Langzeitgedächtnis ist ein rekonstruktiver Vorgang. Da das Gedächtnis bei der Rekonstruktion der Vergangenheit kreativ und nicht fotografisch exakt arbeitet, kann es bei diesem Vorgang leicht zu einer Erinnerungstäuschung kommen. Wir tendieren dazu, Erinnerungslücken (unbewusst) fantasievoll zu füllen. Das wird bei Unfallzeugen/-innen deutlich, aber auch, wenn man einen Traum für wahr hält oder sich aus Familienfotos seine Kindheitserinnerungen „zusammenbastelt". Selbstbetrug fällt ebenfalls in die Kategorie des False-Memory-Syndroms: Je öfter ein/eine Angler/-in von seinem/ihrem Fang erzählt, desto größer wird der Fisch.

4.4 Erkenntnisse zur Gedächtnisforschung

15 Lernen Sie folgende Silbenreihen auswendig. Wie lange brauchen Sie dafür?
DUC – SIL – FAR – ZUW – HIQ – NEX – LOL – POT – VIJ – SOL – PIR – MIN – CET

Hermann Ebbinghaus (1850–1909)

Hermann EBBINGHAUS, Begründer und Pionier der deutschen Gedächtnisforschung, lernte in einem Selbstversuch sinnfreie Silbenreihen (Konsonant-Vokal-Konsonant-Trigramme) auswendig und übte so lange, bis er sie fehlerfrei aufsagen konnte. Sein Ziel war es, die Gedächtnisleistung zu messen. Er wollte wissen, wie lange man neu Gelerntes behält und wie schnell man es wieder vergisst. Bei seinen Versuchen berücksichtigte er die Anzahl der Wiederholungen und den Einfluss der Zeit auf die Menge der wiedergegebenen Silben. Aus den Lern- und Verhaltensprozessen, die Ebbinghaus an sich beobachtete, entwickelte er die sogenannte *Vergessenskurve*, formulierte die *Ersparnismethode* und fasste seine Erkenntnisse in einem *Gesetz* zusammen.

- Die Ebbinghaus'sche **Vergessenskurve** veranschaulicht den Grad des Vergessens von sinnfreien Silben innerhalb einer bestimmten Zeit:

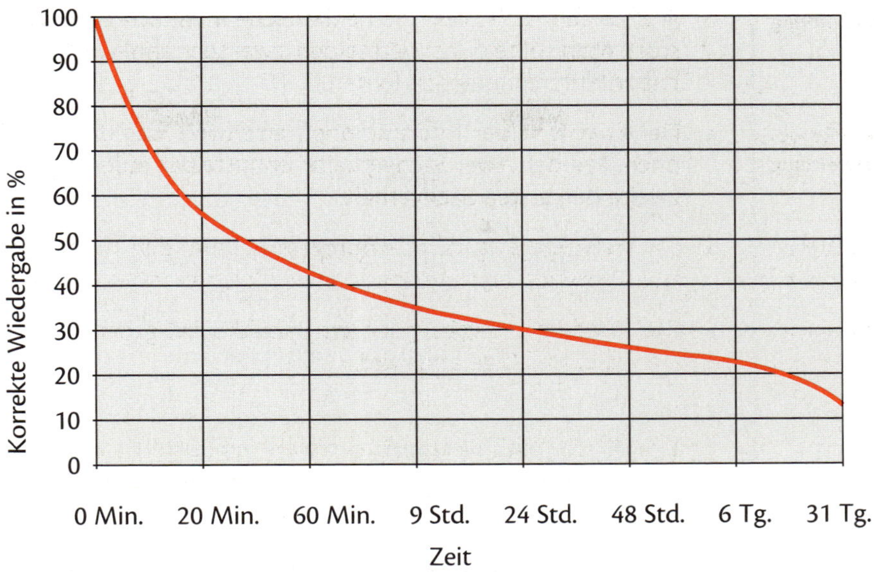

Nach 20 Minuten hatte Ebbinghaus bereits mehr als 40 % der gelernten Silben wieder vergessen, nach einer Stunde etwa 60 % und nach einem Tag bereits 70 %. Je mehr Zeit vergeht, desto flacher wird die Kurve bzw. desto weniger Inhalt kann wiedergegeben werden. Im Durchschnitt bleibt schließlich etwa ein Fünftel des Inhalts im Gedächtnis hängen.

- Die **Ersparnismethode** besagt, dass man sich beim Lernen eines bekannten Lernstoffs, den man sich zuvor bereits einmal eingeprägt hat, eine bestimmte Anzahl von Wiederholungen erspart. Wiederholungen sind für das Lernen jedoch immer enorm wichtig.
- Das **Gesetz von Ebbinghaus** besagt, dass bei Anstieg des Lernstoffs auch der Lernaufwand unverhältnismäßig hoch ansteigt: Für das Lernen von 6–7 Silben genügt eine einmalige Wiederholung, um sie fehlerfrei wiedergeben zu können. Für das Einprägen von 24 Silben sind sogar 44 Wiederholungen notwendig. Die Art des zu lernenden Stoffes bestimmt allerdings, wie schnell man sich etwas einprägt: Sinnfreie Silben werden erwartungsgemäß schneller vergessen als sinnvolle Wortpaare oder Texte.

T Partnerarbeit 16

Was bedeuten Ebbinghaus' Erkenntnisse für den Lernprozess? Leiten Sie gemeinsam mit Ihrem Sitznachbarn bzw. Ihrer Sitznachbarin drei Lernregeln aus den Erkenntnissen ab und notieren Sie diese!

4.5 Lernstrategien

Definition
Unter LERNSTRATEGIE versteht man einen Handlungsplan, um ein Lernziel zu erreichen.

Lernstrategien verbessern das Aufnehmen, Verstehen, Speichern und Erinnern von Informationen. Mithilfe von Lernstrategien gelingt es mühelos, Informationen ins Langzeitgedächtnis zu überführen, es werden infolgedessen auch bessere Lernergebnisse erzielt.
Lernstrategien können *kognitiv* (intern, nicht beobachtbar) oder *verhaltensbezogen* (extern, beobachtbar) sein. Wir unterscheiden folgende Lernstrategien:

1. **Ressourcenorientierte Lernstrategien** optimieren unsere Lerngewohnheiten und gestalten unsere Lernumgebung förderlich.
2. **Kognitive Lernstrategien** helfen uns beim Aufnehmen und Verarbeiten sowie beim Speichern der Informationen.
3. **Individuelle Lernstrategien** berücksichtigen unseren dominanten Lerntypus durch Lernmethoden, die für uns am besten geeignet sind.

Einzelarbeit **17**

Welche Lernstrategie fördert Ihre persönliche Behaltensleistung am besten? Kreuzen Sie auf einer Skala von 1 bis 4 an: (Ich behalte 1 … gut, 2 … eher gut, 3 … eher schlecht, 4 … schlecht)

	1	2	3	4
ausreichend Schlaf				
regelmäßige Pausen				
strukturierte Lernunterlagen				
Eselsbrücken				
ruhiger Arbeitsplatz				
oftmaliges Wiederholen				
Lernen in kleinen Portionen				

1. Ressourcenoriertierte Lernstrategien

Die ressourcenorientierten Lernstrategien beziehen sich nicht auf den Informationsverarbeitungsprozess selbst, sondern auf die Ressourcen, die für den Wissenserwerb förderlich sind. Zu den Ressourcen zählen die *Arbeitsplatzgestaltung* sowie unsere *Gewohnheiten* (Ernährung, Zeitmanagement). Folgendes müssen wir berücksichtigen, um **optimal und effektiv lernen** zu können:

Arbeitsplatz gestalten

- Der **Arbeitsplatz** muss ruhig sein (kein Straßenlärm, keine laute Musik) und störungsfrei (keine Ablenkung durch Handy oder Freunde/-innen). Außerdem muss er gut beleuchtet sein und durchgelüftet (das Gehirn braucht Sauerstoff).

trinken

- Viel trinken ist wichtig, denn **Wasser** hält das Blut flüssig. Dickflüssiges Blut bewegt sich langsamer und versorgt das Gehirn nicht ausreichend mit Sauerstoff.

Pausen einlegen

- **Regelmäßige Pausen** sind notwendig, denn Gelerntes prägt sich in den Pausen im Gehirn ein. Nach einer 30-minütigen Arbeitsphase sollten 5 Minuten Pause eingelegt werden, nach einer 90-minütigen Arbeitsphase 15 Minuten. Wenn man sich in der Pause vom Arbeitsplatz wegbewegt, kann man besser abschalten und sich erholen.

Pausen nutzen

- Idealerweise werden die Pausen für **Entspannungs- und Konzentrationsübungen** genutzt, z. B. gleichmäßig und bewusst atmen.

Zeit und Stoff einteilen

- Ein **Wochen-Lernplan** mit realistischen Zielen fördert die Motivation.

feste Arbeitszeiten

- **Regelmäßige, fixe Arbeitszeiten** einzuhalten erleichtert das Lernen aufgrund des ‚Rhythmus'.

ausreichend schlafen

- **Genügend Schlaf** ist wichtig zur physischen und psychischen Regeneration, um dann wieder erholt und konzentriert lernen zu können.

optimale Tageszeit

- Wir sind nicht zu jeder Tageszeit gleich leistungsfähig und sollten auf unseren **individuellen Ruhe- und Aktivitätsrhythmus** hören. Leistungsstarke Zeiten sollten wir für intensives Arbeiten nutzen.

Einzelarbeit **18**

Zu welcher Tageszeit können Sie sich am besten konzentrieren?

- Tragen Sie in das Diagramm Ihre leistungsstarken sowie leistungsschwachen Zeiten im Laufe des Tages ein!
- Verbinden Sie die Punkte zu Ihrer persönlichen Leistungsfähigkeitskurve!

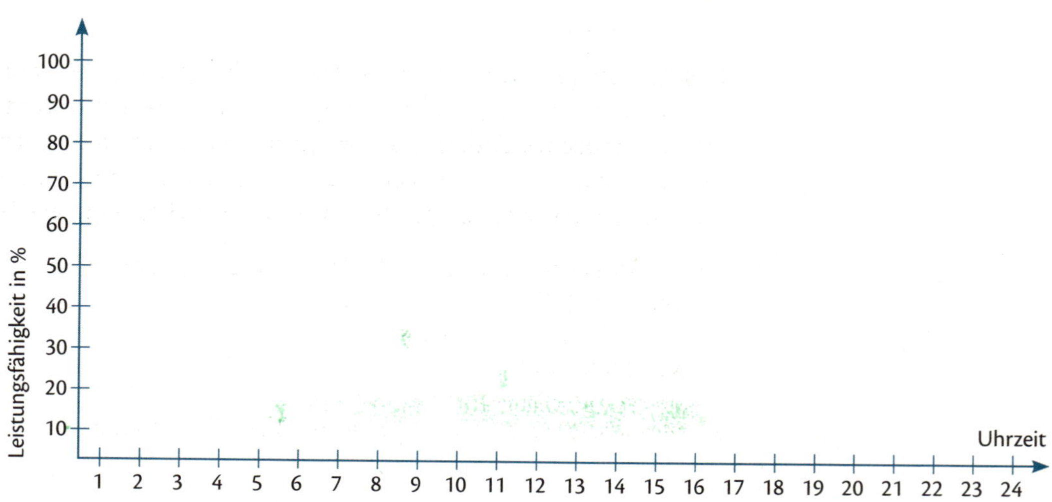

--> 2.2.16

Power Napping: Ein Mittagsschlaf in der leistungsschwachen Zeit steigert unsere Arbeitseffizienz und fördert unsere Kreativität.

Die meisten Menschen haben eine leistungsstarke Zeit zwischen 8:00 Uhr Früh und 12:00 Uhr mittags mit einem anschließenden Leistungstief bis etwa 16:00 Uhr. Von 16:00 Uhr bis 18:00 Uhr kommt es erneut zu einem Leistungshoch.

Haben Sie gewusst, dass ein Mittagsschlaf Ihre Leistung steigert? (▸ Kap. 2.7) Nachdem am frühen Nachmittag vermehrt Müdigkeit auftritt und Konzentration sowie Reaktion nachlassen, wird empfohlen, zwischen 10 und 30 Minuten zu schlafen. In Asien ist es üblich, zu Mittag zu schlafen, und in Japan werden Firmenmitarbeitern/-innen bereits eigens eingerichtete Schlafräume, sogenannte „Relax Center", zur Verfügung gestellt. Auch in den USA spricht man vom **Power Napping**, das sich laut Neurologen/-innen leistungssteigernd auswirkt.

2. Kognitive Lernstrategien

Denkprozesse

Wenn wir Lerninhalte aufnehmen, verarbeiten oder speichern, finden dabei folgende **kognitive Prozesse** statt: Wiederholung, Elaboration (Verarbeitung), Organisation (Strukturieren) und Kodierung (Umwandlung in sinnvolle Einheiten).
Kognitive Lernstrategien sind Methoden, die diese Prozesse unterstützen.

Wiederholung

Ein Lerninhalt muss mehrmals wiederholt werden, damit er im Gedächtnis verankert werden kann. Die Wiederholung ist allerdings nur für das kurzfristige Speichern im Kurzzeitgedächtnis geeignet: Um auch im Langzeitgedächtnis gespeichert werden zu können, muss der Inhalt zusätzlich tiefgehend verarbeitet werden.

Wiederholungsmethoden

Es gibt verschiedenste Methoden, um Lerninhalte zu wiederholen. Um nur einige zu nennen:
- Texte abschreiben
- Lerninhalte wiederholt vorsagen
- eine Lernkartei verwenden

Wichtig ist es, für die Wiederholungen die dafür **günstigen Zeitintervalle** zu beachten, d. h. ein Thema zuerst nach etwa *10-15 Minuten* zu wiederholen und *nach 24 Stunden* noch einmal durchzugehen, bevor Neues gelernt wird. *Nach einer Woche* und dann *nach einem Monat* sollten die Informationen erneut wiederholt werden.

Elaboration

Elaboration bedeutet, einen Lerninhalt gründlich zu reflektieren und **tiefgehend zu verarbeiten**, bis er verstanden wird. Das Ausmaß des Behaltens ist immer davon abhängig, wie sehr wir uns den Lerninhalten *inhaltlich* zugewendet haben.

Elaborationsmethoden

Folgende Elaborationsmethoden unterstützen – zusammen mit Aufmerksamkeit und Konzentration – das Einprägen eines Lerninhaltes:
- intensives Nachdenken über den Lerninhalt
- Gelerntes in eigene Worte fassen
- Notizen machen
- Beispiele überlegen
- Bilder im Kopf entstehen lassen
- vorhandenes Wissen aktivieren, um neue Inhalte damit zu verknüpfen

Organisation

Das Kurzzeitgedächtnis ist in der Lage, mehr als 7 (+/−2) Einheiten aufzunehmen, wenn wir die Informationen **organisieren**. Organisieren bedeutet, Informationen zu strukturieren, also ein verständliches Ordnungssystem anzulegen, in das die neuen Informationen eingegliedert werden können. Wenn ein Lerninhalt sinnvoll strukturiert und zusammenhängend (zu anderen Inhalten passend) gespeichert wird, ist er leichter reproduzierbar.

Organisationsmethoden

Lerninhalte lassen sich z. B. auf folgende Weise organisieren:
- den Lernstoff zusammenfassen
- Überschriften formulieren
- Kategorien bilden
- Skizzen und Diagramme anfertigen
- Mind-Maps (Gedankenlandkarten) zum Thema erstellen

Kodierung

Kodierung bedeutet die **Umwandlung** von Inhalten in **sinnvolle Einheiten.** Wir merken uns Inhalte am besten, wenn wir sie verstehen, sie uns vertraut sind oder eine persönliche Bedeutung für uns haben. Organisation des Lernstoffs ist eine Form der Kodierung. Es gibt aber auch bestimmte Techniken:

Kodierungsmethoden

Mnemotechniken und **Merkhilfen** (Eselsbrücken) sowie **Chunking** (logisches Verbinden von Inhalten) vereinfachen den Lernprozess. Zwei Beispiele für Chunking:

- Der Zahlencode 1756 für die neue Bankomatkarte mag zunächst schwer zu erinnern sein. Denkt man allerdings daran, dass Mozart in diesem Jahr geboren wurde, kann man sich die Zahlenkombination problemlos merken.
- Eine Buchstabenreihe wie F R U S A A U T auswendig zu lernen, nimmt wohl etwas Zeit in Anspruch. Gliedert man die Buchstaben jedoch in FR für „Frankreich“, USA für „United States of America“ und AUT für „Österreich“, wird es nicht schwer fallen, die Buchstabenreihe sofort zu reproduzieren.

RP Partnerarbeit **19**

Gestalten Sie eine Mind Map zum Thema „Kognitive Lernstrategien“!

3. Individuelle Lernstrategien

Einzelarbeit **20**

Reflektieren Sie Ihre Behaltensleistung anhand Ihres persönlichen Lernverhaltens entsprechend folgender Tabelle:	gut	eher gut	eher schlecht	schlecht
1. Wenn mich der Lernstoff interessiert, behalte ich				
2. Wenn der Lernstoff mit Bildern oder Grafiken veranschaulicht wird, behalte ich				
3. Wenn ich gemeinsam mit Schulkollegen/-innen lerne, behalte ich				
4. Wenn ich den Lernstoff strukturiert zusammenfasse, behalte ich				
5. Wenn ich einem Lehrervortrag zuhöre, behalte ich				
6. Wenn ich während des Lernens umhergehe, behalte ich				
7. Wenn ich das Gelernte in Lexika oder im Internet nachlese, behalte ich				
8. Wenn mich Freunde/-innen über den Lernstoff abprüfen, behalte ich				

Lerntypen

Es gibt verschiedene Wege, etwas zu lernen: Wir können einen Text lesen, eine Tonbandaufnahme anhören, ein Bild sehen. Wir können das Gehörte oder Gesehene anschließend aufschreiben, unterstreichen oder zeichnen. Wir können aber auch mit jemandem darüber sprechen, etwas vorführen oder konstruieren. Jeder Mensch hat seinen eigenen Weg und seine eigene Strategie, etwas besonders gut zu lernen – ist also ein anderer **Lerntyp**.

Lernen erfolgt über unterschiedliche **Wahrnehmungs- bzw. Sinneskanäle** (sensorische Kanäle). Diese werden unterschiedlich stark beansprucht: Für jeden Lerntyp gibt es einen **bevorzugten** Sinneskanal, über den er Informationen aufnimmt. Um effektiv lernen und arbeiten zu können, müssen wir daher unseren individuellen dominanten Lerntyp berücksichtigen.

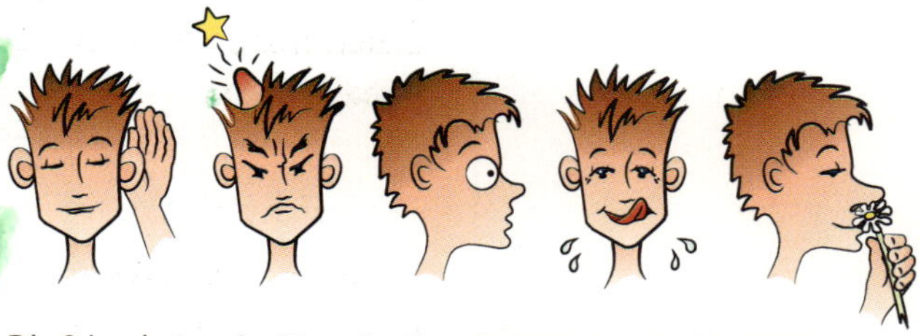

Die Stimulation der Sinne ist Grundvoraussetzung für das Lernen.

Der deutsche Biochemiker Frederic VESTER unterscheidet zunächst vier Lerntypen: visuell, auditiv, haptisch (den Tastsinn betreffend) und verbal-abstrakt bzw. kognitiv. Die Psychologin Regula SCHRÄDER-NAEF ergänzte den dialogisch-kommunikativen Lerntyp.

Literaturtipp
GEISSELHART, Roland R. / ZERBST, Marion: *Das perfekte Gedächtnis. Der schnelle Weg zum Superhirn. Gedächtnistraining leicht gemacht.* München 2007. Unser Gedächtnis ist trainierbar. Das Buch präsentiert zahlreiche Gedächtnistrainingstechniken, die der Steigerung der Gedächtnisleistung dienen.

Lerntyp	Sinneskanal	Lernmethoden	
visuell	Sehen und Beobachten	strukturierte Lernmaterialien mit visuellen Stimuli	Gehörtes noch einmal durchlesen; Lernstoff bildlich darstellen: Mind-Maps, Skizzen; Wichtiges unterstreichen und mit verschiedenen Farben hervorheben
auditiv	Hören	laut lesen und den Lernstoff vorsagen	Filme, Kassetten, Reime, Rhythmen; Lernstoff auf Kassette sprechen und anhören
haptisch	eigenes Tun	Lernstoff zusammenfassen und Wichtiges herausschreiben	beim Lernen auf und ab gehen; mit Lernmaterialien arbeiten (Lernkarteien)
verbal-abstrakt, kognitiv	Lesen und Hören	abstrakte Erklärungen, theoretische Begriffe und Formeln	Vorträge anhören, mündliche Erklärungen; logisch aufgebaute Lehrbücher
dialogisch-kommunikativ	Sprechen	Lerngruppen: mit Mitschülern/-innen über den Lernstoff sprechen	Mitschüler/-innen abfragen bzw. sich selbst abprüfen lassen; Rollenspiele; den Ablauf einer Prüfung vorstellen und durchspielen

RP Plenum **21**

Schreiben Sie die Lerntypen an die Tafel. Markieren Sie die zwei Lerntypen, in denen Sie sich am meisten wiedererkennen, mit Punkten. Analysieren Sie, welcher Lerntyp in der Klasse überwiegt.

Lerntypentest **22**

- Bitten Sie Ihren Sitznachbarn bzw. Ihre Sitznachbarin, 10 einfache Begriffe wie Tisch, Auto usw. auf einen Zettel zu schreiben. Sie haben 10 Sekunden Zeit, die Begriffe zu lesen. Lösen Sie danach folgende Rechenaufgabe im Kopf: 5 + 4 – 6 + 9 + 12 – 3. Stoppen Sie 20 Sekunden und schreiben Sie alle Begriffe auf, die Sie sich gemerkt haben.
- Lassen Sie sich nun 10 andere Begriffe vorlesen und schreiben Sie diese nach folgender Rechenaufgabe auf: 7 – 6 + 13 – 5 – 2 + 1. Sie haben wieder 20 Sekunden Zeit, sich an die Begriffe zu erinnern.

In welchem Bereich schneiden Sie besser ab?

Der chinesische Philosoph KONFUZIUS beschrieb bereits 500 v. Chr. ein Phänomen, das bis heute Gültigkeit hat: *„Sag es mir – ich werde es vergessen! Erklär es mir – ich werde mich erinnern! Lass es mich selber tun – ich werde es verstehen!“* Ebenso meinte der Entwicklungspsychologe Jean PIAGET, dass wir Kinder bei allem, was wir ihnen beibringen, daran hindern, es selbst zu entdecken, und betont damit ein wichtiges Lernprinzip: **Learning by doing**.
Die meisten Menschen sind haptische und visuelle Typen, nur etwa 5 % zählen zum verbal-abstrakten bzw. kognitiven Typ. Um unseren **dominanten Lerntyp** bestimmen zu können, ist es hilfreich, unsere Verhaltensmerkmale beim Lernprozess zu analysieren: Der auditive Lerntyp schließt beim aufmerksamen Zuhören meist die Augen, während der visuelle Lerntyp versucht, alle Geräusche auszublenden.

Teilweise ist eine Methode für mehrere Lerntypen geeignet. Filme beispielsweise eignen sich nicht nur für den auditiven, sondern auch für den visuellen Lerntyp, genauso wie Lernmaterialien für den visuellen und für den haptischen Lerntyp geeignet sind. Den größten Lernerfolg erzielt man, wenn über eine Methode mehrere Sinne angesprochen werden, wie beim **Mehrkanallernen**.

Mehrkanallernen

Unter **Mehrkanallernen** versteht man ganzheitliches Lernen, d. h. Lernen mit allen Sinnen. Da Lerntypen kaum in reiner Form vorkommen, sondern so gut wie jeder Mensch ein Mischtyp ist, gilt: Je mehr Sinneskanäle wir beim Lernen nutzen, desto eher werden wir verstehen, Wissen speichern und uns an das Gelernte erinnern. Das bedeutet für den Lernprozess: *„Je bunter und bewegter, je lustiger und spielähnlicher, je interaktiver und leibhaftiger diese zu lernenden Inhalte dargeboten würden, desto eher würde gelernt.“* (Spitzer 2007, S. 2)
Das Internet ist allerdings nicht die Lösung, denn: *„Das Internet verhält sich zum Lernen wie ein Supermarkt zu einem guten Essen: Im Supermarkt gibt es zwar alles in – verglichen mit den Mengen, die wir essen können – praktisch unbegrenzter Menge. Ein gutes Essen ist jedoch weit*

mehr als die Zutaten. Erst durch geschickte Zusammenstellung und Zubereitung werden aus Zutaten Speisen und erst deren wiederum geschickte Zusammenstellung und Reihenfolge macht ein gutes Essen aus." (Spitzer 2007, S. 3) Für den Lernprozess bedeutet das, dass erst die richtige Anwendung und die entsprechende Kombination der Sinneskanäle während des Lernprozesses zum gewünschten Lernerfolg führen.

Mehrkanallernen wirkt sich folgendermaßen auf die Behaltensrate aus:

- Durchschnittlich **15 %** des Lernstoffs werden behalten, wenn Inhalte rein über das *Hören* vermittelt werden.
- Bereits 3-mal so viel, also **45 %** werden behalten, wenn wir Informationen über das *Hören und Sehen* aufnehmen.
- Wenn wir die drei Sinneskanäle *Hören, Sehen und Sprechen* gleichzeitig einschalten, lässt sich die Behaltensrate nochmals um 20 % steigern, liegt dann also bei etwa **65 %**.
- Die Erfolgsquote der Erinnerung erreicht schließlich rund **85 %**, wenn zusätzlich zum *Hören, Sehen und Sprechen* auch noch *haptische Empfindungen* mit einbezogen werden.

Lernkanal	Hören	Hören + Sehen	Hören + Sehen + Sprechen	Hören + Sehen + Sprechen + Tun
Behaltensrate	15 %	45 %	65 %	85 %

RP T Gruppenarbeit **23**

Planen Sie in Kleingruppen eine kurze Psychologie-Unterrichtssequenz zu einem beliebigen Thema aus *Gedächtnis und Lernen*!
- Themenbeispiel: *Die Bedeutung der Erkenntnisse aus der Gedächtnisforschung für die Werbewirksamkeit.* Recherchieren Sie zu Ihrem Wahlthema im Internet!
- Achten Sie bei der Planung und Durchführung der Unterrichtssequenz darauf, dass sie allen Lerntypen gerecht wird!

RP Gruppenarbeit **24**

Entwerfen Sie ein Memory-Spiel. Gestalten Sie dazu jeweils zwei zusammenpassende, aber nicht idente Kärtchen. Beispiel: Schreiben Sie auf ein Kärtchen „Elaboration" und auf das andere „Verarbeitung" oder schreiben Sie auf ein Kärtchen den Begriff „haptisch" und zeichnen Sie auf ein weiteres eine Hand! Setzen Sie sich dabei nochmals mit den Inhalten des Kapitels *Gedächtnis und Lernen* auseinander. Arbeiten Sie Ihre Kärtchen in Kleingruppen aus und spielen Sie anschließend.

Gedächtnistraining

Wie lange brauchen Sie Ihrer Einschätzung nach, um sich 52 Karten eines gemischten Spiels in der richtigen Reihenfolge zu merken? Der Weltrekord (1998) liegt bei 34 Sekunden. Das heißt, dass pro Karte gerade einmal eine halbe Sekunde Merkzeit benötigt wird! (vgl. Kolb 2008, S. 5) Das gelingt nicht ausschließlich über außergewöhnliche Begabung, solche Fähigkeiten lassen sich auch erlernen. Unsere Merkfähigkeit nimmt zwar ab dem 30. Lebensjahr ab, aber wir können unser Gedächtnis bis ins hohe Alter trainieren. Gedächtnisforscher/-innen behaupten, das Gedächtnis sei trainierbar wie ein Muskel. Unsere Merkfähigkeit lässt sich vor allem dann steigern, wenn wir Lernstrategien anwenden.

Gedächtnistraining bringt mehrere Vorteile mit sich:
- Die Sinne werden geschärft.
- Neue Informationen werden schneller erfasst.
- Wichtiges wird besser von Unwichtigem unterschieden.
- Die Speicherkapazitäten werden vergrößert.
- Gespeichertes wird schneller abgerufen.
- Lernen, Arbeiten und alltägliche Erledigungen fallen leichter.

Gedächtnistrainingsaufgaben

Nehmen Sie sich für jede der folgenden Aufgaben maximal 2 Minuten Zeit für das Einprägen! Decken Sie die Aufgabe anschließend ab und versuchen Sie, das Gespeicherte wiederzugeben. Versuchen Sie, einige der besprochenen kognitiven Lernstrategien anzuwenden.

1 Personengedächtnis T

Wie gehen Sie am geschicktesten vor, um sich die Namen zu merken? Decken Sie die Fotos mit den Namen nach 2 Minuten ab und versuchen Sie, die Namen der Personen richtig wiederzugeben.

Birgit Reiter

Alexander Gruber

Lena Krüger

Thomas Fischer

Anna Schmidt

Lukas Leiner

Martha Hofer

Josef Moser

Susanne Ziegler

2 Koffer packen T

Versuchen Sie, alle Reiseutensilien wiederzugeben. Überlegen Sie sich eine Organisationsmethode.

3 Zahlengedächtnis T

Welche Methode eignet sich, um sich die Zahlenreihe einzuprägen? Geben Sie die Zahlen in der richtigen Reihenfolge wieder.

9 3 9 2 0 0 7 3 5 5 3 4

4 Einkaufsliste T

Prägen Sie sich die Produkte in der richtigen Reihenfolge ein. Erfinden Sie eine fantasievolle Geschichte, um sich die Liste leichter zu merken! Beispiel: Die Tomate fährt auf dem Salatblatt über einen Milchsee, um sich mit den zwei Gurken am anderen Ende der Schokoladen-Stadt zu treffen …

1. Camembert
2. Kürbiskernöl
3. Schokoladepudding
4. Cornflakes
5. Butter
6. Geschirrspülmittel
7. Bananen
8. Erdnüsse
9. Vollkornmehl
10. Faschiertes

5 Symbole T

An welche Gegenstände erinnern Sie die Symbole? Stellen Sie bildliche Assoziationen her, um das Erinnern zu erleichtern. Zeichnen Sie die Symbole anschließend.

6 Fremdsprachen T

Geben Sie *Ich liebe dich* in verschiedenen Fremdsprachen wieder. Wenden Sie eine Kodierungsmethode an und nehmen Sie sich für jeden Satz etwa 30 Sekunden Zeit.

1.	Hawaiianisch:	Aloa au ia o
2.	Japanisch:	Aishite imasu
3.	Russisch:	Ja ljublju tebja
4.	Schwedisch:	Jag älskar dig
5.	Finnisch:	Minä rakastan sinua

7 Wortassoziationen T

Versuchen Sie, sich die Bilder mit der entsprechenden Form einzuprägen. Verknüpfen Sie Inhalt und Rahmenform (Beispiel: Hund in einer schrägen Hütte). Decken Sie die Bilder nun ab. Was befand sich in welchem Rahmen?

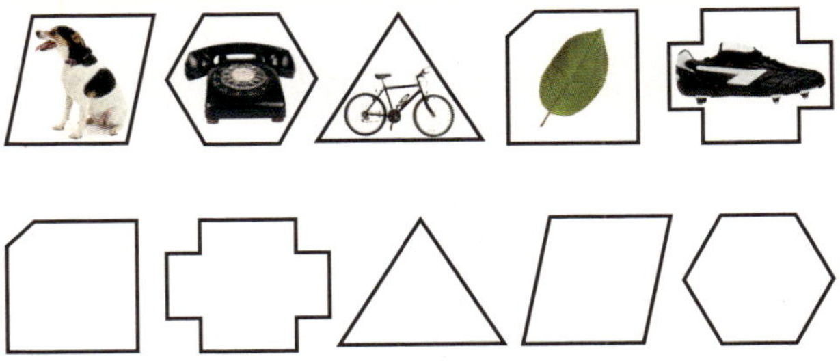

Wiederholen RP

1. Welche Phasen durchlaufen wir, wenn wir Informationen verarbeiten?
2. Über welche Prozesse werden Informationen gespeichert? Erläutern Sie das Mehrspeichermodell.
3. Wie ist es möglich, dass eine Person, die noch Stücke am Klavier auswendig spielen kann, nicht mehr weiß, wie sie heißt oder wo sie wohnt?
4. Inwiefern hat Vergessen eine wichtige Funktion?
5. Welche Umstände können uns daran hindern, Informationen richtig zu verarbeiten?
6. Wie ging Ebbinghaus vor, um sein Gedächtnis zu erforschen, und zu welchen Erkenntnissen gelangte er?
7. Mit welcher Lernstrategie lässt sich eine Liste von Ländern und ihren Hauptstädten am besten lernen? Inwiefern würden Sie die Lernstrategie ändern, wenn Sie die Liste ein Jahr lang im Kopf behalten sollten?
8. Welche Bedeutung hat das Mehrkanallernen für unsere Gedächtnisleistung?
9. Welche Tipps würden Sie einer Person mit Lernschwierigkeiten geben und wie lässt sich unser Gedächtnis allgemein trainieren?

Verstehen RF

»*Das Ausmaß des Behaltens von dargebotenem Material ist abhängig davon, wie sehr wir uns diesem Material zuwenden, d.h. von Aufmerksamkeitsprozessen. Je aufmerksamer ein Mensch ist, desto besser wird er bestimmte Inhalte behalten. Der Grund ist aus neurobiologischer Sicht ein zweifacher, denn mit Aufmerksamkeit sind zwei Prozesse gemeint, erstens die allgemeine Wachheit oder Vigilanz und zweitens die selektive Aufmerksamkeit auf einen bestimmten Ort, Aspekt oder Gegenstand der Wahrnehmung. Während die Vigilanz die Aktivierung des Gehirns überhaupt betrifft, bewirkt die selektive Aufmerksamkeit eine Zunahme der Aktivierung genau derjenigen Gehirnareale, welche die jeweils aufmerksam und damit bevorzugt behandelte Information verarbeiten. Achten wir auf die Bewegung, so wird unser Bewegungsareal aktiver, als wenn wir nicht auf die Bewegung achten würden. Achten wir auf die Farbe, springt unser Farbareal besonders an. Interessiert uns ein Gesicht, dann arbeiten die Neuronen im Gesichterverarbeitungsareal besonders heftig. Diese zusätzliche Aktivität im jeweiligen Areal hat die gleiche Größe wie die zusätzliche Aktivität, die sich nachweisen lässt, wenn Wörter oder Bilder verarbeitet und gemerkt werden (im Vergleich zu verarbeiteten und nicht behaltenen Wörtern oder Bildern). Daraus lässt sich ableiten, dass der Effekt der zusätzlichen Aktivierung von Gehirnarealen durch die selektive Aufmerksamkeit eine wesentliche Rolle bei der Einspeicherung von Gedächtnisinhalten spielt.*«

(Spitzer, Manfred: Lernen. Gehirnforschung und die Schule des Lebens. München 2007, S. 155–156)

→ **Welche Faktoren spielen eine besondere Rolle, wenn wir Inhalte im Gedächtnis speichern wollen?**
→ **Was versteht man aus neurobiologischer Sicht unter „Aufmerksamkeit"?**
→ **Beschreiben Sie den Prozess der selektiven Aufmerksamkeit.**

Anwenden T

Welche Tipps können Sie Schülern/-innen mit Lernschwierigkeiten geben? Entwerfen Sie eine **„Lernen lernen"-Broschüre.**

- Besprechen Sie in der Klasse den Aufbau der Broschüre.
- Treffen Sie eine Auswahl der Themen und Unterkapitel. Beachten Sie, dass die Lerninhalte des Kapitels *Lernen und Gedächtnis* in der Broschüre Platz finden. Erklären Sie die Funktionsweise des Gedächtnisses, stellen Sie die Lerntypen vor und geben Sie Ratschläge, wie man Gedächtnis-/Lernhemmungen vermeiden kann. Stellen Sie die Lerntipps in den Vordergrund der Broschüre: Prüfungsvorbereitung, Arbeitsplatzgestaltung, Lernunterlagen, optimale Arbeitszeiten usw.
- Teilen Sie sich bei der Erarbeitung der Unterkapitel in Kleingruppen auf.
- Nehmen Sie bei der Aufbereitung Rücksicht auf die bevorzugten Lernmethoden aller Lerntypen.
- Arbeiten Sie strukturiert und übersichtlich: Heben Sie wichtige Informationen entsprechend hervor und ergänzen Sie die Inhalte mit Bildern.
- Fügen Sie Konzentrationsübungen, Gedächtnistrainings-Beispiele, Pausengestaltungsvorschläge, einen Lerntypentest, Mnemotechniken, einen Fragebogen zum Lernverhalten etc. ein.
- Präsentieren Sie Ihre Broschüre in der Schule und bieten Sie sie an.

5. Verhaltenslernen

„Leben heißt Lernen."
Konrad Lorenz (österreichischer Biologe und Verhaltensforscher, 1903–1989)

Lernen ist mehr als die bewusste Aneignung von theoretischem Wissen (▸ Kap. 4). Wir können lernen, wie man ein Flugzeug in Bewegung setzt, wie man mit Stäbchen isst oder geschickt eine steile Wand hinaufklettert. Wenn wir an einem Sprachaustausch teilnehmen, lernen wir nicht nur eine neue Sprache, sondern auch Selbstständigkeit. Traditionen, Verhaltensnormen und Einstellungen gehören ebenso zu Lerninhalten wie die sozialen Fähigkeiten, sich in andere einzufühlen oder sich Ziele zu setzen. Unter Lernen verstehen wir also nicht nur *Wissensaneignung* im Sinn von schulischem Lernen, sondern auch *Verhaltenslernen*.

Neben der *Reifung* durch wachstumsbedingte Impulse verändern wir uns ständig durch *Lernen* aufgrund unserer Erfahrungen (▸ Kap. 9.2). Lernen findet in allen Lebensbereichen statt:

- **Kognitive Inhalte:** Faktenwissen, Sprachen …
- **Fertigkeiten und sensomotorische Koordination:** Schreiben, Jonglieren …
- **Emotionale Einstellungen:** Offenheit gegenüber Migranten/-innen, Abneigung gegen Rauchen …
- **Soziales Verhalten:** Rücksichtnahme, Tischmanieren, im Straßenverkehr …

Lerntheorien (▸ Kap. 5.1) liefern unterschiedliche Erklärungsansätze, wie und unter welchen Umständen wir uns Verhalten aneignen.

1. Durch **Signallernen** (klassische Konditionierung) lernen wir, Ereignisse zu erwarten, und bereiten uns z. B. auf Nahrung oder Schmerz vor. Der Geruch beim Zahnarzt bzw. bei der Zahnärztin weckt möglicherweise Furcht in uns, wenn wir gelernt haben, diesen ursprünglich neutralen Reiz mit Schmerzen in Verbindung zu bringen (▸ Kap. 5.2).
2. Durch das **Lernen am Erfolg** (operante und instrumentelle Konditionierung) lernen wir, Handlungen mit positiven Konsequenzen (Belohnung) zu wiederholen und Handlungen mit negativen Konsequenzen (Bestrafung) zu unterlassen: Wir werden mit einem Getränk *belohnt*, wenn wir Geld in den Automaten werfen. Wir werden mit einem Strafzettel *bestraft*, wenn wir das Auto falsch parken (▸ Kap. 5.3).
3. Die Theorie des **Modelllernens** wiederum führt Lernen darauf zurück, dass wir ein sogenanntes Modell (meist eine Person mit Vorbildfunktion) beobachten und anschließend imitieren (▸ Kap. 5.4).

1 Partnerarbeit
a) Beschreiben Sie den Cartoon und die beiden Comics auf dieser Seite.
b) Was sagen diese Darstellungen über das Verhaltenslernen aus?
c) Ordnen Sie die genannten Lerntheorien entsprechend zu.

5.1 Lerntheorien

Lernen hat dann stattgefunden, wenn sich Fortschritte in Form von Ergebnissen zeigen. Den Lernprozess selbst kann man nicht beobachten, erst das Ergebnis des Lernens zeigt sich in Form einer **Leistung**: Wenn wir also plötzlich Radfahren können, fließend Japanisch sprechen oder unseren neuen Fernseher bedienen können, haben wir offensichtlich neue Fähigkeiten erworben.
Leistung ist messbar und überprüfbar und deshalb beobachtbares Verhalten, durch welches das Gelernte zum Vorschein kommt. Ändert man seine Einstellungen oder Wertschätzungen, findet ebenfalls ein Lernprozess statt, das Ergebnis lässt sich jedoch nicht über Leistung ausdrücken und ist daher weniger offensichtlich.

Lernverhalten	Lernprozess	Lernergebnis
zeigt sich beim ... ... Nachahmen ... Üben ... Wiederholen		äußert sich durch eine Änderung im ... ... kognitiven Verhalten ... motorischen Verhalten ... sozialen Verhalten
beobachtbar	*nicht beobachtbar*	*beobachtbar*
Das **Lernverhalten** zeigt sich über bestimmte Lerntätigkeiten.	Der **Lernprozess** ist ein Vorgang, der zwischen Lernverhalten und Lernergebnis liegt und nicht beobachtet werden kann.	Das **Lernergebnis** ist das Produkt des Lernens, die beobachtbare Verhaltensänderung.

Lerntheorien beschäftigen sich mit den **Bedingungen des Lernens:** Sie untersuchen, wie, warum und unter welchen Umständen sich unser Verhalten und unser Denken verändern. Um zu Ergebnissen zu kommen, erforschen sie das Lern*verhalten* (Lerntätigkeiten), den Lern*prozess* (innerer Vorgang) sowie das Lern*ergebnis* (Resultat, Gelerntes).

Während die **kognitive Theorie** meint, dass der Mensch über *interne* geistige Prozesse lernt, geht der **Behaviorismus** davon aus, dass Verhalten über *externe* Umwelteinflüsse erlernt wird.

1. Behaviorismus

Aus behavioristischer Sicht lernen Mensch und Tier durch Erfahrung und sind daher das Produkt ihrer Umwelt (▸ Kap. 1.3). Zentraler Gegenstand der Forschung ist also das (beobachtbare) Verhalten eines Individuums, nicht dessen Bewusstsein.

Das Lernen erklärt der Behaviorismus über **Reiz-Reaktions-Theorien** (Stimulus-Response-Theorien).

Der klassische Behaviorismus betrachtet den Organismus als sogenannte **Black Box**, in die man nicht hineinsehen kann, aus der aber bei jedem Reiz eine Reaktion folgt. Die Black Box ist unergründbar und nicht beobachtbar, ihre Funktionsweise lässt sich laut behavioristischer Theorie nur über Reiz und Reaktion erschließen.

- Was in der Black Box stattfindet, sind unsere psychischen Vorgänge. Diese können nicht beobachtet werden, sie werden von der kognitiven Theorie untersucht.
- Der Reiz als Input und die Reaktion als Output sind beobachtbar und daher Gegenstand der behavioristischen Untersuchungen.

INPUT ⟶ **BLACK BOX** ⟶ **OUTPUT**
Reiz (Stimulus) — **Reaktion (Response)**

Wie es zu Verhaltensänderungen kommt, erklärt der Behaviorismus über den Prozess der **Konditionierung**: Wir lernen, einen bestimmten Reiz mit einer bestimmten Reaktion zu verbinden.

Konditionierung

Den Reiz-Reaktions-Theorien des Behaviorismus liegen jeweils unterschiedliche Konditionierungsprozesse zugrunde, sie werden daher unterschieden in

- **Signallernen** (▸ Kap. 5.2)
- und **Lernen am Erfolg** (▸ Kap. 5.3).

2. Kognitive Theorie

Laut der kognitiven Theorie (▸ Kap. 1.3) lernen wir dadurch, dass wir Informationen kognitiv (also geistig) verarbeiten. Diese Prozesse der Informationsverarbeitung, die in einer lernenden Person ablaufen und nicht objektiv messbar sind, sollen verstanden und erklärt werden. Dazu untersucht die kognitive Theorie den (nicht beobachtbaren) **Lernprozess**, der etwa beim Lernen durch Einsicht, also beim plötzlichen Verstehen eines Sachverhalts stattfindet.

Das **Modelllernen** (▸ Kap. 5.4) wird als sozial-kognitive Lerntheorie bezeichnet: *Sozial*, weil Bandura davon ausgeht, dass wir uns über Beobachtung und Imitation Verhalten aneignen, und *kognitiv*, weil er Phasen der kognitiven Informationsverarbeitung beim Lernprozess mit einbezieht.

Lerntheorie	Reiz-Reaktions-Theorien des Behaviorismus				Kognitive Theorie
	Signallernen		Lernen am Erfolg		Modelllernen
	Klassische Konditionierung		Instrumentelle Konditionierung	Operante Konditionierung	
Vertreter	Iwan Petrowitsch Pawlow (1900)	John B. Watson (1920)	Edward Lee Thorndike (1911)	Burrhus Frederic Skinner (1950)	Albert Bandura (1965)
Beschreibung der Lerntheorie	Das Lernergebnis äußert sich über einen konditionierten Reiz: Eine bestimmte Reaktion wird nicht durch einen natürlichen, sondern einen neuen, ursprünglich neutralen Reiz ausgelöst, wenn dieser zuvor an den ersten Reiz gekoppelt wurde.	Emotionale Reaktionen wie Ängste können erlernt werden. Über einen Konditionierungsprozess gefestigte Handlungen oder Emotionen bleiben bestehen. Auch in ähnlichen Situationen tritt in der Folge die erlernte Reaktion auf.	Triebspannung (Hunger) oder Motivation lösen Reaktionen aus. Über Versuch und Irrtum gelangt der/die Proband/-in zufällig zum erwünschten Ergebnis (Öffnen des Käfigs, Nahrung). Die befriedigende Konsequenz hat eine Wiederholung der Reaktion zur Folge: Indem Motivation und Triebe Verhalten auslösen, wird jenes Verhalten gelernt, das zur Befriedigung der Motivation/des Triebes führt.	Eine zufällige Reaktion wird durch bestimmte Konsequenzen positiv oder negativ verstärkt, positiv oder negativ bestraft. Die Reaktion, die das vom Versuchsleiter bzw. von der Versuchsleiterin erwünschte Ergebnis bringt, tritt in Zukunft häufiger auf.	Über Beobachtung werden Verhaltensweisen von einem Modell gelernt und nachgeahmt. Bandura geht über die behavioristische Reiz-Reaktions-Verbindung hinaus und formuliert kognitive Phasen der Informationsverarbeitung.
Versuchsobjekt	 (Pawlow'scher) Hund	 11-monatiges Baby (Little Albert)	 Katzen (Problemkäfig) Ausschnitt	 Mäuse, Tauben (Skinner-Box)	 Kinder, Modellpersonen
Schlüsselbegriffe	Extinktion	Reizgeneralisierung	Effektgesetz	positive/negative Verstärkung, Bestrafung	soziales Lernen, Beobachtung, Imitation (Nachahmung)

5.2 Signallernen: Klassische Konditionierung

Die **klassische Konditionierung** ist ein Prozess, in dem zwischen zwei Reizen, die ursprünglich keinen Bezug zueinander hatten, eine Verknüpfung (Assoziation) hergestellt wird.

Der Pawlow'sche Hund

Iwan Petrowitsch PAWLOW (1849–1936) ist ein Pionier der Lernpsychologie und Begründer der klassischen Konditionierung. Er entdeckte die Verknüpfung zweier Reize beim Hund: Als Pawlow die Verdauungsprozesse der Hunde untersuchte, stellte er fest, dass die Hunde bei der Futtergabe vermehrt speichelten. Sie speichelten sogar schon dann, wenn sie den Assistenten, der ihnen das Futter brachte, nur hörten. So stieß er durch Zufall auf das Prinzip der klassischen Konditionierung und entwickelte daraufhin seine Theorie:

1. Ein angeborener Reflex des Hundes ist es, auf einen Futterreiz mit Speichelfluss zu reagieren. Das Futter stellt in diesem Fall den **unkonditionierten Reiz** dar.
2. Auf eine Glocke reagiert ein Hund üblicherweise nicht spezifisch. Die Glocke ist somit ein **neutraler Reiz**.
3. Wird die Glocke jedes Mal mit dem Futter dargeboten, sondert der Hund nach mehreren Wiederholungen auch dann Speichel ab, wenn der Glockenton allein dargeboten wird. Hier findet die Lernphase der klassischen Konditionierung statt: Durch **Kontiguität** (das gleichzeitige Darbieten von unkonditioniertem und neutralem Reiz) werden Glocke und Futter miteinander verknüpft. Eine Assoziation wurde gelernt.
4. Der Hund hat nun gelernt, den Glockenton als Signal für Futter anzusehen. Die Glocke wird so zu einem **konditionierten Reiz** und der Speichelfluss zu einer **konditionierten Reaktion**.

Der Pawlow'sche Hund zeigt sehr anschaulich, wie Assoziationen gelernt werden können: Ein zuvor neutraler Reiz (Glocke) wird mit einem unkonditionierten Reiz (Futter), der bereits die konditionierte Reaktion (Speichel) auslöst, gekoppelt. Die Koppelung bewirkt, dass schließlich auch der ursprünglich neutrale Reiz (Glocke) die Reaktion (Speichel) auslöst.

Der Speichelfluss nahm im Experiment allerdings immer mehr ab und hörte schließlich ganz auf, wenn der Glockenton längere Zeit nur allein (d. h. ohne Futtergabe) dargeboten wurde. Ohne Übung kann die konditionierte Reaktion also wieder verlernt werden. Man spricht dann von **Extinktion** (Löschung) des konditionierten Reizes.

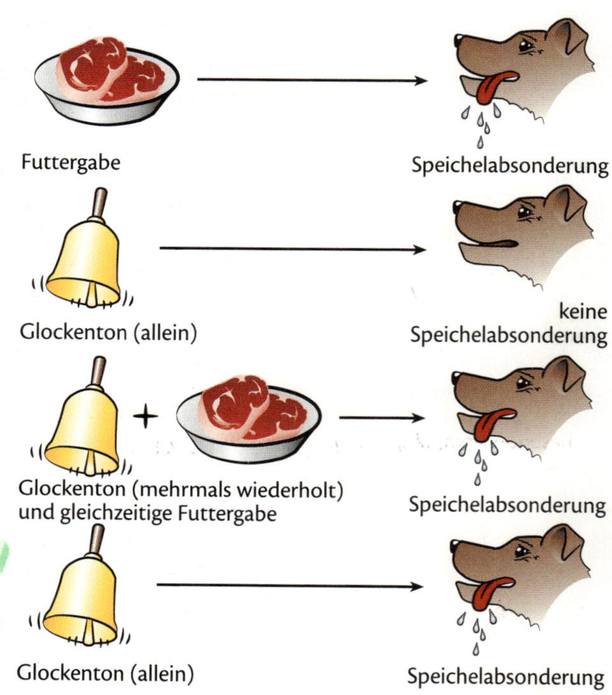

Klassische Konditionierung

T Gruppenarbeit **2**

Entwerfen Sie in Kleingruppen einen Prozess der klassischen Konditionierung und zeichnen Sie diesen auf! Tauschen Sie die Zeichnungen anschließend untereinander aus. Präsentieren und erläutern Sie jeweils einer anderen Gruppe den Prozess!

UCS -> UCR
CS -> /
UCS + CS -> UCR
CS -> UCR

- Generalisieren - Geräusch, Geruch, ...
- Diskriminierungslernen

Löschen = Extinktion

- Kontingenz: funktionale Abhängigkeit
- Kontiguität: räuml. / zeitl. gemeinsames

Little Albert (Watson)

Der Begründer des Behaviorismus John B. WATSON ging davon aus, dass menschliche Gefühle und menschliches Verhalten aus konditionierten Reaktionen entstehen. In einem Experiment zeigte Watson, dass spezifische Ängste konditioniert werden können: Er bot dem 11 Monate alten Albert eine Ratte, über die er sich ursprünglich freute, mehrmals gleichzeitig mit einem schrillen Geräusch, das in ihm Angst auslöste, dar. Nach der Lernphase (also mehrmaliger gemeinsamer Darbietung Ratte – schrilles Geräusch) löste selbst die Ratte ohne Geräusch bei Little Albert Angst aus. Infolge des Konditionierungsprozesses ließ sich bei ihm auch eine sogenannte **Reizgeneralisierung** beobachten. Das bedeutet, dass sich Little Albert nach der Lernphase nicht nur vor Ratten, sondern allgemein vor Nagetieren fürchtete und seine Angst sogar auf Stofftiere und Pelzmäntel ausdehnte. Das konditionierte Verhalten hat sich also automatisch auf ähnliche Reize erweitert.

Watsons Experiment ist aus ethischen Gründen heftig umstritten, gilt aber auch als bedeutender Beitrag zur lernpsychologischen Forschung.

Begriffsklärung: Reflex – Instinkt – Prägung

Wir verfügen über mehrere angeborene Reaktionen:

Definition
Unter REFLEX versteht man das Auslösen einer unwillkürlichen Reaktion auf einen bestimmten Reiz.

- **Reflexe:** Reflexe können angeboren sein – wie der Schluckreflex (für die Nahrungsaufnahme) oder der Kniesehnenreflex (bei einem leichten Schlag unterhalb der Kniescheibe). Reflexe können aber auch erworben werden, wenn ihnen ein Lernvorgang vorausgegangen ist (vgl. Pawlow'scher Hund): Reflexe folgen immer auf bestimmte innere oder äußere Reize. Wenn uns etwa beim Gedanken an eine Zitrone das Wasser im Mund zusammenläuft, unterliegen wir dem Reflex der erhöhten Speichelzufuhr bei sauren Lebensmitteln – ausgelöst allein durch die Assoziation mit saurem Geschmack.

- Der **Instinkt** ist ein angeborenes artspezifisches Verhalten, das bei allen Mitgliedern einer bestimmten Spezies für das Überleben sorgt: Der Specht klopft, die Spinnen weben Netze, die Lachse kehren zu ihrem Geburtsort zurück und Vögel fliegen. Instinkte sind durch genetische Vererbung vorprogrammiert und können nicht gelernt werden. Zu den menschlichen instinktiven Verhaltenstendenzen zählen das Saugen des Neugeborenen und das Schlafen bei Müdigkeit. Menschliche Instinkthandlungen können aber durch umweltbedingte Lernprozesse überlagert werden und dann nicht mehr instinktiv erfolgen: wenn wir beispielsweise essen, ohne Hunger zu haben, sondern weil wir frustriert sind.

Definition
Die SENSIBLE PHASE ist ein Zeitabschnitt, in dem man besonders empfänglich für bestimmte Entwicklungsschritte ist.

- Unter **Prägung** versteht man das Erlernen von Instinkthandlungen in der sensiblen Phase. Die Prägung ist irreversibel (unwiderruflich), d. h. sie kann nicht rückgängig gemacht werden. Sie kann nach dem Verstreichen der sensiblen Phase aber auch nicht mehr nachgeholt werden. Die Reaktionen auf Schlüsselreize, die in dieser genetisch festgelegten Phase erworben werden, wirken später wie angeboren. Das bekannteste Beispiel dafür sind wohl die Graugansküken, die Konrad LORENZ überallhin nachfolgten, da nur er sich in der ersten Zeit nach dem Ausschlüpfen in ihrer Nähe aufhielt und sie deshalb auf ihn als ihre „Mutter" geprägt waren.

Klassische Konditionierung als Werbestrategie

- Fröhliche Menschen lösen ein positives Gefühl in uns aus. Orangensaft dagegen ist ein neutraler Reiz, der nichts in uns auslöst. Koppelt man diese beiden Reize aber und bietet sie immer wieder gemeinsam dar (beispielsweise in Form einer Werbeeinschaltung im Fernsehen), wird der ursprünglich neutrale Reiz (Orangensaft) – selbst bei alleiniger Darbietung – eine positive Empfindung hervorrufen.
- In einem Experiment von G.H. SMITH und Robin ENGEL konnte gezeigt werden, dass ein Auto für schneller und besser gehalten wird, wenn man es zusammen mit einer schönen Frau präsentiert.

Wdh.: Essensgeruch, Hund + Glocke; Auftreten / 1x Auftreten (Unfall, Schmerz)

5.3 Lernen am Erfolg: Instrumentelle und operante Konditionierung

Das Baby wimmert. Die Mutter reagiert nicht. Das Baby schreit. Die Mutter zögert, reagiert aber immer noch nicht. Als das Baby zu brüllen beginnt, läuft die Mutter zum Baby und nimmt es in den Arm. Geschieht diese Abfolge häufiger, wird das Baby lernen, gleich loszubrüllen, wenn es in den Arm genommen werden möchte. Es hat eine neue Reaktion gelernt, die ihm positive Konsequenzen beschert.

Definition
Beim Lernen am Erfolg wird eine Assoziation zwischen Verhalten und daraus resultierender Konsequenz hergestellt.

Im Unterschied zur klassischen Konditionierung, die sich immer auf das Erlernen einer Verknüpfung von Reizen bezieht, erfahren wir beim Lernen am Erfolg (instrumentelle und operante Konditionierung), dass unsere Reaktion **Konsequenzen** herbeiführt: Eine neue Reaktion wird bei positiver Konsequenz (Erfolg, Belohnung) wiederholt und gelernt, bei negativer Konsequenz (Bestrafung) geschwächt.

Instrumentelle Konditionierung (Thorndike)

Der US-amerikanische Verhaltenspsychologe Edward Lee Thorndike gilt als Begründer der instrumentellen Konditionierung. Ausgangspunkt ist hierbei ein interner Reiz (z. B. Hunger), der eine gewisse als unangenehm empfundene **Triebspannung** hervorruft. Über Versuch-Irrtum-Handlungen finden wir heraus, welche Reaktion die Triebspannung erfolgreich löst.

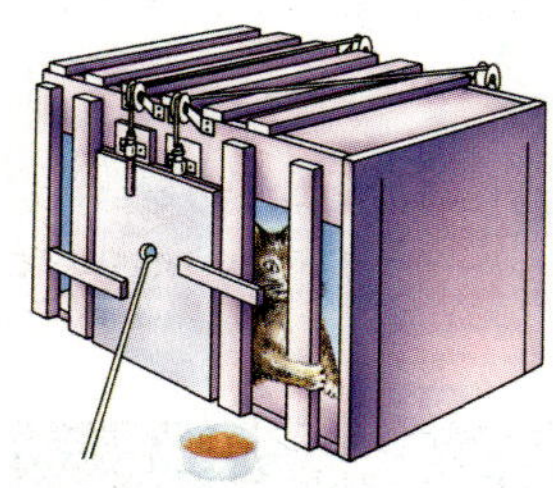

Thorndikes Problemkäfig

- Thorndike sperrte eine hungrige Katze in einen sogenannten **Problemkäfig** und stellte Futter vor den Käfig. Der Hungertrieb (Reiz) motivierte die Katze, Handlungen auszuprobieren (Verhaltensreaktion), die zum Triebziel (Futter) führen und den Trieb schließlich reduzieren sollen.
- Die Katze probierte über **Versuch-Irrtum-Handlungen**, den Käfig zu öffnen. Durch eine bestimmte Handlung (Hebeldrücken) gelang es ihr schließlich, die Käfigtür zu öffnen. Durch Versuch und Irrtum lernte sie also, welche Reaktion sie zur positiven Konsequenz, in dem Fall zur Nahrungstriebbefriedigung, führte.

Durch den Erfolg lernte Thorndikes Katze eine Reiz-Reaktions-Verbindung: eine Verbindung zwischen dem Reiz der Situation „Hunger“ und der Reaktion „Hebeldrücken“. Thorndike spricht von *instrumenteller* Konditionierung, weil das Ausprobieren bzw. das Suchen nach Lösungen als „Instrument“ herangezogen wird, um einen Trieb zu befriedigen.

Thorndike leitet aus seinen Beobachtungen das **Effektgesetz** ab: Verhaltensweisen, die angenehme Konsequenzen mit sich bringen, treten häufiger auf, während umgekehrt Verhaltensweisen, die mit unangenehmen Konsequenzen einhergehen, seltener werden.

Operante Konditionierung (Skinner)

Keine Triebspannung

B. F. Skinner mit Skinner-Box

Burrhus Frederic Skinner, ebenfalls US-amerikanischer Psychologe, entwickelte die **Skinner-Box** (vergleichbar mit Thorndikes Problemkäfig), in der er Experimente mit Ratten und Tauben durchführte.

- Betätigt das Versuchstier den Hebel in der Box, erhält es eine Belohnung (Futter, Wasser). Der Lernprozess erfolgt über das zunächst *zufällige* Drücken des vorgesehenen Hebels, das erwünscht ist und daher belohnt wird.
- Durch die Belohnung als positive Verstärkung erlernt das Versuchstier schnell die neue Verhaltensweise.

Diese Erkenntnisse führten Skinner zum Prinzip der **operanten Konditionierung** (engl. *operant:* wirksam), die auf Thorndikes instrumenteller Konditionierung beruht. Unter operanter Konditionierung versteht Skinner das Erlernen eines Verhaltens durch eine ursprünglich zufällige Handlung, die belohnende oder bestrafende Konsequenzen hat.

Konsequenzen verändern unser Verhalten und ermöglichen uns, neues, hilfreiches Wissen zu erwerben sowie uns an die Umgebung anzupassen. Diese Konsequenzen können verstärkend oder bestrafend sein. *Verstärkende Reize* zielen darauf ab, die Auftretenswahrscheinlichkeit eines Verhaltens zu erhöhen, *bestrafende Reize* sollen diese Wahrscheinlichkeit senken:

T Diskussion 3

Gibt es Situationen, in denen Sie selbst dem Prinzip der operanten Konditionierung unterliegen? Begründen Sie durch Beispiele und besprechen Sie diese in der Klasse!

Shaping

Positive und negative Verstärkung

verstärkende Reize

- Von **positiver Verstärkung** spricht man, wenn ein bestimmtes Verhalten durch eine angenehme Konsequenz verstärkt wird, wenn also ein positiver Reiz hinzugefügt wird: Eine gelungene Prüfung wird mit Geld honoriert, ein folgsames Kind mit Schokolade beschenkt. Nicht immer aber ist Belohnung geeignet, um zu motivieren – nämlich dann, wenn sie die intrinsische Motivation untergräbt (▸ Kap. 12.4).

- Die **negative Verstärkung** mittels einer unangenehmen Konsequenz führt dazu, dass ein bestimmtes Verhalten häufiger gezeigt wird, wenn dadurch die Konsequenz verringert, vermieden oder beseitigt werden kann: Wir legen im Auto den Gurt an, damit uns das akustische Signal im Auto nicht mehr stört. Der aversive (unangenehme) Reiz, nämlich das akustische Signal, soll wegfallen und verstärkt dadurch das gewünschte Verhalten negativ.

ein unangenehmer Reiz soll aufhören

Verstärkung	Beschreibung	Beispiele
positiv	Ein angenehmer Reiz wird hinzugefügt.	Taschengeld, Zärtlichkeiten
negativ	Ein unangenehmer Reiz wird verringert, vermieden oder beseitigt.	sich anschnallen, damit der Ton aufhört

5

Positive und negative Bestrafung

bestrafende Reize

- Die **positive Bestrafung** erfolgt, indem ein *unangenehmer Reiz hinzugefügt* wird: Wir bekommen für das falsche Parken einen Strafzettel.

- Die **negative Bestrafung** besteht in der *Entfernung eines angenehmen Reizes.* Wenn das Taschengeld gestrichen wird, weil eine Schularbeit negativ ausgefallen ist, liegt eine negative Bestrafung vor. ein positiver Reiz wird entfernt

Bestrafung	Beschreibung	Beispiele
positiv	Ein unangenehmer Reiz wird hinzugefügt.	Schmerz, Strafzettel
negativ	Ein angenehmer Reiz wird entfernt.	Taschengeld, Fernsehen

T Einzelarbeit **4**

Erklären Sie: Welche Form der Verstärkung oder Bestrafung liegt beim sogenannten *Vermeidungslernen* vor?
Beispiel: Schüler/-innen bereiten sich besser auf die Schularbeit vor, wenn die Lehrperson bei einem schlechten Ergebnis mit dem Ausfall der Projektwoche droht. Die negative Konsequenz (Ausfall der Projektwoche) wird hier durch das richtige Verhalten (Lernen) vermieden.

Operante Konditionierung in der Erziehung

Literaturtipp
Dreikurs, Rudolf/ Soltz, Vicki: *Kinder fordern uns heraus. Wie erziehen wir sie zeitgemäß?* Stuttgart 2008. Autor und Autorin dieses bewährten Erziehungsratgebers durchleuchten Konfliktsituationen und zeigen, wie pädagogisch verhängnisvolle Machtkämpfe vermieden werden können.

Nach der Theorie der operanten Konditionierung spielen Erzieher/-innen und Lehrer/-innen eine gewichtige Rolle beim Erlernen von Verhalten: Eltern können ihren Kindern durch Lob beispielsweise freundliches Grüßen und Tischmanieren beibringen oder über Zurechtweisung das Schmatzen abgewöhnen. Kinder lernen schnell, mit welchem Verhalten sie bekommen, was sie wollen, und werden es wiederholen. Doch natürlich besteht Erziehung in wesentlich mehr als Konditionierung.

Operantes Konditionieren kann in der Erziehung sehr effektiv, aber auch sehr ineffektiv angewandt werden: Ein Kind möchte ein Eis. Der Vater erlaubt es zunächst nicht, zehn Minuten später schleckt das Kind doch zufrieden sein Eis. Der Vater hat sich durch das Quengeln des Kindes erweichen lassen und nachgegeben. Erreichen Kinder mit lästigem Benehmen genau das, worauf sie abzielen, werden sie das erfolgreiche Verhalten sehr wahrscheinlich wiederholen, da es (ungewollt) positiv verstärkt wurde.

Bestrafung als Erziehungsprinzip?

Bestrafung als durchgängiges Erziehungsprinzip wirkt sich negativ auf die emotionale Entwicklung des Kindes aus und muss vermieden werden. Eine „Bestrafung" im Sinne der operanten Konditionierung kann dagegen manchmal effektiv sein. Sie darf allerdings nie eine Art „Rache" der Eltern sein. Strafen, die die gesamte Persönlichkeit des Kindes diskriminieren, können emotionale Störungen hervorrufen. Aber auch wenn Strafen eine **logische Konsequenz** aus dem Verhalten des Kindes darstellen, sind sie nur sinnvoll, wenn sie

- **unmittelbar** auf die unerwünschte Reaktion folgen, sodass das Kind weiß, was sein Fehlverhalten war, und sich einsichtig zeigen kann. Beispiel: Wenn das Kind z. B. die Eltern beschimpft, wird es auf sein Zimmer verwiesen und ignoriert, bis es sich entschuldigt.

- sich auf das **Verhalten** und nicht auf die Persönlichkeit des Kindes beziehen. Beispiel: Wenn die Eltern ihr Kind beim Rauchen erwischen, bekommt es im darauffolgenden Monat weniger Taschengeld.

- nur aus **Nachteilen** bestehen, die dem Fehlverhalten des Kindes **entsprechen**, nicht aber aus körperlichem Schmerz oder einem Einschränken in den Grundbedürfnissen des Kindes (Kleidung, Nahrung, Schlaf). Beispiel: Das Schuleschwänzen ihres Kindes bestrafen die Eltern mit einem Ausgehverbot am Wochenende.

Literaturtipp
WINTERHOFF, Michael: *Warum unsere Kinder Tyrannen werden.* München 2010.
Die Forschungen des Kinderpsychiaters Winterhoff zeigen alarmierende Auswirkungen der sogenannten partnerschaftlichen Erziehung auf unser Gesellschaftssystem. Kinder können psychisch nicht reifen, wenn Erwachsene ihre eigenen Bedürfnisse über die Kinder zu erfüllen versuchen – etwa durch falsch verstandene Partnerschaftlichkeit.

Querverweis
Um Grundprinzipien in der Kindererziehung geht es auch in ▸ Kap. 9.5.

Robert „Chance" Browne

In jedem Fall gilt, dass Bestrafung nur dann wirkungsvoll sein kann, wenn dem Kind klar ist, wofür es bestraft wurde. Nur so können Nachdenkprozesse in Gang kommen, die eine Verhaltensveränderung bewirken. Strafen können und sollen niemals eine Säule der Kindererziehung darstellen. Unverzichtbar ist es dagegen immer, Grenzen zu setzen, Regeln aufzustellen und ihre Einhaltung konsequent zu beachten.

T Partnerarbeit **5**

Die Mutter hört ein Geräusch in der Küche. Sie findet ihren vierjährigen Sohn, der sich Zucker von der Anrichte holt. Sie nimmt ihren Sohn mit der Erklärung herunter, dass er jetzt keinen Zucker haben könne. Der Bub schreit, dass er jetzt Zucker haben möchte. Die Mutter sagt Nein, das Kind wirft sich auf den Boden, brüllt und tritt um sich. Die Mutter ermahnt es, sich zu benehmen, der Wutausbruch des Buben verstärkt sich. „Also schön, hier hast du *ein* Stück Zucker. Hör jetzt aber mit dem Geschrei auf." Das Kind gibt langsam nach und nimmt schließlich den Zucker, den die Mutter ihm hinhält.

Analysieren Sie diese Situation unter dem Aspekt der operanten Konditionierung für beide Seiten! Was wäre eine wirkungsvollere Reaktion der Mutter?
Lesen Sie, wenn Sie eine Antwort gefunden haben, im Lösungsteil auf S. 233 nach!

T Einzelarbeit **6**

Arbeiten Sie schriftlich drei Unterschiede operanter/instrumenteller und klassischer Konditionierung heraus!

5.4 Modelllernen

Der kanadische Lernpsychologe Albert BANDURA meint, dass wir nicht nur über Konditionierungsprozesse lernen, sondern vor allem, indem wir Verhalten **beobachten** und **imitieren** (nachahmen). Ähnliches soziales Verhalten – gemeinsame Sprache, ähnliches Rollenverhalten und soziale Normen – führt er vor allem auf Beobachtung und Imitation zurück.

Definition
SOZIALES LERNEN findet statt, wenn beobachtete Verhaltensweisen verinnerlicht werden und anschließend jederzeit wieder abgerufen werden können.

Beobachtung und Imitation sind zwei wichtige Aspekte des **sozialen Lernens**, das uns ein Leben lang begleitet, damit wir auf neue Bedingungen adäquat reagieren und uns sozialisieren, also Mitglied einer Gruppe werden können.
Der Prozess des sozialen Lernens besteht aus

- **Identifikation** mit anderen sowie
- **Internalisierung** (Verinnerlichen) von Verhalten, Erwartungen, Werten, Normen und Rollen.

Kinder lernen, indem sie das Verhalten eines Modells beobachten und nachahmen.

Modelllernen (Bandura)

Beim **Modelllernen** befindet sich der/die Lernende in der Rolle des Beobachters bzw. der Beobachterin. Die beobachtete Person übernimmt die Funktion des Modells. Das Ergebnis ist eine Ähnlichkeit zwischen dem Verhalten des Modells und dem Verhalten des/der Beobachtenden, wobei das Verhalten des Modells als **Reiz** für eine Nachahmungsreaktion gewirkt hat. Während die sozial-kognitive Theorie davon ausgeht, dass soziales Lernen durch Beobachten und anschließendes Imitieren von Verhalten stattfindet, meinen Vertreter/-innen der operanten Konditionierung, dass ein Kind in eine Gesellschaft hineinwächst, indem „richtiges“ (norm- und rollenkonformes) Verhalten belohnt wird, „falsches“ hingegen bestraft.
Diese Annahme integriert Bandura in seine Theorie des Modelllernens, und zwar als **Motivationsschritt**: Das Verhalten von anderen wird nachgeahmt, wenn es erfolgreich zu sein scheint (Reiz).

Menschliches Verhalten ist laut Bandura aber nicht allein durch eine Reiz-Reaktions-Verbindung erklärbar. Zwischen Reiz und Reaktion befinden sich noch „höhere Prozesse“. Mit diesen Prozessen meint Bandura die kognitive Informationsverarbeitung: Der/Die Beobachter/-in *verarbeitet* einen Reiz, ehe er/sie darauf reagiert.
Bandura versteht unter Lernen das Speichern beobachteter Reize. Diesen Lern-Verarbeitungs-Prozess der Beobachtung unterteilt er in zwei Phasen: die **Lernphase** (Aufmerksamkeit, Gedächtnis) und die **Ausführungsphase** (Motivation, Verhalten). Jeder Schritt kann das Beobachtungslernen fördern oder stören. (vgl. Herkner 2001, S. 73)

Phase	Schritt	Beschreibung
Lernphasen	Aufmerksamkeit	Wie aufmerksam eine Modellperson betrachtet wird, hängt davon ab, wie auffällig und sympathisch sie ist, wie komplex sie sich verhält und wie nützlich ihr Verhalten für den/die Beobachter/-in ist.
	Gedächtnis	Ob beobachtetes Verhalten gelernt (gespeichert) wird, hängt von der Anzahl der Wiederholungen des beobachteten Verhaltens ab.
Ausführungsphasen	Verhalten	Ob oder wie gut Verhalten imitiert werden kann, hängt von den motorischen Fähigkeiten des/der Beobachtenden ab.
	Motivation	Wie oft das beobachtete Verhalten imitiert wird, hängt von der externen Verstärkung und Bestrafung ab.

RF Diskussion **7**

Diskutieren Sie folgende Fragestellung: Wirkt sich Gewalt im Fernsehen und in anderen Medien auf unser Verhalten aus?
- Bilden Sie jeweils gleich große Gruppen, die die Rollen von (1) Eltern, (2) Jugendlichen, (3) Filmproduzenten/-innen, (4) Fernsehprogrammchefs/-chefinnen übernehmen!
- Sammeln Sie in Ihrer Gruppe entsprechende Argumente zu Ihrem Standpunkt!
- Argumentieren Sie Ihre Sichtweise in einer Diskussion, an der sich alle Gruppen beteiligen!

Experiment zur Imitation von Aggression

Banduras Experiment

Bandura gestaltete zu dieser Fragestellung folgende Experimentsituation mit Kindern im Vorschulalter: Ein Teil der Kinder wurde mit einem Film konfrontiert, in dem eine erwachsene Person eine aufblasbare Puppe körperlich und verbal attackierte. Das erwachsene Modell wird im Film für sein aggressives Verhalten entweder belohnt (Süßigkeiten oder Lob) oder aber mit einem „Klaps" bestraft. Anschließend wurden die Kinder in einen Raum gebracht, wo sie dieselbe Puppe vorfanden. Folgendes passierte:

- Kinder, die zuvor gesehen hatten, dass die erwachsene Person für ihr aggressives Verhalten belohnt wurde, tendierten dazu, die Puppe in ähnlich aggressiver Weise zu behandeln.
- Jene Kinder, die im Film gesehen hatten, dass die erwachsene Person für ihr aggressives Verhalten bestraft wurde, zeigten deutlich weniger aggressive Verhaltensweisen.

Bandura konnte mit seinem Experiment zeigen, dass ein Kind aggressives Verhalten als sozial erwünschtes Verhalten lernen kann. Wir lernen Verhalten also auch dadurch, dass wir sehen, wie das Verhalten anderer belohnt oder bestraft wird.

Gibt es auch einen Zusammenhang zwischen körperlichem Bestraftwerden und Aggressionsverhalten von Kindern? Zahlreiche Forschungsergebnisse (vgl. Zimbardo 2004, S. 269 ff) zeigen, dass Kinder elterliches Verhalten imitieren. Kinder, die körperlich bestraft werden, zeigen demnach aggressiveres Verhalten als die Vergleichsgruppen, wobei die Aggression (▸ Kap. 13.3) der Kinder steigt, je schwerer diese Strafen durch die Eltern ausfallen. Diese Kinder haben aggressives Verhalten als Problemlösestrategie von ihren Eltern gelernt.

Nachahmungs-Bedingungen

Kinder imitieren nicht alles, was sie sehen. Wovon hängt es ab, ob ein Modell nachgeahmt wird? *„Das Nachahmen von Verhaltensweisen wird besonders gefördert (Mischel, Bandura), wenn ...*

- *wahrgenommen wird, dass das beobachtete Verhalten erfolgreich ist und angenehme Konsequenzen zeigt,*
- *die Modellperson als mächtig erlebt wird oder über „Belohnungswirkung" verfügt (z. B. Eltern, LehrerInnen ...),*
- *das Modell als positiv, beliebt und respektiert empfunden wird,*
- *das Modell in einer gesellschaftlichen Gruppe Dominanz zeigt,*
- *die Modellperson dem/der Lernenden ähnlich ist (Geschlecht, Alter, Interessen, etc.) oder wenn*
- *das Vorbild ernsthaft und seriös erscheint."* (Maderthaner 2008, S. 204)

Kindliches Imitationsverhalten

Partnerarbeit **8**

Reflektieren Sie Banduras Erkenntnisse für die Erziehung:
- RP Welche Funktion übernehmen Eltern laut Bandura?
- T Überlegen Sie einige Kriterien (z. B. das Kind soll viel lesen), auf die Sie in der Kindererziehung besonderen Wert legen. Wie müssten Sie laut Bandura vorgehen, damit Ihr Kind die erwünschten Verhaltensweisen auch wirklich lernt?
- RF Welches Verhalten Ihrer Eltern möchten Sie bei Ihren eigenen Kindern „imitieren"?

Wiederholen RP

1. Welche Bereiche umfasst der Begriff Lernen?
2. Was untersuchen Lerntheorien und was unterscheidet die sozial-kognitive Theorie vom Behaviorismus?
3. Beschreiben Sie den Prozess der klassischen Konditionierung.
4. In einem Werbespot wird ein Parfum immer in Zusammenhang mit einem attraktiven, begehrten Mann gezeigt. Was könnte, basierend auf den Prinzipien der klassischen Konditionierung, ein Effekt dieser Koppelung sein?
5. Was unterscheidet die instrumentelle von der operanten Konditionierung?
6. Unter welchen Umständen ist die operante Konditionierung als Erziehungsmaßnahme sinnvoll?
7. Zu welchen Ergebnissen gelangte Bandura in seinem Experiment zu Imitation und Aggression?
8. Welche Umstände begünstigen die Nachahmung eines Modells?
9. Eltern, die ihre Kinder körperlich bestrafen, haben tendenziell aggressivere Kinder. Was würden Pawlow, Skinner und Bandura zu dieser Hypothese sagen?

Verstehen RF

»Dazu kommt die Vorstellung, Psyche entwickle sich quasi von alleine, jeder Mensch habe eine Psyche und könne, je nach Altersstufe, über bestimmte Funktionalitäten selbstverständlich verfügen. Das ist falsch, denn die positiven psychischen Funktionen, um die es mir geht, bilden sich erst im Laufe der Kindheit aus, und zwar keineswegs automatisch und ohne Einfluss der Umwelt, sondern – im Gegenteil – zunächst einmal vor allem auch dadurch, dass die kindliche Psyche ein erwachsenes Gegenüber als Begrenzung der eigenen Individualität wahrnimmt. Das ist ein sehr zentraler Punkt (...)

Mit zunehmendem Alter wird es dann immer wichtiger, dass an die Stelle der Begrenzung das Vorbild tritt, Kinder also psychische Funktionen etwa bei ihren Eltern erkennen und diese durch ständiges Training bei sich selbst reifen lassen können.

Gesteuert wird das Reifen dieser psychischen Funktionen neurologisch gesehen durch Nervenzellen, so wie sämtliche Prozesse im Körper eines Menschen durch einzelne Nervenzellen ausgelöst werden. (...)

Entscheidend ist, dass die Leistungsfähigkeit der Nervenzelle von der Häufigkeit der Durchläufe abhängt, mit der sie auf ihre spezifische Funktion hin trainiert wird. Je mehr Training, desto automatisierter die Abläufe, die die Zelle zu leisten hat.

Das gilt uneingeschränkt auch für diejenigen Nervenzellen, die ihre Funktion im Bereich der Psyche erfüllen. Nur durch ständiges Training und zahllose wiederholte Durchläufe des gleichen Vorgangs ist es möglich, als Erwachsener die notwendigen psychischen Funktionen erlangt zu haben, die unabdingbar sind, um als in gesellschaftliche Prozesse eingebundenes Wesen existieren zu können. (...)

Kinder können sich nur über den emotionalen Bezug und eine entsprechende Bindung an ihre Eltern optimal entwickeln. (...)

Es ist wichtig, dass eine Spiegelung des Kindes maßgeblich durch die Eltern mit den entsprechenden Emotionen erfolgt. Die Spiegelung ist in der psychoanalytischen Praxis ein wichtiges Arbeitsmittel (...) In unserem Zusammenhang bedeutet das nichts anderes als das deutliche Zeigen positiver und negativer Reaktionen auf das Verhalten des Kindes. Das heißt also konkret, dass ich mich über ein positives Verhalten meines Kindes deutlich erkennbar freue und bei einem negativen Verhalten genauso deutlich meinen Ärger zeige, beispielsweise auch durch den Tonfall in meiner Stimme. (...)

In den ersten Lebensjahren ist es vor allem wichtig, dem Kind die Möglichkeit zu geben, Gefühle des Gegenübers einzuschätzen, um darauf aufbauend auch eigene Gefühle kategorisieren zu können. Entscheidend ist dabei, dass der Erwachsene seine Gefühle dem Kind gegenüber spontan und angemessen zum Ausdruck bringt. Kommt es zu Konfliktsituationen mit dem Kind, muss dementsprechend die Reaktion des Erwachsenen immer mit einem entsprechenden Gefühl verbunden sein. Bei Kleinkindern müssen diese Gefühle in jedem Fall mit Worten begleitet werden, die Eltern müssen also explizit aussprechen, dass sie sich im entsprechenden Moment ärgern oder freuen. Ebenso müssen die Gefühlsäußerungen des Kindes entsprechend mit Worten begleitet werden.«

(Winterhoff, Michael: Warum unsere Kinder Tyrannen werden. Oder: Die Abschaffung der Kindheit. München 2010, S. 82–86)

→ **Welche Grundprinzipien zum Thema Verhaltenslernen finden Sie in diesem Textausschnitt wieder?**

→ **Verfassen Sie eine Erörterung zum Thema „Grundlage der Kindererziehung ist das Fördern psychischer Reife". Stützen Sie sich dabei auf den zitierten Text sowie auf all Ihre bisherigen psychologischen Kenntnisse!**

Anwenden T

Erarbeiten Sie ein **Glossar der Verhaltenspsychologie**. Ordnen Sie die Fachbegriffe alphabetisch und definieren Sie diese prägnant in einem Satz. Beginnen Sie mit dem Begriff *Behaviorismus* und arbeiten Sie sich bis zum *Versuch-Irrtum-Lernen* vor. Formulieren Sie die Erklärungen in eigenen Worten und übernehmen Sie diese nicht wörtlich aus dem Buch.

6. Denken und Sprache

„Denken ist Reden mit sich selbst."
Immanuel KANT (deutscher Philosoph, 1724–1804)

„Der Denker" – Kunstwerk des Bildhauers Auguste Rodin (1840–1917)

Denken ist für uns etwas Selbstverständliches, das fast ununterbrochen stattfindet, wenn auch nicht immer bewusst. Vieles, was wir im Alltag tun, setzt voraus, dass wir einfallsreich planen und entscheiden. Dazu müssen wir unsere **kognitiven Fähigkeiten** effektiv einsetzen.
„Vom psychologischen Standpunkt aus ist das Denken charakterisiert als komplizierte analytisch-synthetische Tätigkeit des Gehirns, seiner kortikalen und subkortikalen Mechanismen, die alle im Gehirn einlaufende gegenständliche und sprachliche Information (...) bearbeiten und mit Hilfe der Mechanismen der Rückkopplung (...) oder rückwirkenden Afferenz korrigieren." (Arnold 2007, S. 350)

1 Einzelarbeit: Formulieren Sie diese komplizierte Definition von Denken in eine einfache Begriffsbestimmung um, die auf Anhieb verständlich ist!

Indem Sie eine komplizierte Definition in eine leicht verständliche umwandeln, setzen Sie Ihre Denkfähigkeit ein und verarbeiten Informationen. Sie haben damit demonstriert, was wir unter **Kognition** verstehen: Dieser Sammelbegriff (von lat. *cognitio:* Erkenntnis) steht für alle geistigen Funktionen und Prozesse, die mit dem Aufnehmen, dem Erkennen und dem Verarbeiten von Informationen zu tun haben oder neue Denk-Inhalte produzieren – kurz: für das Denken und Verstehen. Kognition ist die Fähigkeit, von der wir Gebrauch machen, wenn wir Ideen weiterentwickeln, Probleme lösen, urteilen oder etwas entscheiden.
Die britische Psychologin Nicky HAYES unterteilt Kognition in folgende Bereiche:

- Wahrnehmung der Umwelt
- Aufmerksamkeit auf spezielles Geschehen
- Denken: Verarbeitung der Informationen im Gehirn
- Gedächtnis: Speicherung von Informationen
- Sprache: Zuweisung von Bedeutungen

Die **kognitive Psychologie** befasst sich wissenschaftlich mit der menschlichen Informationsverarbeitung. Im Gegensatz zu behavioristischen Theorien (▸ Kap. 5.1), die alles, was beobachtbar ist, erforschen (Reiz und Reaktion, Lernverhalten und Lernergebnis), interessiert sich die kognitive Psychologie für das, was nicht beobachtbar ist: Sie untersucht kognitive Prozesse (Denkprozesse), die während der Informationsverarbeitung ablaufen und nicht direkt beobachtbar sind. Die kognitive Psychologie möchte über diese Prozesse Zugang zu ablaufenden Informationsverarbeitungsprozessen erhalten. Kognitive Prozesse ermöglichen uns, die Welt um uns herum zu interpretieren, Probleme zu verstehen und kreative Lösungen zu finden (▸ Kap. 7.3), logische Schlussfolgerungen zu ziehen (▸ Kap. 6.2), Begriffe und Kategorien zu bilden (▸ Kap. 6.1) oder Entscheidungen zu treffen. Sie helfen uns beim Erinnern und Kommunizieren und sind schließlich wesentliche Voraussetzung für unsere Sprachfähigkeit.

Sprache ist ein Beweis für unser Denkvermögen und ermöglicht Menschen, komplexe Gedankengänge auszutauschen. Die **sprachlichen Fähigkeiten** sind ein wichtiges Mittel, um erworbenes Wissen von Generation zu Generation weiterzugeben. Sprache ist eng mit dem Gedächtnis verbunden, denn um Sprache verstehen und produzieren zu können, enkodieren (ver- und entschlüsseln) wir sprachliche Informationen, speichern sie und rufen sie wieder ab.

Bedingt das Denken unsere Sprache oder die Sprache unsere Denkweise? Oder ist beides voneinander unabhängig? Kognitionsforscher/-innen interessieren sich vor allem für die **zeitliche Abfolge** von Sprache und Denken, doch in all diesen Fragen gibt es von der Wissenschaft noch keine verbindliche Einigung (▸ Kap. 6.3).
Wenn Sprache eine kulturelle Leistung ist, könnte man folgern, dass sie ein erlerntes Phänomen ist. Unsere Kultur beeinflusst zwar unsere sprachliche Entwicklung, aber unserer Fähigkeit, Sprache zu erwerben, liegen auch angeborene Mechanismen zugrunde. SKINNER, CHOMSKY, BRUNER und kognitiv-neurowissenschaftliche Ansätze leisteten bedeutende Beiträge zum Verständnis des **Spracherwerbs** (▸ Kap. 6.4).

6.1 Wissensorganisation

Querverweis
Um das Gedächtnis und die Organisation von Inhalten geht es auch in ▸ Kap. 4.5.

Um neue Informationen problemlos verarbeiten zu können, ist es von Vorteil, eine gut organisierte Gedächtnisstruktur zu haben. Ein gut strukturiertes Gedächtnis kann man mit einer geistigen Bibliothek vergleichen, in die wir neue Informationen einordnen: Um eine solche geistige Struktur aufzubauen bzw. unser Wissen mental zu organisieren, bilden wir **Begriffe**, **Kategorien** und **Prototypen**.

Begriffe

Die Wörter „Katze", „Hund" und „Elefant" haben die **gemeinsame Bedeutungskomponente** *Tier*, die Wörter „Mädchen", „Frau" und „Mutter" die Komponente *weiblich*. Die gemeinsame Bedeutungskomponente umfasst immer die wesentlichen Merkmale einer Sache, und um diese auszudrücken, bilden wir Begriffe. Bei einem Begriff wie „Pflanze" weiß man sofort, was gemeint ist, ohne dass alle Merkmale einer Pflanze aufgezählt werden müssen, die sie als solche erkennen lassen.

Gedachtes sprachlich mitteilen

Der **Begriff** entspricht aber nicht dem Namen einer Sache, er ist vielmehr das „geistig Erfasste" einer Sache, eine Art unanschaulicher Gedanke. Wenn uns der Name von etwas (z. B. „Spatz") nicht einfällt, erkennt unser Gegenüber mit dem Begriff „Vogel" dennoch, was wir meinen. Um das Gemeinte vermitteln zu können, verbindet sich der Gedanke mit einem Wort. Das Wort wird zum **Namen** für den Begriff, um einen Gedanken artikulieren zu können.

6

Begriffe für Kategorien

Wissen kategorisieren

Da wir mit vielen Eindrücken konfrontiert werden, ordnen wir sie: Wir fassen ähnliche Gegenstände, Ereignisse und Vorstellungen gedanklich in Gruppen zusammen und bilden **Kategorien**. Begriffe sind notwendig, um diese geistigen Konstrukte zu kennzeichnen: Kategorien werden mit Begriffen benannt, damit die eintreffenden Informationen gespeichert werden können. Kategorisierte Informationen bringen einen Gedächtnisvorteil, denn sie machen bei neu eintreffenden Informationen eine schnellere Verarbeitung möglich. Das gilt auch für eine Person, die wir neu kennen lernen: Auf der Basis weniger Informationen ordnen wir sie in Kategorien ein, was im Alltag allerdings zu sogenanntem Schubladendenken oder **Stereotypenbildung** (▸ Kap. 11.3) führen kann und Vorurteile (▸ Kap. 11.2) entstehen lässt.
Nicht zu verwechseln sind diese „Kategorien" jedoch mit den sogenannten Kategorien des Philosophen Aristoteles, der darunter Formen des Seienden eines Gegenstandes verstand (Qualität, Erleiden, Tun, Zeit, Relation, Ort, Quantität, Substanz, Lage, Haben).

Begriffe für Prototypen

In Deutschland galten Inline-Skates lange Zeit als „Fahrzeug", weshalb man damit nicht auf Fußwegen fahren durfte. (vgl. Tücke 2005, S. 181)

Stellen Sie sich einen Vogel vor! Bestimmt denken Sie an ein Tier, das Flügel, einen Schnabel und ein Federkleid besitzt. Sie werden aber nicht sofort an einen Pinguin oder eine Henne denken. Beide können nämlich nicht fliegen, daher erscheinen sie als untypische Vertreter der Vögel. Laut der Kognitionspsychologin Eleanor Rosch fällt uns bei untypischen Vertretern die Zuordnung schwerer, weil wir Begriffe immer mit einer für sie besonders typischen Repräsentation vergleichen: dem Prototypen. Der **Prototyp** ist die Vorstellung, die wir als Vertretung für eine bestimmte Kategorie im Kopf haben: Die Kategorie „Obst" wird etwa durch die Prototypen Äpfel und Bananen repräsentiert, der typische „Schotte" mit Rock und Dudelsack (▸ Kap. 11.3). Neue Informationen werden immer mit den Prototypen abgeglichen: Wenn die Eigenschaften des neuen Objekts denen eines bereits existierenden Prototypen ähnlich sind, kann man das Objekt schnell der jeweiligen Kategorie zuordnen.

Plenum 2
Stimmen Sie in der Klasse ab, welcher dieser Trinkbehälter eine typische Tasse repräsentiert.

T **Einzelarbeit 3**
Zeichnen Sie eine Flasche. Wie sieht der Prototyp der Kategorie „Flasche" aus? Welche typischen Merkmale setzt eine Flasche voraus?

T Plenum **4**

Überlegen Sie in der Klasse weitere Kategorien und ihre Prototypen. Definieren Sie die typischen Merkmale, die den jeweiligen Prototypen zugrunde liegen!

6.2 Logisches Denken und Schlussfolgern

Definition
MENTALE OPERATIONEN sind geistige Handlungen wie z. B. Schlussfolgern oder Assoziieren.

Sobald im Gehirn neue Informationen sinnvoll organisiert wurden, können **mentale Operationen** stattfinden, um z. B. ein Problem zu lösen (▸ Kap. 7) oder eine Entscheidung zu treffen. Auch das logische Denken, bei dem aus Tatsachen Schlussfolgerungen gezogen werden, ist eine mentale Operation. Das logische Denken beim Problemlösen geschieht entweder durch *deduktives* oder *induktives* Schließen:

Definition
DEDUKTION (lat. *deducere:* herabführen) schließt vom Allgemeinen auf das Besondere.

Beim **deduktiven Schließen** wird aus einer oder mehreren allgemeinen Aussagen logisch auf das Einzelne geschlossen. Ein solches Schlussverfahren (Syllogismus) besteht aus zwei Prämissen (Aussagen, Voraussetzungen) und einer Konklusion (Schlussfolgerung).
Prämisse 1: Alle Menschen sind sterblich.
Prämisse 2: Sokrates ist ein Mensch.
Konklusion: Sokrates ist sterblich.
Das deduktive Schließen ist eine logische Beweisführung, bei der die Gültigkeit allgemeiner Aussagen am Einzelfall untersucht wird. Der logische Schluss basiert allerdings nicht auf logischer Gewissheit, denn aus gültigen Prämissen ergibt sich nicht zwangsläufig ein gültiger Schluss. Die Bedingung, damit er gültig ist, ist Folgende:
Prämisse 1: allgemeine Aussage über eine Menge (Menschen sind sterblich.)
Prämisse 2: Aussage über eine Teilmenge von Prämisse 1 (Sokrates ist ein Mensch.)

Definition
INDUKTION (lat. *inducere:* hineinführen) schließt vom Besonderen auf das Allgemeine.

Das **induktive Schließen** beschreibt eine Form des Denkens, bei der aus einzelnen Beobachtungen allgemeine Schlussfolgerungen und Regeln abgeleitet werden. Diese sind aber rein hypothetisch, also nur wahrscheinlich. Im folgenden Beispiel ist nach den Prämissen A und B die Konklusion C nur wahrscheinlich, aber nicht sicher:
Prämisse A: Ich beobachte viele Schafe.
Prämisse B: Alle beobachteten Schafe sind schwarz.
Konklusion C: Alle Schafe sind schwarz.
Induktive Schlüsse sind daher nur so lange gültig, bis sie durch neue Informationen revidiert werden. Die Schlussfolgerung beruht auf vorliegenden Anhaltspunkten und früheren Erfahrungen.
Ein großer Teil unserer Problemlösefähigkeit basiert auf induktivem Schließen. Probleme werden gelöst, indem Analogien mit früheren Problemen formuliert werden, für die bereits Lösungen bekannt sind (▸ Kap. 7.1).

T Einzelarbeit **5**

Sehen Sie sich die Karikatur an! Erläutern Sie, um welche Art der Schlussfolgerung es sich hier handelt.

Überprüfen von Hypothesen

Ob in der Wissenschaft oder im Alltag, wir bilden zunächst Hypothesen (Annahmen) zu unseren Beobachtungen. Diese Hypothesen werden anschließend auf der Basis von Erfahrungen überprüft. In der Wissenschaft werden die Hypothesen anhand von Fallbeispielen **verifiziert** oder **falsifiziert**.

Definition
VERIFIKATION ist die Bestätigung, FALSIFIKATION die Widerlegung einer Hypothese.

Beim Prüfen von Hypothesen tendieren wir dazu, unsere Hypothesen zu bestätigen (Bestätigungstendenz). Wenn wir also allgemeine Aussagen (in Form von Meinungen oder Vorurteilen) im Kopf haben, suchen wir nach Beispielen, die unsere Hypothese bestätigen (▸ Kap. 11.2). Dieses Phänomen ist unter dem Begriff **Bestätigungsfehler** bekannt.

Deduktion und Induktion als Verfahren der Logik sind auch wesentliche philosophische Instrumente, um wissenschaftliche Erkenntnisse gewinnen zu können. Der Erkenntnistheoretiker Sir Karl POPPER kritisiert, dass wir über Induktion nie sicheres Wissen erlangen können und sie daher *keinen* Erkenntnisfortschritt bringt. Er argumentiert, dass die Beobachtung vieler weißer Schwäne nicht ausschließt, dass es vielleicht doch auch schwarze Schwäne gibt. Popper fordert daher, dass wissenschaftliche Theorien durch **Falsifikation** „ausgesiebt werden", sodass sich schließlich nur jene durchsetzen, deren Falsifikation misslingt.

Partnerarbeit 6

Versuchen Sie einen logischen Schluss zu finden:
Nachdem ein Krokodil einer Mutter das einzige Kind geraubt hat, verspricht es der Mutter, ihr das Kind zurückzugeben, falls sie richtig errät, was das Krokodil mit dem geraubten Kind tun wird. Die Mutter überlegt einen Augenblick und sagt: „Du wirst mir mein Kind nicht zurückgeben ..." Muss das Krokodil nach dieser Antwort der Mutter das Kind zurückgeben? Die Mutter meint: *Ja!* Das Krokodil: *Nein!* Wer hat Recht? (Wittschier 2004, S. 50)

6.3 Die Beziehung zwischen Sprache und Denken

Wir streiten im Kopf mit unserem Freund, summen fröhlich ein Lied oder planen unseren Tag. An unserem Denken brauchen wir niemanden teilhaben zu lassen, wir müssen uns dafür nicht rechtfertigen und nichts erklären – kein Mensch kann hören, was wir denken.

Denken ist ein innerer Vorgang, der nicht unmittelbar beobachtet werden kann. Doch mittels computergesteuerter bildgebender Verfahren (▸ Kap. 2.5) ist es bereits möglich, uns beim Denken zuzusehen. Über den Glukoseverbrauch oder Magnetfelder sieht man, welche Gehirnareale während unseres Denkvorgangs gerade aktiv sind. Es kann allerdings nur beobachtet werden, *dass* wir denken, jedoch nicht, was wir denken und wie Denkprozesse ablaufen.

Einzelarbeit 7

Schließen Sie die Augen und konzentrieren Sie sich ganz auf sich selbst.
- Beschreiben Sie, was Sie gedacht haben.
- Wie haben Sie gedacht? In Bildern? In Begriffen?
- Versuchen Sie nun einige Sekunden an nichts zu denken.

„Sind zuerst die Ideen da und suchen wir dann nach dem richtigen Wort, um sie auszudrücken? Oder sind unsere Gedanken so sehr an Worte gebunden, dass wir sie ohne Sprache gar nicht denken könnten?" (Myers 2005, S. 443) Erst denken, dann reden, wird uns oft empfohlen. Aber vielleicht können wir gar keinen Gedanken fassen, ohne ihn davor in Worte gekleidet zu haben? Die Sprachwissenschaftler SAPIR, WHORF, LÉVI-STRAUSS und PINKER gingen der Frage nach, inwiefern Sprache und Denken einander (nicht) beeinflussen, und untersuchten jeweils einen anderen sprachwissenschaftlichen Ansatz:

1. Die Sprache als Mutter der Gedanken
2. Der Einfluss der Gedanken auf die Sprache
3. Sprache und Denken als getrennte Funktionen

1. Die Sprache als Mutter der Gedanken (Sapir/Whorf)

„Du hast so viele Leben, wie du Sprachen sprichst." (tschechisches Sprichwort)

Schriftsteller/-innen und Philosophen/-innen fanden metaphorische Vergleiche, um die Bedeutung der Sprache zu illustrieren: Der deutsche Philosoph Georg Wilhelm Friedrich Hegel betrachtete die Sprache als „Leib des Denkens", für den österreichischen Schriftsteller Karl Kraus ist Sprache die „Mutter und nicht die Magd der Gedanken", und der österreichisch-britische Philosoph Ludwig Wittgenstein sagt: „Die Grenzen meiner Sprache sind die Grenzen meiner Welt."

Sprache ⇩ Denken

Die Sprachwissenschaftler Edward Sapir und sein Schüler Benjamin Lee Whorf gingen in ihrer berühmten Sapir-Whorf-Hypothese ebenfalls davon aus, dass unsere Sprache unser Denken beeinflusst und nicht umgekehrt. In sprachvergleichenden Untersuchungen konnten sie zeigen, dass die Eigenheiten einer Sprache unsere Denkprozesse strukturieren und steuern.
Die Erkenntnis, dass unsere Denkinhalte, unsere Einstellungen und unsere Welt-Wahrnehmung von der jeweils gesprochenen Sprache beeinflusst werden, fassten Sapir und Whorf mit dem Begriff **linguistischer Determinismus** zusammen. Stirbt eine Sprache aus, gehen Kultur und Denkweise, die an diese Sprache gebunden sind, ebenfalls verloren.
Kritiker/-innen des linguistischen Determinismus meinen, dass sich aus Sapirs und Whorfs Erkenntnissen nicht folgern lässt, dass die Sprache unser Denken *determiniert* (bestimmt). Das würde bedeuten, dass wir ohne Sprache nicht denken könnten. Untersuchungen an Aphasikern/-innen (Personen, die an einer erworbenen Sprachstörung leiden) widerlegen dies jedoch: Ein Schlaganfall kann zwar das Broca- oder Wernicke-Areal schädigen und Sprachstörungen oder den Verlust des Sprechvermögens zur Folge haben, doch die kognitiven Leistungen der Aphasiker/-innen sind mit dem Denkvermögen gesunder Probanden/-innen vergleichbar.

gender-gerechter Sprachgebrauch

Es gilt als erwiesen, dass sich Wortschatz und Struktur einer Sprache auf das Denken *auswirken*. Der Einfluss der Sprache auf das Denken lässt sich durch Untersuchungen nachweisen: Maskuline Formen, selbst wenn sie als Oberbegriff für beide Geschlechter verwendet werden, lassen vorwiegend an männliche Personen denken. Aus dieser Erkenntnis resultiert das neue Bemühen, sich geschlechtsneutral auszudrücken oder beide Formen (weiblich und männlich) zu verwenden.

2. Der Einfluss der Gedanken auf die Sprache (Lévi-Strauss)

Denken ⇩ Sprache

Der französische Ethnologe und Anthropologe Claude Lévi-Strauss geht davon aus, dass sich unsere Denkweise auf unsere Sprache auswirkt. Als Beispiel führt er totalitäre Staaten an, die – entsprechend ihrer Denkinhalte – ihren eigenen Sprachstil prägen. Damit übernimmt er einen Gedanken von Aristoteles, der behauptete, dass die Sprachstruktur durch das Denken determiniert sei. Würde das Denken nicht auch die Sprache beeinflussen, könnten niemals neue Wörter entstehen. Neue Gedanken werden nämlich über neue Wörter bzw. über neue Verbindungen von alten Wörtern ausgedrückt.

3. Sprache und Denken als getrennte Funktionen (Pinker)

Denken / Sprache

Wer kennt nicht die Situation, in der es einfach nicht gelingen will, einen angefangenen Satz zu Ende zu sprechen, weil die Worte fehlen, oder es nicht gelingt, einen Gedanken sprachlich in passende Worte zu kleiden? Der US-amerikanische Kognitionspsychologe Steven Pinker meint, dass Sprache und Denken getrennt voneinander ablaufen. Er behauptet sogar, Denken sei eine eigene Sprache: „Mentalesisch", eine in unserem Gehirn eigenständige Gedankensprache, die Objekte und Ideen symbolisch repräsentiert. Diese symbolischen inneren Repräsentationen werden erst in weiteren Schritten, nämlich beim Kommunizieren, an sprachliche Laute geknüpft und in eine konkrete Wortabfolge übersetzt. Mentalesisch ist eine wortlose Gedankensprache, die überall auf der Welt, unabhängig von der Muttersprache, verwendet wird.

RP Einzelarbeit **8**

Fassen Sie die Gedanken der Sprachwissenschaftler in einer strukturierten Tabelle wie der folgenden zusammen!

Sprache → Denken	Denken → Sprache	Sprache / Denken
Sapir / Whorf	Lévi-Strauss	Pinker

Sprache und Denken

Zwischen Sprache und Denken besteht zweifellos eine wechselseitige Abhängigkeit. „Das Denken beeinflusst die Sprache, die wiederum das Denken beeinflusst." (Myers 2005, S. 446) Es gibt zwar sprachfreie Denkprozesse, also Bereiche des Denkens, die ohne Sprache auskommen, aber sprachliche Denkprozesse sind vor allem dann effektiver, wenn wir Probleme lösen sollen. „Sprachlose Denker/-innen" haben wesentlich mehr Schwierigkeiten, die Lösung zu finden. Das Reden wiederum unterstützt das Denken – dies lässt sich bei Kindern beobachten, die ihre Tätigkeiten kommentieren.

Begriffsbildung

Die Fähigkeit, Begriffe zu bilden und zu verstehen, entwickelt sich bei Kindern erst allmählich und geht mit der allgemeinen körperlichen und geistigen Entwicklung einher. Bereits Babys ab dem 10.–12. Lebensmonat können einzelne sinnvolle Wörter bilden (Mama, Papa, Ball). Mit zwei Jahren kann ein Kind einige Personen, Dinge und Tätigkeiten benennen, mit vier Jahren kann es Gegensätze nennen. Mit 5½ Jahren fragt es nach der Bedeutung eines Wortes und kann Analogien bilden. Mit 6½ Jahren kann es Oberbegriffe bilden (Obst), mit sieben Jahren Begriffe wie „Fahrzeug" erklären.
Zu abstraktem Denken, um Begriffe wie „Masse" und „Gewicht" zu unterscheiden oder mathematische Variablen zu verstehen, sind Kinder etwa ab 12 Jahren in der Lage.

Außersprachliches Denken

6

Wenn wir Selbstgespräche führen oder Denken für uns als innerer Monolog abläuft, können unsere Gedanken begrifflich oder aber in Form von Bildern ausgedrückt werden. Sportler/-innen oder Musiker/-innen beispielsweise optimieren ihr Trainingsprogramm durch mentales Üben (der bloßen Vorstellung von Bewegungsabläufen). **Mentales Üben** meint also, dass die reale Durchführung einer Tätigkeit bereits durch die Vorstellung gelernt wird.

6.4 Spracherwerbstheorien

Die deutsche Sprache umfasst etwa 500 000 Wörter, inklusive Fachwortschatz sogar mehr als 1 Million. Vom gesamten Wortschatz wird jedoch nur ein geringer Teil aktiv verwendet. Durchschnittliche 16-jährige Jugendliche kennen ca. 60 000 Wörter. (vgl. Myers 2005, S. 436) „Das bedeutet, dass er[/sie] (nach dem 1. Lebensjahr) fast 4 000 Wörter pro Jahr oder 11 pro Tag gelernt hat!" (a. a. O.) In atemberaubender Zeit eignet sich ein Kind in den ersten Lebensjahren das Wörterbuch seiner Muttersprache an und verinnerlicht Grammatikregeln (▸ Kap. 9.4). Welche Meisterleistung wir als Kind in dieser Zeit vollbringen, wird uns erst bewusst, wenn wir uns in der Schule mit Fremdsprachen abmühen und tagelang Vokabeln lernen. Aufgrund der Leichtigkeit, mit der sich Kinder Sprache aneignen, wird die Frage nach den Mechanismen des Prozesses bedeutend. Wie wir Sprachen erwerben, führt zur Anlage-Umwelt-Debatte (▸ Kap. 9.1, 9.2): Inwiefern ist Sprache angeboren und inwiefern ist sie Resultat unserer Lernprozesse?

Erklärungsansätze

Beim kindlichen Spracherwerb werden der **lernpsychologische**, der **nativistische**, der **kognitiv-neurowissenschaftliche** und der **interaktionistische** Erklärungsansatz voneinander unterschieden:

- Der Lernpsychologe Burrhus Frederic SKINNER führt den Spracherwerb auf Nachahmung zurück.
- Der Sprachwissenschaftler Noam CHOMSKY geht von einer dem Menschen angeborenen Universalgrammatik aus.
- Neurowissenschaftler/-innen betonen die Wichtigkeit der neuronalen Verbindungen im Gehirn.
- Jérôme BRUNER nennt die soziale Interaktion als wesentliche Voraussetzung für den Spracherwerb.

1. Lernpsychologischer Ansatz (Skinner)

Laut Skinner plappern Kinder nicht nur nach, was sie aufschnappen. Sie brauchen auch einen Anreiz wie z. B. Lob. Skinner erklärt den kindlichen Spracherwerb über drei lernpsychologische Prinzipien (▸ Kap. 5.3):

- **Assoziation:** Das Kind stellt eine korrekte Verbindung zwischen Bild und Wortklang her.
- **Imitation:** Ein Kind lernt eine Sprache, wenn ihm entsprechende Reize zum Nachahmen geboten werden (Reiz-Reaktions-Verhalten).
- **Verstärkung:** Immer wenn das Kind etwas sprachlich richtig formuliert, wird es durch eine andere Person positiv verstärkt (z. B. anerkennend angelächelt) und ermutigt.

2. Nativistischer Ansatz (Chomsky)

Chomsky führt Überlegungen aus, die seiner Meinung nach Skinners Lerntheorie widerlegen:

individuelle Satzstrukturen

- Chomsky stellte fest, dass Kinder Wort- und Satzstrukturen lernen, die ihnen nicht bewusst beigebracht wurden. Sie kombinieren und reihen Wörter ganz individuell, sie bilden Sätze, die sie davor nie gehört haben und die daher nicht auf Nachahmung beruhen können. 10 Wörter in einem Satz lassen mehrere Millionen Reihungen zu. Nur wenige dieser Reihungen ergeben Sinn. Kindern gelingt es trotzdem, genau die Reihenfolgen herauszufiltern, die Sinn ergeben, selbst wenn sie den Satz in der Form noch nie zuvor gehört haben.

Übergeneralisierung

- Weiters beobachtete Chomsky, dass Kinder viele Fehler machen, die aus einer Übergeneralisierung (übermäßige Verallgemeinerung) grammatikalischer Regeln entstehen. In diesen kindlichen Sprachäußerungen finden sich häufig Formulierungen wieder, die die Kinder nie zuvor in ihrer Umgebung gehört haben können. Typische Fehler im Deutschen passieren bei den Mehrzahlformen (Hund – *Hünde*) sowie bei den Vergangenheitsformen (gehen – *gingte* oder *gehte* statt „ging"). Den ersten Sprachäußerungen eines Kindes liegen offensichtlich Regeln zugrunde, die falsch verallgemeinert werden können.

Die Übergeneralisierung von Sprachregeln führt zu Fehlern beim Sprechen.

Aus diesen beiden Beobachtungen (individuelle Satzstrukturen, Übergeneralisierung) folgerte Chomsky, dass der Spracherwerb nicht allein über Skinners Lernmechanismen (Assoziation, Imitation, Verstärkung) erklärt werden kann. Chomsky geht davon aus, dass die rund 6000 Sprachen dieser Welt auf einer sogenannten **Universalgrammatik** aufbauen: den gemeinsamen Prinzipien (Universalien), die allen Sprachen zugrunde liegen. Die Universalgrammatik ist in unserem Gehirn verankert und wird in der jeweiligen Sprachgemeinschaft, in der wir aufwachsen, aktiviert. Jedes Kind baut seinen Spracherwerb auf dieser Universalgrammatik auf. Sie ermöglicht ihm, jede beliebige Sprache, die es hört, zu lernen, weil es die dafür notwendigen genetischen Voraussetzungen mitbringt: einen angeborenen Spracherwerbsmechanismus (language acquisition device/LAD). Chomsky ist überzeugt, dass bewusstes Üben zu keinem sprachlichen Fortschritt führt. Der deutsche Sprachwissenschaftler und Neurologe Eric Lenneberg geht genauso wie Chomsky von einer angeborenen Sprachbereitschaft des Menschen aus, nennt aber auch physiologische Reifungsprozesse und das Sprachverhalten der Umgebung als wesentliche Voraussetzungen für den Spracherwerb.

Definition
Unter Language acquisition device (LAD) versteht man ein angeborenes Sprachsystem, das eine Menge an Regeln umfasst, die allen Sprachen zugrunde liegen.

3. Kognitiv-neurowissenschaftlicher Ansatz

Aus neurowissenschaftlicher Sicht beginnt das Erlernen einer Sprache bereits vorgeburtlich, indem sich der Embryo auf den Klang der Sprache der Mutter einstimmt. Nach der Geburt bildet sich das Sprachzentrum (Broca-Areal, Wernicke-Areal) aus und damit beginnt die **sensible Phase** der Sprachentwicklung. In der sensiblen Phase entwickelt das Gehirn ein dichtes Netzwerk von neuronalen Verbindungen, das auf die Sprachverarbeitung und die Sprachproduktion ausgerichtet ist – dies ist die beste Zeit für den Spracherwerb. Die sensible Phase für die Sprachaneignung dauert bis zum dritten Lebensjahr. Bis dahin besteht die beste Möglich-

Definition
Die sensible Phase ist eine Periode, in der ein Kind besonders empfänglich ist, sich eine bestimmte Fähigkeit anzueignen.

keit, mehrere Muttersprachen gleichzeitig zu erlernen, denn alle Sprachen, die in dieser Zeit erlernt werden, werden als Muttersprache im selben neuronalen Netz verarbeitet. Für jede neue Sprache, die man sich nach dem dritten Lebensjahr aneignet, muss das Gehirn neue Netzwerke im Broca-Areal anlegen. Während das frühkindliche Netzwerk auf Intuition beruht, benötigt der spätere Aufbau neuer Netzwerke mehr kognitive Prozesse – Lernen funktioniert dann mehr über Regeln als über Intuition. Durch diesen größeren Aufwand für das Gehirn fällt es nach der Ausbildung des Sprachzentrums schwerer, neue Sprachen zu erlernen.

Das dritte Lebensjahr kann allerdings nicht als abrupte Grenze für den Spracherwerb gesehen werden. Kinder, die erst in der Schule mit dem Fremdspracherwerb beginnen, eröffnen mit der ersten neuen Sprache ein **zweites Sprachareal**. Dieses Areal ist auch für alle weiteren Sprachen zuständig. Ist die Brücke zu diesem zweiten Areal erst einmal geschlagen, fällt es leichter, weitere Fremdsprachen zu lernen. Mit dem Erwerb einer ersten fremden Sprache wird ein ganzes Bündel von Ressourcen und Fähigkeiten aktiviert, die den Lernprozess voranbringen oder auch behindern können. Durch Übung kann das Gehirn also jederzeit leistungsfähige neue Netzwerke schaffen oder bestehende verstärken. Der neuronale Nachteil bei Spätlernern/-innen kann durch kognitive Fähigkeiten, Motivation, Fleiß und Auslandsaufenthalte ausgeglichen werden.

Lenneberg spricht von einer „kritischen Periode" zwischen 2 und 13 Jahren, in der die latente Sprachstruktur aktiviert werden muss. Er begründet die Periode mit dem mühelosen Erlernen einer Sprache in der Kindheit und dem Verlust der Fähigkeit mit Einsetzen der Pubertät.

4. Interaktionistischer Ansatz (Bruner)

Der US-amerikanische Entwicklungspsychologie und Sprachwissenschaftler Jérôme Bruner versteht Sprache als Teil des sozialen Verhaltens. Er prägte den Begriff des **language acquisition support system** (LASS) und meint damit das gemeinsame Handeln und In-Kommunikation-Treten (z. B. Geben/Nehmen, Imitation, Mimik) zwischen dem Kind und seinen Bezugspersonen. Sprache kann sich seiner Theorie nach nur ausbilden, wenn wechselseitiger Kontakt vorhanden ist.

frühkindliche Sprachförderung

Unter **Mehrsprachigkeit** versteht man die Fähigkeit, zwei oder mehrere Sprachen täglich in vielen verschiedenen Situationen fließend zu sprechen. Bis heute war man sich nicht einig, ob mehrere Sprachen eine Belastung für das kindliche Gehirn darstellen oder ob es empfehlenswert ist, früh mit der kindlichen Sprachförderung zu beginnen. Man ging lange Zeit davon aus, dass ein mehrsprachig erzogenes Kind keine der Sprachen richtig lernt. In der Zwischenzeit konnten Untersuchungen solche Zweifel entkräften. Eine mehrsprachige Erziehung überfordert das Kind nicht. Ganz im Gegenteil, Mehrsprachigkeit fördert sogar die kognitive Entwicklung, solange die sprachliche Frühförderung spielerisch, ohne Zwang und vor allem in Interaktion mit anderen Menschen verläuft. Fremdsprachige Märchen-CDs oder Filme sind dagegen wenig erfolgversprechend, und im Kindergarten Englisch zu lernen ist nur sinnvoll, wenn dort auch andere Kinder Englisch sprechen.

Schlussfolgerungen

„Sprachmechanismen sind genetisch vorgegeben. Durch Erfahrung und die daraus entstehenden Veränderungen im Gehirn werden sie aktiviert. Wer in Paris aufwächst, spricht französisch (Einfluss der Umwelt), aber nicht, wenn er eine Katze ist (Einfluss der Gene)." (Myers 2005, S. 439)

»Wir werden mit Hardware und Betriebssystem geboren; unsere Erfahrungen schreiben die Software.« (Myers 2005, S. 439)

Jede Theorie hat einen wichtigen Beitrag geleistet, um den Spracherwerbsprozess verstehen zu lernen:

- Kinder sind genetisch mit einer komplexen Gehirnstruktur ausgerüstet und haben dadurch **angeborene Fähigkeiten**, um „grammatische Regeln" zu erfassen, die einen Spracherwerb überhaupt erst möglich machen.
- In den ersten Lebensjahren bildet das kindliche Gehirn ein dichtes Netz an **neuronalen Verbindungen** aus und ist für den Erwerb einer Sprache besonders empfänglich.
- In **Interaktion** mit anderen Menschen ist es Kindern schließlich möglich, die Sprache ihrer Umgebung verstehen und sprechen zu lernen.

T Einzelarbeit **9** Ordnen Sie die drei obigen Schlussfolgerungen den Spracherwerbstheorien zu!

Wiederholen RP

1. Wozu benötigen wir unsere Kognition?
2. Wie organisieren wir Wissen?
3. Was unterscheidet das deduktive vom induktiven Schließen?
4. „Das Wort ist die Mutter aller Gedanken." – Welche Sprachtheorie wird hier vertreten? Begründen Sie.
5. Was versteht man unter linguistischem Determinismus? Was spricht gegen diese Hypothese?
6. Was kann man sich unter einer wortlosen Gedankensprache vorstellen?
7. Wie laufen Denkprozesse ab? Inwiefern hängen Sprache und Denken (nicht) zusammen?
8. Welche Überlegungen Chomskys sprechen gegen Skinners lerntheoretischen Ansatz?
9. Wie verläuft der kindliche Spracherwerbsprozess, wenn man die Erkenntnisse des lernpsychologischen, des nativistischen, des kognitiv-neurowissenschaftlichen und des interaktionistischen Erklärungsansatzes zusammenfasst?
10. Inwiefern nutzt es Kindern, die noch nicht sprechen können, wenn ihnen Bücher vorgelesen werden? Argumentieren Sie mit den Erkenntnissen der Spracherwerbstheorien!

Verstehen RF

»Alle unsere Sprachen sind Kunstwerke. Man hat lange geforscht, ob es eine natürliche und allen Menschen gemeinsame Sprache gäbe. Ohne Zweifel gibt es eine: die Kindersprache, ehe sie sprechen können. Diese Sprache ist nicht artikuliert, aber sie ist betont, klingend und verständlich. Durch den Gebrauch unserer Erwachsenensprache haben wir sie vernachlässigt und ganz vergessen. Studieren wir die Kinder und wir werden sie bald wieder von ihnen lernen. Die Ammen sind unsere Lehrer in dieser Sprache: sie verstehen alles, was ihre Säuglinge sagen; sie antworten ihnen; sie führen mit ihnen zusammenhängende Gespräche. Obwohl sie Worte aussprechen, sind diese doch völlig überflüssig; die Kinder hören nicht den Sinn des Wortes, sondern den Ton, der es begleitet. Zur Sprache der Stimme gesellt sich nicht weniger kraftvoll die Sprache der Gebärde. Diese Gebärde liegt nicht in den schwachen Kinderhänden, sondern in ihren Gesichtern. Es ist erstaunlich, wieviel Ausdruck diese wenig ausgebildeten Züge schon haben; sie wechseln unbegreiflich schnell von einem Augenblick zum anderen: Lächeln, Verlangen und Schrecken huschen blitzartig darüber hin; man meint, jedesmal ein anderes Gesicht zu sehen. Ihre Gesichtsmuskeln sind bestimmt viel beweglicher als unsere. Dagegen sind ihre matten Augen fast ausdruckslos. Derart muss die Zeichensprache in einem Alter sein, in dem man nur körperliche Bedürfnisse hat; der Ausdruck der Empfindungen liegt im Mienenspiel, der Ausdruck der Gefühle in den Blicken.« – »Kinder hören von Geburt an sprechen. Nicht nur, dass man mit ihnen spricht, ehe sie verstehen, sondern auch ehe sie einen Laut wiedergeben können, den sie hören. Ihr noch ungelenkes Organ kann nur nach und nach die Laute nachahmen, die man sagt, und es ist nicht sicher, ob sie diese Laute so deutlich hören wie wir. (...) Zahlreiche Erwägungen drängen sich dem auf, der sich mit der Bildung der Sprache und den ersten Äußerungen des Kindes beschäftigt. Was man auch macht, sie lernen immer auf die gleiche Weise sprechen, und alle philosophischen Grübeleien sind hier höchst unnütz. Anfangs haben sie, sozusagen, eine eigene Grammatik, in der die Satzlehre viel allgemeinere Regeln hat als unsere. Gäbe man genau acht, wäre man erstaunt über die Genauigkeit, mit der sie gewisse Analogien befolgen, sehr fehlerhafte zwar, wenn man will, aber sehr regelmäßige. Sie stören uns nur, weil sie hart sind oder weil sie der Sprachgebrauch nicht zulässt. (...) Es ist höchst pedantisch und überflüssige Mühe, all diese kleinen Fehler bei Kindern berichtigen zu wollen, die sie mit der Zeit selbst ablegen. Sprecht immer richtig in ihrer Gegenwart; sorgt, dass sie sich bei niemandem so wohl fühlen als bei euch, und ihr könnt sicher sein, dass sich ihre Sprache an eurer läutert, ohne dass ihr sie jemals zu tadeln braucht.«
(Rousseau, Jean-Jacques: Emil oder Über die Erziehung. Paderborn 1998, S. 41–42, S. 48–49)

→ **Inwiefern sind Worte laut Rousseau überflüssig? Welche Komponenten der Sprache nennt er noch?**
→ **Welche Empfehlungen gibt Rousseau für die kindliche Sprachförderung? Welchen Umgang empfiehlt er mit kindlichen Sprachfehlern?**
→ **Welche sprachwissenschaftliche Auffassung vertritt Rousseau? An welchen Aussagen ist das erkennbar? Rousseaus Werk „Emil oder Über die Erziehung" erschien übrigens bereits im Jahr 1762.**

Anwenden T

Erstellen Sie in Kleingruppen je einen **Multiple-Choice-Test** zum Kapitel *Denken und Sprache*. Formulieren Sie 20 Fragen mit jeweils drei Antwortmöglichkeiten. Tauschen Sie den Test mit einer anderen Kleingruppe, lösen Sie ihn eigenständig und korrigieren Sie Ihren Test selbst, indem Sie im Schulbuch nochmals nachlesen.

7. Problemlösen und Kreativität

„Alles Leben ist Problemlösen."
Karl Popper (britisch-österreichischer Philosoph, 1902–1994)

Bob Thaves

Ein Mann stirbt. Sein Begleiter, der ihn in die andere Welt bringen soll, fragt: „Wo willst du hin? In den Himmel oder in die Hölle?" Der Mann bittet: „Zeig mir beides." Sie gehen zuerst in die Hölle, wo die Menschen um lange Tische sitzen, auf denen in großen Schüsseln das köstlichste Essen steht. Sie halten sehr lange Löffel in der Hand und sehen verzweifelt, hungrig und böse aus. Der Mann fragt seinen Begleiter erstaunt, was hier los sei. Dieser antwortet, dass die Löffel zu lang seien, die Menschen könnten sie nicht zum Mund führen. Der Mann begibt sich danach mit seinem Begleiter in den Himmel. Hier erwartet ihn ein ähnliches Bild: Lange Tische mit köstlichstem Essen und Menschen mit langen Löffeln, aber die Menschen sehen satt, zufrieden und glücklich aus. „Was ist denn hier los?", fragt der Mann verblüfft seinen Begleiter. „Oh", sagt dieser, „diese Menschen hier haben schnell gelernt, sich gegenseitig zu füttern." (nach Yalom 2009)

Die Fähigkeit, Probleme zu lösen, gehört zu den zentralen Anforderungen des menschlichen Lebens. Die meisten dieser alltäglichen Anforderungen und Situationen bewältigen wir routiniert und ohne großen Denkaufwand, wenn wir die dazu notwendigen Verhaltensweisen automatisiert und permanent verfügbar haben (▸ Kap. 2.2). Der korrekte Gebrauch von Gabel und Messer beim Essen beispielsweise fällt den meisten von uns leicht. Den notwendigen Ablauf für das Essen mit Stäbchen oder mit zu langen Löffeln müssen wir hingegen erst lernen.
Genau darin unterscheidet sich eine Aufgabe von einem Problem: Eine **Aufgabe** erfordert ein bloß reproduktives Denken, sie ist mit bereits vorhandenem Wissen lösbar. Bei einem **Problem** hingegen reicht es nicht aus, auf Bekanntes zurückzugreifen. Es entsteht, wenn wir ein Ziel haben und nicht wissen, wie wir es erreichen können. Das individuelle Vorwissen und die individuelle Problemlösefähigkeit entscheiden, ob es sich um eine Aufgabe oder ein Problem handelt.

1 **Partnerarbeit:** Versuchen Sie eine Lösung für folgendes Problem zu finden!
Drei Schifahrer und drei Yetis wollen auf einen Berg hinauf. Es steht nur eine Seilbahngondel zur Verfügung, mit der je zwei von ihnen transportiert werden können und die zumindest von einem Lebewesen besetzt sein muss. Das Problem: Befinden sich die Yetis in der Minderheit, bekommen sie Angst und springen ab. Wie kann der Transport funktionieren?

Verschiedene Strategien (Verfahren zur Lösungsfindung) helfen uns ein Problem zu lösen (▸ Kap. 7.1). Meist müssen bei **Problemlöseaufgaben** (▸ Kap. 7.2) unsere Erfahrungen neuartig kombiniert und neue Ideen entwickelt werden. Dabei spielt **Kreativität** (▸ Kap. 7.3) eine bedeutende Rolle. Wir werden sehen, welche Eigenschaften sich als förderlich für kreatives Denken erweisen und über welchen Prozess sich schließlich eine kreative Idee entwickelt und uns zum kreativen Produkt bzw. zur Problemlösung führt.

Problemlösen ist auch für unser soziales Leben von Bedeutung: Wir müssen Entscheidungen treffen, Schule bzw. Beruf und Freizeit miteinander vereinbaren können, Konflikte mit Freunden/-innen lösen und lernen, mit neuen Situationen zurechtzukommen. Die Klärung emotionaler und sozialer Konfliktsituationen und Problemstellungen (▸ Kap. 11.8) setzt ebenso Problemlösefähigkeit und kreatives Denkpotenzial voraus wie das Problemlösen in der kognitiven Psychologie.

Literaturtipp
Popper, Karl: *Alles Leben ist Problemlösen. Über Erkenntnis, Geschichte und Politik.* München 2009. Das Leben ist ein fortwährendes Problemlösen: Sicherung des Nachwuchses, Erschließung neuer Lebensräume, Überstehen von Naturkatastrophen. Der Autor nimmt auch zu aktuellen politischen Themen wie Umweltschutz und Atomenergie Stellung.

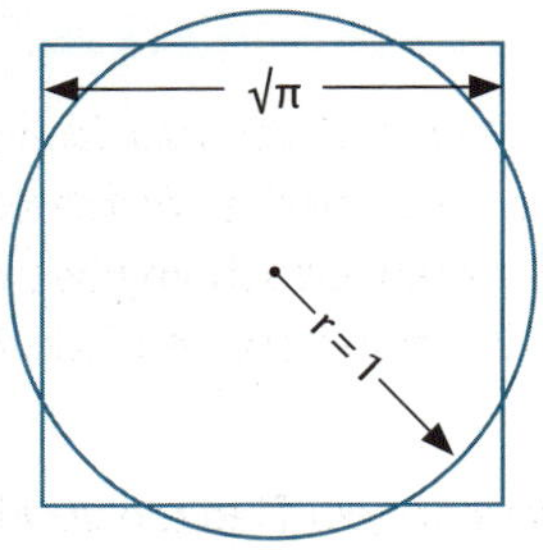

Die Quadratur des Kreises

7.1 Problemlösen und Problemlösestrategien

Die „Quadratur des Kreises" ist eines der bekanntesten Probleme der Geometrie. Gemeint ist damit die Aufgabe, aus einem Kreis ein Quadrat mit gleich großem Flächeninhalt zu konstruieren. Da dies unmöglich ist, ist dieses Problem zur Metapher für unlösbare Probleme geworden.

Der Gestalttheoretiker Karl DUNCKER spricht von einem **Problem**, wenn ein Lebewesen ein Ziel hat und nicht weiß, wie es dieses Ziel erreichen soll. Probleme jeglicher Art setzen Denkprozesse in Gang. Unser Gehirn erfasst ein Problem, verarbeitet die gegebenen Informationen und sucht nach Lösungen.

Definition
PROBLEMLÖSEN ist ein Denkvorgang, der auf die Lösung bestimmter Probleme gerichtet ist.

Wenn wir ein Problem lösen, bewegen wir uns von einer **unbefriedigenden Ausgangssituation** zu einer **erwünschten Zielsituation** (der Lösung des Problems) (▸ Kap. 7.5). Doch ehe wir zur Zielsituation gelangen, müssen wir zunächst laut Manfred TÜCKE eine **Barriere** überwinden, die die Umwandlung der Ausgangssituation in die erwünschte Zielsituation verhindert. Beispiele für Barrieren:

- Das Mittel für die Lösung des Problems ist unbekannt (z. B. Rechenregel).
- Es gibt eine zu große Anzahl an Kombinationsmöglichkeiten.
- Der Zielzustand ist ungenau definiert.

Die Überwindung der Barriere erfordert meist eine neue Idee.

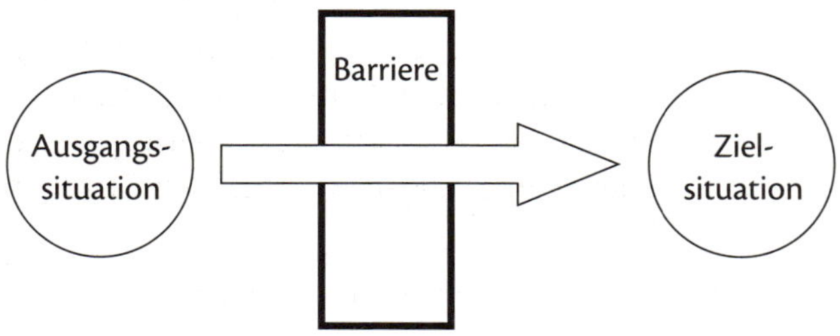

Die Grundstruktur eines Problems nach Tücke (vgl. Tücke 2005)

T Einzelarbeit 2

Analysieren Sie das Beispiel von Himmel und Hölle (S. 89) hinsichtlich Ausgangssituation, Barriere sowie Zielsituation!

Problemlösestrategien

Wenn wir ein Problem nicht auf Anhieb lösen können, wenden wir Problemlösestrategien – Verfahren, die zur Lösungsfindung eingesetzt werden – an. Es gibt mehrere Möglichkeiten, die Barriere zu überwinden und von einem unzufriedenstellenden Anfangszustand zu einem befriedigenden Zielzustand zu gelangen. Unterschiedliche Verfahren der Lösungsfindung sind die *algorithmischen Verfahren* (Algorithmen), die schrittweise vorgehen, sowie die *heuristischen Verfahren* (Heurismen) bzw. Findeverfahren.

1. Algorithmische Verfahren

Definition
Ein ALGORITHMUS (griech. *arithmós:* Zahl; eigentlich nach dem Erfinder Al-Chwarizmi) geht schrittweise bei der Lösung eines Problems vor.

Unter Algorithmus versteht man Anweisungen zur Lösung eines Problems, die **schrittweise** und in einer bestimmten Reihenfolge ausgeführt werden. Diese Strategie führt – bei lösbaren Problemen – immer zur richtigen Lösung. Sie kann aber sehr ineffizient und zeitaufwendig sein – denn beim algorithmischen Problemlösen werden sämtliche Lösungsmöglichkeiten systematisch durchprobiert, bis man schließlich ans Ziel gelangt. Algorithmische Verfahren sind daher nur dann sinnvoll, wenn die Anzahl der Lösungsmöglichkeiten gering ist.

- Nehmen wir an, Sie suchen Kokosmilch im Supermarkt. Gehen Sie nun algorithmisch an das Problem heran, werden Sie jedes Supermarktregal systematisch absuchen und irgendwann vor der Kokosmilch stehen.
- Stellen Sie sich eine Schachspielerin vor, die ihren nächsten Zug überlegen muss. Würde sie algorithmisch vorgehen, müsste sie die eigenen Zugmöglichkeiten, kombiniert mit allen möglichen Reaktionen ihrer Gegenspielerin, gedanklich durchspielen, ehe sie ihren Zug macht. Eine Strategie, die sie sicher ans Ziel (ihre Gegnerin Schachmatt zu setzen), allerdings auch zu einer kombinatorischen Explosion führen würde.

2. Heuristische Verfahren

Die Heuristik ist die Wissenschaft von den Verfahren, Probleme zu lösen (griech. *heurískein:* finden, entdecken). Im Gegensatz zu algorithmischen Verfahren sind heuristische Verfahren sehr fehleranfällig und führen daher nicht zwangsläufig zum Ziel, sie werden jedoch angewendet, um den Problemlöseprozess zu verkürzen. Es gibt verschiedene Möglichkeiten, heuristisch an ein Problem heranzugehen:

Definition
KONVERGENTES DENKEN (lat. *convergere:* sich zusammenneigen) ist lineares, streng logisches Denken.

- **Logisches Schlussfolgern:** Wir probieren, über *konvergentes* (folgerichtiges) Denken zu einer Lösung zu gelangen. Wenn wir Kokosmilch im Supermarkt suchen, wäre es logisch, zuerst bei verwandten Produkten (in der asiatischen Abteilung oder bei Fertigprodukten) zu suchen.
- **Versuch und Irrtum:** Wir gehen nicht auf Nummer sicher, sondern bedienen uns des Versuch-Irrtum-Lernens (▸ Kap. 5.3): Wir lösen ein Problem plötzlich und zufällig, indem wir mehrere Lösungswege ausprobieren (vergleichbar mit Puzzlebauen).
- **Automatisierung:** Lösungswege werden zunächst analysiert und bewertet: Dazu greifen wir auf unsere Erfahrungen mit vergleichbaren Problemsituationen zurück und verwenden eine Faustregel, die sich bereits bewährt hat. Die Automatisierung ist von Vorteil, wenn man ein Problem schnell lösen muss, ihre Grenzen liegen allerdings dort, wo kreative, flexible Lösungen verlangt werden.

Definition
DIVERGENT DENKEN (lat. *divergere:* auseinander streben) bedeutet so viel wie „querdenken".

- **Kreatives Denken:** Um ein Problem kreativ lösen zu können, muss eine neue Idee entwickelt oder ein neuer Weg gefunden werden. Es sollte also gelingen, *divergent* (abweichend) zu denken (▸ Kap. 7.3). Divergentes Denken setzt voraus,
  - sich von Fixationen (bekannten Mustern) zu lösen,
  - das Vertraute als fremd zu betrachten,
  - eine neue Perspektive (Betrachtungsweise) einzunehmen und
  - neue Beziehungen zwischen den Dingen herzustellen.

7

Hinderliche Einflüsse auf die Problemlösung

Definition
Die FIXIERUNG ist definiert als die Unfähigkeit, ein Problem aus einem neuen Blickwinkel zu sehen.

Bestimmte Faktoren können die Lösungsfindung behindern oder verzögern, wie etwa die sogenannte **Fixierung** (Gebundenheit): Sie besteht in der Unfähigkeit, von den bisherigen Erfahrungen abweichend zu denken. Eingefahrene Denkgewohnheiten müssen daher erst überwunden werden, bevor ein Problem gelöst werden kann. Die Fixierung kann sich auf Objekte (*funktionale* Fixierung) oder auf mentale Voreinstellungen (*mental sets*) beziehen:

- **Funktionale Fixierung**
  Wenn man zu einer Lösung gelangen möchte, muss man oft umdenken und eine neuartige Verwendungsweise von Objekten finden. Die funktionale Fixierung beschreibt die Schwierigkeit, ein Objekt anders als gewohnt einzusetzen: Eine Schere erfüllt für uns die Funktion des Schneidens, eine Kerze spendet Licht. Diese Objekte haben aber nicht nur eine, sondern mehrere Verwendungsmöglichkeiten. Gelingt es, Objekte in einer anderen Funktion zu sehen, kann ein Problem schnell gelöst werden (z. B. eine Kerze als Abstandhalter).
- **Mental sets**
  Mental sets sind erlernte Einstellungen. Sie entstehen, wenn aufgrund vorausgehender positiver Erfahrungen ein bestimmter Denkvorgang automatisiert ist und infolgedessen bei neuen Problemen bevorzugt angewendet wird. Wir tendieren dazu, bewährte Lösungswege auf neue Probleme zu übertragen. Diese Übertragung kann hilfreich sein, sie kann der Findung neuer Lösungswege aber auch im Weg stehen.

Das Problemlösen kann also verbessert werden, wenn es gelingt, eine Fixierung zu überwinden, d. h. ein Problem aus verschiedenen Perspektiven zu betrachten und unsere mentale Voreinstellung zu überwinden. Kreatives Denken (▸ Kap. 7.3) sorgt dafür, dass Fixierungen weniger stark ausgebildet und leichter überwunden werden können.

Förderliche Faktoren für die Problemlösung

Beim Problemlösen ist es oft hilfreich, nach dem Vertrautwerden mit der Problemstellung eine gewisse Zeitspanne verstreichen zu lassen. In dieser sogenannten **Inkubationszeit** finden wichtige Vorbereitungen für das Lösen des Problems statt (▸ Kap. 7.3):

- Erholung ist möglich.
- Unbewusst ablaufende Denkprozesse bereiten oft schon die Lösung vor.
- Für die Lösung irrelevante Gedächtnisinhalte werden wieder vergessen, die Gedanken werden übersichtlicher.
- Durch träumerisches Denken kann die Lösungskonstellation plötzlich ans Licht treten, möglicherweise ausgelöst durch ein äußeres Ereignis.

7.2 Der Problemraum

Ein Problem wird in einem sogenannten Problemraum dargestellt. Dieser umfasst drei Elemente:

- eine unbefriedigende **Ausgangssituation**,
- eine erwünschte **Zielsituation**,
- **Schritte**, die unternommen werden, um von der Ausgangs- zu einer Zielsituation zu gelangen. Diese Schritte umfassen Problemlösestrategien (heuristische oder algorithmische Verfahren).

Im Problemraum werden zwei zentrale Problemtypen unterschieden: *Anordnungsprobleme* und *Fixationsprobleme*. Sie unterscheiden sich nach den zwei Formen des Denkens (konvergent und divergent), die angewendet werden müssen:

Anordnungsprobleme

konvergentes Denken

Anordnungsprobleme sind gut strukturiert und werden gelöst, indem man sich schrittweise (algorithmisch) oder durch Versuch und Irrtum (heuristisch) der Lösung nähert. Man kann durch Teilzielsituationen den Problemzustand schrittweise verändern. Für Anordnungsprobleme müssen wir **konvergent** denken (▸ Kap. 7.1): Über logisches Denken wird die einzig richtige und zulässige Aufgaben- und Problemlösung gesucht. Es gibt nur eine einzige Lösung, auf die hin das Denken konvergieren muss.

Aufgabe ⟶ Lösungsweg ⟶ Lösung

Konvergentes Denken

Einzelarbeit 3

Turm von Hanoi (Anordnungsproblem):
Stapeln Sie die Klötze von A in derselben Reihenfolge auf C. Dabei dürfen Sie mit maximal 7 Zügen immer nur einen Klotz bewegen und nur kleinere auf größere Klötze legen.

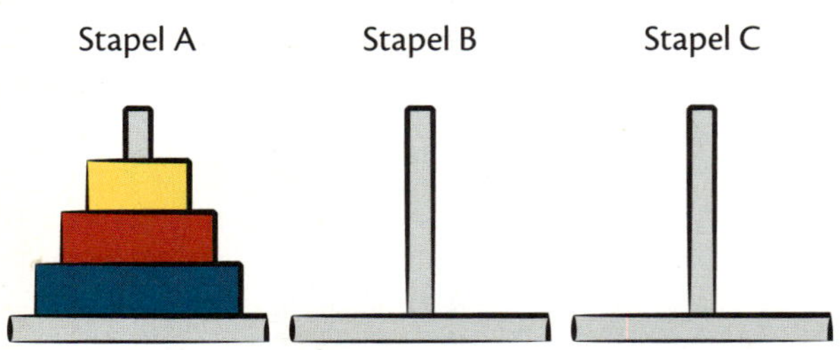

Fixationsprobleme

divergentes Denken

Bei Fixationsproblemen ist das Ziel nicht so klar vorgegeben wie bei Anordnungsproblemen. Hier gibt es nur wenige Anhaltspunkte dafür, welche Überlegung während des Lösungsverlaufs die richtige ist. Bestimmte Voreinstellungen müssen überwunden werden – oft gelangt man mit nur einem einzigen Schritt zur Einsicht, die dann zur Lösung führt (**Aha-Effekt**). Um ein Fixationsproblem lösen zu können, müssen wir **divergent** denken (▸ Kap. 7.1), also über flexibles, kreatives, originelles Denken eine neue Lösung entwickeln. Ein Fixationsproblem lässt immer mehrere Möglichkeiten zu, darum werden oft zahlreiche mögliche Lösungen ausprobiert (man denke an die Problemlöseaufgaben mit Streichhölzern).

Bei manchen Problemstellungen hält uns der sogenannte **Verbotsirrtum** von der Lösungsfindung ab: Wir halten Lösungswege für unzulässig, die nie verboten wurden.

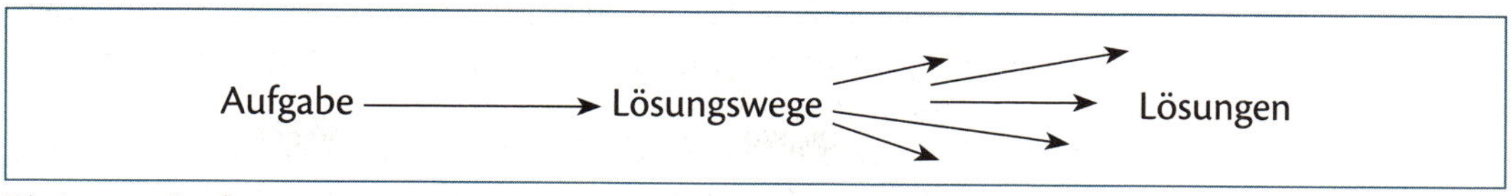

Divergentes Denken

Einzelarbeit **4**

Beispiel für ein Fixationsproblem:
Legen Sie vier Streichhölzer so um, dass acht Quadrate gebildet werden!

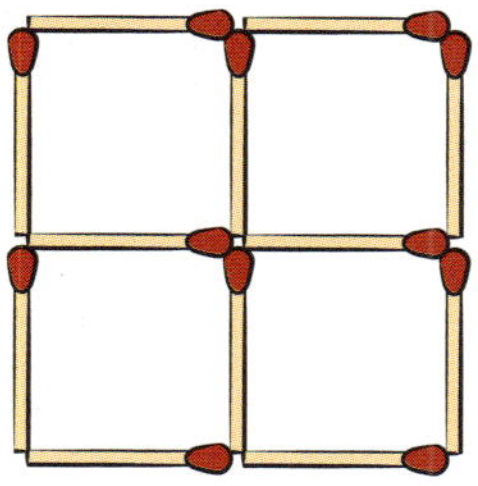

Problemlöseaufgaben

Die folgenden Problemlöseaufgaben stellen jeweils einen bestimmten Problemraum dar, zählen entweder zu einem Anordnungs- oder Fixationsproblem und fördern unsere konvergente oder divergente Denkfähigkeit.

Partnerarbeit **5**

Das **Zwei-Seile-Problem** nach MAIER:
Zwei Seile, die von der Decke hängen, sollen miteinander verbunden werden. Sie hängen allerdings zu weit auseinander, so dass man sie nicht gleichzeitig greifen kann. Im Raum befinden sich außerdem noch ein Stuhl, eine Schere, Papier und Reißnägel.

Partnerarbeit **6**

Das **Problem des Gefangenen:**
Sie befinden sich in einem Raum mit zwei Toren. Sie wissen nicht, welches Tor in die Freiheit führt und welches in ein Verließ. Vor jedem Tor steht ein Wächter. Einer davon sagt immer die Wahrheit, der andere lügt. Sie dürfen einem der Wächter eine einzige Frage stellen, die derjenige nur mit „ja" oder „nein" beantworten darf. Mit welcher Frage finden Sie heraus, welches Tor in die Freiheit führt?

Einzelarbeit **7**

Das **Neun-Punkte-Problem** nach SCHEERER:
Verbinden Sie die Punkte mit maximal vier geraden Linien, ohne dabei den Stift abzusetzen!

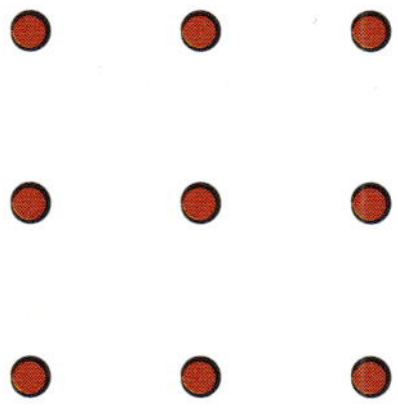

Einzelarbeit **8**

Die **Landwirtin:**
Eine Landwirtin baut sechs gleich große Stallungen für ihre Schafe. Ein Feuer zerstört einen Abgrenzungspfeiler. Wie kann sie aus den verbleibenden zwölf Abgrenzungspfeilern wieder sechs gleich große Stallungen bauen?

Partnerarbeit **9**

1. **War es der Butler?**
Es ist ein Mord geschehen. Die Obduktion ergibt, dass der Mörder einen Dolch verwendet hat. Es gibt fünf Verdächtige: Arzt, Diener, Koch, Gärtner und Buchhalter. Jeder war allein in einem der fünf Zimmer der Wohnung und hat niemanden, der seine Unschuld bezeugen kann. Die Zimmer liegen hintereinander an einem einzigen Korridor: Schlafzimmer, Arbeitszimmer, Wohnzimmer, Esszimmer und Küche, genau in dieser Reihenfolge. Als zusätzliche Beweise aus verschiedenen Quellen sind vorhanden:

Literaturtipp
Mensa Organisation: *Gehirn-Jogging für Schlaumeier. Knifflige Denksportaufgaben für jeden Tag.* München 2006. Zahlreiche Aufgaben und Fragen regen das Denken an, erweitern das Wissen, fördern das logische Denken und trainieren das Gedächtnis.

- Der Butler war im Schlafzimmer.
- Der Mann mit dem Gift befand sich im Zimmer, in dessen Nachbarzimmer sich der Mann mit dem braunen Pullover aufhielt.
- Der Mann mit dem Dolch trug eine graue Jacke.
- Der Mann mit dem Taschenmesser trug eine schwarze Jacke.
- Der Koch trug einen braunen Pullover.
- Der Gärtner war im Zimmer neben dem Esszimmer.
- Der Mann mit dem Gift war im Wohnzimmer.
- Der Mann mit der Pistole befand sich im Zimmer neben dem Mann mit blauer Jacke.
- Der Gärtner hatte ein Seil.
- Der Arzt hielt sich im Zimmer neben dem Mann mit der schwarzen Jacke auf.
- Der Buchhalter trug einen grünen Pullover.

Der gewiefte Inspektor leitete ab, wer der Mörder war, als er die Beweise durchsah. Klären Sie das Verbrechen auf! Welcher der fünf Verdächtigen ist der Mörder? (Bourne 2005, S. 236)

Partnerarbeit **10**

Das **Kerzenproblem** nach DUNCKER:
Um Licht zum Lesen zu erhalten, soll eine Kerze aufrecht an der Wand befestigt werden. Zur Verfügung stehen eine kleine Kerze, Reißnägel und eine Schachtel Streichhölzer.

T **Einzelarbeit** **11**

Beantworten Sie die folgenden Fragen zum Problemraum:
a) Über welche Schritte sind Sie bei den Problemaufgaben 1 bis 6 zur Lösung des jeweiligen Problems gekommen?
b) Was hat dem Lösungsprozess gedient? Eine Zeichnung anfertigen? Visuelle Vorstellung?
c) Bei welchen Aufgaben sind Sie heuristisch, bei welchen algorithmisch vorgegangen?
d) Welche heuristischen Verfahren haben Sie am häufigsten angewendet?
e) Welche Aufgaben zählen zu den Fixationsproblemen?
f) Welche Aufgaben illustrieren die funktionale Fixierung?
g) Beschreiben Sie den Problemraum des Kerzenproblems!

7.3 Kreativität

Plenum **12**

Was bedeutet „kreativ"?
Nennen Sie der Reihe nach Synonyme.

Definition
KREATIVITÄT (lat. *creare:* erschaffen, *creatio:* Schöpfung) ist die Fähigkeit, neuartige Ideen zu produzieren.

Wir sprechen von **Kreativität**, wenn wir fähig sind, *„etwas Neues zu schaffen, sei es eine Problemlösung, eine Entdeckung oder ein neues Produkt."* (Holm-Hadulla 2007, S. 11) Kreativität ist für das Problemlösen wichtig, wenn divergentes Denken vorausgesetzt wird. Für das Entwickeln kreativer Ideen ist außerdem die Fähigkeit, bekannte Informationen flexibel miteinander zu kombinieren, wichtig.

Einzelarbeit **13**

Bilderrätsel bzw. uneindeutige Bilder nennt man Drudel. Je origineller die Deutung der abstrakten, rätselhaften Darstellung, desto höher der Grad der Kreativität. Verteilen Sie Punkte (1–3) nach dem Grad der Originalität! 3 steht für die kreativste Assoziation.

- ☐ zwei Autoreifen
- ☒ zwei Augen
- ☐ zwei Mexikaner, die auf einem Tandem sitzen

- ☐ ein leeres Zimmer
- ☐ ein Elefant im Nebel
- ☒ ein Rahmen

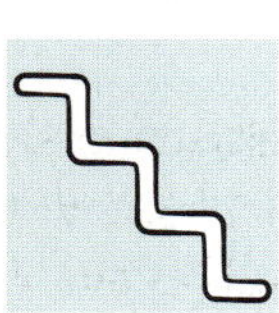

- ☐ eine verformte Spagettinudel
- ☒ die Hälfte eines Lebkuchendaches mit Zuckerguss
- ☐ eine Schlange, die die Treppe hinaufgeht

Die kreative Persönlichkeit

Der US-amerikanische Psychologe und Psychotherapeut Carl ROGERS geht davon aus, dass in allen Menschen kreatives Potenzial steckt (▸ Kap. 10.6). Eine kreative Persönlichkeit besitzt besondere Eigenschaften, die notwendig sind, um Ideen entwickeln und Lösungswege erarbeiten zu können. Sie lässt sich z. B. durch anfangs nicht vorhandene Lösungen nicht entmutigen. Die US-amerikanischen Psychologen Robert STERNBERG und Todd LUBART definieren folgende Komponenten, die eine kreative Persönlichkeit ausmachen:

Wissen

- Eine kreative Persönlichkeit hat **Expertenwissen** auf ihrem Gebiet (z. B. Literatur, Biologie oder Politik) und ist darüber informiert, was andere bereits auf diesem Gebiet geleistet haben. Neu auftretende Sachverhalte können so rasch eingeordnet, Gedächtnisinhalte miteinander vernetzt und auf neuartige Weise miteinander kombiniert werden. Je mehr Wissen, desto mehr Kombinationsmöglichkeiten ergeben sich.

Fantasie

- Fantasievolles Denken verlangt, sensibel für das **Außergewöhnliche** zu sein. Dazu gehört auch, unkonventionell bzw. divergent zu denken. Daraus entspringen fantasievolle Ideen.

Bill Watterson

7

T Partnerarbeit **14** Zeichnen Sie selbst drei Drudel (vgl. Arbeitsauftrag 13) und testen Sie die Kreativität einer Person aus Ihrer Klasse! Was assoziiert er/sie als Erstes mit Ihrem Bild?

Wagemut

- Albert Einstein meinte einmal: „Wer noch nie einen Fehler gemacht hat, hat sich noch nie an etwas Neuem versucht." (Goleman 2003, S. 42) Für eine kreative Persönlichkeit ist kennzeichnend, dass sie
  - vor Unklarheiten und Fehlern nicht zurückschreckt (**Risikofreudigkeit**),
  - Interesse zeigt, neue Lösungsstrategien auszuprobieren (**Offenheit für neue Erfahrungen**) und
  - es wagt, von der Gruppenmeinung abzuweichen (**Selbstvertrauen**).

Motivation

- Eine kreative Persönlichkeit ist intrinsisch motiviert. Das heißt, sie möchte der Sache wegen an ein Ziel gelangen, und macht ihre Motivation nicht von äußeren Folgen (gute Noten, Geld ...) abhängig (▸ Kap. 12.4). Motivation geht mit *Ausdauer* und *Belastbarkeit* einher:
  - „Genie ist **Ausdauer**!", sagte bereits der Erfinder der Glühbirne, Thomas Edison. Möchte man ein kreatives Ergebnis erzielen, muss man intensiv arbeiten. Eine ausdauernde Person denkt über das Problem nach, bis sie eine Lösung hat, und lässt sich nicht davon entmutigen, wenn noch keine Lösung in Sicht ist. Wird ein Problem nicht gelöst, liegt das nicht unbedingt daran, dass es nicht lösbar gewesen wäre.
  - Zur Ausdauer gehört auch die **Belastbarkeit**: Selbst bei Widerständen wie Frustrationen, Misserfolgen oder sonstigen Hindernissen gibt man nicht sofort auf, sondern arbeitet zielstrebig weiter.

Eine kreative Persönlichkeit kann durch entsprechendes Verhalten der Menschen in ihrem Umfeld gefördert werden: Als kreativitätsfördernd haben sich sowohl Lob als auch das bedingungslose Schützen und Akzeptieren des kreativen Schaffens erwiesen. Leistungsdruck und Belohnung dagegen können sich kreativitätshemmend auswirken.

Der kreative Prozess

„Was passiert, wenn ich Gummi in mein Waffeleisen gieße?", fragte Bill Bowerman, bevor er den ersten Nike-Schuh kreierte. (vgl. Goleman 2003, S. 210) Unkonventionelle Fragen leiten oft den Entstehungsprozess eines innovativen Produktes ein. Wenn wir dann eine neue Idee oder ein neues Produkt entwickeln, durchlaufen wir einen kreativen Prozess.

Die vier Phasen des kreativen Prozesses während des Problemlösens beschrieb der französische Mathematiker Henri POINCARÉ folgendermaßen:

aktive Phase

1. Phase: Vorbereitung
- das Problem formulieren
- möglichst viele unterschiedliche Daten (Wissen) sammeln
- Fragen stellen und nachdenken
- der Fantasie freien Lauf lassen

passive Phase

2. Phase: Inkubation
- Zustand der Ratlosigkeit
- Problem zunächst auf die Seite legen
- alles, was aufgenommen wurde, wird verarbeitet
- unbewusstes Reifen einer Idee (zunächst unstrukturiert)

Aha-Erlebnis

3. Phase: Illumination
- Illumination = plötzliche Einsicht:
  Die Lösung erscheint vollkommen unerwartet im Bewusstsein, meist wenn man sich entspannt oder seinen Tagträumen hingibt (z. B. beim Spazierengehen).

Umsetzung

4. Phase: Verifikation
- kritisches Bewerten der Idee
- Überprüfung: Ist die Idee auch wirklich realisierbar?
- Idee ausarbeiten und umsetzen
- Ergebnis: die Problemlösung oder das kreative Produkt

T Einzelarbeit **15**

Bezeichnen Sie die Phase des kreativen Prozesses, auf die sich folgende Aussage des Malers Grant Wood bezieht: „Alle wirklich guten Ideen, die ich gehabt habe, sind mir beim Melken eingefallen." (Goleman 2003, S. 22)

»*Man denke angestrengt nach, entspanne sich dann und überlasse sich seinen Tagträumen.*«
Friedrich Kekulé, Mathematiker
(Goleman 2003, S. 24)

Untersuchungen an Schimpansen zeigen, dass sich selbst Affen durch plötzliches Einsichtsvermögen (▸ Kap. 5.1) auszeichnen und auf gute Ideen kommen können. Der Gestaltpsychologe Wolfgang KÖHLER untersuchte die Problemlösefähigkeit von Affen, indem er an einer zwei Meter hohen Decke eine Banane befestigte. Die Affen versuchten zunächst die Banane springend zu erreichen. Plötzlich ergriff ein Affe eine Kiste, stieg darauf und riss die Frucht herunter. Indem er die Kiste zu einer Leiter umfunktionierte, gelang es ihm, das Problem zu lösen.

Das kreative Produkt

Was haben Albert Einstein (Physiker), Sigmund Freud (Psychologe) und Virginia Woolf (Schriftstellerin) gemeinsam? Sie alle haben das Gebiet, auf dem sie gearbeitet haben, durch ihre Kreativität nachhaltig verändert. Das kreative Produkt entspricht der Zielsituation, also der Lösung für ein Problem, das sich in Form eines Ergebnisses zeigt. In jedem Fall ist es eine neue Idee. Kreativität ist also die Fähigkeit, Ideen zu produzieren, die neu, brauchbar und angemessen sind: „*Wer zur rechten Zeit einen Zaun in eine Leiter zu verwandeln versteht, einen Vorhang in ein Kleid, eine Kiste in einen Tisch (…), handelt im Augenblick kreativ.*" (Stocker 1988, S. 28)

Wiederholen RP

1. Was ist der Unterschied zwischen Aufgabe und Problem?
2. Erläutern Sie die Grundstruktur eines Problems.
3. Wozu benötigen wir Problemlösestrategien? Wie lauten die zwei Verfahren zur Lösungsfindung?
4. Welche Umstände können das Lösen eines Problems behindern?
5. Was unterscheidet konvergentes von divergentem Denken?
6. Wie gehen wir bei a) Anordnungsproblemen, b) Fixationsproblemen vor, um zur Lösung zu gelangen?
7. Nehmen wir an, Sie wollen ein neues Produkt entwickeln. Welche Persönlichkeitsmerkmale, Fähigkeiten und Umstände werden von Nutzen sein, um ein kreatives Ergebnis zu erhalten?
8. Welche Phasen durchlaufen wir, wenn wir ein Problem in einem kreativen Prozess lösen?
9. Wie untersuchte KÖHLER die Problemlösefähigkeit bei Affen? Zu welchem Ergebnis kam er?
10. Welche Kriterien erfüllt ein kreatives Produkt?

Verstehen RF

»Kreativität wird als Eigenschaft besonderer Menschen hoch geschätzt und bewundert. Manchen gefällt die Vorstellung, dass kreative Individuen aufgrund ihres Talents das Neue und Hervorragende spielerisch gestalten. Sie sind von den Musen geküsst und schaffen mit Leichtigkeit. Andere scheinen von geheimnisvollen Mächten getrieben zu sein, die ihnen unter Schmerzen geniale Leistungen abzwingen.
Biologen sehen das nüchterner. Sie betrachten Kreativität nicht als Charakteristikum besonderer Individuen, sondern als grundlegende Eigenschaft aller Lebewesen. Leben besteht für sie in einem kontinuierlichen und kreativen Anpassungsprozess des Individuums an seine Umgebung. So wie die einfachsten Lebewesen bedarf auch der biologisch hoch entwickelte Mensch einer beständig wirkenden Kreativität, um überlebensfähig zu sein.
Dieser Auffassung ähnelt die Kreativitätsvorstellung der meisten Kultur- und Sozialwissenschaftler. Sie betrachten die kreative Gestaltung der Wirklichkeit als grundlegende Aufgabe der menschlichen Entwicklung.
Dieser Prozess wird nicht nur durch die Gene, sondern auch durch so genannte Meme bestimmt. Nach Dawkins (1976) sind Meme Informationseinheiten, die das kulturelle Erbe enthalten und eine komplexere Evolution von Individuen und Gesellschaften ermöglichen als die Gene.
Kreativität ist kein Zeitvertreib für Müßiggänger, sondern ein Erfordernis jeder sozialen Gemeinschaft. Ohne Kreativität ist nach dieser Auffassung die Welt nicht nur langweilig, sondern liefert sich Kräften aus, die sie zerstören. Aus politischer Sicht müssen Bürgerinnen und Bürger ihrem Leben kreativ Sinn und Struktur verleihen, um friedliches Zusammenleben zu ermöglichen.
Entwicklungspsychologen sehen im kindlichen Spiel ein Grundmodell kreativen Verhaltens. Schon der Säugling schafft durch Vorformen von Gedanken und Vorstellungen eine innere Welt, die chaotischen Erregungen eine gewisse Struktur verleiht. Später entwickelt das Kind spielend seine persönliche Welt, die aus vielgestaltigen Ideen und Phantasien komponiert wird. Im erwachsenen Leben findet sich die spielerische Freude aus der Kinderzeit in produktiver und kreativer Arbeit wieder.
Naturgemäß wird die Bedeutung der Kreativität für die Lebensgestaltung von Künstlern am häufigsten beleuchtet. Es finden sich unzählige Dokumente, die die Überzeugung von Mozart, Goethe und Picasso bestätigen, dass Kreativität kein schöner Luxus ist, sondern eine innere Notwendigkeit, um das Leben zu bewältigen. Folgt man dieser Auffassung, so ist kreative Tätigkeit unverzichtbar, um emotionale Erregungen und schwierige Lebenssituationen zu bewältigen. (...) In Anlehnung an den nordamerikanischen Kreativitätsforscher Mihaly Cszikszentmihalyi (1996) könnte man eine systemische Definition der Grundbedingungen der Kreativität versuchen: Kreativ kann eine begabte Person sein, wenn sie sich auf einem Erfolg versprechenden Gebiet und in einem fördernden soziokulturellen Kontext produktiv betätigt.«
(HOLM-HADULLA, Rainer Matthias: Kreativität. Konzept und Lebensstil. Göttingen 2007, S. 9–11)

→ **Was versteht der Autor unter Kreativität?**
→ **Worin unterscheiden sich die verschiedenen Fachgebiete in ihrer Auffassung von Kreativität?**
→ **Was sieht der Kreativitätsforscher Mihaly Cszikszentmihalyi als wesentlichen Faktor für kreatives Schaffen?**

Anwenden T

Verarbeiten Sie die Inhalte des Kapitels *Problemlösen und Kreativität* in einem **Kalender**. Teilen Sie die Kalendermonate auf Kleingruppen auf und gestalten Sie für jeden Monat ein individuelles Kalenderblatt (z. B. mit Problemlöseaufgaben, dem Porträt einer kreativen Persönlichkeit, Comics, Drudeln, der Anleitung zu einem kreativen Produkt etc.).

8. Intelligenz

„Allen Menschen ist es gegeben, sich selbst zu erkennen und klug zu sein."
Heraklit (vorsokratischer Philosoph, 540–480 v. Chr.)

1 Einzelarbeit: Nehmen wir an, Sie sollen einen Wörterbucheintrag zum Begriff *Intelligenz* verfassen! Notieren Sie Ihren Vorschlag und vergleichen Sie Ihre Umschreibungen in der Klasse.

Generell beschreibt **Intelligenz** die geistige Leistungsfähigkeit einer Person,

- Informationen erfolgreich zu verarbeiten,
- aus Erfahrung zu lernen und dieses erworbene Wissen erfolgreich in neuen Situationen einzusetzen sowie
- Probleme jeglicher Art effektiv und schnell zu lösen.

Eine allgemeingültige, anerkannte Definition für Intelligenz wurde jedoch noch nicht gefunden. Zahlreiche **Intelligenztheorien** (▸ Kap. 8.1) versuchen, Intelligenz zu erklären.
Neurowissenschaftler/-innen, die sich vor allem für die Funktionsweise des Gehirns interessieren, meinen, Intelligenz sei neurologisch messbar: Besonders intelligente Menschen nehmen Informationen schneller auf und verarbeiten sie schneller als durchschnittlich intelligente.
Um unsere Intelligenz messen zu können, wurden im Laufe der Zeit verschiedene Testverfahren entworfen. Im deutschsprachigen Raum wird heute der Hamburg-Wechsler-Intelligenztest am häufigsten angewendet (▸ Kap. 8.2).

Menschen, deren intellektuelle Fähigkeiten weit über dem Durchschnitt liegen, bezeichnet man als **Hochbegabte** (▸ Kap. 8.3). Zeichnet sich ein Mensch durch eine einzige außergewöhnliche Begabung aus – etwa die Begabung, die dreiunddreißigste Potenz einer zweistelligen Zahl im Kopf auszurechnen – spricht man vom **Savant-Syndrom**. Derartige Fähigkeiten sind meist mit starken Einschränkungen verbunden (▸ Kap. 8.4).

Klaus Pitter

Es ist ungeklärt, in welchem Ausmaß Intelligenz genetisch bedingt ist und wie weit Umweltfaktoren unsere Intelligenzentwicklung beeinflussen. Zwillings- und Geschwisterstudien haben ergeben, dass die Leistung in Intelligenztests etwa zu 50 % auf unsere Anlagen zurückzuführen ist, weitere 25 % sind von Familie und Umwelt beeinflusst, der Rest ist Zufall. Selbst die größte Begabung kann sich nicht ohne Förderung entfalten – genauso wie die beste Förderung aus uns keine Wunderkinder macht, wenn wir nicht entsprechend veranlagt sind.

Geistige Fähigkeiten lassen sich jedoch trainieren. Folgende **Faktoren** wirken sich positiv auf die Entwicklung der Intelligenz aus:

- verlässliche Familienbeziehungen,
- emotionale Zuwendung,
- ausreichend sprachliche Förderung,
- Förderung der Selbstständigkeit und Aktivität,
- Denk-/Lernanstöße durch neue Situationen, Objekte.

Bei neuem Input und Lernprozessen bilden sich neue Kontaktstellen zwischen den Nervenzellen (▸ Kap. 2.1). Wer also zu jonglieren beginnt oder ein Musikinstrument lernt, regt damit das neuronale Netzwerk zu vermehrten Verschaltungen an. Ebenso wie Gehirntraining verbessert sportliche Bewegung die Intelligenzleistung und regt die Gehirntätigkeit an. Wie entscheidend die Erfahrungen während der Phase der Hirnentwicklung sind, erklärt der Hirnforscher Gerald Hüther so: *„Immer dann, wenn Kinder etwas Neues erleben, wenn sie etwas hinzulernen, werden die dabei in ihrem Gehirn aktivierten Verschaltungsmuster der Nervenzellen und Synapsen gebahnt und gefestigt. So werden aus anfangs noch sehr dünnen Nervenwegen – wenn sie immer wieder benutzt werden, um eine bestimmte Leistung zu erbringen, oder wenn sie immer wieder aktiviert werden, wenn Kinder etwas Neues erfahren, wenn sie sich bewegen und wenn sie von sich selbst oder von anderen begeistert sind – allmählich immer besser ausgebaute und leichter aktivierbare, fest im Hirn verankerte Straßen, auf denen sie dann auch immer besser vorankommen. Je komplizierter und verzweigter diese Straßennetze im Gehirn herausgebildet werden, desto mehr kann ein Kind dann im späteren Leben miteinander verbinden und in Beziehung setzen, desto umsichtiger und achtsamer wird es in seiner Wahrnehmung und desto vielfältiger und reichhaltiger wird das Spektrum der Reaktionen, die es zur Lösung von Problemen einsetzen kann."* (Hüther 2007, S. 12)

2 Partnerarbeit: Unsere geistigen Leistungen können durch entsprechendes Training positiv beeinflusst werden. Nehmen Sie diese Erkenntnis zum Anlass, für Ihren Sitznachbarn bzw. Ihre Sitznachbarin einen Gehirn-Trainingsplan zu erstellen! Überlegen Sie sich für jeden Wochentag eine Aufgabe, z. B. Montag: Ein Wort in chinesischen Schriftzeichen aufschreiben.

Literaturtipp
STERN, E./NEUBAUER, A.: *Intelligenz. Große Unterschiede und ihre Folgen.* München 2013. Intelligenz ist erblich. Doch das genetisch angelegte Potenzial eines Menschen kann sich nur dann entwickeln, wenn bestimmte Umweltbedingungen gegeben sind. Die Intelligenzforscher/-innen gehen u. a. auf die Fragen ein, wie es zu Intelligenz- und Begabungsunterschieden kommt, worin sich überdurchschnittlich begabte Menschen auszeichnen, wie Intelligenz und Erfolg zusammenhängen und welche Rolle Fleiß, Motivation und Kreativität dabei spielen. Ihre These: Nur eine Gesellschaft, die ihre Talente nutzt, kann erfolgreich sein.

8.1 Intelligenztheorien

Seit den 80er-Jahren wird der Intelligenzbegriff über die schulischen Hochleistungen hinausgehend definiert. Moderne Intelligenztheorien berücksichtigen erstmals Aspekte einer emotionalen, einer sozialen und einer erfolgreichen Intelligenz. Allerdings ist nach wie vor nicht geklärt, ob Intelligenz aus einem einzigen, allgemeinen, alles umfassenden Merkmal besteht oder aus vielen unabhängigen Fähigkeiten.
Jede Intelligenztheorie legt den Intelligenzbegriff unterschiedlich aus.

1. Zweifaktorentheorie der Intelligenz (Spearman)

Der englische Psychologe Charles SPEARMAN geht 1904 von einem *Generalfaktor*, dem sogenannten **g-Faktor** der Intelligenz aus. Dieser Faktor erfasst die allgemeine Intelligenz und liegt allen Intelligenzleistungen zugrunde. Leistungen hängen aber nicht nur von der allgemeinen Intelligenz, sondern auch von speziellen Fähigkeiten ab, die mit einzelnen Bereichen verbunden sind. Diese *speziellen Fähigkeiten* bezeichnet SPEARMAN als **s-Faktoren** (z. B. verbale Fähigkeiten).

RF **Einzelarbeit** 3

Nehmen wir an, Intelligenz besteht aus vielen spezifischen Fähigkeiten. Welche wären das? Schreiben Sie Ihre Ideen auf:

8

2. Kristalline und fluide Intelligenz (Cattell)

Der englische Persönlichkeitspsychologe Raymonde CATTELL unterteilt 1963 die allgemeine Intelligenz in *fluide* und *kristalline* Intelligenz:

- Die **fluide Intelligenz** beschreibt eine allgemeine, *angeborene Leistungsfähigkeit*. Sie erfasst die kulturunabhängige, kognitive Grundausstattung unserer geistigen Leistungsfähigkeit: die Anpassungsfähigkeit an neue Situationen sowie die Fähigkeit, Lösungen für neue Probleme zu finden. Frühere Lernerfahrungen spielen dabei keine oder nur eine geringe Rolle.
- Die **kristalline Intelligenz** umfasst alle Fähigkeiten, die über *Lernprozesse* erworben werden. Sie erfasst die kulturabhängige kognitive Grundausstattung unserer geistigen Leistungsfähigkeit, also das angehäufte Wissen aus den bisherigen Lernprozessen. Kristalline Fähigkeiten können über das Allgemeinwissen, Wortschatz- oder Rechentests ermittelt werden.

3. Primärfaktoren der Intelligenz (Thurstone)

Der US-amerikanische Ingenieur und Psychologe Louis THURSTONE führt 1938 viele beobachtete Einzelleistungen auf sieben voneinander unabhängige, grundlegende (primäre) geistige Fähigkeiten zurück:

7 Primärfaktoren

Intelligenz →
1. Räumliches Vorstellungsvermögen
2. Auffassungsgabe und Wahrnehmungsgeschwindigkeit
3. Sprachverständnis
4. Verbale Ausdrucksfähigkeit
5. Rechenfähigkeit
6. Gedächtnis
7. Schlussfolgerndes Denken (induktiv, deduktiv)

4. Theorie der multiplen Intelligenzen (Gardner)

Der US-amerikanische Psychologe und Neurologe Howard GARDNER meint ebenfalls, dass wir nicht nur über eine, sondern über **viele Intelligenzen** verfügen. Er beschreibt 1983 in seiner Theorie der multiplen Intelligenzen acht voneinander unabhängige Intelligenzformen und spricht erstmals von einer **inter- und intrapersonalen Intelligenz**, die bisher in noch keinem Modell berücksichtigt wurde:

8 Intelligenzformen

- **Sprachliche** Intelligenz: Sprachverstehen, Schreiben, Reden, Lesen
- **Logisch-mathematische** Intelligenz: logisches Schlussfolgern, Lösen von Gleichungen
- **Visuell-räumliche** Intelligenz: Stadtpläne interpretieren, Gegenstände ordnen
- **Musikalische** Intelligenz: Musikverständnis, Rhythmusgefühl, Gehör, Komponieren
- **Motorisch-kinästhetische** Intelligenz: Geschicklichkeit, Körperkontrolle, Tanzen, Turnen, Ballspiele
- **Interpersonale** Intelligenz: Einfühlung, Kommunikation
- **Intrapersonale** Intelligenz: Kenntnis der eigenen Stärken und Schwächen
- **Naturalistische** Intelligenz: Klassifikation und Verständnis von Strukturen und Vorgängen in der Natur

Gardner bewertet seine Intelligenzen nicht. Er meint, der Wert der jeweiligen Intelligenzform sei kontext- und kulturabhängig. Multiple Fähigkeiten können seiner Meinung nach zu einem erfolgreichen Leben beitragen. Der US-amerikanische Intelligenz- und Kreativitätsforscher Joy Paul GUILFORD spricht in seinem Intelligenzstrukturmodell sogar von bis zu 120 Intelligenzfaktoren.

5. Emotionale Intelligenz (Mayer/Salovey, Goleman)

Können Sie mit ihren Emotionen umgehen, sind Sie empathisch (einfühlsam) und verstehen Sie die Gefühle anderer? Sie wissen, wie Sie einer Mitschülerin Mut machen können und wie Sie Konflikte am besten lösen? Wenn ja, können Sie sich glücklich schätzen: Wem es gelingt, sein/ihr Verhalten intuitiv an die Gefühle anderer anzupassen, ist in zahlreichen Lebensbereichen erfolgreich, wie die Psychologieprofessoren John MAYER und Peter SALOVEY feststellten. Sie führten 1990 den Begriff der **emotionalen Intelligenz** ein. Darunter verstehen sie die Fähigkeit zu

- **Wahrnehmung:** Emotionen zu erkennen,
- **Ausdruck:** diese unmissverständlich mitzuteilen,
- **Verstehen:** die Emotionslage anderer richtig zu interpretieren und
- **Regulierung:** diese erfolgreich zu beeinflussen.

Für den US-amerikanischen Psychologen und Wissenschaftsjournalisten Daniel GOLEMAN, der den Begriff der emotionalen Intelligenz in seinem gleichnamigen Buch publik machte, setzt sich die emotionale Intelligenz aus fünf Teilbereichen zusammen:

- **Selbstbewusstsein:** die eigenen Emotionen richtig einzuschätzen,
- **Selbstmotivation:** sich für seine Arbeit begeistern zu können,
- **Selbststeuerung:** die eigenen Emotionen zu kontrollieren,
- **soziale Kompetenz:** die Fähigkeit, in Kontakt mit anderen Menschen zu treten, und
- **Empathie:** die Fähigkeit, sich in andere Menschen einzufühlen.

Literaturtipp
GOLEMAN, Daniel: *Emotionale Intelligenz*. München 2009. Daniel Goleman gründet seine Theorie auf aktuelle Daten der Hirnforschung.

6. Komponenten der Erfolgsintelligenz (Sternberg)

Für den US-amerikanischen Psychologen Robert STERNBERG (1997) ist Intelligenz die Fähigkeit, Erfolg zu haben. Dazu zählt die Begabung, die eigenen Stärken zu nutzen und eigene Schwächen zu kompensieren. Erfolg erfordert immer eine Balance von drei Komponenten: der *analytischen*, der *kreativen* und der *praktischen* Intelligenz.

- Die **analytische Intelligenz** (schulische, akademische Intelligenz) umfasst die schulische Problemlöseintelligenz. Sie kann durch Intelligenztests erfasst werden.
- Die **kreative Intelligenz** zeichnet sich durch die Anpassungsfähigkeit an neue Situationen und das Entwickeln neuer Ideen aus (▸ Kap. 7.3).
- Die **praktische Intelligenz** zeigt sich in der Bewältigung alltäglicher Erfordernisse und in der Ausführung alltäglicher Aufgaben.

RF Partnerarbeit 4

Was ist **künstliche Intelligenz**? Einigen Sie sich auf eine Definition und schreiben Sie sie auf! Vergleichen Sie Ihr Ergebnis mit der Lösung hinten im Buch.

7. Die neue Intelligenz (Flynn)

Der neuseeländische Wissenschaftler James FLYNN konnte zeigen, dass die durchschnittliche Leistung bei Intelligenztests im Laufe des 20. Jahrhunderts in den westlichen Gesellschaften permanent gestiegen ist (**Flynn-Effekt**). Dafür können folgende Gründe ausschlaggebend sein:

- Wir gehen heute länger in die Schule als noch vor 50 Jahren.
- Kinder werden heute in eine abwechslungsreichere, anregendere Umwelt hineingeboren.
- Die zunehmende Technisierung des Alltags (Internet, Handys etc.) zwingt uns, immer Neues zu lernen.
- Informationen sind dank Internet leichter und schneller verfügbar. Dadurch nimmt unser Wissen zu.

8.2 Intelligenzmessung

Definition
INTELLIGENZTESTS streben an, die geistige Leistungsfähigkeit nach normierten Kriterien zu ermitteln.

Seit etwa einem Jahrhundert versucht man die intellektuellen Fähigkeiten eines Individuums mittels Intelligenztests zu ermitteln. Die Ursprünge der Intelligenzmessung gehen auf den französischen Psychologen BINET zurück. Die Intelligenzforscher TERMAN, STERN und WECHSLER entwickelten Binets Ansatz schließlich weiter.

Der Binet-Simon-Test

Der französische Psychologe Alfred BINET entwickelte gemeinsam mit seinem Kollegen Théodore SIMON 1904/05 den ersten Intelligenztest. Der Binet-Simon-Test umfasst Testfragen in Form von Denk- und Problemlöseaufgaben, die das **Intelligenzalter** der Schüler/-innen, also die intellektuellen Leistungen, zu denen ein/eine Schüler/-in im jeweiligen Lebensalter fähig sein muss, ermitteln. Das **Lebensalter** entspricht den Fähigkeiten, die für ein bestimmtes Alter typisch sind: Mit drei Jahren beispielsweise sollte ein Kind bereits im Stande sein, auf Nase, Augen und Mund zu zeigen. Wenn ein 10-jähriges Kind bloß die Leistungen eines 8-jährigen vollbringt, hat es ein Intelligenzalter von 8. Je mehr sich das Intelligenzalter vom Lebensalter unterscheidet, desto mehr weicht die Intelligenzleistung vom Durchschnitt der Altersgruppe ab.

Binet warnte davor, Intelligenz als genetisch fixierte, angeborene Eigenschaft zu sehen. Mit dem Test soll keinesfalls eine angeborene Intelligenz gemessen, sondern bloß schulischer Erfolg vorhergesagt werden, um die Kinder entsprechend fördern zu können. Um eine Prognose für den Schulerfolg abgeben zu können, wird das Intelligenzalter mit dem Lebensalter verglichen.

Der Stanford-Binet-Test

BINETS Test wurde dennoch bald als Maß für vererbte Intelligenz herangezogen: Der US-amerikanische Psychologe und Stanford-Professor Lewis TERMAN vertrat die Idee einer angeborenen Intelligenz und machte von Binets Test Gebrauch, um diese zu messen. Er entwickelte Binets Test weiter, passte ihn an US-amerikanische Verhältnisse an, erweiterte ihn mit Aufgaben für Erwachsene und nannte die modifizierte und neu adaptierte Fassung „Stanford-Binet-Intelligenztest“ (1937). Dieser wurde nun als Standardinstrument in der klinischen Psychologie, in der Psychiatrie sowie in der Schulberatung eingesetzt. Terman trat jedoch dafür ein, den Intelligenztest weiter zu verbreiten, und unterstützte die Idee der Eugenik. Eugenik war eine moralisch fragwürdige humangenetische Bewegung, die dafür eintrat, Menschen mit günstigen Erbanlagen zur Fortpflanzung zu ermutigen und nachteilige Gene (Schwachsinn, Kriminalität) – beispielsweise über Zwangssterilisation – auszuschalten. Die Intelligenzmessung sollte dazu beitragen, gute sowie schlechte Erbanlagen zu ermitteln.

Terman musste aber schließlich eingestehen, dass die Ergebnisse der Intelligenztests nicht nur eine angeborene intellektuelle Fähigkeit aufzeigen, sondern auch eine stark kulturabhängige Komponente aufweisen. Das wiederholt schlechtere Abschneiden sämtlicher Volks- und Einwanderergruppen konnte nämlich nur auf die unterschiedlichen Anforderungen in den verschiedensten Kulturen zurückgeführt werden.

Die Berechnung des Intelligenzquotienten (IQ)

Der deutsche Psychologe William STERN prägte 1912 den Begriff des **Intelligenzquotienten** (IQ). Der Intelligenzquotient gibt den Grad der Intelligenz an und vergleicht diesen mit durchschnittlichen Werten einer Altersstufe. Der IQ ergibt sich aus dem Intelligenzalter eines Menschen, geteilt durch sein Lebensalter, multipliziert mit 100 (um das Komma zu vermeiden).

- Ein durchschnittlicher Mensch, dessen Intelligenzalter und Lebensalter ident sind, hat einen IQ von 100.
- Ein 8-jähriges Kind, das Aufgaben auf dem Niveau eines 10-jährigen Kindes löst, hat einen IQ von 125 (10/8 x 100 = 125).
- Ein 8-jähriges Kind, das die intellektuelle Leistung eines 6-jährigen Kindes erbringt, hat den IQ von 75 (6/8 x 100 = 75).

$$IQ = \frac{\text{IA (Intelligenzalter)}}{\text{LA (Lebensalter)}} \times 100$$

Die Normalverteilung des Intelligenzquotienten

1932 entwickelte der US-amerikanische Psychologe David WECHSLER den **Abweichungs-IQ**. Er erstellte eine Intelligenzskala, in der ein IQ von 100 als durchschnittlich gilt, und definierte eine Standardabweichung von 15 Intelligenzpunkten. Diese Normalverteilung des Intelligenzquotienten zeigt, dass sich der Großteil der Bevölkerung im IQ-Bereich zwischen 85 und 115 bewegt. Dieser Bereich definiert die Normalbegabung. Der Intelligenzbereich zwischen 55 und 70 gilt als weit unterdurchschnittlich, 70 bis 85 sind unterdurchschnittlich, 115 bis 130 überdurchschnittlich und ab 130 spricht man von weit überdurchschnittlicher Intelligenz.

Definition
Eine STANDARDABWEICHUNG ist die durchschnittliche Entfernung vom Mittelwert.

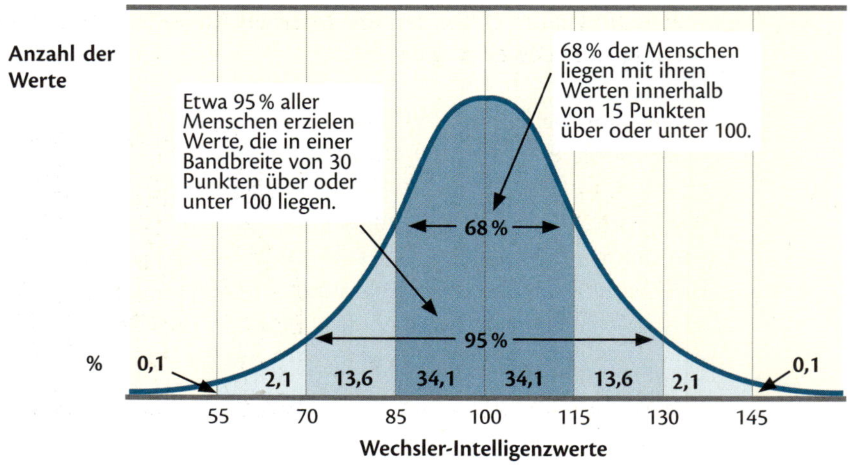

Normalverteilung des Intelligenzquotienten

Filmtipp
Forrest Gump (USA 1994, Regie: Robert ZEMECKIS): Forrest Gump erzählt auf einer Parkbank seine Lebensgeschichte: Als kleiner, unterdurchschnittlich intelligenter Junge, der beinahe nicht zum Schulunterricht zugelassen wird, arbeitet er sich vom Football-Star, Vietnamkriegs-Kämpfer, Ping-Pong-Meister und Dauerläufer zum Multimillionär hinauf.

Der Hamburg-Wechsler-Intelligenztest

Im deutschsprachigen Raum wird heute der HAWIE-R, der „Hamburg-Wechsler-Intelligenztest für Erwachsene", am häufigsten eingesetzt (das „R" steht für die Revision von 1991). Dieser Test bestimmt

- einen allgemeinen Intelligenzwert,
- einen sogenannten Verbalwert
- und einen nonverbalen Handlungswert.

Jeder Teil besteht aus mehreren Fragen oder Beispielen mit ansteigendem Schwierigkeitsgrad.
Der **Verbalwert** ist vom Bildungsgrad und den Lernerfahrungen der Testperson abhängig und enthält z. B. Fragen wie „Erklären Sie den Begriff *Nihilismus*" oder „Was bedeutet das Sprichwort *Stille Wasser sind tief?*"
Für den **Handlungswert** bekommt die Testperson z. B. Puzzleteile, die zu einer Figur zusammengelegt werden sollen, oder eine zu ordnende Bildergeschichte. Dabei wird zusätzlich die Lösungsgeschwindigkeit bewertet.

Der HAWIE-R entspricht den drei wissenschaftlichen Hauptgütekriterien *Validität* (Gültigkeit), *Reliabilität* (Zuverlässigkeit) und *Objektivität*. Anhand dieser Kriterien kann prinzipiell die Glaubwürdigkeit von Intelligenztests eingestuft werden. Dennoch gibt es einige Aspekte, die in Intelligenztests unberücksichtigt bleiben:

Fehlende Aspekte in Intelligenztests

unberücksichtigte Fähigkeiten

- Intelligenztests erfassen nicht alle Fähigkeiten, die der Begriff Intelligenz einbezieht, denn sie messen vorwiegend kognitive Fähigkeiten (z. B. logisches Denken, räumliches Vorstellungsvermögen, Sprachverständnis), also unsere analytische Intelligenz. Sie berücksichtigen aber weder Kompetenzen, die für unser Alltagsleben ebenso wichtig sein können, noch besondere Fähigkeiten wie die des Dirigenten Herbert von Karajan, des Schwimmathleten Michael Phelps oder der Malerin Frida Kahlo. Folgende **Fähigkeiten** bleiben **unberücksichtigt**, da sie schwer zu erheben sind: emotionale und soziale Kompetenzen, Lebenserfahrung, Kreativität und Originalität, Musikalität, Kunstbegabung, Bewegungsfähigkeit sowie die Begabung, mit komplexen Situationen umzugehen, die Engagement, Motivation und Verantwortungsgefühl voraussetzen.

keine Vorhersagekraft

- Intelligenztests haben einen relativ **geringen Prognosewert** für schulischen, beruflichen oder privaten Erfolg. Für den Erfolg spielen emotionale und soziale Kompetenzen eine viel größere Rolle, etwa die Fähigkeit, sein Verhalten intuitiv an die Gefühle anderer anzupassen.

keine Allgemeingültigkeit

- Es gibt keine allgemeingültige Definition für Intelligenz. Sie wird je nach Theorie unterschiedlich **interpretiert**. Jeder Intelligenztest misst etwas anderes.

Instabilität

- Unsere Intelligenzleistung kann sich im Laufe der Zeit durch entsprechende Fördermaßnahmen **verändern**.

subjektives Befinden

- Das **subjektive Befinden** (beispielsweise Nervosität, Müdigkeit oder Stress) am Testtag kann das Testergebnis beeinflussen.

Schichtabhängigkeit

- Intelligenztests orientieren sich meist am Erfahrungsbereich (Wissen und sprachliche Fähigkeiten) der **Mittelschicht**.

Kulturabhängigkeit

- In jeder Kultur gelten andere **Normen** für intelligentes Verhalten. Ergebnisse lassen sich daher nur schwer vergleichen.

RF Gruppenarbeit **5**

a) Stimmen Sie folgender Aussage zu? „Je höher der Intelligenzquotient, desto erfolgreicher (beruflich/privat) im Leben." Diskutieren Sie in Kleingruppen!
b) Beschreiben Sie die Karikatur.
- Finden Sie eine passende Überschrift.
- Was möchte der/die Illustrator/-in aussagen?
- Wie beurteilen Sie die Aussage?

8

8.3 Hochbegabung

Marie Curie (1867–1934, Physikerin)

Hochbegabte Helden/-innen werden in Film und Fernsehen gern als Hauptfiguren eingesetzt: Malcolm beispielsweise in der US-amerikanischen TV-Comedy-Serie *Malcolm mittendrin* oder der geniale Mathematiker John Nash im Film *A Beautiful Mind – Genie und Wahnsinn*. Hochbegabte und Genies wie der Mathematiker John Nash, das Kunstgenie Pablo Picasso, das Wunderkind Wolfgang Amadeus Mozart, der Erfinder Thomas Alva Edison oder die Nobelpreisträgerin Marie Curie sind unentbehrliche Persönlichkeiten für Kultur, Wissenschaft und Forschung. Sie zeigen außergewöhnliche Begabungen und sind intelligenter als der Durchschnitt.

Hochbegabte findet man unter den unauffälligen Schülern/-innen genauso wie unter den rebellierenden, denn Hochbegabte unterscheiden sich hinsichtlich Persönlichkeit und Temperament. Allen gemeinsam sind jedoch folgende Merkmale:
- frühreife, ausgeprägte Entwicklung
- hohe Lerngeschwindigkeit
- besondere Informations- und Verarbeitungskapazitäten
- Wissbegierde
- herausragende Gedächtnisleistungen

Hochbegabung kann nicht an schulischen Erfolgen gemessen werden. Es gibt nämlich zahlreiche Beispiele für Hochbegabte, die in der Schule versagt haben, während andere wiederum schulisch äußerst erfolgreich waren. Schüler/-innen mit schlechten schulischen Leistungen, aber einem entsprechenden Leistungs*potenzial* werden daher als hochbegabt anerkannt.

Hochbegabung kommt auch in anderen Fähigkeitsbereichen wie dem Sport vor: Von Hochbegabung ist dann die Rede, wenn in mindestens einem Fähigkeitsbereich – sei dieser intellektueller, sozialer, motorischer oder künstlerischer Natur – auf Dauer gesehen überdurchschnittliche bzw. außergewöhnliche Leistungen erbracht werden. Nach STERNBERG gilt eine Person als hochbegabt, wenn sie eine *„nachweisbare Leistung erbringt, die in Relation zu einer geeigneten Bezugsgruppe exzellent, selten, produktiv und wertvoll ist."* (Holling 1999, S. 5f)

Definition von Hochbegabung

Als weitgehend anerkannte Definition für Hochbegabung gilt die Definition des früheren US-amerikanischen Unterrichtsministers Sidney P. MARLAND: *„Kinder, die zu hohen Leistungen fähig sind, schließen solche mit gezeigten Leistungen und/oder mit potentiellen Fähigkeiten in irgendeinem der folgenden Bereiche mit ein:*

- *Allgemeine intellektuelle Fähigkeiten*
- *Spezifische akademische (schulische) Eignung*
- *Kreativität und produktives Denken*
- *Führungsfähigkeiten*
- *Bildnerische und darstellende Künste*
- *Psychomotorische Fähigkeiten."* (Feger 1998, S. 34)

Hochbegabungsmodelle

Hochbegabungsmodelle definieren Hochbegabung und versuchen zu erklären, wie sie sich entwickelt. Termans *Einfaktorentheorie* wird von *Mehrfaktorentheorien* unterschieden.

1. TERMANS Einfaktorentheorie

TERMANS Einfaktorentheorie geht davon aus, dass Hochbegabung biologisch bestimmt ist. Er definiert Hochbegabung oder Genialität (wie er sie nennt) über den Intelligenzquotienten, der 135 oder höher sein muss. Für ihn ist ausschließlich die Höhe des Intelligenzquotienten ein Indiz für Hochbegabung, alle anderen Faktoren (Umwelteinflüsse, Persönlichkeitsmerkmale) bezieht er in die Erklärung von Hochbegabung nicht mit ein.

2. Mehrfaktorentheorien

Klaus Pitter

Mehrfaktorentheorien gehen bei der Erklärung von Hochbegabung nicht von einem alleinigen Faktor für Intelligenz, sondern von mehreren Einzelfaktoren aus. Die Modelle von WIECZERKOWSKI & WAGNER, URBAN, GAGNÉ und den Münchner Hochbegabungsforschern HELLER, PERLETH und HANY erweiterten z. B. den Begabungsbegriff. Sie integrieren die musikalischen, künstlerischen und psycho-motorischen Leistungsbereiche in ihre Modelle: Hochbegabung wird von der Münchner Forschungsgruppe entsprechend ihres Modells *„als individuelle kognitive, motivationale und soziale Möglichkeit betrachtet, Höchstleistungen in einem oder mehreren Bereichen zu erbringen, z. B. auf mathematischem, sprachlichem oder künstlerischem Gebiet."* (Holling 1999, S. 19) Die meisten Modelle gehen heute davon aus, dass besondere Fähigkeiten veranlagt sind, betonen aber, dass sowohl Persönlichkeitsfaktoren (Motivation, Ausdauer) als auch förderliche, unterstützende Umweltfaktoren (Personen, Ereignisse) notwendig sind, damit sich Hochbegabung entwickeln kann.

Gagnés differenziertes Begabungs- und Talentmodell

Der US-amerikanische Psychologe Robert Gagné sieht Hochbegabung als angeborenes Phänomen. In seinem Modell legt er daher besonderen Wert auf die Unterscheidung von *Begabung* und *Talent*:

überdurchschnittliche Kompetenz

- Unter **Begabung** versteht Gagné angeborene, noch nicht entwickelte Fähigkeiten in unterschiedlichen Bereichen – allgemein, intellektuell, kreativ, sozio-emotional und sensomotorisch. Diese Fähigkeiten können auch ohne gezielte Förderung von außen ein hohes Potenzial erreichen.

überdurchschnittliche Performanz

- **Talente** sind für Gagné ausgeführte außergewöhnliche Leistungen, die eine Person zum Experten bzw. zur Expertin auf einem bestimmten Gebiet machen. Das Talent kann beispielsweise in der Kunst, im Sport, im Handel, in der Kommunikation, im Handwerk, im Gesundheitsdienst oder in der Wissenschaft sichtbar werden. Talente entstehen also, wenn angeborene Begabungen durch Lernen, Trainieren oder Üben entfaltet werden.

Gagné betont den Prozesscharakter von Fähigkeiten und Talenten:
- **Begabung** in bestimmten Fähigkeitsbereichen ist der Ausgangspunkt.
- Über den **Weg** des systematischen Lernens, des Trainings und der Übung
- entstehen **Talente** in diesen Bereichen.

Dass Talente sich entwickeln, hängt ab
- von der Unterstützung durch das **soziale Umfeld** (Personen, Orte, Ereignisse, Zufälle) und
- von **intrapersonalen Faktoren** wie *Motivation* (Interesse, Ausdauer) sowie *Persönlichkeit* (Autonomie, Selbstvertrauen).

Gagné folgert, dass eine talentierte Person immer auch begabt ist, nicht jede begabte Person jedoch auch talentiert.

Klaus Pitter

8

Möglichkeiten der Hochbegabtenförderung an der Schule

- **Akzeleration oder Beschleunigung:** Akzeleration bedeutet ein schnelleres Durchlaufen der Schullaufbahn durch frühe Einschulung oder das Überspringen von Klassen. Diese Form der Förderung kommt vor allem Hochbegabten mit hoher Lerngeschwindigkeit zugute.
- **Enrichment oder Anreicherung:** Im Gegensatz zur Akzeleration wollen Enrichmentprogramme das normale Unterrichtsangebot nicht ersetzen, sondern ergänzen. Der Lehrstoff wird beispielsweise über Gruppenprojekte, Wahlfächer, Schülerakademien, Wettbewerbe, Sommercamps, Exkursionen oder Praktika erweitert oder vertieft.
- **Individualisierung und Differenzierung** zählen zu innerschulischen Fördermethoden, die der Lehrperson erlauben, auf die individuellen Fähigkeiten jedes Schülers und jeder Schülerin einzugehen. *Individualisierung* meint die Berücksichtigung der individuellen (Persönlichkeits-)Unterschiede der Schüler/-innen. Der Begriff *Differenzierung* bezieht sich auf eine vielfältige Auswahl an Lehr- und Lernmethoden (offener Unterricht, kooperatives Lernen etc.).

Filmtipp
Alphabet (Österreich 2013, Regie: Erwin Wagenhofer). „Bei ihrer Geburt sind 98 % der Menschen hochbegabt. Nach der Schulzeit sind es nur noch 2 %." Auf dieser Erkenntnis basierend hinterfragt der Dokumentarfilm die Denkstrukturen, die hinter unserem Bildungssystem stecken und plädiert für einen radikal anderen Zugang zum Thema Bildung. Er lässt Experten zu Wort kommen (u. a. Gerald Hüther, Arno Stern), die den steigenden Leistungsdruck kritisieren und mehr Raum für kreatives Denken sowie das Ausschöpfen der individuellen Potenziale fordern.

Hohe intellektuelle Begabung besteht unter anderem auch in der Fähigkeit, sich in neuen Situationen zurechtzufinden und neuartige Anforderungen zu bewältigen.
Während Hochbegabte sich also generell durch außergewöhnliches Problemlösevermögen auszeichnen, besitzen sogenannte **Savants** (▸ Kap. 8.4) meist nur in einem einzigen Teilbereich herausragende Fähigkeiten und sind in den restlichen Bereichen häufig stark eingeschränkt.

8.4 Das Savant-Syndrom

Definition
Ein SAVANT (franz. *savant:* wissend, gelehrt) ist eine Person mit meist eingeschränkten kognitiven Fähigkeiten, die in einem Teilbereich über eine herausragende Begabung verfügt.

Was ergibt 67^{33}? Rüdiger Gamm, ein sogenannter **Savant**, kann innerhalb weniger Sekunden das Ergebnis nennen: 67^{33} sind 1 Decillion, 821 Nonilliarden, 664 Nonillionen, 894 Oktilliarden, 730 Oktillionen, 78 Septilliarden, 753 Septillionen …

Menschen mit **Savant-Syndrom** zeichnen sich durch eine unglaublich ausgeprägte Begabung – eine *Inselbegabung* – in einem einzigen Teilbereich aus, etwa in Mathematik oder bildender Kunst, sind ansonsten aber meist auf die Hilfe anderer angewiesen. Weltweit gibt es rund 100 Savants, 6 von 7 sind Männer. Savants sind in der Lage, sich innerhalb kürzester Zeit ohne Lernaufwand besondere Fähigkeiten anzueignen – beispielsweise Klavier zu spielen oder Isländisch zu sprechen.

Definition
AUTISMUS ist eine Entwicklungsstörung, die sich durch gestörtes Sozialverhalten kennzeichnet. Autisten/-innen haben Schwierigkeiten, sich in die Gefühlswelt anderer hineinzudenken.

Etwa die Hälfte der Savants sind jedoch **Autisten/-innen**, sehr häufig ist bei ihnen das zentrale Nervensystem beeinträchtigt. Die schwere Hirnschädigung verursacht eine starke Einschränkung in vielen Bereichen und kann eine kognitive Behinderung zur Folge haben. Viele Savants finden dennoch ihren Platz im Leben, wenn auf ihre Defizite Rücksicht genommen wird und sie die Möglichkeit bekommen, ihre Fähigkeiten entsprechend einzusetzen.

„Rain Man" Kim PEEK

Einzelarbeit 6

Überlegen Sie, wie viele Minuten Sie brauchen, um acht Buchseiten zu lesen! Wie lange, meinen Sie, braucht eine Person mit einem perfekten Gedächtnis dafür?

Kim Peek lebte in Salt Lake City und konnte etwa 12 000 Bücher Wort für Wort auswendig, kannte unzählige Geschichtsdaten und nannte zu jedem Kalender-Datum den Wochentag – und das alles, ohne nachzudenken. Er speicherte beliebige Melodien, Namen, das Straßennetz aller Staaten und selbst das komplette Fernsehprogramm wie auf einer Festplatte. Er las Buchseiten parallel: Während das eine Auge mit der linken Seite beschäftigt war, scannte das andere die rechte Seite. Den Inhalt einer Buchseite speicherte er in etwa acht Sekunden.

Die Ursache dafür ist vermutlich eine eingeschränkte Funktion der neuronalen Verbindungen bzw. eine Fehlschaltung im Gehirn. Der US-amerikanische Neurologe und Psychiater Darold TREFFERT und der australische Hirnforscher Allan SNYDER stellten fest, dass bei den meisten Savants die linke Gehirnhälfte sowie das Corpus callosum, das die beiden Gehirnhälften miteinander verbindet (▸ Kap. 2.3), geschädigt ist. Bei Kim Peek fehlte das Corpus callosum gänzlich. Auf diese Weise könnte Peeks Vermögen, zwei Buchseiten gleichzeitig zu lesen, erklärt werden: Denn wenn man etwas mit nur einem Auge wahrnimmt, wird dies auch in nur einer Gehirnhälfte verarbeitet.

Filmtipp
Rain Man (USA 1988, Regie: Barry LEVINSON). Als der Vater stirbt, erfährt der selbstverliebte Charlie von seinem autistischen Bruder Raymonde, der 3 Millionen Dollar geerbt hat. Charlie entführt seinen Bruder aus der Klinik, um damit das Geld von seinen Anwälten zu erpressen. Auf einer Reise muss sich Charlie immer mehr an die besonderen Gewohnheiten und den Rhythmus seines Bruders gewöhnen. Er lernt seinen Bruder kennen und möchte schließlich das Sorgerecht für ihn erkämpfen.

Allan SNYDER meint, es sei faszinierend, dass man einen Teil des Gehirns abschalten müsse, um savanthafte Fähigkeiten zu entwickeln. Auch der Forscher Michael FITZGERALD aus Dublin vermutet neuronale Fehlschaltungen im Gehirn als Ursache für Autismus und das Savant-Syndrom. Er meint, viele Genies wie Mozart, Einstein oder Newton hätten ausgeprägten Autismus aufgewiesen.

Dustin Hoffman als „Rain Man"

Unsere Großhirnrinde speichert zwar alles, was wir in Worte fassen können, aber normalerweise können wir wenig später nur noch auf einen Bruchteil davon zugreifen. Wir blenden Millionen von Details aus, um uns auf das Wesentliche konzentrieren zu können: Unser Gehirn verarbeitet zwar weit mehr Informationen, als das Bewusstsein wahrnimmt, aber bewusst gesehen und gehört wird trotzdem nur das, was das Gehirn aus den eingehenden Signalen herausfiltert, weil es momentan von Bedeutung ist (▸ Kap. 3.2). Aus unerklärlichen Gründen arbeiten bei Kim Peek die **unbewussten Filtersysteme**, mit denen wichtige Informationen zusammengefasst sowie bewertet werden und die Unwichtiges wieder vergessen lassen, nicht. Kim Peeks Gehirn filtert nicht, es speichert einfach alles.

Ursachen für Sonderbegabungen

Die genauen Ursachen des Savant-Syndroms sind nach wie vor ungeklärt. Es konnte jedoch festgestellt werden, dass viele Savants ihre außergewöhnlichen Fähigkeiten erst nach einer Hirnverletzung, ausgelöst durch einen Unfall oder einen Schlaganfall, entwickelten. Orlando Serrell etwa war zehn Jahre alt, als ihn ein Baseball an der Schläfe traf. Erst ein Jahr später bemerkte er, dass er sich seit dem Tag des Unfalls an jedes Detail jedes Tages in seinem Leben erinnern konnte: an das Datum, den Wochentag, an das Wetter, was es zu essen gab und welche Farbe die Socken seiner Schwester hatten. Orlando Serrell zählt zu einem sogenannten **Acquired Savant**, dessen Fähigkeit sich durch einen Unfall erst entwickelte. Zahlreiche Forscher/-innen sehen in den Acquired Savants den Beweis, dass wir alle savanthafte Fähigkeiten besitzen, unser Gehirn sie aber absichtlich unterdrückt.

Das automatische Gedächtnis

Wir wissen intuitiv, wie man mit Messer und Gabel isst und wie Radfahren funktioniert. 90 % unserer Handlungen und Reaktionen werden von unbewussten Gedächtnisspeichern ausgeübt. Es gibt wenige Dinge, die wir tatsächlich bewusst ausführen. Unser **automatisches Gedächtnis** (▸ Kap. 4.1) macht das möglich. Dieselben automatischen Gedächtnisspeicher, die wir fürs Autofahren oder Radfahren verwenden, nutzen Savants für ihre Fähigkeiten: Faktenwissen, Rechnen oder Zeichnen. Für Rüdiger Gamm ist Rechnen beispielsweise so einfach wie Radfahren. Bei leichteren Aufgaben aktiviert er die typischen Rechenkopfareale, allerdings *weniger* als der/die Durchschnittsrechner/-in. Denn je besser wir etwas können, desto weniger Nervenzellen müssen dafür aktiviert werden (▸ Kap. 2.2). Aufgaben, die wir unbewusst und routiniert, ohne nachzudenken lösen, sind stoffwechselphysiologisch unkompliziert und unaufwendig. Bei neuen, wichtigen Dingen hingegen müssen Netzwerke der Großhirnrinde auf komplizierte Art und Weise aktiviert werden.

RP Einzelarbeit **7**

Welche Ursachen werden für das Savant-Syndrom genannt? Fassen Sie die neurologischen Erkenntnisse in drei Punkten zusammen!

Dokumentations-Tipp
Expedition ins Gehirn. Eine Reise in die mysteriöse Welt der Superbegabten (Deutschland 2006, Regie: Petra Höfer, Freddie Röckenhaus). In drei Filmen begleiten Savants international führende Wissenschaftler/-innen durch die geheimnisvolle Welt der Gehirnforschung. Folge 1: Gedächtnis-Giganten beschäftigen sich mit dem Phänomen „Gedächtnis". Folge 2: „Der Einstein-Effekt" untersucht die Kreativität. Folge 3: „Der große Unterschied" interessiert sich für die Unterschiede zwischen Männer- und Frauen-Gehirnen.

David Tammet, vom Savant-Syndrom betroffen, hat das Glück, nicht unter einer der besonders schweren Behinderungen zu leiden, die häufig mit Begabungen wie den seinen einhergehen. Es handelt sich bei ihm um eine relativ leichte Form von Autismus, von der etwa jeder 300. Mensch in Großbritannien betroffen ist und die sich z. B. in dem starken Drang äußert, systematische Regeln und Muster zu erkennen. Tammet beschreibt seine besondere Begabung für Zahlen selbst:

„Ich wurde am 31. Januar 1979 geboren – einem Mittwoch. Ich weiß, es war ein Mittwoch, denn in meiner Vorstellung ist der Tag blau, und Mittwoch ist immer blau – wie die Zahl Neun oder der Klang lauter, streitender Stimmen. Mir gefällt mein Geburtsdatum, weil ich die meisten Zahlen darin als glatte, runde Formen vor mir sehen kann – so wie Kieselsteine an einem Strand. Das liegt daran, dass es Primzahlen sind: 31, 19, 197, 97, 79 und 1979 lassen sich alle nur durch sich selbst und durch eins teilen. Ich kann jede Primzahl bis 9973 an ihrer ‚kieselsteinartigen' Beschaffenheit erkennen. So arbeitet mein Gehirn. (...) Zahlen sind meine Freunde und sie sind ständig um mich. Jede ist einzigartig und hat ihre ganz eigene ‚Persönlichkeit'. Elf ist freundlich und Fünf ist laut, während Vier still und schüchtern ist – sie ist meine Lieblingszahl, vielleicht weil sie mich an mich selbst erinnert. Einige Zahlen sind groß, wie 23, 667, 1179, andere klein, wie 6, 13, 581. Einige sind schön, wie 333, und einige hässlich, wie 289. Für mich ist jede Zahl etwas Besonderes."

„Solange ich mich erinnern kann, habe ich Zahlen auf eine visuelle, synästhetische Weise wahrgenommen. Zahlen sind meine Hauptsprache, in der ich oft denke und fühle. Es ist manchmal schwierig für mich, Emotionen zu verstehen oder darauf zu reagieren, deshalb helfe ich mir oft mit Zahlen. Wenn ein Freund sagt, er sei traurig oder niedergeschlagen, stelle ich mir vor, dass ich in der dunklen Leere der Zahl Sechs sitze, um seine Gefühle nachzuempfinden und zu begreifen. Wenn ich in einem Artikel lese, dass jemand sich durch etwas eingeschüchtert fühlt, stelle ich mir vor, neben der Zahl Neun zu stehen. Wenn jemand seinen Besuch an einem wunderschönen Ort beschreibt, erinnere ich mich an meine Zahlenlandschaften und welche Glücksgefühle sie in mir auslösen. Auf diese Weise tragen Zahlen tatsächlich dazu bei, dass ich andere Menschen besser verstehe." (Tammet 2007, S. 15 f, S. 21)

Wiederholen

RP

1. Wie wird Intelligenz in den verschiedenen Theorien definiert?
2. Was unterscheidet TERMANS von BINETS Zugang zur Intelligenzmessung?
3. Beschreiben Sie WECHSLERS Normalverteilung des Intelligenzquotienten.
4. Welche Kriterien muss ein Intelligenztest erfüllen, um als wissenschaftlich anerkannt zu gelten?
5. Welche Aspekte werden bei der herkömmlichen Intelligenzmessung nicht berücksichtigt und warum nicht?
6. An welchen Merkmalen würden Sie eine hochbegabte Person erkennen?
7. Worin unterscheiden sich TERMANS Einfaktorentheorie und GAGNÉS Mehrfaktorentheorie der Hochbegabung?
8. Was versteht man unter dem Savant-Syndrom?
9. Was haben unbewusste Filtersysteme mit herausragenden Gedächtnisleistungen zu tun?

Verstehen

RF

»*Die akademische Intelligenz im Sinne schulischer Leistungen hat mit dem Gefühlsleben kaum etwas zu tun. Die Begabtesten unter uns können an den Klippen ungezügelter Leidenschaft und ungestümer Impulse scheitern; Menschen mit einem hohen IQ kommen in ihrem Privatleben manchmal erstaunlich schlecht zurecht. Es ist eines der offenen Geheimnisse der Psychologie, dass Punktbewertungen – sei es der IQ oder der Schuleignungstest SAT – ungeachtet des Nimbus, der sie umgibt, kaum etwas über den späteren Erfolg im Leben vorhersagen können. Gewiss besteht für große Gruppen, insgesamt gesehen, ein Zusammenhang zwischen IQ und Lebensumständen: viele mit sehr niedrigem IQ enden in niedrigen Stellungen, und solche mit hohem IQ erreichen zumeist gutbezahlte Jobs – aber nicht immer. Die Ausnahmen von der Regel, dass der IQ den Erfolg vorhersagt, sind zahlreicher als die Fälle, die der Regel entsprechen. Der IQ trägt höchstens 20 Prozent zu den Faktoren bei, die den Lebenserfolg ausmachen, so dass über 80 Prozent auf andere Kräfte zurückzuführen sind. Ein Beobachter bemerkt dazu: „Die gesellschaftliche Nische, in der man schließlich landet, hängt ganz überwiegend von anderen Faktoren als dem IQ ab, und die reichen von der Klassenzugehörigkeit bis zum Zufall.“ Das geben sogar Richard Herrnstein und Charles Murray zu, die dem IQ in ihrem Buch* The Bell Curve *größte Bedeutung unterstellen, wenn sie schreiben: „Ein Erstsemester, der beim SAT in Mathe mit 500 abschneidet, sollte sein Herz vielleicht nicht daran hängen, Mathematiker zu werden; falls er aber wünscht, eine eigene Firma aufzumachen, US-Senator oder Millionär zu werden, sollte er seine Träume nicht begraben … Der Zusammenhang zwischen Testergebnissen und den entsprechenden Leistungen verblasst neben der Gesamtheit der Eigenschaften, die er sonst noch mitbringt …“*«

(GOLEMAN, Daniel: Emotionale Intelligenz. München 2001, S. 54)

- **Welcher Bereich der Intelligenz wird hier angesprochen?**
- **Inwiefern hängen Intelligenzquotient und Erfolg im Leben (nicht) zusammen?**
- **Welche Faktoren werden als entscheidend für Erfolg genannt?**
- **Wie aussagekräftig sind Testergebnisse für den weiteren Lebensweg?**

Anwenden

T

Erstellen Sie zu zweit ein **Kreuzworträtsel** zu den Inhalten des Kapitels *Intelligenz*. Finden Sie jeweils 15 Fragen oder Aussagen, die zu einem bestimmten Begriff führen oder eine Person beschreiben. Geben Sie jeweils die Kästchen mit der richtigen Anzahl Buchstaben für die Antwort in der Anordnung eines Kreuzworträtsels vor. Tauschen Sie anschließend mit zwei anderen Mitschülern/-innen und lösen Sie deren Rätsel.

9. Entwicklung

„Jede menschliche Entwicklung strebt einem Ziel zu."
Carl Gustav Jung (Begründer der Analytischen Psychologie, 1875–1961)

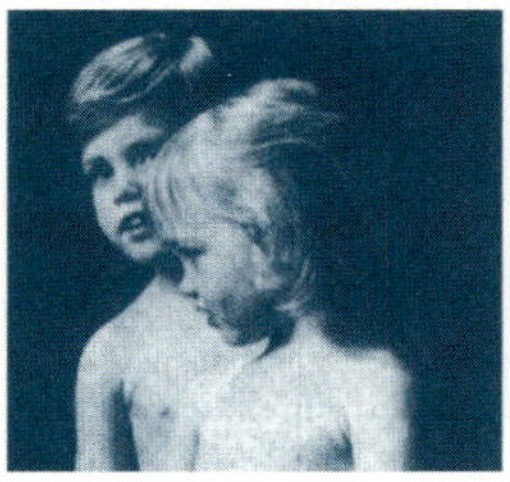    

Verschiedene Umstände haben in den letzten Jahren zweifellos dazu geführt, dass Sie sich verändert haben. Wir befinden uns in einem ständigen Wandlungsprozess. Die **Entwicklungspsychologie** interessiert sich für die körperlichen, psychischen und sozialen Veränderungen im Laufe unseres Lebens.

Als **Ursachen für Veränderungen** sieht sie
(1) biologisch gesteuerte Prozesse (Wachstum und Reifung),
(2) Umweltbedingungen (Lernen, Erfahrung) und
(3) aktive Selbstgestaltung an (▸ Kap. 9.2).

Die **Entwicklungspsychologie** untersucht weiters den Verlauf des menschlichen Lebenszyklus', beginnend beim pränatalen (vorgeburtlichen) Stadium über den Säugling zum alten Menschen bis zum Tod (▸ Kap. 9.8).

Entwicklung ist ein lebenslanger dynamischer Prozess. Bereits vor der Geburt wird unsere körperliche und psychische Entwicklung beeinflusst; **vorgeburtlich** auftretende Ereignisse können für das weitere Leben sogar von erheblicher Bedeutung sein (▸ Kap. 9.3). Da Kindheit und Jugend als veränderungsintensivste Zeiträume gelten, konzentrierte sich die anfängliche entwicklungspsychologische Forschung vorwiegend auf die **ersten Lebensjahre**. Durch die Fortschritte der Medizin in der westlichen Gesellschaft erreichen jedoch immer mehr Menschen ein hohes Lebensalter, während gleichzeitig die Geburtenrate abnimmt. So verlagerte sich das Interesse der Forschung auf die **Entwicklungen im Erwachsenenalter** (▸ Kap. 9.7).

In jeder Lebensphase gibt es bestimmte **Entwicklungsaufgaben**, denen wir uns stellen müssen – also Anforderungen, mit denen wir konfrontiert werden. Entwicklungsaufgaben während der Adoleszenz (Jugendzeit) (▸ Kap. 9.6) sind etwa das Finden der Identität oder die Loslösung von den Eltern. Wann eine neue Entwicklungsperiode auftritt, ist individuell verschieden (vgl. Oerter 2008, S. 39): Kulturelle und gesellschaftliche Bedingungen sowie individuelle Werte und subjektive Zielsetzungen entscheiden, wann und ob wir Karriere machen, Kinder kriegen oder heiraten. Ab wann Jugendliche als erwachsen gelten, ist in einzelnen Kulturen unterschiedlich definiert: Während man in Österreich mit 13 noch als jugendlich eingestuft wird, feiert die jüdische Tradition dieses Alter als Eintritt ins Erwachsenenalter.

Haben Sie schon einmal ein neugeborenes Baby im Arm gehalten? Vielleicht haben Sie sich gefragt, wie die Zukunft des Babys aussehen wird, welche Anforderungen es zu bewältigen haben wird und ob es ein erfülltes Leben vor sich hat. Kennen Sie die Eltern eines Babys, können Sie allenfalls Vermutungen über die Zukunft des Kindes anstellen. Treffsichere Antworten kann aber auch die Entwicklungspsychologie nicht liefern. Sie kann lediglich Bedingungen angeben, unter denen bestimmte **Entwicklungsverläufe** mit größerer Wahrscheinlichkeit zu erwarten sind als andere. So konnte etwa festgestellt werden, dass für **jede gesunde Entwicklung** (▸ Kap. 9.4) die emotionale Bindung zu einer Bezugsperson ebenso wie die Erziehung in der frühen Kindheit (▸ Kap. 9.5) entscheidend ist.

Um Entwicklung allgemein zu erforschen und zu erklären, bedient sich die Entwicklungspsychologie vor allem folgender wissenschaftlicher Methoden:

- Die **Querschnittmethode** untersucht mehrere Personen oder Gruppen unterschiedlichen Alters zum gleichen Zeitpunkt und vergleicht sie miteinander.
- Die **Längsschnittmethode** untersucht dieselben Personen über einen längeren Zeitraum, um Aussagen über entwicklungsbedingte Veränderungen machen zu können.
- Die **Sequenzmethode** ist eine Kombination aus Quer- und Längsschnittmethode, sie untersucht verschiedene Personen zu verschiedenen Zeitpunkten.

Dennoch gibt es für die Entwicklungspsychologie auch zahlreiche **ungelöste Fragen** (▸ Kap. 9.1).

1 **Gruppenarbeit:** Versuchen Sie in Kleingruppen das menschliche Leben in Entwicklungsperioden einzuteilen und der jeweiligen Periode eine entsprechende Entwicklungsaufgabe zuzuordnen.

Filmtipp
Babys (Frankreich 2009, Regie: Thomas Balmès). Sie heißen Ponijao, Bayar, Mari und Hattie und leben in Namibia, der Mongolei, Japan und den USA, als Einzelkind oder Teil einer Großfamilie, mitten in der Großstadt oder fernab jeglicher Zivilisation. Der Regisseur begleitet die Babys vom ersten Atemzug bis zu den ersten Schritten. Eines haben die Babys gemeinsam: Sie alle brabbeln, glucksen und lachen gleich.

9.1 Drei ungeklärte Fragen

In der entwicklungspsychologischen Forschung sind drei große Fragen bis heute nicht geklärt (vgl. Myers 2005, S. 142):

1. Ist Entwicklung ein geradliniger, kontinuierlicher Prozess – vergleichbar mit der Fahrt in einem Fahrstuhl – oder entwickeln wir uns stufenweise, wie beim Emporsteigen einer Treppe?
2. Bleiben wir von Kind an dieselbe Persönlichkeit?
3. In welchem Ausmaß steuern Gene (Anlagen) unsere Entwicklung und inwiefern werden wir von unseren Erfahrungen (Umwelt) beeinflusst?

1. Kontinuierliche oder stufenweise Entwicklung?

Entwicklung kann als langsamer, kontinuierlicher Prozess angesehen werden, in dem uns v. a. unsere Lernerfahrungen prägen. Anhänger/-innen der biologischen Theorie hingegen betrachten Entwicklung als Abfolge genetisch determinierter Stufen oder Schritte. Diese verschiedenen Stufen können schnell oder langsam durchlaufen werden, die Abfolge der Stufen ist dieser Theorie nach jedoch immer dieselbe: Jedes Kind beginnt erst zu robben oder zu krabbeln und dann zu laufen. Heute wissen wir jedoch, dass sich nicht alle Menschen in derselben Stufenabfolge entwickeln (etliche Kinder laufen, bevor sie krabbeln). Vor allem beim erwachsenen Menschen verläuft die Entwicklung nicht in festen, vorhersagbaren Schritten, da sie immer von individuellen Entscheidungen und dem sozio-kulturellen Umfeld bedingt ist. Entwicklungspsychologische Forscher/-innen tendieren dennoch dazu, alles in klar definierte, altersbedingte Stufen einzuteilen. Denn Stufentheorien strukturieren unseren Lebenszyklus und zeigen, inwiefern wir uns im Denken und Handeln von Gleichaltrigen, aber auch von Menschen unterschiedlichen Alters unterscheiden. Zu den **Stufentheorien** zählen die

Querverweis
Mehr über diese Theorien lesen Sie in ▸ Kap. 9.4.

- **kognitive** Entwicklung nach Piaget,
- die **psychosoziale** Entwicklung nach Erikson sowie
- die **moralische** Entwicklung nach Kohlberg.

2. Stabile oder veränderliche Persönlichkeit?

Wenn Sie in 20 Jahren jemanden aus Ihrer Klasse treffen – wird sie/er dann derselbe Mensch von heute sein oder wird sie/er sich verändert haben? Um Aussagen darüber machen zu können, wie stabil eine **Persönlichkeit** bleibt und wie sehr sie sich verändert, wurden Lebensläufe analysiert. Die Analyse ergab, dass das *Temperament* (z. B. Kontaktfreudigkeit) von Beginn an ein relativ stabiles Merkmal ist. Die *soziale Einstellung* (z. B. gegenüber Migranten/-innen) hingegen gilt als relativ instabil, verändert sich im Lauf der Jahre aber immer weniger. Prinzipiell konnte Folgendes festgestellt werden:

- Jeder Mensch verändert sich, wird aber mit zunehmendem Alter stabiler.
- Die meisten Menschen werden reifer und gefestigter, wenn sie erwachsen sind.
- In den Jahren nach der Jugendzeit werden die meisten ruhiger, selbstdisziplinierter und selbstsicherer.
- Menschen brauchen Stabilität in Form von Bezugspersonen, auf die sie sich verlassen können.

»Die Erbanlage verteilt die Karten, die Umwelt spielt das Blatt aus.«
Charles Brewer
(Myers 2005, S. 120)

3. Anlage oder Umwelt?

Warum manche Menschen eine schnellere Auffassungsgabe haben, schüchterner oder gesprächiger als andere sind, lässt sich durch Vorlieben, Fähigkeiten und Persönlichkeit erklären. Der **Anlage-Umwelt-Konflikt** versucht zu erklären, inwieweit Erbanlagen uns beeinflussen und in welchem Ausmaß uns unsere Lebensgeschichte formt. In der Philosophie streiten sich darüber Empirismus und Nativismus. John Locke (**Empirismus**) betont die Wichtigkeit unserer Erfahrung für die menschliche Entwicklung. Jean-Jacques Rousseau (**Nativismus**) hingegen meint, dass wir mit einem angeborenen Basiswissen auf die Welt kommen.

Querverweis
Der Anlage-Umwelt-Konflikt wird auch bei den Sprach- (▸ Kap. 6.4), den Intelligenz- (▸ Kap. 8) und Persönlichkeitstheorien (▸ Kap. 10) diskutiert.

Die Frage, inwiefern **anlagebedingte** und inwiefern **umweltbedingte** Faktoren unsere Entwicklung beeinflussen, bedarf einer genaueren Analyse. Zunächst stellt sich die Frage, welche Forschungsergebnisse die Anlagetheorie stützen und welche Erkenntnisse die umwelttheoretischen Aspekte stärken. Das Ergebnis zeigt, inwiefern ein Zusammenspiel beider Faktoren von Bedeutung ist:

„Der Apfel fällt nicht weit vom Stamm." (Sprichwort)

Anlageforschung

Wir lernen mit etwa einem Jahr laufen, mit etwa zwei Jahren sprechen und später singen, lesen, schreiben und rechnen. Der Grund dafür liegt in unserem gemeinsamen biologischen Erbe: Jede/Jeder von uns besitzt ungefähr 30 000 Gene. Unsere **genetische Prädisposition** (Anlage) erklärt sowohl unsere gemeinsamen menschlichen Merkmale als auch unsere individuellen Unterschiede. *„Der uns allen gemeinsame Aufbau des Gehirns legt von vornherein fest, wie wir durch jeweils identische Mechanismen die Welt über unsere Sinneskanäle wahrnehmen, unsere Sprache entwickeln und Hunger empfinden. (...) Ganz gleich, ob unser Familienname Wong, Nkomo, Meier, Smith oder Gonzales lautet, beginnen wir mit ungefähr 8 Monaten zu fremdeln, während wir als Erwachsene die Gesellschaft der Menschen, deren Einstellungen und Merkmale den unseren ähnlich sind, bevorzugen. Auch wenn wir aus unterschiedlichen Teilen der Erde stammen, so wissen wir doch das Lächeln und das Stirnrunzeln der anderen einzuschätzen. Als Angehörige einer Spezies schließen wir uns mit anderen Menschen zusammen, passen uns an, tauschen Gefälligkeiten aus, bestrafen Vergehen, organisieren Statushierarchien und betrauern den Tod eines Kindes. Zusammenfassend lässt sich sagen: Universelle Verhaltensweisen verweisen auf unsere gemeinsame menschliche Natur."* (Myers 2005, S. 106)

Die Zwillinge Jim Springer und Jim Lewis

Zwillingsforschung

Durch Forschungen an getrennt aufgewachsenen eineiigen Zwillingen erhoffte man sich, Auskunft über das Ausmaß der Erblichkeit und der Umwelteinflüsse geben zu können. **Zweieiige Zwillinge** sind einander genetisch nicht ähnlicher als Geschwister. **Eineiige Zwillinge** sind genetisch identisch, trotzdem finden sie im Mutterleib nicht identische Umstände vor: Ein Zwilling hat vielleicht die bessere Blutversorgung als der andere. Besondere Berühmtheit erlangte vor allem das US-amerikanische Zwillingspaar Jim Lewis und Jim Springer. Sie wurden vier Wochen nach der Geburt getrennt, wuchsen bei unterschiedlichen Familien auf und trafen erst nach 39 Jahren wieder aufeinander. Sie entdeckten unzählige Gemeinsamkeiten: Beide hießen sie nicht nur gleich, sondern hatten in ihrer Kindheit auch einen Hund namens Toy und ließen sich von Frauen mit dem Namen Linda scheiden. Beide waren sie als Sheriff tätig, besaßen einen blauen Chevrolet, kauten an ihren Fingernägeln und hatten die gleichen Schlafgewohnheiten. Außerdem hatten sie die gleichen Blutdruckwerte und litten seit ihrem 18. Lebensjahr an ähnlichen Kopfschmerzen. (vgl. Mietzel 1997, S. 54)
Untersuchungen an anderen eineiigen Zwillingen ergaben ähnliche Übereinstimmungen: Sind diese nun genetisch bedingt oder Zufall? Die Übereinstimmung von Namen im Umfeld zweier Personen ist zweifellos nicht genetisch bedingt. Aber könnte es sein, dass unsere äußere Erscheinung bei anderen ganz bestimmte Verhaltensreaktionen hervorruft? Die Forschung ist noch längst nicht abgeschlossen.

9

„Wie man ein Stämmchen biegt, so wächst es." (Sprichwort)

Umwelteinflüsse

Man geht davon aus, dass 40–50 % einer Persönlichkeit genetisch bedingt sind. Der Rest wird unserer Umwelt zugeschrieben. Entwicklung ist kein passiver Prozess, sondern verlangt, dass sich die Person aktiv mit ihrer Umwelt auseinandersetzt. Wir werden zwar bereits *pränatal* durch unsere Eltern geprägt und entwickeln uns durch unsere *frühen Erfahrungen* in der Zeit, in der sich unser Gehirn noch im Aufbau befindet. Ebenso entscheiden aber *kulturelle* sowie *soziale Faktoren* über unseren Entwicklungsverlauf:

- Die **pränatale Umgebung** spielt eine bedeutende Rolle für das Ungeborene, denn die Gewohnheiten der Mutter können sich positiv oder negativ auswirken (▸ Kap. 9.3).
- **Frühe Erfahrungen** wirken sich besonders auf die Gehirnentwicklung aus, denn je mehr das Gehirn in den ersten Lebensjahren aktiviert wird, desto mehr neuronale Verbindungen können entstehen. Kinder, die in einer mit vielen Reizen ausgestatteten Umwelt und mit viel Zuneigung aufwachsen, weisen eine schnellere neurologische Entwicklung auf als Kinder, die in einer reizarmen Umgebung leben (▸ Kap. 9.4). Unsere Gene geben also unsere **Hirnstruktur** (hardware) vor, unsere frühen Erfahrungen mit und in der Umwelt entscheiden jedoch über die Ausbildung unserer **Fähigkeiten** (software).
- **Kulturelle Faktoren:** Wir zeichnen uns durch eine enorme Anpassungsfähigkeit aus. Egal ob durch Kleidung oder Essverhalten – wir passen uns an gesellschaftliche Normen und Traditionen an (▸ Kap. 11.5). Jede Kultur hat ihre eigenen Normen und ihre eigenen Richtlinien für akzeptiertes, allgemein anerkanntes Verhalten.

Literaturtipp
BAUER, Joachim: *Das Gedächtnis des Körpers. Wie Beziehungen und Lebensstile unsere Gene steuern.* München 2004. Bauer erläutert, wie sich zwischenmenschliche Beziehungen, Umwelteinflüsse und individuelle Erfahrungen auf unsere Gene auswirken, indem sie sie aktivieren oder deaktivieren. Umweltreize bewirken nämlich ständige Veränderungen im Nervensystem. Seelischer Stress beispielsweise beeinflusst die Entwicklung des Gehirns.

- **Soziale Faktoren:** Auch das gesellschaftliche Umfeld hat einen wichtigen Anteil an der Entwicklung: Eltern prägen die Charakterentwicklung ihrer Kinder in den ersten Lebensjahren und legen mit der Auswahl der Wohngegend und der Schule die Richtung der Entwicklung ihrer Kinder fest. Ab dem Schuleintritt haben zunehmend Lehrer/-innen, Klassenkollegen/-innen und Freunde/-innen Einfluss. Den Eltern bleibt eine beratende Funktion, wenn es um die Bildung und Ausbildung geht. Der Freundeskreis spielt eine größere Rolle, wenn es um Kultur und Sprache (Dialekt) geht. Er ist wichtig bei der Aneignung sozialer Kompetenzen und bei der Entwicklung einer eigenen Identität und eines persönlichen Stils (▸ Kap. 9.6).

RP Gruppenarbeit 2

Fassen Sie die drei ungeklärten Fragen der Entwicklungspsychologie in Form eines Stichwort-Eintrages für den „Schülerduden Psychologie" zusammen!

9.2 Lernen und Reifen

Kinder haben ein natürliches Bedürfnis, Alltäglichkeiten auf den Grund zu gehen, haben einen unendlichen Wissensdrang, sind neugierig und willig zu lernen. Die Fähigkeit zu lernen steckt in jedem/jeder von uns. Unserer Lernfähigkeit sind allerdings Grenzen gesetzt: Ein zwei Monate altes Baby wird selbst mit viel Übung und Training nicht zu sprechen beginnen, weil es die dafür notwendigen reifebedingten Voraussetzungen noch nicht erlangt hat. *Lernen* (durch Erfahrung) muss von *Reifung* (durch biologische Prozesse) unterschieden werden:

Definition
Innere Wachstumsimpulse sind vorprogrammierte, von unserem Organismus gesteuerte Impulse, die Lernen ermöglichen.

- **Reifung** umfasst alle Veränderungen, die von **inneren Wachstumsimpulsen** gesteuert werden. Diese inneren Wachstumsimpulse sind genetisch bedingt und schaffen zu jeweils bestimmten Zeitpunkten optimale Lernbedingungen: Sobald das Kind seine Sprechmuskulatur koordinieren und Beziehungen erfassen kann (▸ Kap. 9.4), erlernt es die sprachlichen Ausdrücke, die ihm die Umwelt anbietet.
- **Lernen** ist ein Prozess, der auf **Erfahrungen** basiert. Wir lernen durch Erfahrungen, indem wir Informationen aufnehmen, verarbeiten und umsetzen. Jede neue Erfahrung verändert unser Erleben und unser Verhalten.

Literaturtipp
Hengstschläger, Markus: *Die Durchschnittsfalle. Gene – Talente – Chancen.* Salzburg 2012. Braucht es eine entsprechende genetische Veranlagung, um erfolgreich zu sein? Oder führt uns in erster Linie Fleiß zum gewünschten Erfolg? Der österreichische Genetiker Hengstschläger belegt in seinem Werk, dass individuelle Leistungsvoraussetzungen nur durch Üben zu Erfolg führen können. Gene sind zwar Bleistift und Papier, die Geschichte aber schreiben wir selbst.

Zusammenfassend lässt sich sagen, dass Natur und Umwelt einander in vielfältiger und komplexer Weise beeinflussen und deshalb in ständiger Wechselwirkung stehen. Die Frage, ob Gene oder Erfahrungen wichtiger sind, ist deshalb ähnlich wie die Frage, ob das Lenkrad oder der Motor wichtiger für das Autofahren ist. (vgl. Myers 2005, S. 121) Die Umwelt bildet aus, was die Natur vorgibt: Gene sind der Bauplan, aber Umweltreize aktivieren sie. Unsere Gene bestimmen unsere biologische Ausstattung, die wiederum unser Verhalten beeinflusst. Sie bestimmen, wie Menschen auf uns reagieren und uns beeinflussen: „Wir suchen die Umweltbedingungen, die gut zu unserer Natur passen." (a. a. O.)

Theorien zum Anlage-Umwelt-Konflikt

Die Entwicklung des Menschen hängt von mehreren Entwicklungsfaktoren ab. Zusammen bestimmen diese Faktoren die Entwicklung einer Persönlichkeit: Es gibt
- endogene Entwicklungsfaktoren (Reifung),
- exogene (Umwelt) und
- autogene (Selbstentfaltung).

Verschiedene Theorien machen jeweils einen Faktor für die Entwicklung eines Menschen verantwortlich:

Reifungstheorien

- **Reifungstheorien** erachten **angelegte (endogene) Faktoren** als wesentlich für die Entwicklung. Mit endogenen Faktoren sind unsere physiologischen, angeborenen Potenziale gemeint. Reifungsbedingtes Wachstum basiert auf endogenen Faktoren. Sie ermöglichen uns z. B., eine Sprache zu lernen, und sind Voraussetzung für Wachstum und Bewegung.

Milieutheorien

- **Milieutheorien** gehen davon aus, dass wir uns vorwiegend durch **äußere (exogene) Einflüsse** entwickeln: Der Reifungsprozess setzt zwar endogene Faktoren voraus, aber ob sie auch aktiviert werden, hängt von den jeweiligen Umwelteinflüssen ab. Diese können den Entwicklungsprozess durch fördernde Umstände unterstützen oder aber durch Vernachlässigung hemmen. Denn jede/jeder bringt die physiologischen Voraussetzungen mit, um eine Sprache zu erlernen. Es hängt allerdings von der Umgebung, in der wir aufwachsen, ab, ob wir als Kind Deutsch oder Chinesisch sprechen lernen.

Interaktionistische Theorien

- **Die interaktionistischen Theorien** betonen die wechselseitige Beeinflussung von **Personen- und Umweltfaktoren** bei der Selbstentfaltung des Individuums. Umwelteinflüsse prägen uns zwar und setzen uns Grenzen, wir treffen allerdings von uns aus **(autogene)** Entscheidungen, verfolgen persönliche Interessen und setzen eigene Ziele.

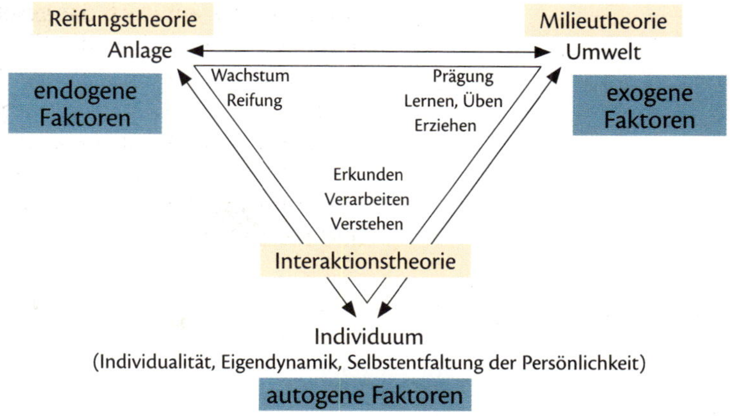

Entwicklungstheorien

T Textanalyse 3

Vergleichen Sie die beiden folgenden Texte und besprechen Sie Ihre Ergebnisse im Plenum!
a) Worin unterscheiden sich die Sichtweisen von WATSON und SCHOPENHAUER? Analysieren Sie deren Auffassungen, wie bedeutsam Anlage und Umwelt in der Entwicklung sind.
b) Welche Einstellungen zum Menschen liegen den beiden Ansätzen zugrunde und welche Konsequenzen hat die jeweilige Ansicht für die Erziehbarkeit des Menschen?

James WATSON (* 1928)

„Geben Sie mir ein Dutzend gesunder Kinder und meine eigene besondere Welt, in der ich sie erziehe! Ich garantiere Ihnen, dass ich blindlings eines davon auswähle und es zum Vertreter irgendeines Berufes erziehe, sei es Arzt, Richter, Künstler, Kaufmann oder Bettler, Dieb, ohne Rücksicht auf seine Talente, Neigungen, Fähigkeiten, Anlage, Rasse oder Vorfahren." (Watson 1968, S. 134)

Arthur SCHOPENHAUER (1788–1860)

„Der Charakter des Menschen ist konstant: er bleibt derselbe, das ganze Leben hindurch. Unter der veränderlichen Hülle seiner Jahre, seiner Verhältnisse, selbst seiner Kenntnisse und Ansichten, steckt, wie ein Krebs in seiner Schale, der identische und eigentliche Mensch, ganz unveränderlich und immer derselbe. Bloß in der Richtung und dem Stoff erfährt sein Charakter die scheinbaren Modifikationen, welche Folge der Verschiedenheit des Lebensalters und ihrer Bedürfnisse sind. Der Mensch ändert sich nie: wie er in einem Falle gehandelt hat, so wird er, unter völlig gleichen Umständen (...) stets wieder handeln. (...) Der individuelle Charakter ist angeboren: er ist kein Werk der Kunst, oder der dem Zufall unterworfenen Umstände; sondern das Werk der Natur selbst. Er offenbart sich schon im Kinde, zeigt dort im Kleinen, was er künftig im Großen sein wird. Daher legen, bei der allergleichsten Erziehung und Umgebung, zwei Kinder den grundverschiedensten Charakter aufs deutlichste an den Tag: es ist derselbe, den sie als Greise tragen werden." (Schopenhauer 1938, S. 50, S. 53)

9

Neurowissenschaftliche Theorie

- **Der neurowissenschaftliche Ansatz** des deutschen Hirnforschers Gerald HÜTHER vergleicht unsere Entwicklung mit dem Wachstum eines Baumes: Wir haben die Option, durch Erfahrung viele Äste zu bekommen. Die Äste repräsentieren dabei die neuronale Vernetzung im Gehirn, die sich entsprechend unseren Erfahrungen entwickelt. Wir kommen mit einem relativ unausgereiften Gehirn auf die Welt. Während des ersten Lebensjahres verdichtet sich das neuronale Netz (▸ Kap. 2.1) jedoch um ein Vielfaches und produziert einen Überschuss an Verbindungen zwischen Nervenzellen: Aufgrund biologischer Reifungsvorgänge und aufgrund der Erfahrungen mit der Umwelt erstellt es neue Verbindungen und wird immer komplexer. Was gebraucht wird, bleibt übrig, die Verbindungen hingegen, die nicht genutzt werden, gehen verloren. Die späteren Nutzungsmuster entscheiden also, was bleibt.

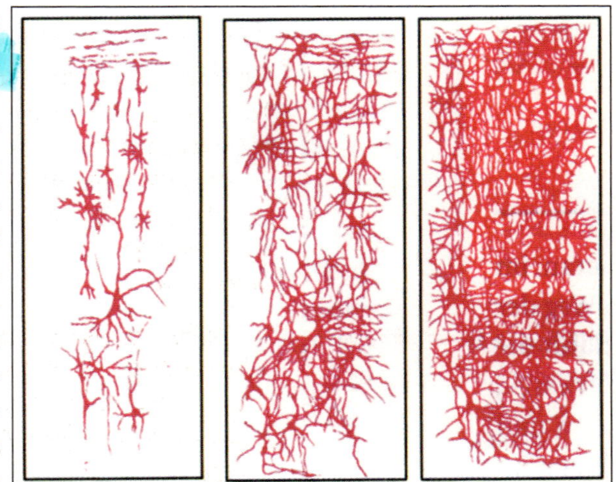

Neuronale Entwicklung ...
... bei der Geburt ... mit 3 Monaten ... mit 15 Monaten

Bill Watterson

Vor allem unsere ersten Beziehungserfahrungen sind formgebend für die weitere Strukturierung des Baumes, um auf Hüthers Bild zurückzukommen. Und der Einfluss der Beziehungen hört nie auf: Auf unserem Lebensweg treffen wir stets auf Menschen, die unseren Lebensweg entscheidend beeinflussen und uns dazu bringen, bestimmte Fähigkeiten stärker zu nutzen als andere. Auf diese Weise wird durch die im Laufe des Lebens gemachten Beziehungserfahrungen unser Gehirn strukturiert. Das Gehirn kann von da her als ein soziales Produkt gesehen werden. Wie wichtig emotionale Bindungen, Liebe und Geborgenheit für eine psychisch gesunde Entwicklung, für die Ausbildung unseres Selbstbewusstseins und unserer Liebesfähigkeit sind, zeigen Erkenntnisse der pränatalen Forschung (▸ Kap. 9.3).

4 **Partnerarbeit:** Was hat Ihre eigene Entwicklung besonders geprägt? Sprechen Sie mit Ihrem Sitznachbarn bzw. Ihrer Sitznachbarin und begründen Sie Ihre Meinung.

9.3 Die pränatale Entwicklung

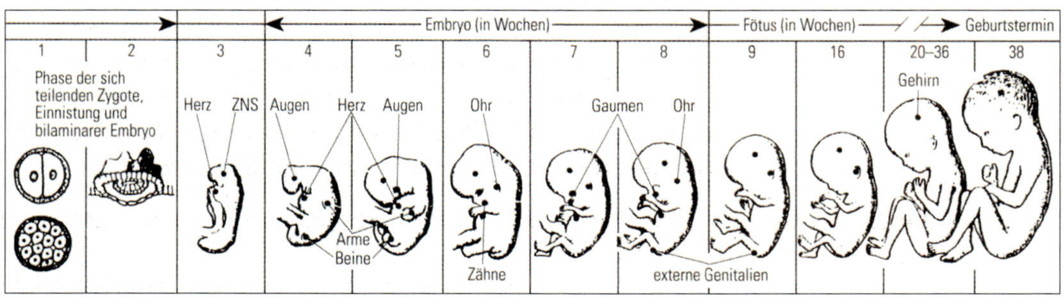

Entwicklungsphasen des Ungeborenen

Die Entstehung des Lebens ist damit definiert, dass ein Spermium in das Ei eindringt und beide zu einer Zelle verschmelzen. Das befruchtete Ei (Zygote) besteht aus einem äußeren Teil, der die Plazenta bildet (diese sichert die Ernährung des Ungeborenen), und aus inneren Zellen, aus denen sich der **Embryo** entwickelt. In den sechs Wochen der Embryonalphase bilden sich die Organe und beginnen zu arbeiten. Ab der 9. Schwangerschaftswoche spricht man vom **Fötus**, der bereits menschliche Züge erkennen lässt.

Die pränatale Theorie

„Das ganze Leben ist eine Entdeckungsreise. Vieles, was die Forscher/innen in den letzten Jahren herausgefunden haben, spricht dafür, dass wir den spannendsten und aufregendsten Teil dieser Reise bereits hinter uns haben, wenn wir auf die Welt kommen." (Hüther 2009, S. 13)

Das ungeborene Kind steht von Anfang an im Austausch mit der Umwelt. Die pränatale Zeit ist also nicht nur durch das Wachstum geprägt, das über Gene geregelt ist, denn bereits Zellen nehmen wahr und verändern sich durch ihre „Erfahrungen" (Umweltreize). Das ungeborene Kind fühlt und erlebt Reize bereits als angenehm oder unangenehm.

Pränatale Kommunikation

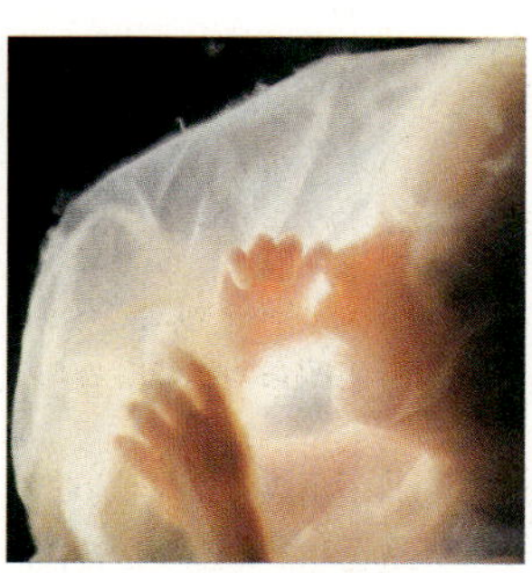
Auch positive Umwelteinflüsse wie ruhige Musik oder die innige Zuwendung der Mutter wirken sich bereits auf das Kind im Mutterleib aus.

Über die Blutgefäße der Nabelschnur erfolgt (aus der Plazenta, dem Mutterkuchen) die Versorgung des ungeborenen Kindes mit Sauerstoff und Nährstoffen aus dem Kreislauf der Mutter. Es ist also durch die Nabelschnur an den mütterlichen Gesamtorganismus angeschlossen. Das bedeutet:

- Alle **psychischen Befindlichkeiten** der Mutter werden über die Nabelschnur kommuniziert.
- Alle **Einflüsse**, die auf die Mutter einwirken, übertragen sich gleichzeitig auch auf das Kind.

Psychische Befindlichkeiten der Mutter werden dem Kind über verschiedene Kanäle kommuniziert: **Emotionen** gelangen über hormonelle Veränderungen ins Blut, aber auch die Qualität der Sauerstoffzufuhr oder die Herzfrequenz kann sich ändern. *„Wenn sich die Mutter zum Beispiel ängstlich fühlt, werden vermehrt Stresshormone wie Adrenalin oder Kortisol ausgeschüttet. Ihr Herz beginnt schneller zu schlagen, und möglicherweise wird die Sauerstoffzufuhr beeinträchtigt, weil Adrenalin die Blutgefäße der inneren Organe verengt. Alle Stresshormone überschreiten ohne Probleme die Plazentaschranke und stimulieren im Fötus biochemisch die physiologische Reaktion*

auf genau dieses Gefühl von Angst und Furcht." (Hüther 2009, S. 13) Auf einen Schock reagiert das Kind mit heftigem Strampeln, da es die Angst der Mutter spürt und entsprechend energisch reagiert, oder es erstarrt. Veränderungen nimmt das Kind aber auch über Muskelverkrampfungen oder eine ungewohnte Stimmlage wahr. Der Herzschlag der Mutter, der in seinem gewohnten Rhythmus pocht, beruhigt das Kind wiederum. Es konnte außerdem herausgefunden werden, dass es mit mimischen Reaktionen auf Zuneigung oder Ablehnung der Mutter reagiert.
Es wird angenommen, dass die Mutter vorwiegend über ihr Unbewusstes mit ihrem Kind in Verbindung steht. Über eine Art intuitiven Kommunikationskanal überträgt sie ihre Empfindungen, Gefühle und Vorstellungen auf das Kind. Es spürt also, wenn es nicht erwünscht ist. Bekommt das Kind in der pränatalen Beziehung nicht genügend Resonanz auf sein Bedürfnis nach Aufmerksamkeit oder ist die Mutter emotional nicht verfügbar, kann das die Grundlage für eine spätere psychische Störung sein.

Pränatale Umwelteinflüsse können sich positiv, aber auch negativ auswirken, denn die Lernprozesse in den neun Monaten vor der Geburt sind bereits entscheidend für einige unserer Vorlieben. Über Aromastoffe und Pheromone im Fruchtwasser weiß das Kind beispielsweise, was die Mutter isst und wie sie riecht. Es kommt mit bestimmten Sprachmelodien in Berührung und bevorzugt nach der Geburt die vertraute Stimme der Mutter.
Schädliche Umwelteinflüsse, sogenannte Teratogene wie z. B. toxische (giftige) Substanzen, Drogen, Alkohol, Nikotin, Medikamente oder Viren können Fehlbildungen beim Kind hervorrufen. Auch falsche Ernährungsgewohnheiten oder Stress werden auf das Kind übertragen. Mit folgenden Konsequenzen muss man dabei rechnen:

schädliche Einflüsse auf das Ungeborene

- **Rauchen** (Tabak, Nikotin) führt zu Untergewicht, Aufmerksamkeits-, Lern- und Verhaltensproblemen.
- **Alkohol** kann zum fötalen Alkoholsyndrom (FAS) führen. Dieses geht mit geistiger Retardierung („geistiges Zurückbleiben"), gestörter Aufmerksamkeit, Hyperaktivität, langsamem körperlichen Wachstum und Anomalien im Gesicht einher.
- Ist die Mutter **heroinabhängig**, ist ihr Kind bei der Geburt ebenfalls heroinabhängig.
- **Falsche Lebensgewohnheiten** in Form von zu wenig Bewegung, zu viel Nahrungsaufnahme können zu erhöhtem Blutzuckerspiegel führen. Das Problem dabei: Wenn das Kind im Mutterleib keinen konstanten Blutzuckerspiegel vorfindet, kann der Sollwert, der später Hunger und Sättigung signalisiert, nicht eingestellt werden. Kinder lernen dann nicht, wann sie satt oder hungrig sind.
- **Stress:** Wenn die Mutter stark beansprucht und belastet ist, z. B. durch Trennung, ein überforderndes Arbeitsleben, Krankheit, geringe soziale Unterstützung, Lärm oder auch Schwangerschaftskomplikationen, überträgt sich dieser Stress auf das Ungeborene. Die mütterlichen Stresshormone erreichen den kindlichen Organismus in kaum abgeschwächter Form über die Nabelschnurverbindung. Der kindliche Organismus wird dadurch ähnlich stimuliert wie jener der Mutter und reagiert z. B. mit Hyperaktivität.

T Einzelarbeit 5

Formulieren Sie fünf Tipps, die Sie einer schwangeren Frau geben würden. Denken Sie an die pränatale Kommunikation und was für das Kind während der Schwangerschaft besonders wichtig ist. Vergleichen Sie Ihre Ergebnisse mit Ihrem Sitznachbarn bzw. Ihrer Sitznachbarin!

Pränatale Diagnostik

Die pränatale Diagnostik umfasst verschiedene Verfahren der vorgeburtlichen Untersuchung, die über den Gesundheitszustand des Babys Auskunft geben und Risikoschwangerschaften und -geburten rechtzeitig erkennen sollen. Beispiele für Methoden der pränatalen Diagnostik:

- Die **Ultraschalluntersuchung** (Sonografie) gibt Hinweise auf Organerkrankungen und Fehlbildungen. Beim **Organscreening** zwischen 20. und 22. Schwangerschaftswoche werden die Organe des Ungeborenen überprüft.
- Die **Nackenfaltenmessung** mittels Ultraschall kann einen Hinweis auf die Wahrscheinlichkeit des Auftretens von Trisomie 21 (Down-Syndrom) geben. Wird sie mit einer Blutuntersuchung kombiniert, spricht man vom **Combined Test** (zwischen 11. und 14. Schwangerschaftswoche).
- Mit einer **Fruchtwasseruntersuchung** (Amniozentese) können Chromosomendefekte, Fehlentwicklungen des Zentralnervensystems und Erbkrankheiten festgestellt werden. Die Entnahme des Fruchtwassers ist jedoch riskant, denn nach der Untersuchung sind Infektionen und Komplikationen durch Verletzungen der Gebärmutter möglich, die auch zu einer Fehlgeburt führen können.

Dokumentationstipp
Baby, it's you (Regie: Leanne KLEIN, 1994). Die Regisseurin begleitet Säuglinge auf dem Weg zum Kindwerden und dokumentiert einfühlsam und informativ die Entwicklungsschritte des Babys: Wie es sofort auf die Umwelt zu reagieren, wie es zu laufen und zu sprechen beginnt und schließlich die Fähigkeit erwirbt, kreativ zu denken.

Die pränatale Diagnostik ermöglicht es, rechtzeitig auf Fehlentwicklungen des Kindes zu reagieren. Medizinische Behandlungen können so noch während der Schwangerschaft eingeleitet werden. Dennoch ist die pränatale Diagnostik sehr problematisch, da Befunde nicht immer eindeutig sind und auch fehlerhaft sein können. Sie ist aus ethischer Sicht heftig umstritten, da selektiv Abtreibungen vorgenommen werden können. Beim Nachweis einer Erkrankung oder Behinderung eines ungeborenen Kindes kann ein Schwangerschaftsabbruch eingeleitet werden. In China wiederum kam es bereits verstärkt zu Abtreibungen weiblicher Föten, da nur Ein-Kind-Familien erlaubt sind und Knaben dort aufgrund der sozialen Umstände einen höheren Stellenwert haben.

Sanfte Geburt

RF Plenum **6**

Wie erlebt das Neugeborene die Welt unmittelbar nach der Geborgenheit und Wärme im Mutterleib? Überlegen Sie, was für die Mutter und das Neugeborene besonders wichtig sein könnte und worauf unmittelbar nach der Geburt geachtet werden sollte! Sammeln Sie Ideen!

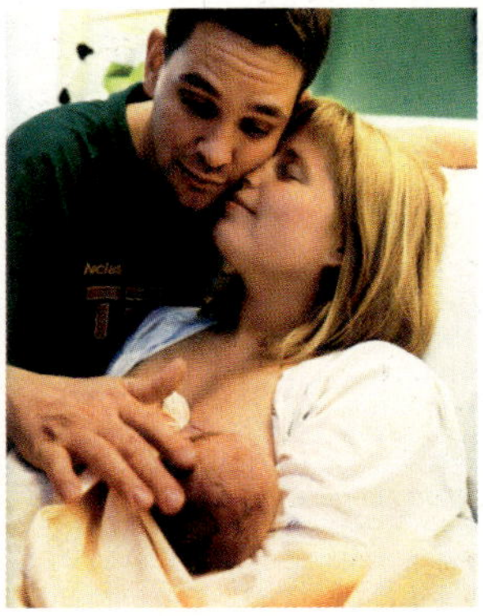

Die ersten Stunden nach der Geburt gemeinsam zu verbringen fördert das Bonding zwischen Eltern und Baby.

Der Pionier der sanften Geburt, der französische Arzt Frédérick LEBOYER, kritisierte die Umstände in den Kreißsälen und forderte ein behutsames und einfühlsames Umgehen mit den werdenden Müttern. Anstatt stressiger Atmosphäre schlug er beruhigende Musik vor, statt des grellen Lichts forderte er gedämpfte Lampen und statt des Kreißsaals ein warmes, gemütliches Entbindungszimmer und individuelle Betreuung. Seine wichtigste Forderung war, dass gleich nach der Geburt der Kontakt zwischen Mutter und Neugeborenem ermöglicht werden müsse. Das sei sowohl für das Baby als auch für die Mutter ein bedeutender Moment und fördere das **Bonding**. Bonding (engl.: Bindung) ist die Phase der intensiven Gefühls- und Bindungsentwicklung, die zwischen Eltern und Neugeborenem bei der ersten Kontaktaufnahme beginnt.

9.4 Die Entwicklung in der Kindheit

Einzelarbeit **7**

Versuchen Sie folgende Fragen zu Ihrer Kindheit zu beantworten. Befragen Sie wenn nötig Ihre Eltern.
- Um wie viel Uhr sind Sie geboren?
- Wo sind Sie geboren?
- Wann haben Sie Ihre ersten Worte gesprochen? Welche waren das? Können Sie/Ihre Eltern sich an lustige Wortkreationen erinnern?
- Wann konnten Sie sitzen und krabbeln? Wann machten Sie Ihre ersten Schritte?
- Was haben Sie als Kind besonders gerne gemacht?
- Können Sie sich an Ihr Lieblingsspiel erinnern? Mit wem spielten Sie besonders gerne?

„Das wichtigste „Werkzeug" des Säuglings zur Erreichung seiner Ziele ist ein vertrauter anderer Mensch."
(Bruner 1997, S. 19)

Entwicklungsphasen

Auf das **Säuglingsalter** (Geburt bis 2 Jahre) folgen die **frühe Kindheit** (2 bis 6 Jahre) und die **späte Kindheit** (6 bis 13 Jahre). In den ersten Lebensjahren kommt es zu einem gewaltigen Entwicklungsschub in mehreren Bereichen. Das Kind wird die ersten Schritte machen, es lernt denken, spielen, sprechen und zeichnen. All diese Entwicklungsschritte gehen mit der Ausbildung einer eigenständigen Persönlichkeit (Identität) einher.
Die **Autonomiephase** (Trotzphase) ist eine herausfordernde Zeit für die Eltern, in der sie dem Kind viel Aufmerksamkeit und Geborgenheit schenken und erreichbare Ziele zeigen müssen. **Liebevolle Zuwendung** ist für eine gesunde emotional-soziale Entwicklung besonders wichtig, damit die jeweiligen Entwicklungsschritte und psychosozialen Krisen (krisenhafte Lebensumstände) erfolgreich bewältigt werden können. Dies ist nur möglich, wenn eine Bezugsperson vorhanden ist, die sich um das Kind kümmert, mit ihm spricht, es ernst nimmt und ihm das Gefühl von Geborgenheit, Wärme und Liebe gibt.

Rollenbilder

Dass **Väter** im selben Maß wie Mütter in der Lage sind, eine intensive Bindung zu ihrem Kind aufzubauen, wurde lange Zeit infrage gestellt. Wissenschaftliche Ergebnisse belegen mittlerweile jedoch, dass Männer dieselben Voraussetzungen für eine liebevolle Eltern-Kind-Interaktion mitbringen wie Frauen. Je früher sich ein Kind daran gewöhnt, vom Vater getröstet, gefüttert

Männliche Vorbilder sind für die Entwicklung einer Geschlechtsidentität genauso wichtig wie weibliche.

und gewickelt zu werden, desto intensiver ist die gemeinsame Beziehung. Für eine optimale Entwicklung brauchen Kinder sowohl **männliche** als auch **weibliche Vorbilder** in der Familie, in Erziehungs- und Bildungseinrichtungen (Kindergartenpädagoge/-in, Lehrer/-in). Häufig fehlt jedoch die Vater- oder Männerrolle in der kindlichen Entwicklung (der Anteil männlicher Kinderbetreuer liegt in den meisten EU-Ländern unter fünf Prozent, in Österreich sogar bei nur einem Prozent). Das führt dazu, dass sich Kinder ihre Ideale in den Medien suchen und von diversen Rollenklischees geprägt werden. Durch die Medien vermittelte Männerbilder legen oft Verhaltensmuster nahe (Furchtlosigkeit, Stärke, Konkurrenzfähigkeit), die nicht zu verwirklichen sind. Das kann sich negativ auf die männliche Identitätsentwicklung auswirken.

1. Die motorische Entwicklung

Ein Neugeborenes verfügt über zahlreiche Fähigkeiten: Es kann bereits riechen, sehen und hören und setzt seine Sinnesorgane früh ein, um zu lernen. Auch die motorische Entwicklung beginnt bereits in den ersten Wochen, denn es ist mit zahlreichen **Reflexen** ausgestattet, die ihm das Überleben sichern, wie zum Beispiel der Moro-, Greif- und Schreitreflex. (vgl. Steinebach 2000, S. 76)

	Mororeflex (Umklammerungsreflex)	Greifreflex	Schreitreflex
Reflex		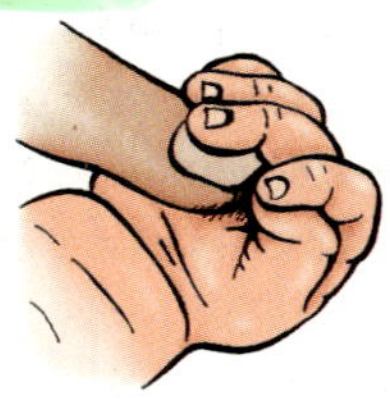	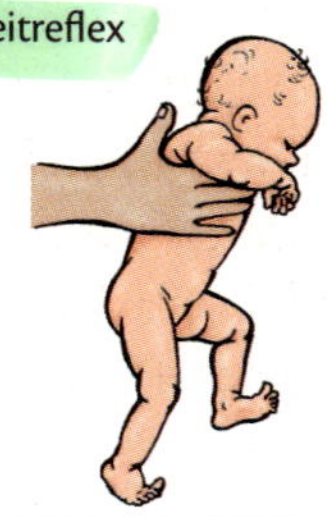
Beschreibung	Arme und Beine werden wie zur Umarmung symmetrisch von der Körpermittenachse ausgestreckt und die Finger spreizen sich. Die Arme werden dann wieder zur Brust zusammengeführt.	Streicht man über die Handinnenfläche, werden die Finger zu einer Faust geschlossen. Der berührte Gegenstand wird festgehalten.	In senkrechter Haltung werden mit den Füßen Schreitbewegungen gemacht, wenn sie einen Untergrund berühren.
Auslösender Reiz	plötzliches Senken des Kindes in Rückenlage, also scheinbares Fallenlassen, oder eine abrupte Lageveränderung, aber auch ein lautes Geräusch	Druck auf Finger und Handinnenfläche	aufrechtes Halten des Kindes, wobei es einen Untergrund berührt

Entwicklung des motorischen Verhaltens (Durchschnittswerte)

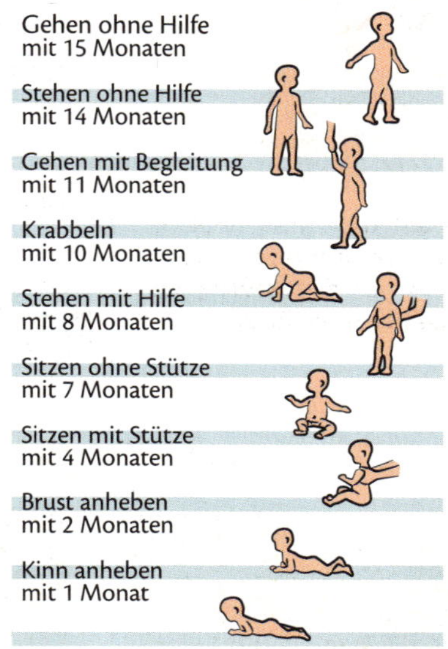

Die **Entwicklung des Gehirns** ermöglicht es dem Neugeborenen, Bewegungen zu koordinieren. Die an den Bewegungsvorgängen beteiligten Knochen und Muskeln sind erst nach 12 bis 15 Monaten stark genug, um den rein physikalischen Anforderungen des Laufens gewachsen zu sein. Je weiter die Muskeln ausgereift sind, desto komplexere Bewegungsabläufe werden möglich. Bisher ging man davon aus, dass die motorische Entwicklung überall auf der Welt in derselben Reihenfolge verläuft: Zunächst rollt sich das Baby herum, dann beginnt es auf allen Vieren zu krabbeln, dann erst lernt es stehen, gehen, laufen und rennen. Diese Theorie wird allerdings immer häufiger infrage gestellt: Viele Kinder gehen zuerst und holen das Krabbeln später nach. Die motorische Entwicklung beruht nicht primär auf Nachahmung, sondern vollzieht sich durch das reifende Nervensystem. Daher ist der Zeitpunkt, an dem das Kind eine neue Stufe erobert, individuell verschieden, denn er hängt davon ab, wann und ob die erforderlichen Muskeln und Nerven ausgereift sind. Man kann jedoch sagen, dass die meisten Babys unseres Kulturkreises mit etwa 15 Monaten laufen lernen.

Bewegungsabläufe

2. Die Entwicklung des Zeichnens

Jedes Kleinkind zeichnet gern und entwickelt vom Gekritzel über Grundformen einen eigenen individuellen Zeichenstil. Die bildnerische Gestaltung ist ein wichtiger Teil des kindlichen Entwicklungsprozesses und eng mit der Ausbildung **motorischer Fähigkeiten** verbunden. Das Zeichnen, genauso wie die verschiedenen Formen des Spiels, bietet dem Kind die Möglichkeit, sein **Innenleben** (Erfahrungen, Bedürfnisse, Gefühle, Interessen) auszudrücken.

Die meisten Kinder sprechen gerne über ihre Werke. Jedes Bild sollte ohne Kritik angenommen und bestaunt und das Kind zu weiteren Werken ermutigt werden.

Das Kritisieren und „Verbessern" seines malerischen Ausdrucks führt zu einer negativen Einstellung des Kindes zu seinen kreativen Fähigkeiten. Es könnte dann bald keinen Spaß mehr am Malen haben.

T Partnerarbeit **8**

Bringen Sie Zeichnungen aus Ihrer Kindergarten- und Volksschulzeit mit. Ordnen Sie die Zeichnungen den folgenden Entwicklungsstadien zu.

Entwicklungsphasen des Zeichnens

½–1 Jahr
Spurschmieren

Lange bevor das Kind motorisch in der Lage ist, einen Stift zu halten, produziert es Schmierspuren und hat Freude an der Bewegung. Kleinkinder hantieren in dieser Phase gerne mit flüssigen und teigigen Materialien wie Wasser, Brei, Sand, Schlamm oder Schnee.

1–3 Jahre
Kritzeln

Mit schwungvollen Arm- und Handbewegungen produziert das Kind zunächst verschiedenste Kritzeleien, in denen für andere keine Bedeutung erkennbar ist. Fragt man das Kind jedoch, was es gezeichnet hat, interpretiert es sein Werk. Das Kind zeichnet, wozu es emotionalen Bezug hat.

Katharina Suk

3–5 Jahre
Kopffüßler

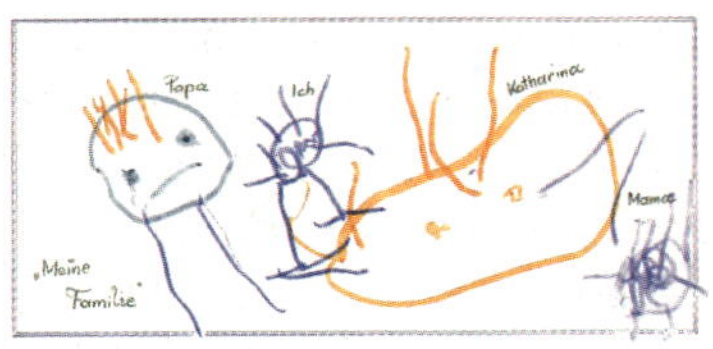

Stefan Suk

Die ersten Mensch- und Lebewesen werden in Form von Kopffüßlern dargestellt. Die Beine werden dabei direkt an das Gesicht angeschlossen, der Rumpf fehlt.

ab 4 Jahren
Symbolstadium

Das Bild wird besser organisiert: Es zeigt bereits eine bestimmte Szene und die Farbe gewinnt an Bedeutung. Neben Menschen werden nun auch andere Objekte wie Häuser, Bäume, Schiffe oder Tiere eingebaut.

Katharina Suk

5–8 Jahre
Naiver Realismus

Sara Rittberger

Charakteristisch für dieses Zeichenstadium sind sogenannte Röntgenbilder. Kinder zeichnen auch momentan nicht sichtbare Dinge wie beispielsweise Geschehnisse in einem Haus oder Kofferinhalte. Für das Kind bedeutsame Dinge werden in dieser Phase besonders groß gezeichnet und mittig angeordnet.

8–12 Jahre
Visueller Realismus

Die Bilder werden in dieser Phase bereits detailreicher. Individuelle Einzelheiten werden ergänzt, Größenrelationen werden respektiert und perspektivische Darstellungen prägen das Bild.

Katharina Suk

3. Die kognitive Entwicklung

Definition
KOGNITIVE ENTWICKLUNG bedeutet die Entwicklung der geistigen Prozesse und Fähigkeiten.

Der Schweizer Entwicklungspsychologe Jean PIAGET wollte wissen, wie sich das **Denken eines Kindes** im Laufe seiner Entwicklung verändert. Er beschreibt die Prozesse, in denen das Kind ein Verständnis von sich und seiner Umwelt erwirbt, und untersucht dazu geistige Fähigkeiten wie Vorstellungskraft, Wahrnehmung, Schlussfolgern oder Problemlösen.

Die kognitive Entwicklung wird von zwei grundlegenden Prozessen bestimmt: Assimilation und Akkomodation. **Assimilation** bedeutet, dass Informationen aus der Umwelt so verändert werden, dass sie an bereits vorhandenes Wissen angepasst werden (z. B. wenn alle Tiere, die vier Beine haben, als Wau-Wau bezeichnet und damit in das bestehende Wau-Wau-Schema assimiliert werden). **Akkomodation** heißt, dass bestehende Schemata (kognitive Strukturen) so verändert werden, dass neue Informationen umfassender und widerspruchsfrei integriert werden können. *„Lernt das Kind durch Rückmeldung von den Eltern zwischen Hunden, Katzen, Kühen und Eisbären zu differenzieren, so findet Akkomodation statt: Das bestehende kognitive Schema wird so verändert, dass das Kind mit den Ereignissen der Umwelt genauer umgehen kann. (…) Kognitive Entwicklung ist somit die Adaption (Anpassung) an die Umwelt."* (Hinz/Wagner 2009, S. 68)

Jean Piaget (1896–1980)

Piagets 4 Stufen der kognitiven Entwicklung

Die kindliche Entwicklung des Geistes erfolgt laut Piaget in vier aufeinanderfolgenden **Stufen**, die von allen Kindern universell und in gleicher Weise durchlaufen werden. Das Denken löst sich zunehmend von der sinnlichen Wahrnehmung, bis das Kind schließlich in der Lage ist, immer differenziertere Lösungsformen auf abstrakt-begrifflicher Grundlage zu finden. Ein 8-jähriges Kind versteht deshalb Zusammenhänge, die ein 3-jähriges noch nicht versteht. Manche Gedankengänge von Erwachsenen sind wiederum für ein 8-jähriges Kind nicht nachvollziehbar. Aufgrund der fehlenden kognitiven Reife können wir Kinder also nicht als kleine Erwachsene behandeln, meint Piaget.

0–2 Jahre

1. Die sensumotorische Stufe

In dieser Phase erwerben Kinder ihr Wissen um die Welt durch ihre **Sinneswahrnehmungen:** Sie hören, sehen, berühren, begreifen und nehmen etwas in den Mund. Sie lernen vor allem durch Beobachtung und durch Handeln. Im Vordergrund steht also die **sensorische und motorische Interaktion** mit den Objekten der Umwelt:

- Angeborene **Reflexe** (wie z. B. der Saugreflex) werden an die Umwelt angepasst und auf mehrere Objekte (z. B. Brust, Flasche, Daumen, Stofftier) übertragen.
- Allmählich gelingt es dem Säugling, zwischen den Saugobjekten zu **differenzieren**: Objekte, die sättigen (Brust, Flasche), und Objekte, die nicht sättigen (Daumen, Schnuller, Stofftier). Es hat also gelernt, dass bestimmte Handlungsweisen zu einem Ergebnis führen.
- Schließlich beginnt das Kind mit einem Gegenstand zu **experimentieren**: Ein Ball wird zunächst mit einer, dann mit zwei Händen erkundet, geworfen, fallen gelassen usw.
- Die wichtigste kognitive Funktion der sensumotorischen Stufe ist die **Objektpermanenz**: die Einsicht, dass ein Gegenstand weiter existiert, auch wenn er momentan nicht wahrgenommen werden kann. In den ersten Lebensmonaten wird ein Kind einen Ball, der unter einer Decke versteckt ist, nicht suchen. Es gilt das Motto „Aus den Augen, aus dem Sinn". Mit etwa 8 Monaten hat das Kind jedoch bereits eine **innere Repräsentation** von Objekten entwickelt und wird daher den Ball unmittelbar nach seinem Verschwinden suchen.

2–7 Jahre

2. Die präoperationale Stufe

In dieser Zeit machen Kinder einen großen Fortschritt in ihrer Sprachfähigkeit und sind bereits in der Lage, Objekte der Außenwelt **symbolisch** zu repräsentieren. Besonders beliebt sind in dieser Zeit Nachahmungs- und „So-tun-als-ob"-Spiele: z. B. Vater-Mutter-Kind-Spiele oder das Spielen mit einer Schachtel, die symbolisch ein Haus darstellt. Weiters ist die präoperationale Phase geprägt vom sogenannten **Egozentrismus**. Dieser bezeichnet die mangelnde Fähigkeit des Kindes, Tatsachen aus der Perspektive eines anderen Menschen zu sehen. Am Telefon antworten Kinder in dieser Zeit mit Kopfnicken, in der Annahme, die andere Person könne sie sehen. Aufgrund der mangelnden Perspektivenübernahme können Kinder in diesem Alter auch noch nichts mit hypothetischen Formulierungen wie z. B. „Stell dir vor, du wärst ein Zauberer!" anfangen. Allmählich bildet sich in der präoperationalen Phase aber die **„Theory of Mind"** aus: Das 3½ -jährige Kind versucht bereits zu verstehen, warum die Schwester traurig ist oder warum sich der Spielkamerad ärgert. Es entwickelt **Empathie** (▸ Kap. 2.4).

Definition

Theory of Mind bedeutet die Fähigkeit, innere Prozesse in anderen Menschen anzunehmen und zu erklären.

7–11 Jahre

3. Die konkret-operationale Stufe

Piaget geht davon aus, dass Kinder bis zum 7. Lebensjahr keine Denkprozesse vollziehen können, denn das **logische Denken** bildet sich erst während der konkret-operationalen Phase aus. Denn erst jetzt sind Kinder zu **mentalen Operationen**, also zu Handlungen, die im Geist ausgeführt werden, fähig. Ab diesem Zeitpunkt verstehen Kinder auch das **Prinzip der Mengenerhaltung** (quantitative Invarianz) in Bezug auf Masse, Gewicht oder Volumen: Eine Wassermenge z. B. bleibt gleich, selbst wenn sie eine andere Form annimmt. Weiters erwirbt das Kind in dieser Zeit die Fähigkeit, Objekte in einer Reihenfolge entsprechend der Größe, des Aussehens oder eines anderen Merkmals anzuordnen, sie zu benennen oder zu identifizieren. Außerdem gelingt es ihm bereits, komplexe logische Denkabläufe nachzuvollziehen wie z. B. „Paul ist größer als Julia, aber kleiner als Mia." In dieser Zeit lernt das Kind auch **mathematische Operationen** wie z. B. „Wie viel ist 8 + 3?"

Quantitative Invarianz

ab 12 Jahren

4. Die formal-operationale Stufe

Mit 12 Jahren bildet sich das **logisch-abstrakte Denken** aus. 12-jährige Kinder lernen hypothetische Probleme zu lösen, verwenden kausale Denkmuster und können Schlüsse ziehen sowie Hypothesen entwickeln. Die Fähigkeit zum deduktiven Denken (vom Allgemeinen auf das Konkrete schließen) wird ausgeprägter. Kinder erlangen in dieser Zeit die Fähigkeit, **Fantasiewelten** zu schaffen und **Symbole** zu verstehen, und entwickeln eine wichtige Stufe des

9

moralischen Denkens (u. a. die Unterscheidung zwischen Gut und Böse). Ebenso ist für diese Zeit das Nachdenken und Philosophieren über sich selbst charakteristisch.

Kritik

Piagets Annahmen konnten weitgehend bestätigt werden. Seine Kritiker/-innen meinen jedoch, dass die Anfänge bestimmter typischer Denkprozesse bereits früher vorhanden sind, als Piaget mit seinen Stufen annimmt. Nachfolgeuntersuchungen zeigten z. B., dass selbst 4-jährige Kinder schon fähig sind, Umschüttaufgaben richtig zu lösen (Prinzip der Mengenerhaltung). Dies zeigt, dass Piaget die kindlichen Fähigkeiten meist unterschätzt.
Ein weiterer Kritikpunkt ist, dass er die interindividuellen Unterschiede in der kognitiven Entwicklung nicht berücksichtigt, und die emotionalen und sozialen Faktoren, die die Denk- und Intelligenzentwicklung sehr wohl beeinflussen, in seine Theorie nicht miteinbezieht.

»Wenn Kinder zu sprechen beginnen, verfügen sie bereits über grundlegende Kompetenzen in Motorik, Wahrnehmung, im Denken und haben wichtige Erfahrungen mit ihrer sozialen Umwelt sammeln können.« (vgl. Steinebach 2000, S. 94)

4. Die sprachliche Entwicklung

Der Prozess der Sprachentwicklung nimmt einige Jahre in Anspruch, da das Kind vielfältigste Informationen verarbeiten und sprachliche Fertigkeiten entwickeln muss.
Soziale Erfahrungen und kommunikativer, vor allem aber liebevoller emotionaler Austausch mit der Bezugsperson helfen dem Kind, sich in der Welt zurechtzufinden und sich Sprache anzueignen. Die Sprachentwicklung verläuft in mehreren Phasen:

Vorsprachliche Phase

Geburt bis 13 Monate

- Ein Neugeborenes ist zunächst darauf beschränkt, unterschiedliche Bedürfnisse (Hunger, Durst) und Empfindungen (Freude) über **Körpersprache, Mimik** oder **Laute** (weinen, lachen) auszudrücken. Über diese **Ausdrucksfunktion** teilt es mit, dass es mit der Situation unzufrieden bzw. zufrieden ist. Meist geht die Ausdrucksfunktion mit einem Appell einher: *Gib mir etwas zu essen!*, *Hilf mir!* (**Appellfunktion**).
- Kinder testen im ersten Lebensjahr ihren Sprechapparat. Zwischen dem zweiten und dritten Lebensmonat beginnen Babys **Gurrlaute** mit Vokalketten wie *uuuuu* und *aaaaa* zu produzieren, die bis zu 15 Sekunden andauern können.
- Nach etwa einem halben Jahr ist das Kind in der Lage, Vokale mit Konsonanten zu verbinden, und das Kind beginnt zu lallen. Die bei Kindern beliebten Silbenreihen *bababa* und *gagaga* tauchen in aller Welt auf, noch bevor die Laute der Muttersprache zu bilden versucht werden. Über die lallenden Laute ahmen Kinder zunächst die **Melodie der Muttersprache** nach.
- Der Übergang von der Brabbelphase bis zum ersten wohl artikulierten sinnvollen Wort dauert weitere vier bis fünf Monate. Kann das Kind ein **erstes Wort** artikulieren, wird dies oft für alle Objekte gebraucht. Oft findet eine **Übergeneralisierung** statt: Alle Lebewesen mit vier Beinen werden z. B. als *wau wau* bezeichnet und alle Fahrzeuge z. B. als *atta*.
- Um das erste Lebensjahr baut das Kind schließlich eine Beziehung zwischen Gegenständen und Wörtern auf (**Symbolfunktion**) und spricht die ersten sinnvollen Wörter. Die ersten Ausdrücke sind meist *Mama* und *Papa* vor *Baby* und *Ball*. Es gelingt dem Kind bereits, mit einem Wort zu artikulieren, was es haben will (**Darstellungsfunktion**).

Querverweis
Um Begriffsbildung geht es auch in ▸ Kap 6.3.

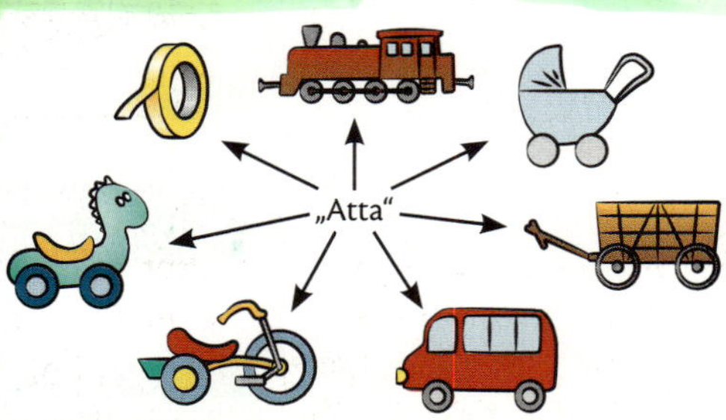

Die Übergeneralisierung des Begriffs „Atta“

Beginn des Sprechens

1–2 Jahre

Beobachtungen oder Wünsche können ab dem ersten Lebensjahr in **Einwortsätzen** mitgeteilt werden. Das Kind beherrscht mit 1½ Jahren ca. 50 Wörter, bis zum vollendeten 2. Lebensjahr ca. 200. Mit etwa zwei Jahren versucht es, die ersten **Zweiwortsätze** (*Ball da, Mama weg*) zu bilden. Es kann andere Personen aktiv ansprechen, um Gefühle, Absichten oder Wünsche mitzuteilen, und entwickelt schließlich die Fähigkeit, vollständige Sätze zu bilden.

Weitere Sprachentwicklung

3–6 Jahre

Mit etwa drei Jahren kann sich das Kind bereits gut ausdrücken. Die Grammatik wird differenzierter, es verwendet komplexe Satzstrukturen. Seine Mitteilungen sind verständlich und es beginnt die Zeit der **Warum-Fragen**, auf die die Bezugspersonen auch eingehen müssen.
Mit rund fünf Jahren ist das Kind schließlich in der Lage, Wünsche und Bedürfnisse zu äußern,

Vorschläge zu machen, Fragen zu beantworten und Begründungen zu liefern. Im Vorschulalter dominiert das **handlungsbegleitende Sprechen:** Das Kind kommentiert alles, was es tut. Erst in der Schule lernt es das **innere Sprechen**. „Zu Beginn der Schulzeit beherrscht das Kind im Durchschnitt 2 500 Wörter." (Mietzel 1997, S. 145) Der kindliche Spracherwerbsprozess gilt dann als weitgehend abgeschlossen.

RP **Einzelarbeit** 9

Fassen Sie die wichtigsten Schritte der kindlichen Sprachentwicklung in Form einer strukturierten Tabelle nochmals stichwortartig zusammen: bis 1. Lebensjahr / bis 2. Lebensjahr / bis 6. Lebensjahr; Ausdrucksform / Funktion / Förderung / Behinderung.

Definition
Auf MOTHERESE („Mutterisch") spricht man langsam, deutlich und gefühlsbetont mit dem Kind und verwendet eine einfache Grammatik.

Bedingungen für eine erfolgreiche Spracherziehung

- **Sprachliche Vorbilder** sind Voraussetzung für die Sprachaneignung, denn Sprache lässt sich nur durch kommunikativen Einsatz lernen.
- Mit dem Kind sollte man daher in einer **korrekten Erwachsenensprache** sprechen. Die sogenannte Babysprache (z. B. *wobittudenn*) hemmt die sprachliche Entwicklung des Kindes mehr, als es sie fördert. Wichtig ist jedoch, dass Eltern ihre Sprache an das Sprachverständnis der Kinder anpassen (Motherese, Parentese). Unvollständige Äußerungen des Kindes sollten aufgefasst und korrekt erweitert werden. Sagt ein Kind z. B. *Ball Moni*, kann man korrekt erweitern: *Ja, der Ball gehört Moni.*
- Die Eltern müssen dem **Rededrang des Kindes** viel Geduld entgegenbringen. Wenn man dem Kind über Redeverbote die Freude am Sprechen nimmt, kann sich das negativ auf die weitere geistige Entwicklung auswirken.
- Kinder lernen leichter sprechen, wenn sie nicht nur sprachliche, sondern vor allem **liebevolle Zuwendung** (z. B. über Körperkontakt) von den Eltern erfahren. Die zwischenmenschliche Interaktion ist laut Jérôme BRUNER die wichtigste Komponente im kindlichen Spracherwerbsprozess (▸ Kap. 6.4). Seiner Meinung nach unterstützt daher vor allem das Spiel die Sprachentwicklung, denn Spiele beruhen auf dem Gebrauch und Austausch von Sprache und auf zwischenmenschlichen Interaktionen.

5. Die Entwicklung des Spiels

Bill Watterson

Für die Entwicklung des Kindes ist Spielen äußerst wichtig, denn es lernt dabei vieles, was es zum Leben braucht.

„Wenn man Kinder beim Spielen auf dem Spielplatz beobachtet, sieht man, wie unermüdlich und selbstvergessen die Kinder bestimmte Bewegungen und Handlungsabläufe, wie z. B. rutschen und klettern, durchführen." (Bunk 2004, S. 73)

Über das Spiel werden wichtige **kindliche Bedürfnisse** befriedigt, denn das Spiel ist freiwillig und zweckfrei und wird daher meist als lustvoll erlebt. Das Kind ist während des Spielens völlig auf die Sache selbst konzentriert, erlebt Freude und innere Befriedigung. Gleichzeitig ist das Spiel ein wichtiges **Übungsfeld** für kindliche Fähigkeiten und Fertigkeiten, denn das Kind macht dabei wichtige Lebenserfahrungen und Fortschritte. Es lernt Verhaltensweisen, die seine geistige, soziale, emotionale, motorische, kreative und praktische Entwicklung fördern:

- Das Kind entdeckt und festigt im Spiel seine **kreativen, kognitiven und intellektuellen Fähigkeiten**. Es setzt sich im Spiel aktiv mit seiner Welt auseinander, sucht Erklärungen, zieht Schlüsse und löst Probleme aller Art. Es gewinnt laufend Erkenntnisse und eignet sich spielerisch Kompetenzen des Alltags an: etwa das Verhalten im Straßenverkehr oder die Erkenntnis, dass Ausdauer zum Erfolg führt.

- **Motivation und Ausdauer** werden gefördert: Das Kind erforscht aktiv alles, was neu ist, und probiert das Erlernte unermüdlich bis zur völligen Beherrschung aus. „*In endlosen Wiederholungen von Greifbewegungen, Heranziehen und Wegwerfen versuchen Kleinkinder, ihr motorisches Geschick zu üben und ihre Fertigkeiten zu steigern. Sie scheinen sich trotz der Anstrengung darauf zu freuen, sich selbstwirksam und selbsttätig erleben zu können. Der Sinn der ständigen Übung und Wiederholung liegt offenbar auch darin, im Gehirn stabile ‚Erinnerungsbilder' von Bewegungsabläufen und Empfindungen (‚skills') zu schaffen, damit diese spä-*

ter als gelernte und automatisierte Muster im Alltag rasch abgerufen werden können." (Bunk 2004, S. 73) Über die Bereitschaft, etwas zu leisten und ausdauernd an einer Sache zu arbeiten, bildet sich die spätere Lern- und Leistungsmotivation aus.

- Im Spiel erlebt das Kind die unterschiedlichsten Gefühle wie Freude, Frust oder Neid und es lernt dabei mit seinen **Gefühlen umzugehen**. Es lernt außerdem Niederlagen einzustecken, und über Erfolgserlebnisse baut es Selbstvertrauen auf.
- Das Spiel ist wichtig für die **soziale Entwicklung:** Das Kind erprobt Rollen und experimentiert mit sozialen Regeln. Es übt Wertvorstellungen ein, entwickelt Empathie und Gerechtigkeitssinn. Es erwirbt soziale Kompetenzen, indem es den Umgang mit Konkurrenten/-innen lernt, Teamfähigkeit entwickelt, Kompromisse schließt oder Regeln und kommunikative Fähigkeiten erlernt.
- Das Spiel ist auch bei der **emotionalen Verarbeitung** von Erfahrungen eine Hilfe. Denn Kinder können ihre Erfahrungen, Bedürfnisse, Gefühle und Interessen sprachlich oft nur sehr begrenzt mitteilen und drücken vieles über Spielhandlungen aus. Was das Kind spielt oder aber auch zeichnet, hat daher meistens auch eine Bedeutung. Ein Arztbesuch oder ein Streit mit Geschwistern kann beispielsweise in einem Rollenspiel aufgearbeitet werden. Ängste und Konflikte können so im Spiel ausgedrückt und Probleme des Alltags verarbeitet werden.
- Das Spiel hat auch eine **therapeutische Funktion:** *„In einer amerikanischen Studie erhielten zwei Gruppen von Kindern im Alter von 12–19 Monaten mit geringer bis schwerer spastischer Lähmung ein jeweils unterschiedliches Förderangebot. Beide Gruppen wurden zwölf Monate lang behandelt. Die erste Gruppe erhielt über zwölf Monate eine krankengymnastische Behandlung zur Verbesserung der Motorik, während die zweite Gruppe zunächst sechs Monate Krankengymnastik erhielt, in den übrigen sechs Monaten aber eine mehr kindgemäße spielerische Behandlung mit motorischen, sensorischen, sprachlichen und kognitiven Aktivitäten. Nach sechs und zwölf Monaten der Behandlung wurden die motorischen und kognitiven Fähigkeiten der beiden Gruppen verglichen. Die Gruppe der Kinder mit dem spielerischen Behandlungsangebot zeigte nach zwölf Monaten nicht nur einen höheren durchschnittlichen Entwicklungsquotienten, sondern wies entgegen den Erwartungen auch deutlich bessere motorische Fähigkeiten auf als die andere Gruppe."* (Bunk 2004, S. 74) Wichtig ist also, die Eigenaktivität des Kindes zu berücksichtigen und die Lebens- und Mitwelt mit einzubeziehen. Eine kindgemäße, spielerisch ganzheitliche Behandlung führt offensichtlich zu größerem Erfolg als eine rein krankengymnastische Behandlung.

Formen des Spiels

0–2 Jahre

- **Sensumotorisches Spiel:** Sinne und Bewegung stehen im Vordergrund. Alles wird betastet und in den Mund gesteckt. Geeignet sind in diesem Zeitraum alle Bewegungsspiele (Sing-, Fingerspiele).
- **Explorationsspiel:** In dieser Phase interessiert sich das Kind besonders für verschiedenste Gegenstände. Es möchte wissen, wie sie beschaffen sind, und zerlegt sie.

2–3 Jahre

- **Rezeptionsspiel:** Im 2. Lebensjahr kann das Kind schon einfachen Erzählungen folgen. Es sieht gerne Bilderbücher an und möchte Geschichten hören.

ab 1½ Jahren

- **Konstruktionsspiel:** Ein kreatives Produkt entsteht, sei es eine Zeichnung, ein Plastilinmännchen oder ein Bauwerk aus Legosteinen. Gestalterische Fähigkeiten können in dieser Phase durch Wertschätzung besonders gefördert werden. Die Vorliebe für kreatives Schaffen erreicht im 5. und 6. Lebensjahr ihren Höhepunkt. Wie auch an der Entwicklung des Zeichnens zu sehen, werden die Ergebnisse immer detailgetreuer.

ab 1–2 Jahren

- **Symbolspiel:** Spielgegenstände werden umfunktioniert: Holzklötze werden z. B. zum Auto, Stühle zum Raumschiff und ein Karton dient als Boot.

ab 2–3 Jahren

- **Rollenspiel:** Personen und Handlungen werden nachgeahmt und (fiktive) Rollen eingenommen. Das Kind spielt immer mehr mit anderen Kindern und lernt in dieser Zeit, sich in andere einzufühlen. Es werden kognitive Kompetenzen erworben und soziale Fähigkeiten erlernt. Rollenspiele sind auch sehr hilfreich, um Erfahrungen und Erlebnisse zu verarbeiten.

ab 5–6 Jahren

- **Regelspiel:** Ab dem 6. Lebensjahr beginnen Kinder, sich für Spiele zu interessieren, bei denen Regeln im Vordergrund stehen: Fußball, Kartenspiele oder Brettspiele. Kinder lernen in dieser Phase mit Gefühlen umzugehen: Sie freuen sich, wenn sie geschickt sind, sie sind aber auch enttäuscht oder wütend, wenn sie eine Niederlage einstecken müssen.
- Nach dem Regelspiel geht die eigentliche Spielzeit zu Ende. Früher verwendetes Spielzeug wird uninteressant, stattdessen rücken **Freizeitaktivitäten** immer mehr in den Vordergrund. (vgl. Oerter 2008, S. 239)

Partnerarbeit **10**

- **T** Welches Spielmaterial kann man einem 2- bis 3-jährigen Kind schenken? Bedenken Sie, dass Kinder in diesem Alter sehr fantasievoll sind.
- **RF** Welche Kennzeichen sollen die Spielsachen haben? Was kann man damit fördern?

6. Die emotionale und soziale Entwicklung

Stufen der emotionalen Entwicklung in den ersten zwei Lebensjahren

- **1 Monat** Der Säugling fühlt sich zu **angenehmen Reizen** hingezogen und weicht vor unangenehmer Stimulation zurück.
- **2–3 Monate** Entwicklung des **sozialen Lächelns**, Erwiderung der Gesichtsausdrücke der Erwachsenen.
- **3–4 Monate** Der Säugling **lacht** bei Hinweisreizen (z. B. Zunge herausstrecken).
- **6–8 Monate** Zwischen dem 6. und 7. Lebensmonat ist eine vertraute Bezugsperson besonders wichtig. Kinder entwickeln in dieser Zeit zu der Person, die sich täglich am meisten um sie kümmert, eine intensive emotionale Bindung **(Bindungsphase)**. Die Angst vor einer Trennung von der Bezugsperson nimmt zu **(Trennungsangst)** und Fremden begegnet das Kind zunehmend mit Misstrauen **(Fremdenfurcht)**. Die Phase der Fremdenfurcht ist normal und wichtig. Das Kind lernt in dieser Zeit zwischen den Menschen in seiner Umgebung zu differenzieren.
- **8–12 Monate** Gesichtsausdrücke werden differenziert wahrgenommen (▸ Kap. 13.1). In unsicheren Situationen nimmt das Kleinkind Kontakt zur Bezugsperson auf (**soziale Bezugnahme**/social referencing) und stimmt mit ihr das Verhalten ab. In Überraschungssituationen lacht das Kind.
- **18–24 Monate** **Komplexe Emotionen** wie Verlegenheit, Schuld, Neid, Stolz werden erkennbar. Die Fähigkeit, sich in andere hineinzuversetzen (Empathie) wird entwickelt. (vgl. Berk 2005, S. 239)

Milch spendende „Draht-Mutter" und weiche „Mutter"

Die soziale Entwicklung beginnt mit der Herstellung einer engen emotionalen Beziehung zu einer Bezugsperson. Diese nennt man **Bindung**. Ihre wichtigste Funktion ist die Sicherung des Überlebens. Das Bindungsverhalten zwischen Säugling und Bezugsperson (die sich um die Bedürfnisse kümmert) ist von großer Bedeutung. Das Experiment nach Harlow zeigt jedoch, dass selbst bei Primaten die Bindung nicht von der Befriedigung des Hungers abhängig ist: Rhesusaffen, die von einer Drahtgeflecht-„Mutter" und einer mit weichem Stoff bespannten „Mutter" aufgezogen wurden, zogen die weiche Mutter vor, obwohl die Drahtmutter Milch gab. Dieses Ergebnis erklärt, warum Kinder – vor allem bei kurzfristiger Trennung von den Eltern – eine starke Bindung zu kuscheligen Objekten entwickeln können.

Bindungsverhalten

Die Entwicklungspsychologin Mary Ainsworth entwarf die sogenannte *fremde Situation*, in der eine Mutter den Raum ohne ihr Kind verlässt und nach einigen Minuten wiederkommt, um die Reaktionen von Kindern im Alter von 11 bis 20 Monaten zu untersuchen. Von den Reaktionen der Kinder leitete Ainsworth verschiedene Bindungstypen ab, wobei der Bindungsstil als Vorhersage für psychische Gesundheit dienen kann:

- **Sicher gebundene Kinder** sind leicht unruhig, wenn die Mutter den Raum verlässt, und suchen beim Wiedersehen Nähe und Kontakt zur Mutter.

Eine sichere Bindung ist das Ergebnis einer einfühlsamen Mutter-Kind-Interaktion. Die Mutter geht auf die kindlichen Bedürfnisse ein, pflegt einen liebevollen Umgang, beruhigt, bietet Schutz und Nähe, verhält sich beständig und nachvollziehbar. Das Kind erfährt, dass es sich auf das Verhalten der Mutter verlassen kann. Dieses Vertrauen erlaubt dem Kind, sich einer neuen Situation zuzuwenden. Die sichere Bindung an eine Bezugsperson, die sich um die emotionalen Bedürfnisse des Kindes kümmert, ist eine wichtige Voraussetzung für psychische Gesundheit und gesundes Selbstvertrauen.

- **Unsicher gebunden vermeidende Kinder** wirken unbeeindruckt, wenn die Mutter den Raum verlässt. Bei der Rückkehr ignorieren sie die Mutter oder lehnen sie ab.

Eine unsichere, vermeidende Bindung kommt zustande, wenn sich die Bezugsperson vom Kind abwendet, die kindlichen Signale nicht richtig deutet oder erst gar nicht auf sie reagiert, die Mutter also emotional nicht verfügbar ist. Die kindlichen Bedürfnisse nach Liebe und Nähe werden nicht erwidert. Diese Kinder entwickeln dadurch eine Erwartungshaltung, dass ihre Wünsche prinzipiell auf Ablehnung stoßen, woraufhin sie sich emotional abgrenzen. Die mütterliche Zurückweisung kompensieren sie damit, dass sie die Beziehung vermeiden.

- **Unsicher gebunden ambivalente Kinder** reagieren mit Angst. Sie sind extrem verunsichert, weinen, schlagen gegen die Tür und sind schwer zu beruhigen. Bei der Rückkehr der Mutter zeigen sie ein Bedürfnis nach Kontakt und verhalten sich zugleich abweisend und aggressiv.

Eine unsichere, ambivalente Bindung resultiert aus einem ständigen Wechsel von feinfühligem und abweisendem Verhalten. Nachdem die Bezugsperson nicht vorhersehbar reagiert, richtet sich die Aufmerksamkeit des Kindes ständig auf die Mutter, anstatt sich auf das Spielen zu konzentrieren. Auf den Kontrollverlust (die Trennung von der Mutter) reagiert es dadurch umso gestresster. Unberechenbare Familienverhältnisse, Scheidung, Tod oder Trennung verunsichern das Kind und können ohne verständnisvolle Zuwendung zu Verhaltensstörungen oder Fehlentwicklungen führen.

RP Einzelarbeit **11**

Stellen Sie stichwortartig die wichtigsten Interaktionsbedingungen für eine emotional gesunde Entwicklung dar, die sich aus den Untersuchungsergebnissen von Harlow und Ainsworth ergeben.

Laut John Bowlby, dem Begründer der Bindungstheorie, ist es von der Geburt bis ins hohe Alter das Bedürfnis des Menschen, eine enge Beziehung zu einer Bezugsperson aufzubauen. Die Bindungen unserer frühen Kindheit prägen unsere emotionale Entwicklung und beeinflussen unsere Fähigkeit, mit schwierigen Lebenssituationen umzugehen, maßgeblich. Das Fehlen positiver Bindungserfahrungen wirkt sich erheblich auf die körperliche, psychische und soziale Entwicklung eines Kindes aus, wie durch Untersuchungen von René Spitz zum **Hospitalismus** bekannt wurde (▸ Kap. 3.7): Ein Säugling schüttet langfristig und in erhöhtem Ausmaß Stresshormone aus, wenn seine frühen emotionalen Bedürfnisse vernachlässigt werden. Das führt dazu, dass die Hirnreifung geschädigt wird, die körperlichen Wachstumsprozesse stagnieren sowie alle bereits erworbenen motorischen, kognitiven und psychischen Fähigkeiten wieder verlorengehen. In weiterer Folge können sich Bindungsstörungen ausbilden. Es ist daher besonders wichtig, bereits in der Kindheit eine positive emotionale Grundlage zu schaffen.

Hospitalismus

7. Die psychosoziale Entwicklung

Definition
Der Begriff PSYCHOSOZIAL beschreibt alle psychischen Faktoren (Denken, Wahrnehmen), die durch soziale Gegebenheiten wie gesellschaftliche Vorgaben oder die Kultur bedingt sind.

Die Interaktion mit der Umwelt ist für unsere psychische Entwicklung besonders bedeutend. Doch die Umwelt stellt oft Forderungen, die unseren persönlichen Bedürfnissen widersprechen. Das kann laut dem Psychoanalytiker Erik Erikson zu **Krisen** führen. Während unserer psychosozialen Entwicklung durchlaufen wir verschiedene Lebensphasen bzw. Stufen, die sich jeweils durch eine bestimmte Krise auszeichnen. Die Bewältigung dieser Krisen bezeichnet Erikson als unsere **Entwicklungsaufgabe**. Setzen wir uns erfolgreich mit den Aufgaben auseinander, entwickeln wir Qualitäten wie Vertrauen und Identität. Lösen wir sie hingegen nicht erfolgreich, kann auf der darauffolgenden Stufe unsere Entwicklung stagnieren. Jede dieser Aufgaben und Krisen bietet uns aber auch die Möglichkeit zu reifen.

Identitätsstufen nach Erikson

0–1 Jahr

- **Vertrauen/Misstrauen:** Ein Neugeborenes ist auf Versorgung angewiesen. Wenn seine Bedürfnisse durch positive Erfahrungen (körperlicher Kontakt, Liebe, Aufmerksamkeit) erwidert werden, kann es Vertrauen zu den Bezugspersonen aufbauen. Misstrauen wird hingegen gefördert, wenn die Bezugsperson physisch und psychisch nicht für ihr Kind da ist. Für eine positive Persönlichkeitsentwicklung ist es entscheidend, dass der Säugling in dieser Zeit Vertrauen ausbildet.

1–2 Jahre

- **Autonomie/Scham und Selbstzweifel:** In dieser Zeit lernt das Kleinkind, Dinge selbstständig zu erledigen. Das Gefühl der Autonomie durch die neu erworbenen Fähigkeiten wie Gehen und Sprechen führt dazu, dass es sich von der Mutter emanzipiert. Es entwickelt eine Vorstellung von „Du“ und „Ich“. Für eine gesunde Entwicklung müssen die Eltern als Vorbild wirken und ihr Kind in seinen Unabhängigkeitsbestrebungen unterstützen. Wenn es in seinem Tatendrang gehindert und übermäßig kontrolliert wird, beginnt es, an seinen Fähigkeiten zu zweifeln.

3–5 Jahre

- **Initiative/Schuld:** Das Vorschulkind zeichnet sich durch einen kindlichen Forschungsdrang aus. Es befriedigt seine Neugier, indem es unbekannte Orte erkundschaftet und Fragen stellt. Wenn das Kind in seiner Initiative gehemmt und ihm alles verboten wird, entwickelt es Schuldgefühle. Wird es zu selten gebremst, lernt es weder Verbote zu akzeptieren noch mit Schuldgefühlen umzugehen. Es kann dann auch kein Gewissen ausbilden. Eltern müssen in dieser Zeit gesunde Grenzen setzen: Verbote verständlich machen und die kindliche Neugier unterstützen.

6–12 Jahre

- **Kompetenz/Minderwertigkeit:** Das Schulkind lernt, Aufgaben gewissenhaft zu erledigen. Es entwickelt Lernfreude, wenn seine Leistung anerkannt wird. Vor allem die Schule sollte in dieser Zeit jedem Kind ermöglichen, Nützliches zu leisten und ein Gefühl der Kompetenz auszubilden. Denn wenn Erfolgserlebnisse ausbleiben, entwickelt das Kind Minderwertigkeitsgefühle.

13–20 Jahre

- **Identität/Identitätsdiffusion:** Körperliche Veränderungen während der Jugendzeit machen die Ausbildung eines Identitätsgefühls in dieser Phase zur zentralen Aufgabe. Welche Rolle wir in der Gesellschaft einnehmen, soll über neu erprobte soziale Rollen (in der Gleichaltrigengruppe oder im Beruf) sowie in der Auseinandersetzung mit dem anderen Geschlecht gefunden werden (▸ Kap. 9.6). Die Identitätsbildung gelingt umso besser, je positiver die Erfahrungen der bisherigen Stufen verlaufen sind. Ist das nicht der Fall, kommt es zu einer Identitätsdiffusion. Sie ist oft der Grund, dass Jugendliche sich Gruppierungen anschließen, die über klare Strukturen verfügen, oder unangemessene Verhaltensweisen entwickeln.

20–40 Jahre

- **Intimität/Isolation:** Junge Erwachsene (▸ Kap. 9.7) wollen ihre Identität mit einer anderen Person teilen. Eine gefestigte Identität erlaubt, eine Partnerschaft einzugehen und sich dem/der Partner/-in zu öffnen. Erikson spricht von einem Sich-Verlieren und Sich-Finden in einer anderen Person (Intimität). Gelingt dies nicht, kann ein Gefühl der Einsamkeit die Folge sein (Isolation). Eine gefestigte Identität erleichtert es, eine vertrauensvolle Beziehung aufzubauen.

40–60 Jahre

- **Generativität/Stagnation:** Auf die Intimität folgt im mittleren Erwachsenenalter die Bedeutung der Familie. Unter Generativität versteht Erikson das Erziehen der nächsten Generation. Wenn der erwachsene Mensch nicht die Gelegenheit bekommt, sich als produktiv zu erweisen oder Werte weiterzugeben, und wenn zwischenmenschliche Beziehungen zu wenig gepflegt werden, entwickelt sich ein Gefühl der Langeweile, der Sinn- und Zwecklosigkeit („Stagnation“).

ab 60 Jahren

- **Integrität/Verzweiflung:** Das bisherige Leben sollte mit allen positiven und negativen Erlebnissen akzeptiert werden, um mit einem befriedigenden Gefühl auf sein Leben zurückblicken zu können. Diese Selbstakzeptanz führt zu Reife und Integrität. Wer seinen Lebenszyklus nicht akzeptiert, wird eher das Gefühl entwickeln, gescheitert zu sein.

8. Die moralische Entwicklung

Literaturtipp
COHEN, Martin: *99 moralische Zwickmühlen. Eine unterhaltsame Einführung in die Philosophie des richtigen Handelns.* München 2008. Soll man die Verkäuferin darauf aufmerksam machen, dass sie zu viel Wechselgeld herausgegeben hat, oder das Geld einstecken? In unterhaltsamen Geschichten stellt Cohen moralische Zwickmühlen aus Alltag, Wirtschaft etc. vor.

Unter **Moral** verstehen wir eine Wertvorstellung bzw. eine gesellschaftliche Richtlinie, die unser Verhalten steuert. Der US-amerikanische Psychologe Lawrence KOHLBERG wollte wissen, in welchem Alter wir zu welchen moralischen Ansichten tendieren. Ihn interessierte aber nicht, ob ein Verhalten als richtig oder falsch eingestuft wurde, sondern *mit welcher Begründung* eine Handlung als richtig oder falsch erachtet wurde. Um das herauszufinden, stellte er seine Versuchspersonen vor ein Dilemma – eine Konfliktsituation, die, egal wie man sich entscheidet, zu einem unzufriedenstellenden Ergebnis führt. Sein berühmtestes Beispiel war das **Heinz-Dilemma**: Heinz kann sich das Medikament nicht leisten, das seine Frau, die im Sterben liegt, dringend benötigt. Soll er das Medikament stehlen? Warum wäre sein Verhalten richtig/falsch? Kohlberg entwickelte aus den Ergebnissen seiner Untersuchungen eine Stufentheorie des moralischen Verhaltens. Er stellte fest, dass sich viele von einem autoritätshörigen, konformen Kind zu einem Erwachsenen mit persönlichen ethischen Prinzipien entwickeln. Das höchste Ziel der Entwicklung ist die Idee von einer universalen Gerechtigkeit.

bis 9 Jahre

Ebene 1: Präkonventionelle Moral

1. Auf Stufe 1 dominiert eine **fremdbestimmte Moral**. Kinder unter 9 Jahren gehorchen Vorschriften und Autoritäten, um Strafen zu vermeiden oder Belohnung zu erhalten.
2. Auf Stufe 2 legen wir Wert darauf, **fair** miteinander umzugehen, nach dem Motto *Eine Hand wäscht die andere!* oder *Wie du mir, so ich dir!* Dabei orientiert man sich am eigenen Wohlergehen, berücksichtigt aber auch die Bedürfnisse der/des anderen.

Jugendliche und Erwachsene

Ebene 2: Konventionelle Moral

3. Auf Stufe 3 ist es wichtig, in Beziehungen **loyal und zuverlässig** zu sein. Wir halten Regeln ein und versuchen, Erwartungen gerecht zu werden. Richtig ist, was Zustimmung findet und den Interessen aller gerecht wird.

4. Auf Stufe 4 bemühen wir uns, unsere **Pflichten** zu erfüllen. Recht und Ordnung, aber auch das Wohlergehen der Gesellschaft stehen im Vordergrund. Wir verhalten uns richtig, wenn wir unsere Pflicht tun.

einige Erwachsene über 20

Ebene 3: Postkonventionelle Moral

5. Auf Stufe 5 verteidigen wir unsere **individuellen Rechte**, unterstützen aber gleichzeitig **grundsätzliche Werte** der Gesellschaft und Grundrechte. Wir suchen den Konsens.
6. Auf Stufe 6 fordern wir **Gleichberechtigung für alle** und leben nach allgemeingültigen ethischen Prinzipien. Vernunft und Moral stehen an oberster Stelle. Das allgemeine Prinzip der Gerechtigkeit hat Immanuel KANT so formuliert: *„Handle nur nach derjenigen Maxime, durch die du zugleich wollen kannst, dass sie ein allgemeines Gesetz werde."* (Kant 1999, S. 45)

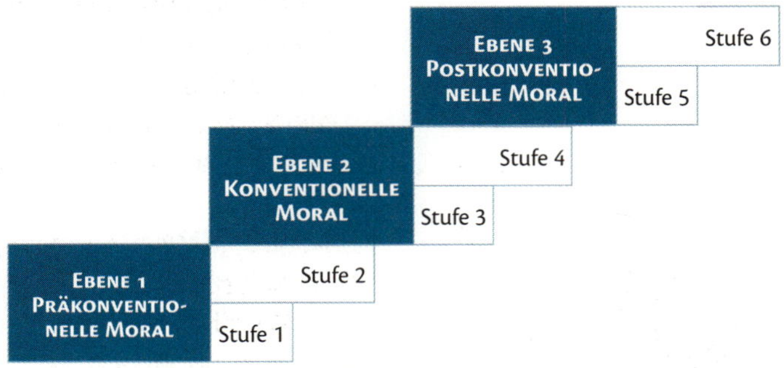

RF Diskussion **12**

Diskutieren Sie im Plenum das Heinz-Dilemma anhand der moralischen Stufen. Wie müsste Heinz der jeweiligen Stufe entsprechend handeln? Wie würde er sein Vorgehen rechtfertigen? Auf welche moralische Instanz würde er sich berufen?

RP Einzelarbeit **13**

Legen Sie Ihre Antworten zu den Entwicklungsphasen der Kindheit schriftlich dar:
a) Mit wie vielen Monaten lernt ein Kind im Durchschnitt gehen?
b) Was versteht man unter dem Zeichenstadium der Kopffüßler?
c) Welche Bedeutung hat Spielen für die kindliche Entwicklung?
d) Inwiefern unterscheidet sich ein 8-jähriges von einem 3-jährigen Kind in der kognitiven Entwicklung?
e) Ab wie viel Jahren kann sich ein Kind sprachlich bereits gut ausdrücken?
f) Was versteht man unter Bindung?
g) Was versteht Erikson unter Entwicklungsaufgaben? Nennen Sie ein Beispiel!
h) Beschreiben Sie die moralische Entwicklung nach Kohlberg!

9.5 Erziehung

T Partnerarbeit **14**

Welche Schlüsse kann man aus den Entwicklungsphasen in der Kindheit für die Erziehung ziehen? Fassen Sie zusammen, inwiefern Bezugspersonen positiv auf die kindliche Entwicklung einwirken können.

RF Einzelarbeit **15**

Reflektieren Sie folgende Thesen zur Kindererziehung! Kreuzen Sie Ihre Meinung an.

	richtig	falsch
Kinder brauchen Grenzen.		
Kinder brauchen rund um die Uhr Betreuung.		
Oberstes Gebot ist die Freiwilligkeit des Kindes.		
Kinder müssen ständig kontrolliert werden.		
Kinder sollen möglichst wertfrei erzogen werden.		

Der deutsche Pädagoge Herman NOHL definiert Erziehung als das *„leidenschaftliche Verhältnis eines reifen Menschen zu einem werdenden Menschen, und zwar um seiner selbst willen, dass er zu seinem Leben und zu seiner Form komme. (…) So fordert die pädagogische Liebe Einfühlung in das Kind und seine Anlagen, in die Möglichkeiten seiner Bildsamkeit, immer im Hinblick auf sein vollendetes Leben."* (Nohl 2002, S. 169 ff) Erziehung bezeichnet alle gezielten Handlungen und Verhaltensweisen eines erfahrenen Menschen, die weniger Erfahrene zur selbstständigen Lebensführung befähigen sollen. Aufgabe der Erziehung ist, die Entwicklung einer zu erziehenden Person zu fördern.
Ebenso betont der österreichische Pädagoge Rudolf DREIKURS, dass man niemanden beeinflussen kann, wenn nicht zuvor eine freundliche Beziehung hergestellt worden ist. Der Aufbau

einer positiven emotionalen Beziehung in allen Erziehungssituationen und in jedem Lebensalter bleibt ein wesentlicher Bestandteil der Erziehung. Der Erfolg der Erziehung, also die positive Persönlichkeitsentfaltung des Kindes oder des/der Jugendlichen, hängt daher größtenteils von der persönlichen Beziehung zu den Eltern ab. Das Psychologen-Ehepaar Reinhard und Anne-Marie TAUSCH sieht Wertschätzung, Verständnis und Echtheit als grundlegend für eine **positive Eltern-Kind-Beziehung**:

- **Wertschätzung** (Randnotiz: Wertschätzung) meint die positive Einstellung der Eltern gegenüber ihrem Kind. Wertschätzung äußert sich über Achtung, Rücksichtnahme, Wärme und die Investition in eine liebevolle, dem Kind zugewandte Aufmerksamkeit.
- **Verständnis** (Randnotiz: Verständnis) ist die Fähigkeit, sich in die innere Welt der anderen Person einzufühlen. Dazu gehört auch, die Bedürfnisse des Kindes zu erkennen und auf sie einzugehen.
- Stimmt das Verhalten mit der Einstellung überein, spricht man von **Echtheit** (Randnotiz: Echtheit).

„Vergiss nicht, mein Sohn: Es ist völlig unwichtig, ob du gewinnst oder verlierst – es sei denn, du willst, dass ich dich lieb habe!"

Konsequente Wertschätzung, Verständnis und Echtheit tragen dazu bei, dass ein Kind ein positives Selbstkonzept (▸ Kap. 10.6) ausbilden kann. Es ist in der Lage, seelisches und körperliches Wohlbefinden zu entwickeln. Anstelle von Minderwertigkeitsgefühlen und Unsicherheiten kann es ein gesundes Selbstwertgefühl, Selbstachtung und Selbstakzeptanz ausbilden. Es lernt eine optimistische Lebensgrundhaltung und entwickelt positive Gefühle gegenüber sich selbst und seinen Mitmenschen. Es lernt, verantwortungsbewusst, leistungsmotiviert und selbstständig zu handeln.

16

Partnerarbeit: Analysieren Sie die Karikatur: T
- Inwiefern entspricht der Vater in der Karikatur (nicht) den drei Komponenten Wertschätzung, Echtheit und Verstehen?
- Wie muss sich ein Elternteil verhalten, wenn er diese Komponenten im Erziehungsprozess verwirklichen möchte?

Die erste Autonomiephase (Trotzphase)

2–4 Jahre

Querverweis
Während der Jugendzeit (▸ Kap. 9.6) kommt es zu einer weiteren Loslösungsphase von den Eltern.

Die ersten eineinhalb Jahre mit dem Kind sind relativ einfach: Es fühlt sich mit den Eltern verbunden und gehorcht großteils. Im zweiten Lebensjahr bemerkt das Kind, dass es einen Unterschied zwischen sich und den anderen gibt und dass es ein selbstständiges Wesen ist. Diese neu entdeckte Identität erprobt das Kind in der sogenannten **Autonomiephase**. Autonomiephasen gehören zur gesunden Entwicklung eines Menschen, denn der eigentliche Grund für kindliche Trotzreaktionen ist das Bedürfnis, sich von den Eltern loszulösen. Das Kind strebt verstärkt nach Selbstständigkeit (Autonomie) und entwickelt den Drang, alles selbst auszuprobieren. Es reagiert meist mit Wut, wenn es etwas nicht bekommt, was es gerne hätte, und möchte seinen Willen um jeden Preis durchsetzen. Auf Befehle reagiert es trotzig und den Gehorsam verweigert es. Das Kind braucht in dieser Zeit besonders viel Aufmerksamkeit und Zuwendung. Es lernt dadurch,

- einen **eigenen Willen** zu entwickeln,
- **Entscheidungen** zu treffen und
- **Lösungen** in Konfliktsituationen zu suchen.
- Außerdem entwickelt es die Fähigkeit, seine **Gefühle** zu äußern und
- eigene **Erfahrungen** zu sammeln, selbst wenn diese mit Enttäuschungen verbunden sind.

Der Selbstständigkeitsdrang des zwei- bis vierjährigen Kindes geht mit viel Ausprobieren einher. Da auf einer solchen kindlichen Entdeckungsreise auch viel kaputtgeht, wird das Tun des Kindes von den Eltern auch bald sanktioniert. Eine einfühlsame und dennoch konsequente Erziehung hat in dieser Zeit besondere Bedeutung.

RF Diskussion 17

Diese „Tagebuch-Eintragungen" schildern Situationen aus der Sicht eines zweijährigen Kindes. Bewerten Sie die Erziehungsmaßnahmen: Inwiefern sind die Reaktionen unangebracht? Wie könnte man dem Kind in den jeweiligen Situationen einfühlsam begegnen?

12.30h	Blumenerde auf den Teppich geschüttet. Mit Wasser umgerührt. Mama schimpft. „Kuchen backen" verboten.
14.00h	Filzstifte gefunden. Wand verziert. Malen verboten.
19.00h	Fernsehapparat repariert. Papi Knöpfe gebracht. Papa schimpft. Fernseher reparieren verboten.

9

Das Erziehungsziel ist, dem Kind und später dem/der Jugendlichen beim Loslösungsprozess und bei der Selbstfindung zu helfen. Dieses Ziel kann mit einer positiven emotionalen Beziehung erreicht werden. Der Erziehungsstil soll weder vernachlässigen noch verwöhnen noch zu sehr behüten, sondern die Selbstständigkeit fördern und dennoch klare Regeln vorgeben.

Autoritärer Erziehungsstil

Erziehungsstile

Der Erziehungsstil repräsentiert das Wertesystem und charakteristische Eigenarten von Eltern: wie und ob sie auf die kindlichen Bedürfnisse eingehen, wie sie mit dem Kind reden, wie sie loben und bestrafen und auf Handlungen reagieren. Das elterliche Erziehungsverhalten wirkt sich auf die Persönlichkeitsentwicklung des Kindes aus. Man unterscheidet drei Erziehungsstile:

1. Der **autoritäre Erziehungsstil:** Autoritäre Eltern respektieren die kindlichen Anliegen nur in geringem Maß. Gehorsam wird als Tugend angesehen und ist das erklärte Erziehungsziel. Das Kind hat kaum Möglichkeiten, selbstbestimmt zu handeln oder Eigeninitiative zu ergreifen, da die freie Entfaltung durch häufige Kontrolle, Befehle und Verbote eingeschränkt wird. Bei Strafen greifen sie häufig die Persönlichkeit des Kindes an, anstatt auf der Sachebene zu bleiben.
2. Der **demokratische Erziehungsstil:** Demokratische Eltern berücksichtigen die kindlichen Interessen, Bedürfnisse und Wünsche. Das Kind darf innerhalb gesetzter Grenzen selbstständig und eigenverantwortlich handeln. Die kindliche Eigeninitiative wird zusätzlich gefördert, indem das Kind zu Handlungen ermutigt und dabei unterstützt wird. Entscheidungen werden gemeinsam getroffen, elterliche Entscheidungen erklärt, Probleme besprochen und das Kind wird zu einer Stellungnahme ermutigt. Es wird als gleichwertiger Partner bzw. als gleichwertige Partnerin wahrgenommen. Die Eltern-Kind-Beziehung zeichnet sich durch hohe wechselseitige Akzeptanz, gegenseitiges Verständnis und Offenheit aus. Eltern loben und tadeln angemessen und sachbezogen, also ohne die Persönlichkeit des Kindes anzugreifen.
3. Der **Laissez-faire-Erziehungsstil** (franz. *laisser faire:* machen lassen): Permissive (erlaubende) Eltern reagieren auf alle Handlungen ihres Kindes gütig, nachgiebig und bestätigend. Die Eltern lassen das Kind gewähren und greifen nur wenig ein. Das Kind soll frei von allen Zwängen sein, ihm werden alle Freiheiten gelassen und es werden keine Forderungen gestellt. Oberste Prinzipien sind Selbstbestimmung und Freiwilligkeit.

Literaturtipp
GORDON, Thomas: *Familienkonferenz. Die Lösung von Konflikten zwischen Eltern und Kind.* München 2012. Der Erziehungsklassiker deckt die häufigsten Ursachen für Konflikte zwischen Eltern und Kindern auf und veranschaulicht anhand konkreter Fallbeispiele, wie positive Kommunikation und gewaltfreie Konfliktlösung funktionieren.

T **Einzelarbeit** **18**

Vergleichen Sie folgende Sichtweisen miteinander. Worin unterscheidet sich ihre Auffassung von Erziehung?

- Der Erziehungswissenschaftler Klaus HURRELMANN betont in einem Interview, wie wichtig es ist, **klare Spielregeln** in der Erziehung aufzustellen: *„Das bedeutet, im Alltag immer wieder die Regeln aufzustellen, zu erklären. Eltern müssen vor allem die Schlüsselsituationen erkennen, in denen sie auf jeden Fall auf der Einhaltung der Regeln bestehen müssen (…) es kostet unendlich viel mehr Kraft, sich mit einem Kind auseinander zu setzen, das nicht gelernt hat, sich an die Regeln in der Familie zu halten. Wer bereit ist, seine Rolle als Vater oder Mutter einzunehmen, wird erleben, dass Erziehung Spaß machen kann und das gemeinsame Leben mit dem Kind eine Freude ist, die Kraft gibt. (…) Die Erfahrung vieler Elternkurse zeigt: 1. Bleibe gegenüber deinen Kindern die Persönlichkeit, die du bist! 2. Spiele zur rechten Zeit die soziale Rolle ‚Vater' oder ‚Mutter'. Und das bedeutet, erziehe nach klaren Regeln, bleibe konsequent."* (NDR Presseportal, 1. 6. 2005)
- *„Wie Erwachsene lernen auch Kinder, was sie lernen wollen. Prüfungen, Zensuren und Preise behindern nur die Persönlichkeitsentwicklung"*, sagt A.S. NEILL, Gründer der **Summerhill**-Schule. (Neill 2004, S. 42) Ein ehemaliger Lehrer der Summerhill-Schule berichtet: *„Ich wurde einmal von einer Schulinspektorin gefragt: ‚Wie werden Sie mit dem Problem fertig, dass Kinder nicht zum Unterricht gehen?' ‚Es ist gar kein Problem', erwiderte ich. ‚Wenn die Kinder nicht zum Unterricht gehen, ist es deshalb, weil sie wichtigere Dinge zu tun haben.' Sie konnte meinem Gedankengang nicht folgen. Sie konnte nicht begreifen, dass Kinder wichtigere Dinge zu tun haben, als den ganzen Tag in der Klasse zu sitzen und zu lernen. Der Gedanke, dass Kinder, die nicht zur Schule gehen, alles andere als ein Problem sind, war ihr völlig fremd."* (Appleton 2003, S. 104)

Filmtipp
Der Club der toten Dichter (USA 1989, Regie: Peter WEIR). Der Film spielt im Jahr 1959. In einem erzkonservativen Jugendinternat sollen Schüler zu einer gesellschaftlichen Elite herangezogen werden. Strenge Richtlinien und die Prinzipien Tradition, Ehre, Disziplin und Leistung sollen die Schüler auf ihre spätere Rolle vorbereiten. Ein Film über erzkonservative Autoritäten und einen frei denkenden Lehrer, der versucht, die starren Traditionen zu durchbrechen, aber daran scheitert.

Partnerarbeit **19**

Stellen Sie sich vor, ein Elternteil ertappt seine Tochter mit einer Freundin beim Rauchen!

T a) Entwerfen Sie einen konstruktiven erzieherischen Umgang mit dieser Situation!
b) Wie würde jemand mit autoritärem oder Laissez-faire-Erziehungsstil damit umgehen?
RF c) Können Sie sich bei Ihren Eltern an eine vergleichbare Situation erinnern?
d) Wie würden Sie selbst in einer ähnlichen Situation reagieren?

Akzeleration

9.6 Adoleszenz

RF Einzelarbeit 20

Beantworten Sie folgende Fragen schriftlich:
- Wodurch kennzeichnen sich Jugendliche? Finden Sie eine Definition!
- Welche Entwicklungsschritte, Krisen und Konfliktbereiche sind für das Jugendalter charakteristisch?

Die Loslösung von den Eltern ist eine der großen Herausforderungen der Jugendzeit – für beide Seiten.

Die **Adoleszenz** (lat. *adolescere:* heranwachsen, reifen) beginnt mit den ersten Anzeichen der körperlichen Geschlechtsreife und endet mit der Loslösung von den Eltern, also mit dem Erreichen des Status eines sozial unabhängigen, selbstständigen und verantwortungsbewussten erwachsenen Menschen. Die **Pubertät**, in der der menschliche Körper die Geschlechtsreife und damit die biologische Fortpflanzungsfähigkeit erlangt, beginnt bei Mädchen im Durchschnitt im 11., bei Buben im 13. Lebensjahr.

Emotionale Entwicklung

Der Hormonschub während der Pubertät führt vermehrt zu Stimmungsschwankungen und Empfindlichkeit. Man setzt sich mit dem eigenen Innenleben auseinander und versucht persönliche Ziele zu definieren.

Körpergefühl und Aussehen

Mit dem Einsetzen der Pubertät und den damit einhergehenden physischen Veränderungen, wie dem Herausbilden der Geschlechtsmerkmale, werden Mädchen und Buben dazu veranlasst, sich stärker mit der eigenen Körperlichkeit auseinanderzusetzen. Ein attraktives Aussehen ist zwar schon lange vor der Pubertät ein wichtiges Mittel der Selbstdarstellung, aber gerade in der Pubertät gewinnt das Aussehen noch mehr an Bedeutung, da man sich in dieser Zeit besonders über die jugendliche „Körperinszenierung" definiert und nach Anerkennung strebt.

„Wir haben viel darüber nachgedacht, was wir mit deinem Leben machen wollen."

Loslösung von den Eltern

Während der Pubertät kommt es vermehrt zu Konflikten mit den Eltern. Um erwachsen zu werden und seine eigene Identität aufzubauen, möchte man sich von den Eltern abgrenzen. Dieser Prozess kann zu Auseinandersetzungen führen, in denen es wichtig ist, eine vernünftige Streitkultur zu bewahren: Probleme offen zu besprechen, zuzuhören und gemeinsam nach Lösungen zu suchen.

Es geht darum, die eigenen **Fähigkeiten und Grenzen** auszuloten. Der ukrainische Pädagoge Wassili Suchomlinski schreibt: *„Bevormundet mich nicht, lauft mir nicht nach, verfolgt nicht jeden meiner Schritte, beaufsichtigt mich nicht voll Misstrauen, mit keinem Wort erinnert mich an meine Wiege! Ich bin ein selbstständiger Mensch. Ich will nicht an die Hand genommen werden. Vor mir liegt ein hoher Berg. Er ist das Ziel meines Lebens. Ich sehe dieses Ziel, denke daran, will es erreichen, aber ich will den Gipfel selbstständig besteigen."* (Suchomlinski 1983, S. 66) Das Bedürfnis nach Selbstständigkeit führt dazu, dass auch die sozialen Beziehungen anders gestaltet werden. Jugendliche verbringen immer weniger Zeit mit der Familie. Dadurch kann ein Gefühl der Entfremdung entstehen. In dieser Zeit ist es besonders wichtig, dass Eltern Stabilität und Geborgenheit bieten und das Gefühl vermitteln, da zu sein, wenn sie gebraucht werden. Mit zunehmender sozialer Unabhängigkeit nehmen sich Jugendliche und Erwachsene als gleichberechtigte Erwachsene wahr.

Diskussion 21

In welchen Bereichen kommt es zwischen Jugendlichen und Eltern häufig zu Konflikten? Zu welchen Themen hingegen holen Jugendliche gerne die Meinung der Eltern ein?

Gruppenarbeit 22

Suchen Sie eine typische Konfliktsituation, die sich zwischen Eltern und Jugendlichen ergibt, und gestalten Sie ein Rollenspiel. Z. B.: Ihr Sohn bzw. Ihre Tochter kommt zu spät nach Hause. Wie reagieren Sie?

Die Rolle in der Gesellschaft

Der Loslösungsprozess von den Eltern geht damit einher, dass Jugendliche einen eigenen Platz in der Gesellschaft einnehmen wollen. Sie beginnen sich dafür zu interessieren, wie eine ideale Welt aussehen könnte, und entwickeln persönliche Moralvorstellungen. Jugendliche setzen sich mit den Werten einer Gesellschaft auseinander, um eigene Werte aufbauen und internalisieren zu können und ein sozial verantwortungsvolles Verhalten zu entwickeln. Sie steuern Ziele und Zukunftsperspektiven an.

9

Partnerarbeit **23**

Diskutieren Sie zu zweit folgende Fragestellungen.

- Welche Vorstellungen haben Sie von der Zukunft? Welche Erwartungen, Wünsche, Hoffnungen?
- Was ist notwendig, um diese Hoffnungen zu realisieren (äußere Bedingungen, eigener Einsatz)?
- Wie werden Sie in 10/20/30 Jahren auf Ihr derzeitiges Leben zurückblicken? Treffen Sie Entscheidungen, an die Sie sich eines Tages mit Genugtuung erinnern werden?
- Inwiefern werden sich die Jugendlichen in 20 Jahren von den Jugendlichen von heute unterscheiden? Was wird sich u. U. ändern?
- Welche Ansprüche stellt die Gesellschaft an Jugendliche heute?

Auf der Suche nach Identität

Selbstfindung

Ein Kind übernimmt Merkmale von vielen verschiedenen Personen aus seiner Umgebung (▸ Kap. 5.4). Aus diesen Teil-Identifikationen soll in der Jugend ein einheitliches Ganzes werden: eine eigene Identität. Zu den wichtigsten Aufgaben des Jugendalters gehört es, herauszufinden, wer man ist, woran man glaubt und in welche Richtung man sein Leben lenken soll (▸ Kap. 9.4). Man fragt sich, wie man war und wie man sein möchte.

Informationsflut und die zahlreichen Wahlmöglichkeiten (z. B. in beruflicher Hinsicht) bieten der heutigen Jugend einerseits viel Freiraum für eigene Meinungen, andererseits gestalten sie den **Entscheidungsprozess** für die eigene Zukunft noch schwieriger. Viele junge Menschen nehmen sich daher nach Beendigung von Ausbildung oder Schule eine Auszeit, gehen auf Reisen oder leisten Entwicklungshilfe, um sich selbst zu erforschen und wichtige Entscheidungen hinauszuschieben. Auf diese Weise wird zwar die Identitätskrise verlängert, gleichzeitig bietet sich aber die Möglichkeit, zu experimentieren sowie sich selbst, seine Bedürfnisse und Talente besser kennenzulernen.

Literaturtipp
Glavinic, Thomas: *Wie man leben soll.* München 2010. *„Merke: Wenn man Gelegenheit findet, eine Partnerschaft einzugehen, sollte man sie nützen. Es ist gut für die Hormone, für die Lebenserfahrung und für den Ruf."* (S. 13) Karl „Charlie" Kolostrum liebt Essen, Tagträumereien und Ratgeberliteratur. Der Autor begleitet Charlie ironisch durch seine Jugendjahre, auf dessen Suche nach einem Leitfaden fürs Leben. *Wie man leben soll* wurde 2010 vom österreichischen Regisseur David Schalko verfilmt.

Während der Identitätssuche wird vieles in Frage gestellt, was man in der eigenen Kindheit gelernt hat, wie beispielsweise der Glaube oder die politische Einstellung der Eltern. Stattdessen werden **eigene Überzeugungen und Anschauungen** entwickelt und erprobt. Wenn es während der Identitätssuche trotz Bemühens nicht gelingt, eine Rolle anzunehmen, die anerkannt wird, können Unsicherheiten entstehen, die Schulabbruch, Jobkündigung, auffälliges Verhalten oder den Anschluss an religiöse oder politisch umstrittene Gemeinschaften zur Folge haben. Das erfolglose Streben nach Anerkennung kann zu starken inneren Konflikten führen.

Identität versus Identitätsdiffusion

Ein Mensch, der seine Identitätskrise bewältigt hat, weiß, was für ihn die wichtigen Dinge im Leben sind. Außerdem hat er bereits eine klare Vorstellung von dem erworben, was er sein möchte, und ist zufrieden und stolz auf das, was er darstellt. (vgl. Mietzel 1997, S. 272) Ein Mensch hingegen, der sich noch mit der Frage nach seiner Identität auseinandersetzt, ändert häufig seine Meinung über sich selbst und weiß noch nicht, was er mit seinem Leben anfangen soll: welche berufliche Laufbahn er einschlagen, welche Weltanschauungen er vertreten und welche Form der Partnerschaft er leben soll. Nach Erikson befindet man sich in diesem Zustand der **Identitätskrise** (▸ Kap. 9.4), solange man keine verbindlichen Entscheidungen getroffen hat. *„Es gibt allerdings auch während des Erwachsenenalters Lebensereignisse, wie z. B. Verlust eines nahen Angehörigen, Krankheit, Arbeitslosigkeit usw., die wiederum eine Krise auslösen und die Frage nach der eigenen Identität erneut stellen."* (Mietzel 1997, S. 278) (▸ Kap. 9.7)

»Ich bin nicht, was ich sein sollte, ich bin nicht, was ich sein werde, aber ich bin auch nicht mehr, was ich war.« (Mietzel 1997, S. 270)

Die Bedeutung der Peergroup

Auf der Suche nach der eigenen Identität nimmt der elterliche Einfluss ab, während der Gleichaltriger zunimmt. Die Aufgabe der Eltern besteht in dieser Zeit vorwiegend darin, eine Balance zwischen Familie und Gleichaltrigen herzustellen. Die Urteilsbildung orientiert sich in dieser Zeit stark an der Meinung der Freunde/-innen. Man handelt, spricht und kleidet sich wie gleichaltrige Bezugspersonen, da Ausgrenzung als sehr schmerzlich erlebt wird. Auf Ablehnung reagieren viele Jugendliche mit Rückzug, Einsamkeit, Depression und geringem Selbstwertgefühl. Es bilden sich Peergroups (Gleichaltrigengruppen), also altershomogene Cliquen mit ähnlichen Interessen und Werten. Eine Peergroup erfüllt vielfältige Aufgaben:

- Sie gibt beim Prozess der Loslösung von den Eltern Orientierung und Stabilität.
- Sie bietet emotionale Geborgenheit.
- Sie stellt den Übergang von der Familie zur Partnerschaft dar.

- In der Peergroup kann soziales Verhalten erprobt werden.
- Sie trägt zur Identitätsfindung bei: Wer bin ich, wie möchte ich sein, wie sehen mich die anderen?
- Sie bietet Identifikationsmöglichkeiten, bestätigt oder kritisiert die Selbstdarstellung.
- Die Peergroup übt bedeutenden Einfluss auf die Entwicklung des Charakters und der Persönlichkeit des/der Jugendlichen aus.
- Der Anschluss an eine Peergroup ist für die soziale Entwicklung besonders wichtig. Die Peergroup kann aber auch negativ beeinflussen, wenn sie ein starkes Eigenleben entwickelt und weltanschaulich gebunden ist (z. B. rechts- bzw. linksradikale oder anarchistische Gruppen).

Gruppenarbeit **24**

Inwiefern unterscheidet sich das Freizeitverhalten der 11- bis 14-Jährigen von jenem der 15- bis 18-Jährigen? Gestalten Sie eine Umfrage, werten Sie die Ergebnisse aus und vergleichen Sie das Freizeitverhalten!

Liebe und Sexualität

Das Interesse für das andere oder das eigene Geschlecht entwickelt sich bereits ein bis zwei Jahre vor dem Einsetzen der Pubertät. Mit dem Einsetzen der körperlichen Geschlechtsreife nehmen die sexuellen Bedürfnisse und das Interesse an sexuellen Fragen stark zu. Das betrifft aber nicht nur die körperliche, sondern auch die soziale und emotionale Komponente der Sexualität. Denn in dieser Zeit werden enge emotionale Freundschaften und intime Beziehungen zu einem/einer Partner/-in gesucht. 35 % der befragten Jugendlichen gaben an, einen fixen/eine fixe Partner/-in erst später haben zu wollen. Lediglich 1 % der Befragten möchte sich nie fix binden, kann sich aber ein Leben mit Kindern vorstellen. Laut Umfrage (2007) des Österreichischen Instituts für Jugendforschung meinen 74 % der weiblichen Jugendlichen und 66 % der männlichen Jugendlichen, dass das Wichtigste für eine gute Beziehung sei, „gern Zeit miteinander zu verbringen“. Weitere wichtige Faktoren, die genannt wurden, sind Vertrauen, gemeinsamer Spaß und Treue.

Partnerarbeit **25**

Notieren Sie zehn Substantiva, die für Sie in einer Partnerschaft besonders wichtig sind. Vergleichen Sie dann in einer größeren Gruppe: Wie viele Begriffe decken sich?

reife Sexualität

Sexualität begleitet uns unser ganzes Leben lang, von den ersten körperlichen Annäherungen über den ersten Kuss bis zur reifen Liebe. Zur Sexualität gehören Gefühle, Zärtlichkeit und Sehnsüchte und sie ist Ausdruck von Zuneigung und Vertrauen. Wenn man diese Empfindungen mit dem Menschen teilen möchte, mit dem man zusammen ist, spricht man von **reifer Sexualität**. Die reife Sexualität bildet sich während der Adoleszenz aus und bezieht erstmals eine soziale Komponente der Sexualität mit ein. Sie beinhaltet die Fähigkeit, sich echten Bindungen und Partnerschaften hinzugeben und die Entscheidung zu treffen, den weiteren Lebensweg gemeinsam mit einem/einer Partner/-in zu gehen. Erikson spricht von **Intimität**, wenn es gelingt, enge Beziehungen einzugehen. Er konnte außerdem herausfinden, dass junge Erwachsene, die im Prozess der Identitätsfindung weit vorangeschritten waren, eher stabile Partnerschaften entwickeln konnten. Der Aufbau stabiler und befriedigender Partnerschaften hängt allerdings nicht nur vom jeweiligen Identitätszustand ab, denn der Weg durch das Erwachsenenalter ist mit vielen weiteren Krisen verbunden (▸ Kap. 9.7).

9

9.7 Das Erwachsenenalter

Im Erwachsenenalter – der Lebensmitte – wird der Mensch mit verschiedenen Lebensereignissen (**life events**) konfrontiert. Ob und wenn ja, wann Heirat, Jobwechsel, Geburt eines Kindes, Scheidung, Auszug der Kinder, Umzug, Tod eines geliebten Menschen oder die Pensionierung stattfinden, ist natürlich individuell verschieden und kulturabhängig. Life events haben einschneidende Veränderungen zur Folge, denn sie prägen und verändern uns – und markieren einen Übergang in eine neue Lebensphase. Die Entwicklungspsychologie unterscheidet zwischen frühem, mittlerem und spätem Erwachsenenalter:

Das frühe Erwachsenenalter

21–40 Jahre

Das **frühe Erwachsenenalter** ist von besonderer Bedeutung, da in dieser Zeit viele Dinge zum ersten Mal stattfinden: die erste Verabredung, die erste Arbeitsstelle oder das erste Semester

an der Uni. Man entscheidet sich für eine Laufbahn und erwirbt berufliche Fertigkeiten. In weiterer Folge entsteht bei vielen das Bedürfnis nach familiärer Stabilität. Man baut eine dauerhafte Beziehung auf, denkt eventuell an Heirat und Kinder und versucht Berufsleben und Familie zu vereinbaren. Gleichzeitig werden im Alter zwischen 20 und 30 Jahren die meisten Ehen geschieden. In einer Studie nach GOTTMANN wurden Paare beobachtet und folgender Indikator für eine erfolgreiche Ehe festgestellt: In stabilen Ehen wird 5-mal so viel gelacht und gelobt als gekränkt und kritisiert.
Gelingt es in diesem Zeitraum nicht, eine vertraute Beziehung zu einem Menschen aufzubauen, kann laut ERIKSONS psychosozialer Phase **Intimität versus Isolation** ein Gefühl der Einsamkeit entstehen (▸ Kap. 9.4).

Das mittlere Erwachsenenalter

40–65 Jahre

Das **mittlere Erwachsenenalter** ist die Zeit, in der die Selbstentfaltung ihren Höhepunkt erreichen kann – es entsteht jedoch auch oft das Bedürfnis nach Wandel, wenn Partnerschaft, Beruf und Freizeitbeschäftigungen an Attraktivität verloren haben. Viele erhoffen sich daher durch einen Ausbruch (Ausstieg aus Beruf und/oder Ehe) aus der Monotonie einen glücklichen Neuanfang. Dieser Ausbruch ist ein Hauptkriterium der sogenannten **Midlife-Crisis** – ein Prozess, der die Veränderung der Person und eine vollkommene Neuorientierung in sämtlichen Lebensbereichen darstellt und die gesamte Lebenssituation verändern kann.

Im mittleren Erwachsenenalter müssen viele mit der räumlichen Trennung von den Kindern umgehen lernen. Bei den Eltern kann das Gefühl entstehen, überflüssig geworden zu sein: das **Leere-Nest-Syndrom**. Dieser Übergang kann Trauer und Freude, Bindung und Befreiung zugleich bedeuten. Er bietet auf jeden Fall die Möglichkeit, das Leben neu zu gestalten und die Konzentration vermehrt auf ein persönlich sinnvolles Leben zu richten. Möglicherweise vergrößert sich in dieser Zeit die Familie und es entstehen neue Rollen als Schwiegereltern oder Großeltern. Das mittlere Erwachsenenalter entspricht Eriksons psychosozialer Phase der **Generativität versus Stagnation** (▸ Kap. 9.4), in der die Familie einen hohen Stellenwert einnimmt. Auch auf kognitiver Ebene ergeben sich Änderungen. Fast zwei Drittel der über 40-Jährigen meinen, dass ihr Gedächtnis schlechter sei als vor 10 Jahren. Erinnerungen an persönliche Erlebnisse hingegen werden bis ins hohe Alter nicht vergessen. Und kognitive Fähigkeiten können allgemein durch Training verbessert werden.

"Well, the children are grown up, married, divorced, and remarried. I guess our job is done."

Definition
GENERATIVITÄT bedeutet Kinder großzuziehen und eine zukünftige Generation zu fördern.

Das späte Erwachsenenalter

65 und älter

Ein besonderes Merkmal des **späten Erwachsenenalters** ist die verbesserte Steuerung der Emotionen: Bei Erwachsenen ist im Vergleich zu Jugendlichen die Stimmung weniger von Extremen geprägt. Mit dem Alter wird man gelassener, auf Kritik reagiert man mit weniger Verzweiflung, auf Lob mit weniger Euphorie.
Während Jugendliche immer dort sind, wo etwas los ist, ziehen Erwachsene ein engeres soziales Netzwerk vor. Die sozialen Fähigkeiten entwickeln sich am langsamsten und nehmen im Alter am wenigsten ab.
Im späten Erwachsenenalter hat man weniger Einkommen, die Arbeit fällt als Fixpunkt weg, der Körper baut ab, das Gedächtnis wird schlechter, die Energie wird weniger, Familienmitglieder oder Freunde/-innen sterben oder ziehen weg und der Tod rückt immer näher. Trotzdem sind ältere Menschen laut einer Studie nach INGLEHART ebenso glücklich und zufrieden mit dem Leben wie jüngere. Lebenszufriedenheit ist offensichtlich nicht vom Alter abhängig!
Jeder Mensch hat in jedem Augenblick seines Lebens etwas, worauf er/sie befriedigt zurückblickt, was er/sie mit Bedauern zur Kenntnis nimmt und etwas, was er/sie sich erhofft und erträumt. Wenn man Menschen im späten Erwachsenenalter fragt, was sie anders machen würden, wenn sie ihr Leben nochmals von vorne beginnen könnten, bedauern die meisten, ihre Bildung und Ausbildung nicht ernster genommen zu haben. (vgl. Myers 2005, S. 170)

Einzelarbeit **26**

Reflektieren Sie: Was würden Sie von Ihrem jetzigen Standpunkt aus gesehen anders machen und worauf sind Sie stolz, wenn Sie an die vergangenen vier Jahre zurückdenken?

Eriksons psychosoziale Phase der **Integrität versus Verzweiflung** bezieht sich auf das späte Erwachsenenalter. Entwicklungsaufgabe ist in dieser Zeit die Akzeptanz unseres bisherigen Lebens. Wenn dies gelingt, sind wir in der Lage, Reife und Integrität zu entwickeln, ein Gefühl der Verzweiflung und Enttäuschung zu umgehen.

RF Partnerarbeit **27**

Diskutieren Sie folgende Fragen mit Ihrem Sitznachbarn bzw. Ihrer Sitznachbarin:

- Ab wann ist man Ihrer Wahrnehmung nach alt?
- Welche Einstellung haben wir zum Altern? Wie ist das Bild von einem alten Menschen in unserer Gesellschaft?
- Kennen Sie Gesellschaften, in denen alte Menschen einen anderen Stellenwert haben als bei uns?
- Wie wirken sich einerseits Leistungs- und Erfolgsdenken, andererseits die Überbetonung des Jugendlichkeitsidols auf das Image alter Menschen aus?
- Welche Vor- und Nachteile bringt der Ruhestand mit sich?
- Mit welchen Problemen sehen sich alte Menschen vorwiegend konfrontiert?

T Einzelarbeit **28**

Führen Sie ein Interview mit einem alten Menschen und präsentieren Sie Ihre Ergebnisse in der Klasse. Erstellen Sie dazu einen Interview-Fragebogen. Beispiele:

- Was war Ihre wichtigste Entscheidung im Leben?
- Was war Ihnen als Jugendlicher bzw. Jugendliche wichtig? Was ist Ihnen jetzt wichtig?
- Was vermissen Sie jetzt?
- Gibt es Erfahrungen, die Sie aus Ihrer Jugendzeit mitnehmen?

RF Einzelarbeit **29**

Entwerfen Sie fünf Regeln für gesundes Älterwerden!

9.8 Sterben, Tod und Trauer

Definition
Der Tod ist das Ende des individuellen organischen Lebens.

„Der Moment des Todes ist ein ganz befreiendes, schönes Erlebnis. Man löst sich von seinem körperlichen Körper, der vielleicht im Bett liegt. Man beobachtet seinen Körper von oben ohne Angst und ohne Schmerzen und ohne Heimweh. Sterbende haben Glücksgefühle. Sie lösen sich von ihrem Körper, wie ein Schmetterling aus seinem Kokon. Der Glückszustand der Transformation vom körperlichen zum körperlosen Zustand ist unbeschreiblich schön." (Alt 2001)

9

Elisabeth Kübler-Ross (1926–2004)

„Niemand stirbt alleine", betonte die Schweizer Begründerin der Sterbeforschung Elisabeth Kübler-Ross immer wieder. Die heute so weit verbreitete Angst vor dem Sterben führte sie auf die heutige Angst vor dem Leben zurück. Sie meinte, es gebe zu wenig Urvertrauen in das Leben. „Ich freue mich auf den Tod. Ich will bald durch die Galaxien tanzen", sagte sie. (Alt 2001) Einige ihrer Werke vermitteln die Zuversicht, dass der Körper zurückbleibt, das Bewusstsein sich nach dem Tod aber weiterentwickelt. Seit Kübler-Ross sind sogenannte **Nahtod-Erfahrungen** Thema einer öffentlichen Diskussion. Unter Nahtod-Erfahrung versteht man einen veränderten Bewusstseinszustand, der nach einem lebensbedrohlichen Ereignis (z. B. Herzstillstand) auftritt. Die Betroffenen berichten unter anderem von einem hellen Licht am Ende eines langen Tunnels oder der Begegnung mit Verstorbenen. Manche haben auch das Gefühl, sich außerhalb des Körpers zu bewegen, oder sehen ihr Leben wie einen Film an sich vorbeiziehen. Nahtod-Erfahrungen gelten als Beweis für ein Leben nach dem Tod, es ist wissenschaftlich aber nach wie vor umstritten, wie es zu ihnen kommt. Neuropsychologische Studien erklären das Phänomen mit einem Sauerstoffmangel im Gehirn oder mit dem Ausstoß körpereigener Drogen, was eine Änderung des Bewusstseins bewirken kann, ähnlich einem Halluzinations-Zustand. Von der gängigen wissenschaftlichen Ansicht, das Bewusstsein sei ein Produkt des Gehirns, hebt sich der Kardiologe Pim van Lommel ab. Bei Nahtoderfahrungen klinisch toter Patienten/-innen stellte er fest, dass im Gehirn zum entsprechenden Zeitpunkt keine Aktivität registriert werden konnte. Daraus schließt van Lommel, dass es ein endloses Bewusstsein gibt, das keine materielle Grundlage besitzt und daher nach dem Tod fortbestehen kann. (vgl. van Lommel 2009)

Kübler-Ross arbeitete als Ärztin in einer großen Klinik und machte während ihrer Dienstlaufbahn folgende Beobachtung: *„Mir ist aufgefallen, dass Leute, die schwer krank und am Sterben sind, furchtbar einsam sind. Ich habe diese Leute besucht und mit ihnen geredet und gemerkt, dass die Leute wissen, wann sie sterben, und es sehr nötig haben, mit einem Menschen darüber zu reden. Und so habe ich angefangen, mich mit diesen Menschen abzugeben und habe festgestellt, dass das gar nicht so schwierig und so traurig ist, wie die meisten Leute meinen."* (Kübler-Ross 2003, Filmzitat) Kübler-Ross betonte, dass Ärzte/-innen nicht primär dazu da sind, Leben um jeden Preis zu verlängern, sondern dass sie Patienten/-innen vielmehr helfen sollen, so ganzheitlich wie möglich ein bedeutungsvolles Leben zu führen.

Dokumentationstipp
Elisabeth Kübler-Ross – Dem Tod ins Gesicht sehen (Schweiz 2003, Regie: Stefan Haupt). Im Zentrum des Films steht das Porträt der berühmten Sterbeforscherin. In Gesprächen erzählt sie von ihrer Kindheit und von ihrer Arbeit mit Sterbenden und an Aids erkrankten Kindern. Nicht zuletzt erklärt sie, wie sie selbst versucht, mit dem eigenen Altern und Sterben umzugehen.

Sterben in vertrauter Umgebung, in der Geborgenheit liebevoller Zuwendung ist selten geworden. Gerade kurz vor dem Tod hat eine kranke Person sehr bestimmte Bedürfnisse. Sie braucht jemanden, der sich für sie Zeit nimmt und bereit ist, ihre Ängste und Sorgen aufzunehmen. Liegt eine Person im Sterben, sollte sie nicht mit Verzweiflung auf ihr Leben zurückblicken, sondern mit dem Gefühl, dass ihr Leben lebenswert war und einen Sinn gehabt hat. Kübler-Ross war an der Gründung der **Sterbehospize** (Sterbebegleitung) beteiligt, in denen Sterbende in ihrer letzten Phase des Lebens betreut werden. Kübler-Ross begreift Sterben als eine wichtige Lebensphase, in der Würde und Lebensqualität des/der Sterbenden erhalten bleiben sollen. Sie unterscheidet fünf Stadien, die eine sterbende Person durchlaufen kann:

1. **Verleugnung:** In dieser Phase will der/die Patient/-in nicht wahrhaben, dass das Leben ein Ende hat, und verleugnet den bevorstehenden Tod. Die Verleugnung erlaubt es, sich in einem selbst gewählten Tempo mit der Krankheit zu beschäftigen und – wenn gesundheitlich noch möglich – sich mit befriedigenden Aktivitäten abzulenken.
2. **Zorn:** Der bevorstehende Tod wird schließlich als ungerecht empfunden. Dieses Empfinden führt zu Zorn und zu Neid.
3. **Verhandeln:** Die Erkenntnis, dass der Tod unvermeidbar ist, führt schließlich dazu, Zeit gewinnen zu wollen. Der/Die Patient/-in beginnt zu „verhandeln": Z. B. „Wenn ich noch ein halbes Jahr leben könnte, könnte ich noch die Geburt meines Enkelsohnes miterleben."
4. **Depression:** Wenn man schließlich die Einsicht erlangt, dass der Krankheitsverlauf nicht aufgeschoben werden kann, setzt die Depression ein. Dieser Gefühlszustand ist laut Kübler-Ross eine notwendige Vorbereitung auf das letzte Stadium, die Akzeptanz. Hoffnungslosigkeit und Verzweiflung können in dieser Phase minimiert werden, wenn man den Patienten/-innen beisteht und auf ihre Wünsche eingeht.
5. **Akzeptanz:** Der/Die Patient/-in akzeptiert den Tod schließlich und sieht ihn als Befreiung von Schmerzen und Angst. In dieser Zeit gelingt es, sich von der Familie und von den Freunden/-innen zu lösen.

Filmtipp
Liebe (Frankreich/Deutschland/Österreich 2012, Regie: Michael Haneke). Georges und Anne, ein gut situiertes Pariser Ehepaar im Ruhestand, haben ihr gesamtes Leben miteinander verbracht. Ihre Liebe wird nach einem Schlaganfall Annes auf die Probe gestellt. Der Film konfrontiert uns mit dem Alter und dem Tod, stellt aber nicht zuletzt auch die Frage danach, wie man mit dem Leiden eines geliebten Menschen umgeht.

Verbesserte soziale Bedingungen und medizinische Versorgung tragen dazu bei, dass heute mehr Menschen die **biologische Altersgrenze** erreichen. Der Anteil von alten Menschen an der Gesamtbevölkerung nimmt ständig zu. Für das Jahr 2025 wird prognostiziert, dass sich im Vergleich zu 1950 die Zahl der über 60-Jährigen verfünffacht und die Zahl der über 80-Jährigen versiebenfacht. *„Im Jahr 2006 starben in Österreich 74.295 Personen, das sind um 8 % weniger Sterbefälle als noch vor 10 Jahren. Im Jugendalter sind Verletzungen und Vergiftungen die häufigste Todesursache: 6 von 10 Verstorbenen sind Jugendliche."* (Statistik Austria)

Kinder und Trauer

Lange Zeit hieß es, man würde Kinder nur unnötig belasten, wenn man mit ihnen über das Sterben oder den Tod spricht. Da Kinder auf Dauer jedoch nicht vom Thema Tod ferngehalten werden können, ist ein solcher Umgang aber kontraproduktiv. Für viele Erwachsene ist es u. a. deshalb schwierig, über das Thema Tod zu sprechen, weil sie sich noch nicht gezielt damit auseinandergesetzt haben. Kinder spüren, was in ihrer Umgebung vor sich geht. Wenn sie sehen, dass Trauer zugelassen und gezeigt werden darf, lernen sie, mit negativen Gefühlen umzugehen. Es ist wichtig, die Situation mit den Kindern aufzuarbeiten, über ihre Gefühle zu reden, zu erklären und zu trösten.
Wenn man gelernt hat, Tod und Trennung als Bestandteile des Lebens wahrzunehmen, gelingt es leichter, mit Trauer umzugehen.

Definition
Das TODESKONZEPT ergibt sich aus den Begriffen, Vorstellungen und Bildern, die eine Person zur Beschreibung und Erklärung des Todes heranzieht.

Das kindliche Verständnis vom Tod

Das kindliche Todeskonzept entwickelt sich entsprechend der kognitiven und emotionalen Entwicklung des Kindes. Aber auch religiöse und kulturelle Hintergründe sowie eigene Todeserfahrungen beeinflussen es. Das Todeskonzept der jeweiligen Entwicklungsstufen (vgl. Specht-Tomann 2001, S. 66 ff) kann etwa folgendermaßen beschrieben werden:

- **ab 9 Monaten** – Ab dem Alter von 9 Monaten können Babys belebte von unbelebten Objekten bereits unterscheiden, der Verlust wird allerdings nur über die traurige Stimmung der Umgebung erlebt.
- **2½ bis 3 Jahre** – 2½- bis 3-jährige Kinder setzen den Tod mit **Abwesenheit**, Reisen oder **Schlafen** gleich. Man ist tot, wird aber wieder lebendig. Kinder drücken dieses Verständnis oft in Rollenspielen aus, wenn sie einander z. B. als Cowboys erschießen und wieder lebendig werden.
- **3 bis 5 Jahre** – 3- bis 5-jährige Kinder glauben, dem Tod z. B. durch Verstecken zu entkommen. In diesem Alter entwickeln sie außerdem eine fantasievolle Vorstellung vom Tod, z. B. in Gestalt eines Sensenmannes. Sie meinen, **nur ältere Menschen** seien vom Tod betroffen. Auch in dieser Zeit gilt der Tod noch als etwas, das vorübergehend ist. Kinder können den Begriff der Endlichkeit und Endgültigkeit noch nicht fassen.
- **6 bis 8 Jahre** – Zwischen 6 und 8 Jahren entwickeln Kinder die Einsicht, dass **jedes Lebewesen** sterben muss. Sie beginnen zu verstehen, dass der Tod nicht mehr rückgängig gemacht werden kann.
- **ab 9 Jahren** – Ab 9 Jahren versteht das Kind den Tod bereits als endgültige Trennung von der verstorbenen Person. Es ist fähig, folgende Konzepte in sein Denken zu integrieren:
  - **Nonfunktionalität:** Lebenswichtige Körperfunktionen werden durch den Tod ausgeschaltet.
  - **Irreversibilität:** Der Tod kann nicht mehr rückgängig gemacht werden.
  - **Universalität:** Alle Lebewesen müssen einmal sterben.
  - **Kausalität:** Die Todesursache kann biologisch erklärt werden.

Trauer

Trauer kann stark und unmittelbar oder aber auch still im Verborgenen zum Ausdruck gebracht werden. In westlichen Ländern nimmt man in Schwarz von einer Person Abschied, in Indien hingegen trägt man weiße Kleidung. Die Trauerzeit dauert weniger lang, wenn man auf den Tod vorbereitet war. Besonders groß ist die Trauer dagegen, wenn der Tod eines geliebten Menschen plötzlich eintritt. Verena KAST unterscheidet vier Trauerphasen. (vgl. Kast 2009) Sie bauen prinzipiell aufeinander auf, laufen aber nicht streng getrennt voneinander ab:

1. **Nicht-wahr-haben-Wollen:** Der Verlust wird in dieser Phase verleugnet. Man ist empfindungslos und wie versteinert. Diese Phase kann Stunden, Tage oder Wochen dauern. Die Gefühle zum Ausdruck zu bringen ist in dieser Zeit wichtig für die Trauerarbeit.

2. **Aufbrechende Emotionen:** In dieser Phase wird man von Gefühlen überwältigt. Trauer, Wut und Angst werden gleichzeitig empfunden. Man leidet mitunter an Schlafstörungen. Diese Gefühle müssen zugelassen werden, sonst gelangt man nicht in die nächste Trauerphase.

3. **Suchen, Sich-Finden, Sich-Trennen:** Die verstorbene Person wird in dieser Phase bewusst oder unbewusst „gesucht": In der Erinnerung wird das gemeinsame Leben mit dem/der Verstorbenen noch einmal durchlebt, eventuell werden ungelöste Probleme aufgearbeitet. Schließlich akzeptiert der/die Trauernde den Verlust.

4. Phase des **neuen Selbst- und Weltbezugs:** Der Verlust wird nun so weit akzeptiert, dass neue Rollen, neue Lebensstile und neue Beziehungen gefunden werden können. In dieser Phase kann eine neue Sichtweise entwickelt werden: Verluste zu ertragen ist zwar schwer, aber möglich.

T Partnerarbeit **30**

Planen Sie eine Stundenwiederholung. Erstellen Sie 20 konkrete Fragen zum gesamten Kapitel Entwicklungspsychologie und tauschen Sie diese mit einem/einer Mitschüler/-in. Beantworten Sie die Fragen mithilfe des Schulbuches schriftlich. Lassen Sie Ihre Antworten vom Fragensteller bzw. von der Fragenstellerin korrigieren.

Wiederholen RP

1. Mit welchen Fragen beschäftigt sich die entwicklungspsychologische Forschung?
2. Wer stützt die Theorie, dass wir uns stufenweise entwickeln? Was wird dieser Theorie entgegnet?
3. Was ist der Anlage-Umwelt-Konflikt?
4. Welche Faktoren bestimmen unsere Entwicklung maßgeblich?
5. Inwiefern kann unsere Entwicklung bereits pränatal beeinflusst werden?
6. Mit welchen Argumenten überzeugen Sie Ihre schwangere Freundin, dass sie a) nicht rauchen, b) keinen Alkohol trinken soll?
7. In welchen Bereichen vollziehen wir wichtige Entwicklungsschritte während unserer Kindheit?
8. Inwiefern sind Zeichnen und Spielen für eine gesunde Entwicklung wichtig?
9. Warum denken kleine Kinder noch nicht wie Erwachsene? Wie würde PIAGET argumentieren?
10. Worauf würden Sie in der Erziehung besonders achten, damit sich Ihr Kind gesund entwickeln und ein positives Selbstkonzept ausbilden kann?
11. Welche Veränderungen erwarten uns in der Übergangszeit von der Kindheit zum Erwachsenenalter?
12. Welche Theorie wird von der Annahme gestützt, dass Einflüsse der Peergroup gewichtiger sind als bisher angenommen? Erläutern Sie die Theorie!
13. Welche Aufgaben kommen im Erwachsenenalter auf uns zu?
14. Wie ist die Sterbeforscherin KÜBLER-ROSS dem Tod gegenüber eingestellt? Warum ist ihre Ansicht kritisch zu hinterfragen?

Verstehen RF

»*Wenn wir nun die ersten Antworten auf unsere Fragen nach dem Denken, Lernen und Vergessen – also nach dem, was in unserem Gehirn abläuft, wenn wir Fußball spielen, Auto fahren, eine Prüfungsfrage beantworten oder wenn wir plötzlich eine Erkenntnis haben – finden wollen, dann müssen wir bis zum Säuglingsgehirn zurückgehen. Dort spielen sich nämlich in den ersten Wochen nach der Geburt Ereignisse ab, werden Weichen gestellt, die auf das ganze spätere Leben einen Einfluss haben. Bis zur Geburt ist ein großer Teil des menschlichen Gehirns bereits ausgebildet. Die meisten restlichen Zellen und ihre festen Verknüpfungen entstehen in der kurzen Periode der ersten Wochen und Monate nach der Geburt. Damit ist dann – bis auf bestimmte, sich vor allem in der Pubertät noch einmal stark verzweigende Neuronenbereiche – das eigentliche Gehirnwachstum abgeschlossen. Dieser gegenüber den anderen Organen erstaunlich frühe Stopp jeder Zellteilung ist aber die einzige Garantie dafür, dass Lebewesen überhaupt lernen können. Denn wenn sich die Zellen unseres Gehirns genauso ständig vermehren würden wie etwa die Zellen unserer Muskulatur oder unserer Haut, dann würden in der gleichen Zeit auch entsprechend viele Zellen absterben, und mit ihnen ginge die gesamte darin gespeicherte Information für immer verloren, denn bei der Zellteilung wird zwar die in der Desoxyribonukleinsäure (DNS) gespeicherte Erbinformation, nicht aber das neu Hinzugelernte als Information weitergegeben.*« (...)

»*Damit das Gehirn aber überhaupt damit beginnen konnte, das erste Wort, den ersten Eindruck der äußeren Welt zu speichern, zu behalten, irgendwo im Gehirn einzuordnen und wiederzufinden, musste zunächst einmal ein Grundgerüst, ein Netz aus fest verbundenen Fasern, gebildet werden, in dem sich die späteren Informationen befestigen. Ein Teil dieser Verknüpfungen unserer Neuronen ist schon vor der Geburt festgelegt, durch die Gene, durch die Erbmasse verankert. Dies hat den Vorteil, dass in der genetisch vorgegebenen Grundverschaltung bereits ein erhebliches ‚Wissen' über die Welt vorliegt, unter anderem die angeborenen Verhaltensmuster, in das der individuelle Teil des werdenden Gehirns hineingeboren wird. Der restliche Teil wird dann in den kommenden Monaten vollendet, in denen sich die Gehirnzellen noch teilen und vermehren und in denen sie mit ihren faserartigen Fortsätzen gegenseitig Kontakt knüpfen. Und hier passiert etwas Einzigartiges, was wir im übrigen Körper des Menschen nicht kennen: Die Zellen wachsen je nach der vorhandenen Umwelt anders! Es ist dies die einzige Zeit, in der sich äußere Einflüsse, wie die Wahrnehmung durch das Auge, die Nase, den Geschmack, Hören und Fühlen, in der Ausbildung des Gehirns direkt niederschlagen können, das heißt in anatomischen Veränderungen, in festen Verknüpfungen zwischen wachsenden Zellen.*« (VESTER, Frederic: Denken, Lernen, Vergessen. Was geht in unserem Kopf vor, wie lernt das Gehirn, und wann lässt es einen im Stich? München, 2001, S. 37–39)

→ **Inwiefern ist das Säuglingsalter von besonderer Bedeutung?**
→ **Aus welchem Grund ist das eigentliche Gehirnwachstum bereits im frühen Säuglingsalter abgeschlossen?**
→ **Was ist bereits vor der Geburt festgelegt und inwiefern werden wir von unserer Umwelt geprägt?**

Anwenden T

Fertigen Sie gemeinsam für den Klassenraum z. B. auf einem langen Packpapierstreifen eine große **Zeitschiene** an. Beginnen Sie mit dem Geburtsjahr des/der Klassenältesten. Stellen Sie nun auf dieser Zeitschiene bis heute Ihre verschiedenen Entwicklungsstufen dar.
Suchen Sie im Internet, in alten Zeitschriften, Fotosammlungen usw. nach Bildern, die Ihre persönliche Entwicklung dokumentieren: Personen, Spielsachen, Kleidung, Musik, Essen, Wohnungseinrichtung, Elektrogeräte, Autos, Frisuren, Fernsehsendungen ...
Kleben Sie nun diese Bilder auf die Zeitschiene, schildern Sie dazu ihre persönlichen Entwicklungsphasen und stellen Sie diese in Relation zu entwicklungspsychologischen Erkenntnissen.

10. Persönlichkeit

„Jeder Mensch ist in jedem Augenblick das, was er war, und das, was er sein wird."
Oscar Wilde (irischer Schriftsteller, 1854–1900)

Gary Larson

Das Bedürfnis, das Wesen des Menschen zu verstehen, besteht seit Urzeiten. Mit der Aufschrift *Erkenne dich selbst!* lockte das Orakel von Delphi in der Antike zahlreiche Pilger/-innen an. Seither bemühen sich Philosophen/-innen, Schriftsteller/-innen und Wissenschaftler/-innen, den Menschen in all seinen Dimensionen zu beschreiben. Die Fachdisziplin der Psychologie, die sich diesem Thema widmet, nennt man **Persönlichkeitspsychologie**.

1 Einzelarbeit: Was verstehen Sie unter dem Begriff „Persönlichkeit"? Versuchen Sie eine Definition zu geben und vergleichen Sie diese mit Ihren Klassenkollegen/-innen.

Im alten Rom trugen die Schauspieler/-innen Masken (lat. *persona:* Maske, Rolle, Charakter) mit lachenden, wütenden oder weinenden Gesichtern, um die Eigenschaft der dargestellten Person besonders deutlich zu zeigen. Mit dem Begriff **Person** meinen wir heute im alltäglichen Sprachgebrauch einen Menschen in seiner äußeren Erscheinungsform, als Individuum.
Unter **Persönlichkeit** verstehen wir dagegen die besonderen Eigenschaften eines Individuums. Unsere Persönlichkeit ergibt sich aus unserem Denken und Handeln, aus unseren Gefühlen, Vorlieben, Einstellungen und sozialen Beziehungen. In diesem Zusammenhang spricht man auch von **Charaktereigenschaften**.
Die Abgrenzung zwischen den Begriffen „Persönlichkeit" und „Charakter" ist nicht eindeutig geklärt. Meist versteht man unter Charakter die allgemeinen Wertvorstellungen und Haltungen eines Menschen, die im Laufe des Lebens gleich bleiben, während mit Persönlichkeit die vom Leben geprägten Eigenschaften gemeint sind.

Eine allgemeingültige, anerkannte Definition für „Persönlichkeit" gibt es demnach nicht. Die psychologische Persönlichkeitsforschung hält so viele verschiedene Auffassungen von diesem Begriff bereit, wie es theoretische Standpunkte gibt:

- **Typologien** schließen vom *äußeren Erscheinungsbild* eines Menschen auf seine Persönlichkeit. Sie sehen die Person in ihrer genetischen, physischen und physiologischen Veranlagung als einmaliges Wesen. (▸ Kap. 10.1)
- **Eigenschafts-Theorien** (Trait-Theorien) verstehen die Persönlichkeit als Individuum, das sich über spezifische Eigenschaften, Neigungen und Fähigkeiten definiert. Diese *Merkmale* sind angeboren und unveränderlich. Sie beeinflussen unser Verhalten in verschiedensten Situationen. (▸ Kap. 10.2)
- **Tiefenpsychologische Theorien** definieren die Persönlichkeit über *unbewusste menschliche Triebe* und verdrängte Inhalte, die einen Menschen beeinflussen. Bei Frankl steht das Nachdenken über den Sinn unseres Daseins im Mittelpunkt. (▸ Kap. 10.3–10.5)
- Das **humanistische Modell** geht von einer *selbstbestimmten Persönlichkeit* aus, die nach Selbstverwirklichung strebt. Unser Selbstbewusstsein und das Formulieren von Lebenszielen helfen uns bei der Suche nach Glück und Erfüllung. (▸ Kap. 10.6)

Die **Persönlichkeitspsychologie** untersucht das Individuum und seine Eigenschaften, um das Erleben und Verhalten einer Persönlichkeit

- zu beschreiben,
- zu erklären,
- vorherzusagen und
- durch Beratung, Therapie oder Training zu verändern.

Die **allgemeine Persönlichkeitspsychologie** sucht nach allgemeinen Gesetzmäßigkeiten: Welche Eigenschaften haben alle Menschen gemeinsam?

Die **differentielle Persönlichkeitspsychologie** sieht Individuen in ihrer Einzigartigkeit. Sie hebt die Unterschiede einer Persönlichkeit im Vergleich zu anderen hervor: Wie stark und worin unterscheiden sich Menschen?

Die Methoden der Persönlichkeitsmessung werden unter dem Begriff **Persönlichkeitsdiagnostik** zusammengefasst (▸ Kap. 10.7).

Unterschiede und Gemeinsamkeiten können *interindividuell* oder *intraindividuell* erfasst werden:

- **interindividuell:** Verschiedene Individuen werden miteinander verglichen (z. B. Männer mit Frauen).
- **intraindividuell:** Das Verhalten desselben Individuums wird zu verschiedenen Zeitpunkten untersucht (z. B. der Vergleich des Leistungsverhaltens während der Schulzeit und am Arbeitsplatz 20 Jahre später).

Paradigma = Erklärungsansatz

10.1 Typologien

Der Begriff **Typus** (griech. *typos:* Prägung, Muster) beschreibt alle körperlichen und geistig-seelischen Merkmale, die einer bestimmten Gruppe von Individuen gemeinsam sind. Durch das Entwerfen von Typologien wird versucht, die Vielfalt der individuellen Merkmale von Menschen zu ordnen.

Der griechische Arzt HIPPOKRATES (460–377 v. Chr.) entwickelte eine der ersten Typologien. Er baute seine Theorie auf vier **Temperamentstypen** auf. Der deutsche Psychiater Ernst KRETSCHMER und der US-amerikanische Mediziner und Psychologe William SHELDON wiederum sprechen von **Körperbautypen**.

Die vier Temperamentstypen

Die vier Temperamentstypen

Hippokrates kategorisierte das menschliche Temperament nach den vier wesentlichen Körpersäften, die seiner Annahme nach mit den Temperamentstypen in Zusammenhang stehen: Blut, Schleim, gelbe und schwarze Galle.

sanguinisch
- Blut erzeugt im Sanguiniker Heiterkeit.

phlegmatisch
- Schleim bewirkt beim Phlegmatiker Teilnahmslosigkeit.

cholerisch
- Der Jähzorn des Cholerikers resultiert aus zu viel gelber Galle.

melancholisch
- Ein Übermaß an schwarzer Galle führt zu Melancholie.

T Einzelarbeit **2**

Welche Beschreibung passt zu welchem Gesichtsausdruck? Ordnen Sie die jeweiligen Eigenschaften dem Temperamentstyp durch die entsprechende Nummer zu.
① optimistisch, lebensbejahend
② apathisch (teilnahmslos), gleichgültig, schwer ansprechbar
③ traurig, trübsinnig, tiefgründig, schwermütig
④ jähzornig, aufbrausend, unbefriedigt

T Partnerarbeit **3**

Welche Person repräsentiert welchen Temperamentstypus in Gary Larsons Karikatur *The four basic personality types* auf Seite 137?

Die drei Körperbautypen

Was haben Sherlock Holmes, der Weihnachtsmann und Superman gemeinsam? Sie alle repräsentieren für William SHELDON einen bestimmten Körpertypus:

ektomorph
- Sherlock Holmes steht für den **ektomorphen** Typus: schlank, groß, intellektuell, zurückgezogen, einzelgängerisch, nervös.

endomorph
- Der Weihnachtsmann verkörpert den **endomorphen** Typus: rund, weich, plump, entspannt, gesellig, lustig.

mesomorph
- Superman stellt den **mesomorphen** Typus dar: körperbetont, athletisch, stark, aktiv, energievoll, draufgängerisch.

Sheldons Einteilung basiert auf der Typenlehre des deutschen Psychiaters Ernst KRETSCHMER. Kretschmers Lehre besagt, dass Körperbau (körperliche Konstitution) und Charaktereigenschaften zusammenhängen. Aus der Beobachtung psychisch Kranker schlussfolgerte Kretschmer nämlich, dass bestimmte psychische Krankheitsformen bei bestimmten Körperbautypen häufiger auftreten als bei anderen.

Dieser Zusammenhang zwischen Körperbau, Charakter und der Anfälligkeit für psychische Krankheiten konnte jedoch wissenschaftlich nicht bestätigt werden. Kretschmer differenzierte die drei Körperbautypen *leptosom*, *pyknisch* und *athletisch*, die je nach körperlichen Merkmalen ein anderes Temperament und ein anderes Krankheitsbild aufweisen:

leptosom
- Der **leptosome Typ** ist vom Temperament her introvertiert und distanziert. Kretschmer beobachtete, dass der leptosome Typ am häufigsten unter schizophrenen Patienten/-innen vorzufinden war.

pyknisch
- Der **pyknische Typ** hat ein extravertiertes, launisches Wesen und es besteht das Risiko, an Depression zu erkranken.

athletisch
- Der **athletische Typ** ist träge und gefühlsmäßig schwer ansprechbar, er leidet im Krankheitsfall am ehesten unter Epilepsie.

Körperbau	leptosom	pyknisch	athletisch
	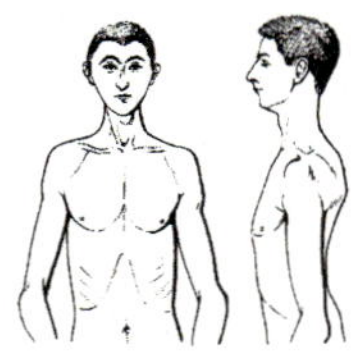	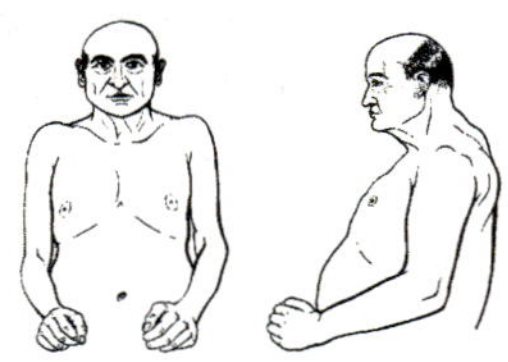	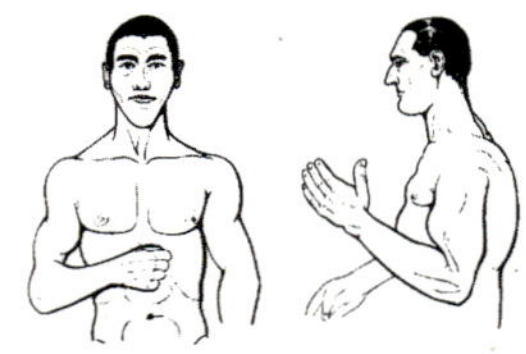
Körperliche Merkmale	mager, langgliedrig; schmale Schultern, schwache Muskeln, zarte Hände, schlanke Beine, schmales Gesicht, fahle Gesichtshaut, dichtes Haar	mittelgroß, rundlich; kurzer, dicker Hals, kleine Augen, runder Kopf, leicht rötliche Gesichtshaut, wenig Haarwuchs	mittelgroß bis groß, grober Körperbau, stark entwickelter Knochenbau, kräftige Muskulatur; breite, mächtige Schultern
Wesen	schizothym: überempfindlich, distanziert, gefühlskalt, zynisch, ungesellig, nach innen gerichtet (introvertiert)	zyklothym: impulsiv, launisch, gutmütig, ängstlich, wehleidig, gesellig, nach außen gerichtet (extravertiert)	viskös: träge, nicht sehr intellektuell, bei praktischen Arbeiten ausdauernd, zuverlässig
Psychische Krankheit	Schizophrenie	Depression	Epilepsie

Die drei Formen des Körperbaus nach Kretschmer (vgl. Kretschmer 1940, S. 17ff)

10

T Gruppenarbeit **4**

Schneiden Sie typische Erscheinungen in Märchen, Literatur, Film und Fernsehen aus Zeitschriften und Prospekten aus und analysieren Sie diese nach folgenden Gesichtspunkten:
- Welche Charaktereigenschaften werden häufig mit welchem Körperbau und mit welchen Gesichtsmerkmalen dargestellt?
- Decken sich die klassischen Temperament-Körperbau-Charakterdarstellungen, wie sie in Medien oft dargestellt werden, mit den Theorien von Hippokrates, Sheldon oder Kretschmer? Finden Sie Gemeinsamkeiten und Unterschiede.

Kritische Anmerkungen zu den Typologien

- Die Typenlehre ist eine sehr grobe und vereinfachende Theorie. Die Einteilung der menschlichen Eigenschaften nach Typen provoziert stereotypes (klischeehaftes) Denken und berücksichtigt individuelle Unterschiede kaum (▸ Kap. 11.2/11.3).
- Bei Typologien steht immer nur ein ausgewählter Merkmalskomplex der Persönlichkeit (z. B. der Körperbau) im Vordergrund. Es gibt aber keinen Menschen, der ausschließlich die Merkmale eines einzigen Typus aufweist.
- Typologien führen Verhalten ausschließlich auf spezifische genetische Grundlagen zurück: Unsere Persönlichkeit wird aber nicht nur von körperlichen Merkmalen bestimmt, sondern auch von der Umwelt (z. B. Eltern, Freundeskreis) beeinflusst. Es wird nicht berücksichtigt, dass unsere Persönlichkeit in der Interaktion zwischen Person und Umwelt geformt wird. Typologien stellten sich daher als unbrauchbar für die Vorhersage von Verhalten oder die Anfälligkeit für eine psychische Krankheit heraus.

- Im nationalsozialistischen Deutschland wurden Körperbau-Typologien verbrecherisch angewandt: Man meinte mittels bestimmter körperlicher Merkmale so etwas wie rassische Minderwertigkeit belegen zu können.

10.2 Eigenschaftstheorien (Trait-Theorien)

Einzelarbeit **5**

Stellen Sie sich vor, Sie werden bei einem Vorstellungsgespräch nach Ihren Stärken und Schwächen befragt. Welche drei Eigenschaften würden Sie jeweils nennen?

Eigenschaften wie aufmerksam oder rücksichtslos, offen oder distanziert, gewissenhaft oder chaotisch, gesellig oder schüchtern werden herangezogen, um eine Persönlichkeit zu beschreiben. Die Persönlichkeit ergibt sich aus den Eigenschaften, die einzigartig kombiniert und unterschiedlich stark ausgeprägt sind.
Für unsere Persönlichkeitseigenschaften (engl.: *traits*) interessieren sich sogenannte **Trait-Theorien**. Unter einem Trait wird das veranlagte, relativ stabile Verhaltensmuster eines Menschen verstanden, also seine persönliche Art zu handeln und zu fühlen.

Faktorenanalyse

Egoistisch – ehrlich – ehrgeizig – eifersüchtig – eifrig – eitel – energisch – entschlossen – ernsthaft – ... Haben Sie schon einmal alle „persönlichkeitsbeschreibenden" Eigenschaftswörter eines Wörterbuchs gezählt? Die US-amerikanischen Psychologen Gordon ALLPORT und Henry ODBERT kamen auf 18 000 Wörter. Wie können diese Wörter nun auf einige wenige Basismerkmale reduziert werden?
Die Persönlichkeitsforschung zielt darauf ab, die Hunderte von Eigenschaften eines Menschen in Kategorien mit einem Überbegriff einzuordnen, so dass am Ende nur noch eine kleine Gruppe grundlegender Persönlichkeitseigenschaften übrig bleibt. So etwa können die Eigenschaften *kontaktfreudig, gesellig* und *kommunikativ* mit dem überbegrifflichen Faktor „Aufgeschlossenheit" in einer Kategorie zusammengefasst werden. Die statistische Analyse, die es ermöglicht, Gruppen von verwandten Traits zu identifizieren, nennt man **Faktorenanalyse**. Allport und Odbert waren demnach Wegbereiter für die faktorenanalytische Persönlichkeitsforschung.

Persönlichkeitsdimensionen

Der deutsch-britische Psychologe Hans Jürgen EYSENCK ermittelte durch ein faktorenanalytisches Auswahlverfahren schließlich zwei Dimensionen, mit denen sich eine Persönlichkeit generell beschreiben lässt: **Extraversion** und **Emotionalität**. Jede dieser Dimensionen hat zwei Pole: *extravertiert/introvertiert* sowie *stabil/labil*. Mit diesen beiden bipolaren Dimensionen meinte Eysenck, jede beliebige Person beschreiben zu können. Eysenck integrierte in seine Theorie auch die antike Temperamentslehre: Jeder Quadrant in seiner Theorie repräsentiert einen Temperamentstyp nach HIPPOKRATES.

Definition
EXTRAVERTIERT bedeutet „aus sich herausgehend", INTROVERTIERT heißt „in sich gekehrt".

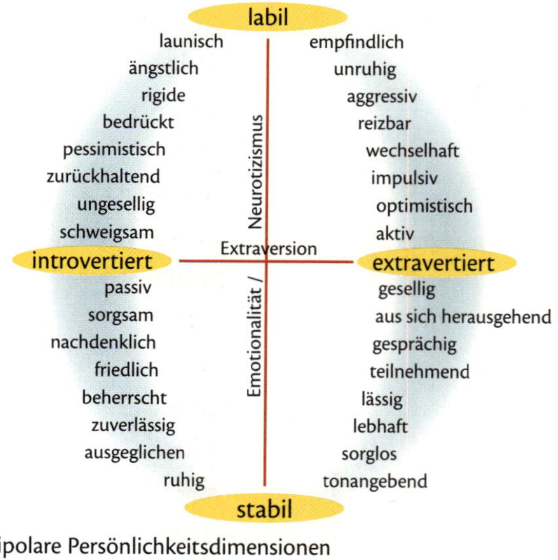

Bipolare Persönlichkeitsdimensionen

T Einzelarbeit **6**

Ordnen Sie jedem Quadranten den jeweiligen Temperamentstyp von Hippokrates zu.

Die Dimensionen Extraversion und Emotionalität (bzw. Neurotizismus) umfassen jeweils zwei Verhaltensweisen, die sich gegenüberstehen und folgendermaßen beschrieben werden können:

Extraversion

- Der **extravertierte** Mensch bewegt sich gern in Gesellschaft, wirkt kontaktfreudig, aktiv, spontan, impulsiv, abenteuerlustig und optimistisch.
- Der **introvertierte** Mensch zeichnet sich durch ein Verhalten aus, das ruhig, ordentlich, verlässlich, zurückhaltend, reflektiert, gefühlskontrolliert und eher pessimistisch wirkt.

Emotionalität

- Der **stabile** Mensch wirkt ausgeglichen, sorglos, lebhaft, dominant und emotional stabil.
- Der **instabile** Mensch erscheint überempfindlich, ängstlich, besorgt, leicht erregbar und emotional instabil (neurotisch).

Partnerarbeit **7**

Erstellen Sie Ihr Persönlichkeitsprofil basierend auf EYSENCKS Persönlichkeitsdimensionen.

- Kreuzen Sie zunächst in Profil A an, wie Sie sich selbst sehen, decken Sie es dann zu und bitten Sie Ihren Sitznachbarn bzw. Ihre Sitznachbarin um eine Einschätzung (0=trifft nicht zu, 1=trifft wenig zu, 2=trifft einigermaßen zu, 3=trifft stark zu, 4=trifft völlig zu). Verbinden Sie die Kreuze miteinander.
- Vergleichen Sie Ihre Selbst- mit der Fremdeinschätzung.
- T In welchem Eysenck'schen Quadranten bzw. bei welchem der Temperamentstypen Hippokrates' haben Sie die meisten Punkte? Markieren Sie die Eigenschaften mit vier Farben je nach Temperamentstyp und werten Sie Ihren Typ aus.

Profil A – Selbsteinschätzung	0	1	2	3	4
aggressiv					
aktiv					
ängstlich					
ausgeglichen					
extravertiert					
bedrückt					
beherrscht					
empfindlich					
friedlich					
gesellig					
gesprächig					
impulsiv					
lässig					
launisch					
lebhaft					
nachdenklich					
optimistisch					
pessimistisch					
reizbar					
rigide					
ruhig					
schweigsam					
sorglos					
sorgsam					
teilnehmend					
tonangebend					
ungesellig					
unruhig					
wechselhaft					
zurückhaltend					
zuverlässig					

Profil B – Fremdeinschätzung	0	1	2	3	4
aggressiv					
aktiv					
ängstlich					
ausgeglichen					
extravertiert					
bedrückt					
beherrscht					
empfindlich					
friedlich					
gesellig					
gesprächig					
impulsiv					
lässig					
launisch					
lebhaft					
nachdenklich					
optimistisch					
pessimistisch					
reizbar					
rigide					
ruhig					
schweigsam					
sorglos					
sorgsam					
teilnehmend					
tonangebend					
ungesellig					
unruhig					
wechselhaft					
zurückhaltend					
zuverlässig					

Das Fünf-Faktoren-Modell

Auch die Dimensionen von Eysenck decken nicht das gesamte Spektrum der Eigenschaften einer Persönlichkeit ab, weshalb die Eigenschaftstheorien um ein weiteres Modell ergänzt wurden. Das sogenannte **Fünf-Faktoren-Modell** enthält fünf stabile, kulturabhängige Faktoren („The Big Five"), auf deren Basis wir jeden Menschen beschreiben und beurteilen:

- **Emotionale Stabilität** – Emotional stabile Menschen wirken ausgeglichen, stressresistent und selbstsicher.
- **Extraversion** – Extravertierte Menschen sind herzlich, gesellig, kommunikativ, lebhaft, fröhlich, aktiv und unternehmungslustig.
- **Offenheit für Erfahrungen** – Wer sich offen für neue Erfahrungen zeigt, wirkt fantasievoll, ideenreich, wissbegierig, intellektuell und kultiviert.
- **Verträglichkeit** – Verträgliche Persönlichkeiten erscheinen vertrauenswürdig, bescheiden, gutmütig, wohlwollend, kooperationsbereit und freundlich.
- **Gewissenhaftigkeit** – Gewissenhafte Menschen sind ordnungsliebend, selbstdiszipliniert, zuverlässig, sorgfältig und beharrlich.

Kritik an den Eigenschaftstheorien

Vermutlich fällt es Ihnen schwer, sich mit einem Wort zu beschreiben, denn selbst wenn Ihnen Sturheit oder Sensibilität nachgesagt werden, kommen diese Eigenschaften doch nur in bestimmten Situationen zum Vorschein. Die Eigenschaftstheorien berücksichtigen die Situation jedoch nicht. Sie erklären also nicht, wie und warum ein konkretes Verhalten in einer konkreten Situation entsteht. Erst die sogenannten Wechselwirkungstheorien gehen auf diesen Aspekt ein.

Weiters wird an Eigenschaftstheorien kritisiert, dass sie davon ausgehen, dass Persönlichkeitseigenschaften veranlagt seien. Doch unsere Persönlichkeit verändert sich im Laufe der Zeit. Sie wird von unserer Umwelt und den Erfahrungen, die wir machen, geprägt.

Sigmund Freud (1856–1939)

10.3 Tiefenpsychologische Persönlichkeitstheorien I: FREUD

Persönlichkeitstheorien, die unbewusste seelische Vorgänge für unser Erleben und Verhalten als zentral ansehen, werden **tiefenpsychologische** Theorien genannt. Die Psychoanalyse von Sigmund FREUD, Alfred ADLERS Individualpsychologie und Viktor FRANKLS Existenzanalyse sind wichtige Richtungen der Tiefenpsychologie. C. G. JUNGS Analytische Psychologie und Erich FROMMS Neopsychoanalyse repräsentieren weitere tiefenpsychologische Modelle.

RP Gruppenarbeit **8**

a) Was fällt Ihnen zu Freud ein? Nennen Sie der Reihe nach Begriffe, die Sie mit Freud in Verbindung bringen.
b) Wer genau war Sigismund Schlomo Freud? Gestalten Sie in Kleingruppen einen aussagekräftigen, übersichtlichen Steckbrief zu Freud. Sammeln Sie dazu Informationen aus Büchern, Zeitschriften oder suchen Sie im Internet. Präsentieren Sie Ihre Steckbriefe.

Definition
Der Begriff PSYCHOANALYSE steht einerseits für eine Theorie, die auf das Unbewusste gründet, und kennzeichnet andererseits eine Behandlungsmethode für psychische Störungen.

Der österreichische Arzt Sigmund Freud begründete die **Psychoanalyse** (▸ Kap. 14.5), die zu den einflussreichsten Persönlichkeitstheorien zählt. Die Psychoanalyse zielt darauf ab, die unbewussten psychischen Vorgänge, die hinter dem wahrnehmbaren Verhalten eines Menschen liegen, zu ermitteln und durch sie das Verhalten zu verstehen.

Bewusstseinsstufen

Nur ein kleiner Teil unserer psychischen Prozesse ist uns **bewusst**. Wie die Spitze eines Eisbergs über der Wasseroberfläche liegt, so richten wir unsere aktuelle Aufmerksamkeit auf sie. Unter der Oberfläche befinden sich die verborgenen (**unbewussten** sowie **vorbewussten**) Inhalte. Nach Freud sind die meisten Inhalte (Gedanken, Gefühle, Wünsche, Einstellungen) unbewusst, weil sie verdrängt oder gewaltsam vom Bewusstsein ferngehalten werden.

RP Einzelarbeit **9**

Zeichnen Sie den „Eisberg" der drei Bewusstseinsstufen und tragen Sie diese ein.

Das Unbewusste	Das Vorbewusste	Das Bewusstsein
Bewusstseinsunfähige Inhalte	Bewusstseinsfähige Inhalte	Bewusste Inhalte
Das Unbewusste besteht aus Vorstellungen und Trieben, die aus dem Bewusstsein verdrängt wurden.	Vorbewusst sind jene Inhalte, die zwar aktuell nicht bewusst sind, aber jederzeit abgerufen werden können. Es funktioniert als Zensur und ist damit für die Verdrängung verantwortlich.	Zum Bewusstsein zählen alle Inhalte, die uns hier und jetzt bewusst sind.
Beispiel: eine schockierende oder sehr peinliche Situation in der frühen Kindheit	Beispiel: der Name einer Bekannten, die wir schon länger nicht mehr gesehen haben	Beispiel: das Feststellen eines Hungergefühls

Freud vergleicht die Bewusstseinsstufen mit Räumen: *„Wir setzen also das System des Unbewussten einem großen Vorraum gleich, in dem sich die seelischen Regungen wie Einzelwesen tummeln. An diesen Vorraum schließe sich ein zweiter, engerer, eine Art Salon, in welchem auch das Bewusstsein verweilt. Aber an der Schwelle zwischen beiden Räumlichkeiten walte ein Wächter seines Amtes, der die einzelnen Seelenregungen mustert, zensuriert und sie nicht in den Salon einlässt, wenn sie sein Missfallen erregen."* (Freud 1999, S. 305)

Methoden zur Erforschung des Unbewussten

Laut Freud gibt es mehrere Möglichkeiten, um Zugang zu jenen Inhalten zu bekommen, die vom Bewusstsein ausgeschlossen sind:

Traumdeutung

- Mit der **Traumdeutung** werden die im Traum erlebten, verschlüsselten Situationen und Bilder entsprechend interpretiert. Beispiele: Ranghohe Personen (Kaiser/-in) könnten die Eltern darstellen, eine Reise kann den Tod symbolisieren oder ein Haus den menschlichen Körper. Den manifesten Trauminhalten (Bilder, Situationen) liegen latente Trauminhalte (verborgene Bedeutungen) zugrunde, weil die sogenannte Traumzensur sie verschlüsselt.

Hypnose

- Bei der **Hypnose** wird der/die Klient/-in in einen tranceartigen Zustand versetzt, in dem das Bewusstsein ausgeschaltet ist. In diesem Zustand ist unser Unbewusstes besonders gut ansprechbar und es können Lösungen für verdrängte Probleme gefunden werden.

Fehlleistungen deuten

- Die **Deutung von Fehlleistungen** (Verlieren, Vergessen, Versprechen u. a.) kann Verdrängtes aufdecken. Beim sogenannten **Freud'schen Versprecher** (lapsus linguae) kommen die eigentlichen unterdrückten Gedanken zum Vorschein. Freud berichtet in seinem Werk *Zur Psychopathologie des Alltagslebens* von einem Vortragenden, der in seiner Aufregung über bestimmte Vorgänge meinte: „Dann aber sind Tatsachen zum Vorschwein gekommen ..." (Freud 2000, S. 118) Freud selbst wünschte einer Bekannten versehentlich „Herzliches Beileid" zur baldigen Hochzeit – den Bräutigam hielt er tatsächlich für die falsche Wahl. (Boeger 2009, S. 40 f)

Assoziieren

- Beim **freien Assoziieren** wird der/die Klient/-in dazu angehalten, frei drauflos zu erzählen. Die spontanen Gedankenverbindungen sollen Aufschluss über Verdrängtes geben.

Die Instanzen der Persönlichkeit

Freud unterscheidet drei Persönlichkeitsinstanzen: Es, Ich und Über-Ich. Sie sind die Erklärung für das Entstehen innerer Konflikte, wenn eine Person etwas tun möchte, was ihr Lust verschafft, was aber mit den verinnerlichten sozialen Normen nicht zusammenpasst.

Es

- Das **Es** steht für die unbewussten und verdrängten Triebe, es umfasst alle angeborenen biologischen Bedürfnisse. Da es dem Lustprinzip gehorcht und blind für die Realität ist, verlangt es eine sofortige Befriedigung der Grundtriebe, Wünsche und Bedürfnisse.

Ich

- Das **Ich** ist der Sitz der Vernunft, denn es stimmt die Triebe des Es auf die aktuelle Situation der Außenwelt (Realität) ab. Es wägt zwischen den Bedürfnissen und den Folgen der Handlungen sowie den sozialen Normen (Über-Ich) ab, sucht rationale Lösungen und trifft Entscheidungen. Das Ich ist für unser seelisches Gleichgewicht verantwortlich.

Über-Ich

- Das **Über-Ich** entspricht unserer moralischen Instanz mit Geboten und Verboten, denn es repräsentiert das durch Eltern und Gesellschaft anerzogene Wertesystem. Es übernimmt als Kontrollinstanz die Rolle des Richters bzw. der Richterin in Form einer inneren Stimme für das, was erlaubt ist und was nicht. Das Über-Ich zensiert die sozial unerwünschten Gedanken des Es und ist für die Bildung des **Ich-Ideals** zuständig. Diese Verinnerlichung von Erwartungen anderer, wie man sein sollte, wird als Teil des Über-Ich verstanden.

Mindestens zwei Instanzen befinden sich nach Freud ständig im Streit: Das Es fordert anderes als das Über-Ich. Das Ich versucht die Anforderungen der beiden übrigen Instanzen mit den Möglichkeiten der Realität in Einklang zu bringen. Wenn ein zu großes Ungleichgewicht herrscht, kommt es zu seelischen Konflikten, beispielsweise in Form von Schuld-, Scham- oder Minderwertigkeitsgefühlen.

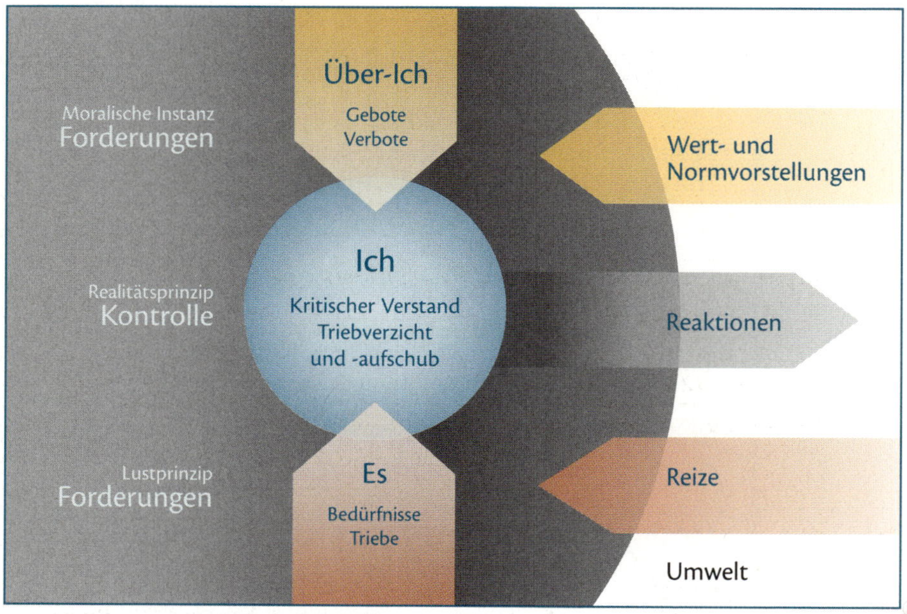

Schematische Darstellung des Instanzenmodells

RF Diskussion **10**

Schätzen Sie folgende Situation mit Ihrem Sitznachbarn bzw. Ihrer Sitznachbarin ein: Ein Freund hat Sie für heute Abend auf seine Geburtstagsparty eingeladen. Sie wissen aber, dass Sie den Abend noch nutzen sollten, um morgen gut für die Schularbeit vorbereitet zu sein. Was machen Sie in einer solchen Konfliktsituation? In welcher Form könnten sich Es, Ich und Über-Ich bei Ihren Überlegungen bemerkbar machen?

RF Gruppenarbeit **11**

Wählen Sie in Kleingruppen eine Konfliktsituation und stellen Sie diese zeichnerisch in Form eines Comics oder in Form eines Rollenspiels dar. Was sagen das personifizierte Es, das Ich und das Über-Ich in Ihrer Konfliktsituation? Präsentieren Sie Ihre Ergebnisse!

10.4 Die Persönlichkeitsentwicklung nach Freud

Literaturtipp
ARMSTRONG, Louise: *Freud für Kinder.* Gießen 1990. Freuds Gedanken werden anschaulich und unterhaltsam zusammengefasst.

FREUD geht davon aus, dass unser Verhalten und Erleben triebbestimmt sind. Er unterscheidet den Liebes-/Lebenstrieb (Eros) vom Destruktions-/Todestrieb (Thanatos).

- **Eros** repräsentiert unseren Arterhaltungstrieb und steht für unser sexuelles Verlangen.
- **Thanatos** äußert sich in der Zerstörung von Leben, in Konkurrenzkämpfen, Hass oder Aggression.

Beim Akt des Essens kommen beide Triebe zum Vorschein: Die Nahrungsaufnahme, die dem Überleben dient, wird vom Lebenstrieb gelenkt, und in der Zerstörung des Objekts äußert sich der Destruktionstrieb.

Die psychische Energie des Eros, die uns Lust und Freude anstreben lässt, bezeichnet Freud als **Libido**. Sie kommt in der Entwicklung der Sexualität zum Vorschein. Die Sexualität nimmt in Freuds Theorie einen zentralen Stellenwert ein. Freud unterscheidet *genitale* von *sexuellen* Funktionen:

- Unter **genital** versteht er alle Funktionen, die der Fortpflanzung dienen.
- **Sexuell** sind alle Funktionen der Lustgewinnung aus den Körperzonen, Zärtlichkeit und Zuneigung.

Psychosexuelle Entwicklungsphasen

Definition
Erogene Zonen sind Körperzonen, deren entsprechende Reizung lustvolle Erregung hervorrufen kann.

Die Persönlichkeit des Menschen entwickelt sich nach Freud in Phasen. Er spricht von den „psychosexuellen Entwicklungsphasen" der Kindheit, wobei die sexuelle Entwicklung gleich nach der Geburt beginnt und durch die jeweilige sogenannte **erogene Zone** charakterisiert wird. Weiters gibt es in jeder Phase **Entwicklungsaufgaben**, die das Kind zu erfüllen hat. Gelingt die Erfüllung nicht, riskiert das Kind, in einer Entwicklungsphase „fixiert" zu bleiben. Unter **Fixierung** versteht Freud die Unfähigkeit, sich normal in die folgende Phase weiterzuentwickeln. (Tabelle in Anlehnung an Zimbardo 2004, S. 616)

<table>
<tr><th>Phase</th><th>Alter</th><th>Erogene Zone</th><th>Entwicklungsaufgabe und potenzielle Konfliktquelle</th><th>Charakterzüge von Erwachsenen bei Fixierung auf diese Phase</th></tr>
<tr><td>Oral</td><td>0–1</td><td>Mund, Lippen, Zunge</td><td>Entwöhnung</td><td>Orales Verhalten: Rauchen, Kaugummikauen, übermäßiges Essen, Passivität und Leichtgläubigkeit</td></tr>
<tr><td></td><td colspan="4">Die orale Phase ist von der lustvollen Aufnahme über den Mund geprägt: saugen, beißen, kauen. Neue Gegenstände werden mit dem Mund erkundet. Das Saugen an Brust oder Flasche gibt dem Säugling Sicherheit.</td></tr>
<tr><td>Anal</td><td>2–3</td><td>Anus (After)</td><td>Sauberkeit</td><td>Ordentlichkeit, übertriebene Gründlichkeit, Sturheit, Sparsamkeit, Ordnung (oder jeweils das Gegenteil)</td></tr>
<tr><td></td><td colspan="4">Während der analen Phase wird das Kot-Ausscheiden als Abbau von Spannungen und als Leistung erlebt. Kinder entwickeln Spaß an der Erleichterung und Machtausübung. In dieser Phase steht die Erziehung zur Sauberkeit und zur Selbstkontrolle im Vordergrund.</td></tr>
<tr><td>Phallisch</td><td>4–5</td><td>Genitalien</td><td>Sexuelle Identität</td><td>Eitelkeit, Rücksichtslosigkeit (oder jeweils das Gegenteil)</td></tr>
<tr><td colspan="2">
Whitney Darrow Jr.</td><td colspan="3">Kinder erforschen während der phallischen Phase ihre Genitalien. Sie konzentrieren sich auf die Unterschiede zwischen Buben und Mädchen und entwickeln ein Bewusstsein für ihre Geschlechtsidentität. Mädchen entwickeln in dieser Zeit laut Freud einen sogenannten Penisneid, Buben eine Kastrationsangst. Buben richten in dieser Phase ihre sexuellen Wünsche auf die Mutter, der Vater wird als Rivale gesehen („Ödipuskomplex", benannt nach Ödipus, der im griechischen Mythos unwissentlich seinen Vater erschlug und seine Mutter heiratete).</td></tr>
<tr><td>Latenz</td><td>6–12</td><td>Keine spezifische Zone</td><td>Entwicklung der Abwehrmechanismen</td><td>Keine, denn während der Latenzperiode treten laut Freud die sexuellen Gefühle in den Hintergrund, der Erwerb kognitiver und sozialer Fähigkeiten sowie die Übernahme kultureller Werte überwiegen.</td></tr>
<tr><td>Genital</td><td>13–18</td><td>Genitalien</td><td>Reife sexuelle Intimität</td><td>Erwachsene, die frühere Phasen erfolgreich integriert haben, sollten mit Interesse für andere und einer reifen Sexualität aus dieser Phase hervorgehen.</td></tr>
<tr><td></td><td colspan="4">Die reife Sexualität in der genitalen Phase zeichnet sich durch die Suche eines Sexualpartners bzw. einer Sexualpartnerin aus. In dieser Phase steht nicht nur die Lustbefriedigung, sondern auch die Fortpflanzung im Mittelpunkt des Interesses.</td></tr>
</table>

Definition
Die Neurose ist eine Störung des Erlebens und Verhaltens, die sich z. B. über krankhafte Angst äußern kann (▸ Kap. 14.4).

Für eine **gesunde Persönlichkeitsentwicklung** ist die Entwicklung eines sicheren Körpergefühls sowie die Erkundung der eigenen sexuellen Gefühle und Wünsche wichtig. Werden Triebe unterdrückt, d. h. Vorstellungen, Gefühle oder Fantasien vom Bewusstsein ferngehalten, werden sie ins Unbewusste verdrängt. Ein unbewusster, ungelöster Konflikt kann sich jedoch in Form einer Neurose äußern. Um „unerlaubte" Triebe des Es abzuwehren und überwinden zu können, entwickeln wir während der Latenzzeit **Abwehrmechanismen**.

Abwehrmechanismen

Unter einem Abwehrmechanismus versteht man eine unbewusste Schutzfunktion des Ich, mit deren Hilfe wir Schwierigkeiten und Konflikte bewältigen. Abwehrmechanismen können aber auch zu Störungen und Neurosen führen, wenn die Ursache des Problems, das damit bewältigt werden soll, nicht behoben wird.

Verdrängung

- **Verdrängung:** Beim grundlegendsten Abwehrmechanismus werden unerwünschte Inhalte (Gedanken, Gefühle, Erlebnisse) aus dem Bewusstsein verdrängt. *Beispiel:* Ein peinliches Erlebnis wird ins Unbewusste verdrängt, das heißt, die Erinnerung daran wird unterdrückt.

Identifikation

- **Identifikation:** Wertvorstellungen und Normen einer Autorität werden übernommen, das eigene Verhalten wird danach ausgerichtet. *Beispiel:* Ein Kind übernimmt den Erziehungsstil der strengen Eltern.

10

Regression
- Ein **Rückfall** in frühere Verhaltensweisen einer bereits abgeschlossenen Entwicklungsstufe findet statt. *Beispiel:* Ein Schulkind greift bei Nervosität wieder zum Schnuller.

Reaktionsbildung
- Man entwickelt **das gegenteilige Extrem** zu den verdrängten Wünschen. Auf diese Weise denkt und handelt man den ursprünglichen, unbewussten Impulsen entgegengesetzt. *Beispiel:* Übermäßig empfundene Liebe für den/die Arbeitskollegen/-in wandelt sich bei Nichterwiderung in Hass, oder unterdrückte Aggression äußert sich in übermäßiger Freundlichkeit.

Substitution
- Ein unerlaubter Inhalt wird verdrängt und durch einen akzeptierten Inhalt **ersetzt** (substituiert). *Beispiel:* Geiz wird durch Kontrollzwang ersetzt.

Sublimierung
- Primitive Triebe werden in kulturelle Bestrebungen **umgewandelt** (sie werden sublimiert). *Beispiel:* Aggressive Impulse werden in sportliche Energie (Wettkämpfe) umgewandelt.

Projektion
- Eigene Unzulänglichkeiten, Wünsche und Gefühle werden auf andere **übertragen**. *Beispiel:* Sie verfolgen interessiert eine Diskussion und Ihr/Ihre Sitznachbar/-in fragt Sie plötzlich, warum Sie denn so gelangweilt schauen.

Rationalisierung
- Das eigene Verhalten wird mit anscheinend vernünftigen Gründen **gerechtfertigt**. *Beispiel:* Die Redewendung „Wer Ordnung hält, ist nur zu faul zum Suchen“ bei Chaos.

Kompensation
- Minderwertigkeitsgefühle werden durch besondere Leistungen auf anderen Gebieten **kompensiert**. *Beispiel:* Eine soeben gekündigte Angestellte kompensiert ihren Frust, indem sie sich ein besonders großes und teures Auto kauft.

Konversion
- Ein psychischer Konflikt äußert sich **körperlich**. *Beispiel:* Psychosomatische Erkrankungen wie Migräne oder Magen-Darm-Störungen werden auf Konversion zurückgeführt. Die Hysterie war für Freud eine Konversions-Neurose – sie äußert sich beispielsweise in Form von Lähmungen, Sehstörungen, Schwächeanfällen oder Sprachstörungen.

Humor
- **Humor** (Lachen, Ironie, Zynismus) hilft über unangenehme und schmerzhafte Erinnerungen hinweg. *Beispiel:* Man beginnt in einer unangenehmen, peinlichen Situation zu lachen.

Einzelarbeit **12**

Ordnen Sie die Beispiele den jeweiligen Abwehrmechanismen zu.

a) Ein 5-jähriges Mädchen beginnt wieder einzunässen, als ihr Bruder auf die Welt kommt.
b) Der zurückgewiesene Liebhaber redet sich ein, dass das Mädchen in Wirklichkeit gar nicht anziehend war.
c) Ein Schifahrer gibt der Ausrüstung die Schuld für den Sturz.
d) Wenn der kleine Bub besonders Angst hat, zeigt er sich übertrieben tapfer.
e) Ein Ehepaar, das keine Kinder bekommen kann, kümmert sich besonders liebevoll um seine Haustiere.

Kritik an Freuds Theorie

FREUD leistete mit seinem tiefenpsychologischen Ansatz einen bedeutenden Beitrag zur Persönlichkeitspsychologie. Er stellte fest, dass Kindheitserfahrungen unsere Persönlichkeit prägen, Träume etwas über unser Innenleben aussagen und Verhaltensweisen aus getarnten Motiven hervorgehen können. Moderne Konzepte widerlegen mittlerweile jedoch zahlreiche Annahmen Freuds:

- **Wissenschaftliche Mängel:** Freud bietet nur retrospektive (nachträgliche) Interpretationen für Verhaltensweisen. Verhaltensweisen, die nachträglich erklärt werden, können zwar leicht nachvollzogen werden, bieten aber keine Voraussagen. Wissenschaftliche Theorien zeichnen sich jedoch dadurch aus, dass sie überprüfbare Voraussagen machen (▸ Kap. 1.2).
- **Mangelnde wissenschaftliche Nachweisbarkeit:** Freuds Konzepte wie beispielsweise die Verdrängung kindlicher sexueller Impulse wurden wissenschaftlich nicht untersucht und können daher nicht bestätigt werden.
- **Androzentrismus** (Sichtweise, die Männer als Norm heranzieht): Weiters wird kritisiert, dass Freud nicht berücksichtigt, in welcher Weise sich Frauen anders entwickeln.
- Besonders stark kritisiert wird der **Ödipuskomplex**: Die Geschlechtsidentität bildet sich nämlich bereits vor dem 5. Lebensjahr aus. Auch der Penisneid der Mädchen und die Kastrationsangst der Buben konnten von der Forschung nicht bestätigt werden.
- Empirisch widerlegt ist auch die **Latenzzeit**. In dieser Phase sind – entgegen Freuds Behauptungen – vor allem „Doktorspiele“ weit verbreitet.
- Die Annahme, dass **unterdrückte Sexualität** zu psychischen Störungen führt, kann nicht belegt werden. Die Zahl der an einer psychischen Störung Erkrankten ist nicht rückläufig, obwohl ein vergleichsweise ungehemmter Zugang zur Sexualität gepflegt wird.
- Die Theorie der **Verdrängung** ist ein weiterer umstrittener Punkt. U. a. meint die amerikanische Psychologin Elizabeth LOFTUS, Verdrängung sei eine eher seltene Reaktion auf schmerzliche Erfahrungen. Aus neurologischer Sicht bleiben negative emotionale Ereignisse sogar besonders gut im Gedächtnis haften.

Sexualität im Wandel der Zeit

13 Einzelarbeit:
Erstellen Sie eine Liste der wichtigsten Fragen, die für Sie zum Thema Sexualität bisher unbeantwortet geblieben sind.

„Deine Sehnsucht, deine Gefühle und deine Lust gehören dir. So wie du sie empfindest – solange dein Partner oder deine Partnerin wie du empfinden und ihre Wünsche und Grenzen genauso respektiert werden wie deine.
Vielleicht hast du gerade Gefühle für Personen des eigenen Geschlechts. Das ist okay. Du musst dich nicht entscheiden, dich nicht festlegen. Es kann auch wieder anders sein. Für manche ist es von Anfang an klar, nur Menschen des eigenen Geschlechts zu lieben. Andere probieren es aus – und lassen es wieder.
Einen Partner zu haben, der demselben Geschlecht angehört, aus einer anderen Kultur kommt, eine andere Hautfarbe hat oder aus einer anderen Gesellschaftsschicht kommt wie du, ist in unserer Gesellschaft manchmal noch immer ein Problem. Wenn du dich dadurch ausgegrenzt oder auch verunsichert fühlst, versuche dir Unterstützung zu holen." (Aufklärungsbroschüre des BMUKK 2010)

Hätte man vor 100 Jahren so offen zu Jugendlichen gesprochen wie hier in einer Aufklärungsbroschüre des BMUKK? Undenkbar! Sexualität wurde im 19. Jahrhundert meist mit Abweichung, Erkrankung oder Perversion in Verbindung gebracht. Hier ein kurzer Rückblick auf den Umgang mit dem Thema Sexualität:

Gegen **Ende des 19. Jahrhunderts** etablierte sich die Sexualwissenschaft als eigenständige Forschungsdisziplin und befasste sich zunächst vorwiegend mit sexuellen Abweichungen. Die erste sexualmedizinische Studie des Wiener Psychiaters Richard Freiherr von KRAFFT-EBING im Jahr 1886 hieß *Psychopathia sexualis* und konnte nur mit einem ärztlichen Attest erworben werden. Begriffe wie Sadismus, Masochismus und Fetischismus wurden darin geprägt. Sexualität wurde im 19. Jahrhundert generell als etwas Animalisches angesehen, galt als sündhaft und moralisch verwerflich. Es hieß, Masturbation (Selbstbefriedigung) führe zu schweren körperlichen Störungen.

Sigmund FREUDS *Drei Abhandlungen zur Sexualtheorie* von **1905** führten eine Wende herbei, denn Freud definierte Sexualität als wesentliche Triebkraft menschlichen Verhaltens. Seine Entdeckung der kindlichen Sexualität wirkte damals provokant: Die positive Bewältigung der psychosexuellen Entwicklungsphasen erachtete Freud als wesentlich für eine gesunde Persönlichkeitsentwicklung.

Ein weiterer Meilenstein in der Sexualforschung war das Werk *Die Homosexualität des Mannes und des Weibes* (**1914**) von Magnus HIRSCHFELD. Homosexualität wurde von der Kirche als Sünde und von Medizinern/-innen als Geisteskrankheit angesehen. Hirschfeld näherte sich erstmals wissenschaftlich diesem Thema und gilt damit als der Vorkämpfer der Homosexuellenbewegung. **1919** gründete er in Berlin das erste sexualwissenschaftliche Institut der Welt.

Sexuelle Revolution: So hieß das Werk von Wilhelm REICH, mit dem die Sexualität auch gesellschaftspolitische Bedeutung erhielt (**1945**). Reich war Psychoanalytiker und Schüler Freuds und vertrat die Ansicht, dass nicht-befreite Sexualität bei allen Menschen zu Neurosen führe und der Orgasmus eine wesentliche Voraussetzung für eine befriedigende Sexualität sei. Eine grundlegende Wandlung in der Einstellung zur Sexualität sei nicht ohne gesellschaftspolitische Veränderung möglich.

Zwischen 1938 und 1953 führte Alfred C. KINSEY die erste große sexualwissenschaftliche Studie in den USA durch, in der er 17000 Frauen und Männer aller Altersstufen nach ihrem sexuellen Verhalten und ihren sexuellen Vorlieben befragte. Die Ergebnisse wurden in den sogenannten *Kinsey-Reports* veröffentlicht. Im Mittelpunkt der Studie stand der Orgasmus der Frau und die Frage, wie er zustande kommt. Sexualität war zu dieser Zeit immer noch ein Tabu, die Reports stellten den Beginn einer breiten öffentlichen Diskussion über Sexualität dar. Helmut SCHELSKY kritisierte in seinem Werk *Soziologie der Sexualität* von **1955**, dass Kinsey sexuelle Phänomene auf biologische Prozesse (Zweck der Fortpflanzung, Befriedigung der biologisch-triebhaften Lustbedürfnisse) reduziere. Sexualität habe jedoch auch gesellschaftliche und kulturelle Funktionen: Durch ihre Institutionalisierung in Ehe, Familie und Verwandtschaft sei Sexualität eine Grundlage sozialer Sicherung durch Fürsorgeverpflichtungen; sie verschaffe soziale Anerkennung und ermögliche soziale Integration.

Simone de BEAUVOIRS Klassiker *Das andere Geschlecht* (**1949**) leitete den Feminismus ein, eine intellektuelle Revolution der Frauen. Frauenbewegungen setzten sich für sexuelle Gleichberechtigung ein und forderten die politische, wirtschaftliche und sexuelle Emanzipation der Frau. Die in den **60er-Jahren** entwickelte Antibabypille bot der Frau eine neue sexuelle Freiheit, förderte die Akzeptanz der individuellen Sexualität der Frau und damit eine gleichberechtigte Sexualität zwischen Männern und Frauen.
Zu dieser Zeit formierte sich auch eine Homosexuellenbewegung, die die Enttabuisierung gleichgeschlechtlicher

Lebensformen forderte. Junge Menschen wehrten sich immer mehr gegen die gesellschaftlich auferlegten Zwänge und Unterdrückungsstrukturen, verlangten die Enttabuisierung der kindlichen Sexualität und die Abschaffung sexueller Tabus, forderten planmäßige Sexualerziehung und Aufklärung, allgemeinen Zugang zu Verhütungsmitteln sowie die Befreiung der Pornographie von Verboten und Zensuren. Sexualität sollte nicht mehr ausschließlich an Liebe gebunden sein, sondern auch ohne Liebe und Schuldgefühle möglich sein. Man erwartete, dass durch eine derartige sexuelle Liberalisierung Prostitution überflüssig würde und Perversionen erst gar nicht entstünden.

Zwei Akte im Wald Frida Kahlo

Zweifelsohne verursachte die sexuelle Revolution der späten **60er- und frühen 70er-Jahre** in den westlichen Industrieländern einschneidende kulturelle und psychosoziale Veränderungen. Es gelang, Ängste und Schuldgefühle im Zusammenhang mit Sexualität abzubauen, was zur Folge hatte, dass die traditionelle Moral hinterfragt wurde und junge Frauen und Männer deutlich früher sexuell aktiv wurden. Der Umgang mit unterschiedlichen sexuellen Orientierungen wurde toleranter, die Sexual- und Beziehungsformen begannen sich zu vervielfachen.

Die neue Moral, die aus der Liberalisierung der Sexualität hervorging, wird von Bildern und Vorstellungen der Öffentlichkeit weiter beeinflusst, neue Normen entstehen. Sexualität ist heute durch erotische Bilder in den Medien allgegenwärtig. Das schafft neue sexuelle Probleme, denn so entsteht der Eindruck, es gebe ein gesellschaftlich gefordertes Maß an sexueller Aktivität: *„Für eine gute Partnerschaft ist guter Sex heute ein Muss! Inszenierung und stolze Präsentation der eigenen Fähigkeiten werden zu den wichtigsten Komponenten des Liebeslebens"*, sagt der deutsche Zukunftsforscher Matthias Horx. (Fiedler 2008, S. 54) Durch diesen gesellschaftlichen Druck werden innere Zwänge aufgebaut, was die Zunahme sexueller Funktionsstörungen (Versagensängste, Erektionsstörungen, verminderte sexuelle Lust) erklärt.

Seit den 1980er- und 1990er-Jahren ist die sexuelle Aktivität in der Gesellschaft wieder gesunken.

Indem Sexualität öffentlich dargestellt und breit vermarktet wird, verliert das Sexuelle aber auch den Reiz des Besonderen, seine subversive (rebellische) Kraft. Neue Fantasiewelten und anonymisierte Tabuzonen werden gesucht. *„Der Mangel an sexuellen Verbotszonen dürfte auch dazu beigetragen haben, dass destruktive Formen der Sexualität bis heute nicht besiegt wurden: Frauen verachtende Pornographie, sexuelle Belästigung am Arbeitsplatz, alltäglicher Sexismus, Inzest, sexueller Missbrauch und sexuelle Gewalt. Schockierte der Anblick eines nackten Damenknöchels die öffentliche Moral, sorgte in den 1960er Jahren noch ein nackter Busen im Kino für einen Skandal – um die Zuschauer von heute bei der Stange zu halten, dringen die Medien immer tiefer in Tabuzonen vor"*, analysiert der deutsche Psychologe und Sexualwissenschaftler Peter Fiedler. (Fiedler 2008, S. 54)

14 Einzelarbeit: RF
- Entspricht der folgende Zeitungsausschnitt Ihrer Ansicht?
- Verfassen Sie eine Petition an die Welt der Erwachsenen, in der Sie Ihre Wünsche zum Umgang mit Sexualität zum Ausdruck bringen!

„59 % der Österreicher, die Sexualunterricht erhalten haben, bekritteln ihr Informationsdefizit. (...) Was ihnen am meisten fehlt: Rat zu den emotionalen Aspekten des Sexuallebens wie Gefühle, Nähe, Liebe und Respekt in einer Partnerschaft. Dieser Bereich wird laut der aktuellen Durex-Studie an Österreichs Schulen sträflich vernachlässigt. Nur jeder Zehnte (11 %) hat von diesen Themen in der Schule gehört – aber mehr als die Hälfte (52 %) hätte sich mehr ‚emotionale Aufklärung' gewünscht. (...) Jugendliche erhalten in der Schule viele Informationen rund um das Thema Sexualität, hauptsächlich über biologische Fakten. Diese Darstellungen sind aber nur dann interessant, wenn es möglich ist, einen Bezug zu echten Menschen, mit Gefühlen und Wünschen herzustellen. Zum einen fehlt in der Erklärung biologischer Fakten häufig der Brückenschlag zur aktuellen Lebenswelt von Jugendlichen, zum anderen fehlt oft auch die Begeisterung und Wertschätzung der Erklärenden gegenüber diesen Themen. (...)" (Der Standard, 13. 10. 2009)

Literaturtipp

Die Aufklärungsbroschüre *Love, Sex und so* des Bundesministeriums für Unterricht, Kunst und Kultur kann im Internet downgeloadet werden. Sexuelle Aufklärung ist ein ständiger Prozess der Auseinandersetzung mit Fragen der Sexualität.

10.5 Tiefenpsychologische Persönlichkeitstheorien II: Jung, Adler, Frankl

Alfred Adler (1870–1937)

Individualpsychologie: Alfred Adler

Der Arzt Alfred Adler war ein Schüler Freuds. 1911 trennte er sich jedoch von ihm, da er meinte, Freud messe dem Sexualtrieb zu große Bedeutung bei. Adler gründete seine eigene tiefenpsychologische Schule, die **Individualpsychologie**. Während Freud von drei Instanzen der Persönlichkeit spricht, betrachtet die Individualpsychologie den Menschen als Einheit von Körper, Geist und Seele.

Für Adler ist das **Gemeinschaftsgefühl** das wichtigste Kriterium für die gesunde Entwicklung eines Menschen. Es bildet sich aus, wenn eine verlässliche Bezugsperson dem Säugling Geborgenheit und Vertrauen gibt, seine Bedürfnisse befriedigt und das Kind später zu Selbstständigkeit erzogen und ermutigt wird, die eigenen Ziele zu verwirklichen.
Laut Adler verfügen wir über eine **schöpferische Kraft**, die uns ermöglicht, uns in eine individuelle Richtung zu entwickeln, also ein Lebensziel festzulegen. Das Lebensziel beeinflusst die Ausbildung eines Lebensstils. Der **Lebensstil** entspricht unserer Persönlichkeit, zu welcher auch unser Lebensplan sowie unsere **Leitlinien** zählen.
Adler geht vom Erleben der eigenen, naturgegebenen **Organminderwertigkeit** des Menschen aus. Das Kind erlebt bewusst seine Unterlegenheit und Hilflosigkeit. Sein gesamtes weiteres Leben steht unter dem Aspekt der Überwindung dieses primären Erlebnisses der Minderwertigkeit. Neurosen entstehen, wenn das eigene Geltungsstreben nicht mit den Maßstäben der Umgebung in Einklang gebracht werden kann.
Das Bemühen, eigene Schwächen durch vermehrte Anstrengungen auszugleichen, nennt Adler **Kompensation**. Diese kann sich positiv äußern, wenn beispielsweise eine Person, die stottert, durch intensives Üben schließlich zu einem/einer guten Rhetoriker/-in wird. Sie kann sich aber auch in Form von übertriebenem Geltungs- und Machtstreben ausdrücken: So etwa, wenn sich eine beruflich erfolglose Person in einer Beziehung herrisch zeigt. Überkompensation kann sich weiters in der Abwertung des Bereichs, in dem sich ein Mensch minderwertig fühlt, äußern („Fußball ist sowieso blöd!") oder in der Flucht in eine Krankheit („Ich kann das nicht machen, mir geht's nicht gut."). Ziel von Kompensation ist immer, das eigene Selbstwertgefühl wieder zu heben (Geltungsstreben).

Carl Gustav Jung (1875–1961)

Analytische Psychologie: Carl Gustav Jung

Der Schweizer Nervenarzt Carl Gustav Jung war ebenfalls ein Schüler Freuds. Auch Jung trennte sich von Freud, da er andere Ansichten über die Bedeutung von Sexualität vertrat. Der Libido-Begriff etwa steht bei Jung nicht nur für Lust, sondern für allgemeine **Lebensenergie**. 10
Die psychische Ganzheit wird in Jungs analytischer Psychologie vom **Selbst** repräsentiert. Das Selbst ist zentral für die Individuation, den Prozess des „Ganzwerdens", welchen Jung als das menschliche Ziel schlechthin sieht. Der Prozess gelingt, wenn man nach Selbstverwirklichung strebt und den Sinn des Lebens sucht. Das Selbst wird mit Symbolen, z. B. mit Mandalas, dargestellt. Weitere Ausdrucksmöglichkeiten sind etwa Christus oder Buddha.

Jung unterscheidet in seiner Theorie das **Bewusste**, das **persönliche Unbewusste** und das **kollektive Unbewusste**:

- Das **Bewusste** entspricht unserem Ich-Bewusstsein, unserer persönlichen Identität.
- Das **persönliche Unbewusste** umfasst alle ungelösten seelischen Anliegen.

Ungelöste seelische Anliegen werden laut Jung in das persönliche Unbewusste verdrängt und entwickeln sich zu Komplexen. Sie entsprechen unseren unbewussten Persönlichkeitsanteilen, die autonom agieren und so unser seelisches Gleichgewicht stören. Komplexe äußern sich über Störungen wie z. B. Zittern oder Schweißausbrüche. Über die Traumdeutung etwa können sie aufgedeckt und aufgelöst werden.
Der **Schatten** ist Teil des persönlichen Unbewussten und umfasst alle ungelebten Möglichkeiten, meist verdrängte und/oder ungeliebte Anteile der eigenen Person, die mit dem Ich unvereinbar sind. Der Schatten enthält aber auch positive Aspekte wie schöpferische Impulse. Die Auseinandersetzung mit dem Schatten stellt einen wichtigen Schritt auf dem Weg zur Individuation (Persönlichkeitsentwicklung) dar.
Wenn der Mensch beginnt, sich mit seinen verdrängten Persönlichkeitsanteilen auseinanderzusetzen, kommt auch die **Persona** (Maske) zum Vorschein. Sie entspricht jenem Ausschnitt

des Ich, der sich der Umwelt zeigt, also die „soziale Fassade". Sie verdeckt die wahre Natur des Individuums. Erst nach der Bewusstmachung der Maske kann die wahre Identität des Menschen gefunden werden.

- Das **kollektive Unbewusste** ist die Gesamtheit der Archetypen.

Archetypen können in Form von Vorstellungen, Bildern oder Symbolen aus Religionen (Götter, Engel, Tod, Auferstehung, Feuer, Wasser), Mythen (mythologische Gestalten, Himmel, Unterwelt), Märchen (Hexe, Held/-in) oder Fabeln (Tiere, Fabelwesen) auftreten. Archetypen sind universell, ihre Erscheinungsform unterscheidet sich jedoch je nach Kulturkreis.

Animus und **Anima** sind zwei weitere Archetypen, die in unserem Unbewussten die eigenen gegengeschlechtlichen Anteile repräsentieren: Anima ist der weibliche Seelenanteil im Mann, Animus ist der männliche Seelenanteil der Frau. Wir haben den Drang, unsere gegensätzlichen Pole zu vereinen, da wir nach Ganzheit streben.

Archetypen können wir in unseren Träumen und Fantasien begegnen. Der **Traum** nimmt bei Jung einen zentralen Stellenwert ein, da er die Funktion des Wegweisers innehat, um den Menschen zu psychischer Ganzheit zu führen. Er repräsentiert die innere Wirklichkeit des/der Träumenden, die in Form archetypischer Symbole zum Vorschein kommen kann. Jung betont jedoch, dass bei der Traumdeutung immer auch die individuelle Lebenssituation des/der Träumenden berücksichtigt werden muss.

Ziel des Traums ist es, das Vorhandensein gegensätzlicher Persönlichkeitsmerkmale aufzuzeigen und ihre Integration in die Gesamtpersönlichkeit zu ermöglichen. Der Traum spielt auch bei Freud eine große Rolle, anders als Jung vermutet Freud jedoch in allen Träumen etwas Triebhaftes.

Mandalas sind archetypische Symbole für psychische Ganzheit (Selbst).

Existenzanalyse: Viktor Frankl

Der österreichische Neurologe und Psychiater Viktor Frankl begründete die Existenzanalyse, die durch seine Erfahrungen im Konzentrationslager Auschwitz beeinflusst wurde. Frankl geht davon aus, dass seelische Konflikte auf Sinndefiziten basieren. Wir haben ein natürliches Bedürfnis, nach Sinn zu streben. Die **Existenzanalyse** hilft dem Menschen, seinen Sinn im Leben zu finden. Dabei werden seine momentanen Lebensumstände geklärt und analysiert sowie zukünftige Lebensgestaltungsmöglichkeiten überlegt: Welche Belastungen hindern mich derzeit an einem erfüllten Leben? Was fördert mein Lebenskonzept? Welche persönlichen Werte führen mich zu meinem Sinn im Leben?

Elly und Viktor Frankl (1905–1997) waren 52 Jahre ein Paar.

Literaturtipp
Frankl, Viktor: *Der Wille zum Sinn*. Bern 2005. Frankl diskutiert in Form von Vorträgen seine Grundthese, dass der Mensch auf der Suche nach seinem Sinn ist.

Videotipp
Dein Leben hat Sinn (Wien 2001, 50 min, Medienservice 82023, bm:ukk): Gespielte Sequenzen und Interviews bieten Orientierungshilfe bei der Suche nach sinnvollen Lebensinhalten.

Die therapeutische Methode der Existenzanalyse ist die **Logotherapie** (▸ Kap. 14.5). Sie geht davon aus, dass wir durch Sinnfindung geheilt werden. Durch dialogische Offenheit, die im Gespräch mit dem/der Therapierenden entstehen soll, kann der/die Patient/-in seine/ihre Fähigkeiten zum Ausdruck bringen und z. B. Grundmotivationen erkennen. In dieser Beratungsform wird den Betroffenen nicht erklärt, warum sie leiden, sondern sie lernen, ihr Schicksal in die Hand zu nehmen und aktiv den Sinn im Leben zu finden.

Frankls **Logo-Theorie**, die er im Rahmen der Logotherapie entwickelte, antwortet auf die Frage, wie sich das Leben mit Sinn erfüllen lässt, mit 3 Wertkategorien:

- **Schöpferischer Wert:** Zunächst lässt sich Sinn finden, indem wir eine Tat setzen oder ein Werk schaffen.
- **Erlebniswert:** Wir finden Sinn „aber auch durch ein Erlebnis, also dadurch, dass wir etwas erleben – etwas oder jemanden, und jemanden in seiner ganzen Einmaligkeit und Einzigartigkeit erleben heißt ihn lieben." (Frankl 2007, S. 20)
- **Einstellungswert:** Schließlich zählen Haltung und Einstellung, mit welchen unausweichliche Schicksalsschläge abgefangen werden, zu den wichtigen Komponenten eines sinnvollen Lebens. (a. a. O.)

Der Mensch findet also seinen Sinn, wenn er sich in eigenen Werken oder in der Liebe verwirklicht und dabei über sich selbst hinauswächst. Wie Untersuchungen belegen, ist die Sinnfindung von Alter und Bildungsgrad unabhängig, ebenso von Geschlecht, Religionszugehörigkeit und Intelligenzquotient.

Wenn keine eigene Wertorientierung im Leben gelingt, besteht die Gefahr von **Konformismus** (wir tun, was die anderen tun) und **Totalitarismus** (wir tun, was die anderen von uns wollen). Die **noogene Neurose** schließlich ist das Ergebnis einer existenziellen Frustration bzw. Ausdruck des Zweifels an einem Lebenssinn.

Definition
Die noogene Neurose (griech. *nous:* Sinn, Geist) ist ein extremes Sinnlosigkeitsgefühl, das z. B. eine existenzielle Krise als Ursache hat.

RP

15 Partnerarbeit: Was nennen die verschiedenen tiefenpsychologischen Persönlichkeitsmodelle von a) Freud, b) Adler, c) Jung, d) Frankl als Ursache für einen seelischen Konflikt?

10.6 Humanistische Persönlichkeitstheorien: Maslow, Rogers

Definition
Das humanistische Menschenbild sieht in allen Menschen individuelle Einzigartigkeit, betont das Streben nach Selbstverwirklichung, -verantwortlichkeit und die Fähigkeit, Gefühle zu entwickeln.

Freuds negatives, an den Trieben orientiertes Menschenbild sorgte in den 1960er-Jahren für Unmut. Freud interessierte sich ausschließlich für kranke Menschen und arbeitete mit ihnen schmerzhafte Erinnerungen auf. Die humanistische Persönlichkeitspsychologie setzt sich dagegen bewusst mit dem gesunden Menschen auseinander und vertritt ein positives Menschenbild. Der Mensch gilt als von Natur aus als gut und das menschliche Potenzial zum Bösen wird nicht berücksichtigt.

Der Mensch befindet sich in einem lebenslangen Entwicklungsprozess. Er tendiert dazu, sich in eine positive Richtung zu verändern, und strebt nach **Selbstverwirklichung**. Damit ist die geistige Entfaltung und das Ausschöpfen des eigenen Potenzials gemeint. In jedem Menschen steckt die Fähigkeit, persönlich zu wachsen und sein volles Potenzial an Wissen, Talenten und Fähigkeiten zu verwirklichen.

T Partnerarbeit 16

Inwiefern finden sich in den tiefenpsychologischen Theorien humanistische Tendenzen wieder? Formulieren Sie, welche Bedeutung die Selbstverwirklichung in den Theorien von Adler, Jung und Frankl hat.

Die Pioniere der humanistischen Bewegung sind Abraham Maslow (1908–1970) und Carl Rogers (1902–1987). Sie stellen das Streben nach Selbstverwirklichung in den Vordergrund ihrer Theorien.

Maslow stellte anfangs die Selbstverwirklichung an die Spitze seiner hierarchischen Bedürfnispyramide (▸ Kap. 12.1). Er prägte den Begriff **Selbstaktualisierung** und meint damit unser Bedürfnis, zu wachsen und unsere Potenziale zu verwirklichen.

Rogers legte besonderen Wert auf die Begegnung im menschlichen Sinn. Seine Arbeiten sind für viele Bereiche der sozialen Arbeit, Pädagogik und Medizin von Bedeutung.
Die Erfahrungen während der Kindheit und Jugend beeinflussen die Entwicklung des **Selbstkonzeptes**, das entweder positiv oder negativ sein kann.

Das Selbstkonzept

Unter **Selbstkonzept** verstehen wir das Bild, das wir von uns selbst haben. Es bezieht sich auf all die Fähigkeiten und Eigenschaften, die wir uns selbst zuschreiben. Es wird aber auch durch unsere Vergangenheit, unsere Motive und Werte sowie die Meinung, die andere von uns haben, geprägt.

Selbstdarstellung der Persönlichkeit

Unsere Selbstdarstellung wird stark von unserem Selbstkonzept und unserem **Selbstwertgefühl** beeinflusst. Letzteres hat starken Einfluss auf unsere Gedanken, Stimmungen und unser Verhalten:

- Ein negatives Selbstkonzept geht mit einem geringen Selbstwertgefühl einher. Es führt eher zu Misserfolgen und bestätigt sich dadurch selbst (▸ Kap. 11.1).
- Ein positives Selbstkonzept ist mit einem hohen Selbstwertgefühl verknüpft. Es ermöglicht eher positive Erfahrungen und bestätigt sich dadurch ebenfalls selbst.

Rogers nennt sieben wesentliche Botschaften, die **Eltern** ihren Kindern vermitteln müssen, um die Entwicklung eines positiven Selbstkonzeptes zu fördern:

- **Echtheit** – Sich durchschaubar, authentisch und offenherzig zeigen und Interesse an der positiven Entwicklung des Kindes erkennen lassen.
- **Empathie** – Gefühle zulassen und das Zeigen negativer Gefühle der Kinder nicht bestrafen (dies würde ein negatives Selbstkonzept begünstigen). Die eigenen Gefühle mitteilen, einfühlend und mit echtem Verständnis zuhören.

Wertschätzung

Ungeschuldete Liebe

Autonomie
Anregung und Unterstützung
Zuverlässigkeit

- Die Kinder partnerschaftlich behandeln, dem Alter angemessen in das Aufstellen von Regeln einbeziehen. Ihre Bedürfnisse berücksichtigen.
- Das Kind so lieben, wie es ist, ohne die Liebe an Bedingungen zu knüpfen. Ein Fehlverhalten darf missbilligt werden, aber nicht das Kind selbst (▸ Kap. 5.3).
- Vertrauen in das Kind haben, ständige Kontrolle und Bevormundung unterlassen.
- Das Kind in seiner freien Entfaltung unterstützen und dazu anregen.
- Dem Kind Sicherheit und Geborgenheit vermitteln, zuverlässig sein.

Einzelarbeit 17

Wie sieht Ihr Selbstkonzept aus? Nehmen Sie ein Plakat und erstellen Sie aus Zeitschriften eine Collage zu Ihrer Persönlichkeit!

Die voll funktionierende Persönlichkeit

Rogers bezeichnet den Menschen, der sich durch ein positives Selbstkonzept auszeichnet, als gesund und „voll funktionierend". Er geht davon aus, dass ein Mensch dann ein positives Selbstkonzept hat, wenn sein **Real-Selbst** und sein **Ideal-Selbst** annähernd gleich sind, er sich also nicht zu sehr von seinem Ideal-Selbst unterscheidet. Das Ideal-Selbst beschreibt, wie wir gerne sein möchten, das Real-Selbst beschreibt, wie wir tatsächlich sind.

„Wenn du dich mit anderen vergleichst, wirst du leicht eitel und bitter, denn immer wird es jemanden geben, der größer oder geringer ist als du."
Max Ehrmann
(Myers 2005, S. 606)

Literaturtipp
Fromm, Erich: *Haben oder Sein. Die seelischen Grundlagen einer neuen Gesellschaft.* München 2005. Fromm stellt in seiner Neopsychoanalyse die Existenzweise des Habens (das Streben nach materiellen Gütern, Macht und Ruhm) der Existenzweise des Seins (innerliche Freiheit, Genügsamkeit, Liebe) gegenüber. Nur grundlegende gesellschaftliche Veränderungen können dem Menschen ein sinnerfülltes Leben ermöglichen.

Ein positives Selbstkonzept verhilft uns, an unser Lebensziel zu gelangen. Eines unserer Lebensziele könnte sein, uns selbst zu erkennen und zu akzeptieren.
Humanistische und existenzialistische Studien befassen sich mit voll funktionierenden Persönlichkeiten, die für ihr produktives und erfülltes Leben bekannt sind. Martin Luther King kämpfte gegen Rassendiskriminierung und für soziale Gerechtigkeit. Die Friedensnobelpreisträgerin Aung San Suu Kyi setzte sich für eine gewaltfreie Demokratisierung ihres Heimatlandes Myanmar ein. Beide liefern Beispiele für Persönlichkeiten, die mit Spiritualität, Mut oder hoher Gesinnung ihren Sinn im Leben gefunden, ihr Lebensziel verfolgt und es schließlich erreicht haben.

Orientierung am idealen Selbstbild — Peter Gaymann

Persönlichkeiten, die sich selbst verwirklicht haben, weisen alle ähnliche Charakterzüge auf. Sie sind selbstbewusst, akzeptieren sich, lassen sich nicht von der Meinung anderer behindern, stecken viel Energie in eine Aufgabe und bevorzugen einige wenige tiefe statt vieler oberflächlicher Beziehungen.

Die Wertschätzung erziehender Personen ist wichtig, um ein positives Selbstkonzept ausbilden zu können, aber auch man selbst kann daran arbeiten, ein positives Selbstkonzept zu entwickeln. Folgende Eigenschaften, Einstellungen und Lebensführungsprinzipien sind dabei förderlich:

Aufgeschlossenheit
Verantwortung übernehmen
Aufrichtigkeit
Lebensziele

- Für neue Erfahrungen offen sein, Kritik annehmen und reflektieren.
- Keine Schuldzuweisungen machen, eigene Überzeugungen vertreten.
- Stärken und Schwächen realistisch einschätzen und sich selbst akzeptieren.
- Eigene Potenziale an Wissen, Talenten und Fähigkeiten einsetzen (z. B. Teamfähigkeit, analytische Denkfähigkeit oder Kreativität).

Einzelarbeit 18

Verfassen Sie einen fiktiven Tagebucheintrag, in dem Sie sich mit folgenden Fragen auseinandersetzen:
- Was ist für mich ein erfülltes Leben? Was ist mir für meine Zukunft wichtig?
- In welche Richtung möchte ich mich weiterentwickeln? Welche meiner Potenziale will ich ausschöpfen?
- Fantasieren Sie, wie Sie in 10/20/30 Jahren leben werden, wenn Sie bis dahin alle Ihre Fähigkeiten und Persönlichkeitseigenschaften optimal einsetzen.

10.7 Persönlichkeitsdiagnostik

Es gibt Tests, die anhand zahlreicher Fragen eine detaillierte Persönlichkeitsanalyse versprechen. Haben Sie eine gute Menschenkenntnis? Wie viel Nähe brauchen Sie? Welche Pflanze, welches Tier sind Sie? Diese Form von Persönlichkeitsbeurteilung, die bloß darauf abzielt zu unterhalten, ist jedoch unseriös.
Unter **seriöser Persönlichkeitsdiagnostik** verstehen wir wissenschaftliche Methoden der Persönlichkeitsmessung, die Persönlichkeitsmerkmale *objektiv* (unvoreingenommen), *reliabel* (verlässlich) und *valide* (gültig) überprüfen (▸ Kap. 1.2). Dies geschieht zu folgenden Zwecken:

Zweck

- **Eignungsüberprüfung:** Das Testergebnis wird mit den Anforderungen für einen bestimmten Beruf verglichen. Es wird überprüft, ob die Fähigkeiten und Qualifikationen der Testperson für die ausgeschriebene Position geeignet sind.
- **Beratung:** Die Ermittlung von Ursachen und Störungen soll der Festlegung einer Behandlungsmethode dienen.

Die Merkmale einer Persönlichkeit können mündlich oder schriftlich ermittelt werden:

Methoden

- **Mündliche Befragung (Interview)**

Bei einer mündlichen Befragung wird die Testperson zu ihrer aktuellen Lebenssituation (z. B. familiäre Situation, Beruf) befragt und es werden Daten zu ihrer bisherigen Lebensgeschichte gesammelt (Anamnese).

- **Schriftliche Befragung (Persönlichkeitstests)**

Es gibt heute über 100 wissenschaftlich anerkannte Persönlichkeitstests, die innerhalb kurzer Zeit ein Persönlichkeitsprofil erstellen. Persönlichkeitstests werden in **faktorenanalytische** und **projektive** Tests unterteilt. Faktorenanalytische Persönlichkeitstests sind strukturierte Fragebögen, die Antwortmöglichkeiten zur Auswahl vorgeben. Projektive Persönlichkeitstests hingegen sind unstrukturiert und lassen mehrere Antwortmöglichkeiten zu.

1. Faktorenanalytische Persönlichkeitstests

Persönlichkeitsfragebögen enthalten Fragen oder Behauptungen, sogenannte **Items**, über Befinden, Verhalten oder Einstellung. Die Testperson schätzt ein, was auf sie zutrifft. Die Items bieten zwei oder mehr Antwortmöglichkeiten und können beispielsweise mit „ja/nein", „trifft vollständig zu/trifft überwiegend zu/trifft eher zu/trifft eher nicht zu/trifft gar nicht zu", mit „stimmt/stimmt nicht/stimmt teilweise" oder „selten/manchmal/oft/sehr oft" beantwortet werden. Die Punkte werden zusammengezählt, wodurch ein **Persönlichkeitsprofil** mit Stärken und Schwächen erstellt wird.

10

FPI

- Im deutschsprachigen Raum ist das **FPI** (Freiburger-Persönlichkeits-Inventar) als Persönlichkeitstest weit verbreitet. Das FPI ermittelt folgende Persönlichkeitsfaktoren: Lebenszufriedenheit, soziale Orientierung, Leistungsorientierung, Gehemmtheit, Erregbarkeit, Aggressivität, Beanspruchung, körperliche Beschwerden, Gesundheitssorgen, Offenheit sowie Extraversion und Neurotizismus.

T Einzelarbeit **19** Welche Persönlichkeitsfaktoren sollen mit den folgenden Items aus dem FPI ermittelt werden?

Item	stimmt	stimmt nicht	Persönlichkeitsfaktor
1. Ich habe Spaß an schwierigen Aufgaben, die mich fordern.			
2. Ich bin ungern mit Menschen zusammen, die ich nicht kenne.			
3. Wenn etwas schiefgeht, regt mich das nicht auf.			
4. Ich fühle mich häufig gestresst.			
5. Ich bin immer guter Laune.			

EPI

- Das **EPI** (EYSENCK-Persönlichkeits-Inventar) umfasst eine Neurotizismus- und Extraversionsskala, die über einen Fragebogen erfasst wird. Die Dimension Extraversion (Extraversion – Introversion) fragt nach Geselligkeit, Lebhaftigkeit, Selbstbehauptung, Abenteuerlust, Aufgeschlossenheit, Dominanz, Aktivität und Sorglosigkeit. Die Dimension Neurotizismus (Stabilität – Labilität) ermittelt Ängstlichkeit, Bedrücktheit, Schuldgefühle, geringe Selbstachtung, Angespanntheit, Schüchternheit, Launen und Gefühle (▸ Kap. 10.2).

T Einzelarbeit **20**

- Kreuzen Sie in der Neurotizismus- und Extraversionsskala an, was auf Sie persönlich zutrifft!
- Welche Antworten passen zu welchem Typus? Ordnen Sie jeder Antwort E für Extraversion, I für Introversion, S für Stabilität oder L für Labilität zu.

Extraversion (Extraversion – Introversion)	**Ja**	**Nein**
Sind Sie abenteuerlustig?		
Gehen Sie gern und häufig aus?		
Sind Sie sehr lebhaft?		
Neurotizismus (Stabilität – Labilität)	**Ja**	**Nein**
Haben Sie oft Stimmungsschwankungen?		
Würden Sie sich als nervösen Menschen bezeichnen?		
Haben Sie oft Schuldgefühle?		

T Gruppenarbeit **21**

Stellen Sie sich vor, Sie eröffnen eine Schule oder ein Lokal. Erstellen Sie in Kleingruppen einen Persönlichkeitstest für eine Person, die Sie einstellen wollen.

- Formulieren Sie Items zu Persönlichkeitsmerkmalen, die für die jeweilige Funktion von Bedeutung sind.
- Formulieren Sie die Items situationsspezifisch.

Es gibt allerdings einige Faktoren, die das Ergebnis eines faktorenanalytischen Persönlichkeitstests **verfälschen** können:

Kritikpunkte

- Wir tendieren dazu, uns so einzuschätzen, wie wir gerne wären, und nicht, wie wir tatsächlich sind.
- Die Selbstbeurteilung kann je nach Stimmungslage vorteilhaft oder aber negativ bewertend sein.
- Persönlichkeitsmerkmale wie z. B. Ungeduld sind oft situationsabhängig.
- Wer über die psychologische Bedeutung eines Tests Bescheid weiß, neigt dazu, so zu antworten, dass er/sie das gewünschte Ergebnis erhält.
- Gesellschaftliche Normen entscheiden, ob eine Eigenschaft als erwünscht oder unerwünscht gilt. Auch das Ergebnis eines Persönlichkeitstests fassen wir nicht objektiv auf.

2. Projektive Persönlichkeitstests

Projektive Tests stehen in engem Zusammenhang mit den tiefenpsychologischen Persönlichkeitstheorien (▸ Kap. 10.3/10.5), da sie einen Blick ins Unbewusste ermöglichen wollen. Bei projektiven Tests werden der Testperson Bilder oder Tintenkleckse vorgelegt, die interpretiert werden sollen, oder die Testperson wird aufgefordert, etwas zu zeichnen, zu ergänzen oder zu beurteilen. Im Interpretationsprozess zeigt die Testperson Persönlichkeitsanteile (Ängste, Wünsche, Vorerfahrungen), die sie in die Bilder projiziert. In jedem Fall wird die Persönlichkeit analysiert und es werden Aussagen über ihr Verhalten, ihre Einstellungen, ihre Vorlieben, Stärken und Schwächen getroffen. In jeder Situation werden auch die Assoziationen sowie das Verhalten der Testperson während der Testsituation gedeutet. An den projektiven Tests wird

Kritikpunkt

kritisiert, dass die Deutung je nach Gutachter/-in unterschiedlich ausfällt und daher nicht dem wissenschaftlichen Kriterium der Objektivität entspricht.

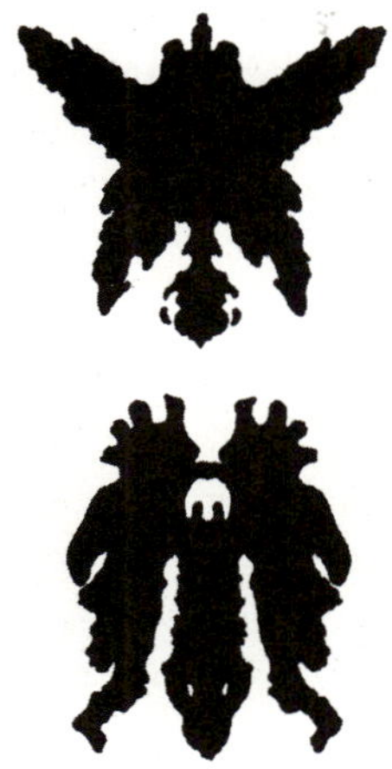

Tintenklecks-Bilder wie bei einem Rorschach-Test

- Beim **Rorschach-Test** – erstellt vom Schweizer Psychiater Hermann Rorschach – werden der Testperson Tafeln mit symmetrischen Klecksen gezeigt. Die Testperson soll diese ein- oder mehrfarbigen Tintenklecks-Bilder interpretieren und wird nach ersten Assoziationen beim Betrachten des Tintenklecks-Bildes befragt. Die fantasievollen Vorstellungen werden anschließend nach *Form* (abstrakt/konkret) und *Inhalt* (belebt/unbelebt, Mensch/Tier, positiv/negativ) gedeutet. Die Assoziationen sollen Auskunft über Konflikte und psychische Störungen, aber auch Hinweise auf Kreativität geben. Rorschach-Tests werden nach einem klaren Schema ausgewertet.

Eine Karte aus dem TAT, zu der eine Geschichte erzählt werden soll

- Der US-amerikanische Psychologe Henry Murray entwickelte den **Thematischen Apperzeptionstest (TAT)**. Der Testperson werden Schwarz-Weiß-Bilder vorgelegt. Dann wird sie aufgefordert, die mehrdeutigen Bildsituationen zu analysieren, indem sie Geschichten erzählt: Was geht in der Szene vor sich? Welche Gedanken und Gefühle haben die Beteiligten? Wie könnte die Situation entstanden sein? Welche Folgen könnten sich daraus ergeben? Die Testbefunde werden mit der persönlichen Lebensgeschichte der Testperson sowie mit ihrem Verhalten (Mimik, Gestik) in der Testsituation in Zusammenhang gebracht. Ziel des TATs ist, unbewusste Wünsche, Ängste und Konflikte aufzudecken.

- **Zeichentests** verlangen gestalterisches Darstellen. Beim **Baum-Test** nach Karl Koch wird die Testperson aufgefordert, einen Baum zu zeichnen. *„Die Auswertung von Gestaltungstests wie des Baumtests geschieht anhand subjektiver Kriterien. Im vorliegenden Beispiel könnte man bei den jeweiligen ZeichnerInnen auf eine extravertierte (links) oder eine introvertierte Persönlichkeit (rechts) schließen."* (Brockhaus 2001, S. 67) Beim Wartegg-Test des Psychotherapeuten Ehrig Wartegg sollen acht Symbol-Kästchen zu Bildern ergänzt werden. Der **Wartegg-Test** misst Gefühl, Verstand, Wille und Fantasie (▸ Kap. 7.3).

Mögliche Zeichnungen aus dem Baum-Test

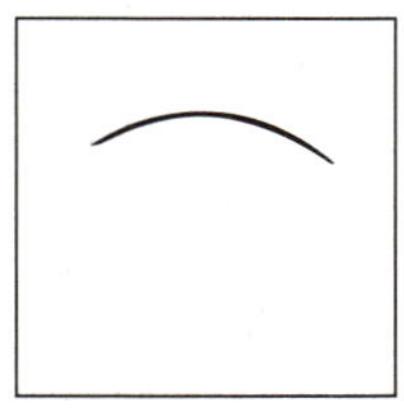

Beispielkästchen aus dem Wartegg-Test

10

RP **Gruppenarbeit 22**

Neben dem TAT-, Rorschach, Baum- oder Wartegg-Test gibt es noch weitere wie den Welttest, den Picture-Frustrations-Test (PFT) oder den Lüscher-Farbtest. Wählen Sie in Kleingruppen je einen projektiven Test aus, sammeln Sie Informationen darüber im Internet und präsentieren Sie den Test in der Klasse. Nehmen Sie anschauliche Beispiele zur Präsentation mit.

Partnerarbeit 23

- T Entwerfen Sie einen Test zum Kapitel Persönlichkeitspsychologie, der 10 Aussagen enthält, die entweder richtig oder falsch sind.
- RP Tauschen Sie diesen Test mit einem Mitschüler bzw. einer Mitschülerin. Lösen Sie den Test und lassen Sie ihn vom/von der Testersteller/-in korrigieren.

Prüfen Sie Ihr Wissen

Wiederholen RP

1. Grenzen Sie die Begriffe *Person* und *Persönlichkeit* voneinander ab!
2. Inwiefern unterscheiden sich die Persönlichkeitstheorien in ihrer Auffassung von Persönlichkeit?
3. Welche Möglichkeiten gibt es, Unterschiede und Gemeinsamkeiten von Individuen zu erforschen?
4. Was haben Hippokrates' und Kretschmers Theorien gemeinsam?
5. Was ist ein Trait? Worauf zielt die Trait-Theorie ab?
6. Was sagen die Dimensionen Extraversion und Emotionalität/Neurotizismus über unsere Persönlichkeit aus?
7. In welchen Phasen verläuft die psychosexuelle Entwicklung nach Freud?
8. Worin unterscheiden sich Freud, Adler, Jung und Frankl in ihren Ansichten?
9. Worum geht es der humanistischen Persönlichkeitstheorie und in welchen Punkten unterscheidet sie sich von den tiefenpsychologischen Strömungen?
10. Wie entwickelt man ein positives Selbstkonzept und unter welchen Umständen wird man zu einer voll funktionierenden Persönlichkeit?
11. Welche Möglichkeiten haben Arbeitgeber/-innen, um die Persönlichkeitsmerkmale ihrer Bewerber/-innen zu eruieren?

Verstehen RF

»*Tatsächlich sind wir heute nicht mehr wie zur Zeit von Freud mit einer sexuellen, sondern mit einer existentiellen Frustration konfrontiert. Und der typische Patient von heute leidet nicht mehr so sehr wie zur Zeit von Adler an einem Minderwertigkeitsgefühl, sondern an einem abgründigen Sinnlosigkeitsgefühl, das mit einem Leeregefühl vergesellschaftet ist – weshalb ich von einem existentiellen Vakuum spreche. Nehmen wir einen Brief her, den mir ein amerikanischer Student geschrieben hat und aus dem ich hier bloß zwei Sätze zitieren möchte – in deutscher Übertragung: „Ringsum bin ich hier in Amerika umgeben von jungen Leuten meines Alters, die verzweifelt nach einem Sinn ihres Daseins suchen. Einer meiner besten Freunde starb unlängst, weil er eben einen solchen Sinn nicht hatte finden können." (...) Wenn ich gefragt werde, wie ich mir die Heraufkunft dieses existentiellen Vakuums erkläre, dann pflege ich die folgende Kurzformel anzubieten: Im Gegensatz zum Tier sagen dem Menschen keine Instinkte, was er muss, und im Gegensatz zum Menschen von gestern sagen dem Menschen von heute keine Traditionen mehr, was er soll. Nun, weder wissend, was er muss, noch wissend, was er soll, scheint er oftmals nicht mehr recht zu wissen, was er im Grunde will. So will er denn nur das, was die anderen tun – Konformismus! Oder aber er tut nur das, was die anderen wollen* – von ihm *wollen – Totalitarismus.*«
(Frankl, Viktor: Das Leiden am sinnlosen Leben. Psychotherapie für heute. Freiburg/Basel/Wien 2010, S. 11–13)

→ **Was versteht Frankl unter einem „existentiellen Vakuum"?**
→ **Wie kommt es zu einem existentiellen Vakuum?**
→ **Welche Auswege bleiben dem Menschen in dieser Lage?**

Anwenden T

Gestalten Sie eine **Wandzeitung** zum Thema Persönlichkeit!

- Sammeln Sie zum Thema *Persönlichkeit* Zeitschriften, Bücher, Zeitungsartikel, Bilder, Comics, Fotos, Karikaturen, Studienergebnisse etc. und legen Sie alle Materialien in der Klasse auf.
- Wählen Sie in Gruppen je einen Bereich aus der Persönlichkeitspsychologie und suchen Sie wissenswerte Materialien dazu heraus.
- Befestigen Sie für die Wandzeitung eine große Rolle Papier entlang der Wand! Jede Gruppe grenzt ihren Bereich für die Bearbeitung ein.
- Verarbeiten Sie die Inhalte zu Ihrem Themenbereich für die Wandzeitung: Verfassen Sie selbst Artikel, dokumentieren Sie Forschungsergebnisse, ergänzen Sie Tests, Tipps, zeichnen und malen Sie. Gestalten Sie die Wand informativ, kreativ und unterhaltsam.
- Gliedern Sie die Wandzeitung mit Überschriften. Achten Sie auf einen klaren Aufbau und eine logische Struktur.

11. Sozialpsychologie

„Wir können nicht allein leben. Unser Leben ist von Tausenden unsichtbarer Fäden durchzogen."
Herman Melville (US-amerikanischer Schriftsteller, 1819–1891)

Walt Handelsman/Ausschnitt

Anfang 1960 wurde in einem Stadtteil von New York City eine Frau in einem Durchgang ihres Apartmenthauses überfallen und ermordet. Der Angriff dauerte fünfundvierzig Minuten. 38 Bewohner/-innen gaben später zu, dass sie zum Fenster liefen, als sie die Hilfeschreie hörten. Aber niemand versuchte in irgendeiner Weise einzugreifen, um der Frau zu helfen, und niemand kam auf die Idee, die Polizei zu rufen. (vgl. Aronson 2004, S. 29)

Das Beispiel illustriert, wofür sich die Sozialpsychologie interessiert: Sie möchte wissen, was in Individuen in bestimmten sozialen Situationen vorgeht und wie sie sich darin verhalten. Im Zentrum sozialpsychologischer Forschungen stehen also Meinungen, Gefühle, Absichten sowie das Handeln und Reagieren von einzelnen Personen und Personengruppen.

Wir machen uns relativ schnell ein Bild von einer anderen Person: Wie sieht sie aus? Wie tritt sie auf? Egal ob Freunde/-innen, Bekannte oder fremde Personen auf der Straße – wir beurteilen ständig das Aussehen und Auftreten anderer Menschen, versuchen ihr Verhalten zu erklären und nach dessen Ursachen zu fragen. Man spricht dabei von **Attribution** (Zuschreibung). Je nachdem, ob wir Personenfaktoren oder Umweltfaktoren für das Verhalten verantwortlich machen, handelt es sich um *internale* oder *externale* Attribution: Wenn Sie sich beispielsweise über eine unfreundliche Bedienung in einem Lokal ärgern, können Sie entweder den Pessimismus dieser Person (internal) als Ursache für ihr Verhalten sehen, oder Sie machen momentane Beziehungsprobleme (external) für ihre schlechte Laune verantwortlich (▸ Kap. 11.1).

Wie der **fundamentale Attributionsfehler** zeigt, tendieren wir dazu, den Einfluss der Persönlichkeitsfaktoren zu überschätzen und den Einfluss der momentanen Situation auf das Verhalten zu unterschätzen.

Die Sozialpsychologie ist die Wissenschaft vom individuellen und kollektiven Erleben und Verhalten. Um menschliches Verhalten erklären und allgemeine Gesetzmäßigkeiten dafür aufstellen zu können, hinterfragt die sozialpsychologische Forschung, inwiefern uns externale Faktoren (momentane Situation, soziales Umfeld) beeinflussen (▸ Kap. 11.1–11.4). Doch nicht nur das Umfeld wirkt auf den einzelnen Menschen, auch der einzelne Mensch beeinflusst sein Umfeld.

Der Begriff „sozial" (lat. *socialis:* gesellschaftlich, gesellig) bezieht sich auf das menschliche Zusammenleben in der Gesellschaft, und genau damit beschäftigt sich die Sozialpsychologie. Sie möchte dem **kollektiven** Erleben und Verhalten auf den Grund gehen und untersucht jegliche Formen des menschlichen Zusammenlebens unter den unterschiedlichsten gesellschaftlichen Bedingungen. Bei der Erforschung des **individuellen** Erlebens und Verhaltens wiederum stellt sie den einzelnen Menschen in den Mittelpunkt und hinterfragt, wie bedeutend zwischenmenschliche Beziehungen für ihn sind. Zu dieser Frage gab bereits Aristoteles die Antwort, dass der Mensch ein soziales Wesen (*zóon politikón*) sei, das sich nur in der Gemeinschaft entwickeln könne.

Die Sozialpsychologie hinterfragt außerdem, welche **Rollen** wir in unterschiedlichen gesellschaftlichen Strukturen einnehmen (▸ Kap. 11.5) und inwieweit gesellschaftliche Normen und Institutionen unser Erleben und Handeln beeinflussen. In Experimenten konnte gezeigt werden, dass Menschen unter bestimmten Bedingungen nicht nur die dringende Hilfsbedürftigkeit anderer ignorieren, sondern sogar Befehlen so weit folgen, dass dabei Menschenleben gefordert werden (▸ Kap. 11.6). Wie wir denken und fühlen, wenn wir mit anderen **interagieren** (▸ Kap. 11.7), und welche Lösungsstrategien zur Bewältigung von **Konflikten** (▸ Kap. 11.8) es gibt, sind weitere Interessensgebiete der Sozialpsychologie.

11.1 Soziale Wahrnehmung und Urteilsbildung

Attribution

Der große Erfolg des Reality-TV beweist, wie weit verbreitet der Wunsch ist, andere Menschen zu verstehen. Wir denken gerne über andere nach, suchen Gründe für ihr Verhalten und bilden vorschnelle Urteile. Aber neben dem Verstehen-Wollen gibt es auch noch andere Gründe, warum Menschen manchen ihrer Zeitgenossen so gern bei bisweilen fragwürdigen Tätigkeiten zusehen. Die Soziologin Eva Flicker, die sich mit Reality-TV beschäftigt, meint: „Die einen sehen sich die Sendung an, weil sie sich mit ihr identifizieren. Die anderen, weil sie ihnen hilft, sich abzugrenzen." (Der Standard, 30.12.2010)

Einzelarbeit **1**

Stellen Sie sich vor, ein/eine Freund/-in macht Sie auf einer Party mit einem/einer Kollegen/-in bekannt. Was wollen Sie von ihm/ihr wissen, um sich ein Bild von seiner/ihrer Persönlichkeit machen zu können? Formulieren Sie Fragen.

Definition
ATTRIBUTION ist ein psychischer Vorgang, bei dem Ereignisse und Handlungen erklärt werden, indem man diesen Ursache und Wirkung zuschreibt.

Attribution ist wichtig, um adäquat auf unser Gegenüber reagieren zu können. So schließen wir von Äußerungen und Handlungen einer Person auf ihre momentane Stimmung, ihre Absichten, Einstellungen und Charaktereigenschaften.
Der österreichische Psychologe Fritz HEIDER unterscheidet zwei Formen der Attribution:

- Bei der **internalen** Attribution machen wir die innere Einstellung und individuelle Persönlichkeitsmerkmale (Personenfaktoren) für ein Verhalten verantwortlich.
- Bei der **externalen** Attribution sehen wir die momentane Situation und äußerliche Umfeldgegebenheiten (Umweltfaktoren) als Ursache für eine Verhaltensreaktion.

RF Partnerarbeit **2**

Welche externalen Gründe könnte es für folgende Situationen geben?
a) obdachlos sein
b) zu spät kommen
c) bei Rot über die Kreuzung gehen
d) der/die Freund/-in geht nicht ans Telefon

Wir tendieren zu internalen Attributionen, weil die menschliche Wahrnehmung laut Heider personenorientiert ist – wir interessieren uns also generell mehr für den Menschen als für das Umfeld. Wenn wir das Verhalten einer Person rein aufgrund der Persönlichkeitsfaktoren (internal) beurteilen, ohne die Situation zu berücksichtigen, sprechen wir vom **fundamentalen Attributionsfehler**. Ursache dafür ist, dass die internale Attribution schnell und spontan geschieht, während die externale Situation schwer zu erfassen ist und kognitive Anstrengung erfordert. Wir urteilen beispielsweise auch sehr schnell, ob uns eine Person sympathisch ist oder nicht (▸ Kap. 11.4).

Der erste Eindruck

Partnerarbeit **3**

- Machen Sie sich bewusst, worauf Sie bei einer Person, die Sie neu kennenlernen, als Erstes achten. Was fällt Ihnen sofort auf? Auf welche Eigenschaften achten Sie erfahrungsgemäß wenig?
- Wonach beurteilen wir Menschen? Zeichnen Sie ein Kreisdiagramm und tragen Sie prozentuell ein, was Ihrer Meinung nach die drei wichtigsten Aspekte der Beurteilung sind.

RF

Literaturtipp
MOLCHO, Samy: *Alles über Körpersprache. Sich selbst und andere besser verstehen.* München 2002. Der bekannte Pantomime und Kommunikationsexperte Samy Molcho schreibt über den Einfluss der Körpersprache (Gestik, Mimik) auf die zwischenmenschliche Kommunikation. Er gibt Hinweise, wie wir die Signale unserer Gesprächspartner/-innen bewusst erkennen und richtig einschätzen lernen.

Wenn wir eine Person kennenlernen, steht unser Urteil bereits nach etwa einer halben Sekunde fest. Vor allem in Bezug auf Alter, Intelligenz und Stimmung urteilen wir sehr schnell. Außerdem spielen nonverbale Signale wie Mimik, Gestik, Stimmlage, aber auch Gesicht, Frisur und Kleidung eine gewichtige Rolle beim ersten Eindruck, den wir von unserem Gegenüber haben. Dabei sind laut Kommunikationswissenschaftler Roger MUCCIELLI die nonverbalen Zeichen viermal so aussagekräftig wie die verbalen. Der berühmte Pantomime Samy MOLCHO meint, dass sich die Seele des Menschen in der Körpersprache offenbart.
Der erste Eindruck ist durch den Gesichtsausdruck (55 %) und den Tonfall (38 %) am stärksten geprägt. Dem Inhalt dagegen messen wir kaum Bedeutung bei (7 %). (vgl. Herkner 2001, S. 280)

RF Gruppenarbeit 4

Der erste Eindruck beim Vorstellungsgespräch

- Ein positiver erster Eindruck spielt auch bei der Bewerbung eine bedeutende Rolle. Erarbeiten Sie in Kleingruppen Faktoren, die bei einem Vorstellungsgespräch wichtig sind, um einen positiven Eindruck zu hinterlassen! Worauf kommt es an?
- Überlegen Sie in der Rolle des Chefs bzw. der Chefin, welche Fragen Sie Ihren Bewerbern/-innen stellen würden! Notieren Sie diese!
- Entwerfen Sie nun eine Interviewsituation zu einem Vorstellungsgespräch nach Wahl (Babysitter/-in, Kellner/-in, Verkäufer/-in etc.). Rolle 1: Bewerber/-in, Rolle 2: Chef/-in, Rolle 3: Beobachter/-in. Der/Die Beobachter/-in soll jeweils Rückmeldung über den Eindruck und den Gesprächsverlauf geben: Blickkontakt/Stimme/Verhalten/... Tauschen Sie anschließend die Rollen.

Wie ein Urteil zustande kommt, also wie wir das Verhalten anderer interpretieren, hängt auch stark von unserer **sozialen Wahrnehmung** ab. Sie wird durch bestimmte Faktoren geprägt:

Atmosphäre

- Momentane Stimmung und Atmosphäre: Bei einem gemütlichen, fröhlichen Abendessen mit Freunden/-innen begegnen wir einer fremden Person sicher positiver, als wenn sie uns in einer überfüllten U-Bahn um halb acht Uhr morgens gegenübersteht.

Erfahrungen

- Unsere bisherigen Erfahrungen: Wir haben im Laufe unseres Lebens gelernt, gewisse Merkmale zu deuten. Zusammengezogene Augenbrauen oder ein stechender Blick bedeuten nichts Gutes. Ein offenes Lächeln dagegen stimmt uns positiv. Aber unsere bisherigen Erfahrungen sind noch viel subtiler und vielschichtiger, denn ohne ersichtlichen Grund kann uns jemand auf Anhieb unsympathisch sein. Möglicherweise erinnert uns irgendein Detail in seinem/ihrem Erscheinungsbild unbewusst an eine Situation, in der wir keine positive Erfahrung gemacht haben. Es dauert dann oft sehr lang, bis wir dieses „falsche" Bild korrigieren. (vgl. Cerwinka 2002, S. 10)

Da diese Faktoren sehr subjektiv sind, unterliegen wir bei der Beurteilung anderer Personen häufig Wahrnehmungsfehlern und sind anfällig dafür, Vorurteile (▸ Kap. 11.2) und Stereotypen (▸ Kap. 11.3) zu bilden.

Wahrnehmungsfehler

Einzelarbeit 5

Versuchen Sie herauszufinden, wer 1) Erfinder/-in, 2) Physiker/-in, 3) Schriftsteller/-in und Attentäter/-in, 4) Krankenpfleger/-in, 5) Mörder/-in, 6) Friedensnobelpreisträger/-in ist.

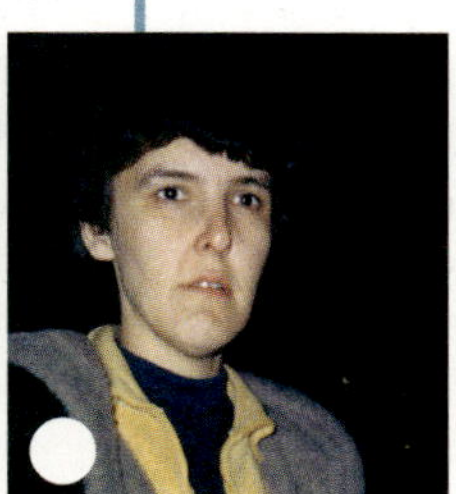

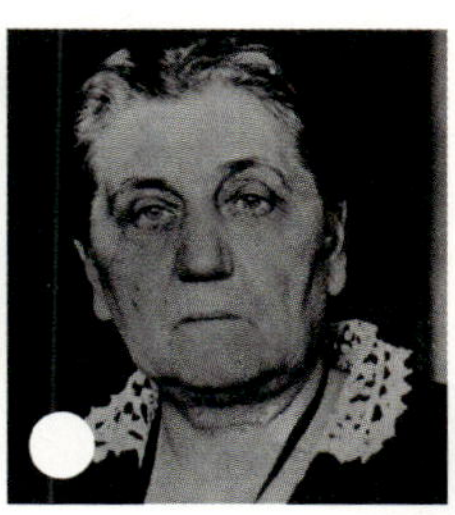

Die Beurteilung eines Menschen nach seinem Erscheinungsbild kann zu Wahrnehmungsfehlern führen. Wenn nur wenige Indizien zur Person zur Verfügung stehen, beginnen wir zu interpretieren und greifen auf Klischees zurück. Wir tendieren dann teils bewusst, vorwiegend aber unbewusst dazu, die Wirklichkeit zu verfälschen. Folgende Wahrnehmungsfehler werden unterschieden:

»You never got a second chance to make the first impression.« (englisches Sprichwort)

1. Primacy-Effekt: Die erste Information, die wir über eine Person erhalten, prägt den Gesamteindruck am stärksten. Das heißt, dass einerseits negative Merkmale zugunsten eines positiven ersten Eindrucks verdrängt werden und andererseits positive Merkmale, die auf einen negativen ersten Eindruck folgen, weniger wahrgenommen werden. Das Experiment zur Personenwahrnehmung von Asch zeigt, dass sich je nach Reihung der Eigenschaften ein völlig anderes Bild der Person ergibt. Typ A wurde in folgendem Fall daher positiver beurteilt:

- Typ A: intelligent, fleißig, impulsiv, kritisch, hartnäckig, neidisch
- Typ B: neidisch, hartnäckig, kritisch, impulsiv, fleißig, intelligent

11

Definition

Der HALO-EFFEKT (griech. *hálos:* Lichthof, Heiligenschein) bedeutet ein „Überstrahlen" der Wahrnehmung einer Person durch einzelne Eigenschaften.

2. Halo-Effekt: Von einer zentralen Persönlichkeitseigenschaft wird fälschlicherweise auf weitere Eigenschaften geschlossen, aus einer isolierten Handlung werden Verhaltensmuster abgeleitet. Ein sympathischer Eindruck oder körperliche Attraktivität verdrängt negative Merkmale und führt zur Zuschreibung weiterer positiver Eigenschaften (z. B. sozial, extravertiert, intelligent, beliebt). Umgekehrt verdrängt ein negativer Eindruck positive Eigenschaften.

3. Sich selbst erfüllende Prophezeiungen (Selffulfilling Prophecies) sind Vorhersagen, die aufgrund unserer Erwartungshaltung schließlich tatsächlich eintreten. Man spricht daher auch vom „Erwartungseffekt". Dieser kann auch zu einer Veränderung des Verhaltens unseres Gegenübers führen: Wir behandeln eine Person meist entsprechend der positiven oder negativen Erwartungen, die wir in Bezug auf ihr Verhalten haben. Der/Die andere reagiert darauf und verändert vielleicht sein/ihr Verhalten dahingehend. Findet man z. B. jemanden unsympathisch und begegnet ihm/ihr (unbewusst) kalt, forsch und distanziert, wird man von ihm/ihr vermutlich eine entsprechend unfreundliche Reaktion zurückbekommen.

Der Sozialpsychologe Robert ROSENTHAL konnte den Erwartungseffekt in einem klassischen Experiment zeigen: Zufällig ausgewählte Schüler/-innen, die den Lehrern/-innen jedoch als besonders intelligent und leistungsfähig präsentiert wurden, brachten im Vergleich zu den anderen Schülern/-innen signifikant größere Leistungsverbesserungen zustande. Weitere Untersuchungen demonstrierten, dass Lehrer/-innen guten Schülern/-innen gegenüber ein freundlicheres und wohlwollenderes Verhalten zeigen, ihnen öfter zulächeln, sie häufiger aufrufen und sie ernst nehmen, verbal mehr verstärken und öfter loben als tadeln. Die Beeinflussung des (Leistungs-)Verhaltens von Schülern/-innen durch (Leistungs-)Erwartungen und Vorurteile der Lehrperson bezeichnete Rosenthal als **Pygmalion-Effekt**.

11.2 Vorurteile

Eine **Einstellung** (Meinung, Ansicht, Standpunkt) ist die Bewertung eines Menschen, eines Ereignisses oder einer Idee. Sie kann über unser Verhalten (physiologische Reaktion, verbale Äußerung, Verhaltensabsicht) nach außen transportiert werden. Die Einstellungsforschung interessiert sich dafür, wie Einstellungen entstehen, beeinflusst und verändert werden können. Folgendes konnte dabei herausgefunden werden:

- Wir orientieren uns in erster Linie an den Lebensgewohnheiten und Ansichten unserer Eltern, Lehrer/-innen und Freunde/-innen.
- Wir werden aber auch medial geprägt und übernehmen aktuelle, den politischen Zeitumständen entsprechende gesellschaftlich akzeptierte Meinungen.
- Ebenso generalisieren wir persönliche Alltagserfahrungen und beziehen persönliche Bedürfnisse, Hoffnungen und Ängste in unsere Meinungsbildung mit ein.

Das **Vorurteil** ist eine besondere Form der Einstellung. Wir tendieren dazu, voreilig Rückschlüsse zu ziehen und fehlerhafte Verallgemeinerungen aufzustellen, ohne diese überprüft zu haben. Vorurteile sind ungerechtfertigt, da sie unabhängig von unserer Erfahrung gefällt und nicht hinterfragt werden. Niemand kann von sich behaupten, die Welt vollkommen vorurteilsfrei wahrzunehmen. Doch die Spannbreite der Vorurteile ist weit und reicht von eher harmlosen Verallgemeinerungen bis hin zu strafbaren Diskriminierungen. Wichtig ist in jedem Fall, sich der eigenen Vorurteile bewusst zu werden und daran zu arbeiten, sie abzubauen, indem man z. B. Feindbilder hinterfragt und für ein positives soziales Klima sorgt.

Die Sozialpsychologie erforscht, wie Vorurteile entstehen, welche Motive sie haben, wie sie wirken und sich verändern.

Das Zielobjekt von Vorurteilen sind meist Sachverhalte oder eine Gruppe von Menschen und ihre Mitglieder. Körperliche, psychische, charakterliche oder soziale Merkmale, die von der allgemein anerkannten Norm abweichen, bieten sich besonders zur Bildung von Vorurteilen an. Solche Merkmale, die als unerwünschte Abweichung vom Erwarteten empfunden werden, nennt man **Stigmata**. Als sogenannte *offensichtliche Stigmata* können etwa Rasse, Geschlecht und Körpergewicht wirken, im Unterschied zu den *verborgenen Stigmata* wie Krankheit, Homosexualität oder Religiosität.

Rassismus (Diskriminierung von Menschen aufgrund ihrer Hautfarbe oder ethnischen Herkunft) und **Sexismus** (Diskriminierung des anderen Geschlechts) haben ihren Ursprung in Vorurteilen.

Auswirkung von Vorurteilen

Vorurteile wirken sich sowohl auf unser Denken als auch auf unser Verhalten aus:

Denken

- Unsere vorgefassten Meinungen **verzerren** unsere Wahrnehmung. Sie bestimmen, wie wir Ereignisse wahrnehmen und interpretieren. Das Vorurteil „Männer sind unsensibel" wird den **Fokus** auf jene Männer richten, die gefühlskalt sind, und sich somit selbst bestätigen.

Verhalten

- Vorurteile fördern negative Gefühle (Abneigung, Furcht) und provozieren die Bereitschaft zu diskriminierendem Verhalten. **Diskriminierung** ist die Benachteiligung einer Person aufgrund ihrer Zugehörigkeit zu einer bestimmten Gruppe. Die feindseligen Gefühle führen so weit, dass die betroffenen Personen gemieden werden oder versucht wird, sie zu kontrollieren, zu dominieren – oder, im Extremfall, gar zu töten.

Ursachen von Vorurteilen

Vorurteile können anerzogen sein, durch Gruppenzwang erzeugt werden, sie können auf fehlende Informationen oder auf Desinteresse zurückgeführt werden. Die Ursachen von Vorurteilen können *gesellschaftlicher, kognitiver* oder *emotionaler* Natur sein:

gesellschaftlich

- **Soziale Ungleichheit** gilt als gesellschaftliche Ursache der Vorurteile. Wenn man etwa Geld und Macht hat, muss man sich dafür rechtfertigen. Diejenigen, die das nicht erreichen, werden als faul oder unintelligent abgestempelt, wie folgende Situation zeigt: Ein Bettler mittleren Alters sitzt neben einem Geldautomaten. Ein gut gekleideter Mensch hebt Geld ab und geht achtlos am Bettler vorbei. Als ihm der Bettler „Geizhals" nachruft, dreht sich der Passant um und schimpft „Faulpelz" zurück. (vgl. Myers 2005, S. 19 f)

kognitiv

- Wir vereinfachen die Welt, indem wir mithilfe von **Kategorien** Gemeinsamkeiten und Unterschiede von Personen hervorheben. Über unser Geschlecht, unsere Hautfarbe, unser Alter und unsere Religion sowie unsere Nationalität gehören wir zwangsläufig bestimmten Gruppen an, wir schließen uns aber auch bewusst Gruppierungen an (Tennisverein, politische Interessensvertretung) und entwickeln auf diese Weise ein Wir-Gefühl.
  Menschen definieren sich über ihre Gruppenzugehörigkeit, und durch die Verbundenheit mit ihrer Gruppe grenzen sie sich von anderen ab: Sie feuern „ihre" nationale Fußball-, Schi- oder Schwimm-Nationalmannschaft an. Studien haben ergeben, dass man Menschen leicht dazu bringen kann, Vorurteile gegenüber Personen aufzubauen, die nicht der „eigenen" Gruppe angehören. Man spricht hier von „sozialer Kategorisierung".

emotional

- Wenn man nicht bereit ist, die Verantwortung für eine unerwünschte Situation (Arbeits- oder Erfolglosigkeit) zu übernehmen, werden Schuldige gesucht. Die Frustration richtet sich dann gegen einen sogenannten Sündenbock (**Sündenbocktheorie**): Man baut sein Selbstwertgefühl wieder auf, indem man anderen die Schuld für das eigene Versagen gibt. Aus diesem Grund sind Migranten/-innen häufig Opfer von Diskriminierung.

Überwindung von Vorurteilen

Vorurteile sind fest in uns verankert und daher schwer zu beseitigen. Die Sozialpsychologie versucht diskriminierendem Verhalten entgegenzuwirken, indem sie Gegenmaßnahmen und Bedingungen überlegt, durch die Vorurteile reduziert werden können.

Vorurteile werden durch Kontakt leichter aufgelöst.

Die **Kontakthypothese** des Sozialpsychologen Gordon Allport beispielsweise besagt, dass der regelmäßige und intensive Austausch mit stigmatisierten Menschen und Gruppen ermöglicht, Vorurteile aufzulösen. Damit dies gelingt, müssen allerdings vier Bedingungen in der Kontaktsituation gegeben sein:

- Der **gleiche Status** fördert einen respektvollen Umgang miteinander.
- Ein **gemeinsames Ziel** stärkt das Zusammengehörigkeitsgefühl, das zuvor aufgrund persönlicher Unterschiede nicht gegeben war.
- Das gemeinsame Ziel erfordert **kooperatives Arbeiten**.
- Gemeinsame **soziale Normen**, das heißt ähnliche Ansichten zu dem, was sozial erwünscht ist und was nicht, unterstützen positive Gruppenkontakte.

Der **kognitive Ansatz** in der Sozialpsychologie geht weiters davon aus, dass Vorurteile verringert werden können, wenn wir mehr über die fremden Gruppen erfahren (Informationsbeschaffung). Das Internet und andere Medien dienen dabei als wichtige Aufklärungsmittel.

RF Einzelarbeit 6

„Diese Ausländer fressen uns alles weg!"

Suchen Sie einen Zeitungsartikel, der eine unreflektierte, feindselige Haltung gegenüber einer bestimmten Person oder Gruppe zum Ausdruck bringt.
Verfassen Sie einen Leserbrief, in dem Sie die diskriminierende Berichterstattung entlarven. Argumentieren Sie sachlich, warum Diffamierungen (Verbreiten übler Nachrede) nichts zur Verbesserung der Beziehungen zwischen ethnischen Gruppen beitragen.

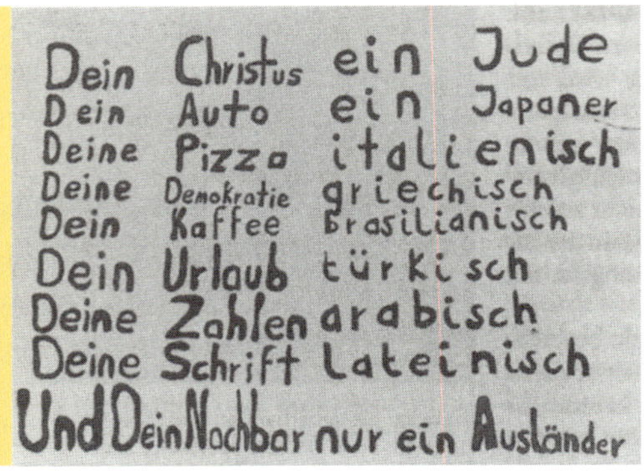

11.3 Stereotype

Filmtipp
Das Fest des Huhnes (Österreich 1992, Regie: Walter WIPPERSBERG). Die Dokumentation wirft aus der Perspektive afrikanischer Ethnologen/-innen einen parodistischen Blick auf die oberösterreichischen Sitten und Gebräuche. Die Fortsetzung: *Dunkles, rätselhaftes Österreich* (Österreich 1994).

Für den Begriff „Stereotyp" (griech. *stereós:* fest, hart; *typós:* -artig) gibt es keine allgemein akzeptierte Definition. Als **Stereotyp** bezeichnet man immer eine Zusammenfassung von häufig vorkommenden Merkmalen einer Personengruppe, der Begriff ist dadurch eng mit Klischee und Vorurteil verwandt.

Entstehung von Stereotypen

Stereotype vereinfachen und verallgemeinern bestimmte Eigenschaften und Besonderheiten einer Gruppe: „Alle Cowboys tragen Cowboyhut, Cowboystiefel und reiten auf einem Pferd." Statt zu differenzieren, werden identische Merkmale auf alle Gruppenmitglieder übertragen. Meist handelt es sich dabei um unkritisch übernommene Überzeugungen, Meinungen, Verhaltens- und Denkweisen. Stereotype Bilder entstehen bereits in der Kindheit. Wir übernehmen sie von unserem Umfeld.

Stereotype beziehen sich vorwiegend auf Merkmale wie Beruf („eine typische Künstlerin"), Geschlecht, die (politische) Einstellung, eine Eigenschaft oder auf die Nation.
Beim Nationalstereotyp („ein typischer Franzose") wird zwischen *Autostereotyp* und *Heterostereotyp* unterschieden: Zum **Autostereotyp** gehören alle identitätsstiftenden Eigenschaften, die sich eine Nation oder Kultur selbst zuschreibt. Als **Heterostereotyp** bezeichnet man die Eigenschaften, die einer fremden Nation zugeschrieben werden.

RF Plenum 7

Zeichnen Sie eine österreichische Landkarte an die Tafel. Sammeln Sie Eigenschaften, Merkmale, Begriffe, Klischees zu Österreich und einem/einer Österreicher/-in! Schreiben oder zeichnen Sie diese in die Landkarte! Stimmen Sie den Klischees zu?

RF Gruppenarbeit 8

Bilden Sie drei Gruppen und befassen Sie sich mit unterschiedlichen Stereotypen. Identifizieren Sie Klischees und suchen Sie Fakten, die Ihre Stereotype widerlegen. Präsentieren Sie Ihre Ergebnisse.
Gruppe 1: Untersuchen Sie die verschiedenen Berufsstereotype! Diskutieren Sie das Image klassischer Berufe.
Gruppe 2: Ordnungsliebend wie die Deutschen? Temperamentvoll wie die Italiener/-innen? Welche Nationalstereotype kennen Sie?
Gruppe 3: Analysieren Sie Geschlechtsstereotype! Was gilt als typisch männlich/weiblich?

Verbreitung von Stereotypen

Witze sind *eine* Form, Stereotype zu verarbeiten und zu verbreiten. Aber auch **Medien** tragen entscheidend dazu bei, indem sie Ausländer/-innen für die hohe Arbeitslosigkeit verantwortlich machen, Schwarzafrikaner/-innen als Drogendealer/-innen und Moslems als Terroristen/-innen stigmatisieren.
Stereotype haben ebenso wie Vorurteile einen **wahrnehmungsverfremdenden** Effekt. Mittels Stereotypen konstruieren wir unsere eigene soziale Realität, in der wir unsere Aufmerksamkeit ausschließlich auf unsere stereotype Erwartungshaltung ausrichten. Wenn wir der Meinung sind, Frauen können nicht Auto fahren, werden uns im Sinne der selbsterfüllenden Prophezeiung tatsächlich nur Frauen auffallen, die schlecht Auto fahren, sodass wir uns bestätigt fühlen. Informationen, die den eigenen stereotypen Überzeugungen widersprechen, werden abgewertet, um die eigene Überzeugung aufrechterhalten zu können.

Stereotype können allerdings auch als Orientierungshilfe im Alltag dienen, sie helfen uns, die Umwelt in verständliche Kategorien zusammenzufassen (▸ Kap. 6.1), und fördern den Gruppenzusammenhalt.

Geschlechtsstereotype

Definition
Mit GESCHLECHTSSTEREOTYPEN sind bei Männern bzw. Frauen häufig anzutreffende Verhaltensweisen oder Eigenschaften gemeint.

Geschlechtsstereotype umfassen Eigenschaften, die Frauen und Männern aufgrund ihres Geschlechts zugeschrieben werden. Frauen kaufen gerne Schuhe, Männer zeigen keine Gefühle. Das Bedürfnis, den Unterschied zwischen den Geschlechtern zu ergründen, manifestiert sich in zahlreichen Stereotypen.

RF Diskussion 9

Stimmen folgende Behauptungen?
- **Männer** gelten als fürsorglich, intuitiv, emotional, harmonie- und sicherheitsbedürftig.
- **Frauen** gelten als aggressiv, dominant, ich-orientiert, durchsetzungsfähig und zielstrebig.

Geschlechtsstereotypisierung — Cathy Guisewite

Literaturtipp
SCHNERRING, Almut/VERLAN, Sascha: *Die Rosa-Hellblau-Falle. Für eine Kindheit ohne Rollenklischees.* München 2014. Rosa ist für Mädchen, Hellblau für Jungs. Nach diesem Prinzip funktioniert die ganze Produktindustrie und es hält sich hartnäckig in den Köpfen der Betroffenen. Die Autoren/-innen gehen nun der Frage nach, wo wir im Alltag den Rollenklischees unterliegen und was wir dagegen tun können.

Eine Untersuchung in den USA zeigte, wie sich die Geschlechtsstereotype bereits im Kindesalter manifestieren: *„Beide Geschlechter finden, dass man als Mann ein Boss wird und den Rasen mäht. Die Jungen allein meinen, man werde Gouverneur, Doktor oder Pilot. Den Frauen schreiben Jungen und Mädchen gleichermaßen zu, dass sie das Haus sauber machen und dass der Beruf der Krankenschwester und der Lehrerin zu ihnen passt. Mädchen erwähnen hier noch, dass es den Frauen zukommt, die Babys zu versorgen, während Jungen dies in Bezug auf das Kochen erwarten."* (Bischof-Köhler 2002, S. 74) Beeindruckend ist das relativ frühe Stereotypenwissen von Kindern. Kinder spiegeln wider, was sie aus ihrer realen Erziehungssituation und dem weiteren sozialen Umfeld kennen. Forscher/-innen betonen allerdings, dass wir den Geschlechterrollen **aktiv etwas entgegensetzen** können, wenn wir die Geschlechter gleich behandeln. Verhalten wir uns dagegen weiter in den gewohnten Bahnen, aktivieren wir damit die gesellschaftlichen Strukturen wie männliche Dominanz oder weibliche Unterlegenheit. Wir gestalten also durch unser Verhalten permanent diese Rollen mit.

11

RF Diskussion 10

Diskutieren Sie in Kleingruppen, die nach Geschlechtern getrennt sind:
- „Typisch Buben! Typisch Mädchen!" Worauf beruhen soziale Geschlechtsunterschiede? Erstellen Sie eine Liste von Eigenschaften!
- Verhalten Sie sich geschlechtsstereotyp? Inwiefern? In welchen gesellschaftlichen Bereichen werden Geschlechtsstereotype geschaffen?
- Erstellen Sie eine Liste: Was wünschen Sie sich vom anderen Geschlecht?

Geschlechterrollen

Über die Geschlechtsstereotypisierung werden einer Frau und einem Mann bestimmte gesellschaftliche Rollen zugeteilt. Gleichzeitig definiert die **Geschlechterrolle** eine gesellschaftliche Erwartungshaltung, die an das Verhalten der Frau bzw. des Mannes gestellt wird. Jedes Geschlecht unterliegt also seiner sozialen, mitunter traditionellen Rolle: Männer sind für das Einkommen, Frauen für den Haushalt zuständig. Mädchen spielen mit Puppen, Buben mit

Autos. Größtenteils sind diese geschlechtstypischen Verhaltensweisen *soziokulturell* und *biologisch* bedingt:

Umwelt

- Geschlechtsstereotypes Verhalten und Erleben kann in der Familie über unterschiedliche Behandlung und mütterliche/väterliche Rollenvorbildwirkung bzw. über andere Erziehungseinflüsse **anerzogen** werden. Es kann auch in der Sozialisation – in Institutionen (Kindergarten, Schule) und mit Gleichaltrigen – entstehen. Kinder eignen sich eine geschlechtsspezifische Rolle an, entsprechend der sie sich verhalten, um sich die Akzeptanz von Eltern und Gleichaltrigen zu sichern.

Anlage

- Dass sich die Geschlechter **von Natur aus** unterschiedlich verhalten, dafür sprechen genetische Faktoren, neurologische und hormonelle Unterschiede sowie evolutionsbedingte Muster.
  Die Entwicklungspsychologin Doris Bischof-Köhler berichtet vom Sohn eines Mitarbeiters, der nicht auf die männliche Rolle festgelegt werden sollte und daher eine Puppe zum Spielen erhielt. Der Junge nahm die Puppe mit in die Badewanne, füllte das Luftloch am Rücken der Puppe mit Wasser und benutzte sie als Spritzpistole. (vgl. Bischof-Köhler 2002, S. 84) Damit Verhaltensunterschiede aber als biologisch determiniert qualifiziert werden können, müssen sie regelmäßig, deutlich und zuverlässig in allen Kulturen auftreten. (a. a. O., S. 22) Bischof-Köhler führt Untersuchungen mit einjährigen Kindern, unabhängig von Familientyp und Erziehungsmaxime der Eltern, an. Diese zeigen, dass einjährige Kinder bereits zu geschlechtstypischen Spielpräferenzen tendieren. Buben bevorzugen häufiger Roboter, Autos und Lastwägen. Mädchen spielen lieber mit Plüschtieren und Puppen, verkleiden sich später gerne und haben Spaß am Kneten, Malen und Ausschneiden. Als geschlechtsneutral erwiesen sich Rutschen, Puzzles, Bausteine, Bilderbücher und Ballspiele. (a. a. O., S. 80 ff)

11.4 Sympathie und interpersonale Attraktion

Eine Befragung verschiedener Altersgruppen – durchgeführt von der US-amerikanischen Sozialpsychologin Ellen Berscheid – ergab die erwartbare Erkenntnis, dass es allgemein glücklich macht, Freundschaften zu schließen und zu erhalten sowie positive, warmherzige Beziehungen zu führen. Die **Sympathie** (griech. *sympatheía:* Mitempfinden) bzw. **interpersonale Attraktion** (zwischenmenschliche Anziehung) spielt dabei eine entscheidende Rolle.

Partnerarbeit **11** Nach welchen Kriterien suchen Sie sich Ihre Freunde/-innen aus? Sammeln Sie verschiedene Kriterien und ordnen Sie diese nach ihrer Wichtigkeit.

Verschiedene Umstände begünstigen, dass wir einer anderen Person gegenüber positiv eingestellt sind (d. h. ihr Sympathie entgegenbringen) und eine Beziehung zu ihr aufbauen. Diese Umstände werden als folgende vier entscheidende Faktoren bzw. **Determinanten für interpersonale Attraktion** unterschieden (vgl Aronson 2004, S. 360 ff):

Nähe und Bekanntheit
Äußere Erscheinung
Ähnlichkeit
Reziprozität

1. Wir mögen Personen, die wir gut kennen und die uns **nahe stehen**.
2. Wir mögen Personen, die wir körperlich **attraktiv** finden.
3. Je **ähnlicher** uns eine Person ist, desto sympathischer finden wir sie.
4. **Wechselseitigkeit**: Wir mögen Menschen, die uns mögen.

T Partnerarbeit **12** Ordnen Sie Ihre Kriterien aus Arbeitsauftrag 11 den Determinanten für Sympathie zu!

1. Nähe und Bekanntheit

Der **Mere-Exposure-Effekt** (Effekt des bloßen Ausgesetztseins) besagt, dass allein durch häufiges Interagieren mit Menschen die Wahrscheinlichkeit der positiven Einstellung zu ihnen steigt. Eine Studie zeigte Folgendes: Zwischen Studenten/-innen, die im selben Gebäudekomplex wohnten, entwickelten sich signifikant mehr Freundschaften als zwischen Studenten/-innen, die in unterschiedlichen Gebäuden lebten. Auch in anderen Alltagssituationen lässt sich nachweisen, dass Freundschaften durch Nähe und Vertrautheit entstehen – z. B. mit Kollegen/-innen, die im Klassenzimmer in der Nähe sitzen.

T Partnerarbeit 13

- Überlegen Sie, welche Orte eine wichtige Rolle für Freundschaftsbildung spielen!
- Überprüfen Sie die Beziehung zwischen Ihren Freunden/-innen und den Orten, an denen Sie regelmäßig Zeit verbringen. Untersuchen Sie: Trifft der Mere-Exposure-Effekt zu?

Bill Watterson

2. Äußere Erscheinung

Die äußere Erscheinung spielt beim ersten Eindruck eine entscheidende Rolle. Attraktiven Personen werden eher sozial erwünschte Eigenschaften zugeschrieben: Sie werden als gesünder, glücklicher, erfolgreicher, kompetenter und aufgeschlossener wahrgenommen. Bei der Annahme „Was schön ist, ist gut" handelt es sich um einen kulturunabhängigen Attributionsfehler. Was aktuell als attraktiv gilt, ist jedoch von Trends und der jeweiligen Kultur abhängig. Es gibt aber auch Schönheitsstandards, die überall auf der Welt gelten: Bei Frauen ist es jugendliches Aussehen und bei Männern ein gesunder, reifer, dominanter und wohlhabender Eindruck.

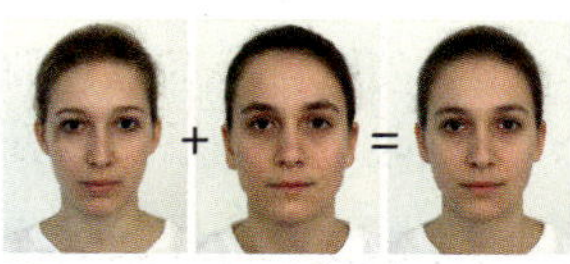

Kreuzt man durch „Morphing" das linke Gesicht mit dem mittleren Gesicht, ergibt sich daraus das neue Gesicht (rechts).

Für eine empirische Untersuchung an der Universität Regensburg wurden mithilfe eines Morphing-Computerprogramms ähnlich attraktive Gesichter zusammengesetzt bzw. gemorpht (gekreuzt). Das **Morphing** ist ein Verfahren, bei dem aus zwei oder mehr Gesichtern ein neues erzeugt wird. Diese beiden Beispiel-Gesichter wurden aus jeweils vier attraktiven Originalgesichtern berechnet. Sie gelten als Prototypen für ein sehr attraktives weibliches und ein sehr attraktives männliches Gesicht. Die Beurteilung der Attraktivität hängt natürlich von der Attraktivität der Originalgesichter ab. Generell ließ sich aber feststellen: Je mehr Originalgesichter in einem gemorphten Gesicht enthalten sind, als desto attraktiver wurde es eingestuft. Das hat folgende Ursachen:

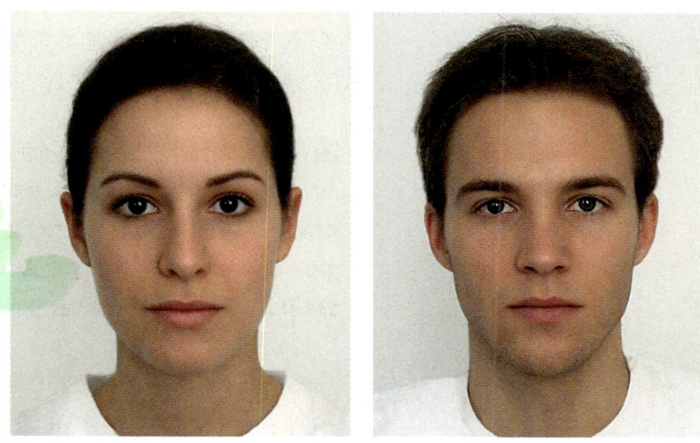

Finden Sie diese Gesichter schön?

- Die Mittelwertsbildung beim Morphing gleicht unschöne Asymmetrien und Unregelmäßigkeiten aus.
- Fältchen und Hautunreinheiten verschwinden. Dadurch erscheint die Haut jünger und makelloser.

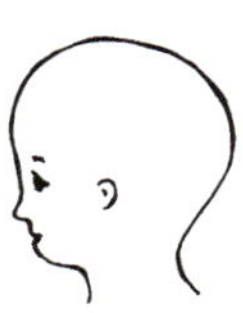

Kindchenschema

In weiteren Untersuchungen an der Universität Regensburg konnte nachgewiesen werden, dass Männer und vor allem Frauen dann als besonders attraktiv beurteilt wurden, wenn ein erheblicher Anteil an kindlichen Merkmalen in ihren Gesichtszügen und -formen erkennbar war. Der Verhaltensforscher Konrad LORENZ entdeckte, dass wir auf Körper- und Verhaltensmerkmale, die für ein Kind charakteristisch sind **(Kindchenschema)**, besonders ansprechen, weil die kindlichen Proportionen fürsorgliches Verhalten in uns auslösen. Dieser angeborene Mechanismus gewährleistet das Überleben der Babys – auch in der Tierwelt. Zu den **Verhaltensmerkmalen** zählt beispielsweise tollpatschiges Verhalten, zu den **Körpermerkmalen** zählen große, runde Augen, eine hohe, gewölbte Stirn und kleine Nase und Kinn. Stofftiere und Puppen werden nach diesem Schema produziert und auch die Film- und Werbeindustrie berücksichtigt diese Schlüsselreize.

Walt Disney

Kindchenschema bei Disney

Es gibt allgemeine Schönheitsstandards, die aber nicht immer gültig sind. Sobald wir eine Person regelmäßig sehen und beginnen, Sympathien aufzubauen, können sich Gefühle entwickeln, die körperliche Unvollkommenheiten bedeutungslos machen und die Person attraktiv erscheinen lassen. Helena in Shakespeares Sommernachtstraum sagt über die Liebe: „Sie sieht mit dem Gemüt, nicht mit den Augen." (Shakespeare 1891, S. 642)

3. Ähnlichkeit

RF Diskussion 14

Stimmen Sie dem Konzept der Ähnlichkeit „Gleich und gleich gesellt sich gern" zu oder befürworten Sie eher das Konzept der Komplementarität „Gegensätze ziehen sich an"? Berechnen Sie den Prozentsatz, zu dem jede der Anschauungen in der Klasse vertreten wird!

Ähnlichkeit bringt Sympathiewerte.

Haben wir aufgrund der räumlichen Nähe Kontakt zu einer Person aufgenommen und finden sie obendrein auch noch attraktiv, entscheidet das Ausmaß an Ähnlichkeit, ob wir uns weiter für sie interessieren. Freunde/-innen und Paare haben mit einer großen Wahrscheinlichkeit die gleichen Einstellungen, Meinungen und Interessen und weisen eher Übereinstimmungen in Bezug auf Alter, Religion, Hautfarbe, Bildung oder Intelligenz auf als zufällig gebildete Paare. Ähnlichkeit macht zufrieden. Je ähnlicher man einander ist und je mehr Dinge man gemeinsam mag, desto länger bleiben Sympathien bestehen.

RF Einzelarbeit 15

- Legen Sie eine Liste an: Was haben Sie mit Ihren Freunden/-innen gemeinsam? Haben Sie ähnliche Interessen und Ansichten? Welche Unterschiede bestehen? Vergleichen Sie!
- Zeichnen Sie jeweils ein passendes Bild zu den folgenden Definitionen von Freundschaft: „Freundschaft: Eine Seele in zwei Körpern." (Aristoteles) (zit. n. Adomeit 1992, S. 24) – „Dauernde Freundschaft kann nur zwischen Menschen mit gleichem Wert bestehen." (Marie von Ebner-Eschenbach) (Ebner-Eschenbach 1982, S. 16)
- Was bedeutet für Sie Freundschaft? Schreiben Sie eine Definition!

4. Reziprozität (Wechselseitigkeit)

Wir mögen es, gemocht zu werden. In einem Experiment konnten die Psychologinnen Kim Miller und Rebecca Curtis herausfinden, dass die reziproke (wechselseitige) Zuneigung für eine erste positiv verlaufende Interaktion wichtiger ist als Ähnlichkeit. In dem Experiment bekam jedes Mitglied eines Paares nach einer ersten Gesprächsrunde entweder die Information „Ihr/Ihre Gesprächspartner/-in mag Sie" oder „Ihr/Ihre Gesprächspartner/-in mag Sie nicht". Versuchspersonen, die annahmen, gemocht zu werden, begegneten ihrem/ihrer Gesprächspartner/-in in weiterer Folge gegenüber freundlicher und wärmer. Er/Sie wurde infolgedessen auch lieber gemocht. Jene Versuchspersonen, die annahmen, sie würden nicht gemocht, verhielten sich hingegen distanziert bis abweisend und bekamen auch eine entsprechende Rückmeldung ihrer Gesprächpartner/-innen. Die (neurologisch bedingte) Tendenz, Verhaltensweisen unseres Gegenübers zu spiegeln (▸ Kap. 2.4) (vgl. Aronson 2004, S. 365), entfaltet also sehr umfassende Auswirkungen in unserem Leben.

11.5 Die Gruppe

Sobald wir Menschen über einen längeren Zeitraum interagieren, uns gegenseitig beeinflussen und ein gemeinsames Ziel verfolgen, beginnen wir, unsere Beziehungen zu strukturieren. Es entstehen soziale Gebilde: Überall auf der Welt leben wir Menschen daher in Gruppen. (vgl. Marmet 1999, S. 23) Eine Gruppe definiert sich über folgende Merkmale: Interaktion, Zugehörigkeit, Homogenität, Rollen und Normen.

- Interaktion — **Interaktionsmöglichkeiten:** Eine Gruppe bietet die Möglichkeit, sich auszutauschen und untereinander zu kommunizieren. Sie dient als Informationsquelle.
- Zugehörigkeit — **Zugehörigkeitsgefühl:** Wir identifizieren uns mit anderen und fühlen uns als Gruppenmitglied. *„Der einzelne Mensch wird in der Gruppe Teil eines neuen Ganzen, dessen Charakter von den Eigenschaften aller Gruppenteilnehmer bestimmt wird. Jedes Ich in der Gruppe nimmt etwas vom anderen und gibt etwas her."* (a. a. O.)
- Ähnlichkeit — **Homogenität** (Gleichartigkeit): Die Gruppenmitglieder weisen meist Ähnlichkeiten in Bezug auf Alter, Geschlecht, Überzeugungen oder Bedürfnisse auf.
- Rollen — **Soziale Struktur:** Wenn eine Gruppe sich kennenlernt, suchen alle Beteiligten einen Platz in

»Die ganze Welt ist Bühne. Und alle Frau'n und Männer bloße Spieler. Sie treten auf und gehen wieder ab, sein Leben lang spielt jeder manche Rollen.«
(Shakespeare 1841, S. 277 f)

der Gruppe, und Erwartungen entwickeln sich. Jede Person übernimmt eine bestimmte Aufgabe und spielt eine bestimmte Rolle. **Rolle** nennt man die Gesamtheit der Erwartungen, die an eine Person herangetragen werden; die Rolle kann *gesellschaftlich* durch das Geschlecht oder den Beruf vorgegeben sein oder sich *gruppenintern* durch individuelle Persönlichkeitsmerkmale entwickeln. Wir übernehmen oft mehrere Rollen gleichzeitig (z. B. die Rolle der Tochter, der Freundin, der Schülerin). Eine Rolle ist immer mit verschiedenen Rechten und Pflichten verbunden. Will man allen Rollen gleichzeitig entsprechen, ergibt sich ein Rollenkonflikt. Rollenzuschreibungen führen immer zu einer Verhaltenserwartung: Die ganze Gruppe wartet z. B. darauf, dass – wie gewohnt – „das aktive Gruppenmitglied" die Party organisiert.

Diskussion **16**

Welche gesellschaftlichen Erwartungen muss (1) der/die Schüler/-in, (2) die Lehrperson erfüllen? Nennen Sie im Plenum mehrere Erwartungshaltungen!

Normen

- **Geteilte Normen:** In Gruppen werden bestimmte Normen aufgestellt, die das Verhalten in der Gruppe und der Gesellschaft steuern. Um akzeptiert zu werden, halten wir Menschen uns grundsätzlich an Verhaltensnormen, d. h. wir passen uns in allen Lebensbereichen den jeweiligen sozialen Normen an (z. B. kleiden wir uns dem Anlass entsprechend). *Kollektive Normen*, die für alle gelten, manifestieren sich in Regeln, Vorschriften und Verboten: „Rechts vor links!", „Hunde an die Leine!", „Rauchen verboten!" Damit sie eingehalten werden, wird ihre Verletzung z. B. mit Geldstrafen oder Anzeigen sanktioniert. Normen bieten Orientierung, denn ohne sie müssten wir für jede Situation neue Regeln und Handlungsweisen entwerfen.

Diskussion **17**

Welche Normen liegen in Ihrem Freundeskreis vor? Welches Verhalten wird akzeptiert bzw. verurteilt? Wie werden die Normen gelebt?

RF Gruppenarbeit **18**

Eine Gruppe erstellt eine Liste mit den **Vorteilen**, die andere mit den **Nachteilen normkonformen** (an die Norm angepassten) **Verhaltens.** Beginnen Sie anschließend eine Diskussion, in der jede Gruppe ihre Pro- und Kontra-Argumente vorbringt!

Menge und Masse

Im Gegensatz zur Gruppe sind Menge oder Masse unbeständig: Die **Menge** zeichnet sich durch das zufällige Aufeinandertreffen von mehreren Personen zur gleichen Zeit am gleichen Ort aus (z. B. an der Bushaltestelle, im Theater). Wird diese Menge nun durch das Einwirken äußerer Umstände zu gemeinschaftlichem Handeln bewegt (z. B. Menschen in Panik), entsteht eine aktivierte Menge, die man **Masse** nennt.

Das Soziogramm

Der Psychiater Jakob Levy MORENO entwickelte das **Soziogramm.** Es stellt Beziehungen zwischen Menschen innerhalb einer definierten Gemeinschaft grafisch dar und analysiert sie. Meist symbolisieren Pfeile die Beziehung. An einem Soziogramm lassen sich z. B. Außenseiter/-innen rasch erkennen, indem wenige oder gar keine Pfeile auf sie gerichtet sind.

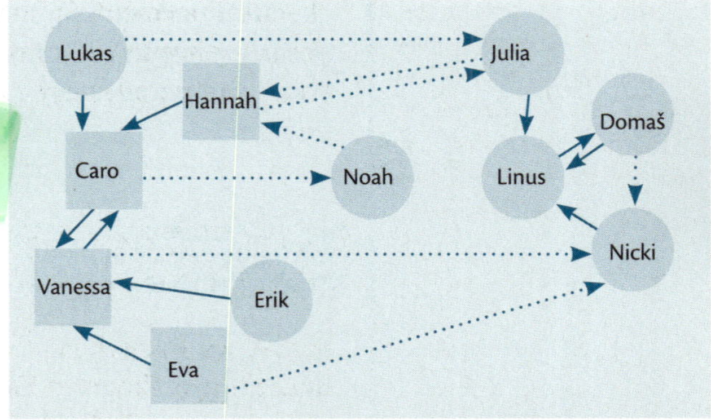

Soziogramm aufgrund der Frage „Neben wem möchtest du sitzen?"

T Gruppenarbeit **19**

Finden Sie sich in Gruppen entsprechend Ihrer Lieblingsfernsehserie zusammen und analysieren Sie die gruppendynamischen Strukturen der Serie in Form eines Soziogramms.

Die Psychodynamik in der Gruppe

Jede Gruppe weist eine typische innere Dynamik (bestimmte Abläufe und Verhaltensmuster) auf. Der österreichische Psychotherapeut Raoul SCHINDLER untersuchte die Grundprinzipien der *Psychodynamik in der Gruppe* und stellte Folgendes fest: Sobald wir in eine Gruppe eintreten, nehmen wir eine von vier Positionen ein und spielen die entsprechende Rolle.

Schindler nennt folgende Gruppenpositionen:

Repräsentant/-in

- Die **Alpha-Position** (α) wird vom/von der Gruppenführer/-in vertreten. Dieser/Diese repräsentiert die Gruppe nach außen hin. Die Gruppe identifiziert sich mit dem/der „Führer/-in" und macht dessen/deren Ziele zu ihren Zielen. Die Alpha-Persönlichkeit kann charismatisch, heroisch oder eifrig sein, sie diskutiert nicht, sondern agiert.

Fachmann/-frau

- Die **Beta-Position** (β) wird vom/von der Berater/-in der Gruppe eingenommen. Aufgrund kompetenten Fachwissens und überzeugender Argumente bleibt seine/ihre Autorität unangefochten, er/sie wird als Autorität akzeptiert. Im Gegensatz zur Alpha-Persönlichkeit legitimiert sich die Beta-Persönlichkeit nicht durch ihre Führerposition, sondern durch ihr Können.

Mitläufer/-in

- Das anonyme Mitglied wird in der **Gamma-Position** (γ) repräsentiert. Mitläufer/-innen, die keine eigene Verantwortung tragen, dem/der Alpha-Führer/-in blind folgen und sich mit ihm/ihr identifizieren, befinden sich in dieser Position.

Provokateur/-in

- Die **Omega-Position** (Ω) drückt den/die Feind/-in der Gruppe aus. Dieser/Diese ist am Rand der Gruppe positioniert (der/die Neue, der/die Unsichere, der/die Minderbegabte), widersetzt sich der Gruppe und auch der Alpha-Persönlichkeit – bewusst provozierend oder unausweichlich, weil er/sie anders ist –, und trägt einen entscheidenden Teil zur Gruppendynamik bei.

In einer Gruppe übernimmt jede Person eine eigene Position.

Filmtipp
Das radikal Böse (Deutschland/Österreich 2013, Regie: Stefan Ruzowitzky). Wie werden aus psychologisch unauffälligen, jungen Männern Massenmörder? Auf der Suche nach der Ursache des Bösen, erzählt der Film von den systematischen Erschießungen jüdischer Zivilisten durch deutsche Einsatzgruppen in Osteuropa, lässt renommierte Forscher zu Wort kommen (u. a. Christopher Browning, Patrick Desbois, Robert Jay Lifton) und rekonstruiert die Ergebnisse sozialpsychologischer Experimente.

Die Übernahme von sozialen Rollen bewirkt, dass zwischenmenschliche Beziehungen und kooperatives Verhalten intensiviert werden. Allerdings können wir uns durch Machtstrukturen eingeengt oder zu konformem Verhalten gezwungen fühlen. Wenn wir eine Rolle übernehmen, die sozial anerkannt ist, tendieren wir dazu, Macht auszuüben. Vertreten wir eine Rolle, die sozial weniger anerkannt ist, tendieren wir zu Unterwürfigkeit und Inaktivität. Beide Tendenzen konnten durch Experimente bestätigt werden (▸ Kap. 11.6).

11.6 Macht, Autorität und Gehorsam

„Ich habe nur Befehle ausgeführt", rechtfertigte Adolf Eichmann 1961 das Organisieren der Deportation von Millionen Juden ins Konzentrationslager. Die Philosophin Hannah Arendt erklärte ein solches Handeln damit, dass die meisten am Holocaust Beteiligten *„keine gewöhnlichen Verbrecher"* waren, *„sondern ganz normale Zeitgenossen, die mit mehr oder weniger Enthusiasmus Verbrechen begangen hatten, einfach weil sie das taten, was man von ihnen verlangt hatte."* (Arendt 2009, S. 23) Arendt spricht von der „Banalität des Bösen" und meint damit den Zwang zu Gehorsam gegenüber einer autoritären sozialen Norm, die sogar Töten als richtiges Verhalten zulassen kann.

Literaturtipp
Arendt, Hannah: *Über das Böse. Eine Vorlesung zu Fragen der Ethik.* München 2009. Die Philosophin untersucht die „Banalität des Bösen" und denkt in einer Vorlesung über Ethik und Moral, Gut und Böse nach.

RF Diskussion **20**

Unter welchen Bedingungen leisten Menschen Befehlen Folge und unter welchen verweigern sie Gehorsam? Diskutieren Sie die Fragestellung anhand der Karikatur. Welche Möglichkeiten hat der Chauffeur? (Myers 2005, S. 629)

Mel Yauk
„Fahren Sie die Klippen hinunter, James, ich möchte mich umbringen."

Offenbar begünstigen bestimmte Umstände, dass man sich einer Autorität beugt und unmenschliche Anordnungen befolgt. Gibt es Situationen, in denen jeder Mensch sogar bereit wäre, jemanden zu töten? Das Asch-Experiment, das Milgram-Experiment, das Stanford-Prison-Experiment sowie das Sozialexperiment „Die Welle" zeigen, in welchem Ausmaß sich Menschen konform (angepasst) verhalten und wie weit sie unter sozialem Druck bereit sind zu gehen.

RP Gruppenarbeit **21**

Teilen Sie sich in vier Gruppen auf! Jede Gruppe bereitet ein Referat über eines der Experimente vor.

1. Das Asch-Experiment zur Gruppenkonformität

Welche der Linien A, B und C entspricht der Ausgangslinie? Zweifellos werden Sie C angeben. Doch wie würden Sie antworten, wenn alle anderen in Ihrer Gruppe anderer Meinung sind?
Unter dem Vorwand eines psychologischen Experiments zur visuellen Wahrnehmung wurden diese Linien mehreren Versuchspersonen präsentiert.

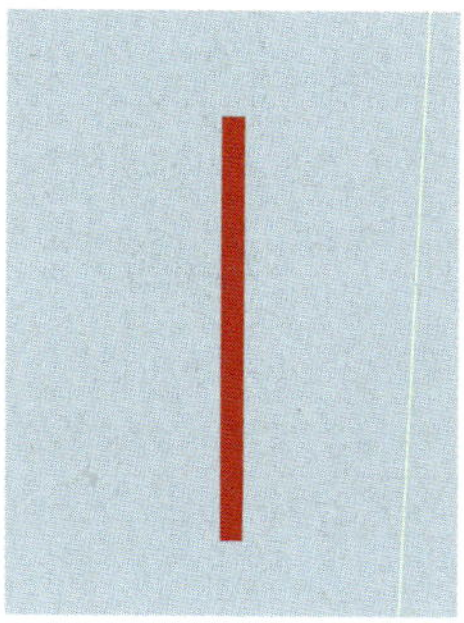

Ausgangslinie

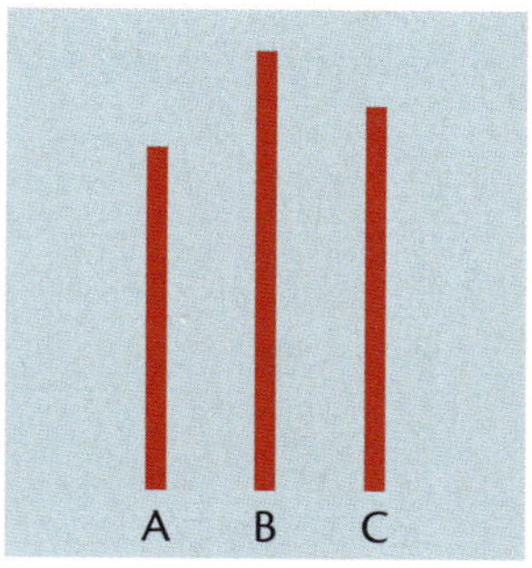

Vergleichslinien

Die in das Experiment eingeweihten Versuchspersonen wurden angewiesen, einstimmig falsche Antworten zu geben. Nur eine Person war nicht instruiert worden. Es wurde untersucht, wie sich diese Person verhält, ob sie ihrem Sinneseindruck entsprechend richtig antwortet oder ob sie dem Gruppendruck unterliegt. Wurde die Frage nach der Linienlänge von dieser Versuchsperson alleine beantwortet, betrug die Fehlerquote weniger als 1%.

Literaturtipp
BAUER, Joachim: *Prinzip Menschlichkeit. Warum wir von Natur aus kooperieren.* München 2008. Das ursprüngliche Leitmotiv menschlichen Handelns ist laut Bauer nicht Konkurrenz, sondern Kooperation: Kern aller menschlichen Motivation ist, zwischenmenschliche Anerkennung, Wertschätzung oder Zuneigung zu finden und zu geben. Bauers Erkenntnisse basieren auf neurobiologischen Forschungsergebnissen.

„In 31,8% der Fälle ließ sich die unwissende Versuchsperson von den falschen Aussagen ihrer Gruppe (3 Personen oder mehr) beeinflussen und übernahm deren Urteil. Mangelndes Vertrauen in die eigene Urteilsfähigkeit sowie Bedenken, das Ergebnis des Versuchsleiters in eine falsche Richtung zu lenken, wurden als Gründe für die konformen Reaktionen angegeben. Bei den Versuchspersonen, die sich nicht dem Urteil der Mehrheit anschlossen, konnte hingegen großes Vertrauen in die eigene Urteilsfähigkeit festgestellt werden bzw. meinte ein Teil, dass sie ehrlich angeben sollten, was sie sehen, und sich daher nicht von der Mehrheit beeinflussen ließen.“ (Aronson 2004, S. 242)

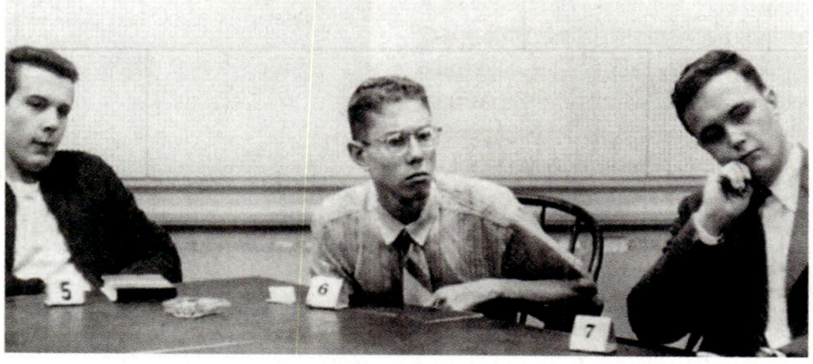

Der Versuchsteilnehmer in der Mitte zeigt sich irritiert über die Antwort der anderen.

Das Experiment vom Sozialpsychologen Solomon ASCH (1951) zeigt, dass der gesellschaftliche Einfluss sehr groß ist: Unter bestimmten Umständen stimmen wir mit dem Urteil der Gruppe überein, selbst wenn dieses eindeutig falsch ist. Wir verhalten uns **konform**, weil wir nach Anerkennung streben und vermeiden wollen, zurückgewiesen zu werden.

Definition
Wir handeln und denken KONFORM, wenn wir mit Gruppenstandards übereinstimmen und uns an soziale Normen anpassen.

RP **Diskussion** 22

„Tue das, was die meisten tun, und man wird gut über dich reden.“
Thomas FULLER
(Aronson 2004, S. 270)

Unter welchen Bedingungen handeln wir eher konform? Kreuzen Sie die richtige(n) Aussage(n) an!
Wir verhalten uns eher konform,
a) wenn wir Status und Attraktivität der Gruppe hoch einschätzen. ✗
b) wenn wir uns selbst im Vergleich zur Gruppe inkompetent und unsicher fühlen. ✗
c) wenn sich der Rest der Gruppe einig ist. ✗
d) wenn es wichtig ist, ein gutes Ergebnis oder die richtige Antwort zu erzielen.

11

2. Das Milgram-Experiment

Der US-amerikanische Psychologe Stanley MILGRAM führte 1961 ein Experiment durch, in dem angeblich der Einfluss von Bestrafung auf das Lernen untersucht werden sollte. Versuchspersonen in der Rolle des „Lehrers“ sollten „Schüler“, die einen Fehler machten, bestrafen. Der Lehrer wurden vom Versuchsleiter aufgefordert, dem Schüler (in Wahrheit eine Vertrauensperson des Versuchsleiters) elektrische Schläge von 15 Volt („leichter Schock“) bis 450 Volt („Gefahr: bedrohlicher Schock“) zu verabreichen. Der vermeintliche Schüler war im Nebenraum auf einem Stuhl festgeschnallt und reagierte mit Seufzen, Schmerzensschreien und wildem Klopfen. Der Versuchsleiter spornte den Lehrer an, den Versuch weiterzumachen, und betonte die Wichtigkeit der Ergebnisse, wenn ein Schüler schrie: „Holen Sie mich hier raus! Ich mache nicht mehr weiter!“ Schließlich insistierte er: „Sie müssen weitermachen!“ Die Proteste des Schülers entwickelten sich zu Angstschreien. Nach der 330-Volt-Stufe weigerte sich der Schüler zu antworten und wurde plötzlich still.

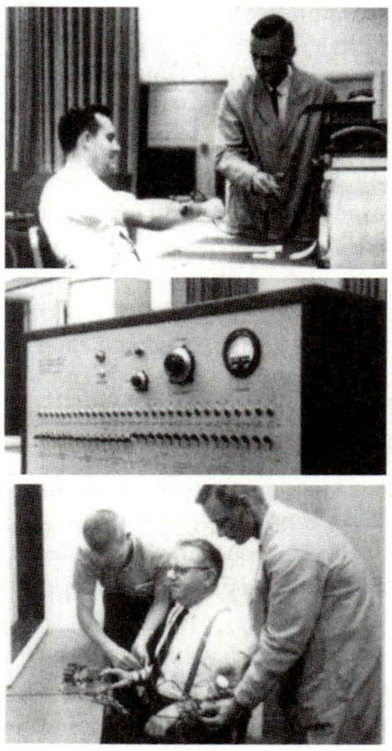

„Lehrer“ und Versuchsleiter, Schockgenerator, „Schüler“

RF Einzelarbeit 23

Welche Ergebnisse, glauben Sie, brachte das Experiment?
a) 72% der Versuchspersonen brachen ab, wenn der Schüler bei 180 Volt zu schreien anfing.
b) 63% der Versuchspersonen gingen bis zum Ende der Voltskala (450 Volt).
c) In erweiterten Ausführungen des Milgram-Experiments wurde ein signifikantes (deutliches) Maß an Gehorsam bei den Versuchspersonen festgestellt.

RF Diskussion 24

Warum haben nur so wenige der Autorität widersprochen, obwohl bei Widerstand keine Sanktionen zu erwarten waren? Vergleichen Sie Ihre Diskussionsergebnisse mit den folgenden Aussagen der Versuchspersonen aus den Abschlussgesprächen.

Literaturtipp
FROMM, Erich: *Über den Ungehorsam*. München 1995. Der Psychoanalytiker und Sozialphilosoph äußert seine Sorgen über den bedrohten Weltfrieden und plädiert in seinem Werk für einen notwendigen Ungehorsam, in dem er die einzige Chance sieht, die Menschheit vor dem Untergang zu bewahren.

Literaturtipp
GRUEN, Arno: *Der Wahnsinn der Normalität. Realismus als Krankheit: eine Theorie der menschlichen Destruktivität*. München 2009. Arno Gruen, deutscher Psychoanalytiker, legt die Wurzeln der Destruktivität frei, die sich viel öfter, als uns klar ist, hinter vermeintlicher Menschenfreundlichkeit oder „vernünftigem" Handeln verbergen.

In den Abschlussgesprächen nach dem Experiment rechtfertigten die Versuchspersonen ihr Verhalten folgendermaßen:

- „Dann wäre er eben tot gewesen. Ich habe nur meine Pflicht getan." (Milgram 1992, S. 108)
- Der Versuchsleiter trägt „den größten Teil der Verantwortung. Ich machte ja nur weiter. … Man befahl mir weiterzumachen, und ich bekam keinen Hinweis, dass ich aufhören sollte." (a. a. O., S. 67)
- „… und im Interesse der Wissenschaft macht man weiter bis zum Ende." (a. a. O., S. 71)
- „Und dann kriege ich von ihm keine Antwort mehr, kein Seufzen und kein gar nichts. Ich sagte mir: ‚Lieber Gott, jetzt ist er tot; also schön, bringen wir ihn ganz um.'" Und ich machte einfach weiter bis zu 450 Volt." (a. a. O., S. 107)

Spätere Versuche MILGRAMS zeigten, dass Personen unter folgenden Umständen am meisten gehorchten:

- Der/Die Versuchsleiter/-in, der/die die Befehle erteilte, wurde als legitime **Autoritätsperson** wahrgenommen.
- Die Autoritätsperson war ganz in der **Nähe**.
- Die Autoritätsperson wurde mit einer **namhaften Institution** in Verbindung gebracht.
- Das Opfer – der „Schüler" – wurde **depersonalisiert**, d. h. er war weiter entfernt und wurde gar nicht gesehen.
- Auch sonst widersetzte sich niemand dem/der Versuchsleiter/-in (**fehlende Vorbilder** des Widerstands).

3. Das Stanford-Prison-Experiment

Inwiefern beeinflussen soziale Gruppensituationen das menschliche Verhalten und die psychische Befindlichkeit? So lautete die Forschungsfrage des US-amerikanischen Psychologen Philip ZIMBARDO im Jahr 1971. Als er Versuchspersonen für sein Gefängnisexperiment suchte, meldeten sich zahlreiche Freiwillige. 24 Collegestudenten entsprachen den Auswahlkriterien: Sie waren emotional stabil, psychisch gesund, schnitten durchschnittlich gut bei den Persönlichkeitstests ab und konnten eine Vergangenheit ohne Vorstrafen, Gewalttaten und Drogenmissbrauch vorweisen. Die Studenten sollten zwei Wochen unter realistischen Bedingungen in einer simulierten Gefängnissituation leben. Sie wurden nach dem Zufallsprinzip in Wärter und Gefangene eingeteilt. Die Teilnehmer nahmen ihre Rollen unerwartet ernst: Die Wärter nutzten ihre totale Weisungsbefugnis über die Gefangenen aus, verhielten sich aggressiv und sadistisch.

Wärter und Gefangene

Wenn ihre Regeln nicht eingehalten wurden, bestraften sie die Gefangenen beispielsweise mit Essensentzug, stundenlanger Isolationshaft oder Toilettenreinigung mit bloßen Händen. Im normalen Leben zeigten die Wärter keine psychologischen Auffälligkeiten, in der simulierten Gefängnissituation entwickelten sie trotzdem zahlreiche Strategien, um die Gefangenen zu erniedrigen. In bemerkenswert kurzer Zeit provozierte das Machtgehabe der Wärter wachsende Abhängigkeit, Nachgiebigkeit und Hilflosigkeit bei den Gefangenen. Die Opfer verhielten sich durch die entwürdigende Behandlung und die ständigen Strafen passiv und resignierten. Nach weniger als 36 Stunden musste der erste Gefangene aufgrund depressiver Symptome entlassen werden. Vier weitere Versuchspersonen folgten. Nach sechs Tagen musste das Experiment vorzeitig abgebrochen werden. Die Macht der simulierten Gefängnissituation hatte im Denken der Wärter und ihrer Gefangenen eine neue soziale Realität geschaffen, der sie nicht gewachsen waren. Das Stanford-Prison-Experiment gilt aufgrund der psychischen und körperlichen Belastungen der Teilnehmer als sehr umstritten. Besonders kritisiert wurde auch der späte Abbruch des Experiments. Derartige Studien wurden wegen zahlreicher ethischer Bedenken nicht wiederholt.

Filmtipps
Das Experiment (Deutschland 2001, Regie: Oliver HIRSCHBIEGEL); *The Experiment* (USA 2010, Regie: Paul SCHEURING). Das Stanford-Prison-Experiment lieferte die Grundlage für die Drehbücher zu diesen Filmen.

Literaturtipp
SIMON, Fritz: *Tödliche Konflikte. Zur Selbstorganisation privater und öffentlicher Kriege.* Heidelberg 2004. Unter Berücksichtigung biologischer, psychoanalytischer und soziologischer Erkenntnisse analysiert der Autor die Entstehungsbedingungen für Krieg und Gewalt. Als Ursachen nennt er Ehre, Stolz und Status.

Folgende Faktoren trugen zum Überlegenheitsgefühl der Wärter bei:

- Die Gefangenen mussten sich an **Regeln** halten, die die Wärter in ihrem machtvollen Dasein stärkten und gleichzeitig die Gefangenen degradierten. Regel 16 lautete, dass das Nichtbefolgen der Regeln bestraft werden kann.
- Die Wärter bekamen Uniformen, trugen Silber-Reflektoren-Sonnenbrillen und mussten mit „Herr Strafvollzugsbeamter" angeredet werden. Diese Umstände stärkten die **Gruppenidentität** unter den Wärtern und ließen Individualität und Menschlichkeit vergessen. Machtsymbole in Form von Trillerpfeifen, Handschellen und Schlüsseln zu den Zellen und zum Haupttor verschafften zusätzlich Autorität.
- Für viele Wärter rechtfertigte der **gehobene Status** missbräuchliches autoritäres Verhalten. Die Möglichkeit, zu belohnen und zu bestrafen, verlieh ihnen Macht.

RF Diskussion **25**

a) Wo lassen sich beim Stanford-Prison-Experiment Parallelen zum Milgram-Experiment erkennen? In welchen Situationen tendiert der Mensch zu destruktiven Verhaltensmustern?
b) Wo sind die fatalen Folgen des Autorität-Gehorsam-Phänomens im vergangenen und aktuellen Weltgeschehen bemerkbar? Sind die Experimente auf die Realität übertragbar?

RF Einzelarbeit **26**

Verfassen Sie aus der Sicht a) eines Gefangenen oder b) eines Wärters des Stanford-Prison-Experiments einen Zeitungsbericht, in dem er seine Erlebnisse während der Inhaftierung schildert. Intention eines abschließenden Kommentars ist, die Öffentlichkeit aufzuklären und vor vergleichbaren Situationen zu warnen. Verarbeiten Sie in dem Kommentar Ihre Diskussionsergebnisse aus den vorigen Fragestellungen.

4. Die Welle

Aus dem Film „Die Welle"

Literaturtipp
RHUE, Morton: *Die Welle.* Ravensburg 2008. *Die Welle* wurde 2008 vom deutschen Regisseur Dennis GANSEL in Deutschland neu verfilmt.

Ron JONES, Geschichtslehrer an einer kalifornischen Highschool, hatte seine Schüler/-innen einst Geld sammeln und verteilen lassen, um ihnen Sozialismus näher zu bringen, und Waren mitbringen und verkaufen, um Kapitalismus greifbar zu machen. Als seine Schüler/-innen sich überzeugt davon zeigten, dass eine Diktatur, wie sie während der nationalsozialistischen Zeit in Deutschland herrschte, heute nicht mehr möglich sei, versuchte er, seinen Schülern/-innen die Entstehung einer Diktatur vorzuführen.
Anschaulich brachte Ron Jones seinen Schülern/-innen die Leitgedanken einer Diktatur näher. Die Schüler/-innen sollten erleben, wie es ist, sich als Teil der Gemeinschaft zu fühlen. Er ließ sie gemeinsam marschieren, stellte Regeln auf, die von allen Gruppenmitgliedern zu befolgen waren, gab der Gruppe einen Namen und ein Symbol und nannte diktatorische Prinzipien, die er permanent wiederholen ließ: Macht durch Disziplin! Macht durch Gemeinschaft! Macht durch Handeln! Das Experiment entwickelte sich rasch zu einer Bewegung: *Die Welle. Die Welle* begann sich unbeabsichtigt zu verselbstständigen. Bereits am dritten Tag grenzten Schüler/-innen andere aus und wendeten Gewalt an. Als die Situation nach fünf Tagen eskalierte, brach der Lehrer das Experiment ab. Es zeigte, dass wir alle anfällig für faschistisches Denken und Handeln sind. Ron Jones meint in einem TV-Interview rückblickend auf sein Experiment: „Der größte Schock war für mich, dass ich dieses Machtgefühl und diese Art der Anerkennung sehr genossen habe."

11

Die Psychologie der Masse

Der französische Arzt und Physiologe Gustave LE BON begründete die Psychologie der Masse. Er stellte fest, dass die Masse meist von einer starken Persönlichkeit angeführt wird, die an die Gefühle und Hoffnungen der Menschen appelliert und selbst von einer Idee „hypnotisiert" ist. Wenn eine kleine Gruppe erfolgreich von einer Idee beeinflusst wird – das geschieht über stetige Wiederholung der Idee –, erreicht sie immer mehr Menschen. Bildlich kann man sich dies wie einen Schneeball vorstellen, der sich zu einer Lawine entwickelt. Das erklärt, warum Massenbewegungen nach wie vor auch heute möglich sind. Le Bon schreibt der Masse folgende Merkmale zu:

Anziehungskraft

- Die Masse übt eine ungeheure **Anziehungskraft** aus. Leichtgläubig unterliegen wir dabei einer psychischen Ansteckung, bei der Gedanken und Gefühle von außen beherrscht und durch Suggestion übertragen werden. Die persönlichen Wünsche werden den Wünschen der Masse „geopfert".

Gemeinschaftsseele

- Die Masse zeichnet sich durch eine geistige Einheit aus. Le Bon spricht von der **„Gemeinschaftsseele"**, die das Zusammenschmelzen von Individuen zu einer Masse ermöglicht. Die Zugehörigkeit gibt Selbstbewusstsein, doch der Druck, mit der Massenmeinung konform zu gehen, führt zu einem Verlust der eigenen Individualität und Kritikfähigkeit. Le Bon vergleicht den Verlust der Individualität mit einem Automaten, über den der Wille die Gewalt verloren hat und dessen Betrieb außer Kontrolle gerät.

Abgeben der Verantwortlichkeit

- Durch den **Verlust der Individualität** werden wir zu Handlungen fähig, zu denen wir allein nie imstande wären. Wir fühlen uns für unsere Taten nicht mehr verantwortlich.

RF Diskussion **27**

a) Was bewegt verschiedene Menschen dazu, sich einer Massenbewegung anzuschließen? Welchen Nutzen kann sie einer (1) gelangweilten, (2) orientierungslosen, (3) instabilen, (4) ambitionierten Persönlichkeit bieten?
b) Wie lassen sich Menschen mobilisieren? Welche Mittel erweisen sich als wirkungsvoll, um Inhalte an eine breite Masse zu vermitteln?
c) Was sind die wichtigsten Faktoren, die bei der Mobilisierung einer Masse (z. B. im Fußballstadion) zum Tragen kommen?

Positive Aspekte von Macht

Literaturtipp
BAUER-JELINEK, Christine: *Die helle und die dunkle Seite der Macht.* Salzburg 2009. Ob im Berufsleben oder privat – ständig sind Mechanismen der Macht wirksam. Erst, wenn Macht missbraucht wird, nehmen wir sie zur Kenntnis. Macht ist jedoch erstrebenswert, wenn mit ihr maßvoll umgegangen und sogenannte Macht-Kompetenz entwickelt wird. Das Buch zeigt, wie man bewusst mit Macht umgehen lernt.

Im öffentlichen Bewusstsein überwiegen die negativen Aspekte der Macht. Doch Macht hat laut Wirtschaftscoach und Psychotherapeutin Christine JELINEK-BAUER auch eine positive Seite: *„Nur mit Macht können wir Ziele erreichen, die wir uns gesteckt haben, und ungerechtfertigte Machtansprüche anderer Personen abwehren. Denn erst wenn wir auch die positive Bedeutung der Macht erkennen, werden wir Machtinstrumente sinnvoll und kraftvoll einsetzen können, ohne unsere eigenen ethischen Grundsätze zu verraten. Ob zur Durchsetzung oder zur Abwehr: Ohne Macht geht es nicht!"* (Jelinek-Bauer 2000, S. 20)

Führung in einem Unternehmen wird heute immer weniger mit der Machtfrage verbunden, sondern eher mit behutsamem Eingreifen, um Teamgeist und Motivation zu fördern. In diesem Zusammenhang hat sich der Begriff **Empowerment** etabliert, das Mitarbeitern/-innen mehr Befugnisse und größere Entscheidungsfreiräume einräumt. (vgl. Neubauer 2006, S. 108) Empowerment (engl.: Ermächtigung) meint Maßnahmen, die auf den Zugewinn von Macht, auf Selbstbestimmung und Lebensautonomie abzielen.

RP T Partnerarbeit **28**

- Recherchieren Sie im Internet: Welche Möglichkeiten von Empowerment des/der Einzelnen gibt es im Alltag und im Berufsleben?
- Formulieren Sie Beispiele, was Empowerment für Sie konkret im Alltag bedeutet!

11.7 Kommunikation und Interaktion

„Ein Mann will ein Bild aufhängen. Den Nagel hat er, nicht aber den Hammer. Der Nachbar hat einen. Also beschließt unser Mann, hinüberzugehen und ihn auszuborgen. Doch da kommt ihm ein Zweifel: Was, wenn der Nachbar mir den Hammer nicht leihen will? Gestern schon grüßte er mich nur so flüchtig. Vielleicht war er in Eile. Aber vielleicht war die Eile nur vorgeschützt, und er hat etwas gegen mich. Und was? Ich habe ihm nichts angetan; der bildet sich da etwas ein. Wenn jemand von mir ein Werkzeug borgen wollte, ich gäbe es ihm sofort. Und warum er nicht? Wie kann man einem Mitmenschen einen so einfachen Gefallen abschlagen? Leute wie dieser Kerl vergiften einem das Leben. Und dann bildet er sich noch ein, ich sei auf ihn angewiesen. Bloß weil er einen Hammer hat. Jetzt reicht's mir wirklich. – Und so stürmt er hinüber, läutet, der Nachbar öffnet, doch noch bevor er ‚Guten Tag' sagen kann, schreit ihn unser Mann an: ‚Behalten Sie Ihren Hammer, Sie Rüpel!'" (Watzlawick 2009, S. 37 f)

T Einzelarbeit **29**

Analysieren Sie das Verhalten des Mannes in der „Geschichte mit dem Hammer". Überlegen Sie:
- Findet hier Kommunikation statt?
- Findet Interaktion statt, d. h. beziehen sich die Handlungen der Beteiligten aufeinander?

Lesen Sie erst weiter, nachdem Sie sich für eine Antwort entschieden haben!

»Man kann nicht nicht kommunizieren.«
Paul Watzlawick
(Watzlawick 2007, S. 53)

Jede Art von Beziehung zwischen Menschen wird als **Kommunikation** verstanden. Kommunikation (lat. *communicare:* teilen, mitteilen, vereinigen) ist ein Austausch von Informationen. Kommunikation kann *verbal* (sprachlich), aber auch *nonverbal* – über Mimik, Gestik, Körperhaltung und Gang – stattfinden. Da es gar nicht möglich ist, *keine* Signale über die Körpersprache zu senden, findet Kommunikation immer statt. Passt die Körpersprache mit dem Gesprochenen zusammen, ist sie *kongruent*. *Inkongruent* ist sie, wenn sich verbale und nonverbale Nachrichten widersprechen.

Interaktion

Von **Interaktion** spricht man, sobald Personen wechselseitig (emotional, intellektuell) in Beziehung stehen. Ihre Handlungen beziehen sich aufeinander, sie steuern, kontrollieren und beeinflussen einander. Eine wichtige Form der Interaktion ist die Verständigung durch sprachliche Kommunikation. Verbale Kommunikation muss aber nicht immer Interaktion sein: Im *Monolog* findet keine Beeinflussung des/der Sprechenden durch sein/ihr Gegenüber statt. Im *Dialog* dagegen werden Standpunkte ausgetauscht.

Partnerarbeit 30

Fragebogen zum Kommunikations- und Interaktionsverhalten:
- Füllen Sie den Fragebogen (Selbsteinschätzung) zu Ihrem Kommunikations- und Interaktionsverhalten aus: 1 = niemals, 2 = manchmal, 3 = häufig, 4 = fast immer.
- Verdecken Sie Ihre Antworten und lassen Sie sich von Ihrem Sitznachbarn bzw. Ihrer Sitznachbarin einschätzen (Fremdeinschätzung)!
- Entspricht Ihre eigene Einschätzung in etwa der Fremdeinschätzung? Vergleichen Sie!

	Selbsteinschätzung				Fremdeinschätzung			
Tendieren Sie dazu, einen Monolog zu halten?	1	2	3	4	1	2	3	4
Reden Sie, ohne auf die Gefühle und Reaktionen am Gespräch Beteiligter zu achten?	1	2	3	4	1	2	3	4
Unterbrechen Sie Ihre Gesprächspartner/-innen?	1	2	3	4	1	2	3	4
Verlieren Sie in Gesprächen den Faden?	1	2	3	4	1	2	3	4
Werden Sie in Gesprächen emotional?	1	2	3	4	1	2	3	4
Ärgern Sie sich, wenn andere nicht Ihrer Meinung sind?	1	2	3	4	1	2	3	4
Versuchen Sie, anderen Ihre Meinung aufzudrängen?	1	2	3	4	1	2	3	4
Korrigieren Sie Ihre Gesprächspartner/-innen?	1	2	3	4	1	2	3	4
Geben Sie häufig die Gesprächsthemen vor?	1	2	3	4	1	2	3	4
Reden Sie, bevor Sie denken?	1	2	3	4	1	2	3	4

In alltäglichen Gesprächssituationen kann der Gedankenaustausch zwischen den Beteiligten entweder gefördert oder behindert werden, je nachdem, welches Bild die Gesprächspartner/-innen voneinander haben und welche Erwartungen oder Wünsche sie in das Gespräch legen.

Gesprächsfördernde Faktoren umfassen alle Verhaltensweisen, die Interesse an der anderen Person und an dem, was sie sagt, bekunden:

11

- Zuhören: **Zuhören** besteht darin, dass dem Gegenüber die Möglichkeit gegeben wird, sein Anliegen ohne Unterbrechungen zu erzählen. Indem man als Zuhörer/-in beispielsweise nickt, signalisiert man dem Gegenüber, dass man der Erzählung folgen kann und sie versteht. **Nachfragen** bei Unklarheiten signalisiert ebenso Aufmerksamkeit.
- Wiederholen: Durch **Wiederholung** des Gesagten kann der/die Zuhörende sich vergewissern, ob er/sie alles richtig verstanden hat.
- Zusammenfassen: Indem der/die Sprecher/-in das Gesagte noch einmal **zusammenfasst**, kann er/sie das Wesentliche nochmals hervorheben, Widersprüche und Missverständnisse werden beseitigt.
- Denkanstoß geben: Weiterführende **Denkanstöße** helfen dem/der Gesprächspartner/-in, in seinem/ihrem Anliegen weiter zu denken, Lösungen zu suchen und Entscheidungen zu konkretisieren. Zurückhaltung mit der eigenen Meinung und eigenen Bewertungen ist dabei gefragt.
- Gefühle: Über Mimik oder Gestik sollte dem Gegenüber signalisiert werden, dass man versucht, seine/ihre **Gefühle** zu erfassen, und im Gespräch mitfühlt. Förderlich ist es auch, die Gefühle des Gesprächspartners bzw. der Gesprächspartnerin anzusprechen.

Folgende **hemmenden Verhaltensweisen** können ein konstruktives Gespräch behindern:

- Egozentrismus: Wenn man sich **selbst in den Mittelpunkt stellt** und nur darauf wartet, die eigenen Ansichten mitzuteilen, anstatt zuzuhören und auf das Anliegen des/der anderen einzugehen, wird sich das Gegenüber nicht berücksichtigt, sondern übergangen fühlen.

Bewertungen
- Durch **Bewertung** der Situation und persönliche Stellungnahmen wird das Gegenüber unter Druck gesetzt. Er/Sie kann sich kritisiert oder belehrt fühlen und gerät in Rechtfertigungszwang.

Ratschläge
- Indem voreilig Vorschläge gemacht und **Ratschläge** erteilt werden, nimmt man dem Gegenüber die Möglichkeit, eigene Lösungen zu entwickeln.

Vorwürfe
- Bei **Vorwürfen** wird sich das Gegenüber unverstanden fühlen und verschließen.

Herunterspielen
- Ebenso unverstanden wird sich der/die Gesprächspartner/-in fühlen, wenn man sein/ihr Anliegen **nicht ernst nimmt**.

Bestandteile der Kommunikation

Kommunikation besteht immer aus **Sender/-in, Nachricht** und **Empfänger/-in**:

Sender/-in
- Bei einem Gespräch wird der/die Sender/-in zum/zur Empfänger/-in und umgekehrt. Jeder/Jede Sender/-in ist also auch Empfänger/-in.

Nachricht
- An der Kommunikation sind mehrere **Übertragungskanäle** beteiligt, die sich gegenseitig beeinflussen: Sprache, Gestik, Töne, Mimik, Symbole, Schrift. In diesem Bereich kann es bei der Nachrichtenübertragung zu Störungen von außen (z. B. durch Rauschen am Telefon) kommen. Die **Kodierung** ist oft mehrdeutig: Ein Zeichen kann mehrere Bedeutungen haben (z. B. Bank) oder es sind mehrere Zeichen für eine Bedeutung möglich (z. B. Abendveranstaltung, Fest, Party, Fete).

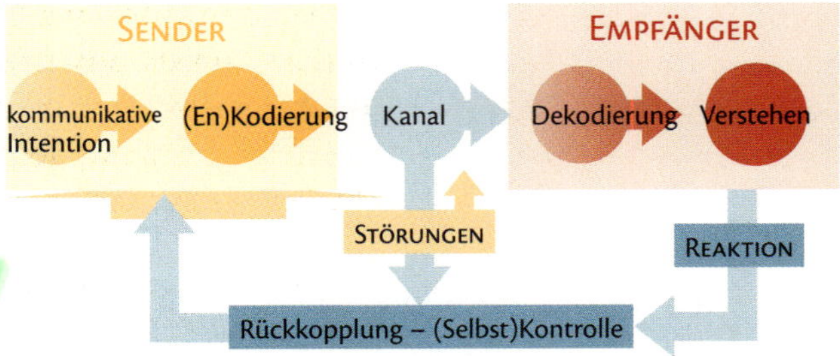

Empfänger/-in
- Er/Sie dekodiert die Nachricht und gibt eine entsprechende Reaktion.

Grundgesetze der Kommunikation (Watzlawick)

Der österreichische Kommunikationswissenschaftler und Psychologe Paul WATZLAWICK formulierte fünf Grundgesetze (**Axiome**) der Kommunikation.

Mitteilungscharakter
1. **Man kann nicht nicht kommunizieren.** Selbst wenn man nichts sagt, signalisiert das dem Gegenüber etwas: „Ich will nicht mehr reden" oder „Ich bin betroffen". Jedes Verhalten hat Mitteilungscharakter.

Inhalts-/Beziehungsaspekt
2. Jede Kommunikation hat einen **Inhalts- und einen Beziehungsaspekt:** Der Inhaltsaspekt soll sachlich informieren, der Beziehungsaspekt sagt etwas über die Beziehung zwischen Sender/-in und Empfänger/-in aus.

Interpunktion
3. Jeder/Jede Gesprächspartner/-in setzt in der Kommunikation einen subjektiven Anfangspunkt, eine sogenannte **Interpunktion**. Beispiel: Der nörgelnde Ehefrau führt ihr Nörgeln auf das zurückgezogene Verhalten des Ehemannes zurück. Dieser macht jedoch das Nörgeln der Ehefrau für seinen Rückzug verantwortlich.

digital/analog
4. In der menschlichen Kommunikation gibt es **digitale** (z. B. verbale) und **analoge** (z. B. Körpersprache oder Tonfall) Modalitäten.

symmetrisch/komplementär
5. Kommunikationsabläufe sind entweder **symmetrisch** (gleichrangige Position der Gesprächspartner/-innen) oder **komplementär** (hierarchisch ungleiche Partner/-innen).

Die vier Seiten einer Nachricht (Schulz von Thun)

Der Kommunikationswissenschaftler Friedemann SCHULZ VON THUN geht davon aus, dass eine Nachricht nicht nur einen Inhalts- und einen Beziehungsaspekt hat, wie Watzlawick in seinem zweiten Axiom definiert, sondern viele Botschaften enthält. Er beleuchtet den Vorgang der zwischenmenschlichen Kommunikation von vier Seiten:

1. **Sachinhalt:** Worüber ich informiere.
2. **Selbstoffenbarung:** Was ich von mir selbst kundgebe.
3. **Beziehung:** Was ich von dir halte und wie wir zueinander stehen.
4. **Appell:** Wozu ich dich veranlassen möchte.

Laut Schulz von Thun ist der/die Empfänger/-in mit nur zwei Ohren biologisch schlecht ausgerüstet. Er/Sie brauche im Grunde vier Ohren: ein Ohr für jede Seite. (Schulz v. Thun 2006, S. 44)

T Einzelarbeit 31

Tragen Sie die vier Seiten der Kommunikation (Sachinhalt, Selbstoffenbarung, Beziehung, Appell) passend zur Fragestellung in die Grafik auf S. 175 ein.

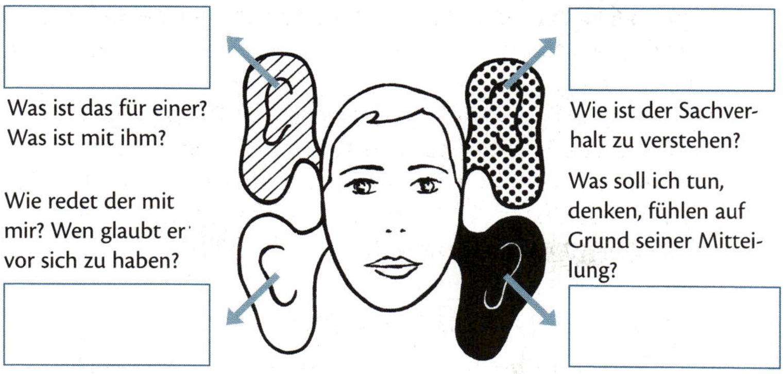

Maren Sundmacher

Bei verbaler Kommunikation kann es zu Missverständnissen kommen. Der Sender schickt eine Nachricht verschlüsselt (kodiert) zum Empfänger, dieser entschlüsselt (enkodiert) sie. Verbinden Sender und Empfänger unterschiedliche Vorstellungen mit der Nachricht, kann es zu Kommunikationsschwierigkeiten kommen: *„Der Empfänger kann prinzipiell frei wählen, auf welche Seite der Nachricht er reagieren will."* (Schulz v. Thun 2006, S. 45) Diese freie Auswahl führt zu Störungen, wenn sich ein/eine Empfänger/-in auf eine Seite der Nachricht bezieht, auf welche der/die Sender/-in gar nicht hinauswollte.

T Partnerarbeit **32**

Ergänzen Sie die Tabelle! (vgl. Schulz v. Thun 2006, S. 62, S. 31)
- Welche Seite der Nachricht A wird über die Aussagen jeweils explizit formuliert?
- Wie könnte man die jeweiligen Seiten der Nachricht B als Aussage formulieren?

Nachricht A: „Was ist das Grüne in der Sauce?"	
Aussage	**Seite der Kommunikation**
Da ist was Grünes.	
Lass' nächstes Mal das Grüne weg.	
Mir schmeckt das nicht.	
Du bist eine schlechte Köchin.	
Nachricht B: „Du, da vorne ist grün!"	
	Beziehung
	Sachinhalt
	Selbstoffenbarung
	Appell

Metakommunikation

Schulz von Thun nennt als Maßstab für gelungene Kommunikation **Klarheit** und **Stimmigkeit**. Die Kommunikation muss mit der inneren Verfassung, den Zielen und Werten, aber auch mit der Verfassung des Gegenübers und der Situation übereinstimmen. Als aussichtsreiches Hilfsmittel gegen eine gestörte Kommunikation nennt er die **Metakommunikation**. Damit meint er die *„Kommunikation über die Kommunikation, also eine Auseinandersetzung über die Art, wie wir miteinander umgehen, und über die Art, wie wir die gesendete Nachricht gemeint und die empfangenen Nachrichten entschlüsselt und darauf reagiert haben. (...) Sender und Empfänger machen die Art, wie sie miteinander umgehen, zum Gegenstand des Gesprächs. (...) Gute Metakommunikation verlangt einen vertieften Einblick in die eigene Innenwelt und den Mut zur Selbstoffenbarung. Mut insofern, als das Thema ‚Was geht – hier und jetzt – in mir vor – wie erlebe ich dich und was spielt sich zwischen uns ab?' eine meist vermiedene direkte Konfrontation mit der oft als peinlich erlebten Realität darstellt."* (a. a. O., S. 91 f) Über eine objektive Betrachtungsweise kann es gelingen, sich von der Spannung zu befreien und aus der Störung herauszukommen.

11

RF Einzelarbeit **33**

Metakommunikation kann geübt werden. Reflektieren Sie beim nächsten Gespräch, aus dem Sie unbefriedigt herausgehen, schriftlich folgende Fragen (vgl. Schulz v. Thun 2006, S. 94):
- Wie habe ich mich während des Gesprächs gefühlt?
- Was hat diese Gefühle ausgelöst?
- War mir klar, welche Anliegen bzw. welche Botschaft ich vermitteln wollte?
- Ist es gelungen, die Botschaft zu vermitteln?
- Was hätte ich im Klartext am liebsten gesagt?
- Was hat mich daran gehindert?
- Was würde ich nach dem Gespräch noch gerne loswerden?
- Welche Notizen würde sich mein Gegenüber nach dem Gespräch machen?

Kommunikationsstile

Mit Lehrern/-innen kommunizieren wir anders als mit Kollegen/-innen, mit Freunden/-innen anders als mit den Eltern. Der Kommunikationsstil beschreibt die Art und Weise, „mit anderen Menschen in Kontakt zu treten, zu sprechen und die Beziehung zu gestalten." (Schulz v. Thun 2006, S. 57) Wir tragen unsere innere Verfassung (Bedürfnisse, Gefühle, Stimmung, Absicht) mit dem jeweiligen Kommunikationsstil nach außen. Schulz von Thun unterscheidet acht Kommunikationsstile, in denen unterschiedliche Persönlichkeitsanteile sichtbar werden. Es können sich auch mehrere Stile verbinden:

„Ich bin schwach und hilflos!"

1. Über den **bedürftig-abhängigen Stil** kommunizieren wir, dass wir Hilfe brauchen. Über diesen Kommunikationsstil zielen wir darauf ab, uns selbst als hilflos oder überfordert darzustellen. Damit geben wir der anderen Person das Gefühl, uns helfen und für uns entscheiden zu müssen.

„Ich will gebraucht werden!"

2. Über den **helfenden Stil** unterstützen wir andere, indem wir gut zuhören und Verständnis signalisieren. Wir strahlen Stärke und Souveränität aus, vermitteln Zuversicht und geben dem/der anderen zu verstehen, dass sich alles zum Positiven wenden wird.

„Ich selbst bin unwichtig, nur im Einsatz für andere nützlich!"

3. Über den **selbst-losen Stil** sind wir ebenfalls für die anderen da. Doch während wir uns mit dem helfenden Stil souverän präsentieren, geben wir uns mit dem selbst-losen unterwürfig. Dieser Stil vermittelt das Bild, selbst bedeutungs- und wertlos zu sein und uns unserer Stärke und Nützlichkeit nur über die Hilfsbedürftigkeit anderer vergewissern zu können.

„Wehe, jemand merkt es, dass ich nicht in Ordnung bin!"

4. Wenn wir andere herabsetzen oder erniedrigen, kommunizieren wir mit **aggressiv-entwertendem Stil**. Von außen wirkt dieser Stil aggressiv, bösartig, verächtlich und überkritisch, innerlich sind wir jedoch verletzlich und verzweifelt. Schulz von Thun führt die Entwicklung zu diesem Stil auf Erfahrungen mit Herabsetzungen, Demütigungen und Gewalt zurück. Diesem Stil liegt die Angst zugrunde, von anderen hintergangen und gnadenlos verachtet zu werden.

„Ich selbst bin nicht liebenswert – nur über meine Leistungen."

5. Über den **sich beweisenden Stil** bringen wir zum Ausdruck, wie gut, kompetent und geachtet wir sind. Der Selbstwert hängt hier von den herzeigbaren Leistungen ab. Je größer der Selbstzweifel, desto weniger Fehler erlauben wir uns.

„Ich bin voller chaotischer Impulse – nur durch strenge Regeln bleibe ich anständig."

6. Mit einem **bestimmend-kontrollierenden Stil** geben wir vor, zu wissen, was gut und richtig ist. Das Bedürfnis, die Dinge so zu lenken und zu korrigieren, dass sie unter Kontrolle bleiben, führt zu moralischen Aussagen, zu Ritualen, starren Normen und Prinzipien. Darin zeigt sich also Angst vor Veränderungen und Kontrollverlust.

„Wenn ich jemanden an mich heranlasse, begebe ich mich in große Gefahr."

7. Der **sich distanzierende Stil** äußert sich über sachliche Aussagen und einen abweisenden Charakter. Über eine förmliche und unpersönliche Art versuchen wir Distanz herzustellen. Oft wirkt dieser Stil arrogant und abweisend, unser/-e Gesprächspartner/-in hat das Gefühl, nur schwer an uns heranzukommen. Dieser Stil zeigt Angst davor, in eine Abhängigkeit zu geraten, in der man jeder Verletzung preisgegeben ist.

„Ich werde nur beachtet, wenn ich mich in den Vordergrund spiele."

8. Wenn wir wahrgenommen werden möchten und redselig sind, kommunizieren wir über den **mitteilungsfreudig-dramatisierenden Stil**. Über Selbstdarstellung und starken Gefühlsausdruck machen wir auf uns aufmerksam. Das Wichtigste ist, wahrgenommen zu werden, egal mit welchen Mitteln. Oft steckt dahinter die Überzeugung, dass andere sich nicht dafür interessieren, wie einem zumute ist.

T **Einzelarbeit** **34**

Ordnen Sie die Kommunikationsstile den jeweiligen Bildern mit der entsprechenden Nummer zu.

Themenzentrierte Interaktion (Cohn)

Die US-amerikanische Psychoanalytikerin Ruth Cohn entwickelte die Methode der **themenzentrierten Interaktion (TZI)**, in der vor allem folgende drei Faktoren die Gruppeninteraktion bestimmen: das *Ich* (die Persönlichkeit), das *Wir* (die Gruppe) und das *Es* (das Thema). Diese drei Faktoren sind im sogenannten **Globe** (Umfeld der Gruppe, z. B. Zeit und Ort des

Geschehens) vorhanden. In der TZI wird eine dynamische Balance von persönlichen Bedürfnissen, Gruppengeschehen und Aufgabe angestrebt, denn Kommunikation kann nur gelingen, wenn diese drei Faktoren im Gleichgewicht sind.

Cohn formulierte **Regeln**, die im Gruppengespräch den Interaktionsstil fördern sollen, indem sie den ganzen Menschen mitsamt seinen Gefühlen und Gedanken berücksichtigen. Einige davon lauten:

Gesprächsregeln

- Es kann immer nur **eine/einer sprechen**. Wollen mehrere gleichzeitig ihre Meinung kundtun, muss die Reihenfolge der Sprecher/-innen bestimmt werden. Sprich nicht zu lange zu einem Thema.
- Sprich in der **Ich-Form**. Versteck dich nicht vor der individuellen Verantwortung und vertritt dich selbst in deinen Aussagen. Anstatt von „wir wollen, man möchte": „ich will, ich möchte".
- Teile deine **persönlichen Gedanken** und Erfahrungen mit. Mach persönliche Aussagen und stelle Fragen nur dann, wenn du wirklich Informationen einholen willst.
- Übernimm **Verantwortung** für dich selbst. Bestimme selbst, wann du etwas sagen oder schweigen willst.
- Sei **authentisch** und selektiv. Mach dir bewusst, was du denkst und fühlst und was du davon mitteilen möchtest.
- Unterbrich das Gespräch, wenn du **unkonzentriert** bist, weil du müde oder verärgert bist.
- **Nebengespräche stören**. Bring dein Anliegen in die Gruppe ein.

11.8 Konflikt und Konfliktlösung

Definition
Der Begriff KONFLIKT (lat. *conflictus:* Zusammenstoß, Kampf) bezeichnet ein Zusammentreffen unvereinbarer Zielsetzungen oder Wertvorstellungen.

Stellen Sie sich vor, zwei Züge rasen auf demselben Gleis aufeinander zu. Dasselbe geschieht bei einem Konflikt: *„Konflikte entstehen überall, wo verschiedene Bedürfnisse, Meinungen, Interessen, Normen und Werte zusammentreffen."* (Marmet 1999, S. 102) Meist kommt es zum Konflikt, weil sich mindestens eine der Konfliktparteien im Verfolgen oder Erreichen ihrer Ziele eingeschränkt fühlt. Konflikte sind im menschlichen Leben und Handeln allgegenwärtig.

- **Intrapersonelle** Konflikte sind meist Krisen, die einen persönlich betreffen (lat. *intra:* innerhalb): Entscheide ich mich für eine Lehre oder für die weiterführende Schule? Welche Rolle nehme ich in meinem Freundeskreis ein?
- **Interpersonelle** Konflikte hingegen entstehen auf der zwischenmenschlichen Ebene (lat. *inter:* zwischen) und beziehen mehrere Personen mit ein: Kann ich nach 22:00 Uhr noch laut Musik spielen oder störe ich damit meine Nachbarn/-innen?

„Ein Zusammenprall von Meinungen ist keine Katastrophe, sondern eine Gelegenheit."
Alfred North WHITEHEAD, Philosoph
(Rabenstein 2001, S. 122)

Ein Konflikt hat aber nicht ausschließlich negative Auswirkungen. Konflikte können auch Probleme aufzeigen und, wenn wir sie lösen, klärend wirken. Der Konfliktforscher Gerhard SCHWARZ beschreibt vier **positive Aspekte** eines Konflikts:

- Konflikte erzeugen **Lösungsdruck:** Sie bieten die Chance, die Situation positiv zu verändern.
- Ein konstruktiver Umgang mit Konflikten führt dazu, abweichende Meinungen als **bereichernd** zu erleben.
- Wenn Konflikte erfolgreich bewältigt werden, stärken sie die **Zusammengehörigkeit**.
- Konflikte ermöglichen **neue Entwicklungen**, wenn sie zugelassen werden.

Ein Konflikt kann positiv bewältigt werden, wenn die Konfliktparteien entsprechend den *Stufen der kooperativen Konfliktlösung* vorgehen und sich an *Verhaltens-Grundregeln* halten.

Stufen der kooperativen Konfliktlösung

Problem definieren

1. Konfliktdiagnose

- Worum genau geht es? Was ist der eigentliche Streitpunkt? Geht es um die Position (einen „Justament-Standpunkt") oder ein echtes Bedürfnis?
- Wer ist am Konflikt beteiligt? Wer arbeitet gegen wen?
- Wie äußert sich der Konflikt?
- Wie hat sich der Konflikt bisher entwickelt?
- Was hat der Konflikt bisher gebracht?

klare Botschaften übermitteln

2. Mit dem Problem auseinandersetzen

Wenn man sich mit dem Problem selbst auseinandersetzt, sollten bestimmte Voraussetzungen gegeben sein, damit offen miteinander kommuniziert werden kann (Ärger kontrollieren,

11

→ Fokus auf die Lösung, nicht aufs Problem

Vertrauen aufbauen). Die unterschiedlichen Standpunkte werden dargelegt, ohne anzuklagen; dem/der anderen soll jeweils aktiv zugehört werden. **Aktives Zuhören** bedeutet in der zwischenmenschlichen Kommunikation, dem/der Gesprächspartner/-in einfühlsam zu begegnen – entweder mit nonverbalen Reaktionen (z. B. zustimmendem Nicken) oder mit sprachlichen Äußerungen (z. B. „Aha"). Es sollen in der Auseinandersetzung mit dem Problem immer auch die eigenen Wünsche und Bedürfnisse deutlich angesprochen werden.

Lösungsideen sammeln, dann diskutieren

3. Lösungsmöglichkeiten sammeln

Eine kritische Auseinandersetzung mit dem Konflikt ermöglicht es schließlich, Lösungen zu suchen. Dafür werden idealerweise mehrere Lösungsvorschläge eingebracht, also Ideen gesammelt und erst in einem weiteren Schritt bewertet.

auf eine Lösung einigen

4. Lösungsfindung

In einer letzten Stufe soll eine Lösung gefunden werden, die für beide Parteien annehmbar ist. An der Lösungsfindung sollen beide Parteien beteiligt sein, nur dann werden sie auch bereit sein, die getroffene Entscheidung mitzutragen. Wichtig ist es, sich auf Kriterien zu einigen, die das Einhalten der Lösung überprüfen lassen.

Verhaltens-Grundregeln für eine konstruktive Konfliktbewältigung

Während man die Stufen der Konfliktbewältigung durchläuft, sollte man sein Verhalten reflektieren (vgl. Marmet 1999, S. 106 ff):

- **Eigene Verhaltenstendenzen erkennen:** Frühe Erfahrungen prägen unseren Umgang mit Konflikten. Erkennen wir unsere Verhaltenstendenzen, können wir sie bewusst ändern und andere ausprobieren.
- **Verschiedenheit akzeptieren:** Wenn wir die Gegenpartei akzeptieren, wie sie ist, und nicht mehr den Drang verspüren, sie umerziehen zu müssen, sind wir konfliktfähiger.
- **Auf Machtanwendung verzichten:** Die Versuchung, Machtmittel wie Strafen anzuwenden, ist groß, weil Konflikte auf diesem Weg schnell „bewältigt" werden. Konflikte werden durch Machtanwendung aber nur unterdrückt und nicht gelöst. Das bedeutet, dass man eine Lösung suchen sollte, die beiden Seiten gerecht wird.

Gruppenarbeit **35**

T

RF

Wählen Sie eine Konfliktsituation in einer Paarbeziehung und entwickeln Sie im **Rollenspiel** ein Konfliktlösungsgespräch, das auf die Zufriedenheit aller Parteien abzielt!

- Lösen Sie das Problem nach den Stufen der kooperativen Konfliktbewältigung und berücksichtigen Sie dabei die Verhaltensregeln!
- Reflektieren Sie, a) wie die funktionierende Gesprächssituation wieder hergestellt werden konnte und b) welche Einigung im Gespräch erzielt wurde!

Es gibt zahlreiche Maßnahmen, um Konflikte zu *umgehen*: Entweder wir kommunizieren so oberflächlich, dass gar keine ernsthaften Konflikte auftreten können, oder wir schließen Andersdenkende aus. Eine weit verbreitete Technik, um Konflikte zu *regeln*, ist die: Wir formieren uns zu Gruppen und setzen uns gegen die Minderheit durch. Dadurch wird der Konflikt aber nicht gelöst bzw. verarbeitet. Ein unverarbeiteter Konflikt kann Auslöser für verschiedene Mobbingaktivitäten sein.

Mobbing

Definition
MOBBING (engl. *to mob:* angreifen, anpöbeln) bedeutet Schikanieren oder Quälen durch eine oder mehrere Personen.

Der deutsche Psychologe Heinz LEYMANN gilt als Wegbereiter der Mobbingforschung. Er prägte den Begriff Mobbing und versteht darunter *„negative kommunikative Handlungen, die gegen eine Person gerichtet sind (von einer oder mehreren anderen) und die sehr oft und über einen längeren Zeitraum hinaus vorkommen und damit die Beziehung zwischen Täter und Opfer kennzeichnen."* (Leymann 2002, S. 21) Man spricht von Mobbing, wenn eine Person beispielsweise am Arbeitsplatz oder in der Schule mindestens einmal in der Woche über ein halbes Jahr hinweg Opfer von Angriffen wird. Leymann klassifizierte 45 Mobbinghandlungen in 5 Gruppen (vgl. Leymann 2002, S. 23 ff):

Unterdrückung
sozialer Ausschluss
Diskriminierung
berufliche Degradierung
Gesundheitsschädigung

1. Angriffe auf die Möglichkeit, sich mitzuteilen (u. a. Drohungen, Gesprächsunterbrechungen); 2. Angriffe auf die sozialen Beziehungen (u. a. Ignorieren; Verbote, mit dem/der Betroffenen zu sprechen); 3. Auswirkungen auf das soziale Verhalten (u. a. Beschimpfungen, Demütigungen, Angriffe gegen die politische oder religiöse Einstellung); 4. Angriffe auf die Qualität der Berufs- und Lebenssituation (u. a. Erteilen von Arbeitsaufgaben, die sinnlos sind, die eigene Qualifikation übersteigen oder unterfordern); 5. Angriffe auf die Gesundheit (u. a. körperliche Misshandlung, sexuelle Handgreiflichkeiten).

Interventionsmöglichkeiten und Gegenmaßnahmen

Mobbing ist psychische Gruppengewalt, der man verschiedentlich entgegenwirken kann:

- Dem/Der Täter/-in früh genug **„Stopp"** signalisieren.
- Rechtzeitig **Öffentlichkeit** schaffen, um sich nicht zu isolieren.
- Im Sinne einer positiven Konfliktkultur das **Gespräch** suchen: Reibungspunkte sollten direkt angesprochen werden. Es kann förderlich sein, sich in die Gegenpartei hineinzuversetzen.
- Nicht scheuen, **Hilfe** in Anspruch zu nehmen und persönlich Rat und Rückendeckung bei neutralen Personen einzuholen. Es gibt außerbetriebliche und schulpsychologische Mobbing-Beratungsstellen, die Unterstützung bieten. Kann das Problem trotz allem nicht gelöst werden, darf ein Job- oder Schulwechsel nicht als Kapitulation gesehen werden.

Gruppenarbeit 36

- Formulieren Sie Klassengemeinschaftsregeln, die für eine konfliktfreie Klassengemeinschaft wichtig sind!
- Arbeiten Sie ein Plakat aus, auf dem Sie die Regeln nach einer Abstimmung hierarchisch ordnen!

Eskalationsstufen eines Konflikts

Der österreichische Konfliktforscher Friedrich Glasl stellte die Eskalation eines Konfliktes in 9 Stufen dar, die einen Abstieg zu immer unmenschlicheren Formen der Auseinandersetzung beschreiben.

win–win

Ebene 1: Beide Konfliktparteien können noch gewinnen (**win-win**):

- Verhärtung — Stufe 1: Die Standpunkte **verhärten** sich, aber noch besteht die Überzeugung, dass der Konflikt durch Gespräche lösbar ist.
- Polarisation & Debatte — Stufe 2: Meinungsverschiedenheiten führen zu Streit, auf den anderen/die andere wird **Druck** ausgeübt.
- Aktionen — Stufe 3: Gespräche werden abgebrochen, der/die andere wird vor **vollendete Tatsachen** gestellt.

win–lose

Ebene 2: Nur noch eine der Parteien kann gewinnen (**win-lose**):

- Images/Koalitionen — Stufe 4: Man sucht **Verbündete**, der Konflikt soll allein schon des Gewinnes wegen gewonnen werden.
- Gesichtsverlust — Stufe 5: Es kommt zu direkten (verbalen) Angriffen, die den/die Gegner/-in vernichten sollen. Dadurch geht jedoch auch die eigene moralische **Glaubwürdigkeit** verloren.
- Drohstrategien — Stufe 6: **Drohungen** und Gegendrohungen nehmen zu. Durch das Aufstellen von Ultimaten wird die Konflikteskalation beschleunigt.

lose–lose

Ebene 3: Jede der Parteien kann nur noch verlieren (**lose-lose**):

- Begrenzte Vernichtungsschläge — Stufe 7: Ein begrenzter eigener **Schaden** wird bereits als Gewinn bewertet, wenn der des Gegners/der Gegnerin größer ist.
- Zersplitterung — Stufe 8: Die **Zerstörung** und Auflösung des Gegners/der Gegnerin wird als Ziel intensiv verfolgt.
- Gemeinsam in den Abgrund — Stufe 9: Die **Vernichtung** des Gegners/der Gegnerin wird zum Preis der Selbstvernichtung in Kauf genommen.

Deeskalationsstrategien

RF Partnerarbeit 37

Ersetzen Sie folgende Verhaltensreaktionen durch geeignete Deeskalationsstrategien!

Verhaltensreaktion		Deeskalationsstrategie
Anstatt Druck auszuüben ...	→	... versuchen zu überzeugen.
Anstatt persönlich anzugreifen ...	→	eigenen Standpunkt darlegen
Anstatt die Beherrschung zu verlieren ...	→	sachlich zu bleiben
Anstatt gewinnen zu wollen ...	→	Kompromiss finden
Anstatt zu früh zu urteilen ...	→	zuhören, überlegen
Anstatt sich auf eine Position festzulegen ...	→	flexibel bleiben
Anstatt immer nur die eigene Sichtweise zu sehen ...	→	auch die andere zu sehen
Anstatt um das Problem herumzureden ...	→	sich auf die Lösung zu [illegible]

Literaturtipp

Perner, Rotraud: *Schaff' dir einen Friedensgeist. Gewaltprävention im Alltag.* Wien 2001. Die Autorin liefert zahlreiche Strategien, mit denen man Konflikten im Alltag begegnen und sie erfolgreich bewältigen kann.

11

Wiederholen RP

1. Wofür interessiert sich die Sozialpsychologie? Was unterscheidet sie in ihren Forschungsschwerpunkten von der Persönlichkeitspsychologie?
2. Welchen Wahrnehmungsfehlern unterliegen wir, wenn wir uns ein Urteil über andere Menschen bilden? Zu welcher Erkenntnis kam ROSENTHAL in seinem Experiment?
3. Was ist an Vorurteilen und Stereotypenbildung problematisch? Wie können sie überwunden werden?
4. Unter welchen Bedingungen leisten wir Befehlen eher Folge, wann hingegen verweigern wir Gehorsam? Zu welchen Ergebnissen kamen ASCH, MILGRAM, ZIMBARDO und Ron JONES?
5. Welche Bedeutung schreibt LE BON der Masse zu? Inwiefern beeinflussen Massenbewegungen unser Denken und Handeln?
6. Gibt es Gemeinsamkeiten zwischen WATZLAWICKS Axiomen und SCHULZ VON THUNS Kommunikationsmodell?
7. Stellen Sie sich vor, Sie haben Streit mit einem/einer Freund/-in. Wie bereinigen Sie den Konflikt zur Zufriedenheit beider Seiten?
8. Was versteht man unter Mobbing, wie kann es sich äußern und welche Interventionsmöglichkeiten gibt es?

Verstehen RF

»*Solange man der Macht des Staates, der Kirche, der öffentlichen Meinung gehorcht, fühlt man sich sicher und behütet. Tatsächlich macht es kaum einen Unterschied, welcher Macht man im Einzelnen gehorcht. Es handelt sich stets um Institutionen oder um Menschen, die sich auf die eine oder andere Art der Gewalt bedienen – und die arglistig Allwissenheit und Allmacht für sich in Anspruch nehmen. Mein Gehorsam gibt mir Anteil an der Macht, die ich verehre, und daher fühle ich mich stark. Ich kann gar keinen Fehler machen, denn sie trifft ja die Entscheidung für mich; (...) Um ungehorsam zu sein, muss man den Mut haben, allein zu sein, zu irren und zu sündigen. Die Fähigkeit zum Mut hängt aber vom Entwicklungsstadium des Betreffenden ab. Nur wenn ein Mensch sich vom Schoß der Mutter und den Geboten des Vaters befreit hat, nur wenn er sich als Individuum ganz entwickelt und dabei die Fähigkeit erworben hat, selbständig zu denken und zu fühlen, nur dann kann er den Mut aufbringen, zu einer Macht nein zu sagen und ungehorsam zu sein. Ein Mensch kann durch den Akt des Ungehorsams, dadurch dass er einer Macht gegenüber nein sagen lernt, frei werden; (...) Wenn ich vor der Freiheit Angst habe, kann ich nicht wagen, nein zu sagen, kann ich nicht den Mut aufbringen, ungehorsam zu sein. (...) Es gibt noch einen anderen Grund, weshalb es so schwer ist, ungehorsam zu sein und zur Macht nein zu sagen. In der Geschichte des Menschen wurde meistens Gehorsam mit Tugend und Ungehorsam mit Sünde gleichgesetzt. (...) Der Kampf gegen die Autorität im Staat wie auch in der Familie war oft geradezu die Basis für die Entwicklung einer unabhängigen und wagemutigen Persönlichkeit. Der Kampf gegen die Autorität war nicht zu trennen von der intellektuellen Stimmung, die für die Philosophen der Aufklärung und für die Naturwissenschaftler kennzeichnend war. Dieser „kritische Geist" glaubte an die Vernunft und zweifelte gleichzeitig an allem, was gesagt oder gedacht wurde, wenn es sich auf Tradition, Aberglaube, Sitte oder Macht gründete. Die Grundsätze* sapere aude *und* de omnibus est dubitandum *(„Wage zu wissen" und „Zweifle an allem") waren charakteristisch für eine Einstellung, welche die Fähigkeit, nein zu sagen, zuließ und förderte. Wie sieht es heute mit der Autorität aus? (...) Der Organisationsmensch hat die Fähigkeit zum Ungehorsam verloren, er merkt nicht einmal mehr, dass er gehorcht. An diesem Punkt der Geschichte könnte möglicherweise allein die Fähigkeit zu zweifeln, zu kritisieren und ungehorsam zu sein, über die Zukunft für die Menschheit oder über das Ende der Zivilisation entscheiden.*«

(FROMM, Erich: Über den Ungehorsam. München 1995, S.14–17)

- → **Was versteht Fromm hier unter „Ungehorsam"?**
- → **Worauf beruht laut Fromm die Bereitschaft des Menschen zu gehorchen?**
- → **Weshalb fällt es so schwer, ungehorsam zu sein? Welche Argumente nennt Fromm?**
- → **Was versteht Fromm unter „Organisationsmensch"?**

Anwenden T

Welche Möglichkeiten haben wir, Vorurteile zu entkräften bzw. zu überwinden? Erarbeiten Sie in Gruppen ein **Anti-Diskriminierungsprojekt**, das einen Beitrag zum Abbau von Vorurteilen leistet!
Projektideen: ein Werbeplakat gestalten, einen Comic entwerfen, einen Videoclip erstellen, einen Appell an die heimische Politik verfassen, ein Parteiprogramm mit grundsätzlichen Forderungen, Zielen und Werten einer fiktiven Partei entwickeln, einen Anti-Rassismus-Workshop in der Schule anbieten etc.

12. Motivation

„Wenn die Arbeit ein Vergnügen ist, wird das Leben zur Freude."
Maxim Gorki (russischer Schriftsteller, 1868–1936)

„Was denkst du ... sollten wir jetzt mit der Motivationsforschung anfangen oder nicht?"

Legen Sie Wert auf ein sportliches Mountainbike, das andere beeindruckt? Oder wünschen Sie ein Citybike mit Korb für den Transport von Einkäufen? Die Fahrradhändlerin wird versuchen herauszufinden, welches Motiv, welcher *innere Beweggrund* hinter Ihrem beabsichtigten Fahrradkauf steht. Der Begriff **Motiv** (lat. *movere:* bewegen) ist ein Sammelbegriff für Trieb, Drang, Streben, Wollen oder Bedürfnis. Motive spielen in allen Lebensbereichen eine große Rolle: beim Einkaufen, bei der Studienwahl und in allen anderen Wahl- und Entscheidungssituationen. Ein Motiv setzt eine zielgerichtete Handlung in Gang, löst also menschliches Verhalten aus und erklärt es. Die Gesamtheit von Motiven, die einen Menschen zu einer bestimmten Handlung bewegen, nennt man **Motivation**. Durch sie lenken wir unsere Energie, die aufgrund von Bedürfnissen entstanden ist, auf ein erwünschtes Ziel hin. Motiviertes Handeln ist also zielgerichtetes Handeln.

Laut Motivationsforscher Steven Reiss hat jeder Mensch ein individuelles **Motivationsprofil**, durch das er sich von anderen abhebt, denn die Lebensmotive sind bei jedem Menschen unterschiedlich gewichtet (▸ Kap. 12.2). Dieses individuelle Profil macht unter anderem unsere Persönlichkeit aus.
Wir müssen uns bewusst machen, was wir im Leben brauchen, um glücklich zu sein: Was motiviert mich? Was kann ich besonders gut, was weniger? Wenn wir wissen, was uns im Leben antreibt (*motiviert*), und wenn wir erkennen, welche Bereiche und Werte für uns bedeutend sind, können wir unser Leben dementsprechend gestalten und werden zufriedener sein.

1 Einzelarbeit: Notieren Sie, welche Motive folgenden Aktivitäten zugrunde liegen können:
- nach der Schule ein Studium beginnen
- für ein Jahr bei einem Schüleraustausch mitmachen
- auf eine Party gehen
- Tagebuch schreiben

2 Einzelarbeit: Welche Ziele haben Sie sich für die nächsten Jahre gesetzt? Schreiben Sie auf, wovon Sie 1) träumen und 2) was Sie sich aus der Position des Realisten bzw. der Realistin vornehmen. Nennen Sie die Motive Ihrer Zielsetzungen.

Die Frage nach der Motivation ist die Frage nach den Gründen für ein bestimmtes Verhalten:
Wenn ein angestrebtes Ziel erkennbar ist (z. B. die Matura zu bestehen), fragt die Motivationspsychologie nach den Gründen für dieses zielgerichtete Verhalten. Sie interessiert sich dafür, wie engagiert wir Ziele verfolgen, warum wir manche Ziele enthusiastisch in Angriff nehmen und bei anderen erst gar nicht versuchen, sie zu erreichen. Verschiedene **Motivationstheorien** versuchen herauszufinden, was Motivation verursacht. Sie fragen danach, inwiefern *Situationsfaktoren* (Umweltreiz, äußere Umstände, Kultur) und inwiefern *personenspezifische Faktoren* (innere Zustände, Fähigkeiten, Bedürfnisse) unsere Motivation beeinflussen.

Die Motivationstheorien haben ein unterschiedliches Verständnis vom Begriff **Motivation**:

- Abraham Maslow begründet seine Motivationstheorie auf einer hierarchischen Anordnung unserer **Bedürfnisse** (▸ Kap. 12.1). Er unterscheidet zwischen dringlichen Grundbedürfnissen und Wachstumsbedürfnissen, die auf unsere persönliche Weiterentwicklung gerichtet sind.
- Steven Reiss definiert 16 **Lebensmotive**, die unser tägliches Handeln beeinflussen und die maßgeblich für unser Zufriedenheitsgefühl sind (▸ Kap. 12.2).
- Die Triebreduktionstheorie geht von einer rein physiologisch bedingten Motivation aus, bei der unser Verhalten durch unsere **Triebe** (Hunger, Durst, Sexualität) biologisch reguliert wird (▸ Kap. 12.3).
- Mihaly Csikszentmihalyi nennt Bedingungen, die gegeben sein müssen, um **Freude** an der Arbeit haben zu können. Motivation ist dafür ein wesentliches Kriterium (▸ Kap. 12.4).

extrinsisch –

12.1 Die Hierarchie der Bedürfnisse

RF Plenum 3

- Was brauchen wir zum Leben? Notieren Sie, wonach wir Bedürfnisse entwickeln.
- Reihen Sie die Vorschläge nun Ihren persönlichen Bedürfnissen entsprechend: Was ist Ihnen besonders wichtig? Worauf hingegen könnten Sie verzichten?

Motive stehen immer für ein individuelles Bedürfnis, das wir befriedigen wollen: Verlangen nach Nahrung, Sehnsucht nach Intimität, Bedürfnis nach Zugehörigkeit oder Wunsch nach Erfolg. Dieses Bedürfnis löst eine Handlungsreaktion (Verhalten) aus. Vor allem das Lustgefühl ist eine starke Antriebskraft. Verhaltensweisen, die mit einem befriedigenden Gefühl verbunden sind, will man erneut herbeiführen, da die Befriedigung als Belohnung erlebt wird. Motivation steht also für die Handlungsbereitschaft, Bedürfnisse (z. B. Hunger, Durst) zu befriedigen.

Motive haben unterschiedliche Herkunft:

angeborene Motive

- **Primäre** Motive verfolgt der Mensch instinktiv. Sie umfassen alle angeborenen, körperlichen Befindlichkeiten und physiologischen Druck (Hunger, Durst).

erworbene Motive

- **Sekundäre** Motive sind umweltbedingt, also kulturabhängig erlernt, wie das Streben nach Macht oder Prestige.

Was wäre Ihre Hierarchie der Bedürfnisse bei einer Inselstrandung?

Stellen Sie sich vor, Sie stranden nach wochenlanger Irrfahrt auf dem Meer auf einer einsamen Insel. Was werden Sie als Erstes tun? Sich die Sonne auf den Bauch scheinen lassen? Über den Sinn des Lebens philosophieren? Sogenannte *niedrige* Motive (Grundbedürfnisse) sind wichtiger und müssen vor den *höheren* Motiven (Wachstumsbedürfnissen) befriedigt werden. Das bedeutet im Fall einer Inselstrandung, dass wir zuerst Hunger und Durst stillen sowie unser Bedürfnis nach einem Dach über dem Kopf abdecken müssen, ehe wir nach Selbstverwirklichung streben.

Abraham Maslow, Mitbegründer der Humanistischen Psychologie, unterscheidet in seiner Motivationstheorie genauer zwischen *Grundbedürfnissen* und *Wachstumsbedürfnissen*.

- Zu den **Grundbedürfnissen** (Defizitbedürfnissen) zählt Maslow physiologische und soziale Bedürfnisse, das Sicherheitsbedürfnis und das Bedürfnis nach Anerkennung. Nicht-Befriedigung dieser Grundbedürfnisse führt zu einem Mangelzustand (Defizit). Grundbedürfnisse müssen für die körperliche und psychische Gesundheit immer in bestimmtem Ausmaß befriedigt sein, bevor uns etwas anderes motivieren kann: Solange unser Bedürfnis nach Wasser nicht befriedigt ist, wird beruflicher Erfolg für uns absolut nebensächlich sein. Fehlende Luft zum Atmen wiederum würde uns unseren Durst vergessen lassen. Maslow geht davon aus, dass zuerst unsere grundlegenden Bedürfnisse erfüllt sein müssen, ehe wir den Drang verspüren, unsere Wachstumsbedürfnisse zu befriedigen.
- Die **Wachstumsbedürfnisse** umfassen das Bedürfnis nach Selbstverwirklichung und die Transzendenz. Diese Bedürfnisse sind notwendig für unsere psychische Gesundheit und die Weiterentwicklung, bei der wir unsere Fähigkeiten ausbilden. Wir wollen unser Potenzial verwirklichen und erreichen dadurch immer mehr Selbstverwirklichung. Maslow nennt einige Merkmale, die einen erfüllten Menschen auszeichnen: Wahrnehmung der Realität, Selbstakzeptanz, Kreativität, Spontaneität und tiefgehende zwischenmenschliche Beziehungen.

Maslow erstellte eine Pyramide, in der er fünf menschliche Bedürfnisse hierarchisch anordnete. Die sechste und oberste Stufe „Transzendenz" ergänzte er erst kurz vor seinem Tod. Die Hierarchie verläuft stufenweise nach Dringlichkeit ihrer Befriedigung: Die nächsthöhere Bedürfnisstufe wird jeweils dann angestrebt, wenn die Bedürfnisse der vorangegangenen Stufe befriedigt wurden.

T Einzelarbeit **4**

Ordnen Sie folgende Bedürfnisse einer entsprechenden Stufe zu:
Hauskauf, Matura, sexuelle Befriedigung, Jobwechsel zugunsten einer Karrierelaufbahn, Freundeskreis, Pensionsvorsorge, Gemälde malen, Partnerschaft, Vereinstätigkeit, Versicherung (Auto, Wohnung, Leben)

Individuelle Bedürfnishierarchie

Maslow geht davon aus, dass seine Rangordnung der Bedürfnisse nicht für alle Menschen in gleicher Weise gilt. Jeder Mensch zeichnet sich durch eine individuelle Hierarchie der Bedürfnisse aus und führt sein Leben nach individuellen Wünschen und Vorstellungen. Ebenso subjektiv ist, unter welchen Umständen eine Stufe als ausreichend befriedigt angesehen wird, und ab wann die nächsthöhere Stufe angestrebt werden kann.

RF Diskussion **5**

Vergleichen Sie Ihre eingangs hierarchisch gelisteten Bedürfnisse mit Maslow! Entspricht Ihre Reihenfolge der Maslow'schen Bedürfnispyramide oder sind für Sie andere Bedürfnisse dringlicher bzw. weniger bedeutend?

T Einzelarbeit **6**

Welche Bedürfnisse motivieren den Titelhelden des Romans *Robinson Crusoe* von Daniel Defoe? Nennen Sie die jeweilige Stufe der Maslow'schen Bedürfnispyramide.
Der schiffbrüchige Abenteurer Robinson Crusoe strandet auf einer einsamen Insel. Zunächst sorgt er dafür, seinen Hunger und Durst zu stillen, um wieder zu Kräften zu kommen (a).
Anschließend baut er eine kleine Hütte, um sich vor wilden Tieren und Unwetter zu schützen (b).
Erst dann sehnt Robinson sich nach Gesellschaft und freut sich über die Bekanntschaft mit seinem Gefährten Freitag (c).
Schließlich beginnt Robinson sich mit Flora und Fauna der Insel auseinanderzusetzen, lernt die Arten voneinander zu unterscheiden und unterrichtet Freitag (d).
Ist dies erreicht, beginnt er seine Fähigkeiten voll zu entfalten, schreibt und dichtet (e).
Schließlich findet er zum Glauben an Gott (f).

RF Gruppenarbeit **7**

Entwerfen Sie ein Konzept für eine motivationsfördernde Schule!
a) Bilden Sie Expertengruppen mit folgenden Rollen: Schüler/-in, Eltern, Direktor/-in, Lehrer/-in, Schulpsychologe/-in.
Überlegen Sie aus Ihrer Position heraus, mit welchen Mitteln in einem Schulbetrieb alle menschlichen Bedürfnisse entsprechend der Maslow'schen Bedürfnispyramide abgedeckt werden können! Welche Möglichkeiten gibt es?
b) Suchen Sie in den Gruppen nun Antworten auf folgende Fragen: Wie äußert sich mangelnde Lern- und Arbeitsmotivation in der Schule? Was sind die Ursachen? Wie kann in einer Schule die Lern- und Arbeitsmotivation gefördert werden?
c) Präsentieren Sie Ihre Gruppenergebnisse in Form eines Plakats!
d) Wie lassen sich Fähigkeiten wie Impulskontrolle, Frustrationstoleranz, Selbstmotivation und Selbstberuhigung fördern? Kann man trainieren, Bedürfnisbefriedigung aufzuschieben und Spannungen auszuhalten? Inwiefern ist dies in der Schule notwendig?

12.2 Die 16 Lebensmotive

Der US-amerikanische Psychologe Steven Reiss führt jedes menschliche Verhalten auf insgesamt 16 Lebensmotive zurück, die unsere Motivation und unsere Lebensgestaltung steuern. Nach einer umfassenden empirischen Untersuchung definierte Reiss diese nicht-hierarchisch angeordneten Lebensmotive, die unser tägliches Handeln bestimmen und vorantreiben, da wir nach ihrer Erfüllung streben. (vgl. Reiss 2009, S. 47 f)

Einzelarbeit **8**

Erstellen Sie mit den 16 Lebensmotiven nach Reiss Ihr individuelles Motivprofil! Markieren Sie bei jedem Motiv den Punkt bei der entsprechenden Punktezahl, je nachdem, welche Rolle das Motiv in Ihrem Leben derzeit spielt (1 = niedrigste Priorität, 10 = höchste Priorität). Verbinden Sie anschließend die Punkte mit einer Linie!

	1	2	3	4	5	6	7	8	9	10	
1. Macht	.	.	.	.	.	.	X	.	.	.	Bedürfnis nach Erfolg, Führung und Einfluss
2. Unabhängigkeit	.	.	.	.	.	.	.	.	.	X	Bedürfnis nach Freiheit und Selbstständigkeit
3. Neugier	.	.	.	.	.	.	.	.	X	.	Bedürfnis nach Wissen und Erkenntnis
4. Anerkennung	.	.	.	.	.	.	.	.	.	.	Bedürfnis nach sozialer Akzeptanz, Zugehörigkeit und positivem Selbstwert
5. Ordnung	.	.	.	.	X	.	.	.	.	.	Bedürfnis nach Stabilität, Klarheit und guter Organisation
6. Sparen	.	.	.	.	.	.	.	.	.	.	Bedürfnis nach Anhäufung materieller Güter und Eigentum
7. Ehre	.	.	.	.	.	.	.	.	.	.	Bedürfnis nach Loyalität und charakterlicher Integrität
8. Idealismus	.	.	.	.	.	.	.	.	.	.	Bedürfnis nach Fairness und sozialer Gerechtigkeit
9. Beziehungen	.	.	.	.	.	.	.	.	.	.	Bedürfnis nach Freundschaft
10. Familie	.	.	.	.	.	.	.	.	.	.	Bedürfnis nach Familienleben und eigenen Kindern
11. Status	.	.	.	.	.	.	.	.	.	.	Bedürfnis nach Prestige, Reichtum, Titeln und öffentlicher Aufmerksamkeit
12. Rache	.	.	.	.	.	.	.	.	.	.	Bedürfnis nach Konkurrenz, (Wett-)Kampf, Aggressivität und Vergeltung
13. Eros	.	.	.	.	.	.	.	.	.	.	Bedürfnis nach einem erotischen Leben, Sexualität und Schönheit
14. Essen	.	.	.	.	.	.	.	.	.	.	Bedürfnis nach Nahrung
15. Körperliche Aktivität	.	.	.	.	.	.	.	.	.	.	Bedürfnis nach Fitness und Bewegung
16. Ruhe	.	.	.	.	.	.	.	.	.	.	Bedürfnis nach innerem Frieden

Das Reiss-Profil

Reiss entwickelte ein standardisiertes Testverfahren mit 128 Fragen, das die individuelle Ausprägung der einzelnen Lebensmotive ermittelt und ein persönliches Profil erstellt. Das Reiss-Profil zeigt, welche Motive und Werte beruflich und privat vorrangig sind, welche Ziele zur persönlichen Lebenszufriedenheit beitragen und was man im Umgang mit anderen Personen beachten sollte.

Eine weitgehende Übereinstimmung der Lebensführung – beruflich und privat – mit den persönlich wichtigen Lebensmotiven geht mit hoher Motivation und Zufriedenheit einher, sie trägt zur individuellen Sinnfindung bei. Falls die Lebensmotive nicht mit privaten oder beruflichen Tätigkeiten einhergehen, kommt es zu Demotivation und Unzufriedenheit.

RF Diskussion **9**

Analysieren Sie Ihre Diagramme!

- Worauf legen Sie besonderen Wert? Was ist Ihnen weniger wichtig?
- Gibt es Unterschiede zwischen den weiblichen und männlichen Motivprofilen in Ihrer Klasse?
- Gelingt es Ihnen, die wichtigsten Werte und Ziele in der Schule und in der Freizeit zu verwirklichen? Was hindert Sie an der Realisierung der Motive?
- Fehlt Ihnen in Reiss' Profil ein Lebensmotiv? Welches?

12.3 Die Triebreduktionstheorie

Definition
Ein TRIEB ist die Antriebskraft, die einen inneren Spannungszustand auflösen möchte.

Die Triebreduktionstheorie vertritt einen biologischen Ansatz, um die Ursache für Motivation zu erklären: Sie geht davon aus, dass ein physiologisches Bedürfnis (z. B. nach Nahrung) einen inneren Spannungszustand (z. B. Hunger) erzeugt und damit den **Trieb** zu einem bestimmten Verhalten (z. B. essen) entstehen lässt. Durch dieses Verhalten kann der Trieb reduziert werden.

Definition
Die HOMÖOSTASE beschreibt unsere Tendenz, einen stabilen inneren Zustand aufrechtzuerhalten.

Das physiologische Ziel der Triebreduktion ist die **Homöostase**, die Erhaltung eines stabilen inneren Zustandes. Eine Veränderung des internen Milieus – eine Störung des physiologischen Gleichgewichts (wie etwa durch Hunger, Durst, Kälte oder Hitze) – veranlasst den Organismus zu Aktivität, um das Gleichgewicht wiederherzustellen. Das bedeutet, dass die Homöostase alle Bereiche der Körperchemie reguliert. Sie sorgt beispielsweise dafür, dass der Blutzucker auf einer bestimmten Höhe bleibt. Ebenso reguliert sie die Temperatur des Körpers: *„Blutkörperchen verengen sich, um Wärme zu speichern, und wir fühlen das Bedürfnis, mehr anzuziehen oder uns in eine wärmere Umgebung zu begeben. Ähnlich ist es auch, wenn wir durstig werden: Das Flüssigkeitsniveau in unseren Zellen sinkt, Sensoren entdecken ein Bedürfnis nach Wasser und wir empfinden Durst."* (Myers 2005, S. 498)

Hunger aus physiologischer Sicht

Hunger wird durch innere und äußere Wahrnehmung ausgelöst und kann durch Nahrungsaufnahme befriedigt werden. Der Körper ist mit einer Reihe von Mechanismen ausgestattet, die unser Hungergefühl kontrollieren und die Aufnahme-Menge an Nahrungsmitteln regulieren:

- **Magenknurren** werten wir als Hungersignal. Es entsteht, wenn bei Bewegungen der Magenwände Luft und Magensaft im leeren Magen verwirbelt werden und der Magen sich zusammenzieht. Ein Mensch, dessen Magen entfernt wurde, kann trotzdem Hunger empfinden. Das liegt an den chemischen Prozessen:
- **Chemische Prozesse** in unserem Körper verstärken oder verringern unseren Hunger. Appetithormone, die dem Gehirn melden, dass wir hungrig oder satt sind, übernehmen dabei eine wichtige Funktion. Auf diese Erkenntnisse stützt sich die Diätforschung: Pillen hemmen die Hunger auslösenden Hormone (Orexin, Ghrelin) oder übernehmen die Funktion Sättigung signalisierender Hormone (PYY, Leptin).
- Magen, Darm und Leber signalisieren dem **Gehirn**, ob genügend Glukose vorhanden ist und wann gegessen werden soll. Diese Signale werden im Hypothalamus verarbeitet. Der Hypothalamus überwacht unseren Blutzuckerspiegel und reguliert unser Körpergewicht, indem wir Hunger oder Sättigung verspüren. Er steuert aber auch unsere Körpertemperatur.

Hunger aus psychologischer Sicht

Nicht nur physiologische Prozesse regulieren unsere Nahrungsaufnahme, Hunger wird auch psychisch gesteuert:

- Unser **Erinnerungsvermögen** spielt eine Rolle: Ist seit der letzten Mahlzeit eine gewisse Zeit vergangen oder wissen wir, dass es bald wieder Essen gibt, werden wir hungrig.
- Unser Appetit kann sich steigern, wenn ein **äußerer Anreiz** (z. B. Essensgeruch) gegeben ist. Diese Erkenntnis wird auch werbestrategisch eingesetzt.
- **Kulturelle Normen** und Gewichtsvorgaben beeinflussen unser Essverhalten, wenn wir essen, ohne hungrig zu sein, oder nicht essen, obwohl wir hungrig sind. Das Motiv dafür kann z. B. soziale Akzeptanz sein.

12

RF Diskussion 10

Mit welchen physiologischen und psychologischen Folgen muss man rechnen, wenn man nicht ausreichend isst? Äußern Sie sich spontan zur Frage.

Der US-amerikanische Wissenschaftler Ancel KEYS führte eine Untersuchung durch, in der die Nahrungsration der Versuchspersonen über 6 Monate lang halbiert wurde, was unterschiedliche Auswirkungen hatte.

- **Physiologische Folgen:** Das Körpergewicht der Versuchspersonen sank zu Beginn schnell und pendelte sich bei ungefähr 75 % des Ausgangsgewichts ein, darüber hinaus traten häufig Schwindelgefühle auf.
- **Psychologische Folgen:** Die Versuchspersonen wurden lustlos und apathisch, außerdem ging ihr Interesse an Sex und sozialen Aktivitäten verloren. Sie beschäftigten sich ständig mit Essen, indem sie darüber redeten, fantasierten, Rezepte sammelten oder Kochbücher lasen.

Optimale Erregung

Es geht nicht immer nur darum, ein physiologisches Bedürfnis zu befriedigen bzw. einen Spannungszustand zu reduzieren. Motivierte Verhaltensweisen zielen oft auch darauf ab, einen Erregungszustand zu verstärken – wenn wir z. B. mit der Achterbahn fahren. Meist versuchen wir unsere Erregung jedoch auf einem optimalen Niveau zu halten. Das bedeutet, dass wir bei sensorischer Deprivation (Reizentzug) einen Drang nach Stimulation verspüren, bei zu starker Stimulation hingegen das Bedürfnis nach Ruhe.

12.4 Extrinsische und intrinsische Motivation

Ob wir *extrinsisch* oder *intrinsisch* motiviert sind, hängt davon ab, was uns zu unserem Verhalten bewegt:

Extrinsische Motivation

Ist unser Verhalten durch äußere Faktoren bedingt, sind wir **extrinsisch** motiviert. Extrinsische Motivation ist zweckgebunden, weil sie immer mit einer Belohnung oder einem Ziel verbunden ist, das außerhalb der Person liegt – Macht, Anerkennung, Status, Geld, eine gute Note.

Intrinsische Motivation

Wenn uns interne Faktoren (Neugier, Wissensdrang, Interesse) zu einem bestimmten Verhalten drängen, sprechen wir von **intrinsischer** Motivation. Auch Erfolgserlebnisse, eine erfüllende Aufgabe sowie die Möglichkeit, uns zu verändern oder persönlich zu wachsen, motivieren uns intrinsisch. Die Motivation bezieht sich auf das Tun selbst und nicht auf etwaige belohnende Folgen oder andere äußere Faktoren. Intrinsische Motivation geht meist mit selbstbestimmtem Verhalten einher, ist von längerer Dauer und daher effektiver als extrinsische Motivation.

RF Einzelarbeit

Notieren Sie, in welchen Bereichen Sie persönlich extrinsisch und in welchen intrinsisch motiviert sind!

- Extrinsische und intrinsische Motivation können **einander bedingen.** Die extrinsische Belohnung kann aber auch die intrinsische Motivation und die Beliebtheit einer Tätigkeit verringern. Was passiert, wenn man für eine Tätigkeit belohnt wird, für die man ohnehin intrinsisch motiviert ist und die man daher gern freiwillig ausführt? Dieser Frage gingen Lepper, Greene und Nisbett nach. In einem Experiment untersuchten sie Kinder, die gerne malten. Diese Kinder wurden in drei Gruppen eingeteilt:
  1. Der ersten Gruppe wurde eine Belohnung für das Malen mit neuen Stiften versprochen.
  2. Die zweite Gruppe wurde nach dem Malen mit einer unerwarteten Belohnung überrascht.
  3. Die dritte Gruppe bekam keine Belohnung.

  Nach zwei Wochen wurden wieder Stifte ausgeteilt. Diesmal bekam keine der Gruppen eine Belohnung. Es konnte beobachtet werden, dass die Kinder der ersten Gruppe weniger Zeit mit dem Malen verbrachten als die Kinder der beiden anderen Gruppen.

  Definition
  Korrumpierung (lat. *corrumpere:* verderben) bedeutet das Verdorben-/Bestochenwerden.

  Aus dem Experiment lässt sich schließen, dass es zu einem **Korrumpierungseffekt** (Verdrängungseffekt) kommt, wenn wir für eine Tätigkeit belohnt werden, die wir ohnehin gerne ausführen: Unsere intrinsische Motivation wird dann durch extrinsische Motivation verdrängt. Außerdem konnte Folgendes festgestellt werden:
  - Materielle Belohnung beeinträchtigt die intrinsische Motivation mehr als symbolische oder verbale Belohnung.
  - Erwartete Belohnungen korrumpieren stärker als unerwartete.
- Extrinsische und intrinsische Motivation beeinflussen einander **nicht zwingend negativ.** Man kann auch intrinsisch motiviert seiner Arbeit nachgehen und extrinsisch motiviert werden, weil man dafür entlohnt wird.

„Flow“ als Bestandteil intrinsischer Motivation

Das **Flow-Erlebnis** ist ein Phänomen der intrinsischen Motivation und daher der Schlüssel zu Lernen und Motivation. Es beschreibt einen Zustand, in dem man, begleitet von Glücksgefühlen, in seiner Tätigkeit vollkommen aufgeht (▸ Kap. 13.4): Die Tätigkeit wird um ihrer selbst willen ausgeführt.

Der in Italien gebürtige Psychologieprofessor Mihaly Csikszentmihalyi beschreibt diesen Zustand u. a. folgendermaßen: Die Konzentration richtet sich ausschließlich auf das momentane selbstbestimmte Tun, andere Lebensaspekte geraten in Vergessenheit. Körpersignale, Bedürfnisse und Wahrnehmungen, die nicht auf das momentane Tun gerichtet sind, blendet man vollkommen aus. Der Handlungsablauf geschieht wie von selbst – man weiß, was zu tun ist, hat die Situation unter Kontrolle, ist den Anforderungen gewachsen. Die Ziele sind klar, Zeit spielt keine Rolle.

Partnerarbeit 12

Diskutieren Sie folgende Fragen:

- Wie müssen Tätigkeiten für Sie beschaffen sein, damit sie Ihnen Freude bereiten? Was macht Aktivitäten interessant?
- Das Leben besteht nicht nur aus Flow-Erlebnissen. Wie motivieren Sie sich in Situationen, in denen Sie beispielsweise nicht lernen wollen?
- RP Recherchieren Sie im Internet zum Thema Selbstmotivation! Ergänzen Sie die folgende Liste für Sie selbst mit konkreten Beispielen.

Möglichkeiten der Selbstmotivation

Selbstmotivation ist die Fähigkeit, aus eigenem Antrieb Handlungen zu setzen, die uns zum gewünschten Ergebnis führen. Es gibt mehrere Strategien, die dabei helfen, die Motivation zu steigern:

- Aufgabe annehmen: sich bewusst für die Aufgabe **entscheiden**, wenn sie getan werden muss, und sie tun
- eigene Bedürfnisse kennen: herausfinden, was einen persönlich **motiviert** (Anerkennung, mit Freunden/-innen zusammen sein ...), und dieses Wissen nutzen, indem man die Aufgabe danach gestaltet (z. B. gemeinsam lernen)
- Visualisieren: sich genau **vorstellen**, wie man die Aufgabe mit Freude erledigt und wie man sich fühlt, wenn man sie erfüllt hat
- positives Programmieren: sich sagen, dass die Aufgabe **leicht** zu erledigen ist und man sich gut konzentrieren kann
- Belohnung: sich selbst eine **Belohnung** für die Erfüllung der Aufgabe aussuchen – und sich daran halten
- künstlicher Zeitdruck: sich selbst eine **Deadline** setzen
- Maßnahmenpläne: längere Vorhaben **überschaubar** machen durch Pläne mit Maßnahmen und Deadlines
- Tagespläne: für jeden Tag einen **konkreten Arbeitsplan** schreiben (und erfüllte Aufgaben durchstreichen)
- Eigenlob: die eigenen Leistungen **anerkennen** und wertschätzen
- notfalls Auszeit gönnen: wenn einmal gar nichts weitergeht, etwas **ganz anderes** tun und die Zeit für sich nutzen

12

Wiederholen

RP

1. Welche Fragen beschäftigen die Motivationspsychologie?
2. Wie verläuft die Hierarchie der Bedürfnisse nach MASLOW? Was unterscheidet Grund- von Wachstumsbedürfnissen?
3. Was ist ein REISS-Profil?
4. Was ist der Unterschied zwischen Trieb und Motivation?
5. Während einer langen Radtour knurrt Ihr Magen vor Hunger. Sie bleiben daher beim nächsten Gasthaus stehen, um etwas zu essen. Welcher Ansatz der Motivationspsychologie kann dieses Verhalten am besten erklären? Welches Prinzip liegt diesem Verhalten zugrunde?
6. Wie kann a) sexuelle Motivation und b) unser Bedürfnis nach Zugehörigkeit durch die Triebreduktionstheorie erklärt werden?
7. Inwiefern wird Hunger psychologisch gesteuert?
8. Unter welchen Umständen sind wir extrinsisch und wann intrinsisch motiviert?
9. Was versteht CSIKSZENTMIHALYI unter „Flow"?
10. Inwiefern unterscheidet sich der Motivationsbegriff bei MASLOW, REISS, CSIKSZENTMIHALYI und der Triebreduktionstheorie? Gibt es auch Gemeinsamkeiten?

Verstehen

RF

14. 6. 16

»*Immer wieder wird die Frage gestellt, wie man es denn schaffe, Motivation zu erzeugen. (...) Menschen sind von Natur aus motiviert, sie können gar nicht anders, denn sie haben ein äußerst effektives System hierfür im Gehirn eingebaut. Hätten wir dieses System nicht, dann hätten wir gar nicht überlebt. Dieses System ist immer in Aktion, man kann es gar nicht abschalten, es sei denn, man legt sich schlafen. Die Frage danach, wie man Menschen motiviert, ist daher etwa so sinnvoll wie die Frage: „Wie erzeugt man Hunger?" Die einzig vernünftige Antwort lautet: „Gar nicht, denn er stellt sich von alleine ein." Mit unserer Motivation verhält es sich damit ähnlich wie mit unserem System der Regulierung der Nahrungsaufnahme (und beides ist sogar nicht ganz unabhängig voneinander). Geht man den Gründen für die Frage zur Motivationserzeugung nach, so stellt sich heraus, dass es letztlich um Probleme geht, die jemand damit hat, dass ein anderer nicht das tun will, was er selbst will, dass es der andere tut. In solchen Fällen wird vermeintlich Motivation zum Problem. Jemand muss, so scheint es, einen anderen motivieren. Das ist etwa so, wie wenn man jemandem Hunger beibringen wollte. Gewiss, man kann jemandem Appetit machen, aber auch nur gleichsam auf dem Rücken von Hunger. Ganz ohne Hunger geht es nicht! Und der wiederum ist täglich mehrfach da, und bei Menschen, die chronisch zu wenig zu essen hatten (unter diesen Bedingungen entstand die Art Mensch), ist er immer da. Denkt man weiter, so wird Folgendes klar. Die Frage lautet nicht: „Wie kann ich jemanden motivieren?" Es stellt sich vielmehr die Frage, warum viele Menschen so häufig* demotiviert *sind! Und hier kann man sehr effektiv ansetzen, denn wir führen – meist ohne es zu wissen und zu wollen – sehr oft regelrechte Demotivationskampagnen durch. Unsere Gesellschaft ist voll davon: Nicht die Leistung und der Einsatz eines Menschen regelt sein Gehalt, sondern der (hoffnungslos unflexible) Bundesangestelltentarif. Wir verleihen Preise an den Besten (der ja ganz offensichtlich keine Motivationsprobleme hat) und demotivieren alle anderen Bewerber (Preise sollten nie durch Bewerbungsverfahren vergeben werden. Wenn dies geschieht, sind sie höchst demotivierend für alle bis auf einen; je mehr sich bewerben, desto mehr demotivieren sie. Die einzige Lösung: keine Bewerbungen bei Preisen!). An den Universitäten haben wir in vielen Fächern (vielleicht allen voran die Medizin) Curricula, die den primär sehr motivierten Studenten gerade nicht entgegenkommen, und in den Medien werden wir bombadiert mit Geschichten von Menschen, die ohne etwas zu tun reich werden.*«
(SPITZER, Manfred: Lernen. Gehirnforschung und die Schule des Lebens. München 2007, S.192–193)

→ **Inwiefern stehen Hunger und Motivation in Zusammenhang?**
→ **Wie erzeugt man Motivation? Wie müsste die Frage richtig lauten?**
→ **Welche gesellschaftlichen Ereignisse führen laut Spitzer zu Demotivation?**

Anwenden

T

Führen Sie eine **Umfrage** zur Motivation durch!

- Wählen Sie ein Thema, z. B. Schulmotivation, Arbeitsmotivation, Motivation in der Freizeit etc.
- Arbeiten Sie in Kleingruppen fünf konkrete Fragen zum gewählten Thema aus! Z. B.: Welche Freizeitaktivitäten bereiten Ihnen am meisten Freude und warum?
- Befragen Sie verschiedene Menschen auf der Straße und in der Schule sowie Bekannte und Verwandte.
- Halten Sie Ihre Antworten stichwortartig fest.
- Werten Sie die Interviews nach Alter, Geschlecht und inhaltlichen Aspekten in Form einer Tabelle aus.
- Präsentieren Sie Ihre Ergebnisse in der Klasse.

13. Emotionen

„Das Gesicht verrät die Stimmung des Herzens."
Dante Alighieri (italienischer Dichter und Philosoph, 1265–1321)

1 Partnerarbeit: Wie würden Sie einem kleinen Kind den Begriff *Emotion* erklären?

Warum lachen wir, wenn wir uns freuen? Haben wir zu lachen gelernt oder ist Lachen eine angeborene, kulturunabhängige Reaktion? Reagiert überhaupt jeder/jede physiologisch gleich – nämlich mit Lachen auf Freude? Verschiedene Emotionstheorien gehen diesen Fragen nach und versuchen zu erklären, was Emotionen verursacht, wie sie entstehen und wirken (▸ Kap. 13.2).

2 Einzelarbeit: Erinnern Sie sich an eine Situation, in der Sie Freude empfunden haben.
- Beschreiben Sie die Situation!
- Beschreiben Sie das Gefühl der Freude!
- Was passierte mit dem Körper?
- Was dachten Sie?
- Mit welchem Verhalten reagierten Sie?

Während ein **Gefühl** nur im subjektiven Erleben einer Emotion besteht, sind Emotionen beobachtbar, denn **Emotionen** werden als komplexe Reaktionen unseres gesamten Organismus auf eine Situation, einen äußeren Reiz oder ein inneres Geschehen definiert. Emotionen äußern sich über Begleiterscheinungen und sind auch anhand von Mimik und Gestik sichtbar. Eine Emotion bzw. emotionales Erleben (Freude, Trauer) wird immer von folgenden drei Komponenten begleitet:
- **Physiologische Erregung:** Körperliche Begleiterscheinungen wie Herzklopfen, Schweißausbruch, Erröten.
- **Kognitive Prozesse:** Gedankenabläufe wie Erinnerungen an ähnliche Situationen, Erfahrungen, Abwägen der Konsequenzen finden statt.
- **(Motorisches) Ausdrucksverhalten:** Verhaltensreaktionen wie Mimik, Gestik, Annäherungs- oder Fluchtreaktion machen Emotionen beobachtbar (▸ Kap. 13.1).

3 Partnerarbeit:
- Beschreiben Sie die nebenstehenden Fotos und definieren Sie anschließend die Emotionen.
- Versuchen Sie, sich in die jeweilige Situation einzufühlen. Wie könnte sich Ihr emotionales Erleben darin (1) körperlich, (2) kognitiv und (3) im Verhalten bemerkbar machen?

4 Plenum: Eine Emotion geht mit deutlich sichtbaren körperlichen Begleiterscheinungen einher. In Redewendungen werden diese entsprechend umschrieben. Sammeln Sie solche Redewendungen (z. B. „vor Wut kochen") und interpretieren Sie sie!

Emotionen unterscheiden sich in ihrer Intensität. Bei einer schwach ausgeprägten, aber lang anhaltenden Emotion, die sich auf das ganze Erleben überträgt, spricht man von **Stimmung**. Ein **Affekt** hingegen ist eine besonders heftige und intensive Gefühlsregung, die meist plötzlich auftritt, nicht kontrollierbar ist, zu einer unüberlegten Handlung führen kann und schnell wieder abklingt.

Ohne die Fähigkeit des emotionalen Erlebens könnten wir zwar Frustrationen, aggressives und gewalttätiges Verhalten verhindern (▸ Kap. 13.3), wären aber auch zu keiner Glücksempfindung fähig (▸ Kap.13.4). Emotionen haben zahlreiche **wichtige Funktionen**:
- Emotionen regulieren die zwischenmenschlichen Beziehungen, erfüllen also eine **soziale Funktion**. Es wurde beispielsweise nachgewiesen, dass eine positive Stimmung das Vertrauen zwischen Personen erhöht, eine negative es hingegen reduziert.
- Emotionen **informieren**, ob Situationen, Ereignisse, Objekte oder Handlungen als vorteilhaft oder nachteilig empfunden werden.
- Über unseren emotionalen Ausdruck (Mimik, Gestik, Körperhaltung) **kommunizieren** wir über unsere individuelle Gefühlslage (▸ Kap. 13.1).
- Emotionen haben eine **motivationale Funktion**, indem sie uns zu bestimmten Handlungen anregen.
- Emotionen spielen bei der **kognitiven Informationsverarbeitung** eine bedeutende Rolle. Positive Emotionen fördern u. a. unsere Kreativität und Problemlösefähigkeit.
- Positive Emotionen während eines Lernprozesses erleichtern das spätere **Abrufen von Gedächtnisinhalten**, negative hingegen können es blockieren.
- Emotionen helfen uns (z. B. in Stresssituationen), unsere **Reaktionsbereitschaft** zu erhöhen.
- Positive Emotionen fördern den allgemeinen **Gesundheitszustand** und den Heilungsprozess.

5 Einzelarbeit: Notieren Sie zehn Emotionen! Vergleichen Sie diese mit den Basisemotionen, die im Kapitel 13.1 erläutert werden.

13.1 Emotionen und Ausdruck

RF Gruppenarbeit 6

Wählen Sie je eine Emotion aus und erarbeiten Sie diese anhand folgender Punkte:
- Stellen Sie die Emotion zunächst symbolisch-zeichnerisch dar (z. B. als Smiley).
- Drücken Sie die Emotion nun pantomimisch in Form eines Standbildes (mit allen Gruppenmitgliedern) aus.
- Berücksichtigen Sie bei der Darstellung den mimischen Ausdruck und die körperliche Reaktion.
- Gestalten Sie auch die Situation bzw. das Umfeld der Emotion entsprechend.
- Fotografieren Sie das Standbild.
- Präsentieren Sie nach der Vorbereitung Ihre Ergebnisse! Erraten die anderen Gruppen, welche Emotion Sie darstellen?
- Suchen Sie abschließend gemeinsam eine Definition für die Emotion.

„Willst du wissen, was das Herz denkt, dann frag das Gesicht.“ (Sprichwort aus Guinea)

„Wir verspüren Emotionen, weil sie Teil unserer Kultur sind.“ (Lelord 2007, S. 19)

„Wir verspüren Emotionen, weil es in unseren Genen steckt.“ (a. a. O., S. 14)

Die Mimik verrät viel über die Persönlichkeit eines Menschen und liefert in der nonverbalen Kommunikation wichtige Hinweise auf unsere Gefühle. Dabei stellt sich allerdings die Frage, ob Emotionen – vor allem ihr mimischer Ausdruck – angeboren oder kulturspezifisch erworben sind. Zwei konträre Anschauungen versuchen eine Antwort:

- Die **Kulturrelativisten/-innen** argumentieren, dass wir *gelernt* haben, uns zu freuen, wenn wir z. B. eine Gehaltserhöhung bekommen. Sie behaupten, dass unser kulturelles Umfeld und unsere sozialen Rollen bestimmen, wie wir uns emotional verhalten.
- Die **Evolutionspsychologen/-innen** vertreten hingegen den Standpunkt, Emotionen seien ein *angeborenes* Phänomen. Sie argumentieren, dass Emotionen lebensrettend sein können (wenn wir Angst haben, laufen wir davon), dass unsere tierischen Verwandten ebenfalls Emotionen zeigen und dass selbst Babys schon in der Lage sind, Emotionen zu verspüren und einen Gesichtsausdruck entsprechend zu deuten.

Der angeborene emotionale Ausdruck

Folgende Forschungsergebnisse belegen, dass der emotionale Gesichtsausdruck angeborenen ist:

Sehr kleine Babys können schon Gesichtsausdrücke nachahmen.

- Säuglinge verfügen bereits ab der Geburt über die Fähigkeit, Emotionen zu erkennen und einen emotionalen Ausdruck zu imitieren, weil ihre Gesichtsmuskulatur dafür bereits ausreichend differenziert ist.
- Säuglinge können Gesichtsausdrücke anderer Menschen interpretieren: Sie reagieren auf ein Lächeln positiver als auf ein ärgerliches Gesicht, und wenn eine Bezugsperson sich ihnen zuwendet, lächeln sie.
- Die Mimik von blinden Kindern unterscheidet sich nicht von der Mimik sehender Kinder.
- Menschen bringen auf der ganzen Welt, unabhängig von kulturellen Unterschieden, Rasse, Geschlecht oder Erziehung, grundlegende Emotionen in nahezu gleicher Weise zum Ausdruck. (vgl. Zimbardo 2004, S. 550) Schon DARWIN ging davon aus, dass bestimmte emotionale Ausdrücke angeborene Komponenten unseres evolutionären Erbes sind (▸ Kap. 13.2).

Kulturelle Universalität: Freude wird auf der ganzen Welt mit einem Lächeln ausgedrückt.

Sieben Basisemotionen nach Ekman

Aufgrund der Beobachtung, dass bestimmte Emotionen universell sind, definierte der Psychologe Paul EKMAN schließlich sieben sogenannte Basisemotionen:

Freude, Trauer, Überraschung, Ärger, Ekel, Angst, Verachtung

Basisemotionen zeichnen sich dadurch aus, dass sie weltweit und kulturunabhängig in gleicher Weise intuitiv erkannt und mimisch ähnlich ausgedrückt werden (siehe nächste Seite).

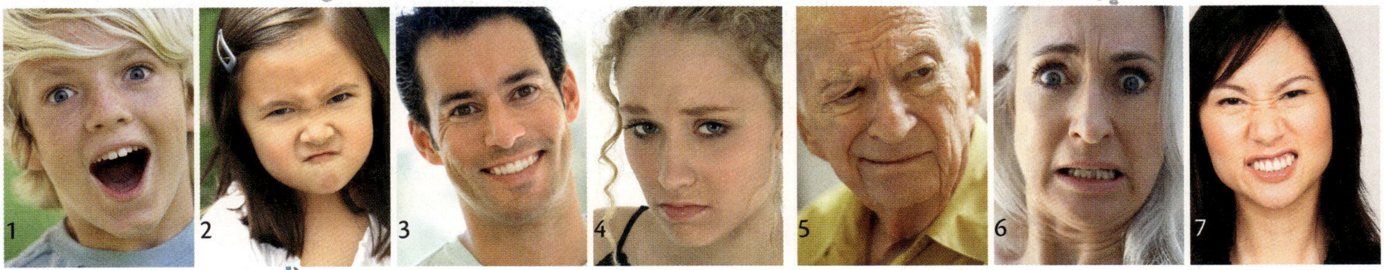

T Einzelarbeit **7**

Können Sie aufgrund der Gesichtsausdrücke sagen, was diese Personen empfinden? Bestimmen Sie die jeweilige Basisemotion!

Aus der Kombination dieser Basisemotionen ergeben sich weitere Emotionen. Der Emotionsforscher Robert PLUTCHIK spricht hierbei von **Sekundäremotionen**. Aus der Kombination der beiden Basisemotionen *Überraschung* und *Trauer* ergibt sich seiner Meinung nach die Sekundäremotion *Enttäuschung*. Sekundäremotionen sind individuell und kulturell verschieden. Sie werden erlernt und kognitiv bewertet.

Gruppenarbeit **8**

Wählen Sie eines der folgenden Gefühle aus: Sehnsucht, Liebe, Lustlosigkeit, Verlegenheit, Begeisterung, Eifersucht, Langeweile.

- **RF** Versuchen Sie nun eine Definition für das Gefühl zu formulieren.
- **T** Welche Basisemotionen stehen mit Ihrem ausgewählten Gefühl in enger Verbindung?

Die Facial-Feedback-Hypothese

Was geschieht, wenn man lächelt, selbst wenn einem nicht nach Lächeln zumute ist? Dieser Frage widmeten sich der US-amerikanische Psychologe Gordon ALLPORT und später die Emotionsforscher Silvan TOMKINS, Carroll IZARD und Paul EKMAN. Sie fanden heraus, dass unsere Mimik Einfluss auf die Emotionserzeugung im Gehirn hat: Selbstbewusstsein kann nachweislich dadurch verstärkt werden, dass man sich aufrichtet und einen ernsten Gesichtsausdruck zeigt. Schlechte Laune lässt sich verbessern, indem man ein freundliches Gesicht aufsetzt, ein zorniger Gesichtsausdruck kann dagegen aggressive Gefühle noch weiter steigern. (vgl. Maderthaner 2008, S. 312) Dieses Phänomen, unter dem Begriff Facial Feedback bekannt, ist dadurch erklärbar, dass die Gesichtsmuskeln dem Gehirn Feedback geben und damit die Intensität des Gefühls verstärken. Die **Facial-Feedback-Hypothese** besagt folglich, dass Körperhaltung und Gesichtsausdruck unser emotionales Erleben beeinflussen, auch wenn sie künstlich herbeigeführt werden.

T Versuch **9**

Versuchen Sie folgendes Experiment (nach STRACK, MARTIN und STEPPER)! Beschreiben Sie jeweils Ihr Gefühl. In welcher Situation fühlen Sie sich wohler? Erklären Sie, warum!

- Nehmen Sie einen Stift zwischen die Zähne!
- Nehmen Sie nun einen Stift zwischen die Lippen!

13

Versuch **10**

Übungen zur Facial-Feedback-Hypothese:

- Versuchen Sie, an etwas Trauriges zu denken. Stellen Sie sich die Situation genau vor!
- War Ihre Körperhaltung eher gedrückt, mit hängenden Schultern und hängendem Kopf? Der Blick nach unten gerichtet?
- Versuchen Sie, als Gegenprobe, sich aufrecht hinzusetzen, den Blick nach oben zu richten und sich die Situation nochmals vorzustellen – können Sie sich mit dieser Körperhaltung gleich gut in eine traurige Stimmung versetzen?

– Natura

Edward Frascino

„Ich singe nicht, weil ich glücklich bin. Ich bin glücklich, weil ich singe."

13.2 Emotionstheorien

Emotionen ergeben sich aus dem Zusammenspiel von physiologischer Erregung, kognitiver Verarbeitung und Verhaltensreaktionen. Die Reihenfolge ist jedoch ungeklärt:
Folgt die physiologische Reaktion auf das emotionale Empfinden oder ist das emotionale Empfinden die Konsequenz auf die physiologische Reaktion? Spüren wir also Angst und bekommen wir daraufhin Herzklopfen oder löst unser Herzklopfen Angst in uns aus?
Ebenso ungeklärt ist das Zusammenspiel von Kognition und Emotion: Analysieren wir eine Situation und entscheiden uns je nach kognitiver Bewertung für eine entsprechende Emotion?
Emotionstheorien versuchen die Beziehung zwischen physiologischen, kognitiven und psychischen Aspekten des emotionalen Erlebens zu erklären.

James-Lange-Theorie der Körperreaktion

Bedrohung
⇩
Herzklopfen
⇩
Angst (Emotion)

Der US-amerikanische Psychologe William James und der dänische Physiologe Carl Lange nehmen an, dass wir Emotionen fühlen, nachdem wir unsere **physiologische Reaktion** wahrgenommen haben. *„Wenn wir spüren, dass wir zittern, bekommen wir Angst, und wenn wir weinen, macht uns das traurig."* (Lelord 2007, S. 16) Wenn wir beim Autofahren nur knapp einer Kollision entgehen, verhält es sich ähnlich: *„Häufig verspüren wir die Angst nach dem Ereignis, während unser Körper innerhalb von Sekundenbruchteilen mit einem Adrenalinausstoß und einer Beschleunigung der Herzfrequenz reagiert hat."* (a. a. O., S. 17)

Die Facial-Feedback-Hypothese spricht ebenfalls für die James-Lange-Theorie, da sie davon ausgeht, dass unser Gesichtsausdruck und unsere Körperhaltung unser emotionales Erleben beeinflussen.

Cannon-Bard-Theorie der zentralen neuronalen Prozesse

Herzklopfen ⇔ Angst

Die US-amerikanischen Physiologen Walter Cannon und Philip Bard meinen, dass wir unsere Emotionen **gleichzeitig** mit der physiologischen Reaktion unseres Körpers empfinden. Unser Herz beginnt zu schlagen und zur selben Zeit empfinden wir Angst. Die Cannon-Bard-Theorie sieht die Emotion als Vermittlungsprozess zwischen Reizen und Reaktionen, die vom Thalamus ausgehen. Angst ist die Folge von neuronalen Veränderungen im Gehirn.

Schachters Emotionstheorie der kognitiven Bewertung

Herzklopfen
⇩
Bewertung „Ich habe Angst"
⇩
Angst (Emotion)

Der US-amerikanische Sozialpsychologe Stanley Schachter meint, dass erst die **kognitive Bewertung** der gefühlten physiologischen Erregung die Emotion auslöst. Unsere emotionale Reaktion richtet sich folglich nach unserer kognitiven Bewertung bzw. Interpretation einer Situation oder eines Erregungszustandes.
Herzklopfen kann je nach kognitiver Bewertung die emotionale Reaktion Angst (kognitive Bewertung: Ich habe Angst) oder Freude (kognitive Bewertung: Ich freue mich) auslösen. *„Wir verspüren Emotionen, weil wir denken."* (Lelord 2007, S. 18)

Der US-amerikanische Psychologe Richard Lazarus meint ebenso, dass viele Gefühle durch Bewertung und Benennung entstehen: *„Ob wir auf eine schlechte Note ärgerlich oder deprimiert reagieren oder sie einfach hinnehmen, hängt davon ab, ob wir unser Versagen mit einer unfairen Prüfung, Pech oder der eigenen Unfähigkeit erklären oder einfach mit ungenügender Vorbereitung."* (Myers 2005, S. 536) Er meint, dass unsere kognitive Bewertung auch von gespeicherten Erinnerungen und Vorerfahrungen abhängt und unbewusst ablaufen kann. Wenn sich eine Freundin nicht meldet, sind wir entweder beunruhigt, weil ihr etwas zugestoßen sein könnte, oder wir ärgern uns, weil sie ihr Versprechen nicht hält, oder wir sind enttäuscht, weil sie uns nicht sehen will, je nachdem, ob wir gewohnt sind, dass unsere Freundin sich meldet oder nicht.

RF Partnerarbeit **11** Wenn tatsächlich unsere Gedanken über unsere Gefühle entscheiden – was lässt sich dann aus dieser Erkenntnis schlussfolgern? Diskutieren Sie zu zweit.

T Einzelarbeit **12** Welcher Emotionstheorie entspricht die obige Karikatur? Analysieren und begründen Sie.

Weder die James-Lange- noch die Cannon-Bard- noch die Schachter-Theorie konnten als allein gültige empirische Theorie bestätigt werden. Alle greifen aber jeweils einen wichtigen Erklärungsfaktor auf.

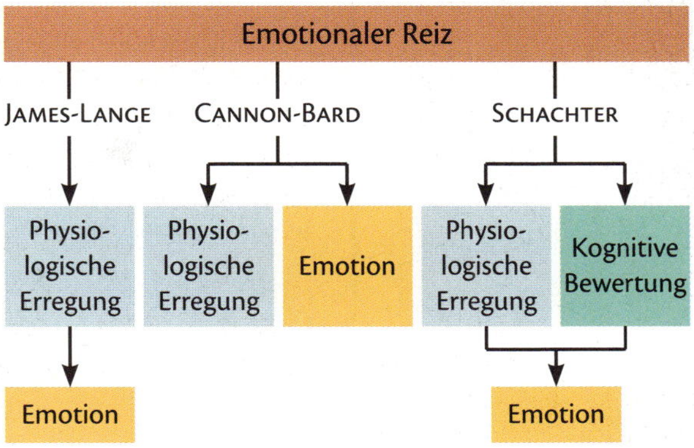

Unabhängig von allen Emotionstheorien ist die entscheidende Tatsache, dass wir die Auswirkung von Gefühlen beeinflussen können. Wir sind unseren Gefühlen nicht ausgeliefert, sondern können durch Selbstbeherrschung und Willensanstrengung unsere Handlungen weitestgehend steuern.

Literaturtipp
STORCH, Maja/CANTIENI, Benita/HÜTHER, Gerald/TSCHACHER, Wolfgang: *Embodiment. Die Wechselwirkung von Körper und Psyche verstehen und nutzen.* Bern 2010. Der Körper ist die Bühne der Gefühle und gestaltet unsere psychischen Prozesse mit. Die Wirkung des Körpers auf das Denken, Fühlen und Handeln wird aus der Sicht einer Psychotherapeutin, eines Hirnforschers, einer Physiotherapeutin und eines Klinischen Psychologen analysiert.

T Einzelarbeit **13**

Ordnen Sie die Aussagen einer Emotionstheorie zu!
a) „Wenn ich einem Freund etwas auf den Anrufbeantworter gesprochen habe, und er ruft nicht zurück, wird meine Emotion davon abhängen, ob ich denke, dass er mich nicht mehr sehen will (Traurigkeit), dass er gerade bis über beide Ohren verliebt ist (ich freue mich für ihn oder bin neidisch) oder dass ihm vielleicht etwas zugestoßen ist (Sorge)." (Lelord 2007, S. 18)
b) „Wenn wir spüren, dass wir zittern, bekommen wir Angst, und wenn wir weinen, macht uns das traurig. (...) Es gibt (...) Situationen, in denen unsere körperliche Reaktion schon ausgelöst wird, ehe sich die Emotion im Ganzen einstellt." (a. a. O., S. 16)

Literaturtipp
GIGERENZER, Gerd: *Bauchentscheidungen. Die Intelligenz des Unbewussten und die Macht der Intuition.* München 2008. Jede emotionale Erfahrung, die wir machen, wird mit einer körperlichen Reaktion verbunden, verarbeitet und gespeichert. In ähnlichen Situationen bestimmt daher das Körpergefühl: Intuitive Entscheidungen basieren auf bisher (unbewusst) gemachten Erfahrungen und einem Wissen, das nicht über den Verstand abrufbar ist.

14 Partnerarbeit: T Analysieren Sie als Emotionsforscher/-innen die Herkunft von *Angst in einer Prüfungssituation* entsprechend der drei theoretischen Modelle. Stellen Sie das Ergebnis anschaulich dar.

Neurowissenschaftliche Theorien

Moderne Emotionstheorien basieren auf neurowissenschaftlichen Erkenntnissen. Im Mittelpunkt der Forschung steht das limbische System. Dieses besteht aus Hippocampus, Amygdala (Mandelkern) und Hypothalamus (▸ Kap. 2.2). Das limbische System spielt eine wichtige Rolle bei der Entstehung von Emotionen, denn es hat die Funktion, unsere Erlebnisse zu bewerten und unser Verhalten zu regulieren, uns also zu Reaktionen zu veranlassen.

13.3 Frustration, Aggression und Gewalt

RF Gruppenarbeit **15**

Was unterscheidet Frustration, Aggression und Gewalt? Grenzen Sie in Kleingruppen die Begriffe voneinander ab.

Wenn Erwartungen enttäuscht, Wünsche oder Bedürfnisse nicht erfüllt oder angestrebte Ziele nicht erreicht werden, ist **Frustration** (lat. *frustratio:* Täuschung einer Erwartung) die Folge. Frustration ist also das Resultat, wenn ein zielgerichtetes Verhalten verhindert oder gestört wurde.
Es gibt äußere und innere Frustrationsquellen, die zu Enttäuschungen führen:

- **Äußere Frustrationsquellen:** vergebliche Anstrengungen (z. B. eine trotz hohen Lernaufwandes nicht bestandene Prüfung), versäumte Chancen, ein nicht erfüllter Wunsch, eine falsche Entscheidung.
- **Innere Frustrationsquellen:** berufliche Über- oder Unterforderung, ausbleibende Anerkennung, unzureichende Kooperation, eine belastende Vergangenheit.

Frustration wird aber nicht immer negativ bewertet. Manche vorübergehenden Frustrationserlebnisse suchen wir sogar, weil ihre Überwindung für uns ein Erfolgserlebnis darstellt (z. B. beim Versuch, ein Rätsel zu lösen). Das befriedigende Gefühl überwiegt. Frustration kann unsere Kreativität wecken, indem wir neue Lösungswege suchen müssen, sie kann neue Lernprozesse einleiten und unsere Handlungskompetenzen erweitern. Frustrationserfahrungen sind außerdem wichtig, um damit umgehen zu lernen:

13

Wenn es uns gelingt, uns konstruktiv mit Frustration auseinanderzusetzen, entwickeln wir **Frustrationstoleranz**.

Definition
FRUSTRATIONSTOLERANZ ist die individuelle Fähigkeit, konstruktiv mit Enttäuschungen umzugehen und Bedürfnisse aufzuschieben.

Frustration kann positiv bewältigt werden, indem wir
- unser Streben intensivieren und uns mehr anstrengen,
- unser Ziel und unsere Erwartungen ändern/herabsetzen,
- Sport treiben, uns mit jemandem aussprechen, Musik hören oder Tagebuch schreiben (konstruktives Verhalten erleichtert den Umgang mit Frustration) sowie
- uns in andere einfühlen und Lösungen überlegen, anstatt nach dem/der Schuldigen zu suchen.

Wir können unsere Frustrationstoleranz gezielt erhöhen, indem wir beispielsweise
- unbequeme Situationen aushalten lernen und
- hilfreiche Einstellungen einüben:
  - Akzeptieren, dass es für manche Ziele notwendig ist, negative Gefühle wie Unsicherheit zu verspüren.
  - Ertragen können, wenn andere Menschen sich nicht nach meinen Vorstellungen richten.
  - Akzeptieren können, wenn mir nicht alles gelingt.

Eine geringe Frustrationstoleranz hat Auswirkungen auf unsere Leistungsfähigkeit, unsere seelische Verfassung und unsere körperliche Gesundheit. Sie führt zu unangemessenen und heftigen Reaktionen wie unkontrollierten Gefühlsausbrüchen, unsozialem, depressivem oder aber aggressivem Verhalten. Aggression (lat. *aggressio:* Angriff) ist ein Verhalten, das einer anderen Person psychischen oder körperlichen Schaden (Kränkung, Körperverletzung etc.) zufügt.

Einzelarbeit 16

Untersuchen Sie Ihre eigene Frustrationstoleranz:
- Wie fühlen Sie sich, wenn etwas nicht sofort klappt? Wie reagieren Sie?
- Wem schreiben Sie die Schuld für Ihr „Versagen" zu?
- Wann sind Sie versucht, aufzugeben?
- Welche „kleinen Fluchten" (z. B. lieber eine SMS schreiben als lernen) verwenden Sie, um Ihre Frustration zu verdrängen?
- Bei wem suchen Sie Hilfe?
- Wie belohnen Sie sich bei Erfolg?

Entstehung von Aggression

Verhaltensforscher/-innen gehen davon aus, dass ein biologisch vorgegebener Reaktionsmechanismus aggressives Verhalten auslöst. Lernpsychologen/-innen wiederum sind der Meinung, die Ursache aggressiven Verhaltens liege in der frühkindlichen Erziehung und resultiere aus sozialen und kulturellen Einflüssen. Eine US-amerikanische Forschergruppe, darunter der Psychologe John DOLLARD, stellte schließlich die **Frustrations-Aggressions-Hypothese** auf:
1. Frustration führt zu einer Form von Aggression.
2. Aggression ist die Folge einer vorausgehenden Frustration.

Diese Hypothese war jedoch nicht haltbar, denn zahlreiche Experimente kamen zu anderen Ergebnissen:

- Frustration erhöht zwar die Bereitschaft zu aggressivem Verhalten, aber nicht jede Frustration führt zwangsläufig zu Aggression. Andere mögliche Folgen der **„Frustrationsbewältigung"** sind Ängste, Depressionen, Passivität, Rückzug in Tagträume oder die Flucht in frühe Entwicklungsstufen. Möglicherweise hat man gelernt, konstruktiv auf Frustration zu reagieren.
- Nicht jedes aggressive Verhalten kann auf Frustration zurückgeführt werden. Auch **andere aversive** (Ablehnung auslösende) **Reize** können Aggression verursachen, etwa körperliche Schmerzen, persönliche Beleidigungen und sogar hohe Temperaturen. Wenn Menschen heiß ist, denken, fühlen und handeln sie aggressiver.

Wir alle tragen Aggressionspotenzial in uns. Aggression wird von FREUD und zahlreichen Verhaltensforschern/-innen als **angeborener Instinkt** bzw. arterhaltender Trieb angesehen, als eine natürliche Reaktion auf aversive Reize. Nach der lerntheoretischen Auffassung spielt **Erziehung** eine wichtige Rolle für die Entstehung von Aggression:
- Kinder, die mit aggressivem Verhalten andere Kinder erfolgreich einschüchtern, werden noch aggressiver. Sie lernen, dass sie mit aggressivem Verhalten genau das erreichen, was

sie wollen. Ihr Verhalten wird **verstärkt** (▸ Kap. 5.3). Wichtig wäre jedoch, im Sinn des operanten Konditionierens sensibles und kooperatives Verhalten zu belohnen.
- Kinder imitieren aggressive Verhaltensweisen, die sie an einem **Modell** beobachten (▸ Kap. 5.4). Sie speichern aggressives Verhalten als „Problembewältigungsstrategie". Eltern sollten ihren Kindern jedoch positive Frustbewältigungsstrategien vorleben und müssen sich bedingungslos von Gewaltakten distanzieren.

Frühkindliche Aggressionsbewältigung

Durch folgende **Erziehungsmaßnahmen** können Eltern angemessen auf aggressives Verhalten ihres Kindes reagieren und gleichzeitig das Kind dazu erziehen, konstruktiv mit der eigenen Aggression umzugehen:

gelassen bleiben
- Aggression in Form von Wutanfällen **nicht zu viel Aufmerksamkeit** schenken. Dem Kind aber auf jeden Fall signalisieren, dass man jederzeit **gesprächsbereit** ist, wenn es sich wieder beruhigt hat. Richtet sich die Aggression aber gegen andere Kinder, muss sofort interveniert und die Situation abgeklärt werden.

Situation analysieren
- Sobald sich das Kind beruhigt hat, unbedingt mit ihm **über den Vorfall reden**. Die Situation, die das aggressive Verhalten ausgelöst hat, und die Gründe für das aggressive Verhalten gemeinsam analysieren.

Alternativen überlegen
- Dem Kind **Verständnis für sein Gefühl** entgegenbringen, aber nicht für das Verhalten selbst. Mit dem Kind gemeinsam nach **alternativen Verhaltensweisen** suchen, damit sich die Situation nicht wiederholt.

Gefühle artikulieren helfen
- Dem Kind beim **Formulieren seiner Wünsche** helfen. Oft ist es nicht in der Lage, seine Gefühle zu artikulieren. Es reagiert dann mit Aggression, um seinen Unmut zu äußern.

Geduld und Respekt
- Dem Kind viel **Zuwendung** schenken und die Ursachen für die Belastungen ergründen. Gesprächsbereitschaft signalisieren und dem Kind viel Geduld entgegenbringen, freundlich mit ihm reden und dabei die eigenständige Persönlichkeit des Kindes respektieren.

Vorbild sein
- Mit **gutem Beispiel** im Umgang mit Problemen vorangehen. Kinder übernehmen die Verhaltensweisen von Erwachsenen.

„Austoben" ermöglichen
- Dem Kind Möglichkeiten bieten, seine **Energien abzubauen**, z. B. durch Bewegung.

Partnerarbeit 17

Blättern Sie eine Tageszeitung nach folgenden Gesichtspunkten durch und notieren Sie:
- Wie viel Prozent der Schlagzeilen handeln vom Verhalten eines Menschen, der jemand anderem psychischen oder körperlichen Schaden zufügt?
- Welche Formen kann Aggression annehmen?

Aggression und Gewalt

Eine extreme und sozial nicht vertretbare Form der Aggression ist **Gewalt**. Sie äußert sich als destruktives Verhalten anderen Personen gegenüber.
- **Physische Gewalt** geschieht über körperliche Schädigungen und Verletzungen.
- **Psychische Gewalt** ist die häufigste Form der Gewaltanwendung. Das Opfer wird verbal herabgewürdigt, diskriminiert, bedroht, beschimpft, belogen oder erpresst.

Ursachen von Gewalt

Für extrem aggressives Verhalten gibt es zahlreiche Ursachen. Meist führt erst das Zusammenspiel mehrerer Faktoren zu gewalttätigem Verhalten:

Erleben von Gewalt
- **Frühkindliche Entwicklungsverletzungen:** Ablehnung, Missbrauch, Misshandlung, Verstoßung, Gewaltanwendung.

mangelnde „Nestwärme"
- **Erziehung:** keine Normvermittlung, inkonsequente Erziehung, Unterdrückung, fehlende menschliche Wärme. Hinter vielen aggressiven körperlichen Annäherungen und Raufereien von Kindern versteckt sich der Wunsch nach Geborgenheit und Nähe.

familiäre Probleme
- **Familiäre Belastungen:** akute Trennungs- und Scheidungskonflikte, chronische Beziehungskrisen, Arbeitslosigkeit.

Probleme in der Entwicklung
- **Aktuelle Entwicklungsprobleme:** Pubertät, schulischer Misserfolg, Versagensängste, schlechte Zukunftschancen des/der Jugendlichen selbst, Orientierungslosigkeit, misslungene Identitätssuche, Ablehnung durch Gleichaltrige, negative Gruppeneinflüsse, mangelnde Selbstkontrolle.

Probleme in der Schule
- **Schule:** Über- oder Unterforderung, Kränkung, Mangel an Umgangsregeln, keine Normverdeutlichung oder Grenzziehung.

„Vorbilder“
Medien
gesellschaftliche Probleme

- **Reale Gewaltmodelle:** gewalttätige Eltern, Geschwister oder Freunde/-innen.
- **Mediale Gewaltmodelle:** gewaltverherrlichende Filme oder Computerspiele.
- **Gesellschaftliche Faktoren:** Sündenbockdenken (▸ Kap. 11.2), ökonomische Krise, soziale Brennpunktgebiete, Krieg.

RF Diskussion **18**

Welche Möglichkeiten gibt es in der Schule, der Gewalt präventiv entgegenzuwirken? Sammeln Sie im Plenum Vorschläge.

Maßnahmen gegen Gewalt in der Schule

Vor allem 14- bis 21-jährige männliche Jugendliche sind Täter und Opfer von vorwiegend physischer Gewalt. Häufig sind sie Einzelgänger oder Mitglied bestimmter Cliquen. Besonders in der Schule können Initiativen zur Gewaltvermeidung sowie Maßnahmen für eine positive Konfliktkultur umgesetzt werden:

soziales Lernen
Gemeinschaft fördern
Projekte
Praktikum/Schulsozialarbeit
Aufbau eines Helfersystems

- Klassen- und Kommunikationsregeln aufstellen, regelmäßige Klassengespräche führen, aktuelle Konflikte lösen, Bedürfnisse artikulieren, offen reden, zuhören, wechselseitiges konstruktives Feedback, Umgang mit Kritik lernen.
- Feste, Projekte, Exkursionen, Aktivitäten.
- Workshops zur Gewaltprävention und Gewaltdeeskalation, Streitschlichtseminare.
- Teilnahme an sozialen Projekten, Kooperation mit sozialen Einrichtungen.
- Schulmediation, Beratung bei Lebensproblemen.

T Projekt **19**

Initiieren Sie in Ihrer Schule einen Projekttag zum Thema „Gewalt und Gewaltprävention in der Schule“! Bitten Sie interessierte Lehrer/-innen, mit ausgewählten Klassen einen fachspezifischen Beitrag zum Tag in Form eines Experiments, eines Workshops, eines Theaterstücks o. Ä. zu leisten. Laden Sie Schulpsychologen/-innen, Sozialarbeiter/-innen etc. als Vortragende ein. Ziel des Tages soll sein, das Problembewusstsein zu schärfen und über mögliche präventive Maßnahmen und Bewältigungsmethoden aufzuklären.

13.4 Positive Psychologie und Glücksforschung

Bill Watterson

Einzelarbeit **20**

Wann sind Sie glücklich? Überlegen Sie drei Faktoren, die Ihre persönliche Lebenszufriedenheit steigern. Ordnen Sie Ihre Werte hierarchisch (1 = sehr wichtig, 2 = wichtig, 3 = relativ wichtig) und vergleichen Sie diese mit Ihrem Sitznachbarn bzw. Ihrer Sitznachbarin.

Die Matura bestehen, das Neugeborene im Arm halten oder frisch verliebt sein ... Es gibt viele Formen des Glücks. Die **Positive Psychologie** fragt, wie sich der individuelle Glückspegel steigern lässt und welche Faktoren den Glückszustand besonders beeinflussen. Sie möchte Glück und Wohlbefinden fördern und setzt sich mit Themen auseinander, die den Menschen

Literaturtipp
LELORD, François: *Hectors Reise oder die Suche nach dem Glück*. München 2011. Hector, ein junger Psychiater, begibt sich auf eine Weltreise, in der Hoffnung, das Geheimnis des Glücks zu entdecken. Am Ende seiner Abenteuer hat er dreiundzwanzig Antworten und erkennt: Nichts ist einfacher, als wahres Glück zu finden.

Liza Donnelly

"Fun can happen to adults, too."

stärken und das Leben lebenswert machen. Die Positive Psychologie ist *ressourcenorientiert* (frz. *ressource*: Quelle) und nicht mehr *defizitorientiert* wie die bisherige Psychologie, die ihre Schwerpunkte auf psychische Störungen und Mängel setzte.

Wir sind bestrebt, unser individuelles Wohlbefinden zu erhöhen. Das subjektive Wohlbefinden ist das wichtigste Maß für Glück. Je vorteilhafter man das eigene Leben sieht, desto glücklicher ist man. Folgende Lebensbedingungen gehen mit dem Glücklichsein einher:

- **Sozioökonomischer Status:** Materieller Wohlstand und gesellschaftlicher Status.
- **Soziale Integriertheit:** Stabile soziale Beziehungen und feste Partnerschaft.
- **Positive Lebensereignisse:** Belastungen vermeiden, Abwechslung, Weiterentwicklung.
- **Gesundheit:** physisches Wohlbefinden.
- **Religiosität und Weltanschauungen.**

Glücklichsein steht jedoch in keinem Zusammenhang mit dem Alter, dem Geschlecht, dem Bildungsgrad, der Elternschaft (ob man Kinder hat oder nicht) oder physischer Attraktivität. (vgl. Myers 2005, S. 562)

Die Auswirkungen von Glück bestehen z. B. darin, dass glückliche Menschen eher *„ein hohes Selbstwertgefühl haben. Optimistisch sind, aus sich herausgehen (...). Enge Freundschaften haben oder glücklich verheiratet sind. Eine Arbeitsstelle und Hobbys haben, bei denen sie ihre Fähigkeiten einsetzen können. Einen Sinn stiftenden religiösen Glauben haben. Gut schlafen und sportlich sind."* (a. a. O.) Es gibt weitere unterschiedliche Theorien, die sich mit dem Glücksbegriff auseinandersetzen und Umstände nennen, die unsere Stimmung verbessern und unsere Lebenszufriedenheit steigern lassen:

Der philosophische Glücksbegriff

Die Beschäftigung mit dem Glück reicht weit in die Philosophiegeschichte zurück. Auch vor 2300 Jahren hatte man unterschiedliche Auffassungen von Glück.

Aristoteles: Eudaimonia

Eudaimonia (griech.: einen guten Dämon habend) meint in der Philosophie *Glückseligkeit und seelisches Wohlbefinden*. Der Begriff stammt von ARISTOTELES und gilt als höchstes Ziel der menschlichen Existenz.

Stoa: Seelenruhe

Für die philosophische Schule der Stoa bedeutet Glück einen *Zustand der Seelenruhe*, der nur über Tugend, Vernunft und in Einklang mit der Natur erreicht werden kann. Durch Lust, Leidenschaft und Begierde wird die Tugend geschwächt.

Epikur: Lebensfreude

Der griechische Philosoph EPIKUR (341–271 v. Chr.) begründete die „Lehre vom lustvollen Streben nach Glück". Glück bedeutet für Epikur das Empfinden höchster Lust. Sein Lustbegriff darf jedoch nicht mit dem Genuss weltlicher Güter verwechselt werden, denn Epikur versteht unter Lust die *Abwesenheit von Schmerz, Furcht und Begierden*. Der Mensch soll ein Leben lang darauf bedacht sein, Schmerz, Furcht und Begierden zu vermeiden. Er soll sich auf die wirklich notwendigen Bedürfnisse, zu denen auch die Freundschaft zählt, konzentrieren. Nur dann kann sich Lust – im Sinn von Lebensfreude – ausbilden. Auf diesen Gedanken gründet der **Hedonismus**, eine philosophische Richtung, die das Streben nach Lust und Genuss zum höchsten menschlichen Prinzip erklärt.

Glückskonzepte

Der Professor für Methodenlehre Philipp MAYRING unterscheidet zwischen subjektiven, kognitiven, affektiven, handlungsbezogenen und persönlichkeitspsychologischen Glückskonzepten (Mayring 1991, S. 79 ff):

»Die meisten Menschen sind unglücklich, weil sie, wenn sie glücklich sind, noch glücklicher werden wollen.«
Ingrid BERGMAN, Schauspielerin
(Harenberg 2004, S. 122)

- Das **subjektive Empfinden** bestimmt, ob wir uns als glücklich erachten oder nicht. Es kann vorkommen, dass man sich in einer objektiv betrachtet positiven Situation schlecht (*Unzufriedenheitsdilemma*) und in einer von außen negativ wahrgenommenen Situation gut fühlt (*Zufriedenheitsparadox*).
- **Kognitive Faktoren** (Gedanken, Erinnerungen, Vorstellungen, Vermutungen, Erwartungen) beeinflussen das Glücksempfinden. Die **Niveauanpassungstheorie** nach BRICKMAN besagt, dass Glück relativ zum eigenen Standard beurteilt wird: Positive Erfahrungen heben den Standard. Negative Erfahrungen senken den Standard, machen dafür aber auch wieder neue Glückserfahrungen wahrscheinlich. Je mehr wir uns an positive, glücksbringende Lebensbedingungen gewöhnen, desto weniger glücksbringend wirken sie. Wenn ursprünglich glückserzeugende Bedingungen ihre Wirkung verlieren, sprechen wir von einer „hedonistischen Tretmühle".

13

- **Affektive Glückskonzepte** verstehen das Glücksgefühl als eine intensiv erlebte positive Emotion. Die Definitionen reichen von „Harmonie" und „Spannungslösung" bis zu „großer Freude". Das psychoanalytische Konzept nach FREUD geht vom selben Prinzip aus wie Epikur: Glück ist „frei sein von Schmerz".
- **Handlungsbezogene Ansätze** untersuchen die Beziehung zwischen Glück und Aktivitäten. Mihaly CSIKSZENTMIHALYI beschreibt Glück mit einem Flow-Erlebnis. Intrinsisch motivierte Aktivitäten werden von Glück begleitet. MASLOW beschreibt Glück mit Höhepunkterlebnissen und ekstatischen Momenten. FROMM setzt Glück mit der Realisierung eigener Potenziale gleich.
- **Persönlichkeitspsychologische Konzepte** untersuchen die Beziehung zwischen Glück und Persönlichkeitseigenschaften: Harmonie und Ausgeglichenheit, soziale Eingebundenheit, geringe Ängstlichkeit, hohes Selbstwertgefühl und ein positives Selbstbild helfen Lebensglück aufzubauen.

»*Du musst ganz in der Arbeit sein und sie ganz bei dir. Du gehst völlig in ihr auf und sie völlig in dir.*«
Louis NEVELSON, Bildhauerin
(Goleman 2003, S. 18)

Das Flow-Erlebnis

Es gibt Situationen, in denen wir alle zwei Minuten auf die Uhr schauen. Es gibt aber auch Situationen, die uns so einnehmen, dass wir weder Kälte noch Hunger spüren und nichts anderes wahrnehmen als das, was uns gerade fesselt. Wir verschmelzen mit unserer Aktivität; unser Fühlen, Wollen und Denken sind in absolutem Einklang und die Zeit spielt keine Rolle.
Einen solchen Zustand können wir in jedem Lebensbereich erleben: in der Arbeit, beim Hobby oder bei sportlichen Aktivitäten, in unserer Partnerschaft oder im Freundeskreis.

Literaturtipp
CSIKSZENTMIHALYI, Mihaly: *Das flow-Erlebnis. Jenseits von Angst und Langeweile: im Tun aufgehen.* Stuttgart 2008.
Unter welchen Umständen sind wir motiviert, Tätigkeiten um ihrer selbst willen auszuführen? Csikszentmihalyi geht dieser Frage nach und untersucht das Flow-Erlebnis bei Tätigkeiten wie Schachspielen, Klettern und Tanzen sowie bei der Arbeit.

Beim beschriebenen Zustand handelt es sich um ein sogenanntes **Flow-Erlebnis** (▸ Kap. 12.4). Der Begriff Flow stammt von Mihaly CSIKSZENTMIHALYI (sprich: tschik-sent-mihàji) und steht für aktive Glücksgefühle und das völlige Aufgehen in einer Tätigkeit. Csikszentmihalyi geht davon aus, dass ein Flow-Erlebnis nur dann möglich ist, wenn es uns gelingt, Unlust und Desinteresse zu vermeiden und stattdessen Befriedigung, Freude, Vergnügen und Glück zu empfinden. Über Aufmerksamkeit, Konzentration und individuelle Herausforderung muss man sich das Flow-Erlebnis jedoch erst erarbeiten.

Csikszentmihalyi formulierte folgende **Komponenten**, die ein Flow-Erlebnis charakterisieren:

Einssein mit der Tätigkeit
- Das Ich und das Handeln werden als Einheit erlebt.

Konzentration
- Wir verschmelzen mit der Tätigkeit, sind konzentriert, hinterfragen die Aktivität nicht und lassen uns nicht ablenken. Gedanken, die nicht unmittelbar auf die Tätigkeit gerichtet sind, werden ausgeblendet. Selbst physiologische Bedürfnisse (Hunger) und Sorgen des Alltags (Beziehungsprobleme) sind aus dem Bewusstsein gedrängt.

Selbstvergessenheit
- Unsere Sorgen um uns verschwinden. Es gibt keine Zeit zur Selbsterforschung.

verändertes Zeitempfinden
- Durch das Aufgehen in der Tätigkeit haben wir das Gefühl, dass die Zeit schneller vergeht, oder wir entwickeln ein Gefühl der Zeitlosigkeit.

klares Ziel
- Die Aktivität hat klar definierte Ziele: Wir wissen, was wir tun müssen, um das Ziel zu erreichen.

unmittelbare Rückmeldung
- Wir erfahren unmittelbar durch die Aktivität, was wir richtig machen und wann uns ein Fehler unterläuft.

Kontrolle
- Wir haben Situation und Geschehen (die Handlung und unsere Umwelt) unter Kontrolle.

selbstbestimmtes Arbeiten
- Die Tätigkeit hat ihre Zielsetzung in sich selbst. Wir üben sie um ihrer selbst willen aus.

Voraussetzung für ein Flow-Erlebnis ist, dass wir der Tätigkeit gewachsen sind, das heißt, dass unsere Fähigkeiten vollkommen den Erfordernissen des Augenblicks entsprechen. Diese optimale Beanspruchung führt uns zu Erfolgen, wir werden daher weiterarbeiten und neue Herausforderungen suchen: Wir befinden uns in der sogenannten **Flowspirale**. Unterforderung kann dagegen Langeweile hervorrufen, Überforderung wiederum Unruhe, Nervosität und Angst.

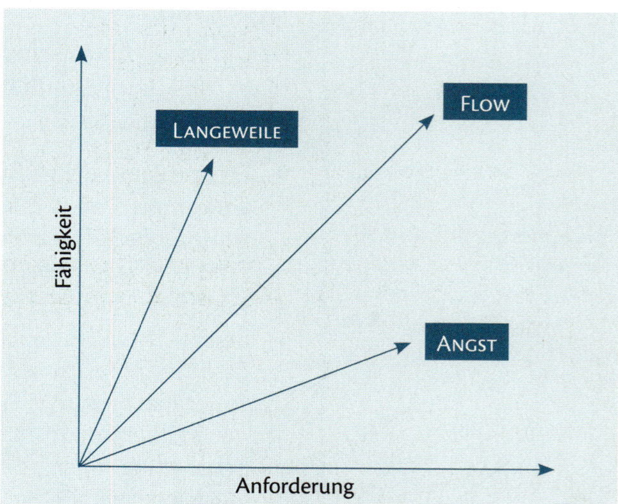

Flow: Balance zwischen Fähigkeit und Anforderung

Einzelarbeit **21**

Überlegen Sie, bei welchen Tätigkeiten Sie unterfordert und gelangweilt sind, welche Tätigkeiten bei Ihnen ein Flow-Erlebnis und Selbstvergessenheit auslösen und welche Sie überfordern sowie ein Gefühl der Angst bewirken! Tragen Sie die Tätigkeiten in eine Tabelle ein:

Erleben	Auswirkung	Tätigkeiten
Unterforderung	Langeweile	
Flow	Selbstvergessenheit	
Überforderung	Angst	

Literaturtipp
SELIGMAN, Martin: *Der Glücks-Faktor. Warum Optimisten länger leben.* Köln 2010. Das Buch bietet Ratschläge, wie wir unsere eigenen Stärken erkennen und entwickeln können.

Der Glücksfaktor nach Martin SELIGMAN

Die Positive Psychologie geht davon aus, dass es nicht reicht, belastende Gefühle wie Angst oder Niedergeschlagenheit zu vermeiden, um glücklich zu sein. Menschen wollen mehr als nur ihre Schwächen korrigieren. Sie wollen ihre Stärken ausbauen und ein erfülltes Leben führen.
Der US-amerikanische Begründer der Positiven Psychologie Martin SELIGMAN nimmt an, dass positive Gemütszustände *aktiv* gefördert werden müssen. Das ist möglich, indem man die eigenen Stärken und Fähigkeiten betont und den Schwächen nicht zu viel Aufmerksamkeit schenkt.
Die eigenen Stärken herauszufinden und sie in möglichst vielen Lebensbereichen einzusetzen ermöglicht laut Seligman, ein zufriedenes und authentisches Leben zu führen.
Seligman formuliert fünf zentrale positive Gefühle, die durch aktive Lebensgestaltung gefördert werden können:

Zufriedenheit
Dankbarkeit
Vergebung
Zuversicht
Freude

- mit der Vergangenheit zufrieden sein
- sich der guten Dinge bewusst sein und sie zu schätzen wissen
- vergeben können, selbst wenn einem Unrecht getan wurde
- optimistisch in die Zukunft blicken
- angenehme Empfindungen (z. B. körperliche Vergnügungen in der Gegenwart) haben, „einen schönen Tag haben"

Seligman spricht weiters von sechs sogenannten **Tugenden**. Ihnen sind insgesamt 24 Stärken zugeordnet, die wir jederzeit auf- und ausbauen können. Tugenden und Stärken verhelfen uns zu einem glücklichen, sinnerfüllten Leben. Sie helfen außerdem beim Aufbauen seelischer Widerstandskraft.

Literaturtipp
WATZLAWICK, Paul: *Anleitung zum Unglücklichsein.* München 2009. Mit zahlreichen Anekdoten beschreibt Watzlawick auf amüsante und ironische Weise, wie wir uns den Alltag möglichst unerträglich gestalten können.

Tugend	Stärken – die Determinanten des „guten Lebens"
Weisheit und Wissen	Kreativität, Neugier, geistige Aufgeschlossenheit (kritisches Denken, Offenheit), Liebe zum Lernen, Weisheit
Mut	Authentizität, Tapferkeit, Ausdauer, Enthusiasmus
Liebe und Humanität	Freundlichkeit, Bindungsfähigkeit, soziale Intelligenz
Gerechtigkeit	Fairness, Führungsvermögen, Teamfähigkeit
Mäßigung	Vergebungsbereitschaft, Bescheidenheit, Vorsicht, Selbstregulation
Spiritualität und Transzendenz	Sinn für das Schöne, Dankbarkeit, Hoffnung, Humor, Spiritualität

RF Einzelarbeit **22**

Durch welche Stärken zeichnen Sie sich aus? Unterstreichen Sie sechs Seligman-Stärken, die Sie persönlich am besten charakterisieren.

T Partnerarbeit **23**

Wir können unsere Lebenszufriedenheit selbst beeinflussen. Erstellen Sie aus allen Theorien eine Liste mit Verhaltensweisen, die glücklicher machen!

Wiederholen RP

1. Was ist eine Emotion, wie äußert sie sich und wozu brauchen wir sie?
2. Wie erklären Kulturrelativisten/-innen den Ursprung von Emotionen? Was entgegnen Evolutionspsychologen/-innen?
3. Wodurch zeichnen sich EKMANS sieben Basisemotionen aus?
4. In welcher Annahme unterscheiden sich die Emotionstheorien voneinander?
5. Welche Emotionstheorie wird durch die Facial-Feedback-Hypothese bestätigt? Begründen Sie!
6. Wo im Gehirn entstehen unsere Emotionen? Welche neurowissenschaftlichen Erkenntnisse gibt es dazu?
7. Inwiefern hängen Frustration, Aggression und Gewalt zusammen?
8. Welche Erziehungsmaßnahmen fördern einen konstruktiven Umgang mit aggressivem Verhalten?
9. Welche Faktoren gelten als Ursache für die Entstehung von Gewalt? Vergleichen Sie die Faktoren mit BANDURAS Erkenntnissen!
10. Was kann die Schule tun, um der Gewalt (präventiv) entgegenzuwirken?
11. Womit beschäftigt sich die Positive Psychologie?
12. Welche Auffassung von Glück vertreten die STOIKER, EPIKUR, MAYRING, CSIKSZENTMIHALYI und SELIGMAN? Arbeiten Sie Gemeinsamkeiten und Unterschiede heraus!

Verstehen RF

»*Wann fühlen sich Menschen am glücklichsten? Wenn wir darauf eine Antwort finden, könnten wir vielleicht irgendwann fähig sein, unser Leben so zu gestalten, dass das Glück eine größere Rolle darin spielt. (…) Was ich „entdeckte", war, dass Glück nicht etwas ist, das einfach geschieht. Es ist keine Folge von angenehmen Zufällen. Es ist nichts, was man mit Geld kaufen oder mit Macht bestimmen kann. Es hängt nicht von äußeren Ereignissen ab, sondern eher davon, wie wir diese deuten – Glück ist vielmehr ein Zustand, für den man bereit sein muss, den jeder einzelne kultivieren und für sich verteidigen muss. Menschen, die lernen, ihre inneren Erfahrungen zu steuern, können ihre Lebensqualität bestimmen; dies kommt dem, was wir Glück nennen, wohl am allernächsten.*

Doch wir können das Glück nicht erreichen, indem wir bewusst danach suchen. „Frage dich, ob du glücklich bist", schrieb J.S. Mill, „und du hörst auf, es zu sein." Glück finden wir, wenn wir vollständig eins sind mit jeder Einzelheit unseres Lebens, gleich, ob gut oder schlecht, nicht, indem wir direkt danach suchen. Viktor Frankl, der österreichische Psychologe, fasste es im Vorwort seines Buches Der Mensch auf der Suche nach Sinn *zusammen: „Peile keinen Erfolg an – je mehr du es darauf anlegst und ihn zum Ziel erklärst, umso mehr wirst du ihn verfehlen. Denn Erfolg kann wie Glück nicht verfolgt werden; er muss erfolgen … als unbeabsichtigte Nebenwirkung, wenn sich ein Mensch einer Sache widmet, die größer ist als er selbst." (…) Man kann nicht viel an seinem Aussehen, Temperament und der allgemeinen Konstitution ändern. Man kann nicht entscheiden – zumindest bislang nicht –, wie groß oder wie klug man wird. Man kann sich weder die Eltern noch Zeit und Ort seiner Geburt aussuchen, und es liegt weder in Ihrer Macht noch in meiner zu entscheiden, ob es einen Krieg geben wird oder ob wir eine Wirtschaftskrise bekommen. (…) Es überrascht daher nicht, wenn häufig geglaubt wird, das Schicksal würde vornehmlich von äußeren Kräften bestimmt. Doch jeder hat schon erlebt, dass man, statt von anonymen Kräften herumgestoßen zu werden, sich in Kontrolle der eigenen Handlungen, als Herr des eigenen Schicksals fühlt. Bei diesen seltenen Gelegenheiten spürt man ein Gefühl von Hochstimmung, von tiefer Freude, das lange anhält und zu einem Maßstab dafür wird, wie das Leben aussehen sollte.*«
(CSIKSZENTMIHALYI, Mihaly: Flow. Das Geheimnis des Glücks. Stuttgart 2007, S.13–15)

→ **Was ist für Csikszentmihalyi Glück (nicht)?**
→ **Inwiefern haben Csikszentmihalyi, John Stuart Mill und Viktor Frankl ähnliche Ansichten von Glück?**
→ **Wer ist für unser Glück verantwortlich?**

Anwenden T

Zeichnen Sie ihr bisheriges Leben in Form eines **Flusses**. Welche Farbe hat der Fluss? Wer fährt auf dem Fluss? Wie sieht die Uferlandschaft aus? Wohin führt der Fluss? Gibt es Nebenflüsse, Sandbänke, Geröllsperren, Stromschnellen, Wasserfälle, Tümpel, Felsen, Brücken, die beide Uferseiten miteinander verbinden, Seen …?

14. Seelische Gesundheit und Krankheit

„Alle Persönlichkeiten aus Geschichte, Literatur oder Kunst, denen meine größte Bewunderung gehört: Mozart, Shakespeare, Homer, El Greco, St. John, Tschechow, Gregor von Nicea, Dostojewski, Emily Brontë: Keiner von ihnen könnte ein günstiges Zeugnis seiner geistigen Gesundheit vorlegen."

Madeleine L'Engle (US-amerikanische Autorin, 1918–2007)

Die Verfassung der Weltgesundheitsorganisation (WHO) vom 22. Juli 1946 definiert **Gesundheit** folgendermaßen: *„Gesundheit ist ein Zustand vollkommenen körperlichen, geistigen und sozialen Wohlbefindens und nicht allein das Fehlen von Krankheit und Gebrechen."* Die WHO gibt mit dem Begriff *vollkommen* einen hohen Maßstab für Gesundheit vor.

Seelische (psychische, geistige) **Gesundheit** bedeutet demnach, in Balance mit sich und der Umwelt zu sein. Freud nannte als wesentliche Faktoren für seelisches Wohlbefinden die Arbeits-, Genuss- und Liebesfähigkeit des Menschen. Der Psychologe Peter Becker und die Psychologin Beate Minsel führen sieben Merkmale an, die seelische Gesundheit ausmachen (vgl. Becker 1986, S. 9 ff):

1. **Psychisches und körperliches Wohlbefinden:** positive Gefühle
2. **Psychische Energie:** Interesse, Antriebskraft, Aktivität, Unternehmungslust, Ausdauer
3. **Expansivität:** Spontaneität, Expressivität, Selbstbehauptung, Selbstverwirklichung
4. **Funktions- und Leistungsfähigkeit:** Kreativität, intakte Fähigkeit zur Erfüllung von Rollen und Aufgaben, Kompetenz, erhöhte Produktivität
5. **Selbsttranszendenz:** verstärktes Interesse an der Umwelt, Engagement, Liebesfähigkeit, Generativität
6. **Autonomie:** Selbstständigkeit, persönliche Handlungsfreiheit, kaum Hilflosigkeitsgefühle
7. **Hohes Selbstwertgefühl:** erhöhte Selbstachtung, Bejahung des eigenen Körpers und der eigenen Person

Becker und Minsel betrachten seelische Gesundheit nicht nur als momentanen Zustand, sondern auch als relativ stabiles Persönlichkeitsmerkmal.

1 Partnerarbeit: Notieren Sie die drei Kriterien, die Ihnen für Ihre seelische Gesundheit am wichtigsten sind. Tauschen Sie sich mit Ihrem Sitznachbarn bzw. Ihrer Sitznachbarin aus.

Haben Sie sich schon einmal depressiv gefühlt? Kennen Sie Personen, die mit Alkohol oder Drogen versuchen, vor einem Problem zu flüchten? Ansatzweise kennt fast jeder Mensch bestimmte Symptome einer **psychischen Störung**. Die gesundheitsökonomische Studie *Cost of Disorders of the Brain in Europe* (2007) ergab, dass fast ein Viertel aller Österreicher/-innen im Laufe eines Jahres unter einer psychischen Störung leidet. Nach der WHO (Weltgesundheitsorganisation) ist negativer Stress (▸ Kap. 14.2) die größte Gesundheitsgefahr des 21. Jahrhunderts.

Seelisches Ungleichgewicht kann auftreten, wenn im Leben einschneidende Veränderungen oder belastende Situationen stattfinden – eine **psychische Krise** (▸ Kap. 14.2) kann dadurch ausgelöst werden.
Auf eine Lebenskrise folgt aber nicht zwangsläufig eine **psychische Störung**. Denn auch der subjektive Leidensdruck muss berücksichtigt werden. Wir haben ein individuelles Krankheitserleben und empfinden eine belastende Situation unterschiedlich (▸ Kap. 14.3).

Faktoren, die eine psychische Krise – und in weiterer Folge möglicherweise eine psychische Störung – verursachen können, sind entweder *körperlich* (Erkrankung), *psychisch* (psychische Konflikte) oder *sozial* (Misshandlung, Ausgrenzung), können aber auch in äußeren Umständen (Naturkatastrophen) bestehen.
Die klinische Psychologie erforscht, diagnostiziert und definiert psychische Störungen (▸ Kap. 14.4), indem sie diese biologischen, psychologischen und sozialen Grundlagen untersucht (▸ Kap. 14.1). Die psychotherapeutischen Verfahren richten ihre Behandlungsmethoden nach einem bestimmten psychologischen Modell aus (▸ Kap. 14.5).

2 Diskussion: Seneca (ca. 1–65 n. Chr.) meinte: „Das Leben ist, was du daraus machst." Auch Sophokles (496–406 v. Chr.) behauptete: „Der schlimmste Kummer, den wir haben, ist der, den wir uns selbst zufügen."

- Stimmen Sie dem zu? Sind wir selbst dafür verantwortlich, was in unserem Leben geschieht? Diskutieren Sie im Plenum.
- Überlegen Sie anschließend: Welche psychologischen Theorien stützen diese Annahmen?

14.1 Leib-Seele-Problematik

Sind Körper und Seele zwei getrennte Teile oder stellen sie eine Einheit dar? Das Leib-Seele-Problem reicht weit in die Geschichte der Philosophie zurück.

- DESCARTES vertrat eine *dualistische Auffassung*: Körper und Seele sind als getrennte Substanzen aufzufassen, die sich wechselseitig beeinflussen.
- Die *monistische Auffassung* spricht von einer einzigen Substanz, die physisch bzw. materiell ist (griech. *mónos:* einzig, allein). Alle seelischen Prozesse sind Begleiterscheinungen dieser materiellen Substanz.

Die Leib-Seele-Problematik ist für die Psychologie zentral: Inwiefern wirken sich psychologische Faktoren schädigend auf den Körper aus – und inwiefern spielen körperliche Prozesse eine Rolle für unser seelisches Wohlbefinden? Physische und psychische Erscheinungsformen wurden lange Zeit in der Medizin als getrennt angesehen. Dies steht jedoch im Widerspruch zu aktuellen ganzheitlichen Auffassungen von Gesundheit und Krankheit, wie sie etwa an der Medizinischen Universität in Graz vertreten werden. Das Erforschen des Zusammenhangs von Leib und Seele lässt Wissenschaftler/-innen erhoffen, das Entstehen psychischer Störungen erklären zu können. Das Leib-Seele-Problem gilt als Ursprung der Psychosomatik.

Psychosomatik

Sicherlich kennen Sie Situationen, in denen Sie Aufregung verspüren – vor einer Prüfung etwa oder wenn Sie verliebt sind. Wahrscheinlich erleben Sie dabei auch körperliche Reaktionen wie Verdauungsprobleme, feuchte Hände oder Herzrasen. Was wir in solchen Momenten erleben, nennt man psychosomatische Reaktionen. Die **Psychosomatik** (griech. *psyché:* Seele; *sóma:* Leib) geht davon aus, dass hinter körperlichen Leiden psychische Probleme stecken: Seelische Befindlichkeiten und körperliche Zustände stehen in ständiger Wechselwirkung – ein Prozess, der bewusst oder unbewusst abläuft. Psychosomatische Reaktionen finden sich auch im alltäglichen Sprachgebrauch wieder: wenn man sich „etwas zu Herzen nimmt", wenn sich etwas „auf den Magen schlägt" oder man „einen Kloß im Hals" hat.

Sogenannte **psychosomatische Krankheiten** sind körperliche Krankheiten, die psychische Ursachen – wie ungelöste Konflikte oder unterdrückte Gefühle – haben. Folgende Leiden werden häufig als psychosomatisch diagnostiziert: Erkrankungen des Immunsystems, Asthma, Hauterkrankungen (Neurodermitis), chronische Erkrankungen des Verdauungstraktes (Entzündungen, Geschwüre), Herz-Kreislauferkrankungen, Rückenschmerzen, Rheuma.

Literaturtipp
SERVAN-SCHREIBER, Davis: *Die neue Medizin der Emotionen. Stress, Angst, Depression: Gesund werden ohne Medikamente.* München 2006. Der Neurologe und Psychiater Servan-Schreiber berichtet über die neuen Erkenntnisse des Zusammenspiels von Körper und Geist.

Psychosomatische Krankheiten resultieren aus einem komplexen Wechselspiel körperlicher, psychischer und sozialer Faktoren. Die Psychosomatik als Disziplin der Medizin interessiert sich daher für körperliche Krankheiten mit biopsychosozialem Hintergrund. Letztlich lässt sich wohl jede Krankheit auf psychische Ursachen zurückführen, doch bei den psychosomatischen Krankheiten ist es besonders deutlich, dass einerseits die körperlichen Symptome schulmedizinisch behandelt werden müssen und andererseits die psychische Komponente etwa in Form einer Psychotherapie (▸ Kap. 14.5) verarbeitet werden muss.

In seltenen Fällen liegt bei psychosomatischen Erkrankungen keine feststellbare Organerkrankung vor.

- Beispiel: Ein Kind klagt häufig über Kopfschmerzen, aber durch EEG oder Computertomographie kann ein organisches Leiden ausgeschlossen werden. Dies kann ein Hinweis sein, dass dem Kind etwas Kopfzerbrechen bereitet, was es verbal nicht ausdrücken kann und daher körperlich mitteilt.
- Atembeklemmung und Herz-Kreislaufbeschwerden ohne organischen Hintergrund können einer Form von Angst oder Panik zugeordnet werden.

Das biopsychosoziale Modell

Von den theoretischen Ansätzen, die versuchen, die Beziehung zwischen Leib und Seele zu erklären, gilt das **biopsychosoziale Modell** als das bedeutendste. Dieses Modell geht davon aus, dass *biologische, psychologische* und *soziale* Faktoren bei der Entstehung einer psychischen Störung zusammenwirken.

Biologische Faktoren

Genetische und biologische Veranlagung erhöhen jeweils die Anfälligkeit für eine Krankheit:

- **Genetische Veranlagung:** Dazu zählen individuelle Gene und familiäre Vorbelastung (besonders die Erkrankungshäufigkeit Verwandter ersten Grades).

- **Biologische Veranlagung:** Gemeint sind damit Gehirnauffälligkeiten und Veränderung der biochemischen Prozesse und Stoffwechselstörungen von Neurotransmittern im Gehirn. Für Wahnvorstellungen und Halluzinationen ist beispielsweise eine Überaktivität des Dopamins verantwortlich. Bei Lustlosigkeit, Energiemangel, Konzentrationsstörungen und sozialem Rückzug konnte eine Unteraktivität des Dopamins beobachtet werden.

Als Therapie wird die **Psychopharmakotherapie** (Medikamente) eingesetzt, die die Dauer einer Erkrankung nicht verkürzen, aber die Intensität ihrer Symptome abschwächen kann.

Psychologische Faktoren

Die Anfälligkeit für Krankheiten ist abhängig vom **persönlichen Erleben und Verhalten**, von Stress, Trauma, stimmungsabhängiger Wahrnehmung und Erinnerung, von individuellem Lebensstil und Verhaltensmustern wie z. B. erlernter Hilflosigkeit (▸ Kap. 14.4).

Soziale Faktoren

Folgende **familiäre**, **berufliche** oder **gesellschaftlich-umweltbezogene** Lebensbedingungen können für die Entstehung einer psychischen Störung mitverantwortlich sein: soziokulturelle Faktoren (z. B. Normen und Werte, Rollen und Erwartungshaltungen), soziale Beziehungen, kritische Lebensereignisse (z. B. Tod einer nahestehenden Person, Scheidung, finanzielle Probleme, permanente Überforderung). Auch die Definition von Normalität und Krankheit hat eine Auswirkung.

Als Therapieverfahren werden verschiedene **psychotherapeutische Verfahren** eingesetzt (▸ Kap. 14.5).

Das biopsychosoziale Modell

Definition

RESILIENZ (lat. *resiliere:* zurückspringen, abprallen) meint die seelische Widerstandsfähigkeit. Resiliente Menschen bewältigen Lebenskrisen ohne kognitive, emotionale und soziale Beeinträchtigungen.

Resilienz

Die **Resilienzforschung** untersucht, wie es gelingt, trotz traumatischer Ereignisse oder extremer Belastungen (Misshandlung, Krieg) seelisch stabil zu bleiben. Sowohl individuelle als auch soziale Faktoren sind dafür verantwortlich.

Der wichtigste Faktor für die Entwicklung von Widerstandsfähigkeit (und infolgedessen für psychische Gesundheit) ist laut dem griechischen Entwicklungspsychologen Wassilios FTHENAKIS eine *Familie,* an die man sicher gebunden ist, die einem Wertschätzung und Anerkennung entgegenbringt und es ermöglicht, ein gesundes Selbstwertgefühl aufzubauen. Im Mittelpunkt der elterlichen und schulischen Erziehung sollte daher die Stärkung der kindlichen Entwicklung und Kompetenzen stehen, damit eine stabile Persönlichkeit ausgebildet werden kann. Resilientes Verhalten kann gefördert werden, indem man lernt, sich auf die *eigenen Stärken* zu konzentrieren, es versteht, diese zu mobilisieren und belastende Ereignisse als Lerngelegenheit annimmt. Wir können ein ganzes Leben lang Widerstandskräfte entwickeln.

Definition

VULNERABILITÄT (lat. *vulnus:* Wunde) bedeutet „Verletzbarkeit" und beschreibt die Anfälligkeit, zu erkranken.

Vulnerabilität
⇩
Stress
⇩
ungenügende Bewältigungsmöglichkeiten
⇩
fehlendes soziales Netz
⇩
psychische Störung

Das Vulnerabilitäts-Stress-Modell

Das Vulnerabilitäts-Stress-Modell geht davon aus, dass bei allen Menschen eine gewisse Anfälligkeit besteht, psychisch zu erkranken. Die Vulnerabilität ist erhöht, wenn Menschen genetisch zu einer psychischen Störung neigen. Es müssen jedoch umweltbedingte **Stressfaktoren** wirksam werden, damit sich das potenzielle Risiko tatsächlich als Störung manifestiert (vgl. Zimbardo 2004, S. 694):

Dazu zählen *fordernde Lebensabschnitte* (Pubertät, Schulabschluss) und *kritische Lebensereignisse* (Verlust eines nahestehenden Menschen). Genetisch vorbelastete Menschen reagieren auf solche Situationen empfindlicher. Krankhafte Symptome entwickeln sich aber erst, wenn keine ausreichenden Bewältigungsmöglichkeiten vorhanden sind und es an einem schützenden sozialen Netz mangelt. Bei guter Bewältigungsfähigkeit und gelungener sozialer Einbindung hingegen kann die psychische Störung aufgehalten werden.

14.2 Psychische Krisen

Definition
Eine PSYCHISCHE KRISE besteht, wenn ein Mensch eine belastende Situation nicht mehr bewältigen kann.

Eine **psychische Krise** wird meist durch eine belastende Lebenssituation oder traumatische Erlebnisse ausgelöst und geht mit Stress, Überforderung, Ärger, Verzweiflung oder Traurigkeit einher. Die psychische Krise selbst ist noch kein krankhafter Zustand und kann jeden Menschen in jeder Lebensphase treffen. Sie kann sogar den Anstoß geben, etwas im Leben zu verändern oder sich weiterzuentwickeln. Je nach Dauer und Intensität spricht man von einer *episodischen* (vorübergehenden) oder *chronischen* (andauernden) Krise. Sind die physischen und psychischen Anforderungen weiterhin zu groß, kann sich **Burnout** (chronische Erschöpfung) entwickeln. Bleibt rechtzeitige Unterstützung aus, kann sich in weiterer Folge auch eine **psychische Störung** (▸ Kap. 14.4) ausbilden.

Stress

Außergewöhnliche körperliche oder psychische Belastungen führen zu Stress (Druck, Anspannung).

positiver Stress

- **Eustress** ist notwendig, um sich körperlich und psychisch weiterentwickeln zu können. Beispiele: Vorfreude, sportliche Aktivität, Verliebtsein oder berufliche Herausforderungen. Ohne positiven Stress würden wir uns langweilen und keine Anstrengungen mehr unternehmen.

negativer Stress

- **Disstress** in Form einer dauerhaften Überforderung gefährdet unsere psychische und physische Gesundheit. Disstress entsteht, wenn unsere persönlichen Stressbewältigungs-Ressourcen nicht mehr ausreichen. Im Körper kommt es dann zu Reaktionen, die ihn in ständige Alarmbereitschaft versetzen, weil z. B. die ausgeschütteten Stresshormone (Adrenalin, Noradrenalin, Dopamin und Cortisol) nicht mehr abgebaut werden können.

Definition
STRESSOREN sind Ereignisse, die Stress auslösen. Sie umfassen alle psychosozialen Belastungsfaktoren, die eine Erkrankungswahrscheinlichkeit erhöhen.

Das Vulnerabilitäts-Stress-Modell (▸ Kap. 14.1) zeigt, unter welchen Umständen Stress entsteht. Mögliche **Stressoren** sind Lärm, Schmerzen, Hitze, körperliche Anstrengung, Zeitdruck, täglicher Ärger, Überforderung, Informationsflut, hohe Verantwortung, soziale Konflikte, Konkurrenzdruck, Leistungsdruck, geringes Feedback, Diskriminierung oder kritische Lebensereignisse (einschneidende Lebensveränderungen). Zu den **kritischen Lebensereignissen**, die den größten Stress verursachen, zählen der Tod des Partners oder der Partnerin, der Tod eines/einer nahen Familienangehörigen, schwere eigene Erkrankung, Scheidung, Opfer eines Verbrechens zu werden sowie Kündigung und darauffolgende Arbeitslosigkeit. (vgl. Maderthaner 2008, S. 392) Stresssituationen belasten uns umso mehr, je intensiver sie erlebt werden, je länger sie dauern, je weniger vorhersehbar und je weniger kontrollierbar und beeinflussbar sie erscheinen. (a. a. O., S. 394)

Mögliche Reaktionen auf Stress

körperlich

- **Physiologische Stressreaktionen**

Kloß im Hals, trockener Mund, flaues Gefühl im Magen, Zittern, gesteigerte Herztätigkeit, Schwitzen, Atembeschwerden, Schwächegefühl, Muskelverspannungen, Bluthochdruck, Spannungskopfschmerzen, geringe Belastbarkeit, Verdauungsstörungen, Harndrang.

gesundheitlich

- **Somatische Stressreaktionen**

Langzeitfolgen von Stress gehen mit einer deutlichen Schwächung des Immunsystems einher. Das bedeutet, dass die Krankheitsanfälligkeit, vor allem für psychosomatische Erkrankungen, zunimmt.

psychisch

- **Psychische Stressreaktionen**

Nervosität, Denkblockaden, Konzentrationsschwäche, Konfusion, Gefühlsschwankungen, Gedächtnisstörungen, Kreativitätsmangel, Gereiztheit, Unzufriedenheit, Antriebslosigkeit, Angst, depressive Verstimmungen, Hoffnungslosigkeit, Schlafstörungen, Erschöpfungsgefühl. Eine Langzeitfolge von Stress ist Burnout.

Burnout

Definition
BURNOUT (engl. *burn out*: ausbrennen) steht für einen Erschöpfungszustand (körperlicher, emotionaler, geistiger und sozialer Natur), der vorrangig durch berufliche Überforderung ausgelöst wird.

Von **Burnout** spricht man, wenn permanente Überforderung und lang anhaltende Belastungen – vor allem im Arbeitsumfeld – die eigenen Ressourcen abbauen und schließlich zur völligen Erschöpfung führen. Man hat keine Energie mehr, fühlt sich völlig erschöpft und sieht keinen Sinn mehr in der Arbeit.
Wie schnell jemand ein Burnout-Syndrom entwickelt, hängt unter anderem von inneren Glaubenssätzen ab, die er/sie in der Kindheit gelernt hat. Der Hang zum Perfektionismus, das Ge-

fühl, alles alleine bewältigen zu müssen, sowie das Bedürfnis, Anerkennung über Leistung zu bekommen, sind wesentliche Voraussetzungen dafür.

Burnout ist ein schleichender Prozess, der sich über Monate oder Jahre entwickelt. Am Anfang stehen immer besonderer Idealismus, Leistungswille und überdurchschnittliches Engagement. Mit der Zeit werden Probleme immer mehr geleugnet, körperliche Beschwerden ignoriert und die persönlichen Bedürfnisse zunehmend vernachlässigt.

Auslösefaktoren

Innere Auslösefaktoren: Subjektiv wird die Situation als belastend empfunden.
Äußere Auslösefaktoren: Stress, Überlastung, Zeitdruck, mangelnde Mitbestimmung, unfaire Behandlung, Mobbing, mangelndes Feedback, mangelnde Anerkennung, fehlende Gemeinschaft, geringe oder keine Entlohnung.

Formen der Erschöpfung

Die Erschöpfung kann sich auf verschiedenen Ebenen äußern:
- **Emotionale Erschöpfung:** Emotionen verflachen (keine Höhen, keine Tiefen), nichts hat mehr Bedeutung, Gefühl der inneren Leere, Leidenschaftslosigkeit, Gleichgültigkeit, Frustration, Depression.
- **Psychische Erschöpfung:** Zweifel an der eigenen Leistungsfähigkeit, Motivation und Kreativität nehmen ab, Verlust des Idealismus, negative Einstellung gegenüber Arbeit und Leben, Ohnmacht und Hoffnungslosigkeit.
- **Soziale Erschöpfung:** Sozialer Rückzug, Gefühl der Einsamkeit, Beziehungsprobleme.
- **Körperliche Erschöpfung:** Herzbeschwerden, Verdauungsstörungen, Bluthochdruck, Nervosität, andauernde chronische Müdigkeit, Energiemangel, Schlafstörungen, Muskelverspannungen, geschwächtes Immunsystem.

Maßnahmen, um dem Burnout-Syndrom vorzubeugen

Gegenmaßnahmen

- Den **Körperbedürfnissen** nachgehen: ausreichend schlafen, sich ausgewogen ernähren (abwechslungsreich, regelmäßig kleine Portionen, Obst und Gemüse) und sich regelmäßig bei Tageslicht bewegen.
- Sich Zeit und Raum zum **Erholen** geben, um seine Ressourcen wieder stärken zu können, z. B. Musik hören, Sport treiben, Freunde/-innen treffen. Entspannungstechniken wie Yoga oder autogenes Training unterstützen die Erholung.
- Den **Arbeitsplatz stressfrei** gestalten: Lärm und Termindruck vermeiden und regelmäßig Pausen einplanen.
- Aufgaben und Arbeiten ohne Schuldgefühle an andere **delegieren**.
- **Unterstützung** annehmen: *Coaching*, eine Form der Beratung, kann helfen, die eigenen Ziele zu definieren, zu planen und schließlich umzusetzen. *Supervision* hilft, das eigene Handeln auf persönlicher oder beruflicher Ebene zu reflektieren, und bietet Unterstützung bei konfliktgeladenen oder belastenden Arbeitssituationen.

Stressmanagement

Partnerarbeit 3

Besprechen Sie folgende Fragen mit Ihrem Sitznachbarn bzw. Ihrer Sitznachbarin:
- In welchen Situationen bzw. unter welchen Umständen geraten Sie besonders leicht in Stress?
- Was unternehmen Sie, wenn Sie gestresst sind? Sammeln Sie Strategien, die sich bei Ihnen bereits bewährt haben, um Alltagsstress abzubauen!
- T Ordnen Sie nun Ihre Strategien den folgenden Maßnahmen zu bzw. ergänzen Sie diese!

Definition
COPING (engl. *to cope with:* bewältigen) bezeichnet das Bewältigen von belastenden Ereignissen und den damit verbundenen Emotionen.

Definition
Unter RESSOURCE (franz. *ressource*: Mittel, Quelle) versteht man unterstützende Mittel und Möglichkeiten, die einem Individuum zur Verfügung stehen, um Probleme zu bewältigen, das Leben zu gestalten oder zu verbessern. Beispiele: Selbstvertrauen, Optimismus (personale Ressourcen); Familie, soziales Netz (soziale Ressourcen).

Nachdem sich Stressoren nicht vermeiden lassen, müssen wir Strategien entwickeln, mit Stress umzugehen (**Coping**). Stressmanagement umfasst verschiedene Möglichkeiten:

- **Kognitive Strategien**

Laut dem US-amerikanischen Psychologen Richard LAZARUS hängt das Ausmaß der vom Stressor ausgelösten emotionalen Reaktion vom Ergebnis unserer kognitiven Bewertung ab. Nicht die Situation löst also den Stress aus, sondern unsere individuelle Bewertung der Situation.

- **Persönliche Ressourcen**

Wie Stress empfunden wird, ergibt sich erst aus der Wechselwirkung der Stressoren und der persönlichen Vulnerabilität und Resilienz. Stressresistent sind vor allem jene Personen, die Probleme nicht als Belastung, sondern als Herausforderung interpretieren. Subjektive Belastungen können durch eine unbeschwerte Lebenseinstellung und Optimismus nachweislich reduziert werden. Aber auch Lachen reduziert Stress und verbessert physiologisch Atmung und Kreislauf, während es die Produktion von stressfördernden Hormonen unterdrückt (▸ Kap. 14.5).

- **Soziale Unterstützung**

Soziale Kontakte haben Einfluss auf die Gesundheit und die Lebenserwartung. Aber auch das Halten von Haustieren (Hunde, Katzen) kann Ersatz für soziale Kontakte sein und Entspannung bieten. Isolation und Einsamkeit hingegen können Stress verursachen.

- **Entspannungstraining**

Führungskräfte, die in einem Versuch an einem Entspannungstraining teilnahmen, zeigten sich stressresistener als die Vergleichsgruppe ohne Entspannungstraining. Meditative Entspannungsübungen lindern außerdem Kopfschmerzen, Bluthochdruck, Ängste und Schlaflosigkeit. Ebenso wichtig ist ein Ort, der Entspannung bietet.

- **Bewegung**

Bewegung steigert die Serotoninaktivität im Gehirn und wirkt sich daher positiv auf unsere Emotionen aus: Wer regelmäßig Sport treibt, fühlt sich wohler, lebendiger, seltener erschöpft und gewinnt mehr Selbstvertrauen. Sport reduziert Stress, Ängste und Depressionen, weil durch die Bewegung Stresshormone abgebaut werden.

Gesundheitsförderung

Unter Gesundheitsförderung versteht man Strategien, die eingesetzt werden, um Krankheiten vorzubeugen und das Wohlbefinden zu steigern. Programme zur Gesundheitsförderung würden Forschungen zufolge deutlich weniger kosten, als viele Länder derzeit für die Behandlung von Krankheiten ausgeben. (vgl. Myers 2005, S. 696)
„Viele sowohl gesundheitsfördernde als auch gesundheitsschädigende Verhaltensweisen beginnen in der Adoleszenz und setzen sich im Erwachsenenalter fort, so dass das Jugendalter eine besonders kritische Phase für die Förderung gesundheitsbezogener Einstellungen und Verhaltensweisen darstellt." (Oerter 2008, S. 836)

Folglich sollte Gesundheitsförderung *„bereits in der Schule bzw. im Jugendalter beginnen und dann sowohl die verschiedenen Lebensphasen als auch Geschlechtsunterschiede berücksichtigen. Dabei stehen heute nicht mehr ‚krankheitsvermeidende', sondern vielmehr ‚gesundheitsfördernde' Maßnahmen – wie die Vermittlung des Glaubens an die eigene Kompetenz – im Vordergrund."* (a. a. O.) Vorbeugende gesundheitsfördernde Maßnahmen können gesetzt werden bei Ernährung, körperlicher Aktivität und Sport sowie einer adäquaten Auseinandersetzung mit Belastungen. Sowohl das familiäre als auch das soziale Umfeld haben massiven Einfluss auf diese Faktoren. (a. a. O.)
Gesundheitsförderung muss sich *„darauf konzentrieren, die reflexive Selbstaufklärung von Menschen zu unterstützen und sie zu verantwortlicher Beteiligung an grundlegenden Entscheidungen, die ihren Lebenszusammenhang bestimmen, befähigen. (...) Menschen sollen befähigt werden, möglichst viel Einfluss auf die Erhaltung und Verbesserung der eigenen Gesundheit auszuüben und Eigenverantwortung für ihre Gesundheit und die anderer zu übernehmen."* (Ottawa Charta zur Gesundheitsförderung 1986, zit. n. BMUKK 2005, S. 20)

T Gruppenarbeit **4**

Welche Möglichkeiten der Gesundheitsförderung hat die Schule? Formulieren Sie in Kleingruppen Maßnahmen in den Bereichen Stressmanagement, Ernährung, Rauchen, Alkohol und Bewegung! Versuchen Sie anschließend, eine Ihrer Ideen in der Schule umzusetzen!

RF Diskussion **5**

Diskutieren Sie folgende Kampagne: 41 % der 8 Millionen Österreicher/-innen leiden an Übergewicht (Body-Mass-Index über 25). Jedes vierte Kind in Österreich ist übergewichtig. Im Vergleich dazu: 50 % der 80 Millionen deutschen Staatsbürger/-innen leiden an Übergewicht. Jedes fünfte Kind ist übergewichtig. Eine höhere Steuer auf besonders fette und süße Lebensmittel soll dem Trend zu ungesundem Essverhalten und vermehrt auftretenden Fällen von Adipositas (Fettsucht) entgegensteuern.

- Was halten Sie vom Vorstoß Deutschlands im Mai 2007, eine Kaloriensteuer auf zu fettes Essen zu setzen?
- Welche Alternativmaßnahmen gäbe es?

T Gruppenarbeit **6**

Erstellen Sie einen Gesundheitsfragebogen! Welche Fragen könnte man stellen, um die Gesundheit einer Person zu eruieren?

14.3 Normalität und Krankheit

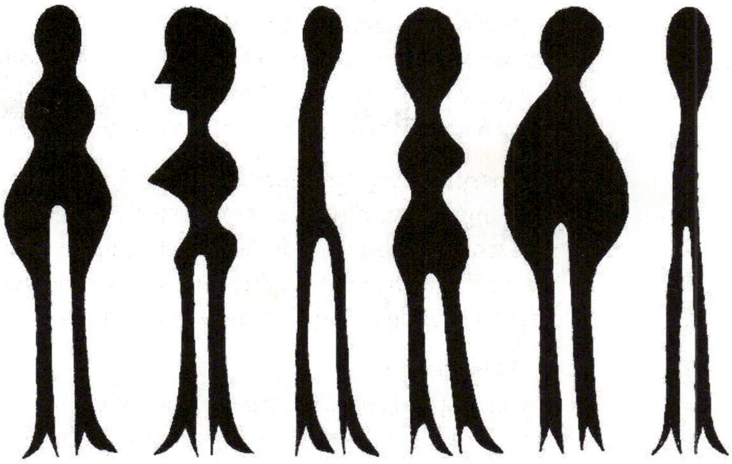

Normalität ist subjektiv

Der ehemalige deutsche Bundespräsident Richard von Weizsäcker meinte: *„Es ist normal, verschieden zu sein. Es gibt keine Norm für das Menschsein."* (Rede am 1. 7. 1993 in Bonn) Wir sind verschieden und eben das ist normal. Jeder Mensch ist anders: Franz Kafka, der keinen Platz im Leben fand, ist anders als Winston Churchill, der unter Depressionen litt, ist anders als Friedrich Hölderlin, der wahnsinnig wurde, ist anders als Vincent Van Gogh, der sich ein Ohr abschnitt, ist anders als Edgar Allan Poe, der in seine eigene Düsternis fiel. Ob ein Zustand als normal oder abnormal bezeichnet wird, hängt davon ab, was als Maßstab verwendet wird. Dabei werden objektive von subjektiven Normen unterschieden:

- **Objektive Normen:**
  - *Statistische Normen:* Normal ist das, was am **häufigsten** vorkommt.
  - *Idealnorm:* Normal ist die **gesellschaftlich** wünschenswerte Norm.
- **Subjektive Normen:**
  - *Subjektive Betrachternorm:* Was als normal gilt, hängt von der **eigenen Erfahrung** und der **persönlichen** Idealform ab.
  - *Funktionale Norm:* Normal ist all das, was den **individuellen Zielsetzungen** und Leistungen des/der Einzelnen entspricht.

In der medizinischen und psychologischen Praxis wird meist die subjektive Betrachternorm herangezogen, um zu bestimmen, ob ein Zustand normal oder abnormal (krank) ist. Um einen Zustand als krank diagnostizieren zu können, wird untersucht, wie intensiv und wie häufig das auffallende Verhalten zum Vorschein kommt.

Psychiatrische Diagnosen

Am 7. 4. 2005 wurde im Meer im Südosten Englands ein gestrandeter Mann aufgegriffen, der sich scheinbar an nichts mehr erinnern konnte. Der deutsche „Piano-Man" wirkte verwirrt, sprach nichts und wurde von den Ärzten/-innen schließlich als psychisch krank eingestuft. In Wirklichkeit hielt er mit seinen vorgetäuschten Erinnerungslücken alle zum Narren. Diese Geschichte zeigt, wie schwierig es ist, die Trennlinie zwischen normal und krank zu ziehen. Ebenso demonstrieren die Experimente des US-amerikanischen Psychologen David Rosenhan, wie schwierig die zuverlässige Ermittlung psychiatrischer Diagnosen ist:

Definition
Pseudopatienten/-innen geben sich (für Versuchszwecke) als Patienten/-innen aus, sind aber in Wahrheit gesund.

- Rosenhan und sieben weitere gesunde Probanden/-innen täuschten Halluzinationen vor und ließen sich als **Pseudopatienten/-innen** in verschiedene psychiatrische Kliniken einweisen. Bei allen wurde Schizophrenie (▸ Kap. 14.4) oder eine bipolare Störung (▸ Kap. 14.4) diagnostiziert. Während des Klinikaufenthaltes wurden die Pseudopatienten/-innen vom Personal nicht als gesund entlarvt, obwohl sie sich vollkommen normal verhielten und erklärten, dass sie sich wohl fühlten und keine Symptome mehr hätten. Die Entlassung nach drei Wochen war schließlich nur mit Unterstützung der Ehepartner/-innen und Kollegen/-innen möglich.
- In einer weiteren Untersuchung kündigte Rosenhan einer Klinik an, dass in den nächsten drei Monaten Pseudopatienten/-innen eingewiesen werden würden. In diesem Zeitraum wurden 193 Patienten/-innen aufgenommen. 41 von ihnen wurden von mindestens einem Mitglied des Klinikpersonals als Pseudopatient/-in „entlarvt". In Wahrheit wurde aber kein einziger/keine einzige Pseudopatient/-in eingeliefert.

Derartige Experimente zeigen, dass die Grenze zwischen normal und psychisch krank so vage ist, dass Gesunde für krank und psychisch Kranke für gesund gehalten werden können. Es ist schwierig, die Kriterien festzulegen, nach denen entschieden wird, was (nicht) der Norm entspricht – denn Urteile über Normabweichungen sind, wie Rosenhans Experimente zeigten, sehr subjektiv und oft auch situations- und gesellschaftsabhängig. Nicht alle Kulturen stufen dieselben Verhaltensweisen als normal oder abweichend ein:

Mihail Chemiakin

- **Halluzinationen** beispielsweise gelten bei uns als Zeichen einer psychischen Störung, in anderen Kulturen stehen sie jedoch für mystische Visionen oder spirituelle Kräfte (z. B. eines Schamanen). Man muss jedoch bedenken, dass Schamanen sich willentlich in diese Zustände begeben können, während psychisch Kranke diesen Zuständen ausgeliefert sind.
- Die Bedeutung des **gesellschaftlichen Kontextes** für die Beurteilung von Verhalten zeigt das Beispiel des Künstlers Mihail Chemiakin. Dieser *„wurde als geisteskrank erklärt, da er sich weigerte, in der von der Regierung gebilligten Form des sozialistischen Realismus zu malen."* (Zimbardo 2004, S. 656)

Die Grenze zwischen Normalität und Krankheit

Filmtipp
Und einer flog übers Kuckucksnest (USA 1975, Regie: Miloš Forman). Der Kleinkriminelle McMurphy lässt sich in eine psychiatrische Anstalt einliefern, um einer Gefängnisstrafe zu entgehen. Dort findet er ein unmenschliches System vor, in das er sich nicht einfügen möchte. Sein Unwille, sich anzupassen, wird bestraft.

Es ist schwer zu beurteilen, ob eine Person nur exzentrisch oder bereits manisch, ob sie angeschlagen oder bereits depressiv, ob sie kreativ oder halluzinierend ist. Der US-amerikanische Schriftsteller Herman Melville verglich die Grenze zwischen psychischer Normalität und Krankheit mit einem Regenbogen: *„Wer könnte wohl in einem Regenbogen genau die Linie angeben, wo das Violett aufhört und das Orange beginnt? Wir sehen zwar deutlich die verschiedenen Farben, aber nicht den genauen Ort, wo die eine in die andere übergeht. So ist es auch mit Vernunft und Wahnsinn."* (Melville 1981, S. 60 f) Dennoch ist es Ziel der Forschung, eine psychische Störung und abweichendes Verhalten objektiv zu erfassen.

Stigmatisierung psychisch erkrankter Menschen

Personen, die von einer psychischen Erkrankung betroffen sind, werden meist abgelehnt und gemieden. Familien verdrängen u. U. das psychische Leiden eines Mitglieds oder versuchen es zu verheimlichen. Wird eine Person aufgrund ihrer psychischen Erkrankung negativ bewertet oder ausgegrenzt, spricht man von **Stigmatisierung**. Die negative Einstellung der Gesellschaft gegenüber psychisch kranken Menschen kann sich auch über Witze und Redensarten („Hier geht es zu wie im Irrenhaus!") äußern. Die Betroffenen verinnerlichen schließlich die Erwartungshaltung, dass sie abgelehnt werden, und das provoziert – nach dem Prinzip der **Selffulfilling Prophecies** (▸ Kap. 11.1) – negative Interaktionen. Ein toleranter Umgang mit psychisch erkrankten Personen hilft diesen, ihre Krankheit zu akzeptieren und eine adäquate Behandlungsmethode zu finden, um ihre Lebensqualität wieder steigern zu können. Personen, die mit psychisch Kranken zu tun haben, neigen übrigens weniger dazu, diese zu stigmatisieren.

Definition
Selffulfilling Prophecies sind Voraussagen, die Realität werden, nur weil sie vorausgesagt wurden.

Psychiatrie

Definition
Psychiatrie (griech. *psyché*: Seele; *iatrós*: Arzt) ist die medizinische Fachdisziplin, die sich mit seelischen Erkrankungen beschäftigt.

Wo beginnt die Krankheit, die es einem Menschen unmöglich macht, seine/ihre Handlungsfolgen einzuschätzen? Psychiater/-innen müssen abschätzen, wie groß die Funktionsbeeinträchtigung durch die psychische Störung tatsächlich ist. Sie untersuchen, ob die kognitiven Funktionen hinreichend sind, um das Unrecht einer Handlung zu begreifen.

Das weltweit erste Spezialinstitut für „Geisteskranke", wie psychisch Kranke damals genannt wurden, entstand im 18. Jahrhundert in Österreich. Der sogenannte Narrenturm wurde 1784 unter Kaiser Joseph II. in Wien errichtet. Die Fenster und Türen der Zellen waren vergittert, an den Wänden waren eiserne Ringe, an denen unbändige psychisch Kranke angekettet wurden.

Philippe Pinel

Psychisch kranke Menschen wurden bis zum 19. Jahrhundert noch in psychiatrische Anstalten weggesperrt. Der französische Arzt Philippe Pinel reformierte um 1792 schließlich die Psychiatrie, machte sie zu einer medizinischen Teildisziplin und setzte sich für humanere Behandlungsmethoden ein. Dennoch sorgten die Methoden in den psychiatrischen Anstalten immer wieder für Negativschlagzeilen. 1938 wurde erstmals die Elektroschockbehandlung als Disziplinierungsmaßnahme der Patienten/-innen eingesetzt. Auch heute noch werden die Zustände und Methoden in den psychiatrischen Einrichtungen häufig kritisiert.

14.4 Psychische Störungen

Eine **psychische Störung** wird dadurch ausgelöst, dass innere Konflikte ein so großes Ausmaß erreichen, dass der/die Betroffene den üblichen Lebensanforderungen nicht mehr gewachsen ist. Die Person „funktioniert" nicht mehr wie sonst – emotional, kognitiv, im Verhalten und im zwischenmenschlichen Bereich und/oder körperlich können die Störungen auftreten. Dies äußert sich über ein verändertes emotionales Empfinden, irrationale Denkprozesse sowie ein atypisches, unangepasstes, von der Norm abweichendes Erleben und Verhalten.

Psychische Störungen beeinträchtigen das Leben der betroffenen Person, indem sie persönlichen Leidensdruck erzeugen und die Fähigkeit, wichtige Ziele zu erreichen, blockieren. Eine psychische Störung kann durch den momentanen krisenhaften Lebenszyklus und durch mangelnden sozialen Rückhalt ausgelöst werden: *„Ich war gerade vom Dorf in die Stadt gezogen, mein Bafög* (Anm.: Bundesausbildungsförderungsgesetz) *war abgelehnt worden, eine schmerzhafte Trennung lag hinter mir. Meine besten Freunde verdächtigte ich, Böses gegen mich zu planen. Ich verlor die Orientierung."* (Bock 2005, S. 9 f)

Abweichende Verhaltensweisen

Ab wann und unter welchen Umständen sprechen wir von einer **psychischen Störung**?

- Wann eine einfache Krise als psychische Störung empfunden wird, ist individuell verschieden und vom subjektiven Leidensdruck sowie der Resilienz (▸ Kap. 14.1) abhängig. Während sich manche schnell beeinträchtigt fühlen, sind andere relativ belastbar.
- Ob wir jemanden als psychisch krank oder abweichend einstufen, hängt davon ab, wie wir sein/ihr Verhalten beurteilen. Um von einer psychischen Störung reden zu können, müssen bestimmte Auffälligkeiten im Erleben und Verhalten einer Person gegeben sein. ROSENHAN und SELIGMAN entwickelten sieben Kriterien, die helfen sollen zu bestimmen, welche Verhaltensweisen als abweichend verstanden werden können. (Seligman 2001, S. 20 ff, Zimbardo 2004, S. 653 f) Folgende Kriterien können dazu dienen, eine psychische Störung zu dignostizieren:

Kriterien für psychische Störungen

1. **Leidensdruck oder Behinderung:** Wenn die Erfordernisse des alltäglichen Lebens nicht mehr bewältigt werden können (z. B. die Kraft fehlt, zur Arbeit zu gehen), man sich in den eigenen Lebensmöglichkeiten behindert fühlt und einfache Aufgaben nicht mehr uneingeschränkt ausgeführt werden können, spricht man von *psychosozialer* Beeinträchtigung (Dysfunktionalität).
2. **Fehlanpassungen:** Man wird den Bedürfnissen der Gesellschaft nicht gerecht, passt sich schlecht an oder hindert sich am Erreichen der eigenen Ziele.
3. **Irrationalität:** Man verhält sich irrational und wird von anderen nicht verstanden (z. B. eine Person, die auf Stimmen antwortet, die nur sie hört).
4. **Unberechenbarkeit:** Dazu zählen unkontrolliertes, sprunghaftes Verhalten ohne erkennbaren Grund wie ein plötzlicher Schreikrampf.
5. **Außergewöhnlichkeit und statistische Seltenheit:** Hierzu zählen Verhaltensweisen, die statistisch gesehen selten vorkommen und nicht dem sozial Wünschenswerten entsprechen (z. B. geminderte Intelligenz).
6. **Unbehagen bei Beobachtern/-innen:** Verhalten, das bedrohlich wirkt oder Unbehagen bei anderen auslöst (z. B. eine Person, die aggressiv fluchend die Straße auf und ab rennt) oder die eigene bzw. die Sicherheit anderer bedroht (Selbst- oder Fremdgefährdung), dient als weiteres Kriterium für abweichendes Verhalten.
7. **Verletzung moralischer und gesellschaftlicher Normen:** Wenn Menschen sich nicht gesellschaftskonform verhalten (wenn jemand nicht arbeiten gehen will, obwohl er/sie dazu in der Lage wäre), d. h. von den gesellschaftlichen Normen und Wertvorstellungen abweichen oder diese massiv verletzen, wird dies ebenfalls als psychisch auffälliges Verhalten gewertet.

„Die jeweilige Ausprägung dieser ‚Komponenten der Abnormität' kann individuell sehr unterschiedlich gewichtet sein, vielfach stehen sie miteinander in Wechselwirkung." (Kastner-Koller 2007, S. 164) Ein einzelnes Kriterium erweist sich noch nicht als ausreichend, um eine psychische Störung diagnostizieren zu können. Je mehr Indikatoren vorherrschen und je extremer sie vorkommen, desto eher kann man von einer psychischen Störung ausgehen.

Neurose und Psychose

Worin unterscheidet sich eine Neurose von einer Psychose?

Bei einer **Neurose** handelt es sich um eine störende psychische Einstellung oder Verhaltensgewohnheit (z. B. Angst, Zwang), die nicht auf einer Erkrankung des Nervensystems beruht, also keine nachweisbare organische Ursache hat. Eine Neurose kann durch ein nicht bewältigtes, einschneidendes Erlebnis ausgelöst werden. Die Betroffenen sind sich ihrer Störung bewusst.

»Eine Psychose ist für mich wie das Untertauchen in eine andere Welt und Wirklichkeit, sehr ähnlich der Welt der Träume, Märchen, Mythen und Grenzsituationen.« (Bock 2005, S. 11)

Psychose ist eine zusammenfassende Bezeichnung für Erkrankungen, bei denen wichtige psychische Funktionen (Denken, Wahrnehmen) erheblich gestört sind. Das Krankheitsbild zeichnet sich durch abweichendes Erleben und Verhalten aus (z. B. wahnhafte Vorstellungen) und eine Veränderung der Persönlichkeit. Im akuten Stadium haben die Betroffenen keine Krankheitseinsicht, da sie meist nicht sich selbst, sondern ihre Umgebung als verändert wahrnehmen. Betroffene, die eine Psychose mit Sprachbildern greifbar zu machen versuchen, vergleichen sie mit einem „Albtraum in einem Spinnennetz", einem „Fallschirm ohne Seil am Korb" oder dem „Gehen auf spitzen Steinen". Die Psychose ist eine Flucht vor der Realität.

	Neurose	Psychose
Symptome	Übertriebene Ängste, Angst-, Zwangsstörungen, die im Laufe des Lebens erworben wurden, also nicht organisch bedingt sind. Betroffene sind gesellschaftsfähig und in der Lage, rational zu denken.	Betroffene haben einen gestörten Realitätsbezug, veränderte Gefühlsreaktionen, Wahnvorstellungen, Halluzinationen und denken irrational.

Klassifikation psychischer Störungen

Die Klinische Psychologie klassifiziert die verschiedensten Formen der psychischen Störungen und sucht adäquate Behandlungsmethoden.

Es gibt zwei Systeme, die psychische Störungen klassifizieren und definieren. Weil sich im Laufe der Zeit verändert, was als Störung definiert wird, werden die Systeme laufend aktualisiert:

DSM-V
- Die erste Version des **DSM-V** (Diagnostisches und Statistisches Manual Psychischer Störungen, 4. Ausgabe) der amerikanischen Psychiatrischen Vereinigung erschien 1952 und listete bloß ein Dutzend psychischer Störungen auf. Homosexualität wurde beispielsweise bis 1973 als psychische Störung angeführt, schließlich aber aus der Liste entfernt.

ICD-10
- Die Weltgesundheitsorganisation WHO listet in ihrer **ICD-10** (Internationalen Klassifikation der Krankheiten, 10. Auflage) die Formen psychischer Störungen auf. Die erste Version wurde 1853 veröffentlicht, daraufhin entstand alle 10 bis 15 Jahre eine Neuauflage. Diese Klassifikation umfasst im Gegensatz zum DSM auch sämtliche körperlichen Erkrankungen.

Diagnosekategorie der Störung	Beispiele für Störungen
Affektive Störungen	Depression, Manie
Angststörungen	Panikstörung, Phobien, Zwangsstörungen, Dissoziative Identitätsstörung
Schizophrene Störung	Schizophrenie
Persönlichkeitsstörungen	Borderline-Syndrom, antisoziale Persönlichkeitsstörung
Essstörungen	Magersucht, Bulimie, Fettsucht, Binge-Eating-Disorder
Substanzinduzierte Störungen	Abhängigkeit und Missbrauch von Drogen

Im Folgenden werden einzelne Formen psychischer Störungen ausführlicher behandelt.

1. Affektive Störungen

„Depression bedeutet für mich, Landschaften des eigenen Selbst durchwandern müssen, die abgebrannt, tot, niedergetrampelt oder einfach nur leer sind." (Bock 2005, S. 11) Wenn sich die Stimmung, das Lebensgefühl und die Lebensenergie unkontrollierbar verändern und die Betroffenen in emotionale Extremzustände verfallen, spricht man von einer affektiven (emotionalen) Störung. Zu den affektiven Störungen zählen die **Depression** sowie die **bipolare Störung** (*früher:* manische Depression).

Affekt = sehr starke Gefühlsregung

Definition
DEPRESSION (lat. *deprimere:* niederdrücken) bezeichnet eine krankhafte, extreme Stimmungseinengung.

Depression

Wir kennen die Symptome einer alltäglichen Niedergeschlagenheit, womöglich aufgrund von Versagen oder eines Verlustes. Diese Symptome sind meist situationsbedingt und lösen sich von alleine wieder auf. Sie lassen jedoch bereits erahnen, wie sich eine ernstzunehmende Depression anfühlt. Die Depression kennzeichnet eine Phase der grundlosen traurigen Verstimmung, Antriebs- und Hoffnungslosigkeit, von Pessimismus und Angst vor der Zukunft. Viele Depressive beschreiben ihr Gefühl jedoch weniger mit Trauer als mit einem Erlöschen ihrer Gefühle.
Depression ist eine Erkrankung, die nicht nur unsere Stimmung beeinflusst, sondern auch unser Denken, Handeln sowie unsere körperlichen Funktionen stark einschränkt und völlige Leere hinterlassen kann, wie eine Betroffene berichtet: *„Ich war von einer unsäglichen körperlichen Müdigkeit befallen. (...) Ich war unbeschreiblich nervös. Meine Nerven schienen elektrisch geladene Drähte zu sein. Meine Nächte waren ohne Schlaf. (...) Schließlich war mir jede geistige und körperliche Arbeit unmöglich. Die müden Muskeln versagten den Dienst, mein ‚Denkapparat' weigerte sich zu arbeiten, jeglicher Ehrgeiz war dahin. Ich trat der Welt mit der Haltung ‚Was hat das alles für einen Sinn' entgegen. Ich hatte hart daran gearbeitet, etwas aus mir zu machen, aber der Kampf schien sinnlos. Das ganze Leben schien leer."* (Davison 1998, S. 252)

Definition
ERLERNTE HILFLOSIGKEIT bedeutet, dass man bei schmerzlichen Erlebnissen oder drohender Gefahr passiv bleibt, anstatt das Beste aus der Situation zu machen.

Das Modell der **erlernten Hilflosigkeit** nach SELIGMAN bietet einen Erklärungsansatz zur Entstehung einer Depression: Werden durch eigenes Bemühen bestimmte wichtige alltägliche Bedürfnisbefriedigungen nicht erreicht und gelingt es nicht, negative Zustände zu verhindern, kann es sein, dass Menschen passiv und apathisch werden. Misserfolge werden der eigenen Unfähigkeit zugeschrieben, Entscheidungen als irrelevant wahrgenommen. Man zieht sich daraufhin sozial zurück und fördert damit erst recht wieder soziale Ängste.
Depressionen gehören zu den häufigsten psychischen Krankheiten. Nach Angaben der Weltgesundheitsorganisation leiden etwa 10–20 % aller Menschen im Laufe ihres Lebens mindestens einmal an einer Form der Depression. Frauen sind häufiger betroffen als Männer. Nach einer depressiven Phase liegt das Risiko, erneut an einer Depression zu erkranken, bei etwa 50 %.

Selbstmord (Suizid)

Nahezu alle Menschen mit depressiver Störung haben zeitweilig suizidale Gedanken. *„Depressive Menschen haben ein mindestens 5-mal höheres Selbstmordrisiko als die Allgemeinbevölkerung."* (Myers 2005, S. 739) Die WHO spricht weltweit von etwa 1 Mio. Menschen, die jährlich Selbstmord begehen. Suizid entspricht keinem Racheakt, sondern wird von den Betroffenen meist als letzte irreversible Lösungsmöglichkeit gesehen, unerträgliche Schmerzen auszuschalten. Der österreichische Pionier der Selbstmordforschung Erwin RINGEL errichtete 1948 in Wien das erste Selbstmordverhütungszentrum Europas. Ringel analysierte 745 gerettete Selbstmörder/-innen und stellte fest, dass vor der Tat bei allen eine ähnliche seelische Befindlichkeit vorherrschte, die er mit dem Begriff **präsuizidales Syndrom** zusammenfasste (vgl. Ringel 2008, S. 104 ff):

Einengung

- Von **Einengung** spricht RINGEL, wenn die Lebensumstände als bedrohlich und unüberwindbar empfunden werden. Man strebt keine Ziele mehr an, entwertet zwischenmenschliche Beziehungen, fühlt sich wertlos und isoliert sich.

Aggression

- Die durch eine quälende Situation (z. B. Trennung) entstandene **Aggression** kann lang zurückgehalten werden, sich aber dann durch einen scheinbar unbedeutenden Anlass gegen die eigene Person richten.

Irrealität

- Die Betroffenen bauen sich eine Scheinwelt auf und verlieren sich in Vorstellungen wie z. B. **Selbstmordphantasien**. Diese sind noch nicht krankhaft, wenn sie gelegentlich auftreten. Je häufiger und intensiver sie jedoch werden, desto schwerer gelingt die Rückkehr in die Realität. Ringel unterscheidet drei **Stufen** von Selbstmordphantasien:
  1. Zunächst hegt der/die Gefährdete den Wunsch, tot zu sein.
  2. In weiterer Folge entsteht die Vorstellung, sich selbst zu töten.
  3. Schließlich werden Überlegungen angestellt, wie der Selbstmord begangen werden kann. In dieser dritten Phase kann bereits der kleinste Anstoß die Tat einleiten.

Das präsuizidale Syndrom führt nicht zwangsläufig zum Selbstmord. Auf die entsprechenden Befindlichkeiten muss jedoch geachtet werden, denn Gefährdung ist in jedem Fall gegeben und „diese seelischen Kräfte können ganz plötzlich und unerwartet eine unvorstellbare Schubkraft entwickeln." (Glatz 2006, S. 89)
Wenn eine Person sich aus dem sozialen Geschehen zurückzieht, Verzweiflung und Ausweglosigkeit signalisiert und sich intensiv mit dem Thema Tod auseinandersetzt (80 % der Betroffenen, die einen Suizidversuch begehen, kündigen diesen vorher an), muss man auf jeden Fall zuhören und ihr professionelle Hilfe empfehlen (▸ Kap. 14.5).

Definition
Die BIPOLARE STÖRUNG ist eine psychische Erkrankung, bei der extreme emotionale Höhen und Tiefen einander abwechseln.

Bipolare Störung

Menschen mit einer bipolaren Störung (veralteter Begriff: manische Depression) erleben abwechselnd eine depressive und eine manische Phase.
In Ansätzen kennen wir alle den Zustand der **Hypomanie**, einer weniger stark ausgeprägten Form der Manie, etwa nach einer bestandenen Prüfung, nach einer durchgemachten Nacht oder wenn wir uns verlieben. Die krankhafte Manie ist jedoch durch einen *unbegründeten* emotionalen Höhenflug gekennzeichnet, gefolgt von Hyperaktivität, übertriebenem Optimismus und unnatürlich gesteigertem Selbstvertrauen, wie ein Betroffener schildert: *„Wenn ich manisch werde, habe ich plötzlich ein leichtes Gefühl, wie ein Überflieger. Alle Skrupel verlassen mich. Ich beginne dann, andere zu provozieren. Diese Haltung kann sich dann auch verselbstständigen und die Provokation zu einem Selbstgänger werden. Ich bin dann immer auf der Suche nach Grenzen."* (Bock 2004, S. 19)

MANIE

- Unangemessen intensives Hochgefühl
- Übersteigerte, meist unbegründet gute Laune
- Unruhe, weit überhöhte Aktivität, Tatendrang und Sprunghaftigkeit im Handeln: Viele Dinge werden begonnen, aber nicht zu Ende geführt
- Geringes Schlaf- und Erholungsbedürfnis
- Subjektives Gefühl erhöhter persönlicher Leistungsfähigkeit: Die Betroffenen empfinden sich als außergewöhnlich energiegeladen, kreativ und schöpferisch
- Selbstüberschätzung bis hin zum Größenwahn
- Distanzlosigkeit und Rededrang
- Beschleunigtes Denken und Gedankensprünge
- Weniger Hemmungen in verschiedenen Bereichen, z. B. exzessiver Kaufrausch (weit über die finanziellen Möglichkeiten hinaus)
- Probleme werden geleugnet

DEPRESSION

- Erlöschen der Gefühle (Fähigkeit zur Freude, oft auch zu Trauer ist abhanden gekommen)
- Stark niedergedrückte Stimmung, Traurigkeit und Trauer
- Antriebslosigkeit und Verlust an sämtlichen Interessen, Unentschlossenheit
- Schlafstörungen: Durchschlafprobleme und frühes Erwachen
- Leistungsunfähigkeit, erhöhte Ermüdbarkeit
- Konzentrations- und Aufmerksamkeitsschwierigkeiten, Denken wird als mühsam empfunden
- Gefühl der Wertlosigkeit, Schuldgefühle, mangelndes Selbstwertgefühl
- Pessimistische Zukunftsperspektive
- Selbstmordgedanken bis hin zu Suizidversuchen

Die Pole der bipolaren Störung

2. Angststörungen

Im täglichen Leben werden wir oft mit dem Gefühl der Angst konfrontiert: Wir empfinden Angst, wenn wir in einen Unfall verwickelt werden oder Feuer ausbricht. Ängste sind im Allgemeinen eine Reaktion auf echte Gefahren bzw. Ereignisse. Angst hat eine nützliche Seite, wenn sie uns warnt, uns Gefahren erkennen lässt, uns vorsichtig macht und unsere Reaktionen beschleunigt. Unnatürliche, unangemessen starke Angst hingegen schränkt ein und lähmt. *„Angst macht krank, wenn sie der Situation unangemessen, zu stark und zu häufig auftritt, zu lange andauert und zur Vermeidung wichtiger Alltagsaktivitäten führt."* (Wittchen 1999, S. 20, S. 24) Es gibt drei Komponenten der Angst, die aber nicht unbedingt gleichzeitig oder gleich intensiv auftreten: physiologisch (Körper), kognitiv (Denken, Fühlen) und behavioral (Verhalten).

Panikstörungen

Die Panikstörung ist eine Episode intensiver Angst, die plötzlich und unerwartet auftritt, einige Minuten andauern und Todesängste auslösen kann. Körperliche Symptome sind Schmerzen im Brustkorb, Erstickungsgefühl, Schwindel, Herzklopfen, feuchte Hände oder Klingelgeräusche im Ohr. Bei einer Panikattacke gibt es meist keinen objektiv sichtbaren Auslöser. Sie ist die Reaktion auf eine erhöhte körperliche, psychische oder soziale Stressbelastung. Bei den meisten Betroffenen wurden vor der ersten Panikattacke kritische Lebensereignisse festgestellt: Verlust durch Tod, Scheidung oder Trennung, plötzliche Erkrankung, Schwangerschaft oder Geburt, Arbeitsplatzverlust. Das Angsterleben kann sich aufgrund kognitiver Prozesse zu einer permanenten Angst vor einer Panikattacke (Erwartungsangst) entwickeln.

Phobische Störungen

Definition
PHOBIE (griech. *phobía*: Furcht, Angst) bezeichnet eine krankhafte, objektiv gesehen unbegründete Angst vor etwas.

Auslöser für eine phobische Störung bzw. Phobie sind bestimmte Situationen oder Objekte. Man spricht von einer Phobie, wenn Angst durch eine eindeutig definierte, eigentlich ungefährliche Situation oder ein spezifisches Objekt hervorgerufen wird. Eine phobische Störung äußert sich durch Herzklopfen, Schwächegefühl bis hin zu Todesängsten. Die gefürchteten Situationen und Objekte werden infolgedessen vermieden. Diese irrationalen Ängste beziehen sich in erster Linie auf Tiere oder Insekten, auf Höhen, Blut, geschlossene Räume, Wasser oder Gewitter. Bei der Ursachenforschung hat sich vor allem das lerntheoretische Erklärungsmodell durchgesetzt: Man geht davon aus, dass die Angstreaktion auf ein Objekt oder eine Situation erlernt wurde. Festgestellt wurde auch gehäuftes Auftreten von Phobien innerhalb einer Familie.

RF Einzelarbeit 7

Welche Ängste sind unter Erwachsenen am meisten verbreitet? Ordnen Sie die soeben genannten Gegenstände der Angst dem Anteil der Personen, die an Angst davor leiden, zu.
a) 22,2 %, b) 11,9 %, c) 20,4 %, d) 9,4 %, e) 13,9 %, f) 8,7 %

Zwangsstörungen

Literaturtipp
LEPS, Felix: *Zange am Hirn. Geschichte einer Zwangserkrankung.* Bonn 2007. Am Anfang sind es kleine Gewohnheiten, später bestimmte Rituale und schließlich ein Zwangsdelirium, das das ganze Leben beherrscht. Das Buch zeigt einen Weg der Heilung und gibt Tipps für den Umgang mit der Zwangserkrankung.

In der US-Krimiserie *Monk* werden genauso wie im Film *Besser geht's nicht* Zwangsneurotiker parodistisch dargestellt. Alles muss an seinem Platz sein, Bilder dürfen nicht schief hängen, Stifte werden nach der Länge und Heftklammern nach der Farbe sortiert.

Ansatzweise kann harmloses zwanghaftes Verhalten auch im Alltag auftreten: wenn wir z. B. dreimal überprüfen, ob die Haustüre auch wirklich abgesperrt ist. Als krankhaft wird zwanghaftes Verhalten dann bezeichnet, wenn es sich nicht mehr steuern lässt und bereits groteske Formen annimmt: Vorstellungen, die sich ständig aufdrängen und immer wiederkehren, Was-wäre-wenn-Gedanken und Verhaltensweisen wie exzessives Händewaschen oder andere sich wiederholende Rituale. Die Ursachen für Zwangsstörungen sind noch nicht eindeutig geklärt, dürften aber als neurobiologische Grundlage ein Kommunikationsproblem zwischen Frontalhirn und den Basalganglien (tieferen Gehirnstrukturen) haben: Bei Zwangspatienten/-innen liegt ein Mangel an dem chemischen Botenstoff Serotonin vor, den diese Gehirnbereiche verwenden. Aber nicht nur eine Stoffwechselstörung im Gehirn, auch psychologische Faktoren spielen bei der Entstehung von Zwängen eine Rolle: wenn etwa plötzlich auftretenden unangenehmen Gedanken sehr viel Aufmerksamkeit geschenkt wird.

Die dissoziative Identitätsstörung

Definition
Die DISSOZIATION (lat. *disassociare*: trennen, scheiden) beschreibt eine Bewusstseinsspaltung, die meist in Zusammenhang mit einem traumatischen Erlebnis steht. Betroffenen gelingt es nicht, Erinnerungen, Gedanken, Gefühle und Verhaltensweisen in ihre Gesamtpersönlichkeit zu integrieren, da diese als fremd empfunden werden und nicht als Teil ihres Selbst/ihrer Identität.

Ursache für eine dissoziative Identitätsstörung ist häufig sexueller Missbrauch über einen längeren Zeitraum in der Kindheit. Wenn der Stress zu groß wird, versucht das Bewusstsein sich von früheren schmerzhaften Erinnerungen, Gedanken, Gefühlen und selbst vom Identitätsbewusstsein abzuspalten. Die dissoziative Identitätsstörung beschreibt eine solche Abspaltung von psychischen Funktionen. Die betroffene Person flüchtet vor der traumatischen Situation in den dissoziativen Zustand. Die Flucht gilt als Angstbewältigung. Die Betroffenen schützen ihr Ich durch den Aufbau stärkerer innerer Charaktere, um eine traumatische Situation bewältigen zu können. Verschiedene Identitätszustände übernehmen wiederholt Kontrolle über das Verhalten der betroffenen Person. Die dissoziative Identitätsstörung ist besser bekannt unter „multipler Persönlichkeitsstörung" und wird fälschlicherweise oft mit Schizophrenie verwechselt, bei der allerdings keine Flucht in einen anderen Identitätszustand, sondern in erster Linie Störungen im Denken und in der Wahrnehmung vorliegen.

Filmtipp
A Beautiful Mind. Genie und Wahnsinn (USA 2001, Regie: Ron Howard, mit Russell Crowe). Der Film erzählt die wahre Lebensgeschichte des genialen Mathematikers John Forbes Nash, der gegen seine Erkrankung der paranoiden Schizophrenie ankämpft.

Definition
Schizophrenie (griech. *s'chízein:* abspalten; *phrénos:* Geist, Gemüt) bezeichnet verschiedene krankhafte Störungen der Wahrnehmung, des Denkens und der Gefühlsregungen.

3. Schizophrene Störungen

Einer von hundert Menschen leidet an einer schizophrenen Störung bzw. an **Schizophrenie**. Weltweit leiden somit etwa 24 Millionen Menschen an dieser Störung, die durch Denkstörungen, Sinnestäuschungen, Wahnvorstellungen und Emotionsverflachung gekennzeichnet ist. (vgl. Myers 2005, S. 747) Sie tritt in der Regel beim Eintritt in das Erwachsenenalter auf. Ihre Ursachen sind nach wie vor nicht restlos geklärt. Sie wird als eine Erkrankung des Gehirns angesehen, der *biologische, psychologische* und *soziale* Faktoren zugrunde liegen. Untersuchungen belegen, dass eine Prädisposition (Veranlagung) dafür genetisch weitergegeben wird. (vgl. Davison 2007, S. 378)

Schizophrenie bedeutet wörtlich „gespaltenes Gemüt" – die Gespaltenheit bezieht sich auf Zerrissenheit im Denken und Fühlen, eine veränderte Wahrnehmung und Unangemessenheit der Sprache, die auf die Abspaltung von der Realität hindeutet. *„Auf die simple Frage ‚Was haben Sie heute gegessen?' können paradoxe Antworten folgen wie ‚Ich kann ja nicht französisch.'"* (Bondy 1997, S. 20) Ein Betroffener verglich sein schizophrenes Erleben mit Träumen: *„Wenn mich jemand bittet zu erklären, was Schizophrenie ist, sage ich: Du weißt doch, wie das mit den Träumen ist. Manchmal bist du richtig drin in deinen Träumen, und manche sind die reinsten Albträume. Als ich schizophren war, hatte ich das Gefühl, durch einen Traum hindurch zu gehen. Aber um mich herum war alles real. Manchmal kommt mir die Welt so langweilig vor, dass ich denke, ich würde gern in meine schizophrene Traumwelt zurückkehren. Aber dann fallen mir alle die furchterregenden und schrecklichen Erfahrungen wieder ein."* (Myers 2005, S. 750)

Symptome, die eine schizophrene Störung begleiten können:

desorganisiertes Denken

- **unzusammenhängende Gedankengänge**, absurde Wortneuschöpfungen:
Stellen Sie sich vor, Sie erhalten diesen Brief: *„Zur Zeit des Neumondes steht Venuß am August himmel und erleuchtet mit seinen Lichtstrahlen, die Kauffahrtheihäfen, Suez, Kairo und Alexandria. In dieser historisch berühmten Kalifenstadt, befindet sich das Museum assyrischer Denkmäler von Makedonien. Dort gedeihen neben Pisang Maiskolunen, Hafer, Klee und Gerste auch Bananen, Feigen, Citronen, Orangen und Oliven. Das Olivenöl ist eine arabische Liqeur Sauce, mit welcher die Afghanen, Mauren und Moslemiten die Straußenzucht betreiben …"* (Bondy 1997, S. 19)
Auf den ersten Blick mag der Brief recht poetisch erscheinen, bei genauerer Betrachtung bemerkt man allerdings die sprunghaften, unlogischen Gedankengänge und die sprachliche Inkohärenz – Merkmale für desorganisiertes Denken.

gestörte Wahrnehmung

- **(akustische) Halluzinationen:**
Unter Halluzinationen versteht man generell Wahrnehmungen, die ohne objektiv vorhandene Reize auftreten. Der/Die Betroffene nimmt Anblicke, Gerüche oder Geräusche wahr, die nicht real sind. Besonders häufig treten akustische Halluzinationen auf: Die Stimmen kommen entweder aus dem eigenen Körper oder aus Kleidern, Wänden und Möbeln. Meist sind die Stimmen unfreundlich und anklagend, erteilen (unsinnige) Befehle oder kommentieren Handlungen. (Bondy 1997, S. 30)

Wahnvorstellungen

- **Größenwahn, Verfolgungswahn, Kontrollwahn:**
Unter Wahnvorstellungen versteht man irrationale oder falsche Überzeugungen. In einem Moment des *Größenwahns* sind schizophrene Personen der festen Überzeugung, sie seien die Reinkarnation Napoleons, ein Prophet oder Gott. Von *Verfolgungswahn* (Paranoia) Betroffene wiederum fühlen sich oft verfolgt: Vorbeifahrende Autos gehören dem Geheimdienst an und der Nachbar plant einen Lauschangriff. Um ihren Argwohn zu beseitigen, laufen sie mitunter von Tür zu Tür, blicken Fremden forschend ins Gesicht und murmeln gereizt vor sich hin.

unangemessene Emotionen und Handlungen

- **Unangemessenes Verhalten:**
Wenn die Affekte verflachen und das eigene Fühlen zerrissen ist, handelt man in Situationen emotional unangemessen. Betroffene verbreiten nach dem Tod eines Freundes Fröhlichkeit oder weinen, wenn andere lachen. Diese mit der Realität nicht zusammenpassenden Gefühlsäußerungen haben eine Kontaktstörung zu anderen Menschen zur Folge und führen zu sozialer Isolation. Auf die Umwelt reagieren Schizophrene kaum. Anweisungen widersetzen sie sich häufig. Auch ihr motorisches Verhalten ist zum Teil sehr unangemessen, sie schneiden Grimassen, sind motorisch übermäßig aktiv oder aber erstarrt (Katatonie).

Literaturtipp
Green, Hannah: *Ich hab dir nie einen Rosengarten versprochen. Bericht einer Heilung.* Reinbek 2000. Deborah flieht vor der Realität, vor Krankheit und familiärer Isolation, schließlich landet sie in der Psychiatrie. Die Autobiographie konfrontiert uns mit einer psychotischen Traumwelt, aus der es Deborah aber gelingt auszusteigen.

Manche Menschen erleben nur wenige akute Phasen der Schizophrenie, können wieder gesund werden und ein normales Leben führen. Chronisch Schizophrene hingegen erleben akute Phasen mit nur kurzen Unterbrechungen. Die Chance auf Heilung ist nach dem derzeitigen Stand der Psychologie und Medizin relativ gering.

4. Persönlichkeitsstörungen

Definition
Eine PERSÖNLICHKEITSSTÖRUNG ist eine psychische Erkrankung, bei der Affekte und Verhaltensweisen stark von der Norm abweichen.

Der Begriff Psychopathie wurde vor rund 30 Jahren aus dem internationalen Diagnosesystem für psychische Störungen entfernt und durch den Begriff **Persönlichkeitsstörung** ersetzt. Eine Persönlichkeitsstörung äußert sich durch unangemessene Verhaltensmuster und von der Norm abweichendes Erleben und Fühlen: Skrupellosigkeit, Allmachtsfantasien oder Perfektionswahn beeinträchtigen die betroffene Person persönlich und sozial.
In den meisten Fällen treten Persönlichkeitsstörungen nicht isoliert, sondern in Kombination mit anderen Problemen (Essstörungen, Phobien, Depressionen) auf.
Schätzungen zufolge leiden 3–10 % der Bevölkerung an einer Persönlichkeitsstörung. Betroffene Persönlichkeiten findet man nicht ausschließlich unter Kriminellen – eine extrem gehemmte Person, die keine Nähe erträgt und sich in der Wohnung zurückzieht, kann genauso betroffen sein wie jemand, der emotionslos vorgeht, um an sein/ihr Ziel zu gelangen.

Borderline-Persönlichkeitsstörung (Emotional instabile Persönlichkeitsstörung)

Definition
Bei BORDERLINE (engl: Grenzlinie) sind das Selbstbild, die Affekte und zwischenmenschlichen Beziehungen äußerst instabil.

Etwa 80 % der **Borderline**-Patienten/-innen berichten über schwere traumatische Erlebnisse in ihrer Lebensgeschichte. Meist wurden sie sexuell oder körperlich missbraucht und Opfer extremer häuslicher Gewalt. In vielen Fällen ist der/die misshandelnde Täter/-in eine wichtige Bezugsperson. Aus dem Erlebnis, dass eine geliebte Person, die schützen sollte, identisch ist mit der Person, vor der man Schutz braucht, entwickeln die Betroffenen stark widersprüchliche Gefühle.

Borderline-Patienten/-innen werden durch folgende Verhaltensweisen charakterisiert:

Stimmungsschwankungen
- Betroffene haben Schwierigkeiten, ihre **Gefühle zu regulieren**, und neigen zu starken emotionalen Reaktionen (z. B. extreme Niedergeschlagenheit, Panikattacken, Hassgefühle). Die Welt teilen sie ausschließlich in Schwarz und Weiß, Gut und Böse.

emotionale Instabilität
- Borderline-Patienten/-innen haben **häufig wechselnde**, aber sehr intensive zwischenmenschliche **Beziehungen**.

emotionale Krisen
- Die unbeständigen sozialen Beziehungen der Betroffenen führen z. B. zu einem **chronischen Gefühl der Leere**, unkontrollierbaren Ängsten oder übermäßigen Bemühungen, nicht verlassen zu werden.

selbstgefährdendes Verhalten
- Die Betroffenen haben ein **negatives Selbstbild** verinnerlicht, verletzen sich selbst und drohen mit Selbstmord.

Irrationalität und Impulsivität
- Sie tendieren zu **impulsiven Handlungen** in potenziell selbstschädigenden Bereichen, ohne die Konsequenzen zu berücksichtigen. Sie geben beispielsweise übertrieben viel Geld aus, neigen zu Drogenmissbrauch oder Essstörungen.

unangemessen starke Reaktionen
- Wenn sie in ihrer Impulsivität kritisiert werden, kann es bei Borderline-Patienten/-innen zu **unangemessen starken Gefühlsausbrüchen** (Wutanfälle, Verzweiflungsattacken) bis hin zu gewalttätigen Auseinandersetzungen kommen.

Die antisoziale Persönlichkeitsstörung

Definition
Die ANTISOZIALE PERSÖNLICHKEITSSTÖRUNG ist gekennzeichnet durch Missachten sozialer Regeln und Unbeteiligtsein an den Gefühlen anderer.

Die Ursachen für das Entstehen einer antisozialen Persönlichkeit (auch: dissoziale Persönlichkeit) sind sowohl genetischer Natur (Neigung zu Impulsivität und Kriminalität) als auch umweltbedingt (Mangel an Zuwendung). Schwierige Familienverhältnisse, gekennzeichnet durch Missbrauch, Gewalt und Vernachlässigung, sowie ambivalente Erziehungsmaßnahmen führen zu Orientierungslosigkeit und erschweren es, soziale Fähigkeiten zu entwickeln.
Eine antisoziale Persönlichkeit ist spontan, selbstbewusst und charismatisch. Sie beeindruckt häufig mit ihrer Redegewandtheit und schafft es die Karriereleiter hoch hinauf. Menschen mit dieser Störung können gut verbergen, dass sie in Wirklichkeit egoistisch, rücksichtslos und manipulativ ausschließlich eigene Ziele verfolgen. Emotionen werden zugunsten sozialer Anerkennung simuliert. Antisoziale Persönlichkeiten sind nicht zwangsläufig kriminell. Viele von ihnen sind erfolgreich und sozial anerkannt. Sie finden sich unter Ärzten/-innen, Politikern/-innen und Managern/-innen genauso wie unter Straftätern/-innen.

Für eine antisoziale Persönlichkeit sind destruktive Verhaltensweisen charakteristisch:

fehlende Normanpassung
- Sie kann **Regeln nicht verinnerlichen** und ist unfähig, sich an soziale Normen anzupassen.

Grenzüberschreitung
- Aufgrund des fehlenden Verantwortungsgefühls und der mangelnden Fähigkeit, Schuldbewusstsein zu empfinden, missachtet und **verletzt** sie häufig rücksichtslos die **Rechte anderer**.

Störungen im Sozialverhalten
- **Destruktive Verhaltensweisen**, die Neigung, andere zu beschuldigen, Geringschätzung anderer, ausgeprägte Gewissenlosigkeit und Empathiemangel haben extreme Störungen im Beziehungsleben und Sozialverhalten zur Folge. Die antisoziale Persönlichkeit neigt zum Einzelgängertum.

Gefühlsarmut

- Sie empfindet **keine Angst**. Die starke Gefühlsarmut ist bei filmischen Gewaltszenen und anderen Angst erregenden Situationen, in denen sie nur geringe körperliche und emotionale Reaktionen zeigt, erkennbar. Folglich empfindet sie emotionale Gleichgültigkeit auch gegenüber Mitmenschen oder Gefahren.

5. Essstörungen

Magersucht, Ess-Brechsucht, Fettsucht und Binge-Eating-Disorder sind Krankheiten, die sich durch auffällige Abweichungen vom normalen Essverhalten bemerkbar machen. Über die gezielt beeinflusste oder aber unkontrollierte Nahrungsaufnahme versuchen die Betroffenen, mit psychischen Problemen wie Stress oder Anpassungsschwierigkeiten fertig zu werden. 200 000 Österreicher/-innen leiden zumindest einmal im Laufe ihres Lebens an einer Essstörung. Da in der Gesellschaft vor allem Frauen an übertriebenen Schlankheitsidealen gemessen werden, sind etwa 95 % der Betroffenen Frauen.

Magersucht

In Österreich haben mindestens 2 500 Mädchen im Alter von 15–20 Jahren ausgeprägte Magersucht (Anorexia nervosa). Jährlich gibt es rund 600 neue Fälle.

Von Magersucht spricht man
- bei einem (absichtlich herbeigeführten) Gewichtsverlust von mehr als 30 % des Ausgangsgewichts,
- bei rascher Gewichtsabnahme innerhalb von weniger als 3 Monaten,
- laut ICD-10: wenn das Gewicht mind. 15 % unter dem Normalgewicht liegt oder bei einem BMI (Body-Mass-Index) bis 17,5 Punkten (= kg/m^2).

Definition
Der BMI (Body-Mass-Index) ergibt sich aus Körpergewicht in kg geteilt durch die Körpergröße in Meter zum Quadrat.

Da einem starken und schnellen Gewichtsverlust aber auch andere (organische) Krankheiten zugrunde liegen können (z. B. eine Schilddrüsenerkrankung), muss zur eindeutigen Ermittlung auf jeden Fall eine ärztliche Diagnose eingeholt werden.

Pat Byrnes
„I'm so hungry I could eat half a sandwich."

Hungern gilt für die an Magersucht Leidenden als täglicher, sichtbarer Beweis von Leistung, Stärke und Macht über den eigenen Körper. Die Nahrungsaufnahme wird eingeschränkt oder ganz verweigert, der Hunger wird verleugnet. Trotz Abmagerung bis zum extremen, lebensbedrohlichen Gewichtsverlust fühlen sich Magersüchtige durch ihr verzerrtes Körperbild dennoch zu dick und haben Angst, zuzunehmen. Eine Patientin berichtet: *„Ich habe Schuldgefühle, wenn ich etwas esse, besonders wenn es kalorienhältige Speisen sind. Nach dem Essen fühle ich mich böse, ordinär, minderwertig, von mir selbst abgestoßen. Auch wenn ich normal esse, habe ich das Gefühl, mich überfressen zu haben. Dann weine ich, um meine Schuldgefühle loszuwerden, und halte mich für durch und durch schlecht."* (Bruch 1998, S. 102)

Da Magersüchtige ihren Zustand nicht als krankhaft empfinden und ihre Probleme verleugnen, stehen sie einer Behandlung ablehnend gegenüber. Sie bleiben bei ihrer entschiedenen Entschlossenheit, immer dünner zu werden. Das Hungern hat schließlich massive Auswirkungen auf das körperliche und seelische Gleichgewicht der Betroffenen (▸ Kap. 12.3): Ausbleiben der Regelblutung bei Frauen (Amenorrhoe), ungewöhnliche Kälteempfindlichkeit, depressive Verstimmungen, Gereiztheit, sozialer Rückzug, Perfektionismus, Ermüdungserscheinungen, Schwäche. Weitere Langzeitschäden als Folge der Mangelernährung können Muskelschwund, Osteoporose (Knochenschwund) und Unfruchtbarkeit sein.

Literaturtipp
Hornbacher, Marya: *Alice im Hungerland. Leben mit Bulimie und Magersucht.* Berlin 2010. Dies ist keine emotionale Krankheitsgeschichte, sondern eine realistische Darstellung der Sichtweise von bulimiekranken und magersüchtigen Patienten/-innen.

Magersüchtige kommen meist aus leistungsorientierten Familien, in denen Vernunft, Ordnung und Perfektionismus wichtige Werte darstellen. Sie haben sich als Kind häufig stark an die Forderungen ihrer Umwelt angepasst und sich zu Musterkindern entwickelt. Die Angst vor dem Dickwerden kann bei den weiblichen Betroffenen auch als Angst vor dem Heranreifen zur Frau verstanden werden. Meist entwickelt sich diese Störung im Jugendalter.

RP Einzelarbeit **8**
Fassen Sie die Kennzeichen für Magersucht, die im Text genannt werden, in Form einer strukturierten Liste unter dem Titel „Warnsignale für Magersucht" zusammen.

RF Plenum **9**
Diskutieren Sie, welche Wirtschaftszweige besonders vom Bestreben, schlank und fit zu sein, profitieren.

Definition
BULIMIE (griech. *boulimía:* Ochsenhunger) ist eine Essstörung, bei der auf Heißhungerattacken Ausgleichsmaßnahmen wie Erbrechen, strenge Diäten oder übermäßiger Sport folgen.

Ess-Brechsucht

95 % der Betroffenen mit **Ess-Brechsucht** (Bulimia nervosa) sind Frauen. Mindestens zweimal wöchentlich kommt es bei dieser Essstörung zu wiederkehrenden unkontrollierten Heißhunger- bzw. Fressanfällen, bei denen Essmengen bis zu 12 000 Kalorien verzehrt werden. Im Anschluss daran erzwingen die Betroffenen das Erbrechen, nehmen Abführmittel, führen strenge Diäten durch oder treiben exzessiv Sport, um eine Gewichtszunahme zu verhindern. Das erzwungene Erbrechen hat körperliche Beschwerden wie chronischen Durchfall, Verletzungen der Speiseröhre und des Magens, Nierenversagen, Austrocknung und Zyklusstörungen zur Folge. Die Betroffenen sind sich im Gegensatz zu Magersüchtigen ihrer Krankheit bewusst. Oft gelingt es ihnen jedoch, ihre Essstörung vor Familie und Mitbewohnern/-innen jahrelang geheim zu halten. Bulimie-Patienten/-innen wirken nach außen hin unauffällig und erscheinen oft als Menschen, die ihr Leben im Griff haben, werden in Wirklichkeit jedoch von Minderwertigkeits- und Schuldgefühlen geplagt.

Fettsucht

Die WHO spricht ab einem BMI von 30kg/m^2 von Fettsucht (Adipositas). Der Index ist allerdings nur als Richtwert zu verstehen und ersetzt keine ärztliche Diagnose. **Fettsucht** äußert sich durch starkes Übergewicht. Betroffene neigen dazu, alles, was angeboten wird, aufzuessen. Sie sind nicht in der Lage, Hunger von anderen unangenehmen Gefühlszuständen wie Kälte oder Trauer zu differenzieren. Sie flüchten sich bei emotionalen Schwierigkeiten ins Essen, das Liebe und Geborgenheit geben soll. Durch die vermehrte Einlagerung von Körperfett steigt das Risiko für Herz-Kreislauf-Störungen. Weiters können Atemnot, Schmerzen im Rücken und in den Gelenken, Verdauungsprobleme, Konzentrationsschwäche sowie sinkende körperliche Leistungsfähigkeit die Folge sein. Die Beschwerden, die mit Fettleibigkeit einhergehen, hängen jedoch vom Schweregrad der Erkrankung ab.

Binge-Eating-Disorder

Die **Binge-Eating-Störung** (Essattacke) ist ein relativ neues Phänomen. Die Betroffenen leiden unter Heißhungerattacken. Innerhalb kürzester Zeit nehmen sie ungewöhnlich große Mengen an Nahrungsmitteln (bis zu 3 000 Kalorien) zu sich. Dieser Verlust der bewussten Kontrolle des Essverhaltens und das unangenehme Völlegefühl nach einem Anfall gehen mit starken Ekel-, Schuld- und Schamgefühlen einher. Um von einer Binge-Eating-Störung sprechen zu können, müssen die Heißhungeranfälle mindestens 2-mal pro Woche über 6 Monate auftreten.

Gruppenarbeit **10**

- RF • Wie groß ist der Einfluss (a) der Medien, (b) des gesellschaftlichen Schlankheitsideals auf die Entstehung von Essstörungen?
- RP • Recherchieren Sie im Internet, welche neueren Studien und Erkenntnisse es dazu gibt.

Behandlung von Essstörungen

Beratungszentren

Verschiedene Beratungszentren – wie beispielsweise **sowhat**, **ZESS** (Zentrum für Essstörungen), **intakt** und **F.E.M.** (Frauengesundheitszentrum) – sind auch telefonisch und anonym erreichbar und bieten Auskunft sowie Unterstützung zu allen Fragen und Anliegen rund um das Thema Essen und Essstörungen. Psychologen/-innen und Ernährungsberater/-innen informieren dort über Essstörungen und deren Behandlung; es werden Art und Schwere der Essstörung abgeklärt, Betroffenen und Angehörigen wird Hilfestellung im Umgang mit der Störung gegeben und es wird gezielt in weitere stationäre oder ambulante Behandlung vermittelt.

umfassende Behandlung

Je früher Betroffene und ihre Familien bereit sind, **Unterstützung anzunehmen**, desto größer sind die Erfolgsaussichten. Schwere Essstörungen führen nicht nur zu sozialen Problemen, sondern können auch erhebliche gesundheitliche Schäden zur Folge haben. Bei der Behandlung von Essstörungen ist die Zusammenarbeit von Psychotherapeuten/-innen, Fachärzten/-innen, Psychologen/-innen und Ernährungsberatern/-innen zu empfehlen. Dabei müssen die seelischen, biologisch-genetischen, familiären, geschlechtsspezifischen, psychosozialen und soziokulturellen Faktoren berücksichtigt werden. Es ist sinnvoll – vor allem bei jüngeren Klienten/-innen –, nicht nur mit dem/der Betroffenen, sondern mit der ganzen Familie und dem sozialen Umfeld zu arbeiten, z. B. in einer Familien- oder Gruppentherapie. Die Therapiemethoden müssen, je nach Gewichtung der Ursachen, für jeden/jede Klienten/-in individuell zusammengestellt werden. Beim beraterischen und therapeutischen Vorgehen muss in jedem Fall das essstörungsspezifische Verhalten und Erleben berücksichtigt werden: Eine Abwehr gegen eine fachgerechte Behandlung aus Autonomie- und Schamkonflikten heraus sowie ein ambivalenter Umgang mit der Behandlung ist häufig der Fall.

Hinweise zum Umgang mit Betroffenen

Wenn Sie vermuten, dass ein Freund oder eine Freundin an einer Essstörung leidet, ist es hilfreich, folgende Tipps im Umgang mit dem Problem und dem/der Betroffenen zu berücksichtigen:

- Holen Sie zunächst Informationen über Essstörungen ein.
- Sprechen Sie Ihren Freund bzw. Ihre Freundin offen und behutsam auf Ihren Verdacht an.
- Machen Sie Ihr Interesse an seinem/ihrem Befinden und der Situation deutlich. Hören Sie ihm/ihr zu. Vermeiden Sie Schuldzuweisungen und Vorwürfe, aber auch Ratschläge und Vorschläge bezüglich Essverhalten und Gewicht – das erzeugt in der Regel Widerstand.
- Rechnen Sie mit einer abweisenden Haltung des/der Betroffenen. Haben Sie Geduld und zwingen Sie ihn/sie nicht zum Reden. Geben Sie ihm/ihr jedoch zu verstehen, dass Sie ihm/ihr gerne helfen wollen und für ihn/sie da sind, wenn er/sie darüber reden will.
- Sprechen Sie mit einer Vertrauensperson über Ihre Sorgen und beraten Sie über die weitere Vorgehensweise. Handeln Sie aber nicht ohne das Wissen der betroffenen Person.
- Ermutigen Sie die betroffene Person, Hilfe anzunehmen. Suchen Sie Adressen heraus und bieten Sie an, den/die Betroffene in ein Beratungszentrum oder zur ärztlichen Untersuchung zu begleiten.
- Geben Sie dem/der Betroffenen Rückhalt und Unterstützung.
- Bedenken Sie, dass die Entscheidung für eine Veränderung nur der/die Betroffene selbst fällen kann.

6. Substanzinduzierte Störungen

Definition
PSYCHOTROP (bzw. psychoaktiv) bedeutet „auf die Seele wirkend". Psychotrope Substanzen sind Drogen, die Bewusstsein, Wahrnehmung und Stimmung verändern.

Psychotrope Substanzen können psychische Prozesse beeinflussen, indem sie durch ihre chemische Zusammensetzung auf das zentrale Nervensystem wirken und damit unser Denken, Fühlen und Handeln verändern. Diese Substanzen können Störungen induzieren (herbeiführen). Eine substanzinduzierte Störung steht also in ursächlichem Zusammenhang mit dem Einnehmen von psychotropen Substanzen, was sich auf die Psyche kurzzeitig meist angenehm, auf Dauer jedoch immer riskant auswirkt: Es besteht hohe Suchtgefahr.

Psychotrope Substanzen werden in Sedativa, Stimulanzien und Halluzinogene unterteilt:

Sedativa

- Beruhigungsmittel (**sedative Wirkung**): z. B. Alkohol, Opiate (Morphium, Heroin)
  Sedativa verändern unsere bewusste Wahrnehmung, indem sie die neuronale Aktivität verringern und die Körperfunktionen verlangsamen. Dadurch wirken sie angst-, krampf- und spannungslösend, schmerzlindernd, leicht stimmungsaufhellend und schlaffördernd. Die Verlangsamung der Körperfunktionen hat jedoch auch zur Folge, dass man verzögert reagiert und Schwierigkeiten hat, seine Bewegungen zu koordinieren, was vor allem im Straßenverkehr fatale Folgen haben kann.

Stimulanzien

- Aufputschmittel (**stimulierende Wirkung**): z. B. Amphetamin, Kokain, Nikotin
  Stimulanzien erhöhen die neuronale Aktivität. Sie beschleunigen die Körperfunktionen wie Herzschlag und Atmung – daher der Name „Speed" für Amphetamin. Man bekommt mehr Energie, gewinnt an Selbstsicherheit und der Appetit verringert sich. Wenn die Stimulation endet, verlangsamt sich alles wieder und der/die Konsument/-in leidet unter Müdigkeit, Kopfschmerzen, Reizbarkeit und Depression.

Halluzinogene

- **Halluzinationen** hervorrufende Substanzen: z. B. LSD, Ecstasy
  Da Halluzinogene lebhafte Vorstellungen bewirken, spricht man auch von psychedelischen (bewusstseinserweiternden) Drogen. Sie verzerren die Wahrnehmung und liefern Bilder ohne sensorischen Input. Halluzinogene rufen euphorische Gefühle hervor und wirken stimmungsaufhellend. Wiederholter Konsum schädigt allerdings jene Nervenzellen, die das Glückshormon Serotonin produzieren.

Filmtipp
Das weiße Rauschen (Deutschland 2001, Regie: Hans WEINGARTNER). Als der 21-jährige Lukas vom Land in die Stadt zieht, stürzt er sich in alles, was ihm Spannung bietet. Nach Drogenexzessen verliert er den Bezug zur Realität, entwickelt Wahnvorstellungen und Halluzinationen. Schließlich wird er in eine psychiatrische Anstalt eingeliefert, in der Schizophrenie diagnostiziert wird.

Wenn regelmäßig psychotrope Substanzen konsumiert werden, führt dies zu sogenannter **Toleranz**: Das Gehirn akzeptiert, dass fremde chemische Substanzen den Nervenzellen die Arbeit abnehmen, eigene Substanzen zu produzieren. Infolgedessen gewöhnt es sich an die Zufuhr und hört irgendwann auf, diese chemischen Stoffe selbst zu produzieren – und es benötigt schließlich immer mehr davon. Endorphine etwa sind körpereigene opiatähnliche Stoffe, die Schmerzen lindern und die Stimmung heben. Ein Gehirn, das laufend mit künstlichen Opiaten versorgt wird, hört auf, selbst natürliche Opiate zu produzieren. Bei einem Drogenentzug sind plötzlich gar keine Opiate mehr vorhanden. Erst nach einiger Zeit fängt das Gehirn wieder an, natürliche Opiate zu produzieren.

Störungen

Drogenkonsum kann psychische Störungen hervorrufen: Depression und Angststörungen, Erregungs- und Angstzustände („Horrortrips") oder Panikattacken. Weitere Auswirkungen können Paranoia, sexuelle Störungen oder Schlafstörungen sein.
Funktionsstörungen durch Drogen sind etwa Störungen der kognitiven Funktionen, Wahrnehmungsstörungen, Gedächtnisstörungen, Konzentrationsstörungen, Sprachstörungen und emotionale Störungen (übermäßig starke Stimmungsschwankungen).

Querverweis
FAQs zum Thema Sucht werden im Exkurs ab Seite 220 beantwortet.

Sucht bzw. Abhängigkeit äußert sich dadurch, dass jemand unfähig ist, auf eine Substanz zu verzichten (*Unfähigkeit zur Abstinenz*), dass er/sie immer mehr davon braucht (*Toleranzsteigerung*) und dass beim Absetzen Entzugssymptome auftreten (*körperliche Abhängigkeit*). Sobald man aufhört, psychotrope Stoffe zu sich zu nehmen, spricht man von **Entzug**.
Entzugssymptome bestehen darin, dass der Körper auf das Fehlen der Substanz reagiert, indem der/die Konsument/-in körperliche Schmerzen und einen starken Drang verspürt, die Droge wieder einzunehmen. Die psychische Abhängigkeit äußert sich über das Verlangen nach der Droge, um negative Gefühle zu mildern.

Psychologische und soziale Einflussfaktoren

In allen Kulturen werden psychotrope Substanzen konsumiert, oft in Gemeinschaftsritualen oder um mystisches Bewusstsein herbeizuführen, oft jedoch auch, um mit psychosozialen Problemen zurechtzukommen (Stress zu entgehen, Versagen zu kompensieren, mit einer Depression fertig zu werden, belastende Lebensereignisse auszublenden oder einer individuell empfundenen Sinnlosigkeit zu entfliehen). Viele Jugendliche, die das Gefühl haben, das eigene Leben sei bedeutungslos, die keine Zukunftsperspektiven haben und orientierungslos sind, flüchten sich in Drogen. Jugendliche nehmen seltener Drogen, wenn sie nicht in Kontakt mit ihnen kommen. Besonders gefahrvoll ist daher die Peergroup, die die Gelegenheit bietet, Drogen zu probieren. Der Gruppendruck ist bei jugendlichem Drogenkonsum nachweislich so stark, dass selbst stabile familiäre Verhältnisse, gute schulische Leistungen oder Religiosität keinen Einfluss darauf haben. Diese Lebensumstände wirken nur dann, wenn eine dazu passende Peergroup gewählt wird. Hier stellt sich jedoch die Frage, die bis heute unbeantwortet ist: Beeinflussen unsere Freunde/-innen uns oder suchen wir uns die Freunde/-innen nach unseren Vorlieben aus?

Definition
Die WHO definiert LEBENSKOMPETENZEN als „individuelle kognitive, körperliche sowie soziale Fähigkeiten und Fertigkeiten, die es Menschen ermöglichen, sich effektiv und konstruktiv mit den Anforderungen und Herausforderungen des Alltagslebens auseinanderzusetzen." (Thomasius 2008, S. 383)

Suchtprävention

Suchtprävention bedeutet einerseits über Sucht zu informieren und aufzuklären und andererseits sogenannte Lebenskompetenzen (Life Skills) zu stärken:

- Eine **sachliche Auseinandersetzung** mit der Suchtproblematik bedeutet, über die Wirkung von Suchtmitteln zu informieren, über Ursachen und Entwicklung von süchtigem Verhalten sowie über kurz- und langfristige soziale, psychische und physiologische Auswirkungen vom Suchtmittelgebrauch aufzuklären. *„Menschen verfallen selten dem Drogenmissbrauch, wenn sie begreifen, welche physischen und psychischen Folgen daraus resultieren, wenn sie sich selbst mögen und zufrieden sind mit ihrem Leben und wenn ihr Umfeld den Drogenkonsum missbilligt."* (Myers 2005, S. 324)

- Werden **Lebenskompetenzen** ausgebildet, stärkt dies die individuellen Schutzfaktoren (z. B. Konfliktfähigkeit) und verringert Risikofaktoren (z. B. geringe Frustrationstoleranz). Zu solchen Lebenskompetenzen zählen
  - die Entwicklung eines **positiven Selbstbildes**,
  - das Gewinnen von **Lebenssinn und Zuversicht** und
  - das Setzen **realistischer Ziele** und Lebensvorstellungen.

  Ziel der Förderung der Lebenskompetenz ist in erster Linie die Ausbildung von Fähigkeiten, auf die im Fall einer problematischen Lebenssituation (z. B. beim Tod einer nahestehenden Person) zurückgegriffen werden kann. Denn *„eine Person, die über viele verschiedene Problemlösungsstrategien verfügt, wird nicht so leicht auf die Lösung ‚Sucht' verfallen wie jemand, dem kaum Möglichkeiten zur Problembewältigung zur Verfügung stehen."* (Brockhaus 2001, S. 594)

Literaturtipp
BODENMÜLLER, Martina/PIEPEL, Georg: *Streetwork und Überlebenshilfen: Entwicklungsprozesse von Jugendlichen aus Straßenszenen.* Weinheim 2003. Anhand zahlreicher Lebensgeschichten wird geschildert, wie man Überlebenshilfen auf der Straße anbieten kann.

Abhängigkeit und Sucht

Woher kommt der Begriff „Sucht"?

„Das Wort ‚Sucht' ist abgeleitet von dem germanischen Zeitwort ‚siechen'. Wurde der Begriff ursprünglich im Sinne von Siechtum oder Krankheit verstanden (‚Gelbsucht'), so bezeichnete man später auch Charaktereigenschaften (wie ‚Selbstsucht') und Verhaltensweisen (wie ‚Tobsucht') damit. Heute wird neben dem Begriff der Sucht auch die Bezeichnung ‚Abhängigkeit' verwendet." (Brockhaus 2001, S. 592)

Was ist Sucht?

Sucht ist eine schwere chronische Abhängigkeitserkrankung. *Körperlich abhängig* ist man, wenn nach dem Absetzen der Substanz Symptome wie Erbrechen, Schwitzen oder Zittern auftreten („Entzug"). Von *psychischer Abhängigkeit* spricht man, wenn der oder die Betroffene ein starkes, quälendes, zwingendes Verlangen nach einer bestimmten Substanz oder Tätigkeit hat.

Die Weltgesundheitsorganisation (WHO) definiert Sucht als ein „Stadium chronischer oder periodischer Berauschung durch wiederholte Einnahme einer natürlichen oder synthetischen Droge". Zu den typischen Kennzeichen gehören:

- der überwältigende Wunsch oder das Bedürfnis, den Drogengebrauch fortzusetzen und sich die Droge unter allen Umständen zu verschaffen,
- eine Tendenz, die Dosis zu erhöhen,
- eine psychische und/oder physische Abhängigkeit von den Wirkungen der Droge,
- eine zerstörerische Wirkung auf den Einzelnen/die Einzelne und auf die Gesellschaft.

Diese Definition bezieht sich auf **stoffgebundene Süchte**. Stoffgebundene Süchte werden weiters nach legalen (z. B. Zigaretten, Alkohol, Medikamente) und illegalen Drogen (z. B. Cannabis, Heroin, Kokain) unterteilt. Eine Erweiterung des Suchtbegriffs in den 1980er-Jahren berücksichtigt aber auch stoffungebundene bzw. **verhaltensbezogene** Süchte wie beispielsweise Fernsehsucht, Internetsucht, Videospielsucht, Glücksspielsucht, Sexsucht oder Kaufsucht. Bei diesen verhaltensbezogenen Süchten führt eine Tätigkeit und nicht eine bestimmte Substanz zur Abhängigkeit.

Wo liegt die Grenze zwischen Genuss und problematischem Konsum?

In unserem alltäglichen Leben sind wir von vielen Dingen abhängig: von Essen, Schlaf, aber auch von sozialen Beziehungen. Diese Abhängigkeit ist so lange kein Problem, solange man sich von einer Tätigkeit, einem Menschen oder einer Substanz nicht einengen lässt. Von **Einengung** spricht man, wenn eine bestimmte Tätigkeit oder eine Substanz das einzige ist, wodurch jemand seine Energie tankt und seine positiven Gefühle aufbaut, und wenn sie dessen Fähigkeit beeinträchtigt, sich mit anderen Dingen auseinanderzusetzen.

Entstehung von Sucht

Wie entsteht Sucht?

Sucht entwickelt sich über einen längeren Zeitraum und ist von mehreren Faktoren abhängig: vom *Individuum*, vom sozialen *Umfeld* bzw. der Gesellschaft und von der psychotropen *Substanz* (Droge) selbst. Das Suchtverhalten ergibt sich immer aufgrund bestimmter individueller und gesellschaftlicher Faktoren, die zusammenwirken. Eine Rolle spielt auch die Verfügbarkeit der Droge.
In Bezug auf das Entstehen von Sucht gibt es **Risiko- und Schutzfaktoren**, wobei das eine das Gegenteil des anderen darstellt: Ein gutes Familienklima ist demnach ein Schutzfaktor, ein schlechtes Familienklima ein Risikofaktor.

- **Personale Schutzfaktoren:** Lebenskompetenzen wie Selbstwert und positives Selbstbild, Selbstverantwortung, Frustrationstoleranz, aktiver Problembewältigungsstil, Vertrauen in die Fähigkeit, selbst etwas bewirken zu können; Genussfähigkeit, Konfliktfähigkeit, Beziehungsfähigkeit, Gefühl des Verankertseins, positive Ziele und Lebensvorstellungen, Widerstandsfähigkeit gegen Verführungen, keine Traumatisierungen, Hoffnungsbereitschaft, Risikobewusstsein

- **Soziale Schutzfaktoren:** gutes Verhältnis zu den Eltern, emotional günstiges Erziehungsklima, unterstützende, vertrauensvolle Freundschaften, förderliches Klima in der Schule/am Arbeitsplatz, angemessene Anforderungen, Zugang zu Bildung und Informationen (Schule, Weiterbildung, Studium), soziale Lage, befriedigende Perspektiven zu Entwicklung/sozialem Aufstieg, stabile Wohnsituation, von der Umgebung gelebte Werte

- **Substanzbezogene Schutzfaktoren:** schlechte Verfügbarkeit, Illegalität, erschwerte Applikationsform (Art der Einnahme), Grad der Wirkungsweise und des Suchtpotenzials

Risikofaktoren begünstigen das Entstehen von Sucht, während Schutzfaktoren die Gefahr einer Abhängigkeit vermindern.

Welche Risikofaktoren begünstigen den Einstieg in ein Suchtverhalten?

Das sogenannte **Tankmodell** geht davon aus, dass jeder Mensch eine Art „Seelentank" in sich trägt, der mit guten Gefühlen (z. B. Liebe, Freundschaft, Geborgenheit) gefüllt und nicht immer gleich voll ist. Ursachen für die Entstehung von Sucht sind diesem Modell nach zu wenig gute Gefühle, also ein fast leerer Tank. Der Tank leert sich, wenn beispielsweise eine Freundschaft zerbricht oder man von einer geliebten Person durch Tod oder Scheidung getrennt wird. Weitere Risikofaktoren sind: dauerhafte Schwierigkeiten in der Familie oder Partnerschaft, Flucht vor unangenehmen Situationen und Gefühlen, Orientierungslosigkeit, soziale Isolation, schwaches Selbstwertgefühl, Gruppendruck (Suchtverhalten im Freundeskreis), Über- oder Unterforderung in der Schule oder am Arbeitsplatz, Verlust des Arbeitsplatzes, Geldnot, Armut. Nehmen die negativen Gefühle überhand, steigt die Gefahr, sich Ersatzbefriedigung über Genuss- und Rauschmittel zu suchen.

Früherkennung und Intervention

Woran erkenne ich, dass jemand süchtig ist?

Da es unterschiedliche Arten von Drogen gibt, die wiederum unterschiedlich auf die Psyche und die körperliche Verfassung wirken, ist es schwierig, allgemeine Begleiterscheinungen zu nennen. Generell können jedoch folgende Veränderungen Hinweise auf Drogenkonsum geben:

- **Grobe Wesensveränderungen:** Starke Stimmungsschwankungen, Rückzug, depressive Verstimmung, merkliche Unruhe, Gereiztheit und Aggressivität, Teilnahmslosigkeit und Gleichgültigkeit, Konzentrationsschwierigkeiten, Entscheidungsunfähigkeit, Delinquenz (Straffälligkeit)
- **Veränderungen der Wünsche und Bedürfnisse:** Vernachlässigung der Körperhygiene, Vernachlässigung der sozialen Kontakte, Nachlassen der Leistung
- **Veränderung des Aussehens:** unnatürliche Pupillenreaktionen, gerötete Bindehäute, Einstichstellen am Körper, Schweißausbrüche, Zittern
- **Schlafstörungen** und unnatürliches Wegschlafen tagsüber, ständige Erschöpfung, Müdigkeit, Nervosität
- **Lallende**, verwaschene Sprache; extremer Redefluss
- **Ablehnung** von Hilfsangeboten
- **Übersteigerte finanzielle** Ausgaben und plötzlich erhöhter Geldbedarf
- Zufällige Funde von **Drogenutensilien** (Spritzen, Pfeifen, verrußte Löffel, unbekannte Tabletten)
- Eine bereits bestehende Abhängigkeit kann auch an den **Entzugssymptomen** erkennbar sein, z. B. Gliederschmerzen und andere grippeähnliche Symptome bis hin zu epileptischen Anfällen.

Viele dieser Hinweise können allerdings auch andere Ursachen haben. Sie können einfach nur die Begleiterscheinung einer Entwicklungsphase (Pubertät) sein oder vielleicht Anzeichen einer psychischen Störung. In jedem Fall muss in einem Gespräch abgeklärt werden, welches Problem vorliegt. Bewiesen werden kann die Suchtmitteleinnahme nur über einen Harntest. Viele Substanzen sind allerdings nur sehr kurze Zeit im Harn nachweisbar.

Mein Freund/meine Freundin nimmt Drogen. Wie soll ich mich verhalten?

Für eine erste Klärung der Situation ist es wichtig, in einer ruhigen Gesprächsatmosphäre wahrgenommene Probleme und begründete Sorgen offen anzusprechen und die eigenen **Gefühle zu artikulieren**. Mit Ich-Botschaften können Ängste (Ich mache mir Sorgen um dich), aber auch Missfallen (Ich will dich nicht treffen, wenn du auf Drogen bist) ausgedrückt werden.
In einem weiteren Schritt ist es wichtig, sich an eine Vertrauensperson zu wenden und bei **Experten/-innen** Unterstützung einzuholen. Hilfe zu suchen und anzunehmen ist keine Schwäche, sondern im Gegenteil ein Zeichen von Stärke: Es zeugt von Problembewusstsein und Verantwortungsgefühl, wenn jemand den Willen zur positiven Veränderung zeigt.
In einer Drogen-Beratungsstelle werden gemeinsam mit dem/der Drogenabhängigen Interventionsmaßnahmen und Strategien der Problembewältigung überlegt, Vereinbarungen getroffen und Ziele und Perspektiven erarbeitet.

Unterstützungsangebote

Wo bekomme ich Hilfe? Welche Erst-Anlaufstellen gibt es?

Es gibt zahlreiche Hotlines (z. B. *Rat auf Draht* mit der Nummer 147), bei denen man sich kostenlos und anonym beraten lassen kann. Nach einem Erstgespräch wird man an eine passende Stelle weiterempfohlen. Weiters gibt es zahlreiche Drogen-Beratungsstellen, die ambulante Betreuung und Behandlung anbieten. Kontaktadressen und Telefonnummern sind im Internet oder in Info-Broschüren auffindbar.

Partnerarbeit: Erstellen Sie eine Liste von Drogen-Beratungsstellen in Ihrer näheren Umgebung.

Sogenannte **niederschwellige** Beratungs- und Betreuungseinrichtungen bieten Hilfsmaßnahmen an, die anonym, weitgehend kostenlos und ohne vorherige Terminvereinbarung zur Verfügung gestellt werden. Diese Hilfsmaßnahmen umfassen eine soziale und medizinische Grundversorgung, deren vorrangiges Ziel die Vorbeugung (Prävention, beispielsweise Aids- und Hepatitis-Prävention durch Spritzentausch) und Schadensbegrenzung ist.

Definition
Psychotherapie (griech. *psyché:* Seele; *therapía:* Heilen) ist der Sammelbegriff für Verfahren, die zur Behandlung seelischer Probleme eingesetzt werden.

14.5 Psychotherapien

„Jeder Mensch ist ein Individuum. Die Psychotherapie sollte deshalb so definiert werden, dass sie der Einzigartigkeit der Bedürfnisse eines Individuums gerecht wird, statt den Menschen so zurechtzustutzen, dass er in das Prokrustesbett einer hypothetischen Theorie vom menschlichen Verhalten passt" (also in ein Schema, das nicht passt), meint der Psychotherapeut Milton Erickson. (Schulz-Stübner 2006, S. 5)

Berufsbild

In **Österreich** wird die psychotherapeutische Tätigkeit verstanden als eine *„umfassende, bewusste und geplante Behandlung von psychosozial oder auch psychosomatisch bedingten Verhaltensstörungen und Leidenszuständen mit wissenschaftlich-psychotherapeutischen Methoden ... mit dem Ziel, bestehende Symptome zu mildern oder zu beseitigen, gestörte Verhaltensweisen und Einstellungen zu ändern und die Reifung, Entwicklung und Gesundheit des Behandelten zu fördern."* (Kastner-Koller 2007, S. 183) Das Psychotherapeutengesetz in **Deutschland** wiederum definiert Psychotherapie als *„jede mittels wissenschaftlich anerkannter psychotherapeutischer Verfahren vorgenommene Tätigkeit zur Feststellung oder Linderung von Störungen mit Krankheitswert, bei denen Psychotherapie indiziert ist."* (Frieboes 2005, S. 53)

Psychotherapie setzt in jedem Fall wissenschaftlich begründete psychologische Methoden – in Form verbaler oder nonverbaler Interaktion – ein, um psychologische Behandlungsziele zu erreichen. Die Therapiedauer hängt von Art und Schwere der Störung, von der Erfahrung und Spezialisierung der Therapeuten/-innen sowie von der gewählten Therapiemethode ab.

Ausbildung

Das Psychotherapiegesetz von 1991 regelt die **Ausbildung** der Psychotherapie in Österreich. Die Ausbildung besteht aus dem Propädeutikum und dem Fachspezifikum.

- Das **Propädeutikum** umfasst 765 Stunden, die in die psychotherapeutische Theorie und Praxis einführen, und 550 Praxisstunden in Form von Einzel- und Gruppenselbsterfahrung sowie Praktika.
- Beim **Fachspezifikum** muss man sich für eine Psychotherapiemethode entscheiden, 300 Theoriestunden (u. a. Persönlichkeitsentwicklung, Krankheitslehre, Behandlungstechniken) und 1600 Praxisstunden absolvieren.

»Der wichtigste Faktor zu Beginn jedes therapeutischen Gesprächs ist die Herstellung eines guten Rapports – das heißt eines positiven Gefühls des Einverständnisses und der gegenseitigen Achtung zwischen Therapeut und Patient.« (Erickson 1999, S. 14)

Nur wer diese Ausbildung absolviert, darf sich Psychotherapeut/-in nennen. Die **Berufspflichten** der Psychotherapeuten/-innen sind in §14–16 des Psychotherapeutengesetzes niedergeschrieben: *„Der Psychotherapeut hat seinen Beruf nach bestem Wissen und Gewissen und unter Beachtung der Entwicklung der Erkenntnisse der Wissenschaft auszuüben. Diesem Erfordernis ist insbesondere durch den regelmäßigen Besuch von in- oder ausländischen Fortbildungsveranstaltungen zu entsprechen."* (Bundesverband 1990, § 14, § 15, § 16) Weiters sind Psychotherapeuten/-innen *„zur Verschwiegenheit über alle ihnen in Ausübung ihres Berufes anvertrauten oder bekannt gewordenen Geheimnisse verpflichtet."* (a. a. O.) Außerdem dürfen sie nur mit Zustimmung des/der Behandelten Psychotherapie ausüben und sind verpflichtet, ihre Klienten/-innen über die Behandlung (Art, Umfang, Kosten) aufzuklären.

Cathy Guisewite

Es gibt zahlreiche Gründe, um psychotherapeutische Hilfe in Anspruch zu nehmen:

- Manche Menschen fühlen sich gesund, wollen sich aber selbst besser kennen lernen und ihre Persönlichkeit **weiterentwickeln**.
- Manche Menschen suchen in **psychosozialen Lebenskrisen** (Trennung, Verlust, berufliche oder private Schwierigkeiten, belastende Umbruchsituationen) konstruktive Hilfe und professionelle Unterstützung.
- Bei **psychosomatischen** Krankheitsbildern hilft eine Psychotherapie, die dem Krankheitsbild zugrunde liegenden psychischen Probleme zu heilen und damit gleichzeitig die körperlichen Symptome zu lindern.

- Bei **psychischen Problemen** wie Ängsten, Depressionen, Konzentrations- oder Schlafstörungen, Magersucht und Bulimie kann meist nur professionelle Unterstützung helfen.

Wie wirksam ist die Psychotherapie?

Literaturtipp
DEGEN, Rolf: *Lexikon der Psycho-Irrtümer. Warum der Mensch sich nicht therapieren, erziehen und beeinflussen lässt.* München 2008. Für jede seelische Notlage gibt es die passende Heilmethode? Stimmt nicht, sagt der Autor: Die Mythen über die Seele dienen vor allem dem kollektiven Selbstbetrug. Unsere Erwartungen an die Formbarkeit des Menschen lassen sich empirisch nicht belegen. Wir können uns nicht ändern.

Der deutsche Diplompsychologe Ulrich GRESCH spricht von der Psychotherapie als Hilfe zur Selbsthilfe. Er meint, dass sich der/die Klient/-in selbst verändern muss. Jede Heilung der Seele sieht er als Selbstheilung. Der/Die Therapeut/-in kann bloß Anregungen geben, Ideen und Wissen einbringen, neue Perspektiven eröffnen und auf blinde Flecken hinweisen, aber nicht heilen. Jede beliebige Person kann seiner Meinung nach die Rolle des/der Therapeuten/-in einnehmen. Wichtig ist nur verständnisvolle Unterstützung. Dieser Meinung ist auch der Wissenschaftsjournalist Rolf DEGEN. Er untersuchte 600 Therapierichtungen und meint, professionelle Therapeuten/-innen können nicht wirkungsvoller heilen als Laien oder Selbsthilfegruppen. (Degen 2008, S. 49)

„Natürlich bin ich gereift, seit Sie mich therapieren. Sie machen das ja auch schon, seit ich vierzehn bin."

RP Internetrecherche 11

Untersuchen Sie, inwiefern Menschen mit psychischen Problemen über das Internet geholfen werden kann.
- Welche Möglichkeiten bietet das Internet, eigene Probleme zu kommunizieren?
- Gibt es psychotherapeutische Anlaufstellen im Internet oder andere Institutionen, die Hilfe anbieten?

Die Verhaltenstherapeutin und Psychoanalytikerin Eva JAEGGI untersucht in ihrem Buch *Und wer therapiert die Therapeuten?* die psychische Befindlichkeit von Psychotherapeuten/-innen und zieht den Schluss, dass der „Beruf des Psychotherapeuten nicht unbedingt der gesündeste ist bzw. nicht unbedingt die gesündesten Menschen anzieht." (Jaeggi 2004, S. 113)

Psychotherapeutische Verfahren

Mittlerweile hat sich eine Vielfalt psychotherapeutischer Verfahren entwickelt, die darauf abzielen, psychische Störungen zu therapieren oder das seelische Gleichgewicht wiederherzustellen. Ein/Eine Klient/-in kann heute zwischen ca. 250 verschiedenen psychotherapeutischen Methoden wählen. In Österreich sind derzeit 22 Methoden anerkannt.

Folgende therapeutischen Verfahren werden voneinander unterschieden:
1. **Tiefenpsychologische** Verfahren
2. **Verhaltenstherapeutische** Verfahren
3. **Humanistische** Verfahren
4. **Systemische** Verfahren
5. **Körperorientierte** Verfahren und Entspannungstherapien

Jedes psychotherapeutische Verfahren zeichnet sich durch ein bestimmtes **Konzept** des therapeutischen Prozesses (Diagnostik, Rolle des/der Therapeuten/-in), ein bestimmtes **Therapieziel** und bestimmte **Therapiemethoden** aus.

Definition
Eine INTERVENTION ist das therapeutisch relevante Handeln von Therapeuten/-innen.

Je nachdem, welche Ursache des psychischen Problems der/die Therapeut/-in erkennt und welches Erklärungsmodell er/sie heranzieht, werden unterschiedliche Methoden zum Einsatz kommen. Sieht er/sie *biologische* Wurzeln der Erkrankung zugrundeliegen, werden therapiebegleitend Medikamente verschrieben; bei einer *sozialisationsbedingten* Erkrankung wird entsprechend das Umfeld in die **therapeutische Intervention** einbezogen und beim *psychoanalytischen* Ansatz wird die Kindheit aufgearbeitet. Oft arbeiten Therapeuten/-innen *integrativ*, d. h. mit verschiedenen Therapiemethoden gleichzeitig.
Allen Therapieverfahren ist gemeinsam, dass sie in das Leben der Klienten/-innen eingreifen und Hilfestellung bei psychischen Problemen bieten. Psychisches Leid soll durch eine gefühlsbetonte, vertrauensvolle Interaktion zwischen Therapeut/-in und Klient/-in gelindert werden. Der US-amerikanische Psychologe und Pionier der Positiven Psychologie, Martin SELIGMAN, meint, dass zu jeder erfolgreichen Therapie zwei Dinge gehören: „Sie blickt nach vorn, und sie fordert Selbstverantwortung." (Myers 2005, S. 787)

1. Tiefenpsychologische Verfahren

KONZEPT

Tiefenpsychologische Verfahren sehen in unbewussten, **unbewältigten Konflikten** die Ursache für eine psychische Störung. Der Ursprung der Konflikte liegt dieser Theorie zufolge meist in der frühen Kindheit.

ZIEL

Der/Die Therapeut/-in soll vergangene ungelöste Konflikte, unbewusste Wünsche, Triebe und Motive **aufdecken**, dem/der Klienten/-in bewusst machen und ihm/ihr bei der Verarbeitung helfen.

METHODEN + THERAPIEFORMEN

Psychoanalyse (FREUD), Individualtherapie (ADLER), Analytische Therapie (JUNG)

Psychoanalyse

Die **Psychoanalyse** FREUDS geht davon aus, dass sich ein Problem löst, wenn der/die Klient/-in seine/ihre ungelösten unbewussten Spannungen (Verdrängungen) erkennt (▸ Kap. 10.3). Sie arbeitet mit mehreren Methoden:

- „Sprechen Sie wahllos aus, was Ihnen gerade einfällt!" In der Methode der **freien Assoziation** werden die Klienten/-innen aufgefordert, unbewusste Inhalte zu verbalisieren. Wird der Fluss der freien Assoziation unterbrochen, spricht man von **Widerstand**. Dieser soll verdrängte Inhalte vom Bewusstsein fernhalten. Wenn Gefühle ausgedrückt werden, die normalerweise verdrängt werden, spricht man von **Katharsis** (Reinigung).
- Die **Deutung** (Interpretation) des Widerstands, aber auch der Träume oder Abwehrmechanismen (▸ Kap. 10.4) durch den/die Psychoanalytiker/-in soll dem/der Klienten/-in zur Einsicht verhelfen.
- Wenn Klienten/-innen Gefühle, die sie eigentlich ihren Eltern oder wichtigen Bezugspersonen aus der Kindheit entgegenbringen, auf den/die Analytiker/-in projizieren, spricht die Tiefenpsychologie von **Übertragung**. Wenn es gelingt, die Übertragung bewusst zu machen, werden die Klienten/-innen ihre Gefühle besser verstehen und lernen, diese richtig zu deuten.

Individualtherapie

Die **Individualtherapie** ADLERS (▸ Kap. 10.5) übernimmt eine sozialpsychologische Perspektive in der Tiefenpsychologie, indem sie die individuelle Lebensgeschichte betrachtet. Sie geht davon aus, dass verletzte Gefühle aus der Kindheit zu einem Minderwertigkeitsgefühl führen und der Ursprung für seelische Sorgen sind. Der/Die Therapeut/-in analysiert daher die Stellung in der Geschwisterreihe, Kindheitserinnerungen, Träume und gegenwärtige Konflikte. Mit dieser analytischen Methode erhält der/die Klient/-in Zugang zu seinem/ihrem Unbewussten. Durch gezielte Fragen soll sein/ihr Problem gefunden werden. Die **Lebensleitlinie** – eine zielgerichtete, motivierende Kraft, die unbewusst wirkt und in den ersten Lebensjahren geprägt wird – soll gefunden und umgesetzt werden.

Analytische Therapie

Die **Analytische Therapie** nach JUNG (▸ Kap. 10.5) versteht unter Neurosen „Leiden der Seele, die ihren Sinn nicht gefunden hat". (Jung 1973, S. 358) Jung geht davon aus, dass alle Menschen bestimmte Lebenskonflikte (archetypische Probleme) bewältigen müssen. Im Mittelpunkt seiner analytischen Therapie steht die Arbeit mit Träumen, Fantasien und Imaginationen, die Zugang zu diesen Problemen verschaffen. Heilung verspricht die Therapie durch Individuation – das „Ganzwerden" durch die Bewusstmachung unbewusster Persönlichkeitsanteile.

2. Verhaltenstherapeutische Verfahren

KONZEPT

Verhaltenstherapeutische Verfahren gehen davon aus, dass ein psychisches Problem ein **erlerntes Fehlverhalten** ist, das auch wieder verlernt werden kann. Ängste (Zwangshandlungen), Depression, Aggression sowie Suchtverhalten lassen sich verhaltenstherapeutisch besonders gut behandeln.

ZIEL

Früher erworbene Einstellungen, Strategien oder Verhaltensmuster, die krank machen, sollen aufgedeckt und verändert werden. Die Therapie zielt darauf ab, unerwünschtes, gelerntes Verhalten durch **Umlernen oder Verlernen** zu verändern bzw. zu löschen. Fehlverhalten soll abgebaut, angepasstes Verhalten erworben werden.

METHODEN + THERAPIEFORMEN

Gegenkonditionierung: Systematische Desensibilisierung, Reiz-Konfrontationstherapie, Aversionskonditionierung; Kognitive Verhaltenstherapie, Kognitives Bewältigungstraining

Gegenkonditionierung

Bei Phobien hat sich die Methode der **Gegenkonditionierung** bewährt. Bei der Gegenkonditionierung wird eine neue Reaktion „erlernt", die die fehlangepasste Reaktion ersetzen soll. Furcht beispielsweise kann durch Konditionierung (▸ Kap. 5.2) erlernt, aber auch wieder verlernt werden. Die Gegenkonditionierung wendet folgende Techniken an: Systematische Desensibilisierung, Konfrontationstherapien, Aversionskonditionierung.

Systematische Desensibilisierung

Die **Systematische Desensibilisierung** ist eine Therapieform, die vor allem bei Phobien beachtliche Erfolge erzielen konnte. Während der/die Klient/-in körperlich entspannt ist, wird er/sie schrittweise mit dem Angst auslösenden Reiz konfrontiert. Die systematische Desensibilisierung erfolgt in drei Schritten:

1. Nachdem das Thema der Angst bestimmt wurde (z. B. Klaustrophobie), **ordnet** der/die Klient/-in Angst auslösende Reize **hierarchisch** – beginnend mit dem Reiz, der am wenigsten Angst auslöst (z. B. in einem Aufzug stecken bleiben, dann durch einen Tunnel gehen, anschließend unter der Erde eingeschlossen sein etc.).
2. Der/Die Klient/-in wird mit einer **Entspannungsmethode** (z. B. der progressiven Muskelentspannung) vertraut gemacht und soll sich in einen entspannten Zustand versetzen, denn Entspannung ist unvereinbar mit Angst.
3. Schließlich beginnt der Prozess der eigentlichen **Desensibilisierung**: Der/Die Klient/-in entspannt sich. Er/Sie stellt sich zunächst den schwächsten Reiz vor. Tritt Angst auf, wird der Vorgang abgebrochen und erst nach neuerlicher Entspannung wiederholt. Kann der/die Klient/-in sich den Angst auslösenden Reiz schließlich entspannt und ohne Unbehagen vorstellen, geht er/sie weiter der Liste nach bis zum stärksten Reiz vor.

T Partnerarbeit 12

Wie könnte Spinnenangst systematisch desensibilisiert werden? Erstellen Sie eine Angsthierarchie, angefangen beim Entspannungstraining und dem einfachen Vorsagen des Wortes *Spinne* bis zum Berühren der Spinne.

Reiz-Konfrontationstherapie

In der **Reiz-Konfrontationstherapie** wird der/die Klient/-in dem Angst auslösenden Reiz so lange bzw. so oft ausgesetzt, bis die Angst verschwunden ist. Dazu ein Beispiel: *„Einem Patienten, der 30 Jahre lang Angst gehabt hatte, einen Aufzug zu betreten, riet ein Therapeut, sich selbst dazu zu zwingen, 20 Aufzüge pro Tag zu betreten. Innerhalb von 10 Tagen war die Angst des Patienten fast verschwunden."* (Myers 2005, S. 344)

„Professor Gallagher demonstriert hier seine umstrittene Therapie der gleichzeitigen Behandlung von Höhenangst, Schlangenphobie und Angst vor der Dunkelheit …"

Aversionskonditionierung

Die **Aversionskonditionierung** wird bei Personen angewendet, die sich unerwünschtes Verhalten abgewöhnen wollen. Dabei wird das unerwünschte Verhalten an einen unangenehmen Folgezustand gekoppelt: Zur Behandlung des Nägelkauens kann man beispielsweise die Fingernägel mit einem widerlich schmeckenden Nagellack bestreichen. Es wird also eine Aversion gegen ein Verhalten konditioniert, das der/die Klient/-in vermeiden möchte. Damit werden allerdings nur die Symptome bekämpft, deren Ursache sich auf eine andere Art ausdrücken wird, wenn sie nicht selbst beseitigt wird.

kognitive Therapien

Kognitive Verhaltenstherapien gehen davon aus, dass die psychische Störung Resultat einer **fehlerhaften Wahrnehmung** und „unbrauchbarer" (dysfunktionaler) Denkprozesse ist. Sie gehen von einer Dissonanz (Unstimmigkeit) zwischen der Realität und der Situation, die ein/eine Klient/-in erlebt, aus. Negative Gedanken und Interpretationen, die zu negativen Gefühlen in einer Situation führen, sollen erkannt und verändert werden. Die Klienten/-innen sollen lernen, sich selbst neu und positiv zu sehen, indem sie das negative Selbstkonzept und selbsterniedrigende Gedanken wie „Ich bin ein Versager" oder „Keiner mag mich" gegen neue Denkprozesse austauschen.

Die **kognitive Umstrukturierung** umfasst vier Komponenten (Wittchen 1999, S. 484):

- Dysfunktionale (verzerrte, negative) Gedanken und Konzepte werden *ermittelt.*
- Dysfunktionale Gedanken und Konzepte werden *geprüft.*
- Alternative Gedanken und Konzepte werden *aufgebaut.*
- Neue Gedanken und Konzepte werden *trainiert.*

3. Humanistische Verfahren

KONZEPT

Humanistische Therapien stellen den Menschen mit seinen **Selbstheilungskräften** in den Mittelpunkt. Die therapeutischen Prinzipien bauen daher auf der zwischenmenschlichen Beziehung auf: positive Zuwendung (Wertschätzung), Einfühlung (Empathie) und Ehrlichkeit (Kongruenz) im Umgang mit anderen.

ZIEL

Der Mensch sucht in seinem Leben nach Sinn, strebt nach persönlichem Wachstum, Selbstentfaltung, Selbstverwirklichung, individueller Autonomie und Selbsterfahrung. All diese menschlichen **Potenziale** sollen in der Therapie unterstützt und gefördert werden. Therapieziel ist die Selbstexploration, d. h. das Klären der Gefühle, Wünsche und Interessen, und nicht die Behandlung einer bestimmten Störung.

METHODEN + THERAPIEFORMEN

Klientenzentrierte Gesprächspsychotherapie (ROGERS), Gestalttherapie (PERLS), Psychodrama (MORENO), Logotherapie (FRANKL), Transaktionsanalyse, Neurolinguistisches Programmieren (NLP)

klientenzentrierte Gesprächstherapie

Der personenzentrierte Ansatz, also die **klientenzentrierte Gesprächspsychotherapie** (▸ Kap. 10.6), geht auf Carl R. ROGERS zurück. Es handelt sich dabei um eine Therapieform, die im Gespräch auf die aktuellen bewussten Gefühle des/der Klienten/-in eingeht. Folgende Gesprächsvoraussetzungen haben sich für einen günstigen Therapieverlauf besonders bewährt:

- Das **aktive Zuhören** vermittelt Zuwendung und Aufnahmebereitschaft und äußert sich über kurze Ermutigung (*ja, gut*), das Signalisieren von Verständnis (*aha*), die Wiederholung der letzten Worte und das Bitten um Konkretisierung oder Beispiele. Nonverbal wird aktives Zuhören über eine natürliche Sitzhaltung, flexiblen Blickkontakt, Nicken und andere authentische Ausdrucksbewegungen unterstützt.
- **Empathie** (einfühlendes Verstehen) bedeutet, sich in die innere Welt des/der Klienten/-in hineinzuversetzen und sich dessen/deren Gefühle zu vergegenwärtigen. Empathie heißt vor allem aber auch, die persönliche, emotionale Botschaft innerhalb der sprachlichen Mitteilung zu verstehen. Das Gesagte unterscheidet sich oft vom Gemeinten. Antwortet eine Person auf die Frage nach ihrem Befinden mit „ganz gut", kann das je nach Tonfall heißen, dass es der Person wirklich gut geht, dass es ihr nicht gut geht und sie nicht darüber sprechen will, oder sie möchte signalisieren, dass es ihr nicht gut geht und man weiterfragen soll. Je präziser man die Botschaften des/der Sprechenden intuitiv dem Gemeinten entsprechend erfasst, desto stärker ist das empathische Empfindungsvermögen.
- Ohne zu bewerten und ohne Vorbehalte soll man sein Gegenüber **akzeptieren**, wertschätzen und ernst nehmen.
- Das Verhalten des/der Therapeuten/-in soll offen und echt (**kongruent**) sein, er/sie soll sich nicht hinter einer Fassade verstecken.

gestalttherapeutischer Ansatz

Friedrich PERLS gilt als Begründer der Gestalttherapie, die den Menschen als **Einheit von Körper, Seele und Geist** betrachtet – unter Berücksichtigung des sozialen Umfelds. Bei psychischen Problemen sollen Körper, Seele und Geist wieder in Einklang gebracht und Blockaden im Erleben, Wahrnehmen und Handeln aufgelöst werden.

Die Gestalttherapie geht davon aus, dass der Mensch ein Potenzial zu **lebenslangem Wachstum**, zu kreativen Lösungen und zu geistig-seelischer Gesundheit hat. Konflikte werden als Chance gesehen – wenn sie bewältigt werden, kann man an ihnen wachsen. In der Gestalttherapie ist das **Hier und Jetzt** entscheidend. Das bedeutet, dass das unmittelbare Erleben im Mittelpunkt der Therapie steht. Das Hier und Jetzt gibt den Anstoß zu Veränderungen und befreit: Jeder Mensch hat in jedem Moment die Möglichkeit, sein Leben neu zu gestalten.

Psychische Gesundheit kann erreicht werden, indem unerwünschte Persönlichkeitsanteile in der Therapie wahrgenommen, intensiv erlebt und schließlich akzeptiert werden. Die **Gestalttherapie** bedient sich verschiedener spielerischer Methoden, damit unangenehme Gefühle, Konflikte oder Erlebnisse ausgedrückt und vergegenwärtigt werden können. Beispiel: Der/Die Therapeut/-in fordert den/die Klienten/-in auf, sich die abgelehnte Rolle auf einem leeren Stuhl vorzustellen und mit dieser in einen Dialog zu treten.

Der/Die Gestalttherapeut/-in fungiert in der Therapiesituation als verständnisvoller Mensch, der in einer dialogischen Haltung den/die Klienten/-in auf einer Selbstentdeckungsreise begleitet. Dabei versucht er/sie die Balance zwischen emotionaler Unterstützung und Konfrontation des/der Klienten/-in mit Frustrationen zu finden. (Beispiel: Der/Die Therapeut/-in deckt Widersprüche in den Aussagen des/der Klienten/-in auf.)

Psychodrama

Der Wiener Arzt Jakob L. Moreno (▸ Kap. 11.5) gilt als Begründer der **Gruppenpsychotherapie**. Er sieht Rollenkonflikte als Ursache für psychische Störungen, die sich in Form geschädigter Handlungs- und Beziehungsmuster zeigen. Moreno entwickelte den psychotherapeutischen Ansatz des **Psychodramas**, ein originelles, integratives Verfahren, das die kreative Lebensgestaltung fördert.
Es basiert auf Rollenspielen, in denen ein persönliches Problem szenisch dargestellt wird, um folgende Ziele zu erreichen:

- spielerisch auf den Kern des Problems stoßen,
- Konfliktursachen aufdecken,
- Kommunikationsstörungen erkennen und beheben,
- problematische zwischenmenschliche Beziehungsmuster klären,
- destruktive Rollenmuster abbauen, **neue Verhaltensmuster trainieren**.

Das Rollenspiel fördert Spontaneität, Kreativität und die sozialen Fähigkeiten.

Logotherapie

Die **Logotherapie** wurde von Viktor Frankl begründet (▸ Kap. 10.5). Frankl geht davon aus, dass ein nicht von Sinn erfülltes Leben zu psychischer Krankheit führt. Die Logotherapie als Behandlungs- und Beratungsform arbeitet in erster Linie mit dem Gespräch und setzt sich mit verschiedenen Lebensfragen auseinander: Wie findet der Mensch Sinn? Was lässt einen seelisch gesund bleiben? Welche Faktoren führen zu einem gelungenen Leben? Die bekannteste Technik der Logotherapie ist die Methode der *paradoxen Intention*. Dabei soll der/die Klient/-in genau das beabsichtigen, wovor er/sie sich fürchtet (z. B. Stottern). Die Symptome, die er/sie loswerden möchte, wünscht er/sie sich herbei. Unter therapeutischer Anleitung soll dieser Wunsch humorvoll übertrieben und bis zur Unwirklichkeit verstärkt werden, bis es gelingt, die eigenen Ängste oder Zwänge zunehmend zu belächeln. Humor spielt in der therapeutischen Anleitung eine wichtige Rolle. Mit Humor kann Schwäche zu Stärke werden: „Wir üben jetzt das Kaffee-Zittern!", „Werden Sie nun bitte so richtig rot!" Diese Therapieform ist gut geeignet für angst- und zwangsneurotische Klienten/-innen mit Erwartungsängsten, also Angst vor der Angst. Das Ziel dabei ist, dass der/die Klient/-in Distanz zum Problem bekommt und eine Objektivierung der Lage möglich wird.

4. Systemische Verfahren

Konzept

Systemische Verfahren sehen vor allem soziale und kulturelle Einflüsse als für die Entstehung einer psychischen Störung verantwortlich. Da soziale Prozesse sich immer auf das Individuum auswirken, formen sie auch die individuelle Lebensgeschichte. Psychische Störungen sind so gesehen das Ergebnis einer **fehlerhaften Kommunikation** in einem **fehlgesteuerten System** (Familie, Partnerschaft). Systemische Verfahren analysieren Rollenmuster in Familienstrukturen und Partnerschaften; sie sind gut geeignet, um Depressionen zu therapieren.

Ziel

Ziel ist es, problematische Verhaltensmuster im sozialen Umfeld zu ermitteln und zu durchbrechen. Damit das gelingt, muss das **System** (das Beziehungs- oder Interaktionsmuster in Partnerschaft, Familie oder Gruppe) verändert werden.

Methoden + Therapieformen

Familientherapie, Familienaufstellung (Hellinger), Paartherapie, Kommunikationstherapie (Watzlawick), interpersonale Psychotherapie

Familientherapie

Die **Familientherapie** geht davon aus, dass Probleme situationsbedingt sind. Veränderungen in der Lebenssituation (z. B. durch Verlust des Arbeitsplatzes oder die Geburt eines Kindes) können Schwierigkeiten und falsche Kommunikationsmuster auslösen.
Die Familientherapie sieht in der **familiären Kommunikation** einen wesentlichen Faktor für psychische Gesundheit, daher wird die ganze Familie in die Therapie mit einbezogen. Die therapeutische Intervention konzentriert sich auf Rollenmuster und die Beziehungen zwischen den Familienmitgliedern. Der/Die Therapeut/-in soll helfen herauszufinden, wo das Problem konkret liegt. Der Fokus liegt auf der Veränderung bzw. Verarbeitung jener Umweltfaktoren, die das Problem auslösten.

Der/Die Therapeut/-in arbeitet mit den Betroffenen daran, Spannungen zwischen den einzelnen Familienmitgliedern abzubauen, indem positive und negative Aspekte der Beziehung bewusst gemacht werden. Nach der Familientherapeutin Virginia Satir haben Therapeuten/-innen dabei mehrere Rollen: Sie sind Übersetzer/-innen, Aufklärer/-innen und Einfluss nehmende Vertreter/-innen sowie Schiedsrichter/-innen. Wenn die negativen Strukturen in der Familie aufgelöst werden konnten, hilft der/die Therapeut/-in schließlich dabei, sich auf neue positive Elemente zu konzentrieren.

(Familien-)Aufstellungen

Bei **Familienaufstellungen** wird ein Problem mithilfe von Personen räumlich aufgestellt. Der/Die Klient/-in nennt das Problem und wählt beliebige Personen aus dem Kreis der Teilnehmer/-innen stellvertretend für seine/ihre Familienmitglieder aus. Die Vertreter/-innen werden nun im Raum aufgestellt und anschließend ihr Platz, ihr Empfinden und ihre Beziehungen zueinander analysiert: Wer ist einander zugewandt? Wer steht am Rand? Wie fühlen sich die Vertreter/-innen in ihrer Rolle körperlich/emotional? Das Standbild wird schließlich so lange verändert, bis sich die Vertreter/-innen auf ihren Plätzen wohlfühlen. In diesem Prozess des Aufarbeitens können problematische Beziehungsstrukturen behoben und Lösungen gefunden werden.
Aufstellungen werden auch immer öfter von Menschen ohne psychotherapeutische Ausbildung angeboten. Dies bringt die Gefahr mit sich, dass Menschen mit den in der Aufstellung ausgelösten psychischen Prozessen allein gelassen werden.

Familienaufstellung

5. Körperorientierte Verfahren und Entspannungstherapien

KONZEPT

Psychische Störungen können körperliche Beschwerden verursachen. Jede Behandlungsmethode, die den Körper entspannt, **entspannt** auch die Psyche. Körpertherapien wirken auf Leib und Seele. Sie lindern Schmerzen und beeinflussen die Psyche unterschiedlich. Massage beispielsweise löst Muskelspannungen und wirkt beruhigend.

ZIEL

Systematische Körperübungen steigern die Sensibilität für den eigenen Körper. Ein hohes Körperbewusstsein geht mit psychischer und körperlicher Gesundheit einher. **Entspannungstherapien** sollen innere Kräfte mobilisieren, die die Leistung steigern und Stress abbauen.

METHODEN + THERAPIEFORMEN

Progressive Muskelentspannung, autogenes Training, Meditation, Hypnose, Fantasiereisen, Bioenergetik, Bewusstsein durch Bewegung (Feldenkrais), Atemtherapie, Kinesiologie, Yoga, Lachtherapie

Suggestion

Wenn die Physiklehrerin erklärt, eine bestimmte Flüssigkeit rieche sehr stark, werden nach einigen Minuten fast alle Schüler/-innen davon überzeugt sein, dass es im Klassenzimmer stinkt, selbst wenn es sich bei der Flüssigkeit bloß um gefärbtes Wasser handelt. **Suggestion** ist die wirksame Übertragung oder Beeinflussung von Gefühlen, Gedanken, Überzeugungen oder Wahrnehmungen einer Person durch eine andere. Willensschwache und leichtgläubige Menschen sind besonders leicht beeinflussbar, genauso wie man leichter beeinflussbar ist, wenn man sein Gegenüber als stärker, besser informiert oder selbstsicherer wahrnimmt. Die Beeinflussbarkeit ist aber auch von der aktuellen Situation (z. B. Müdigkeit) abhängig.
Generell wird zwischen **Heterosuggestion** (Fremdbeeinflussung) und **Autosuggestion** (Selbstbeeinflussung) unterschieden: Die Heterosuggestion spielt in der Werbung, der Erziehung und in gruppendynamischen Situationen eine besondere Rolle, die Autosuggestion hingegen bei autogenem Training und anderen psychotherapeutischen Verfahren.

autogenes Training

Das **autogene Training** ist ein Verfahren, das körperliche und seelische Beschwerden mittels Entspannungs- und Atemtechniken lindert. Die Übungen intensivieren die Körperwahrnehmung und werden vor allem bei Schlafstörungen, Stress, psychosomatischen Beschwerden und Migräne eingesetzt.

Fantasiereisen

Fantasiereisen können von Musik, Wassergeplätscher, Vogelgezwitscher und anderen beruhigenden Geräuschen begleitet werden. Beliebte Themen sind Orte in der Natur. Zum Beispiel: *Stell dir vor, du erwachst eines Morgens, die ersten Sonnenstrahlen scheinen auf dein Gesicht, du riechst die morgenkühle Luft, du liegst auf weichem Sand, du hörst das Rauschen der Meereswellen, Möwen fliegen über dir.*

Partnerarbeit 13

Überlegen Sie einzeln jeweils eine entspannende Fantasiereise. Setzen Sie sich dann locker hin und schließen Sie die Augen, während Ihr Partner bzw. Ihre Partnerin Sie anleitet. Denken Sie daran, ihn/sie am Ende wieder ins Hier und Jetzt zurückzugeleiten! Wechseln Sie nach ca. zwei Minuten.

Lachtherapie

„Lachen ist die beste Medizin", lautet ein altes Sprichwort. Doch erst seit Anfang des 20. Jahrhunderts versucht man Patienten/-innen mit der **Lachtherapie** seelisch zu unterstützen. 1971 entdeckte Dr. Hunter „Patch" Adams, dass Lachen einen wesentlichen Beitrag zur schnellen Genesung seiner Patienten/-innen leistete. Er gründete mehrere „Gesundheit! Institutes", sogenannte „Humor-Krankenhäuser", wo er als Clown vor seine Patienten/-innen trat. Die Geschichte seiner Therapie wurde 1999 verfilmt (*Patch Adams – Ein Doktor mit Herz*). Die ersten Clownprogramme etablierten sich 1986 in den USA und brachte mehr Lachen und Fantasie in den Klinikalltag. 1994 wurden in Österreich die „Rote Nasen Clowndoctors" gegründet.

Lachtherapie

Der Wissenschaftsjournalist Norman Cousins, der an einer schmerzhaften chronischen Entzündung der Wirbelsäule litt, berichtet in seiner Autobiographie *Der Arzt in uns selbst*, wie er mit humorvollen Filmen, lustigen Büchern und Witzen, aber auch einer positiven Grundstimmung seine als unheilbar geltende Krankheit überwinden konnte. Ziel der Lachtherapie ist, die innere Haltung zum Positiven zu verändern. Sie soll das „innere Lächeln" fördern und helfen, mehr Gelassenheit zu entwickeln. Als Begleittherapie kann sie unterstützend wirken.

Die Wissenschaft, die die Auswirkungen des Lachens erforscht, nennt man **Gelotologie** (griech. *gélos:* Gelächter). Sie untersucht die physischen und psychischen Aspekte des Lachens. Der indische Arzt Madan Kataria entwickelte Lachübungen, die auf Yoga basieren, und gründete sogenannte Lachclubs. 15 Minuten lang praktiziert man befreiendes Gemeinschaftslachen: *„Der Lachtrainer hält eine grüne Tafel in die Höhe, auf dieser steht in gelben Buchstaben untereinander ‚Hihihi, Hohoho, Hahaha'. Alle rufen das jetzt laut und klatschen dabei in die Hände. Nach einiger Zeit lachen wir wirklich."* (Nagiller 2004, S. 157)
Die Lachübungen bestehen aus Geräuschen, Mimik, Körperbewegungen und Atemtechniken. Kataria unterscheidet außerdem zwischen mehreren Formen des Lachens. Unter anderem werden in Lachclubs das stille Lachen, das Begrüßungslachen oder beispielsweise auch das Löwenlachen, ein Lachen mit weit herausgestreckter Zunge und Löwengebärde, trainiert. Das zunächst künstliche Lachen wandelt sich bald automatisch zu einem echten Lachen.
Was beim Lachen geschieht:

positive Effekte des Lachens

- Die **Sauerstoffversorgung** im Gehirn steigt an.
- Das sogenannte **Glückshormon** Serotonin und schmerzstillende körpereigene Substanzen werden freigesetzt.
- Durch die verminderte Produktion der Stresshormone Cortisol und Adrenalin wird Stress abgebaut. Dadurch wird auch der **Schlaf** erholsamer.
- Durch die Massage des Magen-Darm-Bereichs mittels Zwerchfell wird die **Verdauung** angeregt.
- Durch den kurzfristigen Anstieg des Blutdrucks wird der **Kreislauf** aktiviert.
- **Immunsystem** und Abwehrkräfte werden gestärkt.
- Die **Gesichtsmuskeln** entspannen sich.

Abschließend zum Schmunzeln:

Ein Mensch fragt in einer fremden Stadt: *„Wo geht's denn hier zum Bahnhof?"*
Es antworten ihm ein/eine …

Gesprächstherapeut/-in	Sie möchten wissen, wo der Bahnhof ist.
Psychoanalytiker/-in	Sie meinen, diese dunkle Höhle, wo immer etwas Langes rein und raus fährt.
Verhaltenstherapeut/-in	Heben Sie den rechten Fuß! Schieben Sie ihn nach vorne! Setzen Sie ihn auf! Sehr gut! Hier haben Sie ein Bonbon.
Gestalttherapeut/-in	Du, lass es voll zu, dass du zum Bahnhof willst.
Hypnotherapeut/-in	Schließen Sie die Augen. Ihr Unbewusstes kennt den Weg zum Bahnhof.
Familientherapeut/-in	Für wen in der Familie ist es besonders wichtig, dass Sie zum Bahnhof gehen?
Systemische(r) Familientherapeut/-in	Ich frage mich, was Ihre Mutter dazu sagen würde, wenn Ihr Vater ihr diese Frage stellt.
Logotherapeut/-in	Welchen Sinn macht es, zum Bahnhof zu gehen?

(SBZ 1993)

RP Einzelarbeit **14**

Bereiten Sie zusammen mit Klassenkollegen/-innen einen Zeitschriftentisch vor. Suchen Sie Artikel zum Thema *Seelische Gesundheit und Krankheit* heraus. Setzen Sie sich mit der gewählten Thematik auseinander. Bearbeiten Sie den Artikel nach folgenden Punkten:

- Unterstreichen Sie Wichtiges.
- Finden Sie passende Überschriften zu den Absätzen.
- Fassen Sie die wichtigsten Gedanken strukturiert zusammen.
- Kopieren Sie Ihre Zusammenfassung für Ihre Klassenkollegen/-innen.

RP Gruppenarbeit **15**

Suchen Sie eine psychotherapeutische Einrichtung in Ihrer Nähe auf und verfassen Sie darüber einen Bericht.

- Bereiten Sie Fragen vor und führen Sie ein Interview mit einem/einer Mitarbeiter/-in oder einem/einer Klienten/-in. Machen Sie Fotos, wenn dies zugelassen wird.
- Erstellen Sie aus den gesammelten Informationen nun einen schriftlichen Bericht. Stellen Sie die Institution vor: Name, Gründung, Adresse, Telefonnummer, Öffnungszeiten, Aufgabenbereich, Therapieform, Mitarbeiter/-innen etc.

T Partnerarbeit **16**

Analysieren Sie folgendes Fallbeispiel: *„Als die 15-jährige Julia 1,60 Meter groß war und 50 Kilo wog, entschied sie, sie müsse Gewicht verlieren, um attraktiver zu werden. Nachdem sie nach und nach ihre Nahrungsaufnahme verringert hatte, bis sie täglich nur noch etwas Gemüse aß und ein striktes Sportprogramm einhielt, wiegt sie nur noch um die 40 Kilo. Trotzdem fühlt sie sich noch immer ‚fett' und plant, ihre Diät weiterzuführen. Julia hat Probleme mit dem Schlafen, war schon öfters depressiv und ihre Periode kommt nicht mehr regelmäßig. Sie unternimmt kaum noch etwas mit anderen Menschen, ist aber sehr gut in der Schule. Julia hält sich nicht für krank oder behandlungsbedürftig."* (Myers 2005, S. 506)

a) Um welche psychische Störung handelt es sich hier?
b) Was kann man tun, wenn ein Freund oder eine Freundin nichts isst, sich sozial zurückzieht und offensichtlich mit einem psychischen Problem kämpft?
c) Überlegen Sie anhand des Fallbeispiels, welche Möglichkeiten Sie als Freund oder Freundin haben, Julia zu helfen.
d) Erstellen Sie eine Problemanalyse und erarbeiten Sie eine Lösungsstrategie.

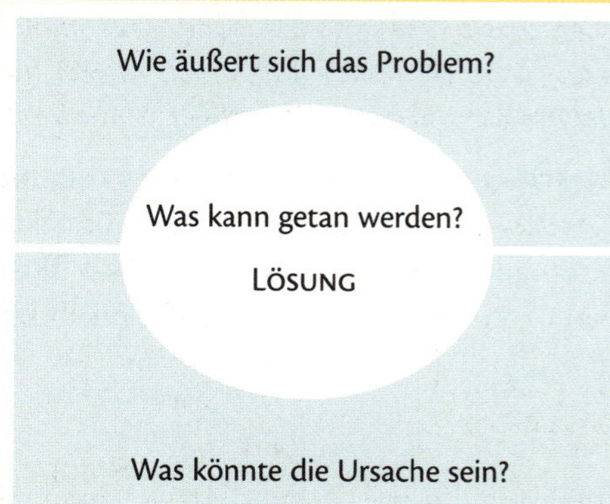

Wiederholen RP

1. Welche Kriterien müssen erfüllt sein, um von seelischer Gesundheit sprechen zu können?
2. Was versteht man unter *Psychosomatik*? Welchen Erklärungsansatz hat sie für Krankheit und Gesundheit?
3. Welche Faktoren sieht das biopsychosoziale Modell als Ursache für Krankheit und Gesundheit?
4. Nehmen wir an, Sie fühlen sich gestresst. Was können Sie in einer solchen Situation zu Ihrer seelischen Gesundheit beitragen? Worauf sollten Sie achten?
5. Anhand welcher Kriterien beurteilen Sie den Normalitätsgrad einer Person? Gibt es hier einen verlässlichen Maßstab?
6. In welchen Experimenten deckte ROSENHAN die Unzuverlässigkeit psychiatrischer Diagnosen auf?
7. Welche Kriterien müssen gegeben sein, um von einer psychischen Störung sprechen zu können?
8. Wie werden psychische Störungen klassifiziert?
9. Was ist das Krankheitsbild einer *Anorexia nervosa* und wodurch wird sie verursacht?
10. Was ist eine *substanzinduzierte Störung*?
11. Welche therapeutischen Verfahren gibt es?
12. Welche Möglichkeiten gibt es, um eine Depression zu behandeln?

Verstehen RF

„Während meiner Arbeit als Psychotherapeut kamen einmal die Eltern einer zwanzigjährigen Frau zu mir, die sich in psychiatrischer Behandlung befand. Sie war mehrere Monate lang mit Medikamenten, klinischen Aufenthalten und Schocktherapie behandelt worden. Drei Monate bevor ihre Eltern mit mir Kontakt aufnahmen, war sie völlig verstummt. Als sie in meine Praxis gebracht wurde, brauchte sie Hilfe, denn von alleine bewegte sie sich überhaupt nicht mehr.
In der Praxis krümmte sie sich zitternd in ihrem Sessel zusammen, die Augen auf den Boden gerichtet. Ich versuchte mit ihren Gefühlen und Bedürfnissen hinter ihrem Ausdruck des Schweigens einfühlsamen Kontakt aufzunehmen und sagte: „Ich spüre, dass Sie Angst haben und gerne sicher wären, dass es ungefährlich ist zu sprechen. Stimmt das?"
Sie zeigte keine Reaktion, und so drückte ich mein eigenes Gefühl aus: „Ich mache mir große Sorgen um Sie und möchte Sie bitten, mir zu sagen, ob es etwas gibt, das ich tun kann, damit Sie sich sicherer fühlen." Immer noch keine Antwort. Die nächsten vierzig Minuten machte ich weiter mit der Wiedergabe ihrer Gefühle und Bedürfnisse oder sprach meine eigenen aus. Es gab keine sichtbare Resonanz, auch nicht das kleinste Anzeichen, dass sie meine Versuche, mit ihr zu kommunizieren, überhaupt wahrnahm. Schließlich brachte ich zum Ausdruck, dass ich müde war. Ich bat sie, am nächsten Tag wiederzukommen. Die nächsten Tage glichen dem ersten Tag. Ich konzentrierte meine Aufmerksamkeit weiterhin auf ihre Gefühle und Bedürfnisse, gab manchmal mit Worten wieder, was ich verstanden hatte, und manchmal auch ohne Worte. (…) Am vierten Tag, als sie immer noch nicht reagierte, lehnte ich mich zu ihr herüber und nahm ihre Hand. Da ich nicht wusste, ob meine Worte ihr meine Sorge vermittelt hatten, hoffte ich, dass es durch den körperlichen Kontakt besser gelingen würde. Bei der ersten Berührung spannten sich ihre Muskeln an, und sie krümmte sich noch mehr in ihrem Sessel zusammen. Ich wollte gerade ihre Hand wieder loslassen, als ich ein leichtes Nachgeben spürte, und so behielt ich ihre Hand; kurz darauf merkte ich, wie sie sich langsam entspannte. Ich hielt ihre Hand eine Weile und sprach dabei mit ihr so wie an den vorangegangenen Tagen. Sie sagte immer noch nichts.
Als sie am nächsten Tag kam, schien sie mir noch angespannter zu sein (…), aber etwas war anders: (…) In ihrer Hand war ein zusammengeknüllter Zettel mit folgenden Worten: „Bitte helfen Sie mir auszusprechen, was in mir vorgeht."
Ich war sehr glücklich über dieses Zeichen, dass sie mit mir kommunizieren wollte. Nach einer weiteren Stunde der Ermutigung sagte sie schließlich ihren ersten Satz, langsam und voller Angst. (…)
Ich bin nach wie vor erstaunt über die heilende Kraft der Empathie. Immer wieder habe ich miterlebt, wie Menschen aus den lähmenden Folgen seelischer Schmerzen herauswachsen, sobald sie genug Kontakt mit jemandem haben, der ihnen empathisch zuhören kann. Als Zuhörer brauchen wir keine tieferen Einsichten in psychologische Zusammenhänge oder eine psychotherapeutische Ausbildung. Worauf es ankommt ist unsere Fähigkeit, für das präsent zu sein, was sich innen abspielt – für die einzigartigen Gefühle und Bedürfnisse, die ein Mensch gerade jetzt durchlebt."
(ROSENBERG, Marshall B.: Gewaltfreie Kommunikation. Eine Sprache des Lebens. Paderborn 2007, S. 143–145)

→ **Welchem therapeutischen Ansatz entspricht der geschilderte Fall?**
→ **Rosenberg hat eine Zeitlang mit Carl Rogers zusammengearbeitet. Belegen Sie anhand des Textes einige konkrete Faktoren, die den Gesprächsverlauf in dieser Therapieform kennzeichnen.**
→ **Recherchieren Sie im Internet, was unter „gewaltfreier Kommunikation" verstanden wird.**

Anwenden T

Entwerfen Sie in Gruppen jeweils einen **Folder** zu *Seelischer Gesundheit* und *Seelischer Krankheit!*

- Der Folder zu seelischer Gesundheit soll vorwiegend Aspekte zur Gesundheitsförderung beinhalten. Geben Sie hilfreiche Tipps, wie man den Alltag gesund und stressfrei gestalten kann.
- Der Folder zu seelischer Krankheit soll erste Hilfsmaßnahmen in schwierigen Lebenssituationen beinhalten, wie Erste-Hilfe-Anlaufstellen bei psychischen Problemen (z. B. Rat auf Draht), Adressen, Hotlines etc.
- Bereiten Sie beide Folder ansprechend auf, suchen Sie passende Bilder und formulieren Sie Ihre Inhalte prägnant, verständlich und informativ! Zielgruppe ist der/die Jugendliche in einer schwierigen Situation.

1. Einführung

4 a) Sozialpsychologie, b) Allgemeine Psychologie (Intelligenz), c) Entwicklungspsychologie
5 a) Forensische Psych., b) Markt- und Werbepsych., c) Verkehrspsych., d) klinische Psych., e) pädagogische Psych.
6 a) Erstgeborene neigen mehr dazu, ... b) Europäer/-innen kommunizieren Emotionen mit ähnlichen Gesichtsausdrücken wie ... c) Das Aussehen des Menschen hat einen Einfluss darauf, ... d) ..., nimmt seine Attraktivität in den Augen anderer zu. e) ..., würde sich die Mehrheit nicht weigern.
7

Modell	Vertreter	Was wird untersucht?	Verhalten	Methodisches Vorgehen
Erlebnis-psycho-logisches Modell	K. Bühler, Rohracher	das innere Erleben bei psychischen Vorgängen	Verhalten basiert auf eigenem Erleben	Introspektion
Beha-vioris-tisches Modell	Watson, Skinner, Thorndike, Pawlow	beobachtbares Verhalten, Reaktionen	Verhalten entwickelt sich entsprechend der Umweltbedingungen	Reiz-Reaktions-Messung, Laborexperimente
Kog-nitives Modell	Piaget	Mentale/kognitive/geistige Prozesse (Einstellungen)	Verhalten basiert auf mentalen Prozessen, ist verantwortungsbewusst, einsichtig und zielgerichtet	Selbstbeobachtung, Befragung
Tiefen-psycho-logisches Modell	Freud, Jung, Adler	unbewusste und verdrängte Inhalte	unbewusste Konflikte	Hypnose, Traumdeutung
Huma-nisti-sches Modell	Frankl, Rogers, Fromm, Ch. Bühler, Maslow	wie man sich selbst verwirklichen kann, Sinnfindungskonzepte	Selbstentfaltung, Selbstverwirklichung	Gespräch, Sinnfindungskonzepte

8 a) tiefenpsychologisches Modell, b) behavioristisches Modell, c) kognitives Modell
9 a) humanistisches Modell, b) tiefenpsychologisches Modell, c) behavioristisches Modell, d) kognitives Modell

2. Biologische Psychologie

1 Der **Zellkern** (lila) befindet sich im Zellkörper. Die **Ranvier'schen Schnürringe** sind die Einkerbungen in der (türkisen) Myelinschicht. Die kleinen roten Pfeile von einem Schnürring zum nächsten kennzeichnen die **saltatorische Erregungsleitung**.
2 Zucker steigert die Konzentration der Aminosäure Tryptophan. Das ist der Grundstoff des Gehirns, um Serotonin produzieren zu können. Serotonin ist der wichtigste Botenstoff für das Glücksempfinden. Um Serotonin im Körper halten zu können, brauchen wir Licht. Daher haben wir im dunklen Winter mehr Lust auf Süßes, um den Serotoninspiegel wieder auszugleichen.
Das Fett der Kakaobutter setzt im Gehirn Endorphine frei. Endorphine dämpfen das Schmerzgefühl und heben die Stimmung.
Der gute Geschmack der Schokolade regt die Bildung der körpereigenen Endorphine an.
4

	Linke Gehirnhälfte	Rechte Gehirnhälfte
Verarbeitung von Informationen	analytisch (schrittweise)	holistisch (ganzheitlich)
Aufgabenbereiche	Logik, Sprache, Analytik	Emotionen, Intuition, räuml. Denkvermögen
arbeitet beim Problemlösen ...	exakt; bei Geschichten auf Worte und Semantik konzentriert	kreativ; für Bilder und Gefühle zuständig

6 Jugendliches Gewaltverhalten ist aus neurobiologischer Sicht u. a. auf Computerspielprogramme, bei denen in einer real aufbereiteten virtuellen Welt andere Menschen gejagt, gefoltert und umgebracht werden, zurückzuführen. Das Ausmaß an täglichem Bildschirmkonsum mit gewalttätigen Inhalten steht in direkter und proportionaler Beziehung zu jugendlichem Gewaltverhalten: *„Das Gehirn ist ein permanent lernendes System. Es macht ausgerechnet dann, wenn es um die für Jugendliche überaus spannende und brisante Darbietung von Gewaltverhalten geht, keine Lernpause. Was wir sehen – dies ist die zentrale Botschaft der Spiegelneuronenforschung –, wird in Nervenzellennetze eingeschrieben, die die Programme für eigene Handlungsmöglichkeiten kodieren. Sicher: Etwas zu sehen bedeutet nicht, die gesehene Handlung auch selbst auszuführen. Dazu sind noch weitere Faktoren erforderlich. Was wir als Handlungen sehen, wird jedoch als Modell abgespeichert, und es erzeugt, wenn es als Aktion in einem angenehmen, amüsanten oder nützlichen Zusammenhang erscheint, Handlungsbereitschaften."* (Bauer 2007, S. 121 f)
7 Gehirnwellen von oben nach unten: ∂, γ, θ, α, β
8 a) richtig, b) falsch, c) falsch, d) richtig

3. Wahrnehmung

1 Mann mit Brille oder Maus (Kippbild)
2 Die linke Hand aus dem kalten Wasser wird sich warm anfühlen; die rechte Hand aus dem warmen Wasser dagegen kalt. Wir nehmen die Temperatur nicht als fixe Größe wahr, sondern im Vergleich zum Ausgangsreiz.
5 Die Fähigkeit, Richtung und Entfernung eines Geräusches festzustellen, ist eingeschränkt, wenn man sich ein Ohr zuhält, und natürlich stark eingeschränkt, wenn man sich beide Ohren zuhält.
8 Die Zahl ist 74.
12 Die Ponzo-Täuschung zählt zur Größenkonstanz (zwei gleich große Balken erscheinen je nach Lage ungleich lang). Sie zählt auch zur optisch-geometrischen Täuschung.
13 Der Rubin'sche Becher ist ein Kippbild bzw. ein zweideutiges Bild. Man erkennt entweder Gesichter oder eine Vase. Er zählt zum Gesetz der Geschlossenheit: Es werden Gesichter wahrgenommen, obwohl nur die Umrisse zu sehen sind.
14 Regenbogen, Fata Morgana, Echo, Himmelblau, Größe des Mondes
15 Gesetz der Geschlossenheit
20 z.B. Film: *The Sixth Sense* (außersinnliche Wahrnehmung); Serie: *X-Factor – das Unfassbare* (diverse paranormale Phänomene); Show: *Der neue Uri Geller* (v. a. Telekinese)

4. Gedächtnis und Lernen

1 z. B.: Unser Gedächtnis ermöglicht uns das Lernen und Erinnern von Informationen.
4 Hannes ist langsamer
5 Markus ist der Größte
7 Die Speicherinhalte setzen sich aus sämtlichen Bereichen der Wahrnehmung, des Denkens und Verhaltens zusammen, z. B. Gefühltes, eigene Adresse (persönliches Wissen), Gesichter, Melodien (Faktenwissen), berufliche Fertigkeiten (verinnerlichte Fähigkeiten)
8 a) semantisches Gedächtnis, b) episodisches Gedächtnis, c) semantisches Gedächtnis, d) episodisches Gedächtnis, e) prozedurales Gedächtnis
9

durch Aufmerksamkeit → durch Wiederholung →

→	Ultrakurzzeit-gedächtnis	Kurzzeit-gedächtnis	Langzeit-gedächtnis
Synonym	sensorisches Gedächtnis	Arbeitsgedächtnis	Wissensgedächtnis
Speicherkapazität	alle Wahrnehmungen	7 (+/−2) Einheiten	10 Milliarden bis 100 Billionen Bits (6 Mrd. Schreibmaschinseiten)
Speicherdauer	max. ein paar Sekunden	ca. 20 Sekunden	nahezu unbegrenzt
Beispiele	Begrüßen, Sätze	Gespräche	persönliche Erlebnisse, Faktenwissen, Fertigkeiten
Unterteilung	ikonisches/echoisches Gedächtnis	keine	explizites/implizites Gedächtnis

10 a) Gedächtnisinhalte sind über mehrere Regionen des Cortex (Großhirnrinde) verteilt. Der Hippocampus speichert neue Informationen im Langzeitgedächtnis und wird mit dem Aufnahmeknopf einer Videokamera verglichen. Er entscheidet über Erinnern und Vergessen. Ohne diese Gehirnregion könnten wir nichts Neues dazulernen. Das limbische System speichert emotionale Inhalte, also emotional bedeutsame, einschneidende Erlebnisse.
b) Je mehr Vernetzungen, desto besser kann das Gehirn genutzt werden. Das Gedächtnis kann mit einem Netz verglichen werden, das umso besser funktioniert, je stärker das Netz verknüpft ist. Wenn wir etwas lernen, schaffen wir nämlich weitere Verknüpfungen zwischen den Knoten des Netzes. Entscheidend für das Speichern und Wie-

dergeben von Informationen sind genau diese neuronalen Verknüpfungen (die Assoziation, die man sich zu einem Sachverhalt schafft), sowie die chemischen Rezeptoren.
c) Vor der Geburt bis etwa drei Monate nach der Geburt wird das Gehirn am meisten geprägt.

11 Vorteile des Vergessens:
- Vergessen hilft uns, unwichtige Informationen auszusortieren.
- Unangenehme Erlebnisse bleiben nicht für immer präsent, was die Lebensqualität erheblich steigert.
- Vergessen ist notwendig für das Lernen, damit Platz für neue Informationen geschaffen wird.

13 a) die Münze in der 2. Reihe ganz rechts außen, b) Geistesabwesenheit

14 a) assoziative Hemmung, b) assoziative Hemmung, c) Ähnlichkeitshemmung, d) affektive Hemmung, e) retroaktive/proaktive Hemmung, f) ekphorische Hemmung

16 Lernregel 1: Inhalte so oft wiederholen, bis man sie wirklich beherrscht. (Begründung: Wir vergessen Gelerntes zunächst rascher, nach mehrmaliger Wiederholung zunehmend langsamer.)
Lernregel 2: Inhalte oft wiederholen, damit neues Lernen weniger Zeit in Anspruch nimmt. Lerninhalte dabei anfangs in kurzen, dann in immer längeren Abständen wiederholen. (Begründung: Gedächtnisinhalte können umso leichter wieder aktiviert werden, je öfter man Zugriff auf sie hat.)
Lernregel 3: Den Lernstoff also in kleine Mengen aufteilen und Pausen machen. (Begründung: Wir müssen mehr Zeit aufwenden, wenn wir uns 12 Vokabeln auf einmal merken wollen, als wenn wir diese auf drei Portionen aufteilen.)

18 1. Einmaliges Durchlesen ist nicht sehr effektiv, oftmaliges Wiederholen ist notwendig. 2. Inhalt in kleine Portionen aufteilen und über einen längeren Zeitraum öfters wiederholen. 3. Je schwieriger der Lernstoff, desto mehr Wiederholungen sind notwendig.

5. Verhaltenslernen

1 c) Blumen: Lernen am Erfolg, Rennfahrer-Hund: Modelllernen, Snoopy: Signallernen

3 Wir unterliegen der operanten Konditionierung, wenn wir am Computer per Zufall ein nützliches Tatstaturkürzel entdecken, das wir daraufhin verwenden.

4 Vermeidungslernen bedeutet, dass durch Androhung einer negativen Konsequenz positives Verhalten aufgebaut wird. Vermeidungslernen ist eine besondere Form der negativen Verstärkung.

5 Durch ihr Verhalten verstärkt die Mutter das Vertrauen des Kindes in die eigene Macht. Die Mutter könnte einen Wutausbruch dadurch sinnlos machen, indem sie sich von der Szene zurückzieht. Sie kann den Zucker wegnehmen und sich beim ersten Geschrei in ein anderes Zimmer zurückziehen, mit dem Hinweis für das Kind, dass sie wieder verfügbar ist, wenn es sich beruhigt hat. Das Kind kann seinen Wutausbruch im leeren Zimmer haben, aber ohne Zuhörer hat er keinen Sinn. (nach Dreikurs 1984, S. 163)
„Vielleicht ist es nicht ganz leicht, dieses Vorgehen als richtig zu erkennen. Beim ersten Hinsehen scheint es, als ob wir dem Kind etwas ‚durchlassen'. Wenn wir jedoch die Beweggründe des Kindes prüfen, entdecken wir, dass es in den meisten Konfliktsituationen unsere Aufmerksamkeit wünscht oder uns in einen Machtkampf hineinziehen will. Ermöglichen wir dies, so geben wir wirklich dem Plan des Kindes nach und bestärken sein irrtümliches Ziel." (a.a.O., S. 165)

6 1. Bei der operanten und instrumentellen Konditionierung wird die Reaktion nicht (wie bei der klassischen Konditionierung) durch einen Reiz ausgelöst, sondern spontan durch Versuch und Irrtum.
2. Während bei der klassischen Konditionierung die **Verbindung zweier oder mehrerer Reize** erlernt wird, wird bei der instrumentellen und operanten Konditionierung eine **Assoziation zwischen Reaktion und verstärkendem oder bestrafendem Reiz** (Konsequenz) erzeugt.
3. Bei der klassischen Konditionierung werden neutrale Reize mit Reizen, die **angeborene** Reaktionen auslösen, gekoppelt – sie erklärt also nicht, wie **neue** (nicht angeborene) Reaktionen erlernt werden können. Mit der instrumentellen und operanten Konditionierung hingegen werden bei positiver Konsequenz **neue** Reaktionen wiederholt und erlernt.

8 Eltern übernehmen – genauso wie Menschen in der Umgebung des Kindes – eine Vorbildwirkung auf das kindliche Verhalten. Will man das Kind zum Lesen ermutigen, sollte man ihm laut Bandura vorlesen und es mit Menschen umgeben, die viel lesen.

6. Denken und Sprache

1 Denken ist ein komplizierter Vorgang, bei dem im Gehirn einlaufende Informationen verarbeitet werden.

2 Tasse Nummer 3

3 Vermutlich haben Sie eine Flasche gezeichnet, die mit Abbildung 1 oder 3 vergleichbar ist. In unserem Alltag kommen alle diese Flaschenformen vor, dennoch dürften wir die Vorstellung **einer typischen Flasche** im Kopf haben.

4 Kategorie: Haustiere, Prototypen: Hunde, Katzen; Kategorie: Fahrzeug, Prototypen: Auto, Bus, Zug

5 um deduktives Schließen, das in diesem Fall ungültig ist

6 Antwortet die Mutter, das Krokodil werde ihr das Kind **zurückgeben**, wird sie das Kind verlieren, weil das Krokodil – als Räuber des Kindes – ja Interesse daran hat, das Kind zu behalten. Antwortet die Mutter, das Krokodil werde ihr das Kind **nicht zurückgeben**, und behält das Krokodil das Kind dann für sich, würde das Krokodil gegen sein eigenes Wort verstoßen. In diesem Fall könnte das Krokodil dann nur noch antworten, dass es sich nicht an sein Wort gebunden fühlt, da ja die Mutter selbst durch ihre Antwort die logische Möglichkeit der Rückgabe ausschließt. Es handelt sich hierbei also um ein logisches Dilemma.

8

Sapir/Whorf	Lévi-Strauss	Pinker
Unsere Sprache beeinflusst unser Denken. (linguistischer Determinismus)	Unser Denken beeinflusst unsere Sprache.	Sprache und Denken laufen getrennt voneinander ab.
Sprache beeinflusst unsere Denkinhalte, unsere Einstellungen und unsere Wahrnehmung von der Welt.	Unsere Denkinhalte prägen unseren Sprachstil.	Denken ist eine eigene wortlose Sprache, die überall auf der Welt existiert: „Mentalesisch".
Beispiel: Wenn eine Sprache ausstirbt, gehen auch Kultur und Denkweise, die an diese Sprache gebunden sind, verloren.	Beispiel: Über neue Gedanken entstehen neue Wörter.	Beispiel: Manchmal gelingt es uns nicht, einen Gedanken sprachlich auszudrücken.

9 Die angeborene Fähigkeit, grammatische Regeln zu erfassen, ist als Teil des nativistischen Ansatzes von Bedeutung.
Die neuronalen Voraussetzungen für den Spracherwerb sind zentral für den kognitiv-neurowissenschaftlichen Ansatz.
Der interaktionistische Ansatz hebt die Wichtigkeit anderer Personen für den Spracherwerb hervor. Die Lernmechanismen sind für den lernpsychologischen Ansatz maßgeblich.

7. Problemlösen und Kreativität

1 S = Schifahrer Y = Yeti ▶ = Bergfahrt ◀ = Talfahrt

Talstation	Gondelfahrt	Bergstation
3 Y, 3 S	G 1 ▶ 1 Y, 1 S	1 Y, 1 S
2 Y, 2 S	G 2 ◀ 1 Y	1 S
3 Y, 2 S	G 3 ▶ 2 S	3 S
3 Y	G 4 ◀ 1 S	2 S
3 Y, 1 S	G 5 ▶ 2 Y	2 S, 2 Y
1 Y, 1 S	G 6 ◀ 1 Y, 1 S	1 S, 1 Y
2 Y, 2 S	G 7 ▶ 2 Y	1 S, 3 Y
2 S	G 8 ◀ 1 S	3 Y
3 S	G 9 ▶ 2 S	2 S, 3 Y
1 S	G 10 ◀ 1 S	1 S, 3 Y
2 S	G 11 ▶ 2 S	3 S, 3 Y

2 Ausgangssituation: Menschen, die um einen Tisch mit köstlichem Essen sitzen; Barriere: zu lange Löffel; Zielsituation: Essen bzw. Hunger befriedigen. Überwindung der Barriere/Lösung des Problems: sich gegenseitig mit den langen Löffeln füttern.

3 1. kleinsten Klotz auf Stapel C, 2. mittleren auf Stapel B, 3. kleinsten auf mittleren auf Stapel B, 4. größten KLotz auf Stapel C, 5. kleinsten

auf Stapel A, 6. mittleren auf größten Klotz auf Stapel C, 7. kleinsten Klotz auf Stapel C.

4 (siehe Abbildung rechts)

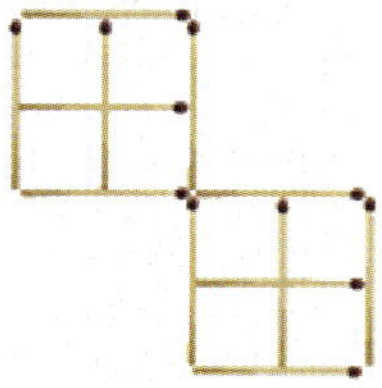

5 Schere als Pendel einsetzen

6 „Welche Antwort würde der andere Wächter geben, wenn ich ihn fragen würde, ob dieses Tor in die Freiheit führt?" Man muss infolgedessen immer die gegenteilige Antwort als richtig betrachten.

7 Neun-Punkte-Problem:

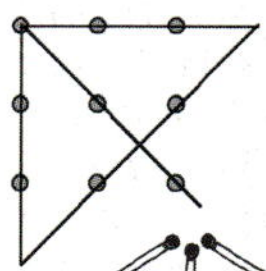

8 Die Landwirtin baut die Ställe so:

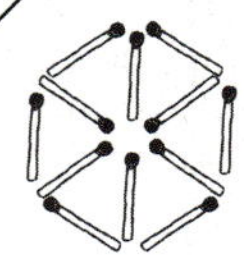

9 Es war der Arzt mit grauer Jacke im Arbeitszimmer mit einem Dolch.

Zimmer	**Person**	**Kleidung**	**Waffe**
Schlafzimmer	Butler	schwarze Jacke	Taschenmesser
Arbeitszimmer	Arzt	graue Jacke	Dolch
Wohnzimmer	Buchhalter	grüner Pullover	Gift
Esszimmer	Koch	brauner Pullover	Pistole
Küche	Gärtner	blaue Jacke	Seil

10 Man pinnt die Schachtel an die Wand und befestigt die Kerze mit Wachs darauf. Umdenken: Schachtel als Plattform und nicht als Behälter!

11 e) Fixationsprobleme: Aufgabe 5, 7, 8, 10; f) Funktionale Fixierung: 5, 10; g) Ausgangssituation: Dunkelheit; Zielsituation: brennende Kerze an der Wand; Schritte: Fixationsproblem muss gelöst werden

12 Synonyme: fantasievoll, ungewöhnlich, originell, außergewöhnlich, ideenreich

13 3-1-2, 2-1-3, 2-3-1

16 3. Phase: Illumination/plötzliche Einsicht

8. Intelligenz

1 Duden-Definition: Intelligenz = Fähigkeit des Denkens, Klugheit.

2 z. B.: Dienstag: Den Gesamtpreis aller Produkte, die du heute kaufst, im Kopf ausrechnen.
Mittwoch: Fünf Wörter rückwärts buchstabieren.
Donnerstag: Das Kreuzworträtsel in der heutigen Zeitung lösen.
Freitag: Das Alphabet von A bis Z durchgehen und für jeden Buchstaben eine berühmte Persönlichkeit nennen.
Samstag: Ein Sudoku lösen.
Sonntag: Als Rechtshänder/-in mit der linken Hand, als Linkshänder/-in mit der rechten Hand Zähne putzen.

4 Künstliche Intelligenz (KI), artificial intelligence (AI): Wissenschaft der Simulation menschlicher Intelligenz. Ziel ist es, Maschinen (z. B. Computersysteme, Roboter) zu produzieren, die menschliche Intelligenzleistungen (z. B. Sprechen) vollbringen und menschliche Denkprozesse (wie Problemlösen) nachahmen.

7 1. Fehlschaltung im Gehirn: linke Gehirnhälfte ist sehr klein; es besteht keine Verbindung zwischen rechter und linker Gehirnhälfte. 2. Störungen des Filtermechanismus im Gehirn: Savants können nicht vergessen. 3. Das automatische Gedächtnis: Savants üben ihre Fähigkeiten über das automatische Gedächtnis aus.

9. Entwicklung

1

Periode	**Alter**	**Entwicklungsaufgabe**
Pränatal	Empfängnis bis Geburt	Heranwachsen des Fötus
Säugling	0–2 Jahre	wesentliche Entwicklung des Gehirns und motorischer Fähigkeiten, Entstehen erster Bindungen
Frühe Kindheit	2–6	Entwicklung von Denken und Sprache, Bindungen an Gleichaltrige, moralisches Empfinden wird erkennbar
Mittlere Kindheit	6–11	sichtbare Fortschritte in logischen Denkprozessen, Verständnis des eigenen Selbst; Zugehörigkeit zu Peergruppe
Adoleszenz	11–21	sexuelle Reifung setzt ein, Denken wird abstrakter, persönliche Werte und Ziele werden definiert, Unabhängigkeit von Herkunftsfamilie
Frühes Erwachsenenalter	21–40	Eigenständigkeit entwickeln, Ausbildung beenden, Arbeitsleben; Aufbau einer Partnerbeziehung, Gründen einer eigenen Familie oder Entwickeln alternativer Lebensstile
Mittleres Erwachsenenalter	40–65	Höhe der beruflichen Karriere, Unterstützung eigener Kinder, Versorgen eigener Eltern, stärkeres Bewusstwerden der eigenen Sterblichkeit
Spätes Erwachsenenalter	65–Lebensende	Ruhestand, Auseinandersetzen mit dem Nachlassen der Körperkräfte, Bewältigen von Trauer über Tod Nahestehender/Partner, Reflexion über den Sinn des Lebens

(Tabelle in Anlehnung an Berk 2005, S. 9)

3 b) Watson geht davon aus, dass der Mensch – als reines Produkt seiner Umwelt – beliebig geformt werden kann, Schopenhauer hingegen betrachtet den Menschen als unverwechselbares, einzigartiges Geschöpf. Demnach wäre der Mensch nicht wirklich erziehbar, da er sich nie ändert.

5 Mögliche Tipps: 1. Keinen Alkohol trinken! 2. Nicht rauchen! 3. Stress reduzieren! Am besten regelmäßig mit einem guten Buch oder ruhiger Musik entspannen. 4. Regelmäßig und ausgewogen essen! Reichlich Obst und Gemüse, Zucker in Maßen. 5. Regelmäßig bewegen! Gefährliche Sportaktivitäten mit Sturzrisiko meiden. Geeignet: Schwimmen, leichtes Joggen, Yoga und Wandern.

6 Unmittelbar nach der Geburt braucht der Säugling vor allem Wärme, Ruhe und Nähe (Körperkontakt, Geborgenheit der Eltern).

9

	bis 1. Lebensjahr	**bis 2. Lebensjahr**	**bis 6. Lebensjahr**
Ausdrucksform	Körpersprache, Mimik, Gurrlaute, Lallen und erste Worte	Ein- und Zweiwortsätze	Sätze mit differenzierter Grammatik und komplexen Strukturen
Funktion	Bedürfnisse mitteilen	Personen aktiv ansprechen; Gefühle, Absichten und Wünsche mitteilen	Wünsche und Bedürfnisse äußern; Fragen beantworten; Begründungen liefern
Förderung	mit dem Kind viel sprechen, spielen und singen; Blickkontakt zum Kind suchen; einfache Bilderbücher anschauen; Dinge benennen; Fragen stellen	mit dem Kind spielen; alles kommentieren, was man tut; singen; reimen; kontrastreiche Bilderbücher ansehen; Dinge benennen und sich diese vom Kind zeigen lassen; das Kind nicht korrigieren, sondern ein falsches Wort im nächsten Satz richtig wiederholen	eigene Erlebnisse erzählen sowie das Kind von Erlebnissen erzählen lassen; das Kind ermuntern, Geschichten zu erfinden; dem Kind viel vorlesen; vorgelesene Geschichten nacherzählen lassen und nach Details fragen; das eigene Handeln kommentieren und begründen
Behinderung	Negierung aller fördernden Maßnahmen; Fernseher als „Babysitter" einsetzen etc.		

10 Passende Spielsachen sind z. B. Ball, Bauklötze, stilisierte Tiere und Fahrzeuge. Einengung führt zu einer geringeren Beteiligung und Passivität beim spielenden Kind, was die Entwicklung nachweislich hemmt. Erwachsene sollen Kinder nicht zu ihren Förderzielen lenken, denn damit entfernen sie das Kind von dem, was es selber will und worin es sich selbst gerade fördern will. Spielsituationen können zwar geplant sein, die Handlungen sollen aber immer zum Selbstzweck betrieben werden.

11 dem Kind einfühlsam begegnen; auf die kindlichen Bedürfnisse und Wünsche entsprechend eingehen; Schutz, Nähe und Vertrautheit bieten (z. B. über Körperkontakt); dem Kind das Gefühl geben, dass es sich auf den Erwachsenen verlassen kann; sich dem Kind gegenüber nachvollziehbar verhalten; mit dem Kind liebevoll umgehen (z. B. liebkosen, bei Unsicherheiten beruhigen)

12 Zu allen Stufen gibt es mehrere Möglichkeiten! **Stufe 1:** Heinz soll das Medikament nicht stehlen, weil er sonst ins Gefängnis kommen könnte. **Stufe 2:** Heinz soll das Medikament stehlen, weil er damit das Leben seiner Frau rettet, auch wenn er dafür ins Gefängnis

kommt. Wichtig ist, dass seine Frau weiterlebt. Die Frau würde dasselbe für ihn tun. **Stufe 3:** Heinz soll stehlen, denn er würde sonst ständig ein schlechtes Gewissen haben, dass er seine Frau sterben ließ. **Stufe 4:** Man verspricht bei der Eheschließung, seine Frau zu lieben. Heinz ist verpflichtet, das Leben seiner Frau zu retten. In gleicher Weise jedoch: Nein, er soll nicht stehlen, denn er ist dem Gesetz, nicht zu stehlen, verpflichtet. **Stufe 5:** Ja, er soll stehlen. Es ist wichtig, das Möglichste zu tun, um das Leben anderer zu retten. Das ist ein gesellschaftlicher Wert. **Stufe 6:** Ja, er soll es stehlen. Das menschliche Leben ist mehr wert als Eigentum. Anmerkung: Es gibt aber auch noch andere Möglichkeiten, das Problem zu lösen, z. B. das erforderliche Geld auszuleihen!

13 a) Ein Kind lernt im Durchschnitt mit 15 Monaten ohne Hilfe gehen.
b) Kopffüßler sind die ersten Menschendarstellungen bei ca. 3- bis 5-jährigen Kindern. Sie bestehen aus einem Gesicht und zwei Beinen.
c) Das kindliche Spiel fördert die kreativen, kognitiven und intellektuellen Fähigkeiten sowie Motivation und Ausdauer des Kindes. Beim Spielen lernt das Kind, mit Gefühlen umzugehen (wenn es gewinnt oder verliert). Das Spiel ist für die emotionale Verarbeitung von Ereignissen von Bedeutung und übernimmt im Sinne einer ganzheitlichen Behandlung eine therapeutische Funktion.
d) 8-jährige Kinder haben bereits die Fähigkeit des logischen Denkens ausgebildet und können einfache Rechenaufgaben lösen. 3-jährige Kinder befinden sich noch in der Phase des Egozentrismus und müssen erst lernen, Tatsachen aus der Perspektive einer anderen Person zu sehen.
e) Mit 2 Jahren bildet das Kind die ersten Zweiwortsätze. Es beherrscht in etwa 200 Wörter und ist in der Lage, sich sprachlich gut mitzuteilen.
f) Unter Bindung versteht man die enge emotionale Beziehung zu einer Bezugsperson.
g) Die psychosoziale Entwicklung kennzeichnet sich durch verschiedene Lebensphasen, in denen wir bestimmte Krisen zu bewältigen haben. Die Bewältigung der jeweiligen Krise nennt Erikson Entwicklungsaufgabe.
h) In seinem Modell der moralischen Entwicklung beschreibt Kohlberg, wann wir welche moralischen Ansichten vertreten. Von der präkonventionellen Moral entwickeln wir uns über die konventionelle zur postkonventionellen Moral.

14 Jede künstlerische Betätigung des Kindes positiv annehmen.
Dem Kind Geduld entgegenbringen (z. B. beim Sprechenlernen).
Sich dem Kind liebevoll zuwenden und mit ihm emotional austauschen.
Dem Kind ermöglichen, eine Bindung zu einer festen Bezugsperson aufzubauen.
Bei der Bewältigung von Krisen unterstützend zur Seite stehen.

16 **Wertschätzung** ist nicht gegeben, da der Vater weder auf die Gefühle des Kindes Rücksicht nimmt noch dem Kind selbst Aufmerksamkeit schenkt, sondern das Gewinnen in den Vordergrund rückt. Echtheit ist nicht gegeben, da der Vater zunächst vortäuscht, das Gewinnen sei nicht wichtig. Der Vater stellt seinen Ehrgeiz über die Bedürfnisse des Kindes, insofern entspricht sein Verhalten nicht der Komponente **„Verstehen"**.
Das Kind könnte ein positives Selbstkonzept entwickeln, wenn der Vater dem Kind glaubhaft zu verstehen gibt, dass das Gewinnen nicht im Vordergrund steht und er seine Liebe zum Kind nicht von äußeren Faktoren abhängig macht.

17 Das Kind entwickelt den Drang, neue Dinge zu entdecken, und bleibt in dieser Phase sich selbst überlassen, anstatt von den Eltern darin gefördert zu werden. Resultat: Das Kind wird für sich möglicherweise zu dem Schluss kommen: „Etwas entdecken wollen ist schlecht". Bestimmte kognitive Fähigkeiten könnten dadurch zurückbleiben.
Möglichkeiten, um dem Kind zu begegnen: 12:30: Mit Festigkeit bzw. erkennbarem Ärger „Nein" sagen, das Kind vom „Kuchen" entfernen, es z. B. in seinen Hochstuhl setzen (und dem Protestgeschrei standhalten!). Den „Kuchen" wegputzen und dem Kind später eine vergleichbare Spielmöglichkeit (z. B. Sandkiste) anbieten. 14:00: Zur Wandmalerei mit erkennbarem Ärger „Nein!" sagen, dann das Kind mit den Filzstiften auf Papier malen lassen und dies mit erkennbarer Freude begleiten. 19:00: Die Knöpfe mit erkennbarem Ärger entgegennehmen, dann dem Kind freundlich zeigen, wo es etwas aktiv tun darf (z. B. Wäschekluppen von einer Leine ziehen).

18 Hurrellmann: Demokratischer Erziehungsstil. Neill: Laissez-faire-Erziehungsstil.

19 a) **Demokratischer Erziehungsstil:** Die Eltern besprechen gemeinsam mit der Tochter, warum sie nicht wollen, dass sie raucht. Sie erklären die negativen Konsequenzen, die das Rauchen mit sich bringt. Schließlich setzen sie Grenzen, indem sie die Kürzung des Taschengeldes androhen, sollte die Tochter weiterhin das Rauchen versuchen.
b) **Autoritärer Erziehungsstil:** Autoritäre Eltern verbieten u. U. den Kontakt zur Freundin. Weitere mögliche Reaktionen wären ein massives Eingreifen in deren Freiheiten, z. B. werden die Taschen der Tochter nach Zigaretten untersucht, die Freunde/-innen befragt usw.
Laissez-faire-Erziehungsstil: Permissive Eltern, die ihr Kind beim Rauchen erwischen, verhalten sich „kameradschaftlich", indem sie es gewähren lassen und in die Gewohnheiten des Kindes nicht eingreifen.

29 Regeln für gesundes Älterwerden: gesundheitsbewusst leben – Gesundheit ist keine Frage des Alters, Vorsorgemaßnahmen nutzen, auf das Alter gedanklich vorbereiten, aktiv bleiben, positiv denken; das Alter als Chance begreifen: Es ist nie zu spät, den eigenen Lebensstil positiv zu verändern; Kontakte pflegen, Zärtlichkeiten und körperliche Nähe gönnen, dem Körper etwas zutrauen, Krankheiten nicht einfach hinnehmen, gute Hilfe und Pflege suchen, Mut zur Selbstständigkeit haben; freie Zeit nutzen, um Neues zu lernen

10. Persönlichkeit

1 Die Persönlichkeit ist die Summe aller Merkmale, die einen Menschen ausmachen.

2 1) Sanguiniker, 2) Phlegmatiker, 3) Melancholiker, 4) Choleriker

3 Sanguiniker: „The glass is half full!"; Melancholiker: „The glass is half empty"; Phlegmatiker: „Half full. No, wait! Half empty …"; Choleriker: „Hey! I ordered a cheeseburger!"

4 Hexen haben meist Warzen und einen Buckel (Hänsel und Gretel), Tollpatschige und Dümmliche werden prinzipiell sehr korpulent dargestellt (Obelix in „Asterix", Sam in „Der Herr der Ringe"), Heilige und Unschuldige wiederum sehr schlank und eher blass und langgliedrig.

6 Quadrant labil-extravertiert: cholerisch; Quadrant extravertiert-stabil: sanguinisch; Quadrant stabil-introvertiert: phlegmatisch; Quadrant introvertiert-labil: melancholisch.

9

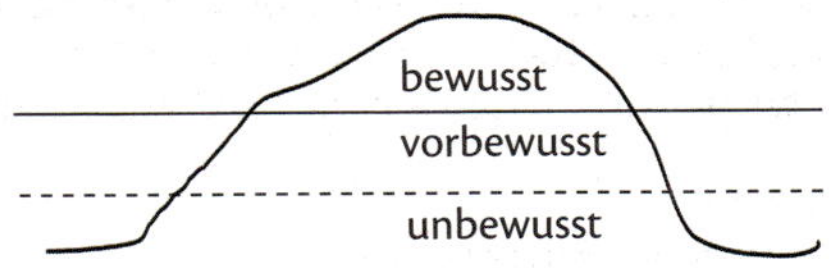

10 Das **Es** drängt zur Party. Alle Überlegungen, die für die Party sprechen (z. B. man möchte nichts versäumen, man möchte Spaß haben), entsprechen der Triebinstanz.
Das **Über-Ich** vertritt die vernünftigen Überlegungen: Es ist besser, zu Hause zu bleiben, um sich noch gewissenhaft auf die Schularbeit vorbereiten zu können. Es ist vernünftiger, sich nicht den Verlockungen, auf die Party zu gehen, hinzugeben.
Das **Ich** wägt ab und kommt zu dem Schluss, dass man für eine Stunde zur Party geht, aber wieder rechtzeitig nach Hause kommt, um noch wesentliche Dinge für die Schularbeit wiederholen zu können.

12 a) Regression, b) Rationalisierung, c) Projektion/Rationalisierung, d) Reaktionsbildung, e) Substitution

15 a) Freud: Verdrängung, Instanzen-Konflikt; b) Adler: Minderwertigkeitsgefühle; c) Jung: unbewusste Komplexe; d) Frankl: Sinndefizite

16 Adler: Lebensstil, Leitlinien; Jung: Individuationsprozesse, Selbst; Frankl: Sinnsuche

19 1. Leistungsorientierung, 2. Gehemmtheit, 3. Erregbarkeit, 4. Beanspruchung, 5. Lebenszufriedenheit

20 Extraversion: Je öfter mit „Ja" geantwortet wurde, desto eher liegt Extraversion vor. Neurotizismus: Je öfter mit „Nein" geantwortet wurde, desto eher liegt Stabilität vor.

11. Sozialpsychologie

2 a) finanzielle Probleme, Arbeitslosigkeit, familiäre Schwierigkeiten; b) der Bus ist ausgefallen; c) Zeitdruck; d) er/sie hat das Handy verloren

3 Erster Eindruck: 55 % Gesichtsausdruck, 38 % Tonfall, 7 % Inhalt

5 von links nach rechts:
Gottlieb Daimler (1834–1900): Ingenieur, entwickelte mit Carl Benz das Auto
Valerie Solanas (1936–1988): Schriftstellerin, verletzte Künstler Andy Warhol durch Schüsse
Florence Nightingale (1820–1910): Krankenpflegerin, reformierte die militärische und zivile Krankenpflege
Fritz Zwicky (1898–1974): Astrophysiker

Eric Harris (1981–1999): Schüler, erschoss 12 Mitschüler in der Mittelschule von Littleton
Jane Addams (1860–1935): Sozialreformerin, erhielt 1931 den Friedensnobelpreis

7 Der/Die typische Österreicher/-in trägt ein Dirndl/einen Steirerhut, isst Wiener Schnitzel und Apfelstrudel, trinkt Bier und Wiener Melange, tanzt Walzer und jodelt.

9 Nein, die Behauptungen stimmen nicht. Die Geschlechtsstereotype lauten genau umgekehrt.

16 1) Ein/Eine Schüler/-in sollte wissbegierig sein, aufmerksam, fleißig, ordentlich, diszipliniert, respektvoll etc. 2) Die Lehrperson hat die Rolle eines/einer Wissensvermittlers/-in. Es wird von ihr u. a. erwartet, dass sie gerecht ist, kompetent, gut strukturiert und organisiert, einfühlsam, selbstsicher etc.

18 Vorteile nonkonformen Verhaltens: Gefühle der Geborgenheit und Akzeptanz, Identitätsentwicklung und Identifikation, Entwicklung von Gemeinsamkeiten, Stärkung des Wir-Bewusstseins, wenig Konfliktstoff, Erhöhung der eigenen Urteils- und Handlungssicherheit. Nachteile nonkonformen Verhaltens: Einschränkung der Freiheit und Weiterentwicklung, Bestrafung abweichenden Verhaltens, Missbilligung nonkonformen Verhaltens, Intoleranz gegenüber anderen Normen, Anpassungszwang, soziale Ausgrenzung.

22 Wir verhalten uns unter allen genannten Bedingungen konform.

23 richtig: 63 % der Versuchspersonen gingen bis zum Ende; in allen erweiterten Ausführungen konnte ein signifikantes Maß an Gehorsam festgestellt werden.

24 aus Pflichtbewusstsein, weil man einen Dienst an einer Idee zugunsten des wissenschaftlichen Fortschritts leistete, weil man sich auf eine höhere Autorität berufen konnte (Abgeben der Verantwortung an andere), weil das Opfer anonym war, durch Degradierung des Opfers („Warum lernt er auch nicht besser?")

25 a) Das Stanford-Experiment ähnelt dem Milgram-Experiment insofern, als in extremen sozialen Situationen die situativen Einflüsse zur Erklärung eines beobachtbaren Verhaltens schlicht unterschätzt werden. Rollenzuweisungen führen zu Dynamiken, die nicht vorhergesagt werden können. Soziale Extremsituationen bringen destruktive Verhaltensmuster zum Vorschein, die nicht primär im Individuum zu finden sind, sondern durch die situativen Einflüsse erklärbar sind. Sozialpsychologen/-innen „argumentieren, dass die soziale Situation eine signifikante Kontrolle über das individuelle Verhalten ausübt und oft die Persönlichkeit und die Lernerfahrungen, Werte und Überzeugungen aus der Vergangenheit dominiert." (Zimbardo 2004, S. 753)
b) überall, wo Machtstrukturen vorherrschen (Krieg, Gefängnis – z. B. Abu Ghraib)

27 a) Die Massenbewegung liefert (1) der gelangweilten Persönlichkeit Neues, (2) der orientierungslosen ein Ziel, (3) der instabilen Sicherheit und Geborgenheit, (4) der ambitionierten Enfaltungsmöglichkeiten.
b) Menschen lassen sich über die Medien mobilisieren. Über das Fernsehen kann eine Masse hergestellt und mit entsprechend suggestiven Botschaften (z. B. Versprechungen, Hoffnungen) gesteuert werden.
c) Gleichheit und gemeinsame Ziele. Die Gleichheit im Fußballstadion äußert sich z. B. über Parolen (Fanlieder), gleiche Uniformierung (z. B. Fußballdressen, Farben), gleiches Verhalten (Welle bei einem Tor). Gemeinsames Ziel im Fußballstadion: der Sieg der angefeuerten Mannschaft. Die Emotionen, die durch Gleichheit und das angestrebte gemeinsame Ziel entstehen, steuern schließlich das Verhalten der Masse.

29 Ja, es findet einseitige Kommunikation statt. Interaktion aber ist hier nicht gegeben.

31 Was ist das für einer? = **Selbstoffenbarung**. Wie ist der Sachverhalt zu verstehen? = **Sachinhalt**. Wie redet der eigentlich mit mir? = **Beziehung**. Was soll ich tun, denken, fühlen auf Grund seiner Mitteilung? = **Appell**.

32 Nachricht A: Sachinhalt, Appell, Selbstoffenbarung, Beziehung. Nachricht B: „Du brauchst mich, du siehst nicht, dass grün ist!", „Die Ampel ist grün!", „Ich habe es eilig!", „Gib Gas, fahr schneller!"

34 von links nach rechts: 5 – sich beweisend: „Ich bin ohne Fehl und Tadel!", 2 – helfend: „Keine Sorge! Ich bin ganz für dich da! Das werden wir schon hinkriegen!", 4 – aggressiv-entwertend: „Du bist Schuld!", 6 – bestimmend-kontrollierend: „Das macht man so und nicht anders!", 8 – mitteilungsfreudig-dramatisierend: „Hört, hört – so bin ich!", 7 – sich distanzierend: „Die Klugheit gebietet, die Sache nüchtern und ohne Emotionen von einer höheren Warte aus ...", 1 – bedürftig-abhängig: „Wie soll ich das denn bloß machen?", 3 – selbstlos: „Lass' mich doch ganz für dich da sein!"

37 Anstatt persönlich anzugreifen, das Problem in den Mittelpunkt stellen.
Anstatt die Beherrschung zu verlieren, sachlich bleiben.
Anstatt gewinnen zu wollen, gemeinsame Wege der Problemlösung suchen.
Anstatt zu früh zu urteilen, Problembewältigungsmöglichkeiten überlegen.
Anstatt sich auf eine Position festzulegen, sich für andere Sichtweisen interessieren.
Anstatt immer nur die eigene Sichtweise zu sehen, sich in die Lage der anderen Person versetzen, zuhören und beobachten.
Anstatt um das Problem herumzureden, konkret sagen, was man will.

12. Motivation

1 Studium: Anerkennung, Selbstverwirklichung; Schüleraustausch: Neugier, Unabhängigkeit; Party: Zugehörigkeit, Unterhaltung; Tagebuch schreiben: Entspannung.

4 Hauskauf: 2, Matura: 4, sexuelle Befriedigung: 1/3, Jobwechsel zugunsten einer Karrierelaufbahn: 4, Freundeskreis: 3, Pensionsvorsorge: 2, Gemälde malen: 5, Partnerschaft: 3, Vereinstätigkeit: 3, Versicherung: 2

6 a) physiologische Grundbedürfnisse, b) Sicherheitsbedürfnis, c) soziales Bedürfnis, d) Bedürfnis nach Anerkennung, e) Bedürfnis nach Selbstverwirklichung, f) Bedürfnis nach Transzendenz

10 **Physiologische Folgen:** u. a. Vitaminmangel, Störungen des Elektrolythaushaltes (Elektrolyte sind Mineralstoffe wie z. B. Magnesium und Kalzium, die der Körper nicht selbst produzieren kann und die daher über die Nahrung aufgenommen werden müssen) und infolgedessen Nierenschäden, Stoffwechselstörungen, Kopfschmerzen, Knochenbrüchigkeit, Herz-Kreislauferkrankung, Schlafstörungen.
Psychologische Folgen: u. a. Konzentrationsstörungen, Gereiztheit, Neigung zu Stress, leichte Erregbarkeit, Ruhelosigkeit, Nervosität, Lustlosigkeit, Teilnahmslosigkeit (Apathie), depressive Verstimmung.

13. Emotionen

1 Stell dir vor, deine Oma kauft dir ein Eis. Du freust dich darüber. Diese Freude ist eine Emotion. Stell dir jetzt vor, ein großer Hund läuft auf dich zu und bellt laut. Du fürchtest dich vor ihm und empfindest Angst. Diese Angst ist auch eine Emotion. Emotionen sind also immer das, was du in einem Moment fühlst.

3 Bild 1: (1) schwitzen, erröten, (2) „Lassen Sie mich in Ruhe!", (3) schreien; Bild 2: (1) Herzklopfen, (2) „Ich freue mich so!", (3) umarmen, lachen

4 vor Freude strahlen, vor Neid erblassen, kalte Füße bekommen, Schmetterlinge im Bauch haben, vor Aufregung zittern, auf den Bauch hören, die Haare stehen zu Berge, starr vor Angst sein, große Augen machen, das Herz rutscht in die Hose, überwältigt von Gefühlen sein, zu Tode erschrecken

7 Von links nach rechts: Überraschung, Ärger, Freude, Trauer, Verachtung, Angst, Ekel

8 **Sehnsucht:** starkes Bedürfnis nach etwas (z. B. einer Person, einem Ort), das uns nicht unmittelbar zur Verfügung steht (Basisemotion: Trauer); **Liebe:** sehr starke Zuneigung für ein anderes Wesen (Freude); **Lustlosigkeit:** Unvermögen, Freude an einer Sache zu empfinden (Trauer); **Verlegenheit:** Gefühl der Befangenheit, das meist in Situationen auftritt, die uns peinlich sind (Angst); **Begeisterung:** überschwängliche Freude, die man einer Sache entgegenbringt (Freude); **Eifersucht:** Feindseligkeit einem Rivalen/einer Rivalin gegenüber (Verachtung); **Langeweile:** Gefühl der Leere, basierend auf Desinteresse (Trauer).

9 Nehmen wir den Stift zwischen die Zähne, werden genau die Muskeln aktiviert, die wir zum Lachen brauchen. Das führt zu einer besseren Stimmungslage. Geben wir den Stift hingegen zwischen die Lippen, führt das zu Angeschlagenheit.
Begründung: Der emotionale Gesichtsausdruck und die Körperhaltung beeinflussen unseren emotionalen Zustand.

10 Gemäß der Facial-Feedback-Hypothese fällt es schwerer, sich in einen traurigen Zustand zu versetzen, wenn man aufrecht sitzt und den Blick nach oben richtet.

11 Je positiver unsere Gedanken, desto positiver unsere Grundstimmung.

12 James-Lange-Emotionstheorie: Die physiologische Erregung, die mit dem Singen einhergeht, löst in uns ein Glücksgefühl aus.

13 a) Schachters Emotionstheorie der kognitiven Bewertung, b) James-Lange-Theorie der Körperreaktion

14 James-Lange-Theorie: Physiologische Erregung = Herzklopfen mit anschließender Emotion = Angst. Cannon-Bard-Theorie: Physiologische Erregung = Herzklopfen zeitgleich mit Emotion = Angst. Schachter: physiologische Erregung = Herzklopfen zeitgleich mit kognitiver Bewertung „Ich habe Angst", anschließende Emotion = Angst.

15 **Frustration** verspürt man, wenn eine Erwartung enttäuscht oder ein angestrebtes Ziel nicht erreicht wird bzw. wenn Wünsche oder Bedürfnisse nicht erfüllt werden. **Aggression** ist ein Verhalten, das einer anderen Person psychischen oder physischen Schaden zufügt (z. B. Kränkung, Körperverletzung). **Gewalt** ist eine extreme und sozial nicht vertretbare Form der Aggression.

23 u. a.: Optimismus bewahren; Freundschaften pflegen; in einer Partnerschaft leben; einen Beruf ausüben; Freizeitbeschäftigungen nachgehen; intrinsisch motivierten Aktivitäten nachgehen; Sport treiben; ein positives Selbstbild pflegen; Selbstwertgefühl aufbauen; positive Erfahrungen fördern, negative meiden; mit einem guten Gefühl an Vergangenes denken; dankbar sein; nicht nachtragend sein.

14. Seelische Gesundheit und Krankheit

2 Vor allem in den **humanistischen Persönlichkeitstheorien** (Maslow, Rogers) steht die Selbstverantwortung des Menschen im Vordergrund. Jeder/Jede hat die Möglichkeit, all seine/ihre Potenziale zu verwirklichen. Dieser Gedanke spiegelt sich auch in den humanistischen Therapieverfahren wider (▸ Kap. 14.5). Ebenso betonen die **interaktionistischen Entwicklungstheorien** die autogenen Faktoren des Menschen, die für die persönliche Entscheidungsfreiheit sowie die Selbstentfaltungsmöglichkeiten stehen (▸ Kap. 9.2).

4 Gesundes Schulbuffet; positive Konfliktkultur im Klassenzimmer leben, indem z. B. Verhaltensregeln aufgestellt werden; Stressbewältigungsfähigkeiten gemeinsam mit dem Klassenvorstand entwickeln; „Kurzturnen" im Unterricht; in den Pausen Bewegung ermöglichen; für Wohlbefinden im Klassenzimmer sorgen (z. B. Klassenzimmer ausmalen und persönlich gestalten, Pflanzen aufstellen etc.); Vertrauenslehrer/-innen bestimmen; Schüler/-innen zu Mediatoren/-innen ausbilden.

5 öffentlich (z. B. über Medien) sachlich und seriös über gesunden Lebensstil und negative Konsequenzen bei ungesundem Essverhalten aufklären; bereits in der Schule mit Gesundheitsförderung beginnen.

6 Mögliche Fragen: Leiden Sie an einer psychischen Erkrankung? Haben Sie körperliche Beschwerden? Nehmen Sie regelmäßig Medikamente ein? Waren Sie in den letzten 5 Jahren länger krank oder in ärztlicher Behandlung? Schlafen Sie gut? Konsumieren Sie Alkohol? Rauchen Sie? Liegen Allergien vor? Treiben Sie mindestens 3-mal pro Woche Sport? Ernähren Sie sich ausgewogen und gesund? Leiden Sie an Konzentrations- und Leistungsstörungen? Fühlen Sie sich mehrmals pro Woche müde und antriebslos?

7 a) Tiere (vor allem Insekten, Mäuse, Schlangen): 22,2 %; b) Höhen (Balkone, Leitern): 20,4 %; c) Blut (Blut sehen, eine Spritze bekommen, Blutproben machen): 13,9 %; d) geschlossene Räume (Fahrstuhl, keine abgeschlossenen Zimmer, fensterlose Räume): 11,9 %; e) Wasser (mit dem Kopf unter Wasser geraten; dort schwimmen, wo man nicht mehr stehen kann): 9,4 %; f) Gewitter (Donner, Blitze): 8,7 %.

8 **Warnsignale für Magersucht:** starker Gewichtsverlust innerhalb kurzer Zeit; Hunger wird verleugnet; Probleme werden verleugnet; Angst vor dem Zunehmen; Schuldgefühle beim Essen; Bestreben, immer dünner zu werden; verzerrtes Körperbild (das Gefühl zu dick zu sein, obwohl offensichtlich Untergewicht vorliegt).
Physiologische und psychische Anzeichen: u. a. Ausbleiben der Regelblutung, besondere Kälteempfindlichkeit, ständige Müdigkeit, depressive Verstimmungen, übermäßige Gereiztheit.

9 u. a. Lebensmittelindustrie, Diätbranche, Pharmaindustrie, Werbebranche, Kosmetik-/Schönheitsindustrie (Schönheitskliniken, ästhetische Chirurgie, Kurzentren), Sportindustrie (Fitnesszentren)

12 1. Das Wort „Spinne" vorsagen. 2. Die Zeichnung einer Spinne ansehen. 3. Das Farbfoto einer Spinne ansehen. 4. Eine Spinne aus der Ferne betrachten. 5. Die Spinne in einem geschlossenen Glas hochnehmen. 6. Die Spinne über den Arm laufen lassen.

16 a) Es handelt sich um Magersucht (Anorexia nervosa). b) Die eigene Sorge um den/die Freund/-in ansprechen und ihn/sie bitten, das Problem als Problem zu erkennen und Unterstützung bei Experten/-innen zu suchen.
d) • **Wie äußert sich das Problem?** Verändertes Essverhalten (wenig und ausschließlich kalorienarme Nahrung); übertriebene sportliche Aktivität (striktes Sportprogramm); psychische Veränderungen (Schlafstörungen, depressive Verstimmung, gestörte Körperwahrnehmung, Angst vor einer Gewichtszunahme); physische Veränderungen (Ausbleiben der Periode, starker Gewichtsverlust: 40 Kilo bei 1,60 Meter); sozialer Rückzug (Antriebslosigkeit, keine Unternehmungslust).
• **Was könnte die Ursache sein?** Biologische Einflüsse: genetische Veranlagung; psychologische Einflüsse: bestimmte Verhaltensmuster in der Familie (z. B. Perfektionismus, großer Erwartungsdruck, Überbehütetheit, Konflikte werden nicht offen ausgetragen), Überforderung in einer schwierigen Entwicklungsphase (z. B. in der Pubertät); gesellschaftliche Einflüsse: unerreichbare Schönheits- und Schlankheitsideale.
• **Was kann getan werden?** Selbst wenn Julia keine Krankheitseinsicht hat, Hilfe holen (mit einer Vertrauensperson reden, ins Krankenhaus begleiten); ihr klar machen, dass man sich Sorgen um sie macht; Psychotherapien, die sich bei Magersucht als hilfreich erwiesen haben: Systemische Familientherapie, Gesprächstherapie, Psychodrama, Gestalttherapie; bei akuter Gesundheitsgefährdung: stationärer Krankenhausaufenthalt.

Bei der neuen Reifeprüfung (AHS) bzw. Reife- und Diplomprüfung (BHS) steht nicht mehr das Abfragen von auswendig gelernten Inhalten im Vordergrund, sondern das Überprüfen der nachhaltigen Aneignung von Kenntnissen und Fertigkeiten. Das bedeutet, dass Sie als Kandidat/-in vor allem zeigen sollen, dass Sie anhand der erworbenen Kompetenzen in der Lage sind, auf neue Situationen zu reagieren, Querverbindungen herzustellen und mit ihrem erarbeiteten Wissen weiterzudenken.

Auf den folgenden Seiten werden die wesentlichen Kompetenzbereiche erläutert, die Sie auf dem Weg zur Reifeprüfung erwerben sollen. Außerdem erfahren Sie, worin die Kriterien kompetenzorientierter Aufgaben bestehen. Die fünf beispielhaften Aufgabenstellungen im Anschluss können Ihnen bei der Vorbereitung auf die Reifeprüfung in Psychologie behilflich sein.[1]

1. Kompetenzen

Unter **Kompetenzen** versteht man allgemeine Fähigkeiten und Fertigkeiten, die dabei helfen, unterschiedliche Anforderungssituationen erfolgreich zu bewältigen.

Kompetenzbereiche

Grundsätzlich werden für jedes Unterrichtsfach **vier Kompetenzbereiche** unterschieden, die gefördert werden sollen:

1. **Fachliche Kompetenz:** Der kompetenzorientierte Unterricht zielt auf die Vermittlung von Wissen und Können ab.
2. **Methodische Kompetenz:** Gefördert werden soll die Fähigkeit, sich selbstständig Wissen zu verschaffen.
3. **Personale Kompetenz:** Kompetenzorientierter Unterricht unterstützt aber auch die Persönlichkeitsentfaltung und nimmt auf die individuellen Fähigkeiten Bezug.
4. **Soziale Kompetenz:** Weiters fördert er die Selbsttätigkeit und Teamfähigkeit.

Beispiele für **Sach- und Fachkompetenz**: über fachliches Wissen verfügen, erworbenes Wissen anwenden können, Fachbegriffe verstehen, einfache wissenschaftliche Texte analysieren und interpretieren, Meinungen überzeugend vertreten und präsentieren

Beispiele für **methodische Kompetenz**: Arbeitsschritte zielgerichtet planen, Ergebnisse strukturieren und präsentieren, Informationen in ihrem Kontext bewerten und sachgerecht aufbereiten, Probleme erkennen und analysieren, Problemlösestrategien entwickeln, Forschungsmethoden kennen und in einfacher Form anwenden, Forschungsfragen entwickeln, Ergebnisse einer Recherche auswerten und interpretieren

Beispiele für **personale Kompetenz**: die eigenen Stärken und Schwächen erkennen und richtig einschätzen, mit Misserfolgen umgehen können, sich mit der eigenen Psyche und der eigenen Persönlichkeitsentwicklung auseinandersetzen, begründete Entscheidungen treffen, zur vertieften Auseinandersetzung mit Sinnfragen und Werthaltungen bereit werden, Standpunkte in Frage stellen

Beispiele für **soziale Kompetenz**: mit anderen gemeinsam lernen und arbeiten, sich einfühlsam verhalten, sich an vereinbarte Regeln halten, kommunikative Fähigkeiten entwickeln, unterschiedliche Standpunkte akzeptieren

In der folgenden Tabelle sind als Beispiel einige Arbeitsaufträge mit den entsprechenden **Kompetenzbereichen** angeführt:

[1] Aktuelle Informationen zum konkreten Ablauf der neuen mündlichen Reifeprüfung in Psychologie (und Philosophie) finden Sie im Online-Portal zu diesem Schulbuch unter http://psychologie.veritas.at.

Kapitel	Arbeitsauftrag	Kompetenzbereiche
1. Einführung	AA 10 S. 18, „Anwenden"	fachliche K. fachliche, methodische K.
2. Biologische Psychologie	AA 2	methodische K.
3. Wahrnehmung	AA 14	fachliche K.
4. Gedächtnis und Lernen	AA 14, 15	fachliche, soziale, methodische K.
5. Verhaltenslernen	AA 3, 7, 8	fachliche, soziale, personale, methodische K.
6. Denken und Sprache	AA 6 S. 88, „Anwenden"	methodische, soziale K. fachliche, soziale, methodische, personale K.
7. Problemlösen und Kreativität	AA 11	fachliche, personale, methodische K.
8. Intelligenz	AA 4	soziale, methodische K.
9. Entwicklung	AA 1 AA 2, 5, 6 AA 3	fachliche, soziale, personale K. fachliche, soziale, personale, methodische K. fachliche, methodische K.
10. Persönlichkeit	AA 4 AA 10, 11 AA 20	fachliche, soziale, methodische K. fachliche, soziale, personale, methodische K. fachliche, personale, methodische K.
11. Sozialpsychologie	AA 2 AA 4, 8, 35, 36, 37 AA 33	fachliche, personale, soziale K. fachliche, soziale, personale, methodische K. fachliche, personale, soziale K.
12. Motivation	AA 7	fachliche, soziale, personale, methodische K.
13. Emotionen	AA 3 AA 11 AA 14 AA 16, 20, 21, 22 AA 23	fachliche, personale, methodische K. fachliche, personale, soziale K. fachliche, soziale, methodische, personale K. personale, soziale, methodische K. fachliche, personale, soziale, methodische K.
14. Seelische Gesundheit und Krankheit	AA 2 AA 3, 13, 16 AA 14	fachliche, personale, soziale K. fachliche, personale, soziale, methodische K. fachliche, personale, methodische K.

Kompetenzen im Hinblick auf die Lerninhalte

Der Unterricht in Psychologie und Philosophie trägt entscheidend dazu bei, umfassende Kompetenzen zu entwickeln und die Persönlichkeitsentwicklung der Schüler/-innen zu fördern: Wahrnehmen und Verstehen, Analysieren und Reflektieren, Argumentieren und Urteilen, Interagieren und Sich-Mitteilen, Sich-Orientieren und Handeln sind dabei als grundlegend zu nennen. Die folgende Tabelle bietet dazu eine Übersicht und zeigt eine Auswahl an Kapiteln im Schulbuch PSYCHOlogie, die diese Kompetenzen fördern.

Kompetenzen	Definition	Kapitel im Schulbuch
Wahrnehmen und Verstehen	Persönliche, soziale und sächliche Umwelt differenziert wahrnehmen; komplexe Zusammenhänge wahrnehmen; sich in die Situation anderer versetzen; interkulturelles Verständnis; eigene Einstellungen entwickeln	3.2 Nicht-sensorische Einflüsse auf die Wahrnehmung; 3.7 Eingeschränkte sinnesphysiologische Wahrnehmung; 9.5 Erziehung; 11.1 Soziale Wahrnehmung und Urteilsbildung
Analysieren und Reflektieren	Originaltexte selbstständig und sinnerfassend lesen; relevante Informationen aus umfangreicheren Themen herausfiltern; fächerübergreifend denken; reflektierte Auseinandersetzung mit sämtlichen Theorien; Selbstreflexion	1.3 Modelle der wissenschaftlichen Psychologie; 8.1 Intelligenztheorien; 9.2 Lernen und Reifen; 9.6 Adoleszenz; 13.2 Emotionstheorien; 14.1 Leib-Seele-Problematik
Argumentieren und Urteilen	Eigene Positionen begründet argumentieren; Behauptungen in Frage stellen; moralische Probleme analysieren; Werthaltungen entwickeln und begründen	8.2 Intelligenzmessung; 9.4 Die Entwicklung in der Kindheit; 11.6 Macht, Autorität, Gehorsam
Interagieren und Sich-Mitteilen	Kommunikationsfähigkeit; Konfliktfähigkeit; Lösungsmodelle entwickeln; Emotionen und Motivationen differenziert ausdrücken; Präsentationstechniken	11.7 Kommunikation und Interaktion; 11.8 Konflikt und Konfliktlösung; 12.1 Die Hierarchie der Bedürfnisse; 12.2 Die 16 Lebensmotive
Sich-Orientieren und Handeln	Sich mit der eigenen Persönlichkeitsentwicklung auseinandersetzen; Selbstständigkeit; Kooperation; solidarisch und verantwortungsvoll handeln	9.6 Adoleszenz; 10.6 Humanistische Persönlichkeitstheorien: Maslow, Rogers; 11.2 Vorurteile; 11.3 Stereotype

2. Kriterien kompetenzorientierter Aufgabenstellungen

Was wird von Ihnen als Kandidat/-in bei der neuen mündlichen Reifeprüfung erwartet? Die folgenden Eckpunkte klären, was man unter kompetenzorientiert gestellten Aufgaben versteht und wie sie konzipiert sind.

- Die Aufgaben werden von der jeweiligen **Lehrperson** selbst erstellt.
- Die Schüler/-innen wissen im Vorfeld, welche **Aufgabenbereiche** in welchen Themenbereich fallen. Die Themenbereiche werden in der Vorbereitungszeit zur mündlichen Reifeprüfung gemeinsam mit den Schüler/-innen besprochen.
- Jede Aufgabenstellung besteht aus **2–4 Leitfragen**, mindestens aber zwei.
- Zur Lösung der Aufgabenstellung wird fallweise **Material** zur Verfügung gestellt, z. B. ein Text- oder ein Bildimpuls, Zitate, Zeitungsartikel, Interviews, Diagramme, Statistiken oder Fallbeispiele.
- Die Aufgaben müssen **kompetenzorientiert** gestellt sein. Das heißt, dass die Fähigkeiten des vernetzten Denkens sowie Problemlösekompetenzen vermehrt in den Mittelpunkt gerückt werden.
- Das Herstellen von Verbindungen, das Reflektieren und Problemlösen sind wesentliche **Kriterien** für kompetenzorientierte Aufgabenstellungen. Um Verbindungen herzustellen (Transfer) oder etwa Probleme lösen zu können (Problemlösen und Reflexion), muss solides Fachwissen (Reproduktion) vorhanden sein.
- Jede Aufgabenstellung muss daher die folgenden **drei Aspekte** beinhalten: Reproduktion, Transfer und Reflexion.

  RP Beim Anforderungsbereich der **Reproduktion** wird die Fähigkeit überprüft, grundlegendes Fachwissen (z. B. Fakten) mit eigenen Worten wiederzugeben, auf das Wesentliche zu reduzieren bzw. zu beschreiben.

  T Bei der **Transferleistung** sollen Inhalte in erster Linie selbstständig reorganisiert werden. Diese Leistung setzt voraus, dass man in der Lage ist, unterschiedliche Sachverhalte zu gliedern, zu untersuchen, zu prüfen, zu analysieren oder zu erläutern.

  RF Der **Reflexionsaspekt** fordert auf, neue Zusammenhänge, Erkenntnisse oder Problemstellungen zu reflektieren. Hier geht es um die Fähigkeit, Sachverhalte zu bewerten, persönliche Stellungnahmen abzugeben und zu begründen sowie Schlussfolgerungen zu ziehen.

3. Kompetenzorientierte Aufgaben für die mündliche Prüfung im Rahmen der Reife- (und Diplom)prüfung

Folgende Beispiele zeigen, wie kompetenzorientierte Aufgabenstellungen bei der mündlichen Reifeprüfung aus Psychologie konkret aussehen können[1]. Im Anschluss an die Themenbereiche finden Sie den „Erwartungshorizont" bzw. mögliche Antworten. Die Querverweise geben den entsprechenden Bereich im Schulbuch an.

---

1 Für den BHS-Bereich wurde der Berufsfeldbezug in situativ formulierten Beispielen hergestellt.

Themenbereich: Aspekte der wissenschaftlichen und biologischen Psychologie kennenlernen

Nervenzellen

Name: ______________________

❶ *Situation: Im Rahmen der Reife- und Diplomprüfung sollen Sie zeigen, dass Sie grundlegendes Fachwissen wiedergeben können.* Benennen Sie folgende Elemente einer Nervenzelle:

1. Dendriten
2. Axonale Endigung
3. Axon
4. Neuronaler Impuls
5. Synapse
6. Myelinschicht
7. Zellkörper

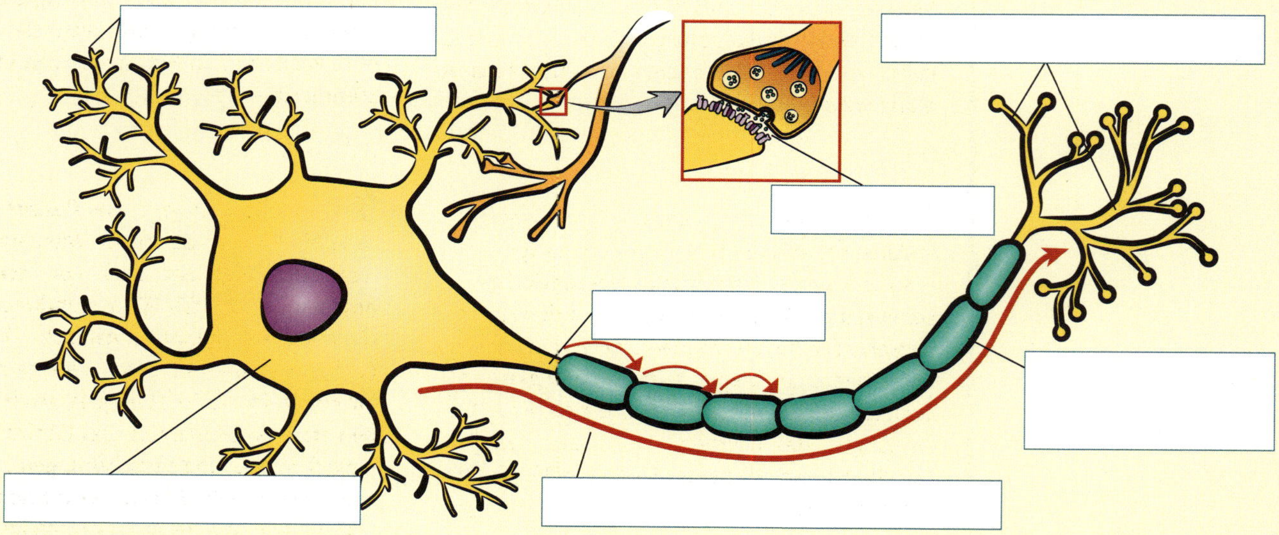

Erläutern Sie anschließend die Funktion und die Arbeitsweise einer Nervenzelle. (*Reproduktion + Transfer*)

❷ *Situation: Sie sind Lerncoach und wollen Ihren Schüler/-innen näherbringen, dass Lernen und Üben positive Effekte mit sich bringen.*
Führen Sie zwei Argumente aus neurowissenschaftlicher Sicht an. Definieren Sie dazu die Fachbegriffe „neuronales Netz" und „Neurotransmitter". Veranschaulichen Sie sie anhand konkreter Beispiele. (*Reproduktion*)

❸ *Situation: Im Rahmen der Reife- und Diplomprüfung sollen Sie zeigen, dass Sie Sachverhalte selbständig erörtern können.*
Befassen Sie sich mit folgendem medizinischen Fall und erörtern Sie, wie ein solcher Umstand aus neurowissenschaftlicher Sicht möglich ist. „Am 9. Februar 2002 wurde in der internationalen medizinischen Fachzeitschrift *Lancet* der Fall eines 7-jährigen Mädchens publiziert, bei dem im Alter von drei Jahren die linke Gehirnhälfte operativ entfernt wurde, um eine ansonsten tödlich verlaufende chronische Gehirnentzündung mit unbeherrschbaren epileptischen Anfällen zu behandeln. Dem Kind fehlte also eine Großhirnhälfte, noch dazu die linke sprachdominante Hemisphäre, und man würde eine schwerste halbseitige Körperbehinderung sowie das Fehlen sprachlicher Kommunikation erwarten. Das Besondere an dem Fall: Das Kind war mit sieben Jahren praktisch völlig normal und konnte nicht nur eine, sondern zwei Sprachen fließend sprechen."[1] (*Reflexion*)

[1] Spitzer, Manfred: *Lernen. Gehirnforschung und die Schule des Lebens.* München: Spektrum 2007, S. 15.

Erwartungshorizont

❶ Elemente der Nervenzelle: siehe Buch ▸ S. 20

Funktion: Nervenzellen ermöglichen, dass wir denken, handeln, fühlen und miteinander kommunizieren können. Denn eine Nervenzelle empfängt Informationen, verarbeitet sie und leitet sie an andere Nervenzellen weiter.

Arbeitsweise: Jede Nervenzelle besteht aus einem Zellkörper mit einem Zellkern. Vom Zellkörper gehen die Dendriten (Verästelungen) aus, die Impulse von anderen Nervenzellen (z. B. „Es ist laut.") empfangen. Diese Impulse werden über das Axon an andere Nervenzellen weitergegeben. Die Weiterleitung der Impulse wird über die Myelinschicht eines Axons beschleunigt. Die Verbindungsstelle zwischen der axonalen Endigung (dem Endknöpfchen eines Axons) und dem Dendriten einer anderen Nervenzelle nennt man Synapse.

(▸ S. 20)

❷ Nervenzellen neigen dazu, sich im Gehirn mit anderen benachbarten Nervenzellen zu verbinden – so entsteht ein **neuronales Netzwerk**. Positive Lernresultate verstärken die Verbindungen der Nervenzellen in diesen neuronalen Netzwerken: Das Üben einer bereits erlernten Fertigkeit (z. B. Tennisspielen) stärkt vorhandene neuronale Verbindungen; das Erlernen einer neuen Fertigkeit (z. B. Jonglieren) wiederum lässt neue Verbindungen entstehen.

Wenn die Nervenzellen unseres Nervensystems Informationen austauschen, spricht man von neuronaler Kommunikation. Dieser Vorgang findet über **Neurotransmitter** statt. Neurotransmitter sind chemische Botenstoffe, die immer dann über unsere Synapsen ausgestoßen werden, wenn ein Impuls die Endigung einer Nervenzelle erreicht. Sie beeinflussen unser Denken, unsere Motorik, unsere Emotionen, unser Fühlen und Verhalten. Die Neurotransmitterforschung spielt daher bei der Entwicklung neuer Medikamente eine bedeutende Rolle. Medikamente können nämlich erregend wirken, wenn sie die Rolle aktivierender Neurotransmitter übernehmen, sie können aber auch hemmen, indem sie wie blockierende Neurotransmitter wirken. Die Neurotransmitter Dopamin und Noradrenalin beispielsweise fördern unsere Aktivität und Wachsamkeit. Serotonin ist für unsere Stimmung, Hunger und Erregung zuständig, beruhigt und verhilft zu positivem Denken. Endorphin wiederum lindert Schmerzen und hebt die Stimmung.

(▸ S. 21)

❸ Dieses Beispiel zeigt, wie flexibel und anpassungsfähig unser Gehirn ist. Man spricht in diesem Zusammenhang auch von der **Plastizität des Gehirns**. Überzählige Verbindungen zwischen Nervenzellen können nämlich Verletzungen kompensieren – vor allem, solange sich das Gehirn noch im Aufbau befindet, am besten also in den ersten Lebensjahren. Das Gehirn bildet dann neue Synapsen und Verschaltungen oder aktiviert nicht benützte. Im Fall des oben zitierten Beispiels konnte also die rechte Gehirnhälfte sämtliche Funktionen der linken Hälfte übernehmen.

(▸ S. 20)

Problemlösen und Kreativität

Name: ______________________

❶ Analysieren Sie die Karikatur, indem Sie Faktoren nennen, die die Problemlösungsfindung behindern bzw. verzögern. Ermitteln Sie in weiterer Folge Persönlichkeitseigenschaften, die den kreativen Problemlösefindungsprozess fördern. (*Transfer + Reproduktion*)

»Wenn nicht bald eine Weiche kommt, sind wir verloren.«

❷ Nehmen wir an, Sie haben Ihren Haustürschlüssel in der Wohnung verlegt. Entwerfen Sie Möglichkeiten, ihn wiederzufinden, indem Sie die beiden Verfahren der Problemlösungsfindung anwenden. (*Reflexion + Transfer*)

❸ Auf welche Phase des kreativen Prozesses spielt das folgende Zitat an?

»Kennen Sie das? Sie joggen, Sie sind vollkommen gelöst, und ihr Bewusstsein ist leer wie ein unbeschriebenes Blatt. Plötzlich taucht in Ihrem Kopf die Lösung eines Problems auf, über das Sie sich seit Tagen oder Wochen den Kopf zerbrechen. Verblüfft fragen Sie sich, warum Sie nicht früher darauf gekommen sind …«[1]

Erläutern Sie das Zitat, indem Sie die vier Phasen des kreativen Prozesses während des Problemlösens beschreiben. (*Transfer + Reproduktion*)

[1] Goleman, Daniel / Kaufman, Paul / Ray, Michael: *Kreativität entdecken.* München: dtv 2003, S. 13.

Erwartungshorizont

❶ Den beiden Männchen in der Karikatur ist es nicht möglich, einen Ausweg aus der Situation zu sehen, da sie aufgrund der sogenannten **Fixierung** (Gebundenheit) nicht in der Lage sind, ihre Fortbewegungsmöglichkeit abseits der Zuggleise zu erfassen.

Es ist die Unfähigkeit, ein Problem aus einem neuen Blickwinkel zu sehen, also von den bisherigen Erfahrungen abweichend zu denken, die eine Lösungsfindung behindern bzw. verzögern kann. Eingefahrene Denkgewohnheiten müssen erst überwunden werden, bevor ein Problem gelöst werden kann.

Diese Fixierung kann sich auf Objekte (funktionale Fixierung) oder auf mentale Voreinstellungen (mental sets) beziehen:

- Die **funktionale Fixierung** beschreibt die Schwierigkeit, ein Objekt anders als gewohnt, also auf eine neue Art und Weise, einzusetzen, z. B. einen Autoreifen als Blumenbeet.
- **Mental sets** sind erlernte Einstellungen, die entstehen, wenn bewährte Lösungswege auf neue Probleme übertragen werden.

(▸ S. 91)

Persönlichkeitseigenschaften, die kreatives und problemlösungsorientiertes Denken fördern:
Um Lösungswege erarbeiten zu können, muss man bewandert sein: Je mehr man **weiß**, desto eher kann man vernetzt und neuartig denken. Von Vorteil ist außerdem **fantasievolles, divergentes Denken**. Ebenso fördern **Wagemut** (im Sinn von Risikofreudigkeit, Offenheit für neue Erfahrungen und Selbstvertrauen) sowie **Motivation** (im Sinn von Ausdauer und Belastbarkeit bei Misserfolgen) die Fähigkeit, Ideen zu entwickeln und neue Lösungen zu finden.
(▸ S. 94–95)

❷

- Würde man **algorithmisch** vorgehen, würde man die Wohnung systematisch durchsuchen, also Raum für Raum und alle Möbel in einer bestimmten Reihenfolge, bis man schließlich den Schlüssel findet. Algorithmische Verfahren führen immer zur Lösung, können aber ineffizient und zeitaufwendig sein. Sie sind daher nur dann sinnvoll, wenn die Lösungsmöglichkeiten gering sind.
- Geht man **heuristisch** vor, steht das Herausfinden von Strategien, die beim Lösen des Problems hilfreich sein können, im Vordergrund. Wir haben dazu nun mehrere Möglichkeiten, an das Problem der Haustürschlüsselsuche heranzugehen:
  - Wir können ihn zunächst dort suchen, wo wir gewohnt sind, ihn hinzulegen (logisches Schlussfolgern). So kämen wir über konvergentes, also folgerichtiges, Denken an die Lösung des Problems.
  - Oder wir ziehen Rückschlüsse aus den Erfahrungen, die wir bisher gemacht haben (Automatisierung). Wir würden in diesem Fall eine Faustregel anwenden, die sich in vergleichbaren Problemsituationen bewährt hat, z. B. zunächst an einer Stelle suchen, wo wir in den letzten Wochen immer wieder andere wichtige Dinge wie die Geldbörse oder das Handy liegen ließen.
  - Eine weitere Möglichkeit wäre, nach dem Versuch-und-Irrtum-Prinzip die Suche nach dem Haustürschlüssel zu starten, indem wir mehrere Lösungswege ausprobieren. In diesem Fall würden wir den Schlüssel plötzlich und zufällig wiederfinden.
  - Kreatives Denken wiederum würde uns dabei helfen, einen neuen Problemlöseweg zu finden. Dabei müsste man sich von bekannten Mustern (Fixationen) lösen, das Vertraute als fremd betrachten, eine neue Perspektive einnehmen und neue Beziehungen zwischen den Dingen herstellen.

Heuristische Verfahren sind allerdings unsystematisch und daher sehr fehleranfällig. Sie führen nicht zwangsläufig zum Ziel, können aber den Problemlöseprozess verkürzen.
(▸ S. 90–91)

❸ Vier Phasen des kreativen Prozesses beim Problemlösen:

- Die 1. Phase repräsentiert die aktive Phase, in der das Problem formuliert und **vorbereitet** wird. In dieser Phase informieren wir uns, stellen Fragen, nehmen uns Zeit zum Nachdenken und lassen unserer Fantasie freien Lauf.
- In der 2. Phase (**Inkubation**), der passiven Phase, legen wir das Problem ratlos auf die Seite. Unbewusst verarbeiten wir allerdings die gesammelten Informationen und es reift eine – zunächst unstrukturierte – Idee heran, wie das Problem gelöst werden könnte.
- Das Zitat spielt auf das Aha-Erlebnis bzw. die plötzliche Einsicht (**Illumination**) in der 3. Phase des kreativen Prozesses an. Die Lösung erscheint meist unerwartet, wenn man sich entspannt und gelöst ist – im obigen Fall beim Joggen.
- In der 4. Phase (**Verifikation**) gehen wir die konkrete Umsetzung an. Wir bewerten zunächst die Idee, überprüfen, ob sie auch wirklich realisierbar ist, und setzen die Idee schließlich um. Das Ergebnis ist die Problemlösung oder ein kreatives Produkt.

(▸ S. 96)

Themenbereich: Einblick in Persönlichkeitsmodelle gewinnen sowie Aspekte der Persönlichkeitsdiagnostik kennenlernen

Humanistische Persönlichkeitstheorien

Name: ______________________

❶ *Situation: Im Rahmen der Reife- und Diplomprüfung sollen Sie zeigen, dass Sie zentrale Sachverhalte aus Ihrem Vorwissen mit eigenen Worten wiedergeben und in bestehende Theorien einordnen können.*

»*Wenn das Leben keine Vision hat, nach der man strebt, nach der man sich sehnt, die man verwirklichen möchte, dann gibt es kein Motiv, sich anzustrengen.*« (Erich Fromm)

Dieser Ausspruch des Psychoanalytikers und Sozialphilosophen Erich Fromm berührt einen wesentlichen Grundsatz der humanistischen Persönlichkeitspsychologie. Nennen Sie das Menschenbild und den Leitgedanken der humanistischen Psychologie, indem Sie das Zitat erläutern. *(Transfer + Reproduktion)*

❷ *Situation: Als Sozialpädagoge/-in sollen Sie vor Jugendlichen ein Impulsreferat über Bedingungen für eine gesunde Identitätsentwicklung halten.*
Definieren Sie für Ihr Referat die folgenden drei Begriffe: Selbstaktualisierung – Selbstkonzept – Selbstwertgefühl. Zeigen Sie Unterschiede, aber auch etwaige Zusammenhänge dieser Begriffe auf. *(Reproduktion)*

❸ *Situation: Sie werden als Schulsozialarbeiter/-in gebeten, einen Beitrag zum Schulprojekt „Persönlichkeitsstärkung" zu leisten. Im Rahmen eines Workshops wollen Sie 15-jährigen Jugendlichen Strategien vermitteln, die den Jugendlichen dabei helfen, vorhandene personale Ressourcen zu nutzen und zukünftig ihre Potenziale zu entfalten.*
Formulieren Sie Lebensführungsprinzipien (im Sinn von Verhaltensmustern und Einstellungen), die Sie den Jugendlichen zur Förderung in ihrer Entwicklung zu selbstständigen und verantwortungsbewussten Persönlichkeiten mitgeben wollen. *(Reflexion)*

❹ *Situation: Sie sind als Erziehungsberater/-in im Gespräch mit Eltern und wollen diesen vermitteln, inwiefern Eltern positiv auf die Persönlichkeitsentwicklung ihres Kindes einwirken können.*
Nennen Sie wesentliche Erziehungsprinzipien, die sich an der humanistischen Persönlichkeitstheorie orientieren. Ergänzen Sie diese mit eigenen Grundsätzen. *(Reproduktion + Reflexion)*

Erwartungshorizont

1 Fromm spricht in seinem Zitat einen wesentlichen Grundsatz der humanistischen Psychologie an: das Streben nach Selbstverwirklichung. Mit der Bedeutung, die Fromm in seinem Zitat der Vision beimisst, betont er die notwendige Ziel- und Sinnorientierung des Menschen.
Die humanistische Psychologie vertritt – im Gegensatz zu Freuds Tiefenpsychologie, die sich in erster Linie für den kranken Menschen und dessen traumatischen Erlebnisse interessierte – ein positives Menschenbild. Sie sieht den Menschen als autonomes und selbstbestimmtes Wesen, das danach strebt, seine schöpferischen Fähigkeiten zu entfalten und sein eigenes Leistungsvermögen voll auszuschöpfen. Sie geht davon aus, dass in jedem Menschen die Fähigkeit steckt, persönlich zu wachsen und sein volles Potenzial an Wissen, Talenten und Fähigkeiten zu verwirklichen.
(▸ S. 151)

2 Unter **Selbstaktualisierung** versteht man unser Bedürfnis zu wachsen und unsere Potenziale zu entfalten.

Das **Selbstkonzept** ist das Bild, das wir von uns selbst haben, also alle Gedanken und Gefühle, die aufkommen, wenn wir uns die Frage stellen, wer wir sind. Es umfasst unsere Einstellungen und Werthaltungen, bezieht sich auf unser Verhalten, all unsere Gefühle, Vorlieben, Fähigkeiten und Eigenschaften, die wir uns selbst zuschreiben.

Unter **Selbstwertgefühl** versteht man die Bewertung der eigenen Person. Die Bewertung hängt unter anderem davon ab, wie man seine eigenen Fähigkeiten wahrnimmt. Es wird als Schlüssel für Glück und Erfolg gesehen: Ein negatives Selbstkonzept geht mit einem geringen Selbstwertgefühl einher und führt eher zu Misserfolgen. Ein positives Selbstkonzept hingegen ist mit einem hohen Selbstwertgefühl verknüpft und ermöglicht eher positive Erfahrungen. Das Selbstwertgefühl hat jedenfalls erheblichen Einfluss auf unsere Gedanken, Stimmungen und unser Verhalten.
(▸ S. 151)

3

- Engagement und Eigenaktivität zeigen, den Alltag gestalten und lernen, sich selbst zu beschäftigen
- Für neue Erfahrungen offen sein
- Realistische, erreichbare Ziele setzen
- Dem Leben und dem eigenen Handeln einen Sinn geben
- Optimistische Lebenseinstellung pflegen; mit einer positiven Erwartungshaltung leben, dass sich Dinge gut entwickeln; die Zuversicht entwickeln, Lebensaufgaben bewältigen zu können
- Bei Misserfolgen neues Vertrauen in die Selbstwirksamkeit gewinnen im Sinn von „Das schaffe ich!", „Ich werde mit den Problemen fertig!"
- Anforderungen im Leben als positive Herausforderungen sehen
- Problemen nicht aus dem Weg gehen, sondern einen aktiven Problembewältigungsstil („Coping") entwickeln
- Kritik annehmen und reflektieren
- Kritikfähigkeit und Kommunikationsfähigkeit entwickeln, keine Schuldzuweisungen machen
- Sich ein persönliches Urteil bilden, eigene Überzeugungen vertreten
- Sich selbst achten und so annehmen, wie man ist; ein positives Selbstwertgefühl aufbauen
- Sich selbst realistisch einschätzen, sich seiner eigenen Stärken und Schwächen bewusst sein.
- Eigene Potenziale an Wissen, Talenten und Fähigkeiten einsetzen (z.B. Teamfähigkeit, analytische Denkfähigkeit oder Kreativität)
- Kognitive Fähigkeiten (z.B. analytisches, differenziertes Denken, Sprachvermögen und Entscheidungsfähigkeit) trainieren, da sie wesentliche Voraussetzung für die Problembewältigung sind
- Auf die eigenen Bedürfnisse hören; wissen, was einem gut tut; Genuss- und Erlebnisfähigkeit ausbilden
- Vorhandene soziale Ressourcen optimal nutzen und ausbauen (z.B. soziales Netz, familiärer Zusammenhalt etc.)

(▸ S. 152)

4

- **Authentisch sein**, d. h. keine Fassade aufsetzen, dem Kind keine Rolle vorspielen
- **Einen empathischen Zugang pflegen**, d.h. zuhören, sich in das Kind einfühlen und nicht bewerten, kindliche Gefühle nicht sanktionieren oder unterdrücken, sondern zulassen
- **Dem Kind wertschätzend begegnen**, d.h. seine Bedürfnisse beachten und es altersangemessen in das Aufstellen von Regeln einbeziehen
- **Dem Kind ungeschuldete Liebe entgegenbringen**, d.h. das Kind bedingungslos annehmen und so lieben wie es ist
- **Autonomie gewähren**, d.h. dem Kind vertrauen und in seiner Entwicklung ohne Kontrolle, Zwang und Bevormundung unterstützen
- **Unterstützung und Anregung bieten**, d.h. das Kind in seiner freien Entfaltung unterstützen und Anregungen liefern
- **Dem Kind Sicherheit, Geborgenheit und Zuverlässigkeit vermitteln**, d.h. die Bezugsperson muss verlässlich für das Kind da sein und das Bedürfnis nach Sicherheit und Geborgenheit erfüllen, wenn sie gebraucht wird

Weitere erzieherische Grundhaltungen, die sich förderlich auf die kindliche Persönlichkeitsentwicklung auswirken: Dem Kind ein positives Vorbild sein; gemeinsam mit dem Kind Problemlösungsstrategien entwickeln; das Gefühl der Selbstwirksamkeit des Kindes unterstützen (d.h. die Überzeugung des Kindes stärken, selbst mit Anforderungen umgehen zu können), Kohärenzgefühl
(▸ S. 151–152)

Themenbereich: Motivationale und emotionale Aspekte des menschlichen Erlebens und Verhaltens erörtern und verstehen

Emotionen und Ausdruck

Name: ______________________

1. Versetzen Sie sich in die Lage eines Emotionsforschers/einer Emotionsforscherin. Wie würde dieser/diese eine Emotion erklären? Definieren Sie den Begriff Emotion aus wissenschaftlicher Sicht. (*Reproduktion*)

2. Der US-amerikanische Psychologe Paul Ekman folgerte aus zahlreichen Beobachtungen, dass es sieben sogenannte Basisemotionen gibt. Führen Sie die wesentlichen Eigenschaften einer Basisemotion an und ordnen Sie sie den Gesichtsausdrücken der Kleinkinder entsprechend zu. Erklären Sie in weiterer Folge, worin sich Basisemotionen von Sekundäremotionen unterscheiden, und nennen Sie Beispiele. (*Reproduktion + Transfer*)

①

②
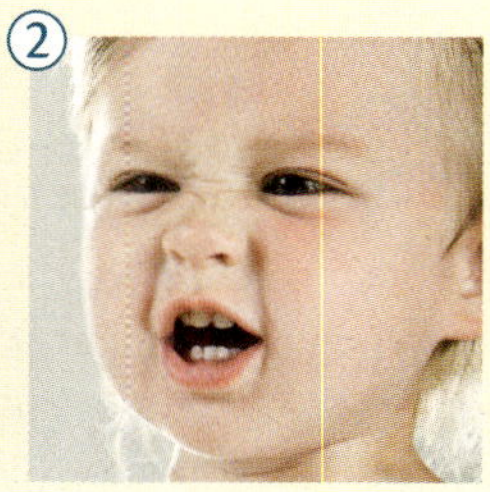

③

④

⑤

⑥
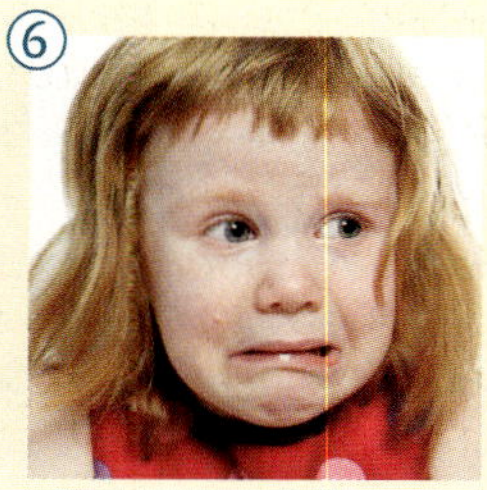

⑦

3. Ist der mimische Ausdruck angeboren oder kulturspezifisch? Erörtern Sie die Fragestellung, indem Sie die Ansichten der Kulturrelativisten/-innen und der Evolutionspsychologen/-innen darstellen und abschließend eine persönliche Stellungnahme abgeben. (*Reproduktion + Reflexion*)

Erwartungshorizont

1 Eine Emotion ist eine komplexe Reaktion unseres gesamten Organismus auf eine Situation, einen äußeren Reiz oder ein inneres Geschehen. Sichtbar werden Emotionen über Mimik und Gestik sowie sämtliche Begleiterscheinungen wie z. B. Lachen. Generell wird eine Emotion immer von drei Komponenten begleitet:

- Physiologische Erregung: Körperliche Begleiterscheinungen wie z. B. Schwitzen, Erröten, Zittern, Weinen, Herzklopfen.
- Kognitive Prozesse: Gedankenabläufe finden statt, wie z. B. Erinnerungen an ähnliche Situationen.
- (Motorisches) Ausdrucksverhalten: Verhaltensreaktionen wie z. B. Mimik, Gestik, Annäherungs- oder Fluchtreaktionen.

(▸ S. 189)

2 **Basisemotionen** sind dadurch gekennzeichnet, dass sie weltweit und kulturunabhängig in gleicher Weise intuitiv erkannt und mimisch ähnlich ausgedrückt werden. Zu den Basisemotionen zählen laut Ekman: Überraschung (Bild 1), Ärger (Bild 2), Freude (Bild 3), Trauer (Bild 4), Verachtung (Bild 5), Angst (Bild 6), Ekel (Bild 7)

Sekundäremotionen sind individuell und kulturell verschieden, werden erlernt und kognitiv bewertet und ergeben sich aus der Kombination von Basisemotionen. Beispiele: Aus der Kombination von Überraschung und Trauer ergibt sich die Sekundäremotion Enttäuschung. Trauer kombiniert mit Wut ergibt Rache, Freude kombiniert mit Überraschung führt zu Begeisterung.

(▸ S. 190–191)

3 **Kulturrelativisten/-innen** sind der Ansicht, dass unser kulturelles Umfeld und unsere sozialen Rollen bestimmen, wie wir uns emotional verhalten. Beispiel: Wir haben gelernt, uns zu freuen, wenn wir eine Gehaltserhöhung bekommen.

Die **Evolutionspsychologen/-innen** hingegen meinen, Emotionen seien angeboren. Sie begründen diese Ansicht damit, dass auch unsere tierischen Verwandten Emotionen zeigen und selbst Babys schon in der Lage sind, Emotionen zu verspüren und einen Gefühlsausdruck entsprechend deuten. Emotionen können außerdem lebensrettend sein: Wenn wir Angst haben, laufen wir davon.

Folgende Forschungsergebnisse belegen, dass der emotionale Ausdruck angeboren ist:

- **Säuglinge** sind bereits in der Lage, Emotionen zu erkennen und einen emotionalen Ausdruck zu imitieren. Sie können außerdem den Gesichtsausdruck anderer Menschen bereits entsprechend interpretieren: Sie reagieren auf ein freundliches Gesicht positiver als auf ein ärgerliches.
- **Blinde Kinder** haben denselben mimischen Ausdruck wie sehende Kinder.
- Grundlegende Emotionen werden auf der ganzen Welt – unabhängig von kulturellen Unterschieden, Rasse, Geschlecht oder Erziehung – in ähnlicher Weise ausgedrückt, wie z. B. Freude mit einem Lächeln.

(▸ S. 190)

Stress

Name: ______________________

❶ Lesen Sie folgenden Textauszug des Neurowissenschaftlers Manfred Spitzer. Untersuchen Sie den Unterschied zwischen akutem und chronischem Stress und definieren Sie im Vergleich dazu Eustress und Disstress. Beschreiben Sie anschließend, welche Reaktionen auf chronischen Stress möglich sind. (*Transfer + Reproduktion*)

»Wie die Stressreaktion des Körpers aussieht, kann man sich am besten anhand eines Beispiels verdeutlichen: In der afrikanischen Savanne wurde eine Gazelle von einem Löwen gerissen, konnte jedoch entkommen. Der Löwe ist erneut hinter ihr her. Er hat seit Tagen keine Beute gefunden und ist hungrig. Dennoch muss er alle verfügbare Energie aufbringen, um die Gazelle zu erlegen. Diese wiederum muss alle Energie mobilisieren, um nicht Opfer des Löwen zu werden. Organismen, die bei akuter Gefahr ihren Körper an die Extremsituation anpassen konnten, waren ganz offensichtlich eher in der Lage zu überleben. Daher haben sich im Lauf der Evolution Mechanismen herausgebildet, die auf diese Notfallsituation exakt zugeschnitten sind. Diese Mechanismen fasst man als Stressreaktion zusammen.

In der akuten Situation sind diese Mechanismen sehr sinnvoll (...): Glukokortikoide – beim Menschen insbesondere Cortisol – führen zu einer Bereitstellung von Glukose durch eine Hemmung der Glukoseaufnahme in die Zellen und eine vermehrte Synthese von Glukose aus z. B. Muskeleiweiß. Akuter Stress führt zu einem erhöhten kardiovaskulären Tonus und zu erhöhter kognitiver Leistungsfähigkeit. Zugleich werden Verdauung, Wachstum, Reproduktion und Immunsystem gehemmt, da diese Funktionen in einer akuten Notfallsituation ohne Schaden für den Organismus auf später verschoben werden können.

Die Kehrseite dieser für den Organismus positiven akuten Notfallreaktion sind stressbedingte Langzeitwirkungen der gleichen Art, die sich für den Organismus schädlich auswirken. Langfristiger Stress führt somit über die Energiemobilisation zu Myopathien [Anm. Muskelerkrankungen], zu chronischer Müdigkeit und zum Steroiddiabetes; der chronisch erhöhte kardiovaskuläre Tonus wird zum chronischen Hypertonus, und der kurzfristig vermehrten kognitiven Leistungsfähigkeit entspricht langfristig der neuronale Zelltod. (...) Akuter Stress ist eine biologisch sinnvolle Anpassung an Gefahr im Verzug. Chronischer Stress hingegen ist heute eine der wesentlichen Ursachen von Zivilisationskrankheiten. Während akuter Stress – wahrscheinlich über den Sympathikus vermittelt – zu verbessertem Lernen führen kann, haben extrem starker und insbesondere chronischer Stress negative Auswirkungen auf das Gedächtnis. Im Einzelnen ergab sich Folgendes: Stresshormone wirken sich ungünstig auf Neuronen aus, insbesondere auf Neuronen des Hippokampus. Sie vermindern erstens die Glukoseaufnahme in das Gehirn und reduzieren somit das zur Verfügung stehende Energieangebot. Zweitens führen Glukokortikoide zwar nicht direkt zum Zelluntergang, erhöhen jedoch die Toxizität des Neurotransmitters Glutamat. Stresshormone führen damit zu einer erhöhten Beanspruchung und zugleich zu einer verminderten Energiezufuhr von Neuronen. Da der Hippokampus zu den aktivsten Strukturen des ZNS gehört, ist er besonders betroffen. Entsprechend konnte gezeigt werden, dass chronischer Stress oder chronisch erhöhte Glukokortikoidkonzentrationen zu hippokampalen Schäden und entsprechenden Leistungsminderungen hippokampal vermittelter Funktionen führen. Es scheint daher so zu sein, dass chronischer Stress die Neuronen des Hippokampus beständig ‚an den Rand' bringen und damit langfristig zum Zelluntergang führen kann. Stress ist damit ungünstig für das Lernen und das Behalten. Es folgt, dass Lernen mit positiven Emotionen arbeiten sollte. Angst und Furcht können zwar kurzfristig das Einspeichern von neuen Inhalten fördern, führen jedoch langfristig zu den genannten negativen Effekten von chronischem Stress.« [1]

❷ Wodurch wird Stress verursacht? Fassen Sie zusammen, unter welchen Umständen Stress vorwiegend entsteht. (*Reproduktion*)

❸ Versetzen Sie sich in eine Situation, die in Ihnen Stress auslöste. Welche Maßnahmen haben Sie ergriffen, um den Stress abzubauen? Formulieren Sie Strategien. (*Reflexion*)

[1] SPITZER, Manfred: *Lernen. Gehirnforschung und die Schule des Lebens.* München: Spektrum 2007, S. 169–172.

Erwartungshorizont

❶ **Akuter Stress** führt zu erhöhtem kardiovaskulären Tonus und erhöhter kognitiver Leistungsfähigkeit; Es handelt sich dabei um eine „positive akute Notfallreaktion" – das bedeutet, dass sie für eine stressresistente Anpassung in herausfordernden und kritischen Situationen sorgt.

Langfristiger Stress wirkt sich auf den Organismus schädlich aus: Muskelerkrankungen, chronische Müdigkeit oder Steroiddiabetes können die Folge sein. **Chronischer Stress** kann zum Zelluntergang führen und hat somit negative Auswirkungen auf das Gedächtnis. Stresshormone wirken sich nämlich ungünstig auf die Neuronen des Hippokampus aus.

Unter **Eustress** versteht man positiven Stress, wie z. B. Vorfreude, sportliche Aktivität, Verliebtsein oder berufliche Herausforderungen. Positiver Stress ist notwendig, um sich körperlich und psychisch weiterentwickeln zu können – ansonsten würden wir uns langweilen und uns für ein Ziel nicht mehr anstrengen.

Disstress bezeichnet die Form einer dauerhaften Überforderung, die unsere psychische und physische Gesundheit gefährdet. Wenn unsere persönlichen Ressourcen zur Stressbewältigung nicht mehr ausreichen, kommt es zu erhöhter Anspannung. Die Folge ist, dass unser Körper in ständige Alarmbereitschaft versetzt wird, weil z. B. die ausgeschütteten Stresshormone (Adrenalin, Noradrenalin, Dopamin und Cortisol) nicht mehr abgebaut werden können.

Die Reaktionen auf Stress können **physiologisch** (u. a. Muskelverspannungen, Verdauungsstörungen, Atembeschwerden, Schwächegefühl, Zittern), **somatisch** (erhöhte Krankheitsanfälligkeit) oder **psychisch** (u. a. Antriebslosigkeit, Schlafstörungen, depressive Verstimmungen) sein.

(▸ S. 204)

❷ Außergewöhnliche körperliche oder psychische Belastungen führen zu Stress (Druck, Anspannung). Stresssituationen belasten umso mehr, je intensiver sie erlebt werden, je länger sie dauern, je weniger vorhersehbar und je weniger kontrollierbar und beeinflussbar sie erscheinen.

Ereignisse, die Stress auslösen, fasst man mit dem Begriff **Stressoren** zusammen. Sie umfassen alle psychosozialen Belastungsfaktoren, die eine Erkrankungswahrscheinlichkeit erhöhen. Mögliche Stressoren: Lärm, Schmerzen, Hitze, körperliche Anstrengung, Zeitdruck, täglicher Ärger, Überforderung, Informationsflut, hohe Verantwortung, soziale Konflikte, Konkurrenzdruck, Leistungsdruck, geringes Feedback, Diskriminierung, kritische Lebensereignisse (einschneidende Lebensveränderungen wie z. B. der Tod eines nahestehenden Menschen).

❸ **Mögliche Antwort:**
Stressoren lassen sich nicht vermeiden. Wir müssen daher Strategien entwickeln, mit Stress umzugehen (Coping). Coping bezeichnet das Bewältigen von belastenden Ereignissen und damit verbundenen Emotionen.
Verschiedene Möglichkeiten, um mit Stress zurechtzukommen:

- Die stressige Situation positiv bewerten.
- Probleme als Herausforderung annehmen und nicht als Belastung sehen.
- Eine unbeschwerte, optimistische Lebenseinstellung pflegen.
- Isolation und Einsamkeit meiden; positive soziale Kontakte pflegen.
- Meditative Entspannungsübungen ausführen oder Orte der Entspannung aufsuchen.
- Sport treiben.

(▸ S. 205–206)

Abwehrmechanismus: Begriff aus der → Psychoanalyse: Methode des → Ich, um den Ansprüchen des → Es entgegenzutreten, damit keine Konflikte mit dem → Über-Ich entstehen.

Adoleszenz: Jugendalter; Lebensabschnitt zwischen Kindheit und Erwachsenenalter, der mit der → Pubertät anfängt und in dem sich die personale Selbstverantwortung zu festigen beginnt.

Affekt: Starke psychische und körperliche Reaktion auf eine alarmierende Situation, die mit verminderter Verhaltenskontrolle einhergeht.

Affektive Störung: Psychische Erkrankung, die durch krankhafte Veränderung der Stimmung (entweder in Form → Depression oder Manie) gekennzeichnet ist.

Aggression: Feindseliges, körperlich oder verbal verletzendes Verhalten, das sich gegen Personen oder Gegenstände richtet.

Alltagspsychologie: Psychologische Erklärungen für menschliches Erleben und Verhalten, die nicht wissenschaftlich überprüft wurden.

Altruismus: Einstellung und Verhaltensweise gegenüber Mitmenschen, die nicht auf den eigenen Gewinn abzielt.

Amnesie: Gedächtnisverlust, der – meist nach einem Schock oder einem traumatischen Erlebnis – zeitlich begrenzt oder dauerhaft auftritt.

Analytische Psychologie: → Tiefenpsychologische Richtung, die auf C. G. Jung zurückgeht und die Individuation – die Suche nach dem Sinn des Lebens und das Streben nach Selbstverwirklichung – als menschliches Ziel ansieht.

Anamnese: Krankengeschichte eines Patienten/einer Patientin.

Angststörung: Sammelbegriff für psychische Störungen, die sich durch übersteigerte Angstreaktionen kennzeichnen.

Anlage-Umwelt-Problem: Bezeichnung für die Frage, inwiefern unsere individuellen Unterschiede durch unsere Erbanlagen bestimmt sowie durch Umweltbedingungen geprägt sind.

Anorexia nervosa: Magersucht; Essstörung, bei der die Betroffenen bewusst die Nahrungsaufnahme einschränken, um Gewicht zu verlieren, obwohl dieses bereits weit unter dem Normalbereich liegt.

Anorexie: Appetitlosigkeit.

Attribution: Naiv-psychologisches, im Alltag gängiges Erklären von Ereignissen und Handlungen, indem diesen irgendwelche Ursachen zugeschrieben werden.

Autismus: Psychische Störung, bei der die soziale Interaktion und Kommunikation beeinträchtigt sind, indem z. B. mangelndes Interesse an sozialer Interaktion und mangelndes Verständnis für Gefühlszustände anderer besteht.

Autogenes Training: Methode, die in Form von Konzentrationsübungen hilft, Spannungszustände auszugleichen, Schmerzen zu lindern, Verkrampfungen zu lösen und Schlafstörungen zu beheben.

Aversion: Abneigung gegenüber bestimmten Reizen, Situationen oder Empfindungen.

Behaviorismus: Richtung der Psychologie, die sich mit lernpsychologischen Fragen auseinandersetzt und ausschließlich objektiv beobachtbares Verhalten untersucht.

Bewusstsein: Gesamtheit der unmittelbaren Erfahrungen, die dem Erkennen, Denken und Verhalten zugrunde liegen.

Biologische Psychologie: Forschungsgebiet der Psychologie, das sich für die Prozesse in unserem Nervensystem interessiert.

Biopsychosoziales Modell: Forschungsansatz, der die Zusammenhänge zwischen biologischen, psychologischen und sozialen bzw. soziokulturellen Faktoren bei der Entstehung einer psychischen Störung untersucht.

Bonding: Bindung; Phase der intensiven Gefühls- und Bindungsentwicklung zwischen Eltern und Neugeborenem bei der ersten Kontaktaufnahme nach der Geburt.

Borderline-Störung: Persönlichkeitsstörung, die durch ein instabiles Selbstbild, unkontrollierte Affekte, Angstzustände sowie Denk- und Wahrnehmungsstörungen gekennzeichnet ist. Ursache können schwere Vernachlässigung oder Missbrauch in der Kindheit sein.

Bulimia nervosa: Ess-Brech-Sucht; Essstörung, die sich durch Essanfälle (bis zu zwei Stunden, mindestens zweimal wöchentlich) mit anschließend bewusst herbeigeführtem Erbrechen, übermäßiger Aktivität oder der Einnahme von Abführmitteln äußert.

Bulimie: Heißhunger; krankhaft gesteigertes Essbedürfnis.

Burnout: Zustand chronischer, körperlicher, emotionaler und geistiger Erschöpfung, der u. a. mit verminderter Leistungsfähigkeit, Schlaflosigkeit und Depression einhergeht. Ursachen können Stress, starke Arbeitsbelastung und hohe Leistungserwartungen sein.

Coping: Bewältigungsverfahren; die Art und Weise, wie Menschen versuchen, eine schwierige Lebenssituation zu bewältigen und mit den damit verbundenen Emotionen umzugehen.

Deduktives Denken: Alle Formen des Denkens, die vom Allgemeinen auf den Einzelfall schließen.

Demenz: Organisch bedingter, fortschreitender Verlust der geistigen Leistungsfähigkeit. Erstes Anzeichen ist eine nachlassende Merkfähigkeit. In fortgeschrittenem Stadium folgen Orientierungslosigkeit und das Unvermögen, vertraute Personen wiederzuerkennen.

Depression: → Affektive Störung, die durch Niedergeschlagenheit, Antriebslosigkeit, chronische Erschöpfung, Zweifel am Sinn des eigenen Lebens und Selbstmordgedanken gekennzeichnet ist.

Diskriminierung: Benachteiligung einer Person aufgrund ihrer Zugehörigkeit zu einer bestimmten Gruppe.

Disstress: Negativer Stress; lang andauernder starker Stress, der die psychische und physische Gesundheit beeinträchtigt.

Diversity Management: Maßnahmen, die Bedingungen schaffen, unter denen die soziale Vielfalt genutzt wird und Menschen in ihrer Individualität anerkannt werden.

Elektroenzephalogramm: EEG; Aufzeichnung von Hirnstromwellen (die über die Oberfläche des Gehirns laufen), um Veränderungen des Gehirns zu diagnostizieren.

Emotion: Komplexe Reaktion des Organismus auf eine Situation, einen äußeren Reiz oder ein inneres Geschehen, die einhergeht mit physiologischer Erregung (z. B. Herzklopfen), kognitiven Prozessen (z. B. Erinnerung an ähnliche Situationen) und motorischem Ausdrucksverhalten (z. B. Mimik).

Emotionale Intelligenz: Fähigkeit eines Menschen, eigene Gefühle und die Gefühle anderer zu verstehen, mit Emotionen situationsangepasst umzugehen sowie → Empathie und Beziehungsfähigkeit zu entwickeln.

Empathie: Einfühlungsvermögen; Fähigkeit, sich in die Gefühlslage einer anderen Person hineinzuversetzen.

Empowerment: Prozess, der Menschen befähigt, ihre eigenen Stärken kennen zu lernen und die eigenen Ressourcen zu nutzen.

Entwicklungsaufgaben: Bestimmte Anforderungen, mit denen Menschen in jeder Lebensphase konfrontiert sind.

Erleben: Gesamtheit aller inneren psychischen Vorgänge: Wahrnehmungen, Empfindungen, Vorstellungen, Denken, Gedächtnis, Gefühle, Motive.

Erlebnispsychologie: Modell der Psychologie, das das innere Erleben bei psychischen Vorgängen mittels Introspektion untersucht.

Erlernte Hilflosigkeit: Theorie von Martin Seligman, dass Angst und Depression aus einem Gefühl der Hilflosigkeit heraus entstehen. Die Überzeugung, in einer Situation keine Kontrollmöglichkeit mehr zu haben, ist laut Seligman erlernt.

Eros: Liebes-/Lebenstrieb; Arterhaltungstrieb; sexuelles Verlangen.

Erster Eindruck: Das Bild einer Person, das bei der ersten Begegnung nach kurzer Zeit entsteht und den weiteren Beziehungsverlauf beeinflusst.

Es: In der → Psychoanalyse jene Instanz der Persönlichkeit, die unbewusste, verdrängte und unkontrollierte Triebe, Wünsche und Bedürfnisse enthält.

Eustress: Anregender, stimulierender Stress.

Existenzanalyse: Logotherapie; auf der → Psychoanalyse beruhende Behandlungs- und Forschungsmethode nach Viktor E. Frankl, bei der der menschliche „Wille zum Sinn" im Zentrum steht.

Extinktion: Löschung eines konditionierten Reizes.

Extrinsische Motivation: Von außen kommende Anregungen (z. B. Belohnung, Lob) sind für das gezeigte Verhalten entscheidend. (Gegenteil: → intrinsische Motivation)

False-Memory-Syndrom: Gedächtnistäuschung, bei der Inhalte falsch oder fehlerhaft erinnert werden.

Flow-Erlebnis: Zustand extremen Wohlbefindens, der auftreten kann, wenn man in seiner Tätigkeit vollkommen aufgeht.

Frustration: Zustand infolge des Scheiterns eines zielgerichteten Verhaltens, z. B. durch Enttäuschung von Erwartungen, Nichterfüllung von Wünschen oder Bedürfnissen.

Gefühl: Subjektive innere Gemütsbewegung, die je nach Persönlichkeit unterschiedlich erlebt und ausgedrückt wird.

Geist: 1. Persönliches Bewusstsein eines Menschen von sich und der Welt. 2. Kognitive Fähigkeiten (Verstand). 3. Wird manchmal gleichbedeutend mit „Seele" verwendet.

Gender Mainstreaming: Versuch, die Gleichstellung von Männern und Frauen auf allen gesellschaftlichen Ebenen erfolgreich durchzusetzen.

Halluzination: Sinnestäuschung, die entsteht, ohne dass das entsprechende Sinnesorgan gereizt wird, z. B. das Sehen von Objekten ohne visuelle Stimuli.

Hochbegabung: Intelligenzquotient von 130 oder mehr; überdurchschnittliche Begabung in mindestens einem Fähigkeitsbereich.

Homöostase: Tendenz, einen stabilen inneren Zustand aufrechtzuerhalten. Ein Ungleichgewicht im Körperhaushalt wie z. B. Kälte veranlasst den Körper zu Aktivität.

Hospitalismus: Sammelbegriff für körperliche und psychische Folgeschäden (z. B. Verhaltensauffälligkeiten, Entwicklungsdefizite), die aus Mangel an Zuwendung resultieren und Kinder betreffen, die sich über längere Zeit im Krankenhaus oder Kinderheim aufgehalten haben.

Hospiz: Betreuung und Begleitung Kranker und Sterbender sowie deren Angehöriger.

Hypnose: Veränderter Bewusstseinszustand bzw. Entspannungszustand (Trance), der z. B. durch → Suggestion herbeigeführt wird.

Ich: Jene großteils bewusste Instanz der Persönlichkeit in der → Psychoanalyse, die vermittelt, abwägt, Lösungen überlegt und Entscheidungen trifft.

Imitation: Nachahmung; bewusste oder unbewusste Aneignung von Verhaltensweisen.

Individualpsychologie: → Tiefenpsychologische Richtung nach Alfred Adler, in deren Zentrum das Streben nach Anerkennung (Kompensation eines Minderwertigkeitsgefühles) sowie die Ausbildung eines Gemeinschaftsgefühls stehen.

Induktives Denken: Denkvorgänge, die von Einzelfällen auf allgemeine Prinzipien schließen.

Inselbegabung: Außergewöhnliche Begabung in einem kleinen Teilbereich, v. a. bei Personen mit → Savant-Syndrom.

Instinkt: Angeborenes artspezifisches Verhalten, das bei allen Mitgliedern einer bestimmten Spezies für das Überleben sorgt; z. B. das Saugen des Neugeborenen.

Instrumentelle Konditionierung: Lerntheorie nach Edward Lee Thorndike, bei der über Versuch-Irrtum-Handlungen herausgefunden wird, welche Reaktion zu einem positiven Effekt führt. Das Suchen nach Lösungen wird als Instrument herangezogen, um einen Trieb zu befriedigen.

Intelligenz: Geistige Leistungsfähigkeit, um Informationen zu verarbeiten, sich an neue Situationen anzupassen und Probleme zu lösen.

Intelligenzalter: Begriff, der auf Alfred Binet zurückgeht und die intellektuelle Entwicklung eines Kindes kennzeichnet. Ein Kind, das die Aufgaben seiner und der darunter liegenden Altersgruppe bewältigt, hat ein Intelligenzalter, das seinem Alter entspricht.

Intelligenzquotient: IQ; Maß zur Bestimmung der Intelligenz, das aus Intelligenzalter (IA) und Lebensalter (LA) errechnet wird: IQ = IA/LA. Das Intelligenzalter ergibt sich aus der Anzahl der Aufgaben, die für die jeweilige Altersgruppe als lösbar ermittelt worden waren.

Interaktion: Bezeichnung für jede Art wechselseitiger Beeinflussung von Menschen.

Intrinsische Motivation: Motivation, die aufgrund innerer Faktoren (z. B. Interesse) zu dem gezeigten Verhalten führt. (Gegenteil: → extrinsische Motivation)

Introspektion: Selbstbeobachtung; eine Forschungsmethode der Erlebnispsychologie, bei der das eigene Erleben beobachtet und beschrieben wird.

Kaspar-Hauser-Syndrom: Schwere Form des → Hospitalismus, die sich durch Entwicklungsrückstände und psychische Schäden auszeichnet.

Klassische Konditionierung: Lerntheorie nach Iwan Petrowitsch Pawlow, bei der ein ursprünglich neutraler Reiz (z. B. Glocke) mit einem natürlichen Reiz (z. B. Futter) gekoppelt wird und schließlich auch bei alleiniger Darbietung dieselbe Reaktion (z. B. Speichelfluss) wie der natürliche Reiz auszulösen vermag.

Kodierung: Umwandlung von Inhalten in sinnvolle Einheiten.

Kognition: Sammelbegriff für alle geistigen Funktionen und Prozesse, die mit dem Erkennen und Verarbeiten von Informationen zu tun haben oder neue Denkinhalte produzieren, z. B. Erinnern, Denken, Lernen, Wahrnehmen.

Kognitive Psychologie: Richtung der Psychologie, die sich mit Prozessen der Kognition, der Informationsaufnahme und -verarbeitung auseinandersetzt.

Kommunikation: Verbaler oder nonverbaler Austausch von Information.

Komplex: Vorhandensein von ungelösten seelischen Anliegen, die gefühlsmäßig stark aufgeladen sind und in das persönliche Unbewusste verdrängt wurden.

Konditionierung: Lernvorgang, bei dem eine Verhaltensreaktion mit einem bestimmten Reiz verknüpft wird, sodass dieser Reiz dieselbe Verhaltensreaktion wieder auslöst.

Konflikt: Spannungszustand, der durch zwei gleichzeitig auftretende antagonistische (gegensätzliche) Ereignisse bzw. Motive, Absichten, Bedürfnisse oder Handlungsziele ausgelöst wird.

Konformität: Anpassung; Haltung der Übereinstimmung mit der vorherrschenden Meinung und Anpassung an die vorherrschenden Regeln in einer Gruppe.

Kreativität: Fähigkeit, neuartige und originelle Lösungen oder Produkte zu produzieren.

Laissez-faire: Erziehungsstil, bei dem die Eltern dem Kind ungezügelte Selbstentfaltung einräumen.

Life events: Lebensereignisse, die einschneidende Veränderungen zur Folge haben und den Übergang in eine neue Lebensphase darstellen (z. B. Geburt eines Kindes, Scheidung).

Logotherapie: Therapeutische Methode der → Existenzanalyse, die davon ausgeht, dass Menschen durch Sinnfindung geheilt werden.

Mehrkanallernen: Ganzheitliches Lernen; Lernen mit allen Sinnen.

Mobbing: Schikanieren oder Quälen z. B. am Arbeitsplatz oder in der Schule durch eine oder mehrere Personen.

Modelllernen: Lernen durch Beobachtung und Imitation einer Modellperson.

Motivation: Handlungsbereitschaft, ein Bedürfnis (z. B. Hunger, Durst) zu befriedigen oder ein angestrebtes Ziel zu erreichen; innerer Vorgang, der bestimmt, wie intensiv und beständig ein Verhalten verfolgt wird. Unterschieden wird zwischen → extrinsischer und → intrinsischer Motivation.

Nahtod-Erfahrung: Veränderter Bewusstseinszustand, der nach einem lebensbedrohlichen Ereignis bzw. bei klinisch toten Personen auftreten kann.

Neuron: Nervenzelle; grundlegende Einheit des Nervensystems, die dafür zuständig ist, Reize (Informationen) weiterzuleiten und zu verarbeiten.

Neuropsychologie: Teilgebiet der Biologischen Psychologie, das neurologische Störungen, die von einer Gehirnverletzung herrühren, untersucht.

Neurose: Störende Verhaltensgewohnheiten (z. B. übertriebene Ängste) ohne nachweisbare organische Ursachen. Neurotiker/-innen sind im Gegensatz zu Psychotikern/-innen in der Lage, rational zu denken.

Operante Konditionierung: Lerntheorie nach Burrhus Frederic Skinner, die besagt, dass Verhalten durch eine ursprünglich zufällige Handlung, die belohnende oder bestrafende Konsequenzen hat, gelernt wird.

Optische Täuschung: Illusion; Sinnestäuschung; Wahrnehmung von Reizmustern, die der objektiven Gegebenheit widersprechen.

Panik: Heftiger Angstzustand, der nicht mehr kontrollierbar ist.

Paranormale Phänomene: Erscheinungen, die über die Grenzen dessen hinausgehen, was physikalisch möglich ist.

Parapsychologie: Disziplin, die mithilfe wissenschaftlicher Methoden versucht, → paranormale Erscheinungen zu erklären.

Peergroup: Gruppe von Gleichaltrigen.

Persönlichkeit: Einzigartiges System an Persönlichkeitsmerkmalen, die biografisch bedingt, individuell entwickelt und situativ gesteuert sind.

Phantomschmerzen: Schmerzen oder Empfindungen, die in nicht mehr vorhandenen Gliedmaßen lokalisiert werden.

Phobie: Krankhafte Angst vor bestimmten Orten, Situationen, Menschen oder Objekten; z. B. Spinnenphobie, Klaustrophobie (Angst vor engen Räumen), Agoraphobie (Angst vor großen Plätzen).

Phrenologie: Lehre des 19. Jahrhunderts, die einen Zusammenhang zwischen Schädelform und Charakter herstellt.

Physisch: Körperlich.

Placebo: Scheinmedikament, das äußerlich einem bestimmten Medikament gleicht, nicht aber dessen Wirkstoffe enthält.

Placeboeffekt: Heilende Wirkung therapeutischer Maßnahmen (z. B. Medikation), obwohl das Medikament keine Wirkstoffe enthält.

Positive Psychologie: Forschungsrichtung, die die positiven Eigenschaften, Stärken und Zielsetzungen des Menschen in den Vordergrund stellt.

Prägung: Das Erlernen von Instinkthandlungen in der → sensiblen Phase.

Proband/-in: Wissenschaftlicher Begriff für eine Versuchsperson in einem psychologischen Experiment.

Problemlösen: Denkvorgang, der auf die Lösung bestimmter Probleme gerichtet ist.

Prototyp: Urbild, Muster; typische Merkmale einer Kategorie.

Psyche: Hauch, Atem, Seele; Gesamtheit aller bewussten und unbewussten Erlebens- und Verhaltensweisen.

Psychiatrie: Teildisziplin der Medizin, die sich mit der Diagnose und Therapie psychischer Störungen befasst.

Psychisch: Die Seele betreffend; geistig; Gesamtheit der geistigen Vorgänge und psychischen Funktionen des Bewusstseins.

Psychische Krise: Schmerzhafter seelischer Zustand, der durch eine belastende Lebenssituation oder → traumatische Erlebnisse ausgelöst wird und mit Stress, Überforderung, Ärger, Verzweiflung oder Traurigkeit einhergeht.

Psychische Störung: Sammelbezeichnung für Störungen, die mit Beeinträchtigungen der Verhaltens- und Erlebensweisen einhergehen.

Psychoanalyse: 1. Persönlichkeitstheorie nach Sigmund Freud, die all unseren Gedanken und Handlungen unbewusste Motive zuschreibt. 2. Bezeichnung für die von Freud eingeführte Therapieform psychischer Störungen.

Psychodynamik: 1. Kräftegeschehen im seelisch-geistigen Bereich. 2. Theorie, die davon ausgeht, dass die Persönlichkeit von inneren Kräften geformt wird.

Psychologie: Seelenlehre; die wissenschaftliche Untersuchung vom Verhalten und Erleben und den damit verbundenen geistigen Prozessen.

Psychopathie: Persönlichkeitsstörung, die sich in unverantwortlichen, impulsiven Handlungen und Affekten sowie in emotionalen Komponenten, Einstellungen und Verhaltensweisen äußert, die von der Norm stark abweichen.

Psychophysik: Lehre, die die Beziehung zwischen einem physikalischen Reiz und der dadurch ausgelösten Empfindung beschreibt.

Psychose: Sammelbegriff für schwere psychische Krankheitszustände, die sich durch einen gestörten Realitätsbezug, veränderte Gefühlsreaktionen, Wahnvorstellungen, → Halluzinationen und irrationales Denken auszeichnen.

Psychosomatik: Erforschung von Zusammenhängen zwischen psychischen Prozessen und Störungen von Organ- und Körperfunktionen.

Psychosoziale Faktoren: Seelische (psychische) und gesellschaftliche (soziale) Faktoren, die den Menschen beeinflussen.

Psychotherapie: Interventionsverfahren, das in Übereinkunft zwischen Klient/-in und Therapeut/-in geschieht und darauf abzielt,

Störungen des Verhaltens und Erlebens abzubauen sowie neues gesundes Verhalten aufzubauen.

Pubertät: Entwicklungsphase, die durch die Erlangung der Geschlechtsreife gekennzeichnet ist.

Reifung: Körperlicher und geistiger Entwicklungsprozess, der durch angeborene Wachstumsimpulse gesteuert wird.

Reiz: Vorgang innerhalb oder außerhalb eines Organismus, der eine Reaktion auslöst.

Reizgeneralisierung: Findet statt, wenn sich konditioniertes Verhalten automatisch auf ähnliche Reize erweitert, wenn z.B. die Angst vor Ratten auf Stofftiere und Pelzmäntel ausgedehnt wird.

Reizschwelle: Absolutschwelle; die untere Reizschwelle gibt die Grenze an, bis zu der gerade eben noch wahrgenommen wird; die obere Reizschwelle begrenzt den Bereich, der gerade noch wahrgenommen wird.

REM-Schlaf: Rapid Eye Movement-Schlaf; Schlafphase, die durch rasche Augenbewegungen und lebhafte Traumphasen gekennzeichnet ist.

Resilienz: Seelische Widerstandsfähigkeit; Lebenskrisen können ohne kognitive, emotionale und soziale Beeinträchtigung bewältigt werden.

Savant-Syndrom: Erkrankung, bei der Menschen über eine außergewöhnliche Begabung verfügen, daneben aber an mehr oder minder schweren Behinderungen leiden.

Schizophrenie: → Psychose, die sich durch Störungen im Denken und Wahrnehmen äußert sowie mit → Halluzinationen, Wahnvorstellungen und unangemessenen Emotionen und Handlungen einhergeht.

Seele: Nicht-körperlicher Teil des Menschen, der die psychischen Prozesse und Grundfunktion enthält; → Psyche.

Selffulfilling Prophecy: Sich selbst erfüllende Prophezeiung; Vorhersage, die aufgrund der auf das Ergebnis gerichteten Erwartungshaltung tatsächlich eintritt.

Sensible Phase: Kritische Periode, in der ein Kind besonders empfänglich ist, einen bestimmten Entwicklungsschritt zu machen.

Sensorische Adaption: Abnehmen der Empfindlichkeit eines Sinnes bei gleichbleibendem Reiz (z. B. konstantem Geruch).

Sensorische Deprivation: Entzug von Umgebungsreizen (z. B. optischen Eindrücken).

Sozialisation: Prozess der Eingliederung eines Individuums in die Gesellschaft, in dessen Verlauf Erlebnis- und Verhaltensweisen erworben werden.

Soziogramm: Standardverfahren, bei dem die sozialen Strukturen und Beziehungen in einer Gruppe erforscht und z. B. durch ein Pfeildiagramm bildlich dargestellt werden.

Spiegelneurone: Nervenzellen, die in unserem Gehirn die gleichen elektrischen Impulse wie bei dem von uns beobachteten Gegenüber auslösen. Sie ermöglichen, dass wir Verhaltensweisen nachahmen und uns auf den emotionalen und körperlichen Zustand eines anderen Menschen einstellen können.

Stereotyp: Klischee; starre Sichtweisen und Überzeugungen über Individuen, Gruppen oder Dinge. Klischees sind von vornherein festgelegt und stammen nicht aus einer aktuellen Bewertung.

Stigma: Negatives soziales Zeichen; unerwünschtes Merkmal, das von der gesellschaftlichen Norm abweicht.

Stimmung: Länger andauernder Gefühlszustand, der von der physischen und psychischen Gesamtverfassung abhängig ist und durch äußere Umstände beeinflusst werden kann.

Stress: Erhöhte körperliche und/oder seelische Belastung, die aus der Interaktion eines Individuums mit seiner Umgebung resultieren und mit den zur Verfügung stehenden Bewältigungsstrategien nicht ausgeglichen werden kann.

Sucht: Schwere chronische Abhängigkeitserkrankung.

Suggestion: Prozess der (manipulativen) Beeinflussung der Gedanken einer anderen Person, die sich dieser Veränderungen nicht bewusst ist.

Suizid: Selbstmord.

Synästhesie: Neurologische Vermischung der Sinne; Fähigkeit, verschiedene Sinneseindrücke gleichzeitig zu erleben, obwohl nur ein Sinnesorgan gereizt wird, z. B. das Wahrnehmen von Farben im Zusammenhang mit Buchstaben, Zahlen oder Tönen.

Thanatos: Destruktions-/Todestrieb.

Tiefenpsychologie: Sammelbegriff für alle Theorien, die menschliches Verhalten und Erleben auf unbewusste Vorgänge zurückführen.

Trait: Persönlichkeitseigenschaft; die typische Art zu handeln und zu fühlen.

Trance: Bezeichnung für einen schlafähnlichen Zustand mit eingeschränkter Ansprechbarkeit, der durch → Hypnose hervorgerufen werden kann.

Transzendenz: Streben nach einer höheren Bewusstseinsstufe; die Suche nach Gott.

Trauma: Verletzung; psychische Traumata sind schmerzhafte Erfahrungen eines Individuums, die meist durch den Verlust einer Befriedigungsmöglichkeit hervorgerufen werden und langfristige Auswirkungen auf die Psyche haben.

Trieb: Biologisch bedingte Handlungsmotivation; Verhaltensweise, die den Organismus dazu bewegt, ein Bedürfnis zu befriedigen.

Typus: Physische und psychische Merkmale, die einer Gruppe von Individuen gemeinsam sind.

Über-Ich: Instanz der Persönlichkeit in der → Psychoanalyse, die alle Normen, moralischen Einstellungen und anerzogenen Wertvorstellungen vertritt.

Unbewusstes: Teil der → Psyche, dessen Inhalte dem Bewusstsein nicht zugänglich sind.

Unterschiedsschwelle: Bezeichnung für den geringsten physikalischen Unterschied zwischen zwei Reizen, der notwendig ist, um noch einen Unterschied zu erkennen.

Unterschwellige Wahrnehmung: Wahrnehmung von Reizen, die unter der Unterschiedsschwelle liegen und nicht in unser Bewusstsein vordringen.

Verhalten: Aktivität oder Reaktion eines Organismus, die von außen wahrnehmbar ist.

Verstärkung: Erhöhung der Auftretenswahrscheinlichkeit eines Verhaltens.

Vorurteil: Ungeprüfte, ungerechtfertigte, meist feindselige Haltung gegenüber einer Person oder Sache.

Vulnerabilität: Verletzbarkeit; Anfälligkeit für eine Erkrankung bzw. psychische Störung.

Wahn: Krankheitszustand, der durch Wahnideen – subjektiv erlebte Vorstellungen, die nicht auf realen äußeren Umweltgegebenheiten beruhen und trotzdem verteidigt werden – gekennzeichnet ist.

Zwangsstörung: Neurotische Störung, die durch zwanghaft wiederkehrende Gedanken, Impulse und Handlungen charakterisiert ist.

Literaturverzeichnis

Adomeit, Klaus: *Aristoteles über die Freundschaft*. Heidelberg: Hüthig, 1992.

Alt, Franz: *Der Tod ist eine beglückende Erfahrung. Interview mit Elisabeth Kübler-Ross in Basel am 16. 7. 2001.* www.sonnenseite.com/Interviews,Der+Tod+ist+eine+beglueckende+Erfahrung,20,a685.html (zuletzt abgerufen am 22.8.2010).

Anderski, Christa: *Begabte Kinder hoch begaben*. Düsseldorf: Alein Verlag Fachbuchreihe Hochbegabung, 2003.

Appleton, Matthew: *Summerhill: Kindern ihre Kindheit zurückgeben. Demokratie und Selbstregulation in der Erziehung*. Baltmannsweiler: Schneider Verlag Hohengehren, 2003.

Arendt, Hannah: *Über das Böse. Eine Vorlesung zu Fragen der Ethik*. München: Piper, 2009.

Arnold, Wilhelm/Eysenck, Hans Jürgen/Meili, Richard: *Herders Lexikon der Psychologie. 3 Bände*. Freiburg: Herder, 2007.

Aronson, Elliot: *Sozialpsychologie*. München: Pearson Studium, 2004.

Asendorpf, Jens B.: *Psychologie der Persönlichkeit*. Berlin: Springer, 2007.

Bauer, Joachim: *Warum ich fühle, was du fühlst. Intuitive Kommunikation und das Geheimnis der Spiegelneurone*. München: Heyne, 2006.

Beauvoir, Simone: *Das andere Geschlecht. Sitte und Sexus der Frau*. München: dtv, 2007.

Becker, Peter/Minsel, Beate: *Psychologie der seelischen Gesundheit. Band 2. Persönlichkeitspsychologische Grundlagen, Bedingungsanalysen und Förderungsmöglichkeiten*. Göttingen: Hogrefe, 1986.

Berk, Laura E.: *Entwicklungspsychologie*. München: Pearson Studium, 2004.

Billmann-Mahecha, Elfriede: *Frauen in der wissenschaftlichen Psychologie*. Psychologische Rundschau, 55. Jg., (Supplement 1), S. 78-86. Göttingen: Hogrefe, 2004.

Bischof-Köhler, Doris: *Von Natur aus anders. Die Psychologie der Geschlechtsunterschiede*. Stuttgart: Kohlhammer, 2002.

Bock, Thomas: *Blaue Broschüre: Es ist normal, verschieden zu sein! Verständnis und Behandlung von Psychosen*. Neumünster: Brücke Neumünster, 2005.

Bock, Thomas: *Achterbahn der Gefühle. Mit Manie und Depression leben lernen*. Bonn: Psychiatrie Verlag, 2004.

Boeger, Annette: *Psychologische Therapie- und Beratungskonzepte: Theorie und Praxis*. Stuttgart: Kohlhammer, 2009.

Bondy, Brigitta: *Was ist Schizophrenie?* München: Beck'sche Reihe, 1997.

Bourne, Lyle E./Ekstrand, Bruce R.: *Einführung in die Psychologie*. Eschborn bei Frankfurt am Main: Klotz, 2005.

Bruch, Hilde: *Der goldene Käfig. Das Rätsel der Magersucht*. Frankfurt am Main: Fischer, 1998.

Bruch, Hilde: *Essstörungen. Zur Psychologie und Therapie von Übergewicht und Magersucht*. Frankfurt am Main: Fischer Taschenbuch Verlag, 2004.

Bruner, Jérôme: *Wie das Kind sprechen lernt*. Bern: Hans Huber, 1997.

Bundesministerium für Unterricht, Kunst und Kultur: *Suchtprävention in der Schule. Informationsmaterialien für die Schulgemeinschaft erstellt vom Institut Suchtprävention Linz*. Wien, 2005.

Bundesministerium für Wissenschaft und Forschung, Datenmeldungen der Universitäten auf Basis UniStEV bzw. BidokVUni; Datenprüfung: bm.wf, Abt. I/1, Datenaufbereitung: bm.wf, Abt. I/9; zit. nach http://www.bmwf.gv.at/unidata, aufgerufen zuletzt am 5.1.2010.

Bunk, Ulrich: *Spiel und spieltherapeutische Methoden*. Troisdorf: Bildungsverlag EINS, 2004.

Capelle, Wilhelm (Hrsg.): *Die Vorsokratiker. Die Fragmente und Quellenberichte*. Stuttgart: Kröner, 1968.

Cerwinka, Gabriele/Schranz, Gabriele: *Die Macht des ersten Eindrucks*. Wien: Ueberreuter, 2002.

Cohn, Ruth: *Von der Psychoanalyse zur themenzentrierten Interaktion. Von der Behandlung einzelner zu einer Pädagogik für alle*. Stuttgart: Klett-Cotta, 2009.

Csikszentmihalyi, Mihaly: *Flow. Das Geheimnis des Glücks*. Stuttgart: Klett-Cotta, 2007.

Csikszentmihalyi, Mihaly: *Das flow-Erlebnis. Jenseits von Angst und Langeweile: im Tun aufgehen*. Stuttgart: Klett-Cotta, 2008.

Daco, Pierre: *Psychologie für jedermann*. Landsberg am Lech: mvg, 2006.

Davison, Gerald C./Neale, John M./Hautzinger, Martin: *Klinische Psychologie*. Weinheim/Basel: Beltz PVU, 1998.

Degen, Rolf: *Lexikon der Psycho-Irrtümer. Warum der Mensch sich nicht therapieren, erziehen und beeinflussen lässt*. München: Piper, 2008.

Der Brockhaus Psychologie: *Fühlen, Denken und Verhalten verstehen*. Mannheim: Brockhaus, 2001.

Der Standard. Wien: Standard Verlagsgesellschaft

Dreikurs, Rudolf/Soltz, Vicki: *Kinder fordern uns heraus. Wie erziehen wir sie zeitgemäß?* Stuttgart: Klett-Cotta, 1984.

Ebbinghaus, Hermann: *Abriss der Psychologie*. Berlin/Leipzig: Walter de Gruyter & Co, 1932.

Ebner-Eschenbach, Marie: *Aphorismen, Parabeln und Märchen*. München: Winkler, 1982.

Eliot, Lise: *Was geht da drinnen vor? Die Gehirnentwicklung in den ersten fünf Lebensjahren*. Berlin: Berlin Verlag, 2001.

Erickson, Milton H./Rossi, Ernest L.: *Hypnotherapie. Aufbau – Beispiele – Forschungen*. Stuttgart: Pfeiffer bei Klett-Cotta, 1999.

Erikson, Erik: *Identität und Lebenszyklus. Drei Aufsätze*. Frankfurt a. M.: Suhrkamp, 2007.

Eurostat Statistical Books: *Europe in Figures. Eurostat yearbook 2010*. Luxembourg/Belgium: European Union, 2010.

Feger, Barbara/Prado, Tânia M.: *Hochbegabung. Die normalste Sache der Welt*. Darmstadt: Primus, 1998.

Fiedler, Peter: *Jung, attraktiv, asexuell*. Heidelberg: Spektrum der Wissenschaft, Gehirn&Geist, 4_2008.

Fisseni, Hermann-Josef: *Persönlichkeitspsychologie. Ein Theorienüberblick*. Göttingen: Hogrefe, 2003.

Frankl, Viktor E.: *Der Wille zum Sinn*. Bern: Huber, 2005.

Frankl, Viktor: *Theorie und Therapie der Neurosen. Einführung in Logotherapie und Existenzanalyse*. München: Reinhardt, 2007.

Frankl, Viktor E.: *Das Leiden am sinnlosen Leben. Psychotherapie für heute*. Freiburg/Basel/Wien: Herder Spektrum, 2010.

FRAYN, Michael: *Kopenhagen. Stück in zwei Akten. Mit zwölf wissenschaftsgeschichtlichen Kommentaren. Zusammengestellt von Matthias Dörries.* Göttingen: Wallstein, 2005.

FRIEBOES, Ralf-Michael/ZAUDIG, Michael/NOSPER, Manfred: *Rehabilitation bei psychischen Störungen.* München: Elsevier Urban & Fischer, 2005.

FREUD, Sigmund: *Vorlesungen zur Einführung in die Psychoanalyse. Band 11.* Frankfurt am Main: Fischer, 1999.

FREUD, Sigmund: *Zur Psychopathologie des Alltagslebens. Über Vergessen, Versprechen, Vergreifen, Aberglaube und Irrtum.* Frankfurt am Main: Fischer, 2000.

FRIEDMAN, Howard S./SCHUSTACK, Miriam W.: *Persönlichkeitspsychologie und Differentielle Psychologie.* München: Pearson Studium, 2004.

FROMM, Erich: *Die Kunst des Liebens.* Berlin: Ullstein, 2005.

FROMM, Erich: *Haben oder Sein. Die seelischen Grundlagen einer neuen Gesellschaft.* München: dtv, 2005.

FROMM, Erich: *Über den Ungehorsam.* München: dtv, 1995.

GLASL, Friedrich: *Konfliktmanagement. Ein Handbuch für Führungskräfte, Beraterinnen und Berater.* Stuttgart: Verlag Freies Geistesleben, 2004.

GLATZ, Edith: *Die Funktion des literarischen Zitats im psychiatrischen Werk von Erwin Ringel.* Würzburg: Königshausen und Neumann, 2006.

GOLEMAN, Daniel: *Emotionale Intelligenz.* München: dtv, 2001.

GOLEMAN, Daniel/KAUFMAN, Paul/RAY, Michael: *Kreativität entdecken.* München: dtv, 2003.

HARENBERG: *Das Buch der 1000 Frauen: Ideen, Ideale und Errungenschaften in Biografien, Bildern und Dokumenten.* Mannheim: Meyers Lexikonverlag, 2004.

HECKHAUSEN, Jutta/HECKHAUSEN, Heinz: *Motivation und Handeln.* Heidelberg: Springer, 2006.

HENGSTSCHLÄGER, Markus: *Die Macht der Gene. Schön wie Monroe, schlau wie Einstein.* München: Piper, 2009.

HERKNER, Werner: *Lehrbuch Sozialpsychologie.* Bern: Hans Huber, 2001.

HINZ, Arnold/WAGNER, Rudi F.: *Entwicklung.* In: WAGNER, Rudi F./HINZ, Arnold/RAUSCH, Adly/BECKER, Brigitte: *Modul Pädagogische Psychologie.* Bad Heilbrunn: Klinkhardt, 2009.

HOBMAIR, Hermann: *Pädagogik: Lehr-/Fachbuch.* Troisdorf: Bildungsverlag EINS, 2008.

HOLLING, Heinz/KANNING, Uwe Peter: *Hochbegabung. Forschungsergebnisse und Fördermöglichkeiten.* Göttingen: Hogrefe, 1999.

HOLM-HADULLA, Rainer Matthias: *Kreativität: Konzept und Lebensstil.* Göttingen: Vandenhoeck & Ruprecht, 2007.

HÜTHER, Gerald: *Sich zu bewegen lernen, heißt fürs Leben lernen! Die erfahrungsabhängige Verankerung sensomotorischer Repräsentanzen und Metakompetenzen während der Hirnentwicklung.* In: HUNGER, Ina/ZIMMER, Renate (Hrsg.): *Bewegung. Bildung. Gesundheit. Entwicklung fördern von Anfang an.* Schorndorf: Hofmann, 2007.

HÜTHER, Gerald/KRENS, Inge: *Das Geheimnis der ersten neun Monate. Unsere frühesten Prägungen.* Weinheim/Basel: Beltz, 2009.

JAEGGI, Eva: *Und wer therapiert die Therapeuten?* München: dtv, 2004.

JELINEK-BAUER, Christine: *Die helle und die dunkle Seite der Macht.* Wien: Edition Va Bene, 2000.

JUNG, Carl Gustav: *Gesammelte Werke.* Olten: Walter-Verlag, 1973.

KANT, Immanuel: Grundlegung zur Metaphysik der Sitten. Hamburg: Felix Meiner, 1999.

KAST, Verena: *Trauern.* 31. Aufl. Kreuz: Freiburg, 2009.

KASTNER-KOLLER, Ursula/DEIMANN, Pia (Hrsg.): *Psychologie als Wissenschaft.* Wien: Facultas, 2007.

KEBECK, Günther: *Wahrnehmung. Theorien, Methoden und Forschungsergebnisse der Wahrnehmungspsychologie.* Weinheim: Juventa, 1997.

KOCKOTT, Götz: *Die Sexualität des Menschen.* München: Beck'sche Reihe, 1995.

KOLB, Klaus/MILTNER, Frank: *Gedächtnis-Training.* München: GU, 2007.

KÖHLER, Thomas: *Psychische Störungen. Symptomatologie, Erklärungsansätze, Therapie.* Stuttgart: Kohlhammer, 1998.

KOUKKOU, Martha/LEHMANN, Dietrich: *Traum und Hirnforschung.* In: Boothe, Brigitte (Hrsg.): *Der Traum: 100 Jahre nach Freuds Traumdeutung.* Zürich: vdf Hochschulverlag an der ETH, 2000.

KRETSCHMER, Ernst: *Körperbau und Charakter. Untersuchungen zum Konstitutionsproblem und zur Lehre von den Temperamenten.* Berlin: Julius Springer, 1940.

KROPF, Andrea: *Philosophie und Parapsychologie. Zur Rezeptionsgeschichte parapsychologischer Phänomene am Beispiel Kants, Schopenhauers und C. G. Jungs.* Hamburg: LIT, 2000.

LANG, Florian/LANG, Philipp: *Basiswissen Physiologie.* Heidelberg: Springer, 2007.

LARGO, Remo L.: *Babyjahre. Die frühkindliche Entwicklung aus biologischer Sicht.* München: Piper, 2009.

LAUX, Lothar: *Grundriss der Psychologie: Persönlichkeitspsychologie: BD 11.* Stuttgart: Kohlhammer, 2007.

LELORD, François/ANDRÉ, Christophe: *Die Macht der Emotionen und wie sie unseren Alltag bestimmen.* München: Piper, 2007.

LEYMANN, Heinz: *Mobbing. Psychoterror am Arbeitsplatz und wie man sich dagegen wehren kann.* Reinbek bei Hamburg: Rowohlt, 2002.

LOMMEL, Pim: *Endloses Bewusstsein. Neue medizinische Fakten zur Nahtoderfahrung.* Mannheim: Patmos, 2009.

LORENZ, Konrad: *Die acht Todsünden der zivilisierten Gesellschaft.* München: Piper, 2009.

MADERTHANER, Rainer: *Psychologie.* Wien: Facultas, 2008.

MARMET, Otto: *Ich und du und so weiter. Kleine Einführung in die Sozialpsychologie.* Weinheim und Basel: Beltz, 1999.

MAYRING, Philipp: *Psychologie des Glücks.* Stuttgart: Kohlhammer, 1991.

MELVILLE, Herman: *Billy Budd.* Zürich: Diogenes, 1981.

MIETZEL, Gerd: *Wege in die Entwicklungspsychologie. Band 1: Kindheit und Jugend. Band 2: Erwachsenenalter und Lebensende.* Weinheim: Beltz, 1997.

MILGRAM, Stanley: *Das Milgram-Experiment: Zur Gehorsamsbereitschaft gegenüber Autorität.* Reinbek bei Hamburg: Rowohlt, 1992.

MOLCHO, Samy: *Alles über Körpersprache: Sich selbst und andere besser verstehen.* München: Mosaik, 2008.

MÜSSELER, Jochen (Hrsg.): *Allgemeine Psychologie.* 2. Aufl. Heidelberg: Spektrum Akademischer Verlag, 2007.

MYERS, David G.: *Psychologie.* Heidelberg: Springer, 2005.

NAGILLER, Rudolf/FLIESSER, Margarete/FLIESSER, Helmut: *Wohlbefinden. Dein Körper in Balance*. St. Pölten: NP Buchverlag, 2004.

NDR Presseportal, www.presseportal.de.

NEILL, Alexander Sutherland: *Theorie und Praxis der antiautoritären Erziehung. Das Beispiel Summerhill*. Reinbek bei Hamburg: Rowohlt, 2004.

NEUBAUER, Walter/ROSEMANN, Bernhard: *Führung, Macht und Vertrauen in Organisationen*. Stuttgart: Kohlhammer, 2006.

NOHL, Herman: *Die pädagogische Bewegung in Deutschland und ihre Theorie*. Frankfurt am Main: Vittorio Klostermann, 2002.

OERTER, Rolf/MONTADA, Leo (Hrsg.): *Entwicklungspsychologie*. 6. Aufl. Weinheim/Basel: Beltz Psychologie Verlags Union, 2008.

RABENSTEIN, Reinhold/REICHEL, Rene: *Kreativ beraten. Methoden, Modelle, Strategien für Beratung, Coaching und Supervision*. Münster: Ökotopia, 2001.

REISS, Steven: *Das Reiss-Profile: Die 16 Lebensmotive. Welche Werte und Bedürfnisse unserem Verhalten zugrunde liegen*. Offenbach: Gabal, 2009.

RICHTER, Horst-Eberhard: *Das Ende der Egomanie. Die Krise des westlichen Bewusstseins*. München: Knaur, 2003.

RICHTER, Horst-Eberhard: *Eltern, Kind und Neurose. Die Rolle des Kindes in der Familie*. Reinbek: Rowohlt, 2007.

RIEMANN, Fritz: *Grundformen der Angst. Eine tiefenpsychologische Studie*. München: Ernst Reinhardt, 2009.

RINGEL, Erwin: *Der Selbstmord. Abschluss einer krankhaften psychischen Entwicklung. Eine Untersuchung an 745 geretteten Selbstmördern*. Magdeburg: Klotz, 2008.

ROSENBERG, Marshall B.: *Gewaltfreie Kommunikation. Eine Sprache des Lebens*. Paderborn: Junfermann, 2007.

ROUSSEAU, Jean-Jacques: *Emil oder Über die Erziehung*. Paderborn: Schöningh 1998.

SACKS, Oliver: *Der Mann, der seine Frau mit einem Hut verwechselte*. Reinbek bei Hamburg: Rowohlt, 2009.

SAMMET, Kornelia: *Sexualität im Beziehungsaufbau*. In: Lenz, Karl: *Frauen und Männer. Zur Geschlechtstypik persönlicher Beziehungen*. Weinheim: Juventa, 2003.

SBZ-Transparente Psychologie. Hadersdorf: SBZ Schulbedarf für Didaktik und Unterrichtstechnologie, 1993.

SELIGMAN, Martin: *Der Glücksfaktor. Warum Optimisten länger leben*. Köln: Bastei Lübbe, 2005.

SCHENK-DANZINGER, Lotte: *Entwicklungspsychologie*. Wien: öbv&hpt, 2008.

SCHOPENHAUER, Arthur: *Sämtliche Werke. Band 4: Schriften zur Naturphilosophie und Ethik*. Mannheim: Brockhaus, 1938.

SCHULZ-STÜBNER, Sebastian: *Medizinische Hypnose: Grundlagen und Behandlungstechnik*. Stuttgart: Schattauer, 2006.

SCHULZ VON THUN, Friedemann: *Miteinander reden 1: Störungen und Klärungen. Allgemeine Psychologie der Kommunikation*. Reinbek bei Hamburg: Rowohlt, 2006.

SCHULZ VON THUN, Friedemann: *Miteinander reden 2: Stile, Werte und Persönlichkeitsentwicklung. Differentielle Psychologie der Kommunikation*. Reinbek bei Hamburg: Rowohlt, 2006.

SCHULZ VON THUN, Friedemann: *Miteinander reden 3: Das „Innere Team" und situationsgerechte Kommunikation. Kommunikation, Person, Situation*. Reinbek bei Hamburg: Rowohlt, 2006.

SCHUSTER, Peter/SPRINGER-KREMSER, Marianne: *Bausteine der Psychoanalyse. Eine Einführung in die Tiefenpsychologie*. Wien: WUV-Universitätsverlag, 1997.

SCHUSTER, Peter/SPRINGER-KREMSER, Marianne: *Anwendungen der Psychoanalyse. Gesundheit und Krankheit aus psychoanalytischer Sicht*. Wien: WUV-Universitätsverlag, 1998.

SELIGMAN, Martin E. P./WALKER, Elaine F./ROSENHAN, David L.: *Abnormal Psychology*. USA: Norton, 2001.

SHAKESPEARE, William: Dramatische Werke. Band 6. Berlin: Reimer, 1841.

SHAKESPEARE, William: *William Shakespeare's Dramatische Werke*. München: Deutsche Verlagsanstalt, 1891.

SOLSO, Robert L.: *Kognitive Psychologie*. Berlin: Springer, 2005.

SPECHT-TOMANN, Monika/TROPPER, Doris: *Zeit zu trauern. Kinder und Erwachsene verstehen und begleiten*. Düsseldorf: Patmos, 2001.

SPITZER, Manfred: *Lernen. Gehirnforschung und die Schule des Lebens*. München: Elsevier Spektrum, 2007.

STEINEBACH, Christoph: *Entwicklungspsychologie*. Stuttgart: Klett-Cotta, 2000.

STOCKER, Thomas: *Die Kreativität und das Schöpferische. Leitbegriffe zweier pädagogischer Reformperioden*. Frankfurt: Brandes & Apsel, 1988.

SUCHOMLINSKI, Wassili: *Vom Werden des jungen Staatsbürgers. Aufzeichnungen eines Erziehers*. Berlin: Volk und Wissen, 1983.

TAMMET, Daniel: *Elf ist freundlich und Fünf ist laut. Ein genialer Autist erklärt seine Welt*. Düsseldorf: Patmos, 2007.

THOMASIUS, Rainer/SCHULTE-MARKWORT, Michael/KÜSTNER, Udo/RIEDESSER, Peter: *Suchtstörungen im Kindes- und Jugendalter: Das Handbuch: Grundlagen und Praxis*. Stuttgart: Schattauer, 2008.

TÜCKE, Manfred: *Psychologie in der Schule. Psychologie für die Schule. Eine themenzentrierte Einführung in die Pädagogische Psychologie für (zukünftige) Lehrer*. Münster: Lit-Verlag, 2005.

VESTER, Frederic: *Denken, Lernen, Vergessen. Was geht in unserem Kopf vor, wie lernt das Gehirn, und wann lässt es uns im Stich?* München: dtv, 2001.

WATSON, John B.: *Behaviorismus*. Köln/Berlin: Kiepenheuer & Witsch, 1968.

WATZLAWICK, Paul: *Anleitung zum Unglücklichsein*. München: Piper, 2002.

WATZLAWICK, Paul/BEAVIN, Janet H./JACKSON, Don D.: *Menschliche Kommunikation: Formen, Störungen, Paradoxien*. Bern: Huber, 2007.

WINTERHOFF, Michael: *Warum unsere Kinder Tyrannen werden. Oder: Die Abschaffung der Kindheit*. München: Mosaik, 2010.

WITTCHEN, Hans-Ulrich: *Wenn Angst krank macht. Störungen erkennen, verstehen und behandeln*. München: Mosaik, 1999.

WITTCHEN, Hans-Ulrich/HOYER, Jürgen (Hrsg.): *Klinische Psychologie & Psychotherapie*. Heidelberg: Springer, 2006.

WITTSCHIER, Michael: *Abenteuer Philosophie. Ein Schnellkurs für Einsteiger*. München: Piper, 2004.

www.psychotherapie.at

www.Statistik.gv.at

ZIMBARDO, Philip G./GERRIG, Richard J.: *Psychologie*. München: Pearson Studium, 2004.

Bildnachweis

Advance Magazine Publishers, 2006: The complete cartoons of The New Yorker: 132/2 (Leo Cullum), 157/1 (Walt Handelsman/Ausschnitt), 197/1 (Liza Donnelly), 216/1 (Pat Byrnes)

akg-images: 138/1 (Johann Kaspar Lavater), 208/2 (Chocolat Poulain)

Alamy: 67/2 (image100)

Alein Verlag, Düsseldorf, 2003: Anderski/Begabte Kinder hoch begaben: 103/1

Andrews McMeel Publishing, Kansas City, 2006: Watterson/The complete Calvin and Hobbes: Book One: 82/1 (Bill Watterson), 95/1 (Bill Watterson), 114/1 (Bill Watterson), 121/1 (Bill Watterson), 165/1 (Bill Watterson), 196/2 (Bill Watterson)

Beltz Verlag, Weinheim, 1999: Marmet/Ich und du und so weiter: 78/3 (Etienne), 168/1 (Etienne)

Brockhaus, Leipzig, 2001: Psychologie: 16/3, 155/1, 155/4

Corbis: 6/1 (Ron Watts), 15/1 (Bettmann), 15/2 (Bettmann), 15/4 (Bettmann), 19/1 (Bettmann), 21/1 (3d4Medical.com), 60/1 (Bettmann), 159/2 (Bettmann), 160/1 (Franklin Hammond)

Deuticke Verlag, Wien, 2001: Klingberg jr./Das Leben wartet auf Dich - Elly & Viktor Frankl: 150/2

Dudenverlag, Mannheim, 1996: Schülerduden Psychologie: 196/1

Facultas Verlag, Wien, 2008: Maderthaner/Psychologie: 24/1

FernUniversität in Hagen: 51/1

Fleurus Verlag, Köln, 2005: Picon/Optische Täuschungen: 44/4, 45/1, 45/2, 45/3 (M. C. Escher), 45/4, 46/1, 46/2, 46/3

Focus Verlag, Gießen, 1990: Armstrong, Darrow/Freud für Kinder: 145/1 (Whitney Darrow Jr.), 145/2 (Whitney Darrow Jr.)

Fotolia.com: 248/1 (Ana Blazic Pavlovic), 248/2 (Veronika Vasilyuk), 248/5 (Aaron Amat), 248/6 (Kadmy), 248/7 (Anatoliy Samara)

Gehirn&Geist, 2004: Nr. 2: 33/2; 2005: Nr. 1: 155/2 (OH); Nr. 3: 96/1 (OH)

Getty Images: 71/2 (Nina Leen), 74/2 (Nina Leen), 103/2 (Henri Manuel), 123/1 (Nina Leen), 149/2 (Hulton Archive), 161/1 (Westend61)

Goldmann Verlag, München, 2003: Nilsson/Ein Kind entsteht: 116/1 (Lennart Nilsson)

Gräfe und Unzer Verlag, München, 1996: Kolb/Miltner/Gedächtnis-Training: 67/7

Heidi Velten, www.kunterbunt.net: 117/1

ingimage.com: U1/1, 1/1, 5/1, 5/2, 5/3, 25/1, 36/1, 37/1, 38/2, 39/1, 39/2, 44/2, 44/3, 63/1, 67/1, 67/3, 67/4, 67/5, 67/8, 67/11, 67/12, 67/14, 73/1, 129/1, 146/2, 162/1.1, 166/1, 190/3, 190/4, 191/1, 191/2, 191/3, 191/4, 191/5, 191/6, 191/7, 193/1, 194/1, 201/1, 201/3, 248/4

Ingram Publishing Limited 1996: The Illustrated London News: 14/2, 142/1

Klett-Cotta Verlag, Stuttgart, 2000: Steinebach/Entwicklungspsychologie: 114/2

Klotz Verlag, Eschborn, 2005: Bourne, Ekstrand/Einführung in die Psychologie: 89/1 (Bob Thaves)

Kohlhammer Verlag, Stuttgart, 2008: Laux/Persönlichkeitspsychologie: 139/1, 151/1 (Thomas Plaßmann), 152/1 (Peter Gaymann)

Marshall Cavendish Ltd., 1986: Maler Nr. 6 - Monet: 47/1 (Claude Monet)

MEV Verlag: 67/6 (Agency Call), 67/9 (Sven Lüders), 67/10 (Roland Bauer), 81/1 (Mike Witschel), 116/2 (Mike Witschel), 129/2 (Mike Witschel), 131/1 (Eckart Seidl), 132/3 (Mike Witschel), 182/1 (Herbert W. Hesselmann), 220/1 (Mike Witschel)

Mosaik Verlag, München, 1987: Kitzinger/Ein Leben beginnt: 114/2 (Lennart Nilsson)

Österreichisches Forum Systemaufstellungen, Graz - www.forum-systemaufstellungen.at: 228/1

Pattloch Verlag, Augsburg, 1998: Wuillemet/Cavelius/Mandalas malen: 150/1 (Sascha Wuillemet)

Pearson Studium, München, 2004: Zimbardo, Gerrig/Psychologie: 42/2 (Birnbach/Monkmeyer), 44/1, 54/1, 71/1 (Ausschnitt), 74/1, 78/1 (Albert Bandura, Stanford University), 78/2 (Albert Bandura, Stanford University), 82/2 (Sidney Harris), 155/3, 169/2 (Stanley Milgram), 169/3 (Stanley Milgram), 169/4 (Stanley Milgram), 170/1 (Philip G. Zimbardo), 189/1 (Robert Brenner), 208/1 (Mihail Chemiakin), 222/1 (Cathy Guisewite), 223/1 (Sidney Harris)

Photoshot: 159/4 (UPPA)

picturedesk.com: 15/3 (ullstein bild), 16/1 (Süddeutsche Zeitung Photo), 16/2 (Barbara Gindl/APA-Archiv), 26/1 (Schöning/ullstein bild), 29/1 (Joker/ullstein bild), 49/1 (Science Photo Library), 80/1 (Schnürer/ullstein bild), 106/1 (United Archives), 118/7 (Bill Anderson/PhotoResearchers), 133/1 (Rainer Binder/ullstein bild), 149/1 (ullstein bild), 159/1 (Daimler/ullstein bild), 159/3 (Everett Collection), 159/6 (ullstein bild), 162/2 (Science Photo Library), 171/1 (Interfoto), 207/1 (OTS/Netzwerk Essstörungen), 229/1 (ddp/ullstein bild)

Piper Verlag, München, 2004: Wittschier/Abenteuer Philosophie: 33/1

Profil, 2004: Nr. 23: 5/4 (A. Shah)

Project Photos: 132/1, 190/2, 248/3

Psychologie heute 8/1998: 137/1 (Gary Larson)

Psychologie heute, 2007: Heft 5: 192/1 (Edward Frascino)

Psychologie Verlags Union, Weinheim, 1997: Mietzel/Wege in die Entwicklungspsychologie Band 1: 86/1 (Schultz), 111/1, 111/2; Band 2: 109/1, 109/2, 109/3, 109/4, 109/5

Reuters: 159/5 (Ho New)

Rittberger Sara, Enns: 118/5

Rowohlt Taschenbuch Verlag, Reinbek, 2006: Schulz von Thun/Miteinander reden 1: 175/1 (Maren Sundmacher)

SBZ Schulbedarf, Hadersdorf,1993: Folie 31 Eidetik: 55/1

Schirmer/Mosel, München, 1997: Herrera/Frida Kahlo, die Gemälde: 148/1 (Frida Kahlo)

Schneider Verlag, München, 1993: Disney/Bambi: 165/7 (Walt Disney)

Shotshop.com: 38/1 (TheRainKing), 118/1 (Martin Neuhaus), 135/1 (Jürgen Wiesler), 162/1 (Foto-Graf), 189/2 (sunshine), 190/1 (marcus), 201/2 (Adam Gregor), 201/4 (allzweckjack)

Springer Medizin Verlag, Heidelberg, 2005: Myers/Psychologie: 23/1, 40/1, 40/2, 53/1 (W. Miller), 59/1 (K. Niebank/Ausschnitt), 69/1 (Charles M. Schulz), 76/1 (Robert „Chance" Browne), 113/1, 113/2, 113/3, 127/1 (Pat Byrnes), 163/1 (Cathy Guisewite), 168/2 (Mel Yauk), 169/1 (William Vendivert/Scientific American), 181/1, 225/1; 2006: Wittchen/Klinische Psychologie & Psychotherapie: 191/8 (Charles M. Schulz); 2008: Myers/Psychologie: 9/1 (C. Styrsky)

Stockbyte: 67/13, 67/15

Suk Katharina, Linz: 118/2, 118/4, 118/6

Suk Stefan, Linz: 118/3

Taubenberger Alfred, Memmingen: 244/1

Universität Leipzig: 14/1

Universität Regensburg/www.beautycheck.de: 165/2 (Martin Gründl), 165/3 (Martin Gründl), 165/4 (Martin Gründl), 165/5 (Martin Gründl), 165/6 (Martin Gründl)

VERITAS-VERLAG: 71/3 (Alexandra Rittberger), 77/1 (Alexandra Rittberger), 98/1 (Klaus Pitter), 104/1 (Klaus Pitter), 105/1 (Klaus Pitter)

vielseitig: 42/1 (Sonja Franzke)

Alle Ausschnitte mit Zustimmung der VBK/Wien.

Der Verlag hat sich bemüht, alle Rechtsinhaber ausfindig zu machen. Sollten trotzdem Urheberrechte verletzt worden sein, wird der Verlag nach Anmeldung berechtigter Ansprüche diese entgelten.

Personen- und Sachregister

Zusätzliche Materialien zum Schulbuch PSYCHOlogie finden Sie im Online-Portal http://psychologie.veritas.at.

Dieses Werk wurde auf Grundlage eines zielorientierten Lehrplans verfasst. Konkretisierung, Gewichtung und Umsetzung der Inhalte erfolgen durch die Lehrerinnen und Lehrer.

Liebe Schülerin, lieber Schüler,

du bekommst dieses Schulbuch von der Republik Österreich für deine Ausbildung. Bücher helfen nicht nur beim Lernen, sondern sind auch Freunde fürs Leben.

Nicht literarische oder freie Quellentexte wurden in der Rechtschreibung an die Regeln von 2006 angepasst.

Mit Bescheid des Bundesministeriums für Unterricht, Kunst und Kultur, GZ 5.050/0046-B/8/2012 (29.11.2012), gemäß den geltenden Lehrplänen als für den Unterrichtsgebrauch an folgenden Schulen geeignet erklärt:
allgemein bildende höheren Schulen für die 7. Klasse im Unterrichtsgegenstand Psychologie und Philosophie
Handelsakademien für den V. Jahrgang im Unterrichtsgegenstand Philosophischer Einführungsunterricht
Höhere Lehranstalten für wirtschaftliche Berufe für den IV. und V. Jahrgang im Unterrichtsgegenstand Psychologie und Philosophie
Bildungsanstalten für Kindergartenpädagogik für die 2. bis 5. Klasse im Unterrichtsgegenstand Pädagogik
Bildungsanstalten für Kindergartenpädagogik für die 2. bis 5. Klasse im Unterrichtsgegenstand Pädagogik

Die rot gesetzten Filmtipps sind nicht approbiert und daher nicht für den Einsatz im Schulunterricht gedacht.

Schulbuchnummer: **150.392**

4. Auflage (2014)

Gedruckt in Österreich auf umweltfreundlich hergestelltem Papier
Lektorat: Michaela Tröbinger-Lenzenweger; Elisabeth Totschnig
Fachliche Beratung: Ulrike Aschinger
Herstellung: Manuela Danninger, Andrea Hackl
Bildredaktion: Susanne Suk
Umschlaggestaltung und Layout: Manuela Danninger, Andrea Hackl
Illustrationen: Brigitte Gold, Wien; Klaus Pitter, Wien; Michaela Tröbinger-Lenzenweger
Satz: satz@wolkerstorfer.at, Gutau; Ingrid Zuckerstätter, Leonding
Umschlagfoto: ingimage.com
Schulbuchvergütung/Bildrechte: © VBK/Wien
Alle Ausschnitte mit Zustimmung der VBK/Wien

ISBN 978-3-7058-8198-3

Für weitere Informationen steht Ihnen gerne Ihre VERITAS-Kundenberatung zur Verfügung.
Rufen Sie einfach an, schicken Sie ein Fax oder ein E-Mail!
Tel. 0043/(0)732/776451/2280, Fax: 0043/(0)732/776451/2239
E-Mail: kundenberatung@veritas.at
Besuchen Sie uns auf unserer Website www.veritas.at